KB182522

근대 기행문 자료집
2
경 기 도 · 충 청 도

일러두기

1. 이 책에 실린 자료는 1910년을 전후한 시기부터 1945년까지 근대 잡지에 실린 기행문이다.
2. 표기법은 원문을 그대로 수록하는 것을 원칙으로 하였다. 그러나 오기가 분명한 경우는 바로
   잡았고, 원문 해독이 어려운 글자는 ●로 표시하였다.
3. 띄어쓰기는 자료 원문의 상태를 그대로 살렸으며, 띄어쓰기가 전혀 되어 있지 않은 경우에만
   현재의 표기법에 따라 교정하였다.
4. 기사, 단편소설 등은 〈 〉, 단행본은 《 》로 표기하였다.
   단, 원문의 강조나 대화에 사용된 「 」『 』등은 그대로 두었다.

한양대학교 동아시아문화연구소 동아시아문화자료총서 2

근대 기행문 자료집

2

경기도 、충청도

서경석 · 김진량 · 김중철 · 우미영

민속원

근대 여행은 개항과 쌍생아이다. 근대 여행자는 그로부터 탄생하였다. 개항의 문은 자기정체성을 향한 내부로의 발길과 타자를 향한 외부로의 발길을 열었다. 이들의 족적이 거대한 글의 숲으로 남았다. 무심히 지나쳤던 그 숲에 들어 나무 하나하나를 살펴보기 시작했다. 개항과 더불어 열린 여행길이 시간과 공간에 대한 인식을 어떻게 바꾸었는지 또 여행자의 내면은 여행과 어떻게 관련되는지를 밝혀보고자 했다. 근대 기행문이 보여주는 세계 재편의 역동성 ─ 정치, 사회와 문화, 문학 등 ─ 에 잠겨 여러 해를 보냈다.

근대의 기행문에는 미지의 세계에 대한 호기심으로 가득하다. 이 호기심은 미지, 탐험, 설렘 등의 단어를 연상시키며 여행의 의미를 추가한다. 들추어보면 이는 외피일 뿐이다. 이를 통해 여행의 정치성은 멋지게 포장된다. 사실 여행이란 배움으로 미화된 예속의 길이자 발견과 확장으로 미화된 침탈의 길이다. 두 길 모두 미화된 명분에 유혹된 길임이 분명하다. 근대의 기행 자료들은 여행이 단순한 설렘의 기록을 넘어 타자 ─ 개인이든 국가이든 ─ 를 장악하려는 정체성의 정치 행위임을 여실히 보여준다. 이런 점에서 근대의 기행문은 여행(자)이 이 세계와 관계 맺는 방식을 복합적으로 보여주는 소중한 자료이다.

이번에 펴내는 근대 기행문 자료집은 국내 기행문 편이다. 경성과 전국일주, 경기도와 충청도, 금강산을 포함한 강원도와 전라도 및 제주도, 경상도와 황해도, 평안도와 백두산을 포함한 함경도. 해방 이전의 지역 구분에 따라 각 지역을 다섯 편으로 엮었다. 각 편에 실린 해제가 말해주듯 이 시기 기행문은 근대 조선이라는 세계를 창출하고 변화시키는 데 여행자의 발걸음 하나하나가 얼마나 큰 힘을 발휘하는지를 역동적으로 보여준다. 100여 년 전의 그 힘은 지금도 동일하다. 지금 세계를 향해 딛는 우리의 발걸음이 얼마나 무겁고 또 신중해야 하는지를 그 시절의 여행(자)들에서 배운다.

근대 기행문에 관심을 두고 일을 벌인 시점은 2002년과 2003년 사이의 어느 때이다. 그 사이 세상이 크게 달라졌고, 연구자들도 여기에 적응하느라 몹시 분주했다. 여행과 기행문에 대한 생각도 거듭 조절해야 했다. 이런 이유로 전체 5권의 자료집 해제 방식도 서로 상이하다. 오랜 시간을 끌었다고 자료의 완결도가 높아진 것 같진 않다. 여기에 수록하지 못한 자료도, 실린 자료에서 읽어내지 못한 글자도 많다. 이어지는 작업 속에서 우리의 허점이 더 많이 드러났으면 좋겠다. 어설픈 민낯은 관심 속에서만 드러나기 때문이다.

행당산 기슭에서
편자 일동

차례

9

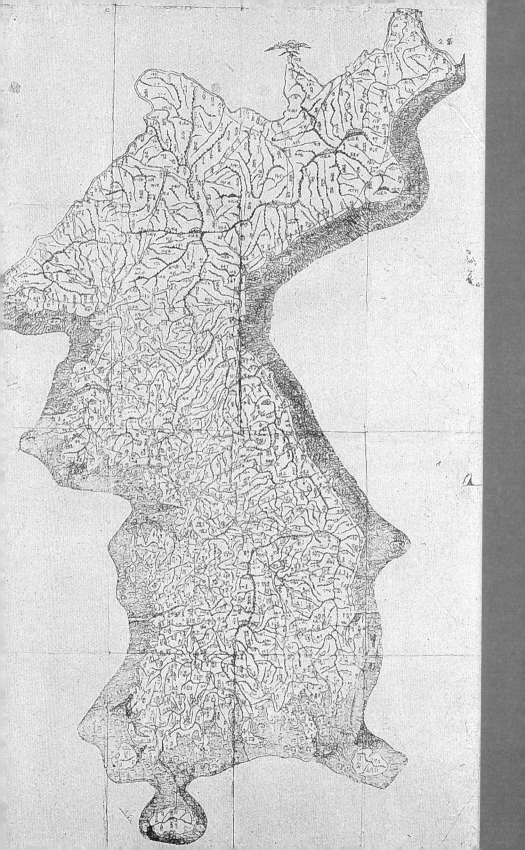

01

경기도

京畿道

경성부 시절의 경기
서울 근처라는 타자성과 자연 · 휴양의 장소

'경기'의 명칭에서 경京은 도성 곧 서울을, 기畿는 도성을 둘러싼 지역을 가리킨다. 경기는 도성의 기 지역 곧 서울을 둘러싼 지역이다. 중국 최초의 자전인《설문》에 따르면 '기'란 천자가 다스리는 사방 천리의 땅[天子千里地] 을 일컫는다. 경기도의 어원은 중국 당나라 때, 왕도와 주변 지역을 경현과 기현으로 나누어 통치하는 데서 기원한다. 우리의 경우 1018년 고려 현종 9년 에 그 둘을 묶어서 '경기京畿'라 부르기 시작했다. 1390년 고려 공양왕 2년부터 경기 좌 · 우도로 나뉘어 통치되다가 조선 태종대에 이르러 8도제가 실시되 면서 다시 경기도로 단일화 하였다. 1895년 23부제의 실시에 따라 경기 지역 은 한성부 · 인천부 · 개성부로 분리되었다가 다음 해 13도제의 실시와 함께 경기도로 부활하였다. 일제 시대에 이르러서는 기존의 한성부가 경성부로 개칭되는 동시에 경기도로 편입되었고 수원에 있던 도청 또한 광화문으로 이전되었다. 경성부는 서울특별시로 승격한 1946년에 이르러서야 경기도로 부터 분리되었다. 도청소재지가 서울특별시에서 수원으로 이전한 것은 1967

년에 이르러서이다.

여기에서 다룬 식민지 시대 경기도 기행문은 경기도 경성부 시대에 속한다. 명칭과 마찬가지로 경기도의 물리적 영역도 잦은 변동이 있었다. 이 시대 또한 현재 서울과 경기도의 구역 및 경계와는 차이가 있다. 일례로 영등포가 현재는 서울에 속하지만 이 시기에는 경기도 내의 독립된 하나의 읍이었다. 경성부로 이관된 것은 1936년 4월의 일이다. 지금은 황해도에 속한 개성과 장연 등의 지역 또한 이 시기에는 경기도의 대표 지역 가운데 하나였다.

앞에서 기술한 바와 같이 경성부가 경기도로부터 분리된 것은 1946년이며, 도청소재지가 수원으로 이전된 것은 1967년에 이르러서이다. 이러한 역사가 말해주듯이 경기도와 경성 은 뗄 수 없는 관계에 있다. 경기의 어원은 이를 단적으로 말해준다. 이처럼 경기도는 경성에 종속적일 수밖에 없다. 이는 명칭과 지리적 차원에서뿐만 아니라 공간의 의미 차원에서도 그러하다.

역사는 경기도의 공간적 성격이 서울 도성의 성격에 좌우됨을 잘 보여준다. 이 글에서 다룬 식민지 시대의 경기도에만 국한해도 그러하다. 개화기를 거치면서 경성은 근대 도시의 면모를 갖추어갔다. 물자도 인재도 경성으로 몰리면서 이 곳은 조선에서 경제 활동의 가능성이 가장 높은 곳, 근대 도시 노동자의 공간이 된 것이다. 근대적 여가 활동은 노동자의 탄생과 짝을 이루면서 탄생하였다. 도식화를 무릅써 보면 경기도와 경성은 근대적 노동과 여가의 관계를 공간적 대비를 통해 선명하게 보여준다. 근대 경성이 도시 노동의 공간이라면 경기도는 경성 노동자를 위한 휴양의 공간 곧 쉼터였다. 이러한 의미는 경성이 근대 도시로 정착하는 과정에서 발생한다. 경기도의 의미는 해방 이후, 경제 개발 시대 서울 및 수도권 정책에 따라 지속적으로 변화한다. 공간의 의미 또한 역사적 차원에서 결정되기 때문이다.

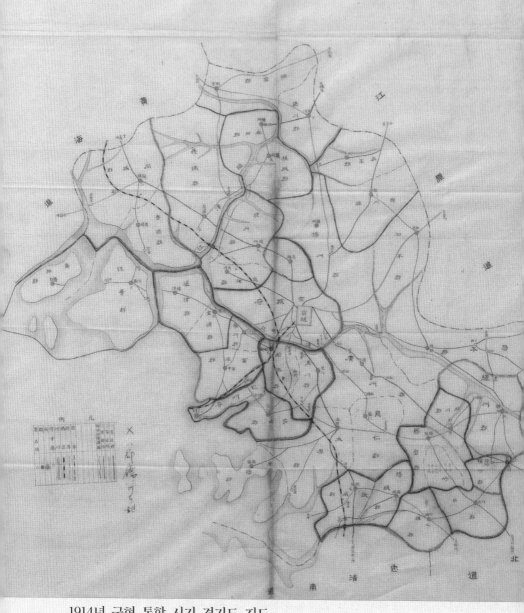

京畿道管內地圖

1914년 군현 통합 시기 경기도 지도

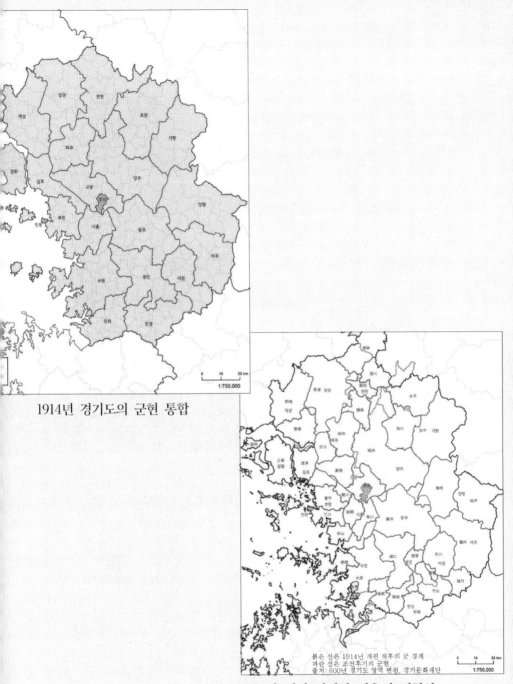

1914년 경기도의 군현 통합

붉은 선은 1914년 개편 직후의 군 경계
파란 선은 조선후기의 군현
출처: 600년 경기도 영역 변천, 경기문화재단

1914년 개편 이전과 이후의 변화상

여기에 실은 경기도 기행문을 성격에 따라 나누어보면 대략 다음과 같이
나눌 수 있다.

- 학교 원족 · 수학여행기
- 경성인의 휴양지 유기遊紀
- 근대적 앎의 태도와 답사기
- 종교적 차원의 사찰 순례기

1. 원족 · 수학여행기

근대적인 학교 제도의 탄생과 더불어 학교에서는 봄 · 가을이면 원족遠
足 혹은 수학여행을 실시하였다. 이러한 형태의 여행은 1900년을 전후한 기
록에서도 발견되지만, 정기적인 행사로 정착한 것은 1920년경이다. 근대 학
생의 여행은 건강한 신체를 통한 건강한 국민의 육성을 목적으로 시작되었
다. 1920년경에 이르면 그 목적은 "지리 · 역사 · 이과 · 인문 등의 모든 현상
을 시찰하여 각종 지식을 함양"(《동아일보』, 1927.10.4.)한다는 교양적 의미로
확대된다. 서울의 각 학교에서는 저학년은 주로 가까운 경기도 방면으로 고
학년이 되면 좀 더 먼 지역인 평양, 경주, 금강산 등지로 여행을 갔으며 만주
나 일본으로 가는 경우도 있었다. 《보성 80년사》(학교법인 동성학원, 1986)에
따르면 1921년 보성고등보통학교의 봄 수학여행은 1학년 200명이 수원, 2학
년 100명이 강화, 3학년 50명이 평양, 4학년 20여 명이 경주로 향했다.

	진명	숙명	배화	이화	동덕	공립제이	양정	보성	휘문	경신
1	인천	근방	인천 수원 평양 등	수원	1일 원족	개성	부여	인천	개성	수원
2	평양			개성		인천	평양	수원	경주	평양
3	금강산		경주	평양	경주	평양	경주	경주	부여	경주
4		금강산	금강산	경주	금강산	금강산	봉천	금강산	금강산	
5						만주 또는 일본	금강산	봉천	봉천	봉천

위 표에서 보듯 서울 시내의 고등보통학교 저학년의 경우 대부분 당일로 다녀올 수 있는 경기도 지역으로 원족을 떠났다. 경기도 소재 학교의 경우도 이와 유사할 것이다. 보통학교의 경우이긴 하지만 개성 소재의 호수돈여자보통학교 3학년 학생들의 원족 장소가 수원이었다는 점이 일례이다.(〈조선일보〉, 1924.5.17.) 수학여행의 계절이 되면 일간신문은 각 학교의 수학여행 소식을 싣기에 바빴다. 학생들의 수학여행기가 신문에 실리는 일도 종종 있었지만 이들의 여행기가 차곡차곡 정리되어 쌓인 것은 각 학교에서 발행하는 교지이다. 교지의 목차에는 어김없이 여행기 란이 있었으며 거기에는 주로 해당 시기의 원족기 혹은 수학여행기가 실렸다. 이처럼 학교에서 실시한 여행 체험담은 경기도 여행기에서 많은 부분을 차지한다.

김윤경, 仁川遠足記, 청춘, 1918. 9, 연희전문원족기

강도수학여행기, 동아일보, 1920.7.1, 배재고보 수학여행기

李丙燾, 開城行, 개벽, 1921.11. - 서울중앙고보 수학여행기

정애, 三幕寺의 가을, 신여성, 192.11. - 원족기

딘묘순, 처음 본 開城, 신여성, 1923.11, 경성여고보

이각경, 인천군함견학기, 배화 4호, 1932, 배화

박인애, 수원원족기, 배화, 1942.7, 배화

崔溜生, 北城磯, 청춘, 1918.9, 휘문고 수학여행 동행기

최병호, 인천원족기, 조선불교총보, 1918.9, 사립 불교중앙학교 원족동행기

朴春坡, 淸秋의 逍遙山, 개벽, 1920.11, 동덕학교원족동행기

茄子峯人, 淸秋의 旅 - 江華行, 개벽, 1921.11, 보성소학교 수학여행동행기

《청춘》1918년 9월호에는 두 편의 여행기가 실려 있다. 〈北城磯紀行〉과 〈인천원족기〉가 그것이다. 목차에는 〈北城磯紀行〉, 본문에는 〈北城磯〉로 표기된 전자는 휘문고의 개성 북성기 1박 2일 수학여행기이다. 후자는 당시 연희전문생이었던 국어학자 김윤경이 '독자문예'란에 투고한 글이다. 〈北城磯〉의 필자는 학감과 선생의 간청으로 휘문고 2학년 수학여행에 동행하게 되었다. 그가 교원인지에 대해서는 정확히 알 수 없다. 그러니까 이 글은 수학여행 동행기라 함이 정확하다. 이에 비해 〈인천원족기〉는 한결 김윤경의 학생 시절 글로서 학생의 원족 체험기이다.

이렇듯 원족 혹은 수학여행기의 필자는 두 부류 즉 학생과 인솔자 그룹으로 나뉜다. 이 시기 신문과 잡지 등에 여행기를 실은 학생들의 소속은 소학교 혹은 보통학교에서부터 전문학교에 이르기까지 다양하게 걸쳐져 있다. 수학여행 동행기의 필자는 교사 혹은 교직원에게만 국한되지 않는다. 《조선불교총보》에 실린 〈인천원족기〉의 "학생, 교사는 물론이거니와 그 외에 아무 상관도 없는 나 같은 사람도 [여행에] 참가하였다. 이것이 비록 우연한 일이로되 학생도 아니요, 직원도 아닌 사람으로 다만 몇 분 선생과 여러 학생의 친분만 믿고 염치없이 참가하였으니 어찌 부끄럽고 미안한 마음이 없을까보냐."라는 구절을 통해 이를 짐작할 수 있다. 동덕학교 원족에 동행한 〈청추의 소요

산〉의 춘파 박달성의 경우도 이에 속한다. 여행의 기회를 쉽게 가질 수 없었던 이 시기 여행의 한 풍속도를 보는 듯하다.

《조선일보》의 〈학생문예〉란을 보면 수학여행은 소학교에서부터 전문학교에 이르기까지 학생 글쓰기의 대표적 소재였음을 알 수 있다. 다음은 제동공립심상소학교 5학년 남학생이 쓴 글이다.

> 오늘은 원족날입니다. 무척 기다리던 날입니다. 어제 흐리던 날이 오늘 아침은 말갛게 개엿습니다. 마음이 퍽 기쁩니다. 남생도는 앞을 서고 여생도는 뒤로 서서 갑니다. 자하문 밖을 나섰습니다. 세검정에 닿았습니다. 모자가 땀에 젖었습니다. 등도 땀에 젖었습니다. 버드나무가 이곳저곳에 섰습니다. 바위 사이로 맑은 물이 철철 흐릅니다. 우리들은 모두 물로 들어가 놉니다. 나는 바위밑에서 미꾸라지 한 마리를 잡았습니다. 버드나무 밑에서 또 한 마리를 잡았습니다. 여생도들은 올챙이를 도시락 뚜껑에 잡아 가지고 좋아합니다. 우리들은 여생도 둘레를 돌아다니며 개골개골 하고 떠들며 놀렸습니다. 이진수가 물장난을 하다가 이끼에 미끄러져서 넘어졌습니다. 모두 웃습니다. 선생님도 웃습니다. 나도 웃습니다. 이진수도 웃습니다.
> 오늘은 퍽 기쁜 날입니다.
>
> 원정희, 〈원족〉, 《조선일보》, 1938.7.3.

당시 어린 학생들의 원족 풍경이 눈앞에 그려지는 듯하다. 이처럼 이들의 여행기를 통해 이 시기 학생 생활의 한 면을 엿볼 수 있다. 인천이나 개성, 평양 등으로 떠나는 전찻간에 모여 앉아서 창가 혹은 교가를 부르는 장면 등도 당시 학생들의 모습을 떠올리게 한다. 〈북성기〉에는 "우리 일동은 '잘 집의 서울을 눈 아래 깔고서'의 교가를 행진곡 삼아"라는 표현이 나오는데, 실제 휘문고 동문이라면 '잘 집의 서울을 눈 아래 깔고서'라는 교가를 부르는 당시 선배들이 눈앞에 보이는 듯하여 이들의 개성 여행이 남의 일처럼 느껴지지 않을 것 같다.

경성이나 경기도에 소속된 학교의 경우 대표적인 근거리 여행지는 강화도, 개성, 수원, 인천 등지이다. 목적지에 도착하여 학생들이 들르는 곳은 역사 유적지이다. 당시 인천 여행은 이와 다르다. 인천이 대표적인 항구 도시이긴 했지만 여행의 목적은 항구 도시 자체를 즐기는 데 있지 않다. 인천항에 떠있는 군함 견학이 학교 여행의 주 목적일 때가 많았다. 교지《배화》에 실린 〈인천군함견학기〉에는 매우 구체적으로 군함의 이모저모가 기술되어 있다. 이는 학생들을 인솔하며 설명하는 안내자의 설명을 꼼꼼히 받아 적은 듯하다. 군함의 거대한 규모, 뛰어난 장비 등에 대한 놀람의 이면에 존재하는 것은 일본 제국이다. 곧 군함은 일본 제국의 힘을 표상한다. 일본에 대한 구체적인 서술은 보이지 않지만 제국의 놀라운 힘은 군함의 규모를 기술하는 분량에 비례하고 또 기술의 경이로움에 대한 감탄에 비례한다. 이러한 예는 학교 제도에 종속된 제도적 여행으로서 원족이나 수학여행이 당대의 정치적 맥락에서 자유로울 수 없음을 잘 보여준다.

2. 경성인의 휴양지 유기遊紀

예나 지금이나 전적으로 자발적이고도 개인적 차원의 여행이란 쉽지 않다. 이런 점에서 원족이나 수학여행은 학교라는 제도가 그에 소속된 제도적 존재인 '학생'에게 부여한 일탈의 기회였다. 이와 전적으로 일치하지는 않지만 근대적 여가의 탄생 또한 이와 유사하다. 다음은 신문사 기자 시절 노천명이 휴가를 얻어 묘향산으로 떠나는 정황에 대해 기술한 부분이다.

내가 다니든 신문사에는 사규에 근면히 일을 한 사원에게는 일년에 2주일 동안의 請暇를 준다는 게 있었다. 이는 일의 편의를 따라 놓게 되었으므로 실상은 기껏해야 한 댓새 노는 폭이었다.

이 휴가는 흔히들 三伏 중에 얻어 썼으며 사원들은 번갈아 이 휴가를 얻어야 했다.

이것이 社의 철도국 패스와 함께 나한테 돌아온 것은 한창 장마 때였다.

모처럼 얻는 휴가를 장마때 받기는 아닌게 아니라 좀 애석한 감이 없지 않았으나 이 비가 그치고 보면 그때 임시는 또 일이 한창 바쁜 때라 몸을 빼기가 좀 어렵게 되었기 때문에 나는 그대로 휴가를 받기로 했다. 어쨌든 나는 京義線 패스를 회사에서 얻어 왔다. 그리고는 이 댓새라는 日數와 약간의 금액을 소비하고 어떻게 하면 최대한도의 경제가치를 거둘건가를 궁리를 하자 나는 부썩 이 기회에 동룡굴과 묘향산엘 가고 싶어졌다. 그때 묘향산엔 C友가 있고 영변엔 H友의 집이 있어 휴가를 얻거든저마다 저 있는 데로 놀러오라던 차라 내 욕심은 동룡굴엘 들려 妙香山으로 돌아오기로 했다.

노천명, 〈선경묘향산〉, 《삼천리》, 1940.7.

노동 시간과 장소가 일정한 틀을 갖추면서 그 외의 비노동 시간과 장소는 여가적 의미와 연결된다. 곧 경성이 근대 도시 노동자의 공간이 되면서 이를 벗어난 장소는 비노동의 장소로서 휴식처의 의미를 얻는다. 노천명이 5일간의 휴가를 얻었을 때 묘향산으로 가고자 한 데에는 그 곳이 '경성이 아닌 곳'이라는 것도 하나의 이유였을 것이다. 그처럼 장기간의 휴가를 낼 수 없을 경우 경성인들에게 '경성이 아닌' 경기도는 수월하게 찾을 수 있는 휴양지이다. 이들이 휴식을 위해 찾는 곳은 경성의 도시적 인공성과 대비되는 자연의 장소이며 이곳이 곧 바다와 산이 있는 경기도인 것이다. 이처럼 식민지 시대 기행문을 통해 본 경기도의 성격은 주로 경성과 맺는 타자적 관계에서 비롯된다. 근

대 도시 경성의 노동성, 인공성과 대비된 휴양과 자연의 장소라는 이미지가
그러하다.

여름 아닌 딴철도 그렇겠지만 돈 있는 사람 한가한 사람이면 특히 여름에 원산
으로 몽금포로 해수욕을 간다. 삼방, 석왕사, 금강산의 녹음과 溪流를 찾아
피서를 간다간다 하지만 나의 처지로 보아서는 자금도 자금이려니와 제일에
시간이 없어서 그런 데를 갈 엄두를 못 낸다. 그러니만큼 서울에 있는 나로서
는 유일한 피서지가 한강과 삼청동 골짜기밖에 없다.

- 중략 -

경성을 중심으로 하고 당일로 돌아올 수 있는 해수욕장은 인천 월미도밖에
없다. 차삯이라야 용산역에서 상인천까지 불과 오십여전이니까 왕복 일원
남짓하고 빵조각이나 사먹고 潮湯 풀에 들어가서 첨벙거릴 요량하면 이삼원
이면 훌륭할 것이다.

인천을 가면 월미도가 좋다 하여 댓바람 거기로만 갈 것이 아니라 서울에서
엎어지면 코 닿을 데일 망정 명색이 낯선 異鄕이니까 시가 구경도 하고 인천의
명물이 米豆取引所 구경도 하고 築港 구경도 한 다음에 천천히 걸어가도 시간
이 넉넉하다. 바가락 사이에 티눈이 생겼다거나 구두가 적어서 발뒷치가 벗
겨졌다거나 一足 오십원짜리 구두를 신지 않은 이상에는 십리쯤 걷는 것은
오히려 요 근래 모던 남녀의 한 벗이라고 할 수 있다. 서울서 鋪石道 아스팔트
위를 거닐든 식을 비록 소도회의 가로지만 사뿐사뿐 걸어보라. 좀 멋이냐?
거구나 한 쌍이 어깨를 맞붙이고 걸을 때를 행각하여 보라.

오수향 · 구주서, 〈한강과 월미도〉, 《신여성》, 1933.7.

위 글은 1933년 경성 도시인들의 피서지에 관해 적은 글이다. 이들은 여름
이면 원산 · 몽금포 해수욕장이나 삼방 · 석왕사 · 금강산 계곡 등으로 피서

를 가지만 사실상 거리가 멀어 쉽게 떠나기 어렵다. 시간도 돈도 부족한 이들이 가장 쉽게 선택하는 곳이 한강변이나 삼청동 계곡이며 거기에 좀 더 보태면 갈 수 있는 곳이 월미도와 인천 정도이다.

기행문에 나타난 여행의 목적 혹은 태도에 따라 경기도를 여행한 경성인들을 성격화해 보면 다음과 같다.

■ 휴양객

천원, 喬桐島에서 -서울 게신 汕耘先生에게-, 서울, 1920.10.

■ 구경꾼

노.덧.물, 華藏寺의 아츰, 개벽, 1920. 7.

陽心學人, 바다의 仁川, 조선지광, 1928.7.

홍효민, 傳燈寺의 一夜, 신동아, 1934. 10.

무영, 廻遊 幸州山城, 신가정, 1935.7.

■ 등산객

차상찬, 漢陽附近名山紀行, 北漢山記, 삼천리, 1941.7.

이병기, 漢陽附近名山紀行, 道峯山行, 삼천리, 1941.7.

류광렬, 漢陽附近名山紀行北漢山記, 烽燧臺高峯山, 삼천리, 1941.7.

최봉칙, 漢陽附近名山紀行北漢山記, 冠岳山遊記, 삼천리, 1941.7.

■ 견자

김준연, 江華行, 金俊淵, 신동아, 1935.10.

경기도의 명승 혹은 고적의 장소는 학생들의 원족 혹은 수행 여행지일 뿐만 일반인들도 즐겨 찾는 여행지였음은 물론이다. 〈교동도에서 - 서울 계신 산운선생에게 - 〉는 이 곳 여행지의 성격을 선명하게 보여준다. 이 글은 천원 오천석이 강화도에 딸린 작은 섬 교동도에서 며칠 머물면서 장도빈 선생에게 보낸 편지형식의 기행문이다. 종합잡지《서울》을 비롯하여《학생계》의 발행에도 관여하던 장도빈은《학생계》의 주간을 당시 만 18세에 불과한 오천석에게 맡겼다. 이로부터 오천석은 미국유학을 떠나기 전까지 1년 남짓한 기간 동안《학생계》의 주간으로 활동하면서《서울》,《여자계》,《개벽》등에도 글을 실게 된다. 일본 유학에서 돌아와 집 근처인 인천 영화여학교 교사로 있던 오천석을 경성의 문화계로 이끈 인물이 장도빈이다. 오천석의 경성 활동은 일면식도 없었던 장도빈의 제안으로 시작되었으니 이들의 사이는 각별할 수밖에 없을 것이다. 1908년 대한매일신보 논설기자로 입사하여 당시 언론계에서 탄탄한 입지를 굳히고 있던 장도빈은 사회 초년생인 오천석에게 사회의 은사인 셈이다. 〈교동도에서〉가 장도빈에게 보내는 편지의 형식을 갖추게 된 배경에는 이러한 두 사람의 인연이 자리한다.

강화도에 도착한 것이 7월 25일, 교동에 도착한 것은 28일이며 8월 초순에 경성으로 돌아간다고 하니, 그가 강화도와 교동도에 머문 것은 1주일이 넘는다. "복잡하기 짝이 없는 도회지에서 머리를 앓던 저는 지금 교동이라는 섬으로 귀양왔습니다"라는 표현으로 볼 때 교동도행은 짧은 휴가로도 볼 수 있다. 편안한 마음으로 쉬면서 그가 교동도에서 보고 느낀 는 것을 기술한 부분에는 이 지역의 장소적 성격을 잘 드러난다.

그리고 그[바닷가 산] 앞 흐르는 나무 하나 없는 암석만으로 된 조그만 새끼 섬 하나가 사면으로 광노한 물결에 부딪혀 흩어지는 구슬방울과 부서져 깨어지는 뽀얀 안개에 싸여 외로이 서 있습니다. 한정없는 창공에는 노래에 흔히 보는 갈매기조차 볼 수 없고 오직 더러움 없는 문명이 없는 조물옹이 넣어

놓은 그대로의 맑은 공기만이 瀰滿하여 있습니다. 해안 일면에는 농가들의 호박넝쿨이 우거져 있는 돌담에 에워 싸여있고 수양이 무르녹는 뜰 안에는 병아리들이 종종거리며 먹이를 찾고 있습니다. 뒤뜰에는 키 커다란 잎이 누릇누릇한 玉蜀黍 나무가 바람에 불러서는 솨-솨 소리를 지릅니다. 보기만 해도 지긋지긋하고 소름이 쪽 끼치는 피부를 가진 농군들은 뚫어진 대패밥 모자를 꾹 눌러쓰고 확확 끌어 올라오는 땅냄새를 마시면서 기운좋게 두벌김을 매고 있습니다.

서편으로 널려 있는 전답 사이로 네 다리로 송낙을 쓴 원두막이 보이고 그 밑에 낮은 나무 그늘에는 일을 마친 소가 한가로이 풀을 뜯고 있습니다.

물결쳐오는 바다 위에는 손님 실은 목선들이 누르른 돛을 벌길대로 벌기고 쏜살같이 달아납니다.

숙소에서 내려다 본 교동도 앞바다와 바다에 이어져있는 섬 농가의 풍경이다. 교동도의 바닷가와 농가는 그에게 자연 그 자체이다. 농사꾼에 대한 묘사에서 그의 피부가 "지긋지긋하고 소름이 쪽 끼"친다고 했지만 노동의 힘겨움에 대한 기술을 찾아볼 수는 없다. 그의 모습조차도 자연의 하나로 용해된다. 교동도의 밤 풍경 또한 이와 같은 층위에서 묘사된다. 낮에도 밤에도 교동도의 풍경에 취해버린 그는 이와 대비된 일터 경성을 떠올린다.

저는 눈을 감고 도회를 그립니다.

거기에는 훌륭한 건축물, 빛나는 상점, 번잡한 요리점, 넓은 연극장, 사람 떼의 정차장, 화려한 별장, 꽃이 웃고 새 노래하는 공원, 이것들이 보입니다. 종로 큰 街道나 남대문통에는 마차, 자동차, 인력거, 전차들이 달아나고 꽃과 같은 기생떼들이 몸짓을 하며 웃으며 지나가고 말쑥하게 차린 청년신사들은 지팡이를 휘휘 저으면서 일본말을 섞어가며 이야기하고 가는 것이 보입니다.

모든 근대사상, 감정, 인간적인 것이 보입니다. 문명이 보입니다. 假相이 보입니다. 欺惡이 보입니다. 허위가 보입니다. 가식, 허영, 부정, 譎詐, 교만, 탐욕, 야비, 불평등, 속박, 절제, 쟁투, 질투, 야심, 사치, 이 모든 것이 보입니다. 저는 전율합니다.

교동도의 자연은 필자 오천석에겐 순수의 풍경이며 그것은 곧 문명과 대비된 비문명의 세계이다. 교동도의 순수한 아름다움과 달리 경성은 부정의 세계 그 자체이다. 이는 곧 문명과 동의어이다. 교동도가 "지순한 자연 그대로의" 세계라면 경성은 부정적 세계의 총체이다. 인공과 자연, 문명과 비문명의 대립을 통해 필자는 부정적 문명의 도시 경성에서 충족하지 못한 것을 교동도에서 찾는다. 이는 오천석과 교동도의 경우에만 해당되지 않는다. 즉 자연과 인공, 비문명과 문명의 이러한 대비는 경성의 도시노동자와 이들이 찾는 여행지로서의 경기도와의 관계에서도 동일하게 나타난다. 즉 경성인들이 휴식을 위해 찾는 경기도의 명소적 의미는 대부분 인공의 문명이 결여한 것들을 채워주는 데에서 찾을 수 있기 때문이다.

〈교동도에서〉가 인공의 문명이 만들어내는 경성과 대비된 교동도의 의미를 보여주고 있다면, 이무영의 〈회유 행주산성〉은 대비 개념 없이 그 자체로서 어떻게 자연을 마음껏 즐길 수 있는지를 매우 잘 보여준다. 이 글은 소설가 이무영과 수주 변영로 등 6인이 일행이 되어 5월의 어느 일요일 한강에서 목선을 타고 행주산성까지 갔다가 놀고 온 이야기를 적고 있다. 한강의 뱃길 50여리를 목가적으로 기술하고 있어 그 시절 풍경의 한가로움을 전해준다. 밤섬, 양화나루, 쥐산, 양천을 거쳐 행주에 다다르는 여정 또한 오늘날의 우리들에겐 새롭다. 한강변의 빨래 풍경, 아이들이 발가벗고 멱 감는 모습 등도 그렇다. 작은 나무배지만 이를 타고 태양과 강물 및 강가의 풍경을 보고 또 느끼는 모습에서 온전히 자연과 하나되어 논다는 것이 이런 것이 아닐까 하는 생각마저 들게 한다. 이들은 이 아름다운 풍경을 놓치지 않으려고 열심히 사진을 찍기도 하고 스케치로 화폭에 담기도 한다. 풍경을 즐기고 그 속에서 노는 자들의 전형을 이들에게서 볼 수 있다. 능곡역에서 오후 6시에 출발하는 경의선을 타고 노량진으로 돌아왔다.

〈전등사의 일야〉와 〈강화행〉은 이 시기 자동차 여행의 한 면을 잘 보여준다. 자동차 여행이라 함은 오늘날의 자가 승용차가 아닌 대중 교통으로서 자동차를 이용한 여행을 말한다. 자동차회사가 별도로 있고, 이 회사에서 자동차를 대절하는 형식이다. 〈전등사의 일야〉는 일행 다섯명이 산사에서 방 한 칸을 얻어 하룻밤을 보내고 다음날 史庫터까지 돌아보고 오는 일정을 적고 있다. 마작, 장기, 바둑 등을 하면서 자정이 넘도록 절간의 밤을 밝혔다는 대목이 재미나다.

〈바다의 인천〉을 포함하여 여기에 실린 글들은 모두 여행 혹은 놀이를 목적으로 일정이 짜여져 있다. 이러한 목적으로 찾는 곳으로 산을 빼놓을 수 없다. 〈北漢山記〉〈道峯山行〉〈烽燧臺高峯山〉〈冠岳山遊記〉는 '한양부근 명산기행' 혹은 '전설과 사적의 한양명산순례기'라는 기획 아래 《삼천리》(1941.7)에 함께 실린 글이다. 기획 주제가 두 가지로 표기되었는데, 전자는 실제 본문에, 후자는 목차에 쓰였다. '기행'과 '순례기'라는 용어에 주목할 필요가 있다. 명산 기행이라 할 때에는 실제 산행을 전제하는 경우가 대부분이다. 하지만 '순례'라는 용어는 이보다 더 광의적인 의미로 받아들여져 순례기는 실제 현장 여행을 동반하지 않더라도 문서 기록 등에 의지하여 소개기처럼 쓰는 경우가 많았다.

위 글에서 〈道峯山行〉을 제외한 나머지 세편은 모두 소개기 혹은 가상적 기행문이다. 필자들이 삼천리사의 기획을 어떻게 이해했느냐에 따라 글의 성격이 갈렸을 것이다. 이는 여행과 순례에서 대상에 대한 정보와 여행자(순례자)의 감상 중 무엇을 중요하게 생각하느냐에 따라서도 나뉠 수 있다. 전자가 중요하다면 굳이 실제 여행을 가지 않더라도 문서 기록 등에 의존하여 글을 쓸 수 있다. 실제 '기행'이라는 제목을 쓰고 있지만 여로의 생생함이나 여행자의 감상과 체험을 전혀 발견할 수 없는 글이 이에 해당된다. 차상찬의 〈北漢山記〉가 이에 해당한다. 그의 글쓰기 방식은 대부분 이러하다. 최봉측의 〈冠岳山遊記〉는 "어느날 아침이다. 몇몇 고우와 같이 노들 건너 종로종점에서 나렸다"라는 표현만 보면 실제 관악산을 오를 기세이다. 하지만 그는 자신의 여로를 살리지 못하고 일반 소개기의 형식으로 기행문을 끌고 간다. 정보 전달 차원의 서술로 인해 기행문의 생생한 맛을 느끼기 어렵다. 유광렬의 〈烽燧臺高峯山〉 또한 짧은 고봉산 소개기이다. 고봉산이 아직까지 세상에 드러나지 않았다는 것이 이를 택한 이유이다. 경의선 일산역에서 내려 만경사까지의 풍경과 코스를 간단하게 소개하였다.

〈道峯山行〉은 이병기가 예닐 곱의 지인과 더불어 의정부쪽에서 올랐던 도봉산행기 이다. 산행은 1박 2일에 걸쳐 이루어졌다. 첫째날은 의정부에서 갈비를 회룡사를 지나 늦은 오후에 망월사에 도착했다. 비를 만나 하루를 묵을 수밖에 없었다. 어렵게 선방의 잠자리를 얻었다. 다음날 오전에도 비가 계속되어 점심 이후에야 출발할 수 있었다. 비가 갠 후 천축사를 지나 도봉서원터로 내려왔다. 다음날 오후 8시 창동역에서 다시 돌아오는 기차를 탔다. 우중산행기라는 점이 특이하다. 특히 망월사에서 맞은 비오는 아침은 시인에게 적지 않은 감회였다.

새들이 짖어귀는 소리에 잠을 깨었다. 구름이 山기슭으로 뭉게뭉게 피여오르고 이슬비가 부슬부슬 나린다. 개었드라면 漢江도 보고 日出도 보았을걸 하고 뜰에 나섰다. 뒤에 우쭉우쭉한 峯巒과 굳게 擁衛한 靑龍白虎와 여기저기 버려 있는 老松, 奇岩과 때로 변화하는 雲霧가 道峯의 絶勝뿐 아니라. 京山으로는 이만한 곳이 없으리라. 僧伽, 三幕, 大聖도 眼界는 넓으나 이처럼 秀麗하지 못하고 津寬, 奉恩도 으늑은 하나 이처럼 幽雅하지 못하다. 나는 무단히 詩情을 이르키며 이리저리 거닐었다.

〈道峯山行〉(李秉岐,《삼천리》, 1941.7) 중에서

그는 한양 부근 명산 가운데 도봉산을 으뜸으로 꼽는다. 절간 마당에서 든 생각이기 때문일까 각 사찰의 풍광과 느낌을 그 근거로 들었다. 북한산 승가사, 관악산 삼막사, 우면산 대성산보다도 또 진관사나 봉은사보다도 망월사가 더욱 수려하고 깊고도 우아하다는 것이 그의 설명이다.

한양 부근의 명산뿐만 아니라 한국의 명산 기행에서 빠뜨릴 수 없는 것이 사찰 기행이다. 산에 가면 절이 있고, 절에 가자면 산을 오르게 되는 것은 한국에서는 흔히 있는 일이기 때문이다. 지금까지 살펴본 경성 혹은 주변의 등산기에서도 자주 사찰이 등장했다. 〈전등사의 일야〉는 산이 아니라 사찰 자체를 목적지로 삼은 글이라는 점에서 그들과 변별된다.

지금까지 경성인의 휴양지 유기에서 살핀 글들은 모두 휴식과 여행의 차원에서 경기도의 명소를 찾은 글이다. 이와 달리 김준연의 〈강화행〉은 강화도 관광이 주된 목적이 아니다. 그가 강화도를 찾은 이유는 강화의 합일학교를 창건한 고 최상현의 동상 제막식 참례 때문이다. 그는 아침 8시에 강화행 자동차를 타고 11시에 양천과 김포를 지나 성동나루터에 도착했다. 나루터에서 모터 배를 타고 5분 정도 걸려 목적지인 강화도에 도착했다. 오후 2시에 있을 제막식 전에 그는 틈을 내어 강화도 관광을 시작한다. 주로 강화도의 역사유적지를 둘러보았는데, 이러한 유적지 관광은 다음날까지 계속되었다.

김준연의 글에서 주목할 만한 것은 그가 강화를 대하는 방식이다. 강화는 한성고등학교 시절 그에게 친절했던, 운명을 달리한 동창 정군의 고향이기도 했다. 제막식이 끝나고 그는 "고 정군의 부친을 찾아 뵙고 십구세된 그 아들을 만"난다. 친구의 고향인 강화는 그에게 찾아가 봬야 할 사람이 있는 "의무"의 땅이다. 이를 통해 김준연이 강화를 단순한 관광지로만 생각하지 않음을 알 수 있다. 곧 그가 강화와 맺는 관계는 인격적이다. 그는 여행지로 대상화하지 않고 자기 존재와의 관계 속에서 부단히 의미를 찾는다. 이는 최상현의 학교 창립 정신, 강화의 유적지에 대한 역사적 설명 등을 통해서도 드러난다. 그는 개인적, 사회적 차원에서 부단히 강화와 자신을 인격적으로 연결짓는다. 이 과정에서 그는 강화에 축적된 보이지 않는 의미들을 놓치지 않고보려는 모습을 보인다. 여기에서 대상을 깊이 있게 들여다보는 시인의 견자적 면모를 엿볼 수 있다. 여행지를 대하는 태도에서 볼 때 김준연의 글은 관광과 휴식 목적의 휴양지 유기와 국토 및 역사 유적지 답사기의 사이에 위치한다고 볼 수 있다.

3. 근대적 앎의 태도와 답사기

여행자들이 경기도 자체에 대한 관심과 인식이 없었던 것은 아니다. 이와관련된 경기 기행문은 주로 답사기의 형식을 취한다. 이에 대한 인식적 기원은 무엇보다 근대적 차원의 세계 체험 및 국토 발견의 선상에서 찾을 수 있다. 우리 문화 혹은 문학사에서 세계 체험에 대한 갈망은 다소 막연하게 시작된다. 이를 잘 보여주는 예가 최남선과 이광수가 꿈꾸었던 세계 일주이다.

나는 말로만 배우고 귀로만 듣는 것보다 눈으로 보고 마음으로 염량하는 것을 낫게 아는 성미이다. 이번 여행길도 이러한 성미의 부림이다. 지리 시간에 배운 것들을 講說과 圖繪로만 만족할 수 없어 항상 내 발로 친히 밟고 내 눈으로 친히 보기가 원이었다가 다행히 이제 세계 주유의 길에 오르게 되었다. 시베

리아의 들, 알프스의 산, 제임스 강의 석조, 베니스항아침해 등등을 몸소 밟아
보고 느낄 것이다.

〈快少年世界周遊時報〉,《소년, 1908.11)》

나는 한푼 없는 사람이 되려고 내 돈이 자라는 대로 봉천 방향으로 차표를 사
가지고 거기서 내려서부터는 걸어서 북경으로 향할 작정이었다. 인가 없는
데서 밥을 얻어 먹으며 중국 남방을 향하여 내려가 안남을 거쳐 면전(버마)으
로, 섬라(태국)로, 인도를 두루 돌아 파사로, 소아시아로, 그리고는 구라파보
다도 아프리카에 들어서서 아비시니아(앗시리아)와 애급을 보고 대륙을 횡단
하여 희망봉까지 내려갔다가 - 나는 이러한 꿈을 꾸면서 안동현 정거장을 향
하고 걸어 나갔다.

이광수, 〈그의 자서전〉

첫 번째 예문은 〈快少年世界周遊時報〉의 도입 부분이다. 1908년 11월
《소년》 창간호의 〈쾌소년주유시보〉에서 소년 여행자가 말하고 있듯이 이
시기에 이르면 책에서만 접하던 세계를 직접 확인해 볼 수 있는 길이 열렸다.
이를 가능케 한 것은 기차와 선박 등의 교통 수단의 발달임은 물론이다. 이
시기의 사람들은 기차를 타고, 배를 타고 더 넓은 세계를 직접 보고 또 밟고
싶어 했다. 이광수도 1913년 11월 오산학교를 떠난 후 세계무전여행을 꿈꾸었
다. 〈쾌소년주유시보〉에서 소년의 세계 여행이 실상은 의주에서 그치고 이광
수의 꿈도 상해, 안동, 해삼위, 하얼빈과 만주 등 중국 동부 지역에서 그친다.
이들이 실제 세계 일주를 했는가 안했는가는 중요하지 않다. 이를 계획하고
꿈꾸었다는 것 자체가 중요하다. 이들의 계획은 세계에 대한 초기 근대인의
야심을 잘 보여준다. 이는 곧 직접적인 경험을 통해 대상을 알고자 하는 앎의
정신과 통한다. 여기에서 앎과 체험은 수단이 아닌 목적 그 자체이다.《청춘》

창간호(1914.10)에는 부록으로 〈세계일주가〉가 실려 있다. "이편[세계일주가]
은 취미로써 세계 지리 역사상 요긴한 지식을 얻고 아울러 조선의 세계 교통
상 樞要한 부분임을 인식케 할 主늘로 排次함"이라고 이 글을 싣는 이유를
적고 있다. 세계를 알아야 한다는 이들의 태도는 이 시기 계몽에의 강박증을
강하게 반영한다.

지금까지 예로 든 1910년을 전후한 시기의 관심은 세계를 직접 체험하고
알고 싶다는 다소 막연하고 추상적인 차원에서 이루어졌다. 앎에 대한 강박
증이 당대 조선의 현실적 문제를 해결하고자 한 목적에서 비롯된 것이긴 하
지만 실천적 차원에서 볼 때에는 추상적 수준이었음을 인정하지 않을 수 없
다. 조선 국토에 대한 관심 또한 이와 근본적으로 다르지는 않지만 좀 더 구체
적인 목적을 가진다는 점에서 변별된다. 무엇보다 이러한 차이는 대상이 구
체적이고도 명확하다는 데에서 비롯된다. 이들의 관심은 막연한 세계가 아
니라 '지리적 경계가 분명한 조선' 그 자체인 것이다. 조선 국토에 대한 관심
은 크게 두 방향에서 이루어졌다. 하나는 일본의 제국주의적 관심이며, 다른
하나는 조선의 민족적 관심이다. 이를 잘 보여주는 것이 《반도시론》과 《개
벽》이다.

《반도시론》은 1917년 4월 10일자로 일본 동경에서 일본인이 창간한 조선
어로 된 시사종합지이다. 《반도시론》 1917년 10월호는 '중앙발전호' 특집호로
서 경성과 개성의 이모저모를 집중적으로 다루었다. 이를 시작으로 금강산탐
승기념호(1917.11), 경상남북발전호(1912.12.), 충남발전기념호(1918.3.), 전라남
북발전기념호(1918.6), 개성호(1918.7) 등을 기획적으로 발간하였다.

경기도 관련 기사를 정리해 보면 다음과 같다.

번호	지역발전기념호 (발행년월)	목차
1	중앙발전 특집호 (1917.10)	경성 십년사, 반도시론 사장 竹內錄之助 경기도의 勸業과 장래, 경기도 장관 松永武吉 경성의 발전은 삼십년후에 待하라, 경성상업회의소 서기장 大村友之亟 반도시론에 대한 소감, 평북의주 군수 金祥演 경성의 旣往을 생각하고 장래를 卜함, 조선상업은행 趙鎭泰 경성의 慈惠 사업과 십년, 前後錦堂生 경성 상업계의 變迁, · 金亭復 개성의 명산 고려인삼, 개성삼업조합서기 朴鳳鎭 개성의 상업을 발전할 무역회사와 개성의 공업을 흥기할 전기회사 경성 수도를 확장하라, 一市民 개성의 중심적 인물 朴宇鉉, 씨고려삼업사 지배인 石禾義弘 余는 경성 감옥을 觀하얏노라, 洪善杓 경성의 명물 복덕방, 漢北山人 인천의 今日, 一記者 京城我觀, 一歸鄕客 경성에 初見한 기술 개성인과 其生活, 東樵生 경성의 화류계와 연예계의 今昔, 感一浪人
2	개성호 (1918.7)	偉哉 개성, 개성경찰서장 森脇英士 송도면에 就하야, 久保田面長 개성 사업계에 헌신적 인물 박우현씨, 紫霞山 房主人 개성에 삼대 건물이 將起함 開城人의 장래, 孝子洞人 開城及開城人, 吟月生 세계적 영약 고려인삼과 인삼 판매계의 명성, 고려삼업사一記者 개성인삼상회와 인삼왕 崔盆模君, 北岳山人 **고려고적과 其風景, 海東樵人** 개성의 異彩인 崧陽, 文藝社一記者 개성의 학교와 現狀, 回遊生 개성재단법인사립 정화녀학교主 金貞蕙 女史의 前半生, P生 만능의 령약인 高麗人蔘, 一記者 송경 개관, 一記者 개성 기업계의 번영, 韓生 **박연관폭기, 崔瓛植** 개성의 인상, 京城 空眼子

번호	지역발전기념호 (발행년월)	목차
3	(1918.11)	유해무익한 인천 미두 취인소를 폐지하라, 憂國生 동양 유일의 인천, 신축항 관람자 인천물산객주조합 余의 인항방문기, 一記者 인천 米商 조합의 梗概 **인천여행기, 一記者**

《반도시론》의 답사 기사는 주로 각 지역의 역사, 산업, 문화 등을 정리하여 소개하는 형식이다. 이 잡지에 실린 기사들은 일본의 식민 정책에 대한 동조를 넘어 그 방향에 대해서도 적극적으로 제안한다. 결국 그 바탕에는 제국주의의 식민지 개발을 위한 시찰이라는 목적이 깔려있었음을 짐작할 수 있다. 위의 '중앙발전기념호'와 '개성호' 그리고 인천 관련 기사에서 순수 기행문에 해당하는 글이 극소함은 이를 잘 뒷받침한다.

《개벽》이 1923년 1월부터 1925년 12월까지 '조선문화의 기본 조사'라는 명목으로 조선의 각 지역에 대한 조사를 실시하였다. 이는 조선인의 자기 국토에 대한 관심 즉 조선을 잘 알아야지만 조선에 대해 감동하고 나아가 그에 대한 주인 의식을 가질 수 있다는 데에서 비롯되었다. 1923년 4월 경상남도에서 시작된 개벽사의 13도 답사기는 1925년 12월 전북답사기에 이르러 마무리된다. 이들의 전 조선 답사는 국토의 일부분으로서 각각의 지역을 새롭게 인식하는 계기가 된다. 여기에서 '지역'이란 조선 민족이라는 추상적 개념과 이를 구성하는 구체적 영토가 전체와 부분의 관계를 이루면서 형성된 개념이다. 이들의 답사는 전국의 각 지역에 대한 객관적인 조사를 목적으로 한 것이지만, 답사라는 형식을 취하고 있기 때문에 그에 대한 체험담으로서 수많은 기행문을 낳았다. 여기에 실은 답사기의 일부 또한 그 부산물이다. 답사기의 형식은 일률적이지 않다. 객관적 정보 정리 형식의 단순 소개기가 있는가 하면 구체적인 답사의 경험을 녹여내어 현장성을 살린 글도 있다. 경기도호라는 제호가 붙은 1924년 5월호에 실린 경기 각 군의 답사기들도 이 두 가지 형식 사이를 오간다. 이에 대한 구체적인 목록을 제시하면 다음과 같다.

번호	도호 및 발행년월	관련기사
1	경기도호 (1924.6)	■外人의 勢力으로 觀한 朝鮮人 京城中間人 ■其命維新의 京城 ■녜로 보고 지금으로 본 서울 中心勢力의 流動小春 ■余의 京城感과 希望, 京城人과 地方人鮮于全 ■京城의 二十年間 變遷상투生 ■在京城 各教會의 本部를 歷訪하고起瀍 ■京城 教育界의 一考察과 教育委員會 建議案姜邁 ■團體方面으로 본 京城一記者 ■文壇으로 본 京城稻香 ■言論界로 본 京城達成 ■書畵界로 觀한 京城及愚生 ■出版界로 觀한 京城春坡 ■朝鮮의 劇界 京城의 劇壇玄哲 ■京城의 花柳界一記者 ■開闢北靑支社 ■京城의 迷信窟 ■京城의 特産 ■京城의 貧民 - 貧民의 京城기진 ■京城의 名勝과 古蹟 ■京城의 人物百態觀相者 ■各道各人 ■醜로 본 京城 · 美로 본 京城네눈이 ■일홈 조흔 富川郡一特派員 ■仁川아 너는 엇더한 都市? (一)
2	경기도호 계속 (1924.8)	■仁川아 너는 엇더한 都市?(2) ■**江都踏査記 乙人** ■新局面을 展開하는 金浦郡 ■배주고 배속 빌어먹는 始興郡 ■京城의 藩屛인 高陽郡

위 표에서 보듯이 경기도 답사기는 1924년 5월호뿐만 아니라 6월과 8월호에까지 계속되었다. 맨 앞에 실린 글이 〈고려 고도 개성군〉이다. 이는 소개기 형식-기본적으로는 연혁 · 종교 · 교육 · 산업 및 명소와 고적의 순서로 개성군에 대한 자료와 정보를 요약 기술하는 형식-을 주로 취하고 있지만 답사의 현장성을 놓치지 않은 부분 또한 눈에 띤다. 바로 개성 최고 실업가이자 부호로서 지역 사회에 다소의 기부도 하는 '김원배군'을 찾아갔다가 번번이 퇴짜를 당하고 돌아섰다는 대목이다. 기자는 그에게 개성의 사정을 들어보고자 미리 전화를 하고 방문하기를 두 번이나 하였으나 결국 만나지 못했다고 한다. 이 이야기를 통해 기자가 개성의 지역적 특성을 드러냈다고 할 수는 없다. 다만 이 시기 개성 최고 부호가 누군지, 실제 어떤 식으로 답사를 했는지 등이 드러남으로써 이 부분은 답사기의 현장성을 드러내는데 한 몫 한다. 하지만 이 글은 전반적으로는 객관적 정보가 주를 이루고 있어 이를 제외하고는 답사 현장의 생생함이 강하게 느껴지지는 않는다.

개벽사의 기획 답사 이전의 개성 답사기로 〈內外面으로 觀한 開城의 眞相 - 都市巡禮의 其一〉(《개벽》, 1922년 9월)이 있다. 이 글은 생생한 현장성과 소개기가 적절하게 결합된 형식이다. 답사의 생동감이 두드러지는 글로는《신민》1929년 11월호에 실린 〈개성답사기〉를 들 수 있다. 이 글은《개벽》에 실린 글보다 당시 개성의 정황을 더욱 잘 보여준다. 특히 후반부에서는 몇몇 인물들에 대해 간단하게나마 덧붙임으로써 개성의 면면을 구체적으로 떠올리게 된다. 여기에서도 개성 부호 김원배에 대해 적고 있다. 그는 "원래 천성이 번잡한 곳을 피하는 분인 만큼 만나기 어려워" 면담 요청자들에게 불만을 사는데, 개성 사람들의 평에 의하면 "듣는 것과는 달리 적지 않은 물질을 사회에 제공도 하며 누구만큼 이해가 없는 분"이 아니라고 한다. 5년 후의 글에도 그에 대한 평은 변함이 없다. 이로보아 이 글의 필자 또한 그를 만나지 못했음은 마찬가지인 듯하다.

《개벽》에는 개성에서 시작하여 수원, 양주, 진위 등 경기도 각 군의 답사기가 실렸는데, 그 형식은 소개기가 압도적으로 많다. 이 가운데 필자의 동선과 경험 및 느낌이 살아있는 답사기가 두 편 있는데, 바로 포천과 연천 답사기이다. 건조한 지명 설명으로 시작하는 글들과 달리 이 두 편은 "봄비가 부슬부슬 내리는 사월 14일 저녁이다"(〈반상 의존의 포천군〉)라든가, "봄날이 화려하게 개인 16일 저녁이다"(〈大林主 횡행의 연천군〉)와 같은 일기 형식의 문장으로 시작한다. 내용 또한 객관적 정보보다는 실제 답사의 경험에서 얻은 일화 중심이다. 이를 통해 당시의 상황이 핍진하게 드러난다. 가령 포천 군청에서 겪은 바를 적은 아래의 단락은 당시 군청 및 관리들의 상태를 잘 보여준다.

이러한 곳을 가면 이렇게 하는 수밖에 없다. 군청을 찾았다. 군수 주영환씨는 "소인이 그저, 하옵고, 하옵던바"를 연발하는 촌양반(갓쓰고 탕건 쓰고 망건 쓴)의 칭제듣기에 배가 물러서, 아무 생각이 없는 모양이다. 서무주임을 향하여 포천에 대한 이야기를 좀 해보라 했더니 자기는 그 땅에 오니지가 몇 달이 못 되어 자세한 것을 알 수가 없다는 말이다. 군세 일반이나 한 벌 보여 달라고 한 즉, 그것도 예산이 없어서 단 사십 매[부]를 인쇄하였더니 벌써 다 없어져서 얼마 전 도청 양반이 와서 청할 때에도 응치 못하였다 한다. 단 사십 매밖에는 더할 예산이 없다는 것도 우습거니와 기위 인쇄에 부친 이상 단 사십 매에 그치게 한 것은 더구나 기괴한 일이다. 금년도 보통학교에 입학 지원자가 몇 명에 또 몇 명이나 수용되었느냐 한즉 그것은 아직 알 수 없다하고 그러면 금년도 포천군 내에 입학할 연령에 당한 아동이 몇 명이 되었던가 한즉 그 역 알 수 가 없었다 하며 의무 교육이 실행되지 않는 조선에 그것을 어떻게 다 조사하겠느냐 하는 것이 그들의 어투였다. 과연 대 일본 제국 총독부 관리가 되기에 적당한 심사들이다.

〈班常依存의 포천군〉,《개벽》, 1924. 5.

조선 영토의 발견이라는 숭고한 의례로서 이루어진 답사이긴 하지만 실상 이들이 여기에서 확인하는 것은 식민지적 현실 혹은 일본 제국의 폭력성이다. 포천에서는 관리들의 무력함을 통해 조선의 그것을 본다. 연천군에 이르면 그것은 이 지역에 들어와 사는 일본인의 횡포를 통해 드러난다. 제목의 '大林主 횡행'이란 연천의 산간을 차지한 일본인의 행위에서 연유한다. 이 글에서는 실제 산에서 동백나무 열매를 따던 조선인 부녀자들과 산의 주인인 일본인 사이에 발생한 충돌에 대해 적고 있는데, 여기에서 결국 궁지로 몰리는 것은 조선인이다. 이에 대해 필자는 "과연 얼마나 폭악한 심사냐. 죽을 것은 조선사람, 그 중에도 무산자, 그대도 대중은 오히려 이것을 모르고, 취몽이 昏昏." 라면서 조선인에 대한 안타까움을 표현하였다.

문산과 파주를 지나면서 이 지역에 대한 감흥을 간단하게 기술한 〈山程水程〉은 이 기획의 일련 기사는 아니다. 하지만 도시를 대하고 소개하는 태도는 이와 같은 범주에 속한다. 경기도호에서 각 군들을 소개하는 란의 상위 제목은 '등하불명의 근기'이다. 경기도를 두고 등잔 밑이 어둡다라는 표현을 쓴 것은 경성 가까이 있지만 실상 잘 알지도 못할 뿐만 아니라 경제적으로도 낙후됨을 표현하기 위한 것인 듯하다. "燈下不明 이라고 京畿道는 京城, 仁川, 開城, 江華 몇 곳을 除하고는 물질로나 사상으로나 富力으로나 각 道 중 제일 낙오된 것 같다."(《十三道의 踏査를 맛치고서〉, 《개벽》, 1925.12.)라는 표현이 이를 뒷받침한다.

1910년대에서 1930년대에 걸쳐 전국 답사를 기획하고 실시한 잡지에는 《반도시론》, 《개벽》, 《신민》, 《삼천리》 등이 있다. 이들 가운데 경기도와 관련한 답사기를 가장 풍부하게 실은 잡지는 《개벽》이다. 《반도시론》은 필자가 지방 행정관료로서 일본인인 경우가 꽤 되고 기사의 내용 또한 구체적인 산업 상황 등에 집중되어 있다. 경기도 인들의 실제적인 삶을 살피는 것은 이들의 일차적인 목적이 아니기도 했다. 1920년대 중후반 지방부를 두고 조선

각 지방에 관한 소식을 실은 잡지인《신민》또한 경기도에 대한 소식은 소략한 편이다. 이에 해당하는 것은 〈京南잡관〉(제2신)(윤용규, 홍인택, 1927.3.) 〈畿湖잡관〉(윤용규, 홍인택, 1927.4.) 〈개성답사기〉(류순근, 권일, 1929.11.) 정도이다. '지방 단체의 개선'을 통한 사회 개조는《신민》이 내세운 중요 이슈 중 하나이다. 수원, 이천 등의 소식을 전하고 있긴 하지만 경기도에 대한 관심은 경상도, 전라도 혹은 북선 지방에 비해 상대적으로 떨어진다. 서울과 지방으로 나눌 때 서울 중심에 편입될 수 있는 경기도의 애매한 성격 이 하나의 이유로 작용한 것은 아닌가 조심스레 짐작해본다.

1929년 6월 창간호에 발표된《삼천리》의 반도 8경에도 경기도 소재는 없다. 이후 승경 중심과 사적 중심으로 각각의 8경을 선정할 때에는 전자에는 '수원 화홍문'이 후자에는 '남한산성'이 포함되었다. 기행문은 염상섭이 화홍문에 대해 박종화가 남한산성에 대해 썼다.

박종화의 〈기행 남한산성〉(《삼천리》, 1940.4)는 실제 남한산성 답사기는 아니다. 지면 여행기에 해당한다. 주로 산성과 관련한 역사적 일화를 정리하고 있다. 다만 중후반부에 경성에서 남한산성으로 가는 길을 안내해 놓았는데 이를 통해 당시의 여로를 짐작할 수 있다.

> 봄볕이 따사롭고 가을 단풍 고을 녁에 短筇을 이끌어 광진 교반에 나아가면 남으로 일장련산이 천공에 孤線을 그어 영기를 뱉으며 가로 누웠다. 이것이 바로 이 장황한 이야기의 주인공인 남한산성이다. ① 서울에서 도보로는 육십리요 근자의 간편한 교통기관을 이용한다면 동대문 궤도회사에서 광장리로 가는 기동차를 타고 광진 진교까지 나아가 풍납리 토성이란 백제의 유적을 구경한 뒤에 상일리 소학교 앞을 거처 신장리 덕풍리를 지나 광지원까지 가서 동문(송암정)으로 해서 산성에 들어갈 수도 있고 좀 더 걸음을 아낀다면 ② 서울 동대문에서 궤도차를 타고 纛島에서 내려서 강가에서 송파가는 똑닥선

을 타고 언덕에 네려 송파진에서 삼전도 한(汗)의 비를 뜻 깊이 읽은 뒤에 바루 남문으로 들어서 산성에 들 수도 있고 아주 걷지를 아니하려면 ③ 서울서 京電 버스나 택시를 타고 앉으면 바로 산성 안 연무관까지 닿을 수 있는 것이다.

박종화, 〈紀行 南漢山城〉,《삼천리》, 1940. 4, 117-118쪽.

박종화의 안내에 따르면 서울에서 남한산성 가는 길은 세 가지이다. 동대문에서 기동차를 타고 가는 방법, 동대문에서 궤도차를 타고 가는 방법, 마지막으로 버스나 택시로 바로 가는 방법, 이렇게 세 가지이다. 그는 안내기의 형식을 취했지만 실제 산성가는 길을 생생하게 보여주는 글이 있다. 이은상의 〈백제 고도 남한행〉(《신동아》, 1933.8)가 그것이다. 그의 남한산성 1박은 '자동차로 상일리 하차 - 춘궁리 - 남한산성 북문 - 읍내(산성내 고읍인 듯) 연관에서 일박 - 밤에 달빛을 받으며 연무관 산책 - 이틀째, 서장대 - 장경사, 현절사 - 남문 - 황혼의 汗伊碑 - 강가에서 뚝섬가는 배를 타고 서울로 돌아옴'와 같은 여정으로 이루어졌다. 박종화의 안내와는 또 다른 길이다.

4. 역사유적지 답사기 등

경주, 부여 등은 조선의 고도로서 대표적인 역사 유적 관광지로 자리잡은 곳이다. 경기도의 경우에는 개성이 이에 해당한다. 이처럼 도시 차원에서 이루어진 역사 유적 답사기도 있지만 남한산성, 벽제관, 소령원 등과 같이 작고 단출한 규모를 갖춘 곳에 대한 방문기도 있다. 이는 경기도 소재로서 경성을 중심으로 할 경우 교통편이 용이했기 때문에 가능한 결과가 아닐까 추측할 수 있다. 이와 관련된 기행문을 제시해 보면 다음과 같다.

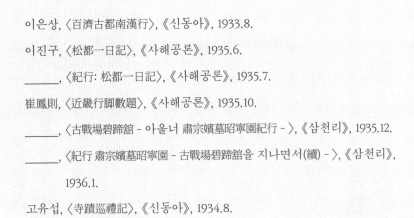

이은상, 〈百濟古都南漢行〉, 《신동아》, 1933.8.

이진구, 〈松都一日記〉, 《사해공론》, 1935.6.

_____, 〈紀行: 松都一日記〉, 《사해공론》, 1935.7.

崔鳳則, 〈近畿行脚數題〉, 《사해공론》, 1935.10.

_____, 〈古戰場碧蹄舘 - 아울너 肅宗嬪墓昭寧園紀行 -〉, 《삼천리》, 1935.12.

_____, 〈紀行 肅宗嬪墓昭寧園 - 古戰場碧蹄舘을 지나면서(續) -〉, 《삼천리》,
        1936.1.

고유섭, 〈寺蹟巡禮記〉, 《신동아》, 1934.8.

다음은 고유섭이 신륵사, 월정사, 상원사 등의 사찰을 순례하면서 쓴 글의
일부이다. 수원과 여주를 거쳐 강원도로 가는데, 전반부가 경기도 유적에 해
당하여 여기에 포함하였다.

기차는 남행하야 수원역두에 다다렀다. 나는 정차장 건물에서 순진한 조선을
발견하기 전에 견강부회된 조선을 발견하였다. 이는 하필 수원역 뿐 아니다.
서평양역도 그러하고 경주역도 그러하다. 개성박물관 건물도 그 중의 하나이
다. 그러나 이러한 교수의 糟粕的 존재는 문제하지말자. 교수의 조선은 경편
차가 본수원역두로 돌아들적 홀연히 바라보히는 수원성 남문에 있다.
원래 이 수원성은 정조 십팔년에 기공되기 전에 비록 퇴폐는 되었을지언정
周四千三十五尺의 토성으로 있었던 것이다. 이것을 정조가 개수신축케 된 것
은 수원이 경성의 중진일뿐더러 현강원이 생긴 이래 수원이 별도의 의미를
갖게 되어 행궁의 경영까지 보게 된 것에 기인이 있다 할 것이다. -중략-
물론 이러한 고증은 차중의 산물이 아니지만은 차중 경물에서 이상과 진취를
느끼지 못한 나는 항상 이러한 괴벽스러운 서술로 흐르게 된다. 이것이 나의
여행기의 악취미이나 그러나 교수의 조선을 찾아다니는 나의 여행으로선 면

치 못할 특성이다. 따라서 경편차가 여주 어구에 다다를 때도 눈에 선뜻 떼이
는 것은 남편에 커다란 비각이요. 북편의 문묘 건물이라. 조선의 풍물은 蕭條
하고 민가는 왜소할지언정 이러한 건물만은 도처에 장엄한 까닭이다.

고유섭, 〈寺蹟巡禮記〉, 《신동아》, 1934. 8, 92-93쪽.

고유섭은 위 글에서 역사적 고증을 중요하게 생각하는 자신의 관점에 대
해 변명하듯 밝히고 있다. 여행지에 도착하자마자 그의 눈에 들어오는 것은
자연 경관보다는 비각이나 문묘 건물 같은 사적들이다. 이유는 "조선의 풍물
은 蕭條하고 민가는 왜소할지언정 이러한 건물만은 도처에 장엄"하기 때문
이다. 이는 이러한 건물들만이 조선의 건재함을 느끼게 하고 조선인으로서의
자존심을 회복시켜주기 때문이라고 해석할 수 있지 않을까.

경기도 기행문에서 사찰 순례기 또한 빠뜨릴 수 없다. 불교 관련 잡지들이
발행되면서 기행문 형식을 취한 사찰 순례기는 많은 양이 생산되었다. 이는
경기도에만 국한되지 않고 전국적인 차원에서 이루어졌다. 이에 대한 구체적
인 설명은 여기에서는 생략한다.

우미영

北城磯

崔溜生
《청춘》, 1918년 9월

北城磯는 聖居山등성이 한 十里 되는 동안의 일커름이니 무슨 歷史的 遺物이 잇거나 쏘는 들을만한 이약이가 실럿거나 한 곳도 못되고 눈을 깃겁게하는 곳이 만다던지 마음을 시원케하는 시내가 잇다던지 한곳도 毋論아니오 억지로 取할 것이 잇다하면 한푼들이지 아니하고 살수잇는 淸風明月이 잇다할 박게업는데 놉흔 곳이라 淸風은 언제던지 잇스려니와 (썩놉흐면 稀薄하지마는) 明月은 밤에 잇는 것이오 밤이 아니면 일커를 價値가 업는 것이매 그것도 完全하지못하고 다만 하나 무엇을 가질 것이 잇다하면 그 놉흔 것 險한 것을 배흘박게 아무것도 보잘 것 업는 곳이라 다시 말할 것 업시 北城磯는 險하기로 이름난 곳 北城磯하면 오오 「안돌이」, 「지돌이」 이슨 거긔말이냐 할만큼 이름놉흔신대라 開城의 北四十里許에 天磨聖居 두 山이 잇스니 天磨는 西에 섯고 聖居는 東에 안젓는대 이 두 山의 골작이물이 모여 한 有名한 물건을 맨들어내엇스니 名所로 몃재가지 아니하는 朴淵瀑布 그것이라 南쪽으로부터 이 瀑布구경을 가는 길이 두 갈래니 하나는 開城에서 바로 天冠山골로 하야 들어가는 것이오 하나는 長湍華嚴寺로 하야 北城礑를 넘는 것이라 이번길은 이 北城礑를 말미암기로 하다.

말이 좀겻들어가지마는 이번에 여긔오게된 動機며 밋 一行의 이약이를 아니할 수 업다 곳 必要가 잇다. 우리 一行은 徽高職員 學生하야 四十六名의 거의 한 小隊되는 人衆이오 내가 隨行하기는 ㅈ學監의 가티가달라는 말슴도 몃번 잇섯지마는 鬚髥만흔 ㅁ선생의 懇篤히 쓰시는 뜻을 막지 못함이라 써나기는 六月 十三日 곳 陰五月五日 곳수레날이라

(수레날) 俗에 이날먹이는 쑥썩을 하되 수레박휘가티 동글아케하며 쑥의 한싸위에 수루취가 잇나니 수루는 수레와 비슷하며 다시 말하면 이수레취의 한싸위 쑥으로 썩을 하고 여러 가지 놀음을 차리어 놀므로 일음이니 그 起源은 大槪 우리의 黃金時代인 三國적부터 비롯한 듯하더라

修學旅行이라하면 그 文字와 가티 漆板미테서 배는 것外에 文字로 보는 것外에 實地로 격고보고 배호자함이니 右俗을 尊重히 아는 開城의 수레날 구경을 하려하야 이날을 잡음이다. 몃시간씩 압서 平壤으로 水原으로 두패의 언니 아우를 보내고 乃終에 우리는 開城으로 下하얏다. 驛에 나리니 兒童의 彩衣가 벌서 무엇을 意味함인듯하다. 滿月臺 잔디우에 五百年 압서 사람이 되엇다가 觀德亭 무르녹은 그늘에 시원한 바람을 쏘이고 敬德宮에 다다랏다. 敬德宮은 李太祖의 潛邸로 太宗째에 重修한 것이 어느 兵燹에 鬱攸의 차지가 되고 말앗는데 이제는 遺墟碑刻만 잇다. 이남의 敬德宮은 婦人의 全有다. 故로 男子는 影子도 볼수가 업다. 그리하야 新婚한지 二三日된 女子라도 다 參遊한다. 나는 여기에 오아 한가지 異感을 엇덧다. 첫재 안악네의 놀이에 사내가 參預하지 아니하는 것은 男女의 別이 嚴格한 道德이 직히어 지는 것이다. 道德으로 짓히어 지던 것이 이제는 警官의 힘을 빌어 직히게 되엇다. 나는 이러케 생각하얏다. 안악네의 놀이라하면 男子는 勿論아니들어갈것이오 아니들이려면 「男子는 들어오지말」라는 문자를 부티는 것이 조티아니할

가하얏다. 그러나 나의 생각은 헛것 괸한 것이다. 그리되지 아니하니까 警官의 힘을 빈 것이 아니냐. 우리의 道義 이만큼 衰頹하얏다. 더욱히 우리 朝鮮안 악네의 놀이에 朝鮮男子는 들이지 아니하고 西洋兩班은 許入하는 것이 切感되엇다. 우리도 思想이 高尙하고 行實이 점지안으면 이런 現象이 보이지 아니할 것이다. 또 한가치 서울가트면 하는 생각이 낫다. 勿論 조흔편의 생각은 아니다. 참 서울가트면 이 宮墻박 언저리에 浮浪者가 들쓸어 別소리 別別짓을 다하겟지마는 晋代의 淳俗을 직히는 시골이라 그러한 꼴은 보이지 아니한다. 우리는 團體인 藉勢, 멀리온 憑計, 또는 古跡을 觀覽하는 口說로 暫時동안 許入되엇다.

진솔한 옛풍속을, 어느 곳에 물을런고. 敬德宮 숩풀속에 彩衣만 번득인다. 눈감고 잠잠하을제, 법국소리, 나더라.

싼이악이가 괜히 길엇다. 善竹橋로 발을 돌려 默默히 目禮한뒤 여기서 三十里許되는 華藏寺로 다다랏다. 하로밤 이절의 客노릇을 하고 아츰일즉이 北城磯로 안하얏다. 圓通寺(華藏寺에서 十餘里에 在)뒤에서부터 「중방바위」, 「門바위」하는 것이 第一着으로 나선다. 아아 北城豈 機微가 보인다하얏다. 그러나 아즉도 아니다. 여기는 그늘이 축축 얼클어져 푸른 帳幕이 들이오고 시내가 졸졸이 흘러 맑은 音樂을 알외오고 바람은 솔솔이 불어 芳草로 춤을 취매 우리가튼 行旅者로 발을 멈출만한 골작이다. 이 그늘에 들어서며 우리 一行은 말큼 그품에 싸이어버리엇다. 우리는 그만두고 萬馬가 作隊한다 하야도 조금엿볼수 업는 거한 숩히다. 一步를 내어노흐면 一步가 더욱 그윽하야 員行하는 우리끼리도 저박게 겨우 압뒤의 두사람이 보일 쭌이다. 굽이진 곳 욱어진 숩헤 싼히 한 자욱길이니 그러할수박게 업다. 이 幽間境을 싸져 올라서면 이 山 바로 頂下에 北城廢寺가 잇다. 이 절자리는 北城磯 길을 살작 비켜 조곰 우으로 掌大의 平壤이다. 울어르면 居岩絶壁이 屬屬히 보이고 숙으리면 疊岡重巒이 杳杳이 업되엇다. 가슴을 헤치어 松風을 쏘이고 새암을 움켜 點心을 지낸뒤에 北城磯 木矗를 破하기로 하얏다. 우리를 强勇한 進攻隊라하면 北城磯는 防守하는 敵陣이다. 압헤 싹 버티고 섯는 이 敵陣을 突破하량으로 우리는 내다랏다. 엎드러지면 코다흘 벼로 하나를 싀불동 싀불동 돌아올라서서 다시 압도 뒤도 업는 一毛觀上이다. 나츤 自然히 西向이 된다. 그대로 서서 나려다보면 十數丈 되는 바위홈대가 나리질린 것이 잇다. 이것이 「지돌이」이다. 바위 벽에 「지돌이」라 삭이엇다. 이것이 이곳의 關阨이다. 기름만 좀 바르면 아니 기름을 바르지 아니하야도 발만대면 싹 밋글어나릴이 바위홈대를 나려갈터이다. 두손길을 터덕펴 바위우에 부티이고 두발길을 쌔더 바위우 도도록한 턱을 자텨 나리드된다. 한턱을 어더 겨우 한발을 나리노코 쏜한 턱을 차저 드듸려면 볼기가 얼마쯤 부비어지고 손바닥이 엔마큼 뮈어진다. 정신만 아차하면 그대로 폭곡그라질 것이다. 그리하면 그만 千仞抗塹에 굴어저 산사람으로 하야금 復復復부르게 할 것이다. 여긔서는 제아모리 直立動物을 絶對神聖하다할지라도 손을 손으로만 쓰지 못할 것이다 여긔서야말로 進化하기 前의 原始狀態를 들어내고야만다. 이러케나려가기를 一人이 十分二十分하면 (생각으로 그러한 듯) 겨우 바닥에 나려서게된다. 나려서자 今方 나려오니만한 石壁이 치어다뵌다. 이것이 「안돌이」라는 것이다. 나려오니만한 辛苦로야 올라선다. 예서부터는 妙理잇게 건너쮜여야만할 바위도 잇고 엉금엉금 긔어야만할 바위도 잇고 척업들여 배밀이를 해야만할 바위도 잇고 한길만한 바위가 길을 싹 막으면 다시 비킬 수 업시 이것을 쮜어넘어야한다. 쏘 그와가튼 바위가 실적돌아섯나니 이것은 쏙 쮜어나리어야한다. 이동안은 무슨 구경할 餘地도 업고 困하다 險하다할 暇隙이 업다. 이러구러 艱辛艱辛 이 山 이마에 다흐면 이이마를 뒤덥허 널풀어진 바위가 잇나니 이것이 「遮日바위」이다. 暫間 쉬노라니 우슴판이 벌어젓다. 그 理由는 華藏寺에서부터 쌀아온 세사람이 잇스니 그 중에 怯쟁이 한분이 끼어 엇지 애를 썻던지 손이다 쓸어지고 바지가 다 뒤어젓스며 다시 갈수업다하야 그 同行의 두분

이 最終遺言을 밧는데 죽드라도 恨이나 업게 한마대도 쌔지말라고 懇切히
請함이라 戲弄이나마 이만하면 엔간한 것을 斟酌할 것이다. 여태까지 올라
오는 이가 잇다. 올라오는 이마다 한숨한번씩을 휘쉰다. 이 山하나를 거의
감눌러풀둘러 안돌고지 돌아 올라서서 엔간하거니하고 나려다보면 바로 발
미티 圓通寺이다. 여긔가 겨우 圓通寺뒤이다. 씹바꿈질을 하면 절마당도 지
나겟는데 말소리는 들리지 아니한다. 이쑨아니라 생각하면 午鐘이 모긔노리
만큼 들리는 듯하고 炊煙이 홀아비 골통대 피는 이만하다. 우리 一同은「잘집
의 서울을 눈눈앞에 깔고서」의 校歌를 行進曲 삼아 비롯하며 다시 써낫다.
조곰 우으로 비슬여 시루업허 노흔듯한 비탈을 지나게 된다. 이것이「치마바
위」라는 것이다. 막 돌아서노라면 압히 쫙막히고 石扉가 방긋이 열리나니 이
것이「노구걸이」이다. 이름과 가티 적은 노구솟을 걸만한 좁은 아궁이되듯한
대이다. 적기로 名聲이 놉흔나도 한참 부비대어야하겟다. 말허리를 부르질
럿다는 洪누구 배불뚝이 아무 大監하는 이는 이거리를 지나기 可望이 업다.
어림도 업다. 이거리가 그저 좁기만한 것이 아니라 어쩌케 찌어나서면 발하
나 드듸리만하고는 그냥 나리질린 낭쎌어지이다. 그리하야 이거리를 나서자
발을 드듸려 바위(곳 石扉되듯한 것)를 情답게 안쏘 코를 문대며 才致잇게
살작 돌아서야한다. 이러케 돌아서면 그 자리가 곳山半 되는 바위턱이다. 큰
決心으로 나리쮜면 여긔서부터가「안무재」라는 대이다. 안저서 한참씩 뭉긔
대어야만 지나고지나고 할대이다. 그 다음이「밧무재」이다.「안무재」보다는
좀 동안이 길게되엇다. 여긔서 얼마즘 平便한「긴등」을 지나면「드틈바위」라
는 것이 나선다. 글로만보면 老人이라도 드틈드틈하면 나려갈것일듯하나 이
와는 아주 틀리나니 곳 北城磯 뒤읏이나가다 주춤한대이다. 한 數十丈되는
石脉이 山등성이로 번질을나리박여 다시 엇지 할수업는 대이다. 이바위등성
이에가 실금어니들어누어 마치 氷河나리듯해야만한다. 치어다보면 靑天이
咫尺이오 나리다보면 絶壑이 九萬里이다. 참左로도 右로도 엇지할수 업는

대이다. 꼭 밋글어질대를 아니 밋글어지려니 꼭 썰어질대를 아니 썰어지려니 如干할가보냐. 甚至於 南無阿彌陀佛를 부르는 이가 잇다. 南無阿彌陀佛 소리가 낫스니 말이지 華藏寺나 開聖庵(大興山城안에 有)에서는 이 北城磯로 하야쑤린다. 華藏寺는 勝朝恭愍王 二十年에 創建되엇는데 그 開山祖指空(西域僧)의 말이 이절이 富하지는 못할지라도 또 艱難하지는 아니하리라 하얏다한다. 果然 不貧한 절이다. 이 北城磯도 짱은 開城이나 된 關係로 보면 偶然히 華藏寺차지라 할수박게 업다. 開城의 男女는 春秋로 거의 이 北城磯를 넘는다. 依例히 華藏寺에서 자고 指路僧하나를 어더 아츰일즉이 써난다. 이재의 華藏寺는 복노業을 하고 指路僧은 生수가 난다. 男子는 한 冒險으로 한놀이로 넘지마는 女子는 그러치 아니하야 한 迷信으로다 곳 北城磯를 地獄길이라하야 여기를 잘넘으면 이 世上을 써날 째에 저승길이 환히 열린다한다. 그리하야 써날 째부터 南無阿彌陀佛을 불러 이 險한 군대를 다 넘도록 조곰도 그치지 아니한다. 그쑨아니라 굽이굽이 佛錢이라는 것을 놋는다. 生수가 난다는 것이 이것을 이름이다. 두둑히 바든 步行삭에 佛錢으로 듬을 하니 노는 입에 念佛로 놀이 兼 큰벌이이다. 이에 한가지 생각할 것 잇다. 우리의 先人은 매우 多事한 분들이어서 이런길을 쑬어보앗다. 길을 通한 뒤에는 이름을 삭이엇다. 「지돌이」면 「지돌이」라 「遮日바위」면 「遮日바위」라 正音으로 삭이엇다. 이길을 처음 쑬은 이야말로 無限한 애를 無數番 썻슬 것이다. 이리하야 열어노흔 길을 넘기에도 우리는 險하니 어써니한다. 이길을 쑬은 이도 아마 高山大川을 定奠하던 彭虞가튼 어른이 아니면 반듯이 心界靈域의 開拓을 任行하는 道僧일 것이다. 이런이의 쑬어노흔 길이 이제는 行脚僧의 벌이 감이되고 말엇다. 인제(將來)는 우리의 手脚을 試鍊하는 터이 될 것이다. 이제도 試鍊하는 中이다. 나는 多幸이 압섬을 어더 먼저 나려섯다. 돌아다보니 四十六名의 도막으로 마듸를 이은 긴장대가 비스듬이 일어섯다. 나는 다시 疑心이 낫다. 이 山의 勾配가 甚한 이만큼 이바위가 傾斜가 甚하야 게다가 나치밋글어우니 쑥굴러나릴터인대하얏다. 그러나 그러치아니한 줄을 쌔다랏다. 地球는 引力이 잇서(天體의 壓力인지는 모르나) 모던 物體를 地中心으로 나리쓰나니 이 引力의 法則이야 傾斜이나 平面이어나 無公無私히 均行됨이다. 이길은 地球引力의 實體까지된다. 이로써 北城磯는 마추인다. 여긔서 휘우듬이 올라서면 大興山城 東門이다. 大興山城은 天磨聖居 두 山을 걸어안즌 城麓이니 高麗初부터 李朝末까지 자못 要害處이엇다. 城을 쓰고 無數한 巖雄을 거쳐지나 開聖庵에 다다랏다. 이 庵子는 北城磯를 넘어 처음 사뭇는 대이다. 이절은 羅漢이 엇지 靈驗하신지 千山島飛絶의 雪中에 불씨가 썰어저 無奈의 境遇에 童子의 맵시로 그앞 觀音寺에 가 불을 부쳐왓다는 둥 不精한 사람이 잇스면 잡아다 나무에 씌던지 팽기치던지 한다는 둥 씀직한 靈場이다. 獨立協會를 白棒打盡하던 皇國協會의 一人인 아무도 이에와 佞媚를 들엿다한다. 이절의 압에 채인 듯 보이던 觀音寺를 數十分만에 나려갓다. 이절과 나와는 舊面이라 寒暄을 마치고(밧기야 하랴만) 자리를 定하얏다. 開山은 高麗 光宗 二年에 寺後窟內에 두 觀音石이 잇슴으로 일커름이다. 住持 화상에게 무르니 도무지 「익부직」이다. 勸告는 아니나마 한마듸 부처말하려한다. 朝鮮의 名所라하면 山水의 麗을 가진 寺刹이 居多한다. 그리하야 行旅者의 차즌대도 쏘한 여긔이다. 쌀아 多少 準備할것이 잇슬듯하다. 爲先 開山事蹟가튼 것도 揭示하여야겟다. 龍朔 幾年 崇禎紀元後 某甲 싸위의 몬지가 테테 낀 그런 文套말코 좀 簡明한 文字로 新羅면 新羅 高麗면 高麗의 某王 何年 距今 幾年이러케 말이다. 接賓으로 말하면 交際法을 차려 行旅者를 迎送할 싸닭은 업지마는 春夏間에 고비나 좀만히 뜻고 취나 넉넉히 해노핫스면 그만이다. 只今과 가티 日暮路窮의 行旅者로 하루밤 投宿하기를 請하면 예는 旅店도 아니오(勿論 아니다) 쌀은 업지 아니하나 饌거리가 잇지못하니 市廛에 나가쉴 수박게 업소는 좀 過하신 對答이다. 더구나 旅館 經營이 업는 절에서는 아니 될말이다. 우리도 豫期한 宿所가 여긔언마는(通知까지

北城磯 51

하얏다) 中流 倒檣으로 할수업시 近五十名의 學生을 몰아 開城 四十里를 나려가게 되엿다. 좀 오랜 時間에 시원히 보려던 朴淵을 불야불야 거쳐 山城을 나섯다. 山미테 나려서니 벌서 쌍검이는 되엇다. 그리하니 自然 飢困을 다 격게 되엇다. 밤 열한 時는 하야 開城에 다다랏다. 저녁을 먹엇는지 엇잿는지 旅行券도 업시 華胥團 나들이를 하얏다.

부처도 因緣업는 衆生은 건지지 못한다고 우리는 觀音寺와 因緣이 업섯던지라 一宿의 緣을 맷지 못하고 開城에 들어온 것은 어제의 일이다. 하루는 精寺에서 하루는 都市에 兩兩相半으로 도리혀 滋味잇게 되엇다. 이번 旅行의 目的地는 北城礪이다. 이 北城礪 돌넘는 것은 우리의 目的이다. 目的이 사못첫스니 밤車로라도 올라오는 것이 맛當하다. 그리아니한 것은 四千年 古都의 平壤에 가앗던 언니를 예서맞고저 함이다. 마추인 時間에 맛낫다. 純潔하기 處女가튼 ○先生이 보인다. 그는 每每에 勤實하고 盡摯한 분이다. 學生에게도 매우 感化를 主하나 어써한 새에는 感化보다도 嚴正한 規則으로이다. 이번 길에는 얼마나 애를 쓰섯는지. 우리 두 牌를 실흔 南門行 汽車는 한참 숨차 헐썩어린다. 車中에서 각기 본이약이가 벌어젓다. 한 牌는 北城礪를 자랑하고 한 牌는 牧丹峯을 자랑한다. 한 牌는 長城一面 溶溶水를 자랑하고 한 牌는 飛流直下 三千尺을 자랑한다. 한 牌는 石田春雨種人蔘을 써들고 한 牌는 四時歌舞月中還을 짓거린다. 놉흔 것을 말하면 널븐 것을 말하고 險한 것을 이르면 고운 것을 이른다. 奇古한 것을 일커르면 平當된 것을 일컷는다. 하나가 唱하면 하나가 隨하고 하나가 呼하면 하나가 應하야 冷麪의 答은 成桂湯이오 草笠의 對는 털帽子이다. 이리하야 서로 구경의 伯仲을 겨룬다. 아니게 아니라 開城과 平壤은 서로히 자랑할 點도 잇고 서로히 세울 구텡가 잇서 實로 抗論할 資料가 無盡藏이다. 나는 平壤을 볼적에 이런 말을 하얏섯다. 곳 平壤은 淸流壁下 大同江으로 勝狀이라하얏다. 이번에도 그와 가튼 文法으로 開城은 聖居山上 北城礪로 壯觀이라 한다. 北城礪는 壯觀이

라 할째에 朴淵과 어써한가 생각할 것이다. 그러나 開城 三絶의 一인 朴淵도
北城磯를 아울러 더욱 壯觀이 될 것이다. 南門驛에 나리니 水原가앗던 아우
들이 반갑게 마지한다. 나는 驥尾의 德으로 開城에 丁遊하고 北城磯는 甲觀
하얏다.

仁川遠足記

金允經

《청춘》, 1918년 9월

半島內에서 一二를 爭하는 大港이오 屈指의 大都會되는 仁川이지만은 나는 한번도 遊覽할 機會를 엇지 못함으로 늘 遺憾으로 思하엿더니 「쯧이 잇는 곳에는 길이 열리나니라.」「사람이 機會를 차즐 것이 아니라 機會가 늘 사람을 찻나니라.」한 말과 가티 이 機會는 花爛春城하고 萬和方暢한 陽春佳節을 타아서 나를 부른다. 이것은 곳 日本第二艦隊가 仁川에 定泊하고 十八日로 二十二日싸지 自由觀覽을 許한다 함이라. 그러함으로 나는 緊張한 맘이 高潮에 達하엿다. 어느 틈을 타아 갈까 하엿더니 마츰 學校에서 二十二日에 仁川遠足會를 開하겟다 頒布한다.

이에 二十二日 아츰이 어서 되기를 기다리던바 寄宿舍 主婦의 朝飯床차리노라고 달각달각 술저(匙箸) 놋는 소리에 잠을 쌔니 집웅簷下 洋鉄챙에 비방울 듯는 소리가 후둑둑 후둑둑 한다. 나는 어제 B先生이 비오면 工夫하겟다한 말을 記憶하고 緊張되엇던 맘이 바작바작 조인다. 그러나 여덟時 지음에는 綿紬을 보다 더 가늘은 비발이 부실부실 나리어 핑계쟁이 口實삼기에

適當하다. 이에 나는 不顧하고 南大門停車場으로 내달으니 近十餘人이나 발서 온이도 잇고 비오아 못간다고 돌아들어가는 이도 잇다. 그러하나 熱心者들은 團體되기를 바라고 기다리는 中 아홉時가 거진되매 驛長交涉委員으로 定한 ス兄 以下 十餘名을 電車가 吐하고 달아난다. 이에 急히 二十四人의 團體를 組織하고 往復割引車票를 求하여 三等車 한 間을 짜로 占領하고 사랑스럽은 永信小學校團体 六七十名과 함께 타앗다.

出發時刻이 되자 準備다된 呼角소리가 나매 우렁찬 汽笛소리가 나면서 車는 슬-슬 피-피 次次 加速度로 움즉인다. 큰 目的을 達하듯 砲烟彈雨 中 勝捷을 得하고 凱旋을 하듯이 깃븜이 充滿한 우리 두 學校團体 中에서는 不謀而同으로 一時에 萬歲를 부르며 連하야 興에 못이기는 唱歌의「코러쓰」가 車안에 가친 쌕쌕한 空氣를 震盪하게 하며 나의 맘을 極端絶頂까지 興奮시기어 形容할 수 업는 快感을 주는 中 永信學校 女敎員 三四人의「쏘프래노」는 여러 男子의「쎄쓰」를 壓倒하고 仙女의 노래가티 淸雅하게 뛰어난다.

六七日을 連하여 불던 西北風이 눈을 못 쓰게 고비沙漠의 모래와 티쓸을 몰아다가 가쓱이나 몬지 만흔 京城을 휩싸서 紫陌紅塵을 만들던 次에 새벽부터 順한 비가 솔솔 나리어 메마른 쌍을 끈적끈적하게하고 쌧쌧하던 쌍을 유둘유둘하게하매 쌍 밋헤 蟄伏하엿던 개골들도 쏘한 興에 겨웁어 그의「코러쓰」로 우리의「코러쓰」를 和答한다. 쏘한 車窓에 들어치는 비방울은 點點히 微細한 구슬(珠玉)을 줏어부치고 다시 한데 뭉치어 굵은 구슬을 만들고 쏘 다시 구로어나리어 個個의 連結하여 自然的 珠簾을 車窓에 늘이어 준다.

나는 愛讀하는「靑春」한 卷을 들엇다. 그러하나 이 車窓에 늘인 珠簾이 바람에 나붓거리는 듯이 流動함이라던지 沿道左右와 遠近山川에 春色을 자랑하는 樹木花草가 나의 맘을 흐리고 달래고 씃음을 因하여 할 수 업시「靑春」을 접어노코 窓門을 들어부치고 두 손을 마조잡아 窓門지방에 언저 턱을 고이고 視線을 自然界의 美에 集注하엿다. 그렁저렁 비는 그 자취를 숨기어 自然

界의 景色으로 하여금 더욱 新鮮하고 더욱 洒落하게 함으로 붓손을 마-ㄱ 갓 쎄어내어 노흔 듯한 名畵의 一幅이 眼前에 展門되어 率居와 抱一이라도 자못 붓을 投할만치 美麗하다. 누른 개나리 붉은 복사꽃 茶紅의 櫻桃꽃 軟粉 紅의 벗꽃(禁卽「サクラ」)들은 銀빗가튼 구슬방울을 먹음고 방싯방싯 웃는 듯이 입을 빙그레 벌인 것도 잇고 붉은 치마자락을 거어들고 蝴蝶舞를 추는 듯이 花瓣을 너울너울 펼친 것도 잇고 이미 歲月 다 노치고 지기 실흔 한숨을 쉬며 無色한 貌樣으로 軟風에 나붓거리어 이리펄펄 저리펄펄 定處업시 날아 가는 것도 잇서서 꽃폭이 밋마다 草綠章花紋 方席을 깔아노핫고 척척 늘어진 垂楊은 야드르르한 기름氣가 돌는 妍妍히 푸른 枝葉으로 구름 속에서 새어나 아오는 太陽의 光線을 反射시기어 錦幅을 半空에 걸어노흔 듯한데 汽車는 들들들 살닷 듯함으로 一層 그 物色의 調和를 美麗하게하며 沿道의 陸地로 하여금 奔騰澎湃하여 흐르는 激流가티 보이게 함으로 武陵桃源이 여긔가 아니런가하는 疑心이 일어나게 한다.

그리하여 나는 속에서 自問自答이 일엇다. 풀기 어렵은 問題 쑨이엇다. 저 美麗하고 奇妙하여 아무도 그 기픈 속을 엿볼 수 업슬만치 秘密을 嚴守하 는 大自然 卽 어머니가튼 大自然(Mother nature)아! 저 宇宙萬物은 무엇으 로 어써하게 어느 째에 무엇하려고 무슨 目的으로 만들럿느냐? 쏘는 어느 째까지 두엇다가 무엇을 하려는가? 쏘 이 現狀은 永遠無窮이냐? 쏘는 限이 잇다하면 어느 째까지며 그 뒤에는 어써할 것인가? 쏘는 그中의 一部分인 「나」라 하는 것은 何故로 來하엿는가? 生存하는 目的은 무엇인가? 누구 쏘는 무엇을 爲함인가?「나」自體를 爲함인가? 쏘 저 누른 꽃 흰 꽃 푸른 닙들은 그 嚴冬酷寒에는 어데로 가앗다가 저와 가티 春服에 盛粧美飾으로 다시 무슨 힘으로 웨 나아오앗는가? 오! 칸트의 火雲星假說과 가티 大氣의 進化로 宇宙 間 天體가 생기고 太陽系가 생기고 그中의 地球도 생기엇고나! 쏘 따윈의 進化論말맛다나 各 生物은 同一한 始祖「아메바」로부터 遺傳 變性 選擇으로

因하여 今日과 如한 千差萬別의 動物과 植物이 存在하게 된 것이로고나! 그리하여 저 곳도 생기고「나」도 생기엇고나! 그러하면 太初의 火雲은 어데에서 나고 그 熱은 어데에서 나왓는가? 쏘 그 回轉하는 運動力은 어데에서 어덧는가? 化學者의 말이 物質은 不減不生이라하는데 쏘 生理學者의 말이 一次 靜止된 것은 永久히 靜止되고 一次 運動한 것은 永久히 運動하는 法임으로 動한 것을 停止하던지 停止한 것을 動하게 하려면 반듯이 力을 加하지 아니하면 아니된다 하는데 그 原始的 物質은 어찌 생기엇스며 그 回轉循環하는 力은 어찌 어덧는가? 저 花草와「나」는 同一先祖를 가지엇다하면 그 先祖는 何에서 發生되엇는가? 所謂「活力」이라「生命」이라 하는 것이 무엇이며 어데에서 난 것인가? 오! 이것이「검님」이니 造物主니 天이니 玉皇이니 梵天이니 上帝니 運이니 God니 하는 稱號를 用하는 所以로고나! 이것이 宗敎의 旗幟를 飜하는 所以로고나! 나는 實로 아직까지의 知識으로는 이와 가티 밋는바요 쏘 이것이 나의 宗敎心의 土臺를 이른 바이다. 그러하나 모르는 것이 넘어만타. 만일 알미 잇다하면 그것은 二次 以內의 質問에 限한 것이오 三次 以上의「웨?」라 하는 重問에 對한 것은 하나도 업슬 것이다. 그리하여 나는「나는 모르노라하는 것박게 모르노라」하고 할 수박게 업다.

그러하나 奇奇妙妙하고 不可思議할 秘密의 저 自然이 方今 나에게 視覺에 美麗함과 喚覺에 馥郁함과 聽覺에 淸雅함을 感하게 함은 事實이다. 이에 나는 低群의 音調로 노래를 불럿다.

단단한 얼음이 슬-슬슬 녹더니
싸듯한 봄날에 풀니피 나아오앗네.
어제날 푸르던 언덕이 묘하게
붉은 빗, 누른은 빗 화려하게 피엇네.
피엇네 피엇네 곱은 쏫들이 피엇네.

묘한 곳들이 피엇네 피엇네 피엇네.

붉은 빗 누른 빗 화려하게 피엇네.

이와 가티 自然의 愛嬌에 心醉하여 안잣는 동안에 唱歌소리가 間間히 들리더니 또 萬歲하는 소리에 깜작 놀라서 고개를 번쩍 들고 東便을 바라보니 車는 杻峴驛에 다달앗고 바다 우에는 검은 「몬스터」(Monster)가 검은 煙氣를 吐한다. 이것은 곳 軍艦 八隻이 淀泊하고 잇는 것이다. 卽 霧島 金剛 比叡驅逐指揮艦 及 驅逐艦 四隻이 雄壯하게 月尾島 박게 늘어선 것이다. 조곰 뒤에 仁川驛에 나리니 오늘은 마츰 李王께서 司令長官의 招待를 바다 오시는 故로 內外官民 學生의 出迎者가 埠頭까지 雲集하엿다. 不得已 此 御行次가 軍艦으로 들어가기 까지 待立하엿다가 우리 一行도 小短艇 二隻을 艱辛히 購得하여 出發할새 此時에는 何人이던지 어서 보려하는 好奇心의 所使로 短艇의 小함이라던지 水夫의 練熟與否라던지 風波如何라던지 秋毫도 一切의 念慮가 업섯다. 念慮가 업섯다 함보다 차라리 大部分은 海上事件에 對하여 東西를 不辨하는 靑盲官들이엇다. 月尾島 以內에서는 아무리 怯쟁이들이라도 安心하고 興에 쓴 노래를 和唱하엿다.

이 小短艇에서 眺望되는 水上의 景致는 陸上의 景致보다도 더욱 倍勝하게 美麗하고 또 空氣도 더 新鮮한 中에 一望無際한 萬頃蒼波의 茫茫한 大海가 遙遙한 地平線上까지 眼前에 展開된다. 疊疊山中 塵埃낀 不潔한 空氣中에서 生活하던 茅塞한 胸襟이 어찌 爽快하지 아니하리오. 海上生活하는 이들마다 身體가 健康하고 목덜미가 肥大하며 精神이 快潤하고 膽力이 贍當함도 偶然함이 아니라 하겠다. 절에 가면 중되고 십다는 格으로 海上에 쓰고보니 船人이 되고 십다. 强風에 飜覆하는 靑色의 廣大한 天幕 우에 乘坐함과 가티 怒濤鳴波의 險峻한 波峯과 幽邃한 波谷을 仰昇俯降할 時에 배전을 꼭 잡은 몸이라도 自然히 前屈後伸하며 左仆右僵하지 아니할 수 업스며 左右水

面에는 紅色 又는 白色의 浮標가 軟風에 振動하는 牧丹花모양으로 이리굽실
저리뒤척 흔들리며 沿岸各處나 水路要衝에 建設한 燈臺에서는 一定한 期率
로「나도 生命잇서 活動한다.」고 誇莊하는 듯이 間間히 電光을 濛濛한 안개
속으로 水面에 照輝하며 體小하나마 膽大한 白鷗綠鴨은 우리 一行의 怯懦
懶弱함을 嘲弄하는 듯이 遠近에서 浮沈하고 洋洋한 大海의 水光이 接天한
地平線上에는 北邙山上에 울멍줄멍한 墳墓처럼 大小島嶼가 아득한 우네 中
에 羅列하엿고 汽船帆船은 壯快한 速力으로 不絶히 往來하여 일즉이 陸上
에서 맛보지 못하던 快味를 充分히 供給함으로 形容할 수 업는 愉快한 新印
象을 咸得하엿다. 이에 나는 쌔이론의 詩「海賊歌」中에서

속기피 무르녹아 파란 바다의
조흔일 잇는 듯이 쒸놀는 물우
우리들의 생각이 限定이 업고
우리들의 맘속이 自由롭아서
바람불어 지치는 津頭까지와
물결일어 춤추는 왼 地境안을
우리의 帝國으로 알고 지나며
우리의 家庭으로 녀기어보노라.

고한 數節을 외오고 그 快味를 咀嚼하여 보앗다.
그러하나 조곰 陸地에 相隔함이 한 十里쯤 되는 深海에 進入하매 淘淘한
波濤가 艇內에 侵入하여 乘客의 衣服을 襲擊함으로 本然히 無事할 줄 알면
서도 卒地에 恐怖가 心中을 充溢함에 當하여는 半島國人의 資格不相當하다
는 自愧心을 抑制하기에 難하엿다.

후-후 吓한다. 조곰 뒤에 軍艦「金剛」에 다달으니 여페 잇는「霧島」에서는 各色의 萬國旗章과 甲板 우에 布設한 天幕이 半空에 펄럭어리며 軍樂의 協和音(Chord)과 李王을 歡迎하는 禮砲소리는 海上의 寂寞을 쌔트리며 稠密한 空氣를 밀치고 遠山에 쌍-쌍하는 反響을 일으키며 魚鼈을 驚動시긴다. 또「金剛」에서 把守보던 海軍은 우리의 小艇을 보고서「구경하는 것은 조흐나 조곰 뒤에는 물결이 놉게 될터이니 그처럼 적은 배로는 들어가기가 危殆하겟다.」고 나리어다보고 警告를 준다. 그러하나「速히 보고 들어갈 터라고 對答하고 短艇을 軍艦 엽 梯子 밋에 매엇다. 아이고- 果然 엄청나게 宏壯하다. 鐘路青年會舘보다도 더 크어보이는데 우리의 탄 短艇은 마치 조고마한 人力車 한 채 부치어 노흔 것 갓다.

親切한 引導者(案内者)를 쌀아가며 說明을 들을 새 此艦은 二萬 七千五百「톤」이며 前後로 二個씩 裝置한 最大한 大砲는 三十六「센티」砲라 한다. 하도 巨大하기에 砲口의 周圍의 厚까지 直徑을 손으로 쌤해보니 네 쌤 가량이나 된다. 此外에 左右側으로는 五「인취」砲가 十數門이 걸리엇다. 그담에 甲板에서 梯子를 타고 室内에 들어가니 冬室마다 電燈과 鐵門이 달리엇는데 그 鐵門의 두쌔「厚」는 어림하건대 一尺以上이나 되어보이는데 만일 敵丸이 來할 境遇에는 電氣作用으로 此門을 閉하고 그 안에 蟄居하면 敵丸이 侵入하지 못한다고 한다. 郵便取扱室 機關室 軍器室 料理室들을 대강대강 速히 觀覽하엿스나 多數人이 隨行하는 故로 아폐 쌀아가지 못하면 說明을 못 들음으로 보아도 알지 못한 것이 多함은 遺憾이엇다. 그 艦内의 廣闊하고 방이 만음을 概念하려면 中層쯤 들어가아서는 引導者가 업으면 出入口를 차즐 수가 업슬만치 갈팡질팡 複雜하다함으로 말미암아 斟酌할 수 잇다. 이가티 대강 보고서 驅逐艦은 볼 수 업는가 한즉 그것은 不許한다고 한다.

陸上에 回來하여 百花가 爛熳한 萬國公園 仁川公園과 市街를 觀覽하고 測候所(觀象監)에 交涉하여 測風 測雨 氣候 氣壓 地溫 等에 對한 仔細한 說

明을 들어 地文學을 한 번 實驗하고 複習한 後 夜車로 歸來할 새 住所不明으로 碧哉ㄱ先生을 訪問하지 못함은 遺憾이엇다. 이제는 아까 그 美麗하던 自然界가 黑暗의 帳幕에 더피엇고 여긔저긔 村家의 熹微한 燈불만 반작반작 비치더라. (一九一七·四·二二)

仁川遠足記

一石 崔丙昊

《조선불교총보》, 1918년 9월

오날- 三月 六日은 私立 佛敎中央學林에서 職員 生徒 七十 餘名이 一團을 組織ㅎ야 仁川으로 遠足을 作ㅎ는 날이라 이 一團 中에는 學生, 敎師는 勿論이어니와 그 外에 아모 相關도 업는 나 갓흔 사람도 參加ㅎ얏다. 이것이 비록 偶然한 일이로딕 學生도 아니오 職員도 아닌 사람으로 다만 멧 분 先生과 여러 學生의 親分만 밋고 廉恥업시 參加ㅎ얏스니 엇지 붓그럽고 未安흔 마음이 업슬까보냐.

우리 一行은 午前 九時 發 列車로 南大門 驛頭, 汽笛 一聲에 仁川을 向ㅎ고 써낫다. 汽車는 천천히 正南으로 三角山을 등지고 닷는딕 龍山驛을 暫間 거쳐 漢江을 瞬息間에 건너 가지고 어느덧 永登浦驛에 이르럿다. 이씩 車가 停車ㅎ기를 기딕리여 풀랏트홈에 섯다가 밧비 쮜여오르면서 우리 一行을 向ㅎ야 반가히 人事를 ㅎ는 이는 敎師 山口先生 -參加코저온- 이엿다. 汽車는 二分쯤 쉬어 가지고 다시 써나 方向을 西南으로 트러 가지고 梧柳洞을 거쳐 素沙驛, 富平驛, 朱安驛을 얼늘얼늘 거쳐 살갓치 달어간다. 우리 一行

中에는 或은 車窓을 열고 무엇을 滋味잇게 늬여다보는 사람도 잇스며, 或은 머리를 서로 모흐고 무슨 이약이를 우슴석거 媚媚히 흐는 사람도 잇고, 或은 소래를 놉히어 唱歌를 불으는 사람도 잇는듸, 그 中에 津隈 先生은 무슨 興이 그리 만흔지 南大門驛을 써날 씨부터 얼골에 半우슴을 먹음고 소래를 놉히어 英語雜誌도 보다가 노래도 부르다가 다시 雜誌도 보다가 노래도 부르다가 흐다. 참 壯觀이다. 車內에는 우슴소래, 唱歌소래에 鼓膜이 씨저질 듯흐고 琉璃窓이 터질 듯흔 念慮스러운 깃붐이 잇고, 窓 밧게는 靑紅帳幕으로 天地를 莊嚴흐야 사람의 精神을 恍惚케흐는 아름다운 景色이 잇다. 잇다금 불어 오는 바람에 한 点 두 点 부드쳐 써러져 맛치 붉은 나븨가 춤추듯 車窓에 넘노는 것은 「人ハ武士花ハ櫻」이라는 사구라꼿이오, 三竿을 올은 扶桑紅日에 안개를 벗고 언덕에 웃둑웃둑 선 푸른 나무는 「遲遲磵畔松 鬱鬱含晚翠」라는 솔나무로다. 農圃도 갓고 平原도 갓흔 넓은 들에 아참 이슬에 저져 고개를 숙이고 잇든 것이 쏘이는 히빗에 一時에 元氣가 새로운 것은 알거라 「平原芳草遠」이라는 芳草가 네로구나.

늣겁다. 自然의 아름다운 景이여! 春夏秋冬의 四時節에 어느 써가 모다 조치안임은 아니로듸 特히 봄철을 當흐야 더욱이 질거움은 萬山에 紅綠이 쌀니어 잇슴도 아니오 千江에 綠波가 溶溶함도 아니라. 다만 活氣가 가득흔 새로운 天地에 自然의 美를 나타닌어 人生의 眞味를 알게 함이라. 靑春이 덧업다 말을 말어라 비록 石火電光 갓튼 三春이라도 우리 人生은 이써에 비로소 人生이 무슨 意義가 잇슴을 아나니 나는 일로 봄을 祝福흐고 쏘흔 感激흐다. 보아라, 이러케 함이 오작 나쑨이랴. 져 芸芸群生이 모다 歡喜의 빗을 씌지 아니하얏느냐.

나는 이러케 늣기고 쌔닷는 同時에 문득 한 싱각이 이러나는 것은 -距今四五年前 某 學校 在學 時에 學生의 資格으로 仁川까지 軍艦見學次로 이 길을 한 번 지내가 본 일이엿다. 그 째는 今日 暮春과는 節候가 아조 正反對인

黃菊 丹楓이 무르녹든 九月 晩秋이엿다. 오날는 그 째보다 地殼도『歲月의 지내감을 짜라 變態를 生혼다』ᄒ는 地文學 上의 學說과 갓치 多少 自然的으로 變ᄒ엿스려니와 人造的으로도 만히 變ᄒ얏스며 發展되얏슴을 보겟다. 荒蕪한 쌍도 적고 벌거버슨 山도 듬우다. 農業改良도 實施된 듯ᄒ고 灌漑設備도 着手혼 듯ᄒ다. 森林도 만히 養成ᄒ얏고 果樹도 만히 栽培ᄒ얏다. 四五年間에 이와 갓치 變ᄒ야 發展된 것을 보니 한 十年만 더 지나면 朝鮮도 어지간히 發達되겟다는 것이다. -오날 해는 발서 半나절이 훨신 지내 午天이 갓가워 가는대 午前 十時 汽笛 소리에 杻峴驛에 到着ᄒ얏다. 이로부터는 仁川의 各處를 求景할 터이다. 우리 學生 一行은 行列을 짓고 나아가는대 나는 이 뒤를 짜라섯다. 停車場을 나서 바로 仁川市街를 正南으로 向ᄒ고 간다. 길 左右 商店 사이로부터 무슨 말 소래가 갓금 귀에 들닌다.

"이것 보와라! 鬚髯이 가지가 벌어진 學生이 다 잇네 그려!"

"이야! 이것 보와라 四角帽子를 썼다!"

하는 等 한아는 商店員의 嘲笑ᄒ는 말, 한아는 小學生의 欽仰하는 말이다. 智識 程度가 엇더한지도 몰으고 그의 나히 만흔 것만 嘲笑ᄒ는 店員은 敎育을 밧지 못함이 分明ᄒ고 나히 만코 적고 間에 그의 學問程度가 놉흠만 欽仰하는 小學生은 敎育을 바든 것이 分明ᄒ다. 나는 이 두말을 듯고 이와 갓치 些少혼 말에도 敎育의 效果는 사람의 智識과 正比例가 되야 優劣을 表示ᄒ는구나 ᄒ는 싱각이 나는 同時에 참敎育이란 것은 사람에게 必要한 것인 줄 정말 알앗다. 우리 行列은 쉰이지 안코 작고 나아간다. 이 行列 엽헤 서셔 가는 先生 한분은 엇지 그리 興이 만흔지 두 손을 축 내려「포켓트」속에 잔득 結縛을 짓고 써른 다리를 억지로 멀리 쎄히여놋는대로 궁덩이는 뒤로 쑥 붉어지는 것도 참 우슙거니와 이를 짜라 억이적거리며 불으는 그 노래소래는 더욱 들을 만하다. 한참 가다가 한 곳에 이르럿다. 이곳은 처음 보는 곳이다. 公園 갓기도 하나 公園도 안이오, 東山 갓기도 하나 東山도 안이오, 한 神宮

있는 곳이다. 여긔저긔 奇岩怪石을 모흔 石假山도 잇고 崇嚴한 긔운이 도는
神社도 잇고 또 日露戰役에 使用ㅎ든 大砲 彈丸 두 個를 紀念으로 노와 둔
것도 잇다. 四面으로 내려다보히는 眼界는 툭 터저 心神을 상쾌히 하며 胸襟
을 洒落케 한다. 이럭저럭 求景을 맛치자 瞥眼間 저 건너편 山위로서 맛치
京城갓치 煙氣가 풀숙 소사오르면서 大砲소리 한방이 仁川 天地를 들늬온
다. 이째는 午正이엿다. 學生은 午后 한 時에 各國公園에 뫼히기로 約束을
定하고 이 곳에서 "허쳐 갓"(號令)을 불넛다. 學生은 제 各히 親分을 좃차 둘
식 셋식 뫼혀 가지고 點心을 먹으랴고 市街에 훗허젓다. 나도 飮食店을 차즈
랴고 市街를 彷徨ㅎ얏다. 이 골목에도 四角帽를 쓴 學生, 저 골목에도 四角帽
를 쓴 學生들이다. 左右에 벌니어잇는 商店들은 그러케 繁盛치는 못ㅎ나 四
五年 前에 와서 볼 째보담은 殷盛ㅎ다. 將來에는 海陸交通의 便利를 싸라
크게 繁昌될 兆朕이 無識者의 眼目에 顯然히 뵈힌다. 市街는 쐐 넓으나 道路
는 아즉 工事가 整頓이 못되얏슬 샏 안이라 海風이 甚ㅎ야 엇지 몬지가 일어
나는지 間或 눈감은 杖任을 맨든다. 몟 해 前에 仁川 軍艦 見學을 올 째에도
海風이 甚ㅎ야 눈을 쓸 수가 업더니 오날도 이러케 바람이 몹시 불어 全市街
가 몬지투성이가 되다시십히하니 仁川은 아마 活風이 甚한 곳인가 보다. 반
눈을 쓰고 부븨면서 이리저리 飮食店을 艱辛히 차져 들어 點心을 맛치고 時
計를 끠내히여보니 아즉도 定한 時間에 三十分이나 넉넉히 남앗다. 그리 바
로 市街를 西北을 通하야 埠頭까지 가셔 棧橋를 求景ㅎ고 徐徐히 그 公園으
로 올나왓다.

　公園의 地勢는 市街보다 近 百 尺이나 놉하서 前面으로는 갓가히 仁川
市街가 나려다뵈히며 멀리로는 茫茫흔 大海가 바라뵈히고 後面으로는 갓가
히 京仁線 鐵路를 거처 멀리 漢陽山城신지 뵈히는 듯하다. 幅員은 大段히
넓어 仔細히는 알 수 업스나 어름처 말하면 한 萬餘 坪이나 되는 듯ㅎ고 이
가온대에는 雲霄中에 놉히 소슨 三四層 洋屋도 여긔저긔 잇다. 이 中에 觀測

所 한아를 쌔고는 모다 各國領事館이라 흔다. 그럼으로 이 公園은 아마 各國
公園이라 일홈한듯흐다. 이 公園 안에는 深紅色을 물드린 신나무 닙, 軟紅色
을 물드린 사구라꽃, 其他 深綠色의 아까시아나무, 솔나무가 가득히 찻다.
그윽한 香氣는 가만히 사람의 얼골에 싯치고 아람다온 모든 빗은 사람의 눈을
어즈러히 한다. 疲困한 다리를 쉬히 량으로 쏄죽쌕죽 갓나온 잔듸 풀밧에 펄
석 안져 西南으로 멀리 視線을 노와 月尾島 밧게를 바라보니 上下天光이 셔
로 接흐얏는대 風浪에 浮動흐는 배는 맛치 萬里長空에 飛行機가 쓴 듯흐다.
視線을 暫間 西北으로 돌리니 쥐약돌갓치 쌀닌 섬들은 여긔저긔 點처 잇고
四千年 前에 檀君의 古跡을 기친 摩尼山城은 구름 박게 杳然한대 바람 압헤
怒濤 소래는 千年古事를 말하는 듯흐다. 視線을 다시 거두고 한참 무엇을 생
각흐다가 한 首노래를 읇헛다.

　　滄茫흔 바다물은 멧 萬 年을 흘넛는가
　　둥둥실 쓴 저배는 멧 번이나 오락가락.
　　白鷗야 너는 어이 閑暇히 쩌 잇스며
　　愴然한 이내 마음 慰勞를 안 흐느냐.

　　이째 瞥眼間 어듸셔 호루룩흐는 號角 소래가 바람결에 짜라 나의 鼓膜을
짜린다. 깜짝 놀나 몸을 휙 돌려보니 學生 一同은 발서 저便 언덕 위 좀 平平흔
잔듸밧 위에 모혀서 어듸로 가랴흔다. 나는 벌덕 이러나 쏘 무슨 求景할 것이
잇나흐고 슬금슬금 그 뒤를 짜라 東北으로 조곰 傾斜진 길을 한참동안을 넘
어가서「仁川觀測所」라는 三層 洋屋집 門압헤 다다랏다. 발을 멈추고 눈을
들어 바로 집 쏙딕이를 치어다보니 바람이 부는 듸로 이리저리 方向을 가라
치는 활쌀갓흔 것도 있고 쏘 바람의 强弱을 짜라서 或은 쌔르게 或은 느리게
도는 바람갑이 갓흔 것도 잇다. 津隈先生은 本來 性稟이 活潑흐고 勇氣가

잇는 탓으로 발셔 이집 主人을 츳져보고 紹介를 어더 案內人이 나와 우리 一行을 마자들이면셔 一邊 引導를 ᄒ야 여러 곳에 藏置혼 各種 機械를 늬히여 놋코 ——히 說明ᄒ야준다. 그 다음에 압마당에 노와 둔 灰白色의 古石物을 보여 주면셔 이것은 測雨機는 것으로 本是 平壤에 잇든 것이라 ᄒ며 그 年代는 未詳ᄒ나 約 三百 年 前에 使用ᄒ든 것이라 혼다. 이것을 보는 나는 이를 朝鮮 사람이 凡常히 보고 말 것이 안인 쥴 씌다랏스며 同時에 우리 朝鮮은 原來 農業國이엿슴으로 測雨의 必要를 씌닷고 정녕 發明혼 것인 줄을 推測ᄒ얏다. 나는 일즉이 東西洋史를 닑어 본 일이 잇스되 이러혼 測雨機는 今日 物質文明이 發達된 東西洋 諸國 中에도 發明혼 나라는 업섯다. ᄒ면 果然 朝鮮民族은 原來로 才質과 技能이 卓越ᄒ고 高尙ᄒ얏스니 그의 意匠을 發揮케 ᄒ고 그의 事業을 繼續케 ᄒ얏던들 남보다 몬져 文明의 城에 나아가 優勝旗를 取ᄒ얏슬 것이어늘 쌀! 그의 意匠은 水泡로 도라갓고 그의 事業은 退步만 되고 말엇다. 나는 그 測雨機의 石面이 우리 一行을 對ᄒ야 맛치 무슨 責岡을 ᄒ는 듯도 ᄒ며 무슨 勸告를 ᄒ는 듯ᄒ야 마음이 붓그러워지며 얼골이 붉어져셔 寒心혼 생각과 憤혼 마음을 自禁치 못ᄒ얏다. 案內者는 "本所에 求景할 만혼 것은 이쑨이오" ᄒ더라. 우리 一行은 案內者에게 그勞를 感謝ᄒ고 여긔를 나왓다. 公園을 나와 支那町을 지나 다시 市街로 들어섯다. 바람은 如前히 繼續ᄒ야 불고 몬지도 大端히 일어난다. 눈을 부뷔면서 바로 正南을 向ᄒ고 한참 가다가 「仁川土木局出張所」란 곳에 다다랏다. 이곳은 築港工事場이다. 案內者는 築港工事의 設計略圖를 들고 이것은 무엇이고 이것은 무엇이라 입에 춤이 업시 說明혼다. 그러나 學生들은 案內者를 한 복판에 넛코 쎅 돌아서서 서로 보랴고 써미는 판에 나는 맨 뒤에 밀려서셔 보지도 못ᄒ얏스러니와 물결 소래, 바람 소래에 그 說明을 듯지도 못ᄒ얏다. 案內者는 說明을 밧친 뒤에 다시 築港 埠頭까지 引導ᄒ야 준다. 나는 膽大ᄒ게 五十 尺 假量이나 깁히 판 곳을 나려다본즉 발바닥이 간질간질ᄒ야지며 눈이 어질어질ᄒ

야진다. ᄒ나 우리 一行 中에는 眩氣症이 나셔 敢히 나려다 볼 싱각도 못 ᄒ 사람이 잇다. 그 面積은 어지간히 넓어셔 ᄒ 萬 噸이나 되는 軍艦 三四隻은 容易ᄒ게 容納할 수가 잇고 한便으로는 큰 水門 두 짝이 달렷는듸 弱ᄒ 사람의 힘으로도 能히 開閉를 自由로 ᄒ는 機械를 裝置ᄒ얏다. 이 水門은 "仁川은 潮水가 甚ᄒ야 干潮될 時에는 물이 거의 다 말으다십히 ᄲ아져 나감으로 이것을 防備ᄒ기 爲ᄒ야 만든 것이라" ᄒ며 쏘 六百萬 餘圓의 多大ᄒ 金錢을 들이며 巨大ᄒ 工事를 始作ᄒ 理由를 案內者는 一一히 說明ᄒ야 준다. 나는 이 말을 듯고 今時로 마음이 넓어지고 커젓다. 果然 사람의 智力이란 바다를 陸地로, 陸地를 바다로 만들 수도 잇고, 空間을 飛翔ᄒ는 飛行機, 海上을 航行ᄒ는 汽船, 陸地를 다라나는 汽車, 이러ᄒ 것을 만들 수도 잇스니 天地間에 有形無形을 勿論ᄒ고 精神上으로던지 肉體上으로던지 物質上으로던지 쏘는 直接으로 或은 間接으로 모다 萬物之中에 最尊 最貴ᄒ 우리 사람의 支配를 밧는다고 ᄒ야도 過言이 아니라 생각ᄒ얏다. 夕陽은 漸漸 西으로 기우러진다. 우리 一行은 學校로 도라갈 時間이 갓가윗다. 오날 仁川 遠足은 이에 씃을 맛치고 愉快ᄒ 天地에 無限ᄒ 興味를 품고 午后 五時 二十五分의 仁川 驛發 列車로 西으로 넘어가는 夕陽빗을 등지고 唱歌를 불으면셔 歸路에 올낫다.(完)

余의 仁港訪問記

一記者
《반도시론》, 1918년 11월

余는 今回 本誌가 仁港을 紹介ㅎ는 使命을 帶ㅎ고 九月 二十六日 仁港의 旅行을 試ㅎ는 同時 余는 心中에 自思ㅎ되 今番 仁川行에는 爲先 仁港에 對호 諸般事情을 探得홀 必要가 有ㅎ뒤 此를 依賴홀바는 同港에 現住ㅎ는 識者階級이 아니면 此等方面을 能히 理解치 못홀터이니 余의 手帖 第一章은 何許의 知識通이 先點홀가ㅎ고 暫時 躊躇ㅎ엿다. 適히 余보다 仁川事情을 稍解ㅎ는 韓君(本社員)을 途中에서 相逢ㅎ엿다. 便是 他鄕에 逢故人格으로 親切호 敬語를 罷ㅎ고 余의 生覺호바 識者를 聞ㅎ엿다. 韓君은 余보다 二三日을 先往홀뿐아니라 前此에도 仁港이 그럿타시 足跡이 生疎호 곳은 아님으로 仁川의 誰某誰某가 何等의 人物됨은 自己의 膏等이 己定호바이라 自己의 奔忙을 除却ㅎ고 余를 紹介ㅎ기 爲ㅎ야 仁川警察署로 同往ㅎ야 現任警部 李昌雨氏에게 面會를 請ㅎ엿다.

仁川警部 李昌雨氏談

余ᄂ 李警部를 面會ᄒᄂ 同時에 尤極 親切ᄒ 感想이 發ᄒ엿다. 同警部
ᄂ 元來 京城西大門署에 警部의 職을 帶ᄒ고 多年間 勤務ᄒ다가 年前에 仁
川으로 轉任된 故로 同警部와 前日에 一面의 分은 無ᄒ나 聲氣의 相通은 업
지아니ᄒ야 一面이 如舊ᄒ 處地라 余ᄂ 李警部를 向ᄒ야 訪問의 本意를 說
흠이 同警部ᄂ 始히 仁川의 現狀을 說ᄒ엿다. 現時 仁港으로 言ᄒ면 內地人
三千餘戶, 朝鮮人 四千餘戶 合 七千餘戶에 居住ᄒᄂ 人民 全數ᄂ 三萬餘名
에 達ᄒᄂᄃᆡ 其中에 職業別로 觀ᄒ면 京城과 如히 貴族이나 紳士가 上流로
認흘바ᄂ 全無ᄒ고 十分의 九ᄂ 商業에 從事ᄒᄂ 者인ᄃᆡ 此가 卽 仁港에서
ᄂ 上流의 紳士도 되고 高等의 商業家도 되야 同港內의 商業의 權利를 操綜
흘 能力이 有ᄒ고 其他 一部分은 勞働者流라 京城에도 勞働者가 업ᄂ바ᄂ
아니나 京城은 元來 商業地가 아님으로 勞働흘 事件이 亦不多ᄒ야 勞働生
活者가 結果이 되지 못ᄒ고 ᄯ오ᄂ 每日 定收入의 賃金을 取흘바가 無ᄒ이
所謂 勞働生活界ᄂ 時時悲慘ᄒ 光景이 업지 아니ᄒ나 仁港에ᄂ 勞働者의
團合力이 堅實ᄒ고 賃金의 高騰ᄒ게되야 每日收得ᄒᄂ 賃金이 最上은 五
圓이 無慮ᄒ고 最下라도 三圓에 不下ᄒ고 ᄯ오ᄂ 現今과 如히 米價가 高貴ᄒ
時期라도 仁川廉賣所에서 勞働者에 限ᄒ야 廉賣米를 許買ᄒᄂ 故로 其裡
面을 窺見ᄒ면 收入은 多ᄒ고 食物은 賤ᄒ야 安樂生活을 營ᄒ고 米豆取人
所 關係로 各地에서 米客이 多ᄒ야 此로 因ᄒ야 生活ᄒᄂ 者 亦多ᄒ고 仁川
物價ᄂ 比較的 京城보다 倍高ᄒ 中 柴炭이 小曷ᄒ 點이 有ᄒ나 如何間 定收
入이 有ᄒ 官吏 或 學者의 生活은 全히 不便을 感흘 ᄲᅮᆫ인즉 仁川은 天然的
商業地라 商業家에 對ᄒ야ᄂ 可히 업지못흘 仁港이오 商業으로 因ᄒ야 仁
川은 頗히 有望ᄒ다 云云.

仁川物產客主組合理事 柳承欽氏談

余는 一旬의 事를 一日에 終코져ᄒᆞᄂᆞᆫ 急短的 自制律을 定ᄒᆞ고 或 訪問 或 規察에 奔忙ᄒᆞᆫ 中 於爲間 時鍾이나 午後 四點을 報ᄒᆞᄂᆞᆫ지라 一時 京城 五星學校의 重任을 負ᄒᆞ야 名士의 聲價가 堂堂ᄒᆞ던 柳承欽氏가 仁川物産 客主組合에 從事ᄒᆞᆷ을 聞ᄒᆞᆫ 以上에ᄂᆞᆫ 余가 當初에 仁川行이 無ᄒᆞᆯᆫ옛스면 已 어니와 同地에 往ᄒᆞ고 同氏의 透徹ᄒᆞᆫ 高見을 一次 叩問치아니ᄒᆞ면 業冤이 오쏘ᄂᆞᆫ 缺點됨이 無疑ᄒᆞ다고 直同組合으로 往ᄒᆞ야 結局 同氏를 面會ᄒᆞ 고보니 果然 同氏ᄂᆞᆫ 名士이오 佳士일ᄲᆞᆫ아니라 前進力이 富ᄒᆞ야 後覺을 覺 코져ᄒᆞᆷ에 勞力ᄒᆞ야 一般의 欽仰을 飽得ᄒᆞᆫ 人士라 余ᄂᆞᆫ 逢場에 普通數語를 通ᄒᆞ고 仁港의 情形을 次第로 向ᄒᆞᆷ이 同氏ᄂᆞᆫ 知識的 高見으로 半解剖學의 意味를 將ᄒᆞ야 如是ᄒᆞᆫ 談說이 有ᄒᆞ엿다 余ᄂᆞᆫ 仁川에 主觀物될 者ᄂᆞᆫ 穀物이 라 一年間에 集散되ᄂᆞᆫ 바 穀物이 無慮히 百萬包 以上에 達ᄒᆞ니 仁川의 主業 은 商業이오 商業中에 主體ᄂᆞᆫ 穀物이뎌 忠淸南道, 黃海道의 出産地와 京城 의 需要地를 一日間에 七八次 通行이 可能ᄒᆞ야 商業上 無限ᄒᆞᆫ 便利點이 有 ᄒᆞ고 新知識階級으로 論면의 他方面의 知識은 如何ᄒᆞᆫ 程度에 在ᄒᆞ다 測定 키 難ᄒᆞ나 商理上 知識은 高明ᄒᆞᆷ으로 朝鮮人의 權利가 有ᄒᆞ야 客主組合 穀 物協會에서 賣貿ᄒᆞᄂᆞᆫ바ᄂᆞᆫ 權利가 平均ᄒᆞ고 築港利用權이 無ᄒᆞ야 大連, 靑 島及 中部 支那方面에 直接 航路를 不口ᄒᆞᆫ 步行客主業者ᄂᆞᆫ 劣敗될 것은 常 例이나 大槪ᄂᆞᆫ 不然ᄒᆞᆯ지라 四十年前 仁川은 無論 三五漁家가 莆瑟荒凉ᄒᆞᆯ ᄲᆞᆫ이엿스나 開港以來 日淸戰爭時에 可謂 天錢이 兩至ᄒᆞ야 生活이 安樂ᄒᆞ 엿고 其後 十年을 不出ᄒᆞ야 日露戰爭에도 居民의 利得이 不少ᄒᆞ엿스나 京 釜, 京元의 鐵道가 次第로 竣功됨을 因ᄒᆞ야 一大打擊을 受ᄒᆞᆫ 結果 四五年來 로ᄂᆞᆫ 三萬以上의 人口가 一人도 遊食者가 無ᄒᆞ야 生活方面이 極好ᄒᆞ고 大 槪 仁川人은 奢侈ᄂᆞᆫ 不知ᄒᆞ고 食力만 知ᄒᆞ며 所謂 花柳界ᄂᆞᆫ 下等에 不過ᄒᆞ 고 仁川에 居住人은 大部分 釜山 開城 海州 義州의 地方으로브터 來集ᄒᆞᆫ 者

로 仁川의 風味는 京畿의 狀態는 少無ㅎ고 特性이 有흔 바 日本의 橫濱과 支那의 天津이라 朝鮮에셔 萬一 居地를 來ㅎ면 仁川以外에 出홀 者 無홀 줄노 思흔다 云云.

仁川旅行記

一記者
《반도시론》, 1918년 11월

余가 本社의 勤務ᄒ는바는 그럿타시 日淺치는 아니ᄒ나 本社의 使命을 帶ᄒ고 旅行ᄒ 것은 一次도 無ᄒ엿다. 그러면 其事가 無ᄒ엿스며 其人이 無ᄒ엿는냐ᄒ면 亦是 그런것도 아니라 本誌가 昨年에는 金剛山號를 發行ᄒ고 今年에는 開城號를 發行ᄒ고 又 其他種種의 地方號를 發行ᄒ 時는 必히 二三記社의 旅行이 업지아니ᄒ엿다 그러나 余가 一次도 旅行團에 不參ᄒ 것은 或은 意外의 事故 或은 不必要를 因ᄒ이엿다.

本誌는 今에 更히 仁川號를 發行ᄒ 議案이 可決됨이 余의 仁川行은 長短期間 一辭를 不得ᄒ 時期오 ᄯ는 漢陽城中에 自囚一樣으로 蟄伏ᄒ 心依도 示鬱悒을 不禁ᄒ는 바이더니 適히 本社長의 榮託을 被ᄒ야 最短期의 一日間 旅行을 試ᄒ기로 定ᄒ바는 大正七年 九月 二十六日 上午九時 十分 京城南大門發 仁川行이라 社長과 共히 三等客車가 事務室 椅子이나 다름업시 坐를 定ᄒ니 居無何에 汽笛의 一聲이 余의 耳膜을 鼓ᄒ는 同時에 余의 心依는 偶然히 激減이 發ᄒ다 此汽笛이 余에는 別노히 傷感될바 無ᄒ나 京城은

南門驛이 誰別地로 되야 父子, 兄弟, 夫婦, 朋友 幾千萬人의 熱淚가 此聲과 迸出ᄒᆞ엿ᄂᆞᆫ지 不知ᄒᆞᄂᆞᆫ 情景을 一想 再想ᄒᆞᄂ 中間에 車ᄂᆞᆫ 바셔 龍山을 到ᄒᆞ엿다 余ᄂ 此等의 空念을 斷送ᄒᆞ고 車窓으로 窺見ᄒᆞ니 長江一帶에 籠絡ᄒᆞ엿던 煙霞가 淸凉의 氣를 隨捲ᄒᆞᆷ익 眼界에 來來去去ᄒᆞᄂ 形色은 卽秋江山을 模寫ᄒᆞᆫ 活動寫眞과 恰似ᄒᆞ엿다.

余ᄂ 社長과 多少의 旅行順序와 編輯方針에 對ᄒᆞ야 一談一應一唱一和가 未了에 在ᄒᆞᆫ딘 車ᄂ 鷺梁 永登浦 梧柳洞 素砂 富平 朱安의 各驛을 流矢와 如히 盡過ᄒᆞ고 仁川 柚峴驛에 當到ᄒᆞᆫ지라 當驛에셔 下車ᄒᆞ야 數三의 社員이 逗留ᄒᆞᄂ 仁華旅館으로 前往ᄒᆞ니 時急의 任務를 帶ᄒᆞᆫ 社員이 館中에 常在치 아닐 것은 勿論이나 一人도 影子가 無ᄒᆞ다 社長으로브터 館主에게 數語를 付託ᄒᆞ고 更히 節을 回ᄒᆞ야 市街로 行ᄒᆞᄂ 途中에 韓君을 適値ᄒᆞ야 社長은 午後에 更逢키로 約束ᄒᆞ고 余ᄂ 韓君의 紹介로 數三處를 訪問ᄒᆞᆫ 後 前約과 如히 社長을 逢ᄒᆞ야 點心으로 遇望ᄒᆞ게……新式料理로 半晌의 飢渴을 免ᄒᆞ고 前者와 反對로 此에셔ᄂ 韓君을 送ᄒᆞ고 社長과 海岸新築의 狀況을 視察ᄒᆞ기 爲ᄒᆞ야 建築所 主任과 面會ᄒᆞᆫ 後 海岸으로 往見ᄒᆞ니 其規模의 宏大와 技術의 精巧ᄂ 脣舌間 談話론 到底히 形容키 不能ᄒᆞ고 ᄯᅩᄂ 余의 行色을 催促ᄒᆞᄂ 日勢ᄂ 間接의 時計를 通告ᄒᆞᄂ지라 直行車와 如히 仁川驛으로 往ᄒᆞ야 京城에 到ᄒᆞ니 ●煙이 已散ᄒᆞ엿더라.

喬桐島에서

서울 게신 汕耘先生에게

天園
《서울》, 1920년 10월

汕耘先生-

그것이 지나간 二十三日이였습니가. 무르씨는 듯한 더위를 事情도 업시 내여쏨는 七月의 사나운 太陽이 임의 西山에 걸녀 朱紅色 光線을 우리 會社의 자랑인 葡萄樹 一面에 가로 쏠 적에 先生은 先生의 特色인 朝鮮內衣를 푸러노은 채 그대로 텅텅 뷔인 陰沈한 編輯室에서 例의 太極扇을 홀네홀네 부치시다가는 끌는 붓을 잡아 「서울」原稿를 쓰시노라고 奔忙하시는 그 동안을 참지 못하고 반가웁지 안은 作別의 人事를 드리든 날이 말슴이올시다.

저는 그길로 곳 仁川집으로 나려와서 세 밤을 자고 二十五日 아츰 툭탁툭탁 써는 쪽닥이 甲板上에 몸을 실고 기름을 부어노은 듯한 물우를 四圍에 展開된 大自然에 흠쌕 醉하면서 古代의 로만틱한 그 土地의 歷史談을 듯고 넷날을 追憶하는 눈물을 먹음으면서 한 시골老人의 悲慘한 가슴을 에우는 듯한 눈물을 흘니우는 經驗談을 「쓰거움」의 兩面攻擊을 밧는 興奮된 머리로서 드르면서 甲板上에 잇슨지 거의 三時間 後에 江華의 關門 甲串이라는 一日本人商店 外에 五六의 朝鮮人商店잇는 쌍에 나려 마지나온 두 벗과 더브러 나

려붓는 正午의 불길을 숨이 싹싹 막혀오는 훈훈한 바람과 석거 마즈면서 近
五里길이나 걸은 뒤에 비로소 江華邑에 到着하엿습니다.

　거긔서 알든 이들과는 반가히 人事하고 모르든 이들과는 새로운 사괴임
의 첫 쪽지를 쌋습니다. 特히 그날 밤은 지난봄에 江華왓슬 쌔에 짧은, 그러나
썩 滋味로운 (滑稽的으로의) 로만스가 잇는 O라는 女性을 반가웁게 맛낫습
니다.

　翌日 卽 二十七日에는 河站이라는 江華邑에서 二十里쯤 西으로 써러진
곳에 가서 一夜를 지나고 八日 아츰에 다시 길을 거러 二十里 밧 支点에 잇는
寅火城이라는 渡船場에 니르럿습니다. 波濤 甚한 바다를 건느기 爲하야는
不得已 四五時間을 기다리지 아니치 못하엿습니다. 渡船은 風浪으로 因하
야 目的地까지 가지 못하고 上龍里라는 곳에 나리여 지리지리한 괴로운 一夜
를 원두막 上에서 지냇습니다.

　그 잇흔날은 아츰 일즉이 目的地인 喬桐이라는 서투른 섬 속에 드러왓습
니다. 複雜하기 싹이 업는 都會地에서 머리를 알튼 저는 只今 喬桐이라는 섬
으로 귀양왓습니다.

　汕耘先生-

　저는 只今 喬桐邑에서 位置로 가장 놉다하는 東化女學校(여긔가 저의 宿
所올시다)의 압 窓을 열고 展開된 喬桐島의 自然을 바라봅니다-

　渺渺한 바다물을 화-ㄹ활 건너 저 便에는 일흠도 모르는 山들이 웃둑웃둑
손질하고 잇습니다.

　타구르의 傑作 「郵便局」의 主人公 아말少年의 말한 句節이 생각납니다.

It seems to me because the earth can't speak it raises its hands into the sky
and beckons.

And those who live far off; and sit alone by their windows can see the signal.

그리고 그 압 흐르는 나무 하나 업는 岩石만으로 된 조곰안 색기섬 하나가 四面으로 狂怒한 물결에 부드치워 홋허지는 구술방울과 부서저 쌔여지는 쏀-얀 안개에 싸혀 외로히 서잇습니다. 限定업는 蒼空에는 노래에 흔히 보는 갈메기조차 볼 수 업고 오직 더러움업는 文明이 업는 造物翁이 너어노은 그대로의 맑은 空氣만이 瀰滿하여 잇습니다. 海岸 一面에는 農家들의 호박넝쿨이 욱어저잇는 돌담에 에워싸혀잇고 垂楊이 무르녹는 쓸안에는 병아리들이 종종거리며 먹이를 찾고 잇습니다. 뒷쓸에는 키커다란 닙이 누릇누릇한 玉蜀黍나무가 바람에 불너서는 솨-솨 소리를 질읍니다. 보기만 하야도 지긋지긋하고 소름이 쪽 씨치는 皮膚를 가진 農軍들은 쑤러진 대패밥 帽子를 쑥 눌러 쓰고 확확 쓸어 올나오는 쌍내암새를 마시면서 氣運조케 두벌김을 매고 잇습니다.

西便으로 널녀잇는 田畓 사이로 네 다리로 송낙을 쓴 원두막이 보이고 그 밋헤 나즌 나무 그늘에는 일을 마친 소가 閒暇로히 풀을 쯧고 잇습니다.

물결처오는 바다 우에는 손님 실은 木船들이 누르른 돗을 벌길대로 벌기고 쏜살갓치 다라남니다.

汕耘先生-

喬桐에 밤이 니릅니다. 검으툭툭한 웃둑웃둑 소슨 山사이로 金盆갓흔 月輪이 가만히 써오릅니다. 졸닙든 農村의 낫은 지나가고 安息의 平和로운 밤은 왓습니다.

달빗은 바다 一面에 銀가루를 쌀면서 느럭느럭 中天으로 소사올느며 그림자를 쌕림니다.

머-ㄹ니서 컴컴한 바다 물우에 불한 點이 반짝어림니다. 물결의 오르고 나림을 좃차서 불도 或은 우흐로 或은 아래로 乘降합니다. 고요한 무서운 戰慄하는 바다에 외로히 써인는 불빗치는 배에서는 각금 船人의 거츠른 「어긔여 차아-아」 소리가 無限한 寂寞과 悲痛을 가지고 隱隱히 들녀옴니다.

"Ships, Ships, I will descrie you,

Amidst the main,

I will come and try you,

What you are protecting,

And projecting,

What is your end and aim.

One goes abroad for merchandise and trading,

Another stays to keep his country from invading.

A third is coming home with rich and wealthy lading.

Halloo! my fancie whither will thou go?"

그 孤寂히 써다니는 배를 볼 째에 저는 이러한 英古詩의 一節을 마음 안할 수가 업섯습니다.

고요-한 마을 平和가 가득한 農家 쓸에는 一家 團欒의 아름다운 會合이 생김니다. 집으로 싸은 이곳 特産의 자리를 달빗이 明朗히 비처오는 압 쓸에 두어셋 連하야 쌀아노코 한아버지 아버지는 바다 便을 向하고 안저 長竹에 닙담배를 쑬쑬 마라너코 심심하면 한 번式 썩썩 쌀며 한머니 무릅에는 철모르는 孫子가, 젊은 며누리는 불는 젓을 젓메기에게, 아희들은 봉송아를 드리노라고 자각금 손고락을 처매이고 조와합니다. 둥그러케 돌아안즌 이 會合에 滋味로운 넷니야기가 재잘재잘 나옵니다. 마당에는 모기쏫는 쑥내가 기-ㄹ게 하늘로 써치고 잇습니다.

汕耘先生-

저는 눈을 감고 都會를 그립니다.

거긔에는 훌늉한 建築物, 빗나는 商店, 繁雜한 料理店, 넓은 演劇場, 사람쎄의 停車場, 華麗한 別莊, 꼿이 웃고 새노래하는 公園, 이것들이 보임니다.

鐘路 큰 街道나 南大門通에는 馬車, 自働車, 人力車, 電車들이 다라나고 꼿과 갓흔 妓生세들이 몸짓을 하며 우스며 지나가고 말숙하게 차린 靑年紳士들은 집행이를 휘휘저으면서 日本말을 석거가며 니야기하고 가는 것이 보임니다.

모-든 近代思想, 感情, 人間的인 것이 보임니다. 文明이 보임니다. 假相이 보임니다. 欺惡이 보임니다. 虛僞가 보임니다. 假飾, 虛榮, 不正, 譎詐, 驕慢, 貪慾, 野卑, 不平等, 束縛, 節制, 爭鬪, 嫉妬, 野心, 奢侈, 이 모든 것이 보임니다. 저는 戰慄함니다.

저는 다시 눈을 쓰고 이 鄕村을 이 農民을 봄니다. 이 非文明의 農村을 살핌니다. 至純한 自然 그대로의 시골을 헤아림니다.

汕耘先生-

아- 文明한 都會와 文明이 업는 이 農村을 比較하야보는 째에 저는 落望치 안을 수가 업슴니다. 萬若 文明이란 者가 이 世上을 이와 갓치 極惡하게만 만든다 할진댄 저는 文明을 咀呪안할 수가 업슴니다.

뉴-톤을, 쎌을, 프랜크린을, 왓트를, 에듸슨을 咀呪안할 수가 업슴니다. 소크라테쓰를, 아리스트텔을, 프라톤을, 칸트를, 프로벨을, 루소를, 몬테스큐를, 조라를, 쌔-그슨을, 니치에를 스펜서를 咀呪안할 수가 업슴니다.

무슨 까닭으로 저는 現社會를 咀呪안할 수가 업니까. 저는 只今 다만 鄕村에 잇서서만도 文明하엿다 하는 都會를 생각할 째에 戰慄하지 아니할 수 업거든 하믈며 이제부터 다시 都會地로 도라가 虛僞의 一人 假相의 一分子가 될 생각을 하오매 至極히 썰니는 良心의 呵責을 엇지 할 수 업슴니다.

汕耘先生-

現今 文明社會의 人間生活은 金錢萬能의 觀念으로 蹂躪되엿슴니다.

現代 所謂 知識階級, 有産者階級들은 誰某를 勿論하고 人道主義, 平等主義를 主唱하는 듯 십슴니다. 그러나 이것들은 다- 金錢의 勢力으로 壓倒되고 말엇슴니다.

政治家나, 學者나, 醫師나, 藝術家나, 軍人이나, 모-든 것이 다- 金錢을 爲하야 役事하는 것 갓습니다. 萬若 病院이라는 것은 眞正한 意義의 救濟事業을 圖謀하는 곳이라 할진댄 모름직이 病人이 無産者이건 有産者이건 重病者인 以上에는 가쟝 便宜하고 가쟝 上等의 病室에서 가쟝 貴重한 藥으로써 가쟝 妙를 極한 技術로써 이를 治療치 아니치 못할 것이어늘 그 事實은 엇덧습닛가. 有産者이면 그의 病이 비록 微弱한 것이나 上等의 治療를 밧으면 無産者는 이와 正反對되지 안습니까.

더욱히 우리 社會現象을 보면 財産家라면 그의 學識이나 人格은 度外視하고 다- 훌늉한 紳士로 이를 容納합니다. 어느 社會 重役이란 肩書부친 名啣을 가지고만 다니면 우리 社會에서는 이를 名望家나 上流人物로 봅니다.

汕耘先生-

紳士란 財産家를 意味하는 우리 社會를 볼 째에, 저는 그 愚의 極을 비웃지 아니할 수 업습니다.

이러한 이에게는 그의 勞働에 比하야 붓그러울만치 過度의 報酬가 도라감니다. 그러나 저와 갓흔 無産者는 한 달 내내 孜孜히 健康을 害하여 가면서라도 役事를 하여도 恒常 不足할 쑨이오 더구나 不意에 病에나 걸니면 그째의 팡 問題와 治病問題를 엇지하나 하는 不安에 쏫기일 쑨이니 저의 愚直을 비웃지 아니치 못하겟습니다.

올습니다. 無産者는 現今 世上에는 生活할 權利를 가지지 못한 듯 십습니다. 억지로 權利가 잇다하면 一平生 有産者의 奴隸生活이나 할 그 權利 밧게 업겟습니다.

汕耘先生-

저는 이 글을 쓰는 軌道를 脫하야 別의別 것을 쓰게 되엿습니다. 아니 썻습니다.

喬桐에 잇는 저의 鄕村의 感想으로 몃 마대 글월을 니랴한 것이 고만 脫線

을 하여 버렷습니다. 그러나 先生이여. 비록 이것이 脫線이라고는 하나 이것이 第一노 이 鄕村에서 늣기는 바, 찔니는 바, 쌔닷는 바 이올시다.

저는 이 問題에 對하야 좀더 强하게 切切히 쓰고 십기는 하나 그리다가는 生覺지도 안은 싼 일이 생길가, 念慮하야 붓을 돌니려 합니다.

汕耘先生-

그러면 몬저 말슴들인 바 이 虛僞의 文明을 엇더케 하여야 眞正의 文明이 되겟습니까. 眞正한 生活을 意味하는 裝飾업는 文明을 엇더케 하여야 엇을 수 잇겟습니까. 現今에 잇는 모-든 理想으로서는 到底히 이것을 엇을 수가 업는 것 갓습니다. 第一노 信賴하여야 만할 宗敎도 現今의, 現世의 宗敎家가 絶叫하는 宗敎로는 決코 滿足히 實現할 수가 업는 줄 압니다.

그러면 저는 무엇을 信賴하여야겟습니까. 저는 더욱 더욱 썰니는 不安에 襲擊을 밧지 안을 수 업습니다. 生活의 不安, 思想의 不安, 두려운 外部的, 內部的 不安은 刻刻히 猛烈한 勢力으로 突進하여옵니다.

汕耘先生-

늘 奔走하시고 늘 苦痛하시는 先生에게 이러한 변변치안은 글월을 써서 先生을 苦롭게 함이 未安 千萬한 일인 줄 저도 잘 아는 바이올시다. 그러나 저를 爲하야 늘 念慮하여 주시고 受苦를 앗기지 아니하시는 先生에게 오히려 저의 近代狀을 알외지 아니함이 罪悚하와 以上과 갓치 두어 자를 알외였습니다.

先生이여 저의 健康을 늘 마음해주신 德澤으로 恒常 無病으로 지나오니 過念치 마시고 先生께서 도로혀 貴體를 도라보시사 過度의 役事를 마시옵기 바랍니다.

여긔서 몃칠 더 留하다가 새달 初旬에나 도라가랴 하옵니다.

- 一九二0 · 七 · 二九夜草함 -

淸秋의 逍遙山

朴春坡

《개벽》, 1920년 11월

　　가을! 가을!! 맑은 가을!! 달 밝고 바람 찬 가을! 기럭이 울고 蟋蟀이 노래하는 가을! 구름이 희고 입히 누른 가을 모도가 결실 아니면 黃落되는 가을! 아- 과연 산아이의 가을이다. 劒이 잇스면 한 번 어루만질만 하고 말이 잇스면 한 번 달릴만 하다. 燈을 親하야 書를 讀함도 가을 산아이의 일거리며 琴을 把하야 月을 弄함도 가을 산아이의 할 만한 일이겟다. 그러나 가을이거든 아니 산아이거든 들로 가거라. 산으로 가거라. 바다로 가거라. 그리하야 氣껏 고함치며 힘껏 발 굴러라. 장부의 쾌사는 그에서 비롯오 맛볼 것이다 함은 이 나의 주장이다. 가을의 들 가을의 바다 가을의 산 어대로 갈 것인가? 모도가 사랑하는 단풍을 짤아서 모도가 써드는 逍遙山을 갈 밧게 업겟다.

　　여행에 어찌 동무가 업슬가 보냐. 적어도 2,3인의 携手者는 잇서야 될 것이다. 산행에 어찌 持品이 업슬가 보냐. 못하야도 短杖 하나는 들어야 된다. 쌔마츰 동무 잇스니 同德學校 직원일동이며 학생 全般이다. 天高하고 氣爽한 10월 13일의 微明을 期하야 간단한 행장으로 南門驛에 이르니 預備性 만흔

趙선생은 직원 이하 90명 天眞兒를 領率하야 車中을 점령하엿섯다. 晚到의 禮를 표하고 미안한 낫으로 고개도 못들고 한쪽 의자에 외로히 안즈니 인정 만흔 선생님들은 「無關係」「同席樂」을 連하야 말하며 손목을 쓸어 天眞國으로 인도해 준다. 모든 학생은 수접은 이내로 더욱 수접게 눈으로 입으로 別樣의 風을 보내군 한다. 車가 구은다. 속도를 가한다. 龍山을 지나 西氷庫를 지난다.

아-반가워라. 扶桑紅日이 南漢山 쏙째기로 身數조케 비죽이 올라오며 「여러분 밤사이 어써하십이까?」하고 인사를 엿줍는다. 밤새도록 잠 못자고 여행준비에 시달렷던 天眞의 손님들은 태양의 光으로써 새 세례를 바드며 半笑의 顔에 桃花色을 帶하얏다. 黃霧가 沈沈하야 遠山은 보일락 말락 한데 水道局 黑烟은 기차의 연기와 勢를 합하야 晴空을 정복하기에 매우 분주한 모양이다. 두무쌔 절의 曉鐘은 인간의 깁흔 잠을 다시금 불러 쌔우는데 이집 저집으로서 물동이 씬 婦女 흐믜 낫 든 남자ㅣ 하나둘 식 보이기 시작한다. 아-어느덧 漢江 일대는 琉璃世界이다. 水晶席을 펴노흔 듯 하다.

아- 강의 朝日! 朝日의 강?! 月夜의 강. 강 上의 月과 그-好否ㅣ 如何할가? 아마도 강의 朝日은 새 것이며 강의 夜月은 옛 것이다. 하나는 산아이 것이며 하나는 계집의 것이다. 이러한 淸秋의 이러한 아츰 漢江의 대자연에 누가 상쾌치 안하랴. 아니 조흐랸들 어찌할 거냐. 볼기짝이 자연 들먹어리며 노래가 스스로 나온다.

아-무정하다. 어느덧 그 세계와는 작별이 된다. 아-외롭도다. 이 것이 찰나의 美가 아니냐? 아니다. 有情이오 쏘 영원이다. 그 세계의 代에 이 세계가 잇고 그 美의 代에 이 美가 나타난다. 漢江의 紅日보다 淸凉山 樹林이 오히려 가상하고 자연의 방종보다 인정의 相交가 더욱 반갑다. 徐선생의 정으로 주는 붉은 감을 바다들며 趙선생의 진심으로 솟아 오르는 교육담을 들을 쌔에 나의 몸이 얼마나 조핫슬가. 朴선생은 이곳저곳을 들어 학생에게 소개하며

全선생은 三角山을 쳐다보며 빙긋히 웃는다.

議政府를 지나 德亭을 지나 東豆川에서 하차하니 째는 8시 50분이다. 紅
日을 가슴에 안고 朝露를 툭툭 차면서 驛頭를 지나 市中을 一覽하고 京元線
신작로에 步를 放하니 光風에 나비 날 듯 스텍춤이 절로 난다. 베 비는 농부에
게 근로의 功을 謝하며 목화 따는 村婦에게 溫袍의 德을 頌하면서 趙氏와 더
불어 전원의 美를 서로 그릴 재 나의 몸은 어느던 田園化가 되고 말앗다. 東豆
川邊의 釣翁도 되어 보고 逍遙山 중의 樵夫도 되어 보앗다. 村家의 마당에
禾黍가 滿腸함을 보고 伊淡原의 黃草가 추풍에 偃仰함을 볼 재 자유의 낙원
이 이곳임을 다시금 늣겻섯다. 5리 신작로를 直破하야 淸川이 橫流하는 곳에
서 거름을 썩거 돌리니 이게 곳 逍遙山의 입구이다. 바위를 차며 물를 건느며
步一步 들어 四圍의 景色이 眞可謂別境界다. 山麓山頂이 모도 다 단풍인데
靑松蒼栢이 간간이 圈을 點하야 滿山紅綠이 畵屛을 둘은 듯 하다. 奇岩은
倒하야 낙하하는 듯 하며 怪石은 兀하야 天을 揷한 듯 하다. 白石蒼苔에 山鼠
의 舞도 眞是 자유의 낙이며 淸川石溪에 小魚의 遊泳도 역시 可觀의 景이다.
杖을 擲하고 石逕에 坐하니 鳥歌水聲은 逍遙의 搔擾이며 點點紅圈圈綠은
逍遙의 秋景이다. 趙는 취한 듯 余는 어린 듯 口로 능히 成言을 못하고 다만
指로 形하야 嘆賞쑏한지 良久에 다시 步를 轉하야 透迤히 들어가니 愈出愈
奇며 益加淸勝이라 世人이 逍遙를 칭하야 小金剛이라 함은 과연 허언이 아
니다. 遙히 石臺가 우쑥히 솟은 곳에 7,80명 처녀(先行한 同德 학생)가 團聚
而談樂함은 瑤臺의 仙娥가 분명하다. 步를 從하야 층층한 石逕을 越하야 登
하니 이게 곳 逍遙山의 名勝인 元曉臺이다. 좌우가 모다 百尺斷崖이며 압히
또 千丈深淵인데 飛流噴瀑이 斷崖에 倒下함은 恰然히 仙娥가 白布로써 岸
을 尺하는 듯하다. 銀珠를 噴하는 듯 玉屑을 散하는 듯 細霞가 起逍하는데
松은 俯하야 賀하며 楓은 仰하야 頌한다. 飄然한 臺上에 우연히 佇立하야
元曉大師의 往事를 그윽히 늣기는 우리의 일행은 선생의 道通을 다시금 말

하게 된다.

元曉臺는 元曉大師의 道通處다. 大師ㅣ 일즉 果川三幕寺에서 知友되는 義湘法師, 尹筆居士로 더불어 도를 修하다가 후에 逍遙山의 이곳으로 道場을 更設하얏다. 大師ㅣ 그윽히 誓願하되 백일 기도면 觀音의 眞像만을 可見약하리라. 백일 기원에 萬若 觀音의 眞像을 못보게 되면 萬理萬事ㅣ 모다 허위라. 我ㅣ 苟苟히 살지 아니 하리라 반듯히 千崖 절벽에 낙하하야 혼도 肉도 永滅이 되고 已하리라 하얏다. 誓願대로 大師ㅣ 日로 日에 지극한 정성으로 기도를 致할 세 백일이 다 되도록 별로 영험이 업는지라 觀音菩薩은 影子부터 不露하는지라. 自嘆의 極에 落望이 되어 만사ㅣ 허위임을 痛說하고 결연히 起하야 斷然히 岸頭에 立하니 身은 이미 공중에 낙하하는 正其時 不知不識의 중에 신이 扶하며 佛이 護하야 觀音의 眞像이 완연히 現露되며 「元曉元曉여 何其太急고」하는 지라. 大師ㅣ 문득 覺하니 身은 臺上에 의연히 섯는데 心神이 통쾌하야 만사천리를 通見하겟는지라 이에 觀音에게 合掌禮를 묻하고 臺에 下하야 사원을 建하며 徒弟를 聚하니 遠近의 승려ㅣ 구름 모히듯 大師의 門에 進하얏더라.

元曉大師의 修道談은 此에서 止하고 다시 臺를 下하야 溪를 渡하야 또 石逕을 越하니 四圍石壁이 鐵筒然한데 寺中 妙寺 自在菴이 目前에 보인다. 一步에 直入하야 寺內를 一覽하고 元曉窟에 入하야 元曉藥水를 먹어보고 다시 元曉폭포에 眼光이 眩煌하얏다. 소년소녀의 中에 끼어서 楓을 折하며 石을 轉하며 하야 이윽히 玩賞타가 어썬 和尙의 소개로 寺飯山菜에 배를 불리고 석양을 待하야 步를 回하니 逍遙洞天이 모다 우리의 洞天갓다.

逍遙山은 元曉의 산이며 自在菴도 元曉의 菴이다. 窟도 元曉窟 瀑도 元曉瀑이다. 楓과 松 岩과 石이 모다 元曉인 듯 하다. 아-거룩한 元曉시어 우리 일행은 혹 元曉化가 아니 되엇슬른지?

開城行

李丙燾
《개벽》, 1921년 11월

十月十四日＝一九二一＝

며칠 旅行準備에 바쑤던 우리는 이날이야 裝을 束하고 隊를 作하여 校門(中央高等普校)를 出하엿다. 晶曜한 한울은 더욱 우리에게 깃봄을 주엇다. 南大門驛에 달려나와 一行은 午前 九時五十分發 北行車에 실리어 近百名의 團體를 지엇다. 실려잇는 우리 一行은 呼角소리에 車바퀴의 움즉임을 보고 愉快를 感하기 始作하엿다. 乘員은 압흘 다투어 窓外의 野景을 바라보앗다. 超脫한 氣象의 天空과 春飾夏繁의 形式을 벗은 山水草木은 한께 透明한 沈着한 觀念의 世界로 들어온 듯하다. 乘員의 혹은 水色廣野에 展開한 禾穗를 보고 이를 밀우어 全道의 豐作을 점(卜)치는 者도 잇섯스며 쏘 혹은 村家 집웅 우에 널린 밝안 고초를 바라보고 이를 歎美하는 者도 잇섯다. 실로 이 고초는 村家를 裝飾한 것가티 보엿다. 굴으는 바퀴는 벌서 臨津江을 건너 長湍驛을 지나 目的地인 開城을 다다럿다. 時刻은 十一時 卅分이엇다. 驛頭에는 우리 一行을 맛는 二三人의 紳士가 잇섯다. 그들은 곳 우리 學校校友이엇다. 一行은 全部 車에서 나리어 職員의 그들에 대한 簡單한 인사가 잇슨 뒤, 그들의

引導알에 驛長을 벗어나 市街로 향하엿다. 鐵道公園압흘 지나 途中 左側으로 舊太平館(元使를 留宿케 하던 곳)址와 壽昌宮(李太祖 卽位하던 곳)址란 것을 順次로 살펴본즉 舊閣은 어더볼 수 업고 다만 그 位置하여잇던 곳만 瞥見할 뿐이엇다. 다음 또 左側으로 一門樓가 視界안에 들어옴을 보고 나는 곳 南大門임을 깨달앗다. 果然 開城市街의 거의 中央에 位置한 南大門이엇다. 門의 規模는 매우 적으나 그래도 나는 이 門이 京城南大門보다 二年 혹은 三年을 압서된, 즉 李太祖 二年에 된 古建築物로 생각하고 본즉 스스로 거듭 쳐다봄을 깨닷지 못하엿다. 또 그 門樓 우에 걸린 大梵鍾은 約 六百餘年前에 鑄造된 것으로 現存한 朝鮮 四大鍾의 一이라 이른다. 나는 市街地에 들어와 더욱이 門압흘 當到하여, 通過하는 이곳 사람들을 보고 녯날 高麗사람이나 본 것가티 깃버하엿다. 門東側楓橋를 건너 北으로 左折하여 城섯던 터를 밟으면서 子男山을 向登하엿다. 山上에 올라 市街를 굽어본즉 市街의 대부분은 眼下에 노혀잇다. 나는 곳 地圖를 펴들고 古城壁의 周圍의 廣大함과 今市街의 分布된 地域의 狹小함을 實際로 比較하여 보고 또 昔日 戶數가 十萬餘에 達하엿다는 記錄을 聯想하여 今昔變異의 嘆을 抑치 못하엿다. 實로 昔日의 繁榮이 이가티 衰落하엿나 하는 太息을 再抑치 못하엿다. 그러나 市街중에 石造洋屋이 比較的 만히 잇슴을 發見하고 나는 좀 慰安이 되어 곳 引導하는 J君에게 그 무슨 집임을 무러보앗다. J君은 親切하게 一一이 가리쳐 주고 또 開城서는 巨大한 石材가 만흠으로 煉瓦造보다 돌이어 石造屋의 工費가 廉하다고 말하엿다. J君은 더욱 자미잇는 말로 모든 巨屋과 有名한 古蹟잇는 곳에 향하여 우리에게 說明하여 주엇다. 말이 긋난 뒤 隊를 끌고 觀德亭虎亭(共히 射亭)을 등지고 이 山東麓으로 나려가서 麗末의 忠臣이오 大儒인 鄭圃隱先生의 舊邸崧陽書院에 들어가 先生의 影幀과 遺物을 어더 보게 되엇다. 一同은 이에 대하여 鄭重한 敬禮를 表하고 좀더 나려와 先生의 最後의 悲慘을 遂하던 善竹橋上에 모여 里人의 傳하는 所謂 血痕을 살펴보앗다. 宛然한

斑血이 石橋의 一部를 흐르는 듯하엿다. 나는 다시 머리를 돌려 東으로 李太祖의 舊宅인 穆淸殿을 바라보고 다시 지금 보고 온 崧陽書院을 돌아다보면서 넷날 鄭先生이 李太祖를 問病하고 自宅으로 돌아오다가 이 다리에 서 李太祖의 心服 趙英珪에게 狙擊을 당하던 光景을 그리어 보앗다. 이에 대한 야간의 說明이 잇슨 뒤 一行은 慷慨한 맘으로 古人을 弔하고 다리 西側에선 碑閣에 들어가서 我英宗, 高宗의, 先生의 忠節을 表彰한 碑文을 一讀한 後閣庭에 散座하여 携來한 點心을 喫하엿다. 時針은 下午 一時 二十分을 가르치엇다. 食後步를 續하여 昔日 最高學府이던 成均館을 訪하고 路를 轉하여 彩霞洞에 들어가 幽佳한 景色에 接하엿다. 불꼿에 눌린 듯한 黃葉과 서리에 물들러 타는 듯한 紅葉은 幽邃한 洞中을 化粧시키어 더욱 빗나게 하엿다. 아름다운 自然에 迷醉한 일동은 興을 이기지 못하여 撮影으로써 이 곳을 探訪한 記念을 作하엿다. 다음에 石造巨屋의 松都高等普通學校를 訪하고 隊를 返하여 市街로 들어왓다. 旅館은 校友의 周旋下에 정하여젓다. 隊를 네 집에 난후어 宿泊케 하엿다. 夕飯後 나는 호을로 거리를 通하여 散策하엿다. 開城사람의 一種 숨은 生活이라 할는지 다른 곳에서 發見치 못할 疑集的, 團合的, 守舊的 生活의 現象을 엿보앗다. 9時半 館에 돌아와 첫 나그네 씀을 꾸엇다.

쫀十五日 早朝, 困한 잠을 깨어 一行은 다시 裝을 簡便히 하여 校友 K君의 引導로 朴淵을 향하여 勇進하엿다. 正히 上午 六時엇다. 隊列은 市街를 훨신 벗어나자 東天은 막 朝日을 비져냇다. 朝日의 써오르는 形勢와 주는 센비츤 行頭에 부는 囉叭소리와 한쎄 새벽의 寂寞을 쎄치엇다. 東北으로 멀리 보이는 金角峰과 天摩山은 한울을 쑬흘만큼 元氣차게 솟아잇다.

三角山과 比較하여 一致한 點이 만흠을 發見하고 興味를 느끼엇다. 얼마 아니되어 徐花潭先生(徐敬德)의 놀던 逝斯亭을 다달앗다. 亭압헤 잇는 花潭과 潭엽헤 선 嶄巖과 巖上에 고흔 丹楓은 數百餘年前 先生의 사랑하던 自然이엇다. 書籍으로 先生을 늘 崇慕하던 나는 이곳에 와서 더욱 先生의 性格을

闡明할 수 잇섯다. 거름을 계속하여 두어 고개를 넘은 뒤 槐亭에 와서 다리를
쪼 쉬고 携帶한 벤도를 먹엇다.(槐亭이라고 무어 亭子가 잇는 것이 아닐다.
岩石에 이가티 새겨잇슴으로 나도 이곳 이름을 그러케 부름이다) 食後 一行
은 일층 勇氣를 鼓舞하여 大興山城門(南門)을 향하여 險惡한 길을 攀登하엿
다. 左右丹楓에 싸히어 오르고 오르는 중에 놉히 보이던 城門도 未久에 우리
脚下에 잇섯다. 南으로 三角山과 西으로 黃海를 바라볼 수 잇는 놉흔 곳임을
쌔닷고 往時 唯一한 要害로 高麗王室 避難所에 適當하엿던 것을 果然 認識
하엿다. 헐어진 城門을 등지고 나려와 昔日 軍營과 行宮잇던 자취를 볼 수
잇섯다. 大興寺를 지나 다시 石徑曲路를 踏破하엿다. 길 左右側으로 岩石의
大小를 不問하고 人名의 刻書가 업는 돌이 거의 드믈엇다. 이곳쁜 아니라,
지금 밟아오던 길에서도 만히 보앗섯다. 어썬 바위에는 子에 아모 孫에 아모
兄에 아모 弟에 아모라는 마치 家譜의 一部를 새겨 노타십히 하엿다. 多數한
人名을 一一이 세여볼 수는 업섯지만 그 多數한 人名 중에서 偉人이나 天才
를 하나도 發見치 못하엿다.

　山城北門을 出하여 가까스로 四十里 長路의 目的地인 朴淵을 到達하엿
다. 正히 五分前 十二時이엇다. 一大奇絶한 瀑布에 接한 群衆은 熱狂的으로
쒸고 부르지젓다. 怒瀑은 우리를 戰慄케는 못하엿스나 그대신 自然의 神秘
한 奧底를 열어 보이는 듯하엿다. 榻도 갓고 屛風도 가튼 奇巖怪石-더욱 上朴
淵의 潭水를 담은 큰 항아리가튼 돌이며 쪼 潭中에 솟은 島巖-은 一層 造物主
의 妙秘한 손을 빌어 된 것으로 생각하엿다. 俗傳에 녯날 朴進士란 者가 잇서
淵上에서 笛을 불고 잇섯더니 龍女가 이를 感得하고 朴進士를 引하여 夫를
삼앗다 한다. 朴淵의 稱이 이에서 由來한 것이라 里人은 말한다. 一種 웃은
이악이에 不過하나 이것이 自然의 秘密과 人間과의 交通을 具體的 方法으로
그리려 하는 努力에서 나온 것은 勿論이다.

　約 一時餘의 觀賞이 잇슨 뒤 다시 山城內로 隊를 返하여 아까 지나오던

大興寺에 들어와 이미 豫約하엿던 이곳 別味의 비빔밥을 요긔하고 歸路에 오를 動力을 振作하엿다. 下午 3時頃에 寺內를 出한 我隊는 오던 羊腸曲路를 通하야 혹은 險高한 고개를 두어번 넘어 道半에 이르럿다. 벌서 夕照의 燦爛함을 보게 되엿다. 또 압흔 다리를 억지로 이기어 것고 것는 중에 東嶺에서 吐出하는 보름달을 보게 되엿다. 俗談에 가던 날이 장날이라고 오늘 이곳에서 우리는 望月의 機를 得하게 되엿다. 우리에게 적지 아닌 慰安을 주엇다. 나는 먼저 이 달을 通하여 古人의 心情을 追憶치 아니치 못하엿다. 우리가 바라보는 달은 녯날 高麗人도 바라보던 同一한 달이엇다 하는 意識은 더욱 過去의 觀念을 새롭게 하엿다. 國은 이미 破하여 山河만 오즉 依舊하다고 長歎하던 맘도 天上에 걸린 明月의 永劫不變함을 볼 째에 山川도 오히려 滄桑의 變을 免치 못하엿스리라 하는 생각쑌이엇다. 실로 天地의 悠久에 比하여 人生의 須臾임을 嘆치 아니치 못하엿다. 不知中에 벌서 我隊는 市內를 當到하엿다. 一行 無事히 歸宿하게 된 것을 서로 喜幸히 여기엇다.

翌十六日 朝 八時頃 疲困한 다리를 다시 일으키어 隊를 作하여 校友 J君의 先頭미테 共同白蔘製造場을 叅觀하엿다. 百蔘의 香臭는 鼻를 觸하여 藥으로 먹으니와 진배업다고 생각하엿다. 넓은 마당에 펴널은 白蔘의 數爻도 만치만 蔘皮를 벗기는 婦女勞働者도 쏘한 만흠을 發見하엿다. J君에게 一年이 마당에 떨어지는 蔘갑이 얼마 되는가 무럿다. 무려 백만원의 巨額에 達한다 하엿다. 蔘은 실로 開城사람의 半生命이라고 말할 수 잇섯다. 다시 J君은 우리를 쓸고 松巖山밋에 잇는 滿月臺로 向하엿다. 林檎밧을 지나 몃개의 階段을 올랏다. 階段위마다 一帶廣場이 잇다. 廣場에는 樓門과 殿閣이 서잇섯는 것을 想像할 수 잇슬만큼 만흔 柱礎를 볼 수 잇섯다. 더욱 會慶殿이 서잇던 곳에 올라서 四圍를 돌라보고 昔日 宮殿의 雄大하엿던 것을 쏘한 想像할 수 잇섯다. 四五백년 榮華를 누리던 터가 지금은 오즉 荒寥로 化하고 말앗다. 생각컨대 宮殿은 仁宗(十七代)時 李資謙亂 에 一部 灰燼되엿고 後에 重建되

엇던 것이 恭愍王(卅一代)째에 이르러 紅賊의 亂에 인하여 全部 烏有에 歸한
것이엇다. 所謂 滿月臺라 함은 이 會慶殿터를 이름이라 한다. 그러나 본래는
宮中에 望月臺가 잇서 後人이 望을 滿으로 訛稱하여 宮터의 大部分을 滿月
臺라 하엿다 한다.

J君은 또 우리를 끌고 訥里門을 나와 高麗太祖顯陵으로 인도하엿다. 이
陵은 他處로 여러번 移葬하엿던 陵이엇지만 石物其他가 比較的完全히 남아
잇다. 지금껏 陵叅奉을 두고 守護하여 나려온 德澤이라 한다. 陵叅奉은 特別
히 王姓을 가진 사람으로써 任한다 이른다. 그러나 이 陵을 뒤로 두고 西便으
로 향할 째에 附近 丘上에 보이는 歷代諸王陵은 荒凉하여 陵名은 勿論, 何代
王의 것인가도 모른다 한다. 한 十里를 또 거러 恭愍王의 玄陵과 同王妃魯國
大長公主의 正陵을 當하엿다. 이 두 陵의 石物其他附屬物의 雄大優麗함은
이미 들어 안 바이지만 實地로 와본즉 果然 點頭치 아니치 못하엿다. 麗代
諸王陵은 勿論이오 李朝歷代의 陵으로도 이 陵의 石物에 比가 될 수 업다
한다. 一方으로 이를 밀우어 麗末王家의 窮奢極侈의 風을 可히 알 수 잇섯다.
이가티 宏壯히 일으킨 陵墓가 지금은 또한 荒廢함을 免치 못하엿다. 王氏의
子孫으로도 이를 위하여 守護의 勞를 執하는 者 업다 나는 생각하엿다. 만일
이것이 孔子의 墳墓나 釋迦의 墳墓나, 그리스트, 마호메트의 墳墓라고 하면
설마 이가티 頹廢한 가온대는 잇지 아니하엿스리라. 그 子孫이 업다하더래도
聖者를 信崇하는 사람들은 死力을 다하여서라도 他人의 手에 讓치 아니할
것이다. 王者와 聖者의 差가 이런 족으만 일에도 심함을 느끼엇다. 麗末의
衰運을 이악이하면서 携帶한 點心을 喫하엿다. 歸路에 杜門洞을 歷入하여
麗末 七十二賢의 節義를 彰示한 我英宗御製御筆의 碑文을 謹讀한 後 곳 行
步를 緩히 하여 開城驛에 다달앗다. 約 二時間을 기다리어 五時 卄分發 列車
로 京城을 向하엿다. 車窓을 通하여 未久에 夕烟이 村家에 일어남을 보앗더
니 또 얼마 아니되어 旣望의 달이 우리의 벗이 되어잇슴을 깃버하엿다.

처음 본 開城

京城女子高普 딘묘순
《신여성》, 1923년 11월

기다리고 바라던 修學旅行! 九月 二十四日의 開城行은 이날이엿다.

엇저녁부터 들쓰인 마음에 잠도 자는둥마는둥하고 새벽 세時부터 니러나서 준비에 수선하엿건만 그래도 점심을 싸들고 집門을 나슬 쌔는 다섯時三十分이나 지낫섯다.

어둡지도 아니하고 다—밝지도 안은 하늘은 구름 한점도 업시 싀원하게도 맑게 개엿고 行人적은 길 열니지 아니한 商店머러에는 電燈도 쩌지지 안어서 오래간만에 새벽길을 걸어보는 내 마음은 더할수 업시 깃겁고 爽快하엿다

只今가면 停車場 압헤는 몃사람이나 모엿슬가『第一 첫재로 쏙두새벽에 와서 기다리겟노라』고 수선스런 壯談을 하던 그 언니는 正말 第一 첫지로 와서 잇슬가 깃븜에 울넝거리는 가슴에도 이런 생각을 하면서 鍾路까지 걸어서 거긔서 電車를 기다려 올라탓다

쓸쓸스런 새벽電車에는 아모도 다른 乘客이 업시 東大門 밧게서 오난 H와 K가 점심보퉁이를 무릅에 놋코 호젓하게 안저잇서서 엇더케 반가웟난지

몰낫다

京城驛 압혜서 나리닛가 발서 驛 압혜는 十餘名이나 모여서서 우리를 보고 일홈을 부르면서 손짓을 치더니 와락와락 달겨들어 손을 쓸어잡고 「쏫모닝」 소리를 하는 것을 보아도 그 가슴이 다갓치 깃븜에 들쓰인 것을 알겟섯다

一行은 二十二人 發車는 六時五十分 汽車는 일흔 아즘의 村空氣를 흔들면서 北으로 北으로 닷기를 始作하엿다 키크신 金夏鼎 先生님과 校長先生의 內外분을 모시고 우리는 무데기 무데기 모여안저서 밤에 잠 안잔 이약이 점심반찬 이약이 아즉 가보지 못한 開城 이약이 가본 사람의 開城자랑 자미잇난 이약이는 뒤에 뒤를 니어 쯧날줄을 모르고 족고만 굴속을 지날 쌔에도 와자자하고 歡喜의 소리를 칠 쌔마다 車室의 모든 乘客들의 눈은 부러운듯이 우리에게로만 쏠니여 퍽 자미로워하는 모양이엿다.

汽車는 어느틈에 長湍驛을 지낫다하야 우리는 벌서 퍽 먼 地方에 나온 것 갓해서 車窓 밧글 내여다 보기 시작하엿다 누르듸 누른 벼벌판은 아즘해ㅅ 빗을 밧아 거륵하고 근감하여 보여서 農夫들의 깃버하는 얼골까지 보이는 것 갓고 둥송이 둥송이마다에는 큰나무 쌀븐 플닙마다 아즘이슬이 영롱하게 쌘적이는 것까지 보여서 마음을 爽快하게 하엿다.

窓의 左便에는 北漢과 恰似한 쏏죽한 봉우리가 連立하엿고 樹木이 茂盛한 검푸른 山이 멀―니 보이기 시작하난대 저―山의 西北 넘어가 곳 開城이라 한다 저山넘어 저山넘어 하고 開城 갓가히 온 것을 깃버하난 동안에 발서 車窓 밧게 人蔘을 栽培하난 蔘圃가 듬은듬은 보이기 始作하매 발서 開城에나 到着한듯 십어서 모다들 자리를 들먹들먹하엿다.

말로만 듯던 人蔘의 蔘圃를 처음보난 우리는 蔘圃 우에 갈대발로 삼집까지 지여덥허준 用意周到한 誠意에 놀내엿다 實로 世界的으로 聲價를 得한 高麗人蔘은 이와 가티 細密한 保護 下에 栽培되여 六個年 後에야 비로소 完成되야 乾製하야는 白蔘이 되고 蒸製하야는 紅蔘이 되고 쏘 精製하야는 엑

기스도 되난대 그 年額이 二百三萬圓이나 되며 그 巨額이 開城을 中心으로 하고 收益되는 것이라 한다 이러한 말을 듯고 다시금 우리는 그 用意周到하게 保護栽培되는 蔘圃를 注意해 보앗고 깁히 感服하엿다

이약이하는 中에 車窓 右便으로 洋屋 서권 한都市가 보이기 始作하니 이 것이 高麗朝 四百七十年의 首都이든 開城이엿다 有名한 松都이엿다. 입마다 입마다 開城 開城하면서 자리에서 니러나서 서성거렷다 그러는 中에 車는 停車되고 乘客 中의 만흔 사람이 부덩부덩 나려가난대 『가이죠— 가이죠—』 하고 외치는 驛夫들의 소리가 우리의 들뜬 가슴 속을 잡아 흔드는 것 갓햇다.

開城은 우선 停車場 압헤서부터 껫긋하엿다 이약이로 만히 듯던 開城이 여긔고 冊에 에 만히 낫던 開城이 여긔다 生覺할 새에 停車場於口부터 더 껫 긋하게 생각되고 善竹橋와 滿月臺 잇는 곳이 여긔요 松岳山과 好壽敦女學校 잇는 곳이 여긔고나하고 생각할 새에 더 반갑고 情든 곳에 온 것 갓햇다.

停車場 건너편에 복사나무 만흔 樹園은 有名한 鐵道公園이라 하며 公園 압흐로 길게 쌧은 新作路는 市街로 向하는 길이라는대 째도 아츰째라 그 길을 밟아 市街를 向하고 것는 마음은 맛치 새벽 꿈자리에서 갓 쌔여나온 새의 心神가티 爽快하엿다. 죰음 가다가 놉다란 壁돌집(人蔘) 專賣局 出張所를 보앗고 그 집을 지나스닛가 거긔서부터 반가운 朝鮮家屋과 朝鮮사람들이 만흔 中에 唯甚하게 갓쓴 사람을 만히 보앗고 婦人네 中에는 치마쓴 사람을 듬은듬은 보앗다. 한참 가다가 左便으로 썩긔여 프른 山허리를 바라보고 올나 가니 그 山이 開城의 北岳山이라는 松岳山이라 하며 大路左便나즉한 언덕에 는 놉다랏코 커—다란 石造洋屋집이 잇난대 이것이 有名한 好壽敦女學校라 하야 우리는 그 學校에 드러가서 敎室과 其他 다른 設備와 寄宿舍까지 求景 하엿난대 일홈만 듯던 시골學校에 차저와서 그곳 學生들까지 對해 본 것은 엇더타할 길 업시 깃벗섯다.

好壽敦에서 나와서는 곳 人蔘製造工場組合所에 들어가서 左便으로 돌

아가서 限업시 넓은 蔘圃와 果樹園 等 사이를 지나 문득 잔잔하게 흐르는 쎗 긋한 小川을 건너갓다 거긔는 길 左右에 山櫻이 쪽 늘어서서 紅葉된 身勢를 바람에 썰고 잇난대 여긔가 滿月臺入口라고 標木이 곳쳐 잇섯다.

山腹을 向하야 세層이나 펼처잇난 廣臺! 雜草는 욱어젓서도 이곳이 五百年 麗朝의 王宮이엿던 터이라 쓸슬스런 石築을 올나갈 쌔에는 외람되고 寒心스럽고한 異常스런 생각이 가슴에 긋득하엿다 일홈도 모를 가을풀들은 山바람에 흔들니여 늣겨우는 것가티 바르르 썰니난대 그 사이에 大小의 礎石이 듬은듬은 露出되여 잇는 것이 더욱 마음을 쓸쓸스럽게 하엿다 礎石의 노힌 자리로 보아 그 우에 宏大햇섯슬 樓門과 殿閣을 생각해보면서 우리는 다시 數十級의 石階를 밟아올나간즉 거긔에 바로 王殿의 遺址가 잇는 것을 보앗다 일즉이 八道統治의 실마리를 잡은 곳이 이곳이엿고 여긔에 丹碧찬란한 殿閣이 하늘을 찌를 氣勢로 섯섯슬 것을 생각하고 只今에 소슬한 바람과 쓸쓸한 버레소리를 드르니 엇더케 形容할 수 업난 써늘한 생각이 가슴을 음습하엿다 松岳의 山 臨津의 水는 如前히 푸르고 如舊히 흐르것만은 오즉 人世의 일이 無常하야 前年의 王宮이 이제 이 터만 남어 찻는 이의 눈물만 자아내는 일을 생각하면 구슮흔 생각이 限업시 나는 것을 禁할 수 업섯다.

깃거운 마음에 수선스럽게 써들던 一行은 누구나 여긔와서 말이 업시 잠잠들 하엿다 一行의 所感이 다 갓핫슬 것이다.

그러는 中에도 時計를 자조 보시는 先生님들의 어서 나려가자는 소리에 우리는 約束한 것처럼 긴 한숨들을 수이면서 그곳을 써낫다.

쌔가 正午이 갓가워서 景致도 좃커니와 点心먹기에 조흔 곳이라고 開城사람인 H의 案內로 扶山洞으로 갓다 扶山洞은 참말 말과 가티 景致 조흔 곳이엿다 늠늠한 樹林 맑게 흐르는 물 사람의 손으로 쑴여논 것 가티 어엽브게 된 곳이엿다 여긔서 우리는 짐을 풀어 점심을 먹고 自由로 흐터저서 자미낫게 놀앗다 한참이나 질겁게 놀다가 모이라시는 소리에 모여서 扶山洞을 써나면

서「자—이번에는 善竹橋다 善竹橋다」하고 쏙은쏙은 하엿다 그러나 扶山洞
길은 넘어도 멀어서 놀면서 나오는 것이「時間이 넘어 걸려서 午后 네時車로
歸京할 豫定인대 時間餘裕가 업스니 停車場으로 바로가자」는 先生님 말슴
에 우리는 얼마나 놀내엿난지 모른다 時間도 時間이러니와 開城에 와서 그
有名한 鄭忠臣의 泣碑와 善竹橋 피다리를 보지 못하고 갈 수가 잇스랴 십허
서 밤車로 가도 조흐니 善竹橋를 보고 가자고 哀乞哀乞하엿스나 요담에 쏘
오자고 욱이면서 그냥 停車場으로만 向하고 말앗다 분하고 섭섭한 김에 몃씩
몃씩 뒤로 쌔저서 보고가자는 공론까지 분분히 해보앗스나 하는 수 업섯다
先生님의 고집을 미워하면서 울음이 터질듯 터질듯한 얼골이 汽車에 올나탈
쌔까지 풀니지 아니하엿다 이 까닭으로 그래 기다리고 바라다 開城求景은
半밧게 못하고 온 것이다 .(下畧)

清秋의 旅
江華行

茄子峯人
《개벽》, 1921년 11월

江華! 아-江華!! 檀君神祖-三子를 命하사 祭天하시던 瞻星壇이 잇는 江華! 神子三人이 몸소 築城하시던 三郞山城이 잇는 江華! 山中名山 摩尼山이 잇고 寺中大寺 傳燈寺가 잇는 江華! 山조코 물조코 歷史만코 古蹟만흔 江華! 쌀만코 柑만코 고사리 만히 나는 江華! 車타고 배타고 또 거러가는 江華! 한번 보고 萬懷抱를 풀고 두번 보고 千古史를 알만한 江華! 우리가 願하야 보고저 하는 江華! 우리가 기어코 가야만 할 江華!

아-이러한 江華! 언제 한번 機會잇서 언제 한번 가서 보나? 언제 한번 그의 품에 들어 언제 한번 그의 사랑을 바들가? 皎皎한 秋月이 西山을 넘을 째 문득 그 생각이 나며 蕭蕭한 金風이 東窓을 스칠 째 또한 그 생각이 懇切하도다. 행여나 2, 3同志만 어드면 萬事를 俱除하고 決然히 江華行을 作하리라고 斷然히 作念하고 苦待苦待하던 차 마츰 普成小學校修學旅行의 好機를 어드니 淸快한 10月 12日의 아츰이로다.

京城으로 仁川

여섯時에 일어나서 天氣부터 살펴보고 얼른 洗手하고 아츰도 못 먹고 一尺杖 휘두르며 鍾路를 썩나서니 벌서 오고가는 行人이 시골 市場만콤은 되어 보인다. 그 중에 나의 눈에 반갑게 보여 興分을 일이키는 것은 典洞으로 寺洞으로 씩씩히 모여드는 少年學徒들이다. 輕快한 校服에 「변도」를 둘러메고 意氣洋洋히 南大門을 향하야 快步를 옴기는 그들의 動作은 누가 보던지 感嘆치 안흘 수 업다. 그들의 가슴에는 生命의 피가 쒸며 그들의 발압헤는 希望의 빗이 비추윗다. 마츰 해가 그들의 가슴에 直射할세 그들의 얼굴은 더욱 아름다우며 가비어운 바람이 그들의 몸을 시츨세 그들의 手足은 더욱 敏活하다. 혹은 電車 혹은 徒步로 南大門 驛頭에 總集이 되니 先生과 學徒가 82人이다.

8時 5分 仁川直行은 우리 一行을 곱게 모신다. 그리 들추지도 안코 그리 기울거리지도 안는다. 첫 고동에 南大門을 써나 두 번재 고동에 龍山에 이르니 複雜하나마 坐席整頓은 되엇섯다. 1分間 멈을러서 다시 車가 구을기 始作하니 生意充天한 少年동무들은 그만 氣高萬丈하야 혹은 웃으며 혹은 노래하며 혹은 손ㅅ벽 치며 혹은 날쒼다. 象頭山이 굽어 賀禮하며 漢江水가 길이 압흘 引導한다. 구름은 슬어지며 바람은 긔척이 업서진다. 江山이 다-그들의 江山가트며 四圍에는 아모 것도 업서 보인다. 어썬 妙齡의 입으로 「漢江鐵橋다. 아-조타. 汽車歌하자-」의 一令이 나린다. 그리자 모다 손ㅅ벽 치며 「조타-」「하자-」 소리가 일제히 幷發되면서

「들들들 굴러가는 汽車바퀴는

終日토록 쉬지 안코 다라나도다.

十里萬里 갈 길이 비록 멀으나

살과 가티 迅速히 得達하누나.(二節畧)

의 汽車歌를 목이 째어져라 손바닥이 터져라 하고 高唱大拍을 하는데 첫 句節의 고흔 목소리 軟한 曲調는 마치 十里淸灘의 潺湲한 波紋가트며 둘재 句節의 놉흔 소리 강한 曲調는 마치 萬丈飛瀑의 砯砰한 怒濤와 갓다. 일제히 「하하」 웃고 일제히 「싹싹」 손ㅅ벽 치고는 다시

「景槪조흔 山과 물은, 내가 사랑함이로다.
四面江山 단이다가, 조흔 곳 왓네」

의 探勝歌를 連해 부르며 발을 굴으며 손을 휘두르는 光景은 실로 生의 빗이 질질 흐르는 勇少年임을 歷歷히 許하겟다. 子弟잇는 이는 學校에 보내기를 願하며 아들 쌀 업는 이는 아들쌀 낫키를 願하며 늙은이는 隱然히 눈물지으며 젊은이는 실로 부러워한다. 間間이 씨어 안즌 男女乘客들은 아모 私談이 업다. 어썬 이는 精神업시 안저 勇少年의 날쒬을 바라볼 쑨이며 어썬 이는 히죽이 웃으며 어써 이는 손목을 만저주며 어썬 이는 「어느 學校냐」고 무르며 어썬 이는 噓唏一嘆으로 無子의 情을 表한다.

車는 어느덧 永登浦 素砂를 거쳐 杻峴을 왓다. 左右山의 丹楓이며 上下野의 黃禾는 우리의 눈, 우리의 마음을 즐겁게 한다. 朱安鹽田을 紹介하자마자 벌서 仁川이라 한다. 車에 나려 埠頭에 이르니 아홉시 족음 넘엇다.

仁川으로 傳燈寺

우리 一行의 預想은 迅速하고 便利한 蒸氣船이엇스나 形便에 의하야 不便하나마 부득이 木船을 타게 되엇다. 往復 36圓으로 木船 네隻을 불러 타고 70里 水路에 櫓를 젓기 始作하얏다. 仁川을 등지고 月尾島를 엽헤 끼고 永宗島를 압흐로 보며 으여차 그여차 波濤와 싸움을 하게 된다. 바다와 바람은 써날 수 업는 關係가 잇는 듯하다. 陸地에서는 一点風이 업더니만 바다를 臨

하자마자 바람이 일기 始作한다. 心術구진 海伯이 우리 一行의 勇氣를 試驗코저 함인 듯하다. 비록 살이 軟하고 쌔가 弱하나 우리 勇少年은 죽음도 恐怖가 업다. 배를 처음 타보고 바다를 처음 보지만 船長海老에게 못하지 안타. 波山波谷이 起伏할 쌔마다 船頭船尾가 上下할 쌔마다 氣가 더 나며 興이 더 실린다. 月尾島 難關을 겨우 넘어 虎島를 안고 돌을세 압배에 탄 사람은 어서 오라고 손을 저으며 뒷배에 탄 사람은 가티 가자고 손을 휘두른다. 압배가 썰 어지면 뒷배가 압서고 뒤배 沙工이 잘 저으면 압배 沙工에게는 攻擊이 퍼붓는 다. 마치 압배는 敵軍의 탄 것갓고 뒤배는 追擊軍이 탄 것갓다. 一場活動寫眞 이 열린 듯하다. 콩알섬을 지나면 밤알섬이 보이며 자라섬을 지나면 거북섬이 쏘 닥친다. 白鷗는 翩翩히 날며 波光은 天色과 一樣인데 孤島의 漁翁은 船頭 에서 放歌하며 遠村의 微烟은 石峯으로 살작 돈다. 그 중에도 心線을 쓰을며 情緖를 그러당기는 것은 背山臨海의 數間茅屋에서 唐紅치마 美少女를 이쓸 고 나와 손바닥만한 菜田에서 白菜쏩는 島國婦人이다. 아-그들의 生活- 얼 마나 滋味스러울가. 男便은 고기 잡고 女便은 白菜쏩고 少女는 재롱부리며- 하는 自由島의 自由人들의 生活?! 交通이 비록 不便하고 出入이 비록 苟苟할 지나 밥 먹고 쏭 싸고 아들 나코 쌀 나코 배 타고 山 타고 하는 그들의 生活 그 얼마나 自由스러운가. 나는 실로 그들을 위하야 祝福하며 欽羨하기에 마 지 못하얏다.

　　永宗島를 벗어나서 江華海口로 들어간다. 멀리 山城이 보이며 松林이 보 이며 大刹이 보인다. 沙工에게 무른즉 그가 곳 傳燈寺라고 우리 一行은 拍手 로써 멀리 來意를 表하며 沙工을 督促하야 速行을 圖하니 어느덧 草芝里渡 船場에 이르럿다. 쌔는 오후 3時이며 一行이 다 無故하다. 江華天道敎人 具 德禧 具達祖氏 등 10餘人이 반가히 마저준다.

　　草芝里는 砲臺를 싸핫던 곳이다. 지금도 堡壘가 남아 잇다. 草芝里의 上 下端은 다-砲臺를 築하얏던 곳이다. 草芝里서 西으로 約10里許에 孫돌목(石

項)海口가 잇다. 이 孫돌목海의 東岸砲臺는 辛未亂에 우리 魚在淵將軍이 洋軍과 奮戰하던 곳이다. 辛未의 事를 귀로 들으며 이 쌍을 발로 밟으며 당시의 亂을 스스로 생각하니 忿하기도 하고 可笑롭기도 하다. 誰의 罪를 말하기 果然 어렵다. 洋國艦隊가 지금껏 잇서 挑戰하는 듯하며 우리의 砲臺로서 빨간 불이 반작거리는 듯하다.

아-이 江華島 亂을 몃번이나 치럿는가. 4000年의 戰史를 考察하야 볼 째 누가 江華에 대하야 눈물을 아니 싸리겟는가. 帝王이 몃번이나 遷하얏스며 生靈이 몃백만이나 魚肉이 되엇는가. 壬辰 丙子의 慘劇, 丙寅 辛未의 兵火-다-우리로서는 永遠히 잇지 못할 것이 아닌가. 더욱이 우리의 금일이 境遇를 直接招來한 것이 江華에 잇슴을 切實히 記憶할 째 우리의 가슴이 얼마나 압흐겟는가.

우리 一行은 恨然히 佇立하야 悽然한 顏色으로 자취만 남은 左右砲臺를 보며 스스로 눈물짓기에 마지 못하얏다. 往事는 莫論이라. 來頭를 위하야 奮鬪할 쓴이라 하고 一行은 夕陽山路에 千古의 恨을 싸리며 緩緩히 거러 三巨里를 거쳐 普通學校, 面所, 駐在所가 잇는 곳 鼎足山城(三郎山城)東門턱을 올나섯다.

아-鼎足山城! 一見에 萬年愁가 다-슬어지도다. 四面으로 바다를 보며 島嶼를 보며 田野를 봄은 鼎足山城의 外景이오 솟발가티 둘러선 露積, 落照, 昆盧三峯을 보며 鬱蒼한 松栢을 보며 雄壯한 寺刹를 봄은 鼎足山城의 內景이다. 하물며 神代神祖를 追慕하는 우리의 情境이랴. 日暮함을 慮하야 곳 傳燈寺에 入하니 5, 6名 和尙이 合掌禮로써 마저준다. 房을 정하고 石溪에 발씻고 少年友와 더불어 1時間 談樂한 뒤 素菜白飯으로 배을 불키고 자리에 누워 心身을 慰勞하얏다.

翌日 淸晨에 막대를 들고 史庫터을 올라 四圍의 景色을 玩賞하고 寺中에 돌아와 住持僧鞠昌煥師를 訪하야 寺의 來歷을 問하얏다. 師의 말을 듯건대

傳燈寺의 舊名은 眞宗寺이엇는데 高麗 忠烈王時 貞和宮主가 玉燈三個를 施함으로부터 傳燈寺라고 改稱하얏다 한다.(其亦事實未詳云) 寺의 創建은 累次 兵火를 被하야 史記를 消失하얏슴으로 그 年代를 確知키 難하다 하며 殘史에 元至政 3年에 3次 重修라 함을 보건대 적어도 2000年前이라 한다. 寺의 前面露續峯下에 30餘間의 兵庫가 잇섯던 바 己酉年間에 養兵의 所據로 인하야 日兵이 消火하야 지금은 墟據만 남앗다 하며 寺의 西面落照峰下에는 由來의 國史保藏하던 史庫가 잇섯던 바 年前總督府로부터 國史를 移去함에 由하야 史庫는 毁破하고 其亦 빈터만 잇다 한다. 그리고 三郞山城은 檀君의 三子께서 築하심은 事實인 바 中間에 幾度의 改築이 잇섯다 하며 城의 周圍는 畧10里假量인데 東西南北 4門이 잇스며 三郞山城을 鼎足山城으로 改稱함은 三峰이 完如鼎足이라 하야써 名하얏다 한다. 寺의 重修는 距今 5年前이라 하며 寺의 財産은 4, 5백石秋收에 不過하다 하며 末寺가 30이나 잇는 中 彼有名한 開城 華藏寺도 그의 末寺라 한다. 現在 僧侶는 20名에 不過하며 方在仁川에 布敎堂을 置하는 중이라 한다. 나는 住持和尙에게 約 1時間 동안 寺에 관한 말을 듯고 仍하야 對潮樓에 登하야 眼前의 自然과 즐기게 되엇다. 南으로 永宗列島가 碁局과 가티 보이며 仁川港의 大小烟突이 우쑥우쑥 섯슴을 보겟다. 東으로 金浦諸山을 보겟스며 멀리 三角道峰이 雲霧중에 놉히 솟앗슴을 보겟다. 山넘어로 구비구비 휘두른 洋洋한 漢江이며 섬 사이로 줄곳 내버든 洋洋한 黃海는 다-對潮樓의 조흔 景槪이다. 해쓰는 아츰 구름 돌아가는 이째 爽快한 松風을 가슴에 바드며 金色波光을 내밀어 보는 나의 心身은 仙臺에 臨한 듯 雲間에 遊하는 듯 一大 快味가 실로 俗界의 凡人에 比키는 抑鬱하다. 오고 가는 商賈船은 어긔어차 櫓저으며 크고 작은 男女老少가 이 집 저 집 나설 째에 對照樓 놉흔 곳에 飄然히 서서 浩然히 一氣를 吐함은 이 실로 이 平生의 快事이다.

슬프다. 이것도 잠간이다. 聚立一令에 學生들은 벌서 行列을 지어 장차 써나려 한다. 슬프다. 山高水長은 萬古一樣인데 오즉 人生쑨 無常하고나. 對照樓를 어찌 나쑨 반겻스랴. 千古의 遊客이 다-반겻슬 것이며 對照樓를 어찌 나쑨 슬퍼하랴. 千古의 遊客이 다-슬퍼하얏슬 것이다. 詩하나 歌하나 외울새 업시 총총히 摩尼行을 作하게 되엇다. 나는 할 일업시 牧隱의 詩「潮樓 晚對一塵淸今古遊人幾遍行. 芸閣秘書藏百世 蓮燈貝葉悟前生. 地分山足 渾如鼎 石隱楓林自護城. 好是禪綠來信宿. 啼禽老佛總關情」을 빌어 외울 쑨이엇다.

傳燈寺로 摩尼山

13日 上午 9時이다. 우리 一行은 鼎足山城 西門을 넘어섯다. 黃海 萬里가 眼下에 노혓스며 摩尾高峯이 天空에 놉핫섯다. 船頭里 논(畓)벌을 건너 下道 村을 거쳐 摩尼의 下麓을 씨고 돌을세 漁翁에게 길을 무르며 村婦에게 물을 어더 먹으며 혹 柑을 어드며 혹 밤을 주으며 혹 野菊을 씩그며 혹 나락을 만지 며 竹杖을 춤추어 談笑和樂, 興겨온 거름은 疲困을 感할새 업시 어느덧 摩尼 山下 德浦里에 이르럿다. 村家에 點心을 맛기고 旅服을 更束하야 祭天壇을 향하고 올라갈세 山은 高하고 巖은 急하야 凡足은 容易치 아니하다. 비록 少 年軍이나 우리 一行의 冒險이 아니면 生意도 못하겟다. 이어차 이어차 一步 一步 登하니 先隊先, 中隊中, 下隊下, 或行或立, 或高喊, 或喘息은 果是探勝 隊가트며 突擊軍갓다. 바위를 넘으면 쏘 바위 峰을 오르면 쏘 峰이다. 구두를 벗으며 上衣를 脫하며 나무를 휘어잡으며 길 대 기고 뛸 대 쒸어 艱辛艱辛히 上上峰에 登하니

아-快하도다. 險路를 지나고 難關을 넘어서 摩尼山 上峯에 올라선 壯觀 江華全幅이 足膝下에 屈服되엇고 忠淸 京畿 黃海의 大小山河가 眼前에 展 開되엇다. 黃海에 바람 일고 山巓에 구름 돈다. 山水의 美-其極을 盡하얏다. 이러한 山海絶處에 무엇이 잇는가.

아-祭天壇! 우리 倍達國을 創建하시고 우리 倍達兄弟를 나흐신 우리의 倍達國의 神祖檀君께서 三子를 命하사 祭天하시던 祭天壇!! 우리 兄弟 ㅣ 此에 至하매 한아버지를 뵈옵는 듯하면 한아버지 품에 든 듯하도다. 한아버지께서 우리의 등을 어루만지는 듯하며 우리의 머리를 쓸어주는 듯하도다. 우리는 실로 惶悚함을 禁치 못하겟스며 感淚를 抑制치 못하겟도다.

우리를 잘 살리기 위하야 우리에게 永遠한 씨를 쑤리기 위하야 몸소 壇을 싸흐시고 몸소 한우님께 祈禱하시던 祭天壇! 한아버지의 語音이 들리는 듯하며 한아버지의 足跡이 臨한 듯하도다. 4천年의 東洋藝術의 代表的 祭天壇! 東西人이 欽嘆하는 祭天壇도 雄偉堅固로 萬年에 不敗할 祭天壇! 아-실로 朝鮮魂이 다-뭉친 듯하도다.

아-슬프다. 後孫이 無能하야 이 寶壇을 善保치 못하얏도다. 幾千年의 風雨에 多少의 毁傷이 되엇던 次 無知沒識한 日兵이 最後의 破壞를 行하얏다 한다. 지금은 牌文도 門樓도 업시 다만 石臺 2層 뿐이로다. 아-傷心處로다.

이 寶壇이 만약 英米에나 日本에 잇서 보라. 그들이 얼마나 힘잇게 保存하얏겟는가. 우리가 不幸하니까 寶壇조차 不幸하얏도다. 檀君 한아버지의 嚴責이 나리는 듯하도다. 우리 一行은 다 各其 아모 말업시 沈默裏에서 後生의 無能을 自責하면서 將來를 위하야 義奮을 내엇섯다.

우리 一行은 近 두 시간이나 天壇에 올라 一悲一嘆, 千古懷를 말하며 四圍의 風景을 翫賞하다가 午後 3時頃에야 下山하야 德浦里 李應冕氏宅에서 点心하고 仍히 回路에 登하얏다.

內外面으로 觀한 開城의 眞相

都市巡禮의 其一

朴達成

《개벽》, 1922년 9월

그 外面

上下 四千의 歷史 特히 半島-文化의 歷史를 代表한 高麗國 서울이엇든 開城은 그가 어쩌한 곳인지 말치 아니하야도 上下億億의 心裏에 그-記憶이 尙存할 것이며 비록 村婦野童이라도 그 곳을 늘 追想하며 贊美하며 그리우며 잇슬 것이다. 記者ㅣ 別로 紹介할 것이 업스며 讀者ㅣ 苟히 吟味할 것이 업스나 本誌ㅣ 權域의 각 都會를 巡訪하는 途次에 마츰 開城이 第一着에 걸리엇다. 觀察이 周密치 못하고 文辭의 組織이 보잘것 업슴은 記者가 責任을 질 밧게 업다.

前者에 開城을 아니 본 바이 아니지만 走馬看山格이엇다. 天下萬事는 有意하고 無意함에서 그-實과 虛, 眞과 假를 判斷하나니 비록 開城行이 萬番언들 無意하엿슴에 어찌하랴 그저 그러타할 쑨이엇는데 이제 壬戌의 八월을 機會하야 開城의 外面裏面을 낫나치 더듬어 보니 果然 贊美할 것도 만흐며 驚嘆할 것도 만흐며 疑訝할 것도 만흔 중에 한번 웃어볼 것도 잇고 한 번 울어

볼 것도 잇다. 文客은 筆을 投할 것이며 武士는 劍을 仗할 것이다. 詩나 歌, 舞나 蹈 다—그 宜를 得다얏다.

南으로 오는 손이나 北으로 오는 손이 開城驛을 當하고 보면 누구나 疑訝가 생기며 沓沓한 感이 업지 못할 것이다. 어둑컴컴한 松岳山이 압흘 탁 마으며 鬱鬱첩첩한 龍岫山이 뒤를 꽉 누를 째 누구나 「애구 沓沓해 이러케도 山골이든가!」하는 感念이 업지 못할 것이며 「五百年都邑터가 이러탄 말인가 옛 한아버지의 所見들은 다—이러튼가 京城이 亦 그러터니 開城이 또한 그러쿠나!」하는 嘆辭가 아니 나올 수 업다. 이리하야 一嘆一訝하면서 鐵道公園을 씨고 市內로 通한 新作路로 들어 가노하면 저—有名한 總督府專賣局出張所인 蔘政局을 볼 것이다. 여기서 또한 內外客을 勿論하고 발을 멈추어 한번 注視치 아니 할 수 업다. 「아—蔘政局! 開城의 特産品 朝鮮의 代表的 産物 世界에 크게 자랑하는 高麗人蔘!」하고 침을 삼켜가며 極히 欽羨의 味를 感할 것이다. 이리하야 西部市街를 지나 南門通에 다다라서는 門樓 우에 걸린 저—有名한 高麗國의 巨鐘을 볼 것이다. 左右昇降臺에 鐵索으로 嚴禁한 것을 보고 올라가 한 번 시원히 안저 보자든 慾望에 그만 火가 벌컥 나서 「요놈들이 이것조차 못 보게 하얏구나」하고 그 누구를 叱罵할 것이다. 그리하야 어썬 골목 쌔쯧한 旅館에 宿所를 定하고 나서 市街를 一週해 볼 것이다

開城市街는 新市街는 아니오 舊市街일망정 매우 쌔쯧하고 또 시원하게 全市街가 十字形으로 整頓되어 잇다. 南大門을 中心으로 하고 南端 碑石里로 北端 滿月町 쌔지가 一字로 되어 잇고 東端 善竹橋로부터 西端 停車場 쌔지가 一字로 되어잇다. 家屋는 草家가 十에 八九인데 極히 쌔쯧하고 商店은 巨里通 全部가 商店인데 너절한 구멍 假家가튼 것이 업다. 술집 썩집 장국집 설렁湯집 冷麵집 팟죽집 가튼 飮食店은 볼랴야 볼 수가 업다. 아모리 배가 곱하도 飮食店을 찾지 못하야 그냥 허리를 웅켜쥐고 단일 밧게 업다. 人力車 屛門도 그리 업고 勞働者도 만히 아니 보인다. 지게ㅅ軍 褓다리ㅅ軍 광주리

ㅅ軍 박우니ㅅ軍가튼 行商男女도 아니 보인다. 더구나 外國人은 西部 一部를 除한 外에는 볼 수가 업다. 甚至於 더벙머리 쌜가슝이 兒童들까지도 아니 보이며 동저고리 맨 머리ㅅ바람으로 휘휘 돌아 다니는 浮浪挾雜漢 가튼 것도 하나 아니 보인다. 그리고 蝎甫 妓生 가튼 것도 보이지 안코 하이칼라모양낸 者도 업다 다만 보이는 것은 儉素한 衣服에 黑笠이나 帽子 쓴 점잔흔 靑年老年이 다닐 쑨이며 장옷 쓴 婦人 감정치마 女學生이 보일 쑨이다.

都大體 개성은 넘우 말숙하다 너저분하거나 건접접한 것은 도무지 업다. 마치 맑은 江가에서 모래바닥을 드려다 보는 것 갓다. 開城의 地氣가 元來 돌이 만코 모래가 만흔 것도 事實이지만 그 住民의 心情이 亦是 물속의 모래가티 매낀하고 쌔끗하고 쏘 굿고 아담스럽다. 어쌔든 넘우 말숙하닛가 보는 者에게 돌이어 快感이 적다. 한참 다니면 조름이 푹푹 온다. 길가면서도 코를 고을만하다. 어쌔든 숩이 만흔 곳에 짐승이나 고기가 들어잇다는 格으로 넘우 말숙한 것이 돌이어 조치못한 것 갓다. 좀 텁텁하야 무엇이 좀 숨어잇섯스면 어쌜는지... 開城市街가 이러케 쌔끗하고 말숙한 것은 그 原因이 前에 말과 가티 地氣에도 잇거니와 大槪는 貧富의 差가 업는데 原因함이다. 그들의 取金性은 自古로 朝鮮에 有名하거니와 數畝의 田 數間의 屋은 누구나 다 一가졋다 한다. 그리고 어썬 港口나 어썬 都會가티 各地各種의 人이 모여사는 곳이 아니라 由來 그 住民이 그 地方에 團聚生活하는 것이 쏘한 큰 原因이겟다.

市街求景은 大綱 이 만콤하고 이제부터 探勝 兼 그의 四圍의 山川을 볼 밧게 업시된다.(或一今番親往親見도 잇고 或傳聞傳說도 引來하고 或一會見會賞을 摘出한 것도 잇다.)

開城에 간 者는 누구나 開城의 名所 觀德亭, 善竹橋, 滿月臺, 彩霞洞을 아니볼 수 업스며 더욱이 大興山城, 朴淵瀑布, 華藏寺 등 名勝을 아니 探할

수 업는 것이다.

夕陽쯤 하야 二三知己의 손목 붓들고 東部通路를 나서 北으로 씩긴 골목으로 들어 觀德亭이라는 놉즉한 石臺 우에 올라서면 果然 心神이 快하다. 옷을 턱 벗어 부치고 亭子에 기대서서 左右市街를 굽어보며 遠近山野를 살펴보면 實로 詩나 歌보다 한참 쉬고 십다. 집집의 굴뚝에서 몰신몰신 써오르는 저녁 烟氣는 空中에서 陣形을 그리는데 松岳山中層에는 白雲이 슬슬 감돌고 龍峀山숩속에는 꼴비는 兒孩들이 속살거리겟다. 眼光이 進鳳山景에 미츠려 할 쌔에 臨津江을 건너 선 汽車는 氣勢조케 汽笛 불며 들어오겟다. 上下田畓에는 농부의 배부른 웃음이 벌어젓고 左右菜田에는 婦女의 이쌘 손이 들락날락하겟다. 담베를 한대 피어물고 同行人과 더불어 興겨운 말이 오락가락할 쌔에 쑤렷하고 번듯한 一輪明月이 東嶺에 불쓴 솟아 소리업는 큰 말로 「이놈들 내 얼굴 좀 보아라」할 쌔에는 그만 「아!」하고 손을 벌여 그를 가슴에 탁 바다 안게 됨이야말로 어느 곳 어느 쌔 무엇보다도 爽快한 일이다.

이리하야 觀德亭을 보고 暫間 宿所에 들럿다가 다시 輕便한 行裝으로 月色을 씌어 善竹橋를 向하게 되면 거긔에 쏘한 無限한 快味가 생기나니 松岳山에서 흐르는 맑은 물이 白沙를 멋번멋번 씻겨 졸졸 흐르는 내ㅅ가에 石橋가 노히고 이 石橋 바로 이웃에 쏘 石橋가 잇고 石橋 우에 石欄干이 잇는데 이가 即 四千年史에 가장 代表的 忠臣 圃隱 鄭夢周先生이 高麗國을 爲하야 殉節하든 善竹橋이다. 月色에 熹微하게 붉으스름하게 보이는 斑血 先生의 精血을 볼 쌔에 그만 마음은 悚懼하야지며 先生의 精靈을 追慕하기에 餘念이 頓無해진다. 이윽고 몸을 일어 左右로 거닐게 되면 橋下에 濯足하는 이 橋邊에 逍遙하는 이 萬人一樣으로 先生을 追慕하는 빗이 歷歷히 보이겟다. 이리하야 善竹橋에서 써나 大路四便으로 十餘步쯤 들어서면 英宗大王께서 先生의 忠節을 慕仰하야 세운 碑閣이 잇고 그 碑文에 「一世精忠亘萬古泰山高節圃隱公」이라 쓴 것을 볼 수 잇나니 이에 쏘한 帽를 脫하야 禮를 아니할 수 업다. 여긔서 좀 더 올라가면 崧陽書院이 잇고 書院 內에는 圃隱선생의 遺像을 모섯는데 完然히 生時 가타여 그―豊厚하신 얼굴에 微笑를 씌우시고 來人을 반기는 듯 하지만 이번은 밤이 되어 뵈웁지 못하게 되엇다.(여긔에는 先生을 紹介할 境遇가 못되기에 先生에 對한 傳聞傳說은 略하고)다만 先生의 母堂 쏘는 先生께서 爲國爲君하는 衷曲에 나온 詩 二篇을 쓸 쑨이다.

가마귀 싸우는 곳에 白鷺야 가지마라 성낸 가마귀 흰빗을 새오나니 淸江에 조히 씨츤 몸을 더럽힐가 하노라 鄭圃隱母堂

이 몸이 죽고 죽어 一白番 고처 죽어 白骨이 塵土되어 넉시야 잇고 업고 任―向한 一片丹心이야 가실줄이 이스랴 鄭圃隱

이리하야 善竹橋를 求景하고 歸館하야 安息을 한 後 翌日은 滿月臺 扶山洞 彩霞洞 등 名所를 찻게 되나니 여기야말로 눈물도 잇고 노래도 잇도다 五百年王都의 主趾 滿月臺를 밟는 者―누가 長嘆이 아니나오며 數行의 눈물을 쑤리지 안켓는가. 實로 千古人士의 留恨處이며 萬代子孫의 追慕處로라 松岳山도 依然히 놉하잇고 龍岜, 進鳳의 松柏도 依然히 푸루러 잇는데 宮趾의 石臺조차 尙今것 正然하다마는 當代의 帝王은 어대 갓스며 當代의 文物은 어대가 차즐고! 三國의 精華가 다―모엿든 곳이오 東西의 異族이다―來貢하든 터이다. 高麗國의 偉名이 멀리 西洋에까지 振하얏고 東洋的 文化가 實로 이곳에서 發祥하얏나니 爾今에 安在哉오 아―傷心處로다 말업는 石臺쑨이오 거츠른 秋草쑨이로다. 생각나니 元天錫先生의 詩쑨이다 先生과 한 境遇니 다른 무엇이 생길가 보냐 이에 선생이 읇든 그대로

興亡이 有數하니 滿月臺도 秋草로다 五百年王業이 牧笛에 부텻스니 夕陽에 지난 客이 눈물계워하노라

를 두번세번 외이고 다시 吉再先生의 시

五百年都邑터를 匹馬로 돌하드니 山川은 依舊하되 人傑은 간곳 업네 어즈버 太平烟月이 쑴이런가 하노라

를 겁허 외이고 神鳳門 閶闔門趾臺를 넘어서 會慶殿(아마 當時 行政殿)元德殿 長和殿 長慶殿 등의 遺臺를 밟으며 追할 것 追하고 傷할 것 傷하면서 발길이 가는대로 가면 或 市街로 오고 或一中臺를 거처 扶山洞이나 彩霞洞으로 갈 수 잇나니 此等 名所는 大槪 佳人才客의 놀음터로 有名한 곳이다. 봄이면 꼿구경으로 여름이면 濯足으로 가을이면 觀楓 또는 밤(栗)줍기로 節딸하 놀기조흔 곳은 이곳이다.

봄이 오겟다. 싸뜻한 바람이 불겟다. 그새는 桃花櫻花가 滿發이 된다. 붉고 희게 입쑤게 핀 꼿송이 마다 香臭가 馥郁하며 벌과 나비가 다투어 날어들겟다 이째면 開城의 男女老少는 毋論하고 京城 平壤 等地의 人士도 만히 求景을 오는 것이다. 꼿송이마다 美人의 입술이 안다어 봄이 업고 나무밋마다 佳客의 발자죽이 아니 다어 봄이 업다. 술잔이 오락가락하며 노래가 놉핫다 나젓다 하며 치마ㅅ귀가 덥혓다 펴젓다 하며 長鼓 피리소리 洞天을 撓亂케 한다. 이것이 日以繼夜할 적도 잇고 썩어지거나 풀어지거나 世上事都付於不知하는 者도 만타. 果然 春의 景으론 가장 理想化한 이곳이다. 널리 全鮮에 求하야도 이만한 곳이 別로 업다. 그러기에 봄이 되면 어썬 新聞 어썬 社會에서든지 開城觀花會는 한번 大書大筆하야 내부티겟다. 그리고

여름이 되면 扶山洞이나 彩霞洞의 濯足놀이야말로 一層 壯觀이다. 물이 내려오다가 적으나 크나 깁흐나 여트나 沼가 된 곳에는 물 池塘이라 이름을 부터노코 파고 싸코 人工을 加하야 濯足이나 沐浴하기에 窘塞치 안케 해노코 이 池塘 웃 古木이나 或一岩石下에는 別로 築臺를 싸하노코 놀음터로 使用한다. 그리하야 沐浴하고는 興致잇게 놀고 놀고는 또 沐浴하야 日이 傾하도록 물 池塘生活을 한다. 飮食은 썩과 술 밥과 고기 萬般을 다 차려다 노코 或一妓生도 더불고 或一歌客도 더불어다가 느그러지게 놀겟다. 이 池塘은 물줄기를 딸하 곳곳에 잇스며 特히 男女水塘이 잇서 女子는 女子씨리 男子는 男子씨리 十名 或一二三十名으로 놀음을 組織한다. 或은 洞里民(男女各各)의 發起

式으로 或은 家族과 家族끼리(此亦男女各) 一派를 지어 一日을 惹端스럽게 宏壯히 놀군한다.

나는 이番도 그곳을 가보앗다. 어찌나 놀음軍이 만흔지 물터가 업서서 快하게 덤벙거리며 씨쳐 보지 못하고 물터와 물터 사이에 艱辛히 끼어안저 手足과 가슴만 족음 씻고 말앗다. 보니까 上臺에는 母派의 놀음이 벌어젓는데 모다 활활 벗어부티고 或 눕고 或 안젓고 或 먹고 或 이약이 하는데 거긔서도 長鼓소리까지 나고 下臺에는 男派의 놀음이 열리엇는데 상투쟁이는 닭을 잡으며 總角놈은 술瓶을 저날으며 宕巾자리는 국과 밥을 지으며 하이칼라머리에 좀 깨끗히 생긴 者들은 벌거벗고 忌憚업시 막노는데 或은 長鼓 或 短笛 六律이 다 마저 썰어진다. 귀를 기울이고 감안히 안저 듯노라면 골목골목 上下四方에 맨 長鼓소리다.

여름의 이곳이란 이러케 撓亂스럽고 奔走하다. 그리다가 가을이 되면 좀 從容한 듯하나 밤줍기 丹楓썩기 其他 果實 사먹기 爲하야 人의 來往이 끈치지 아니한다. 朝鮮에서는 이만큼 놀기조흔 곳은 아무대 가도 업다.

그 다음 名所로는 敬德宮이 잇스나 古趣今味에 別로 神奇할 것이 업스며 麗末의 七十二人餓死處란 杜門洞이 잇스나 草木이 말업시 섯슬 쑨이다. 이제부터는 不得已 大興山城을 넘어 朴淵瀑布를 보고 回路에 華藏寺이나 들러 볼 밧게 업게 된다.

朝鮮의 名山으로 大興山(聖居山)이 하나드는 것도 事實이지만 朝鮮의 瀑布로서 朴淵瀑布 以上에 더一長絶快絶의 폭포는 업다. 내一九年前(普成學校在學時)에 한번 當觀하얏지만 그後 名山大川이란 大槪 밟아 보앗스되 此 以上의 快觀은 업섯다. 金剛의 萬瀑이나 龍淵이 여러 가지 方面으로 此에 勝한 듯하나 單히 快와 壯, 勢와 威로는 此에 不及되며 三防瀑 首陽瀑는 더구나 比肩할 수 업다.

善竹橋 東便路를 取하야 漸漸이 山비탈길로 二十里쯤 가서 聖居山 西便

嶺을 넘어 한 구비 돌아가면 멀리 雲霄에 바늘구멍 가티 치어다 보이는 것은 곳 大興大城南門이것이다. 튼튼한 막대를 어더집고 돌대돌며 길대기어 쌈동이나 흘리며 近 한時間이나 虛費하야 이를 악물고 艱辛艱辛히 올라가 南門通에 올라서면 天台에 오른 듯 羽化登仙의 感이 업지 못하다. 塵界의 消息은 山外에 隔하고 淸高의 氣가 飄然히 動할세 그만 仙인 듯 神인 듯 心神이 世我를 俱忘케 된다. 한참 逍遙타가 聖居, 天摩의 다리삿 가튼 洞口로 한참 나려가면 大興寺가 보인다. 다시 十里溪邊을 緩步로 踏下하면 三十人可坐의 大岩이 잇고 바로 겨테 觀音窟이란 大窟을 보게된다 觀音窟서 十餘步許에 上下 大淵이 무섭게 생기고 石壁이 急하게 斷下한 곳에 百丈飛瀑이 落下하니 이가 즉 朴淵이다. 飛流直下三千尺은 좀 거짓말 가트나 疑是銀河落九天은 正말 갓다. 壯絶快絶하야 一躍一喊할 듯 십흐나 무섭고 怯이 나서 슬슬 避하게 된다. 上의 二大淵을 馬潭妓生潭이라 하며 下의 落瀑潭을 姑母潭이라 한다. 이야말로 天下의 絶景이겠다. 觀勝者ㅣ 此를 보지못하고는 어대가 壯談은 못할 것이다. 나는 朴淵을 본 것으로 어대가든지 손을 내어두른다.

同路에 다시 石窟에 들럿다가 大興古刹을 보며 南門通을 올라 南門通에서 直線으로 보이는 鬱蒼한 聖居의 西脉을 넘으면 곳 華藏寺이니 寺刹이 雄壯함으로든지 山色이 明媚함으로든지 멀리 黃海가 眼下에 보이는 것으로든지 京畿 近方의 寺刹로는 亦是 그 位가 第一일 것이다.

여긔서는 다시 開城市內로 돌아들게 된다. 開城의 外觀은 大槪 이러하다 말은 하면서 今番에 當所를 親訪치 못하엿슴은 크게 遺憾이다.

그 內面
이제는 開城의 內面을 알아볼 밧게 업다.
人口는 얼마며 戶數는 얼마며 學校는 얼마며 團體는 몃 團體에 人心은 어쩌며 風俗은 어쩌며 宗敎心은 어쩌며 敎育은 어쩌며 家屋制 婚喪禮 等

甚至於 年中行事까지 一一이 무를 밧게 업다.

　開城의 人口는 三萬七千六百인데 中에 日本人이 一千三百名이라 한다. 戶數는 八千三百餘戶인데 中에 日本人 戶數가 三百戶 其他 外國人이 二十餘라한다. 이로써 보면 開城의 朝鮮人이란 얼마나 獰惡한 것을 可히 알겟다. 開城은 人口 만키로 京城, 釜山, 平壤, 大邱에 次되는 朝鮮有數의 都會인데 外國人이 그처럼 少數임은 무슨 까닭이 잇다. 開城人民의 外國人 防禦策이 그— 高手임에 크게 놀날만하다. 學校로는 耶穌敎經營의 松高, 松普, 好壽敦女高, 同女普及美利欽女學校가 잇고 佛敎經營의 開城學堂이 잇고 또— 有名한 女子敎育王金貞惠女史의 主管하는 貞和女學校가 잇는 外 官立商業學校가 잇고 公立普通學校 三個所(市內만)가 잇다한다. 그만한 都會치고는 學校가 比較的 적다. 이로써 보면 開城人民의 敎育熱이 그 얼마임을 可히 알겟다 自己네 말로도 開城人의 其中 短點은 敎育의 疎忽이라 한다. 그러나 靑年人士中에 京城이나 外國에 留學하는 이는 만타한다. 現在 日本 留學만으로 近四十名이라 한다. 이것은 大槪 金錢難을 늘 當함이 一原因이오 新靑年의 新覺醒이 二原因이다. 그리고 宗敎性은 말할 것도 업시 薄弱한데 西洋人의 힘이 아니면 開城의 現 耶穌敎도 有耶無耶의 境에 至하리라고 한다. 그리고 다른 무슨 敎는 當初에 귀도 아니 기울인다 한다. 代身에 佛風이 大盛하든 그 짱인지라 尙今것 佛風은 만히 流行한다고 한다. 頑固家庭이나 婦人네 측에는 佛風을 매우 숭상하며 五十一齋百日齋등 迷信的 行事를 그대로 하는데 齋時의 費用은 家産을 全傾하야도 少不相關이라 한다. 그리고

　開城人의 特長은 沈着性이 만흐며 또 극히 周密한데 잇다 한다. 大小事를 毋論하고 極히 沈着하고 周密하고 쌀하 執着性 만흔 까닭에 失敗되는 일은 업다 한다. 外人을 對할 時— 반듯이 自己의 內情을 不露하며 事를 營할 時— 반듯이 前後 計算을 다—처븐다 한다. 金錢에 對해서는 絶對 自助的이오 依賴는 업는데 父子兄弟라도 少時부터 各各 제 目 제대로 하며 또 外地에 나아

가 金錢을 가저올지언정 絶對로 그곳윗 것을 外出은 아니 시킨다 한다. 해마다 正初가 되면 依例이 褓달이나 算板을 들고 黃海 忠淸 江原 등지로 써나서 장사를 벌인다 한다. 장사 中에도 주로 代金業이며 其他 貿易 或 雜貨라 한다. 그리하야 그곳에 쑤리를 탁 박아노코 쏘 이곳저곳으로 단이며 可商之地를 擇하야 두루 벌여놋는다 한다. 그리다가 歲末이면 다—집어처 가지고 還鄕을 하는데 歲末의 開城驛이란 한참 볼 만하다한다. 果然 獰毒한 人民이겟다. 그러니까 개성인의 總代表的 票語는 「나는 돈�푼이다 무엇보다도 돈이다」라 할 밧게 업다. 그러기에 京城이나 或 外他地에 留學하고 온 者 中에도 還鄕만하면 依例이 褓짐지고 써난다 한다. 멧해前 京城某中學의 一號生 張某가 卒業後 상투싸고 褓짐지고 行商에 汨沒하다하기에 나는 거짓으로 알앗더니 그것이 事實이것다. 果然 무서운 사람들이겟다. 그러니까 外國人은 와서 붓접을 못한다. 物品을 사지 아니하고 金錢을 주지 아니함에 어찌하랴. 不得已 「至毒한 놈들, 잇다가는 쎱덕이까지 쎄앗길라」하고 뒤도 아니보고 달아나게 되는가 보다.

어쨋든 朝鮮사람이 다—開城 사람갓기만 하야도 옷 밥 걱정은 덜할 것이다. 그리고 그들의 風俗에 한 가지 낫분 것은 早婚의 弊이다. 前에는 四五歲면 依例이 約婚하고 八九歲면 成婚하얏다 한다. 開城에 가보면 코흘리는 草笠童이가 만흠은 누구나 一驚치 안흘 수 업다. 그러나 近年에 와서는 그 風이 좀 稀少해진다고. 그리고 其他의 모든 것은 京城이나 平壤에 비슷한데 一般이 極히 怜悧하여 近日은 女子가 좀 奢侈해진다고, 最後에 開城人蔘의 一年 所産이 얼마인가 알아보니까 收穫坪數가 三十萬坪假量이며 收納高가 十二萬斤假量 紅蔘製造高만은 三萬斤인데 大正十年度 專賣局의 發賣라 한다.

都大體 開城은 長點이 만코 短點이 적다. 그러나 더—發達될 可望은 업다. 압흐로 京城이 이고 뒤로 平壤이 잇고 鐵道가 直通되고 人蔘의 名物이 잇스나 原來 山골이오 물이 업고 들이 업스매 發達의 望은 업다. 그저 現狀대

로 그 民族끼리 그 恒産을 가지고 스스로 樂府를 지어노코 永遠히 잘살밧게
업는데 쌍은 적고 사람은 늘어가고 時代는 變하고 人心은 動하기쉽고 外人은
四方으로 어째를 비비나니 아―어찌 될른지?

　開城人士여 能히 永遠히 自保하겟는가. 過去를 자랑말고 將來를 爲하야
더욱 奮勵하라.

三幕寺의 가을

同德女學校 高一 貞愛
《신여성》, 1923년 11월

참 歲月도 쌔르기는 합니다. 사람마다 괴로워하든 길고 긴 여름날도 어느 듯 다가고 가을이 발서 되엿습니다.

나는 數日前 우리 學校先生님 세분을 뫼시고 六十餘名의 우리 高等科 學友들과 함씌 가을의 自然을 翫賞하고 古蹟도 찻기 爲하야 三幕寺로 遠足을 갓섯습니다. 一同은 京城驛을 出發하야 살가티 닷는 汽車로 漢江을 건넛슴니다. 車窓으로 내여다보니 맑고도 잠잠한 푸른 江물은 秋大과 一色이라는 옛글을 聯想케 하엿습니다. 여긔저긔 써잇는 漁船들도 가을의 閑寂을 말하는 듯하더이다.

어느듯 汽車는 山을 돌고 들을 건너 安養驛에 到着하엿습니다. 우리들은 汽車에서 나려 視線에 들어오는 왼갓 物色을 실타안코 바다들이며 山ㅅ골 사이 조고만 길로 冠岳山을 차저갓습니다.

農家의 사람들이 봄여름을 쉬지 안코 논에는 벼 심으고 밧헤는 콩을 심어 물대이고 김맨 것이 가을이 도라오니 가지가 휘이도록 잘도 잘도 되얏습니다.

여름 동안 쌈흘니든 農家의 同胞들은 안이 먹어도 배부르다는 것가티 새날니는 소래만 한가롭게 들니더이다. 山골사이로 흘으는 맑고도 깨끗한 시내ㅅ물이 버드나무 숲속으로 쏠쏠 흘너나려와 적은 바위에서는 힘업시 구비처서 다시 흘너나려감니다. 冠岳山의 草木들은 가을 긔운을 먹음어서 各色풀과 丹楓입의 푸른 것과 붉은 것이 물듸린 것가티 귀엽고도 곱더이다.

山을 넘고 쏘 山넘어 一同은 念佛庵이라는 조고마한 암자에 到着하엿슴니다. 암자는 別로 奢侈롭다 할 것은 업스나 그윽히 閑靜하더이다. 가느라고 수고롭든 우리들의 푸들푸들한 다리를 暫間 쉬여가지고 다시 三幕寺로 向하엿슴이다. 놉고 높은 山峯 우에 三幕이라하는 절은 참으로 淸潔키도 하거니와 閑暇롭기도 하더이다. 淸風이 불새마다 쌩그랑쌩그랑 우는 風磬 소래는 차자간 우리들을 반겨 노래하는 듯하더이다. 寺中에 머물너 松下에 点心먹고 이곳저곳 단이면서 秋色을 구경하엿슴니다. 아-넓기도 하더이다. 저-긔 저멀-니 뵈이는 바다ㅅ물은 몃 百里나 될가요-바다ㅅ물은 한울에 다은 듯하더이다.

終日토록 즐기다가 夕陽에 도라오니 그 아기자기하고 滋味스럽고 깃분 말을 엇지다 하겟슴닛가.

아-우리 동무들이여! 우리가 一年에 두 番씩 가는 遠足이 안이면 家庭이나 學校에서는 맛볼 수 업는 이런 愉快한 늣김을 엇지 맛볼 수 잇겟슴닛가. 참 遠足이란 조흔 것이외다. 나는 遠足이 우리 學生들의 心身을 健康케하고 聞見도 넓히는 意味로 보아 업지 못할 것임을 깁히 깁히 쌔달엇슴니다.

틈만 잇스면 가봅시다. 산으로 바다로.

班常依存의 抱川郡

特派員

《개벽》, 1924년 5월

봄비가 부슬부슬내리는 四月十四日저녁이다. 記者는 抱川, 漣川方面을 暫時 다녀오기로 하고 議政府驛에서 車를 내려, 尹元世氏의 집을 차젓다. 밧게 나면 鬪士이오 집에들면 農軍인 尹氏의 모양은 언제보아도 실치 아낫다. 그의 투덤투덤한 손을 보고 내의 보드러우면서도 쌔쌔마른 손을 볼째에, 나는 스사 로 내의 生活의 不純에 觀面하엿다. 다못 깁븐 것은 그날 밤에, 尹氏의 紹介로 그 洞里(楊州, 柴芚面金梧里)의 農事짓는 어룬아홉분을 對하야, 내의 所感을 니야기하고 그의 心情을 살펴본 그것이다. 養蠶室의 아랫 房에서 하루 밤을 지내고, 일은 아츰의 가는 비를 마저가면서, 마을길 저즌 언덕을 한참 거느리고 나니, 어느듯 나도 村의 사람 봄철의 자식이 되는 듯 십헛다. 잇튼날(十五日)아 츰이다. 自働車로 抱川을 向하엿다. 議政府서 抱川邑까지 八十里, 京元街路 의 一等道路에 든길이다. 그러나 봄철이 되어 그런지, 車가 몹시 흔들니운다. 松隅里에서 普通學校生의 오고가는 모양을 보고, 自作里에 宣傳비라를 날니 며, 抱川新邑에 다은 째는 해가 거진 午正이 되엿다

抱川新邑은 正말 新邑이라 그런지, 戶數가 數十戶에 지나지 못하며, 警察署, 金融組合가튼 것은 아즉도 舊邑에 잇다. 舊邑은 新邑에서 南으로 限五里를 써러저잇는대, 亦是三百戶를 넘지 못하며, 한가지 얌전한 現像은 그곳의 사람들은 第二開城人이란 稱號를 들을만큼 브 하고 쯤倫하야, 그 數百戶의 住民에 두집인가 세집인가를 除해노코는 糧食써러지는 집익 업다는 것이다. 이와가티 토실토실하게 살어들가는 것은 됴흔일이나, 그 代身 사람들이 너무나 利己的이 되야, 遠慮에 乏하고 公益을 모른다는 것은 섭섭한 일이다.

抱川은 京畿近邑中에 有名한 兩班鄉이다. 新邑의 公立學校를 求景할 째에 校內漆板에 씨여잇는 學生의 分身別을 暫間보니, 어느 班에나 兩班이 常民보다 만흐며, 그리고 舊邑의 金融組合總會를 보면 망건쓰고 갓쓴이가 거희 全數를 차지하엿다. 이것이 다 抱川邑이 아니면 쉽게 보지 못할 現狀이엿다. 어느 地方이라 안그러랴마는 그곳의 靑年들은 아직도 二重壓迫을 밧는다. 卽한가지는 家庭에서 오는 父兄의 壓迫이오, 또 한가지는 警察署에서 오는 濫權의 抑壓이다. 그래서 그곳의 靑年들은 음즉을 못하는 모양이다. 文化運動이니 社會運動이니 하야 왼朝鮮이 그러케 써드러도 그곳에는 靑年會하나가 업고 오즉 基督敎의 엡웟 靑年會하나가 잇서, 抱川의 새 局面을 展開하려한다. 中에도 그 會의 會長되는 金憙培氏와 가튼 靑年은 그곳에서는 實로 둘도 업는 篤志家이다. 다못 恨되는 것은 그와 步調를 가티하는 동무가 別로히 업는 그것이다. 그러나 사람이 眞正으로 함이 잇고 저할진대 동무의 잇고 업슴이 무슨 큰 關係가 되리오, 德不孤, 必有鄰이라, 거긔에는 스사로 同志가 생길것이다. 이 意味에서 나는 그곳의 咸龍俊, 金河振, 曹秉楷氏와 가튼 靑年(勿論이 사람쑨이라함은 아니오 다못 내가 氏名을 記憶하는 範圍안에서 하는 말이다)에 對하야, 만흔 希望을 부친다.

이러한 곳을 가면 이러케 하는 수 밧게는 업다. 郡廳을 차젓다. 郡守朱英

煥氏는「小人이, 그저, 하옵고, 하옵던바」를 連發하는 村兩班(갓쓰고 탕건쓰고 망건쓴)의 稱願듯기에 배가 불너서, 아모 생각이 업는 모양이다. 庶務主任을 向하야 抱川에 對한 니야기를 좀 해보라 하엿더니, 自己는 그 짱에 온지가 면달이 못되야 仔細한 것을 알 수가 업다는 말이다. 郡勢一般이나 한불 보혀달나한즉, 그것도 豫算이 업서서 單四十枚를 印刷하엿더니, 벌서 다 업서저서, 얼마 前道廳兩班이 와서 請할 쌔에도 應치 못하엿다한다. 單四十枚밧게는 더 할 豫算이 업다는 것도 우습거니와, 旣爲印刷에 부친 以上, 單四十枚에 끄치게 한 것은 더구나 奇怪한 일이다. 今年度普通學校에 入學志願者가 면名에 쏘 면名이나 收容되엿느냐한즉, 그것은 아직 알 수 업다하고, 그러면 今年度抱川郡內에 入學할 年齡에 當한 兒童이 면名이 되엿던가 한즉 그 亦 알 수가 업섯다 하며, 義務敎育이 實行되지 안는 朝鮮에 그것을 엇더케 다-調査하겟느냐 하는 것이, 그들의 語套이엿다. 果然大日本帝國總督府官吏되기에 適當한 心思들이다. 나는 다시 抱川의 全富力의 얼마인가를 물엇더니, 그것은 財務課에서 알일이라 하기로 財務主任을 차즌 즉 그의 말이 自己는 稅金밧는 일이나 알쑨이오 그나마 지의 일은 庶務課에서 하는 일이라 함으로, 나는 밋친놈처럼 쏘다시 庶務의 便을 向해서 무른즉 結局對答이「우리는 정말 알 수가 업슴니다」하는 것이다. 그러면 처음부터 몰은다고 할 것이겟지, 이리밀고 저리밀고 할 것은 무엇이엿는고. 朱英煥君이여, 그대가 如何間 그 골을 직히는 일흠으로 衣食을 하거든 衣食을 엇는 그만큼은 좀 精神도 채리고 애도 써볼 수가 업슬가. 만나는 사람마다「無能無爲의 우리 郡守」라는 抱川사람의 말이, 暫間 지내는 나에게도 조치가 못하니.

　抱川은 勿論山邑이다. 그러나 田野도 相當히 열녀서 田이 二千餘町步(京畿道內에서 第九位)에 達하는대, 거긔에 國有地가 八百餘町步가 석겻스며, 몬 저번 府君廢合의 쌔에 永平郡을 倂合하야, 面積이 五十三方里 (京道內에서 第四位) 人口는 朝鮮人이 一萬二千餘戶에 六二千餘人, 日本人이 七

十餘戶에 近二百名인대, 住民의 所業은 勿論農業인 中, 養蠶業(年收千石以上)이 特히 著名하며, 이러한 山邑에도 貧富의 懸隔은 甚할대로 甚하야, 農民中十分의 六强이 小作人이며, 그 小作人의 生活은 勿論날이 갈사록 破滅에 갓가워 가며 잇다. 그곳의 農民은 아직까지 無知純厚하야 웬 셈인지를 모르는대 거긔에 指導級의 靑年들이 亦是世事에 어두워, 아직까지는 別로 이러타 할 社會問題가 업는 모양이나, 將來일의 엇덜 것까지는 누구라도 保障할 수는 업는 일이며, 거긔에도 百五十町步以上의 土地를 가진 大地主는 亦是日本人한 사람이 잇슬 쑨이며, 어느 地方도 그러치마는, 大槪地方에서 居住하는 日本人은 一旦有事의 째는 軍人으로 忽變하야 朝鮮사람 側과 敵對하는대, 몬저번 己未運動째에도 그곳의 「カクライ」라는 日本農民은 當地警官의 指揮밋해서 朝鮮人三名을 銃殺 (勿論 그째의 運動에 나선 사람이다)하엿다는 말이다.

名勝古蹟으로는 그러케 著名한 것은 업스나 臨津江上流漢灘江流域에 잇는 永平八景은 녜로 보아도 有名한 것이며 (그 八景의 일흠을 들면, 金水亭, 白鷺洲, 蒼玉屛, 禾積淵, 臥龍巖, 靑鶴洞, 樂歸亭, 仙遊亭이라)北面新坪里에 잇는 龍淵書院은 文翼公李德馨, 文間公綱을 祭祀하야, 班鄕의 淵源을 지엿스며, 舊邑後麓에 잇는 包月山上의 半月城도 그 由來는 알 수 업스나 亦是名蹟의 하나 됨에 틀님이 업다.

最後로 한 말 할 것은 그곳의 宗敎狀況인대, 거긔에는 일즉이 基督敎南監理派가 드러가 全邑에 百餘戶의 信徒를 엇어스며, 特히 그 敎會를 指導하는 現牧師朴淵瑞氏는 篤實無僞의 靑年으로서, 그 짱의 先驅者가 되고 잇다 그곳은 이러나 저러나 基督敎會를 除하고나면 無人之境이다. 私立東明學校를 經營하는 李氏와 居士里改良書堂을 經營하는 朴熙石氏나 모다 敎會의 刺戟을 밧아서 니러난 사람들의 하나이라는 말을 들을 째에 더욱 그러함을 알겟다. 말하면 이만큼 뒤써러진 짱이다.

大林主橫行의 漣川郡

四月二十日 記者
《개벽》, 1924년 5월

봄날이 華麗하게 개인 十六日이다. 單하루동안이엿스나 무엇인지 모르게 情이들은 抱川을 여희고, 半月城밋흘 도라다보고 쏘 보면서, 무릅고개, 군역골, 밤모트, 漢灘川을 넘고 쏘 건내여, 全谷驛에서 저녁을 먹고 그 밤으로 漣川邑을 가섯다. 뭣 山자 봇짐지고 집신에 신들매여, 五十里의 山길을 것는 歷路의 感想은 니로 말할 수가 업거니와, 이 洞里에서 저 洞里에 나드리가는 망건 쓰고 지게 진 어른에게 農村生活의 슬픈 니야기를 들을 째, 길 갓 到處에 나물캐고 꼿 걱는 도련님, 색씨들의 그 허브럭한 머리와 컴컴한 얼골을 볼 째, 내-木石이 못되엿거니 엇지 마음의 平衡을 支待할 수가 잇섯스랴. 가던 길을 쉬이고 그네와 가티 잔디 밧테 주저안저, 이러니 저러니 니야기를 交換하다가 내의 感傷이 極하면 그의 손을 잡고 그의 무릅헤 내의 머리를 숙힐 째, 그리다 다시 혀터여저, 뎌로부터 몬저 나를 向해서 「그럼 平安히 가시오」하는 路中인사를 밧을째, 아아 나는 몃번이나 精神이 업섯던고. 죽어가는 農村을 붓안고……나는 이럴적마다 端川의 李晟煥兄을 聯想하지 아늘 수 업섯다.

却說 漣川은 大邑이라, 地廣은 六十三方里로서 抱川에서 크지 못하나, 田畓은 二萬六千九百餘町步, (道內의 第二位)로서, 特히 田이 만흔바 (畓은 不過六千餘町步) 여긔에 나는 大豆는 道內에서 有名하며, 坐 抱川과 아울너서 養蠶이 旺盛하다. 住民은 朝鮮人이 一萬四千餘戶에 七萬餘人, 日本人이 一百二十餘戶에 近三百名, 우리 사람들의 性質은 江原道와 隣接하야, 特히 純厚無神經한바「日本人 잘살기에는 퍽 適當한 곳이다. 勿論交通의 關係도 잇겟지마는 그 山邑에 百戶以上의 日人이 산다는 것부터 벌서 可知할 일이며, 特히 이골은 紺獄山을 爲始한 豊盛한 天然林野를 有하야, 利源이 無盡한대, 이것은 벌서 三菱會社의 五千町步의 古取를 爲始한, 飯田, 井上等 몃명 日本人의 大部古領한 바가 되야 數千年來로 그 쌍을 직히고 내려오던 緣故 住民들은 나무 한가치를 어더 꺽글 수가 업게된 바, 각금 占取者와 住民과의 衝突이니러나, 民情이 搔亂한 中, 더욱히 三菱飯田, 井上等그 者들은 森林 看守員을 四處에 두어 가지고, 警察官員以上으로 住民을 壓迫毆打하는 等의 私刑을 敢行하되, 甚한 者는 婦女를 毆辱하는 일이 頻頻하나 警察은 이를 黙認하는바 그 努力를 막을 者가 업다고 한다 얼마 前에도 그곳 紺獄山을 貸付한 者가, 그곳 緣故民中 女便네들이 山中冬栢나무 열매를 딴다고, 이것조차를 勒禁하야, 問題가 된바, 이탓저탓하야, 郡廳으로부터 그들 大林主를 불너서,「당신들, 元住民에 對해서 좀, 너무 甚하게들 해주지 마십시오」한즉 그들은 도로혀 自家의 權利의 堂堂한 것만을 主張하며, 冬栢나무 열매를 싸게 하면, 나무가지를 傷하니까 到底히 許할 수가 업다 하다가, 그 가지가 좀 傷하더래도 住民이 그로하야 多少나마 좀 生活을 보태게 되면 그 亦仁德이 아니냐 한즉, 정말 그러케 말성이 되면, 그 冬栢나무를 아조 베여버린다고, 제 便에서 도로혀 壯言을 하엿다 한다. 이놈, 열매를 싸지 못하리라 할 쌔에는, 나무가지가 傷하니까 못한다고 하다가, 그 입으로 다시, 정말그러면 그 나무를 통째로 베여업세겟다고, 果然얼마나 暴惡한 心思이냐. 죽을 것은 朝鮮사람,

그 中에도 無産者, 그래도 大衆은 오히려 이것을 모르고, 醉夢이 昏昏.

漣川은 本來穀物의 産出이 만흔 곳이라, 當者도 꽤 만코, 特히 新邑의 大豆貿易商은 有名한 樣이다. 共益社의 出張店까지 잇다. 그러나 이런 축의 富豪者流는 大槪로 村民以上으로 無知하고, 日本人住民에 못하지 안케 野薄하야, 共益事業이라하면, 원수만큼 알면서도 浮浪, 淫遊에는 精神이 뒤집펴서, 漣川의 浮浪者는 近邑에 有名한 것이며, 最近에도 孫某인가 무엇인가 하는 富者는 巫당불너 굿노리 하노라고 三百圓을 支出하엿다든가. 亡할 놈은 어서 亡하여라, 그래야 끗이나 速히 나지.

社會的團體로는 그 전에 漣川靑年俱樂部라는 것이 暫時생겻섯스나, 어느 틈에 업서지고, 基督敎會가 몃해 前에 드러와, 十餘處의 禮拜堂을 지엿스나 그 實活動에 잇서는 別로 볼 것이 업고, 오즉 老牧師李和春氏와 그의 令息 李泰山君을 爲始한 몃사람 靑年이 孤城을 직히고 잇슬 쑨이다.

大槪西北이나 三南地方을 단겨보면, 社會側이 늘 한거름을 압서고 늘 主張이 되는대, 近畿地方은 大槪로는 官廳이 最上級이 되는 모양이다. 有識人도 有志人도 잇다면 官廳에 잇는 貌樣이다. 抱川은 그래도 모르겟더니 漣川은 確實히 그러하다. 漣川郡守許燮氏에 對하야는, 그골사람 누구를 만나도 됴타고 하다. 「우리郡守는 참 쪽쪽합니다, 무엇이던지 안탁가히 하려고 하지오」이것은 萬口一談이다. 抱川과는 正反對이다. 나 亦暫間이나마 對해보니, 事實 그런 것 갓타섯다. 그리고 이골 旺澤面長 李種成氏와 가튼 이는 甚히 熱誠잇는 사람이다. 그는 그 郡의 眞個의 模範面長으로 일홈이 잇거니와 그의 住民敎育을 爲하는 남다름 至誠은 누구나 感賀치 안는 사람이 업다.

名勝古蹟으로 積城甘獄山頂에 唐將薛仁貴의 碑가 잇는대, 山腹의 岩窟은 薛氏의 穴居하던 곳이라 하며, 嵋山面의 雍峴戰場은 壬辰亂에 明將李如松이 日兵으로 더부러 惡戰하던 곳이며, 郡內面古文里에 잇는 才人瀑은 縣流數十尺, 流下에 深潭이 잇고, 潭의 周圍는 風景이 幽絶하며, 東幕里의 風

穴도 한번 求景할만한 곳이다.

最后로 한말 할 것은 漣川郡全谷에 對한 것이니, 여긔는 本來陶器의 産出로 有名하던바, 京元線開通後로 停車場이 되며, 싸로 새 市街가 지여져서, 舊全谷과 相對하엿는대, 戶數가 約九十戶, 穀物, 雜貨의 賣買가 자못 盛하며, 基督敎會가 잇고 改良書堂이 잇다.

내종으로, 이번 抱川, 漣川을 도라단닐째에 여러 가지로 周施의 勞를 주신 여러분에게 感謝의 뜻을 表합니다.

江都踏査記

乙人
《개벽》, 1924년 8월

三千武士가 활동하든 都城

往昔 江華는 五大島 중 가장 저명한 用武地이엇다. 주위에는 大小島嶼가 羅絡하고도 襟袍가 固密한 데다가 토질까지 沃美하야 소위 且耕且戰할 만한 天府金湯의 요해라고 自矜이 嘖嘖하얏슬 쑨더러 싸라서 3江의 회합과 甲串, 승천의 通漕는 軍糧調兵의 便을 주는 咽喉가 되얏섯다. 그리하야 高句麗와 新羅가 穴口鎭을 창설한 이래 王氏의 移都와 李朝의 郡護府, 留守, 鎭撫營, 統禦營 등 군사상 시설에 위력을 傾注한 결과는 일시적이나마 24哨의 强弓勁馬와 三千의 무사가 웅비하야 국가에 헌상이 막대하얏다 한다. 年久한 壬倭丙胡의 經亂은 물론 최근의 丙寅, 辛未의 洋擾와 丙子, 丁未의 日亂은 이것이 江華의 대사변이 될 쑨 아니라 실로 倍達族의 역사 우에 血花를 만개케 하얏다. 그러나 物換星移世事는 발서 그 째가 아니다. 一朝灰燼에 매몰한 8대궁전의 페허에는 禾黍가 油油할 쑨이오. 雲霞가티 襲迫하는 강적의 大部除를 一鼓에 鏖滅하든 甲串津에는 시름업시 嗚咽하는 波聲만 들닐 쑨이다.

아아. 感慨無量한 江都의 今日!

全盛의 昔日을 말하는 古蹟

畿內각지에 各所 古蹟이 적지 안타만은 摩尼의 參星壇(一名 塹城壇), 鼎足의 三郞城(일명 鼎族山城)가티 大皇祖 壇君의 유물을 拜觀키는 참말 稀貴한 今日이다. 그 축성된 연대는 詳攷키 어렵우나 고인의 歷傳하는 대로 보면 이 摩尼山은 壇祖의 感生하신 靈山임으로 특히 24절후를 응하야 山上高頂에 24층제단을 設하고 祭天報本하는 東方特郊의 禮所이든 바 其後 李太祖가 다시 9층을 가하야 33층의 관측소가 되얏섯다 하고 三郞城은 檀君께서 聖子 3인을 명하시어 각자 一峯을 축성하얏다는 데 그 城底에는 지금도 往往 현대품과 판이한 灰石을 발견할 수 잇다 한다. 또 이밧게 麗朝 貞和宮主로부터 玉燈을 전한 傳燈寺와 6,520근의 古鍾도 명물이라고 하지만은 다시 松岳 以南으로부터 花山以北까지 延亙한 周15리(舊里)의 內城과 玉浦로부터 草芝까지 一島의 허리를 묵근 周 43리(舊里)의 外成은 남달니 高麗 42년의 치적을 자랑하는 듯한 其 중에도 한번 듯기만 하야도 喫驚치 아니치 못할 7鎭, 6堡, 53墩臺, 19烽燧 등 이것은 그야말로 李朝 이래 이 지방에 대한 武備가 얼마나 강대하얏슴을 넉넉히 알니어 주다.

家給人足한 大邑

머리로부터 발끗까지 남의 것이 아니면 못 살 줄로만 아는 인간 중에서 1년 버러 3년 먹는다는 이 지방은 참말 별천지 가티 보인다. 총면적 27方里餘되는 지역내에 분포된 인가 1만 3,800여호, 경지 1만 6,254町步餘 이것을 대비하야 보면 매호 평균 一町步 이상이 된다. 그 산출물중 잡다한 副産額은 그만 두고라도 米 9만 900餘石, 麥 2만 4,600餘石, 豆類 1만 6,000餘石 이밧게 江華명물로 년 10만원을 초과하는 無核柿의 産額은 이것으로써 종래 전군의 납세금, 飢民 구제금의 전부를 충당하고도 오히려 剩餘하얏다 한다. 그러면 이것만으로도 이 지방의 농산이 얼마나 豐裕한 줄을 알 수 잇스며 더구나 80만원에 갓가은 대금을 만드러 내는 工産額은 주민의 富力을 가일층 증진케 한다. 그 중 陽五里産과 喬桐특산의 花紋席은 내외 각방면으로 逐年판로가 넓어가고 다시 근년 신제품으로 유명한 疋纙緋의 織梭聲은 밤낮업시 河岾面 일대를 울니어 恰然이 一大工業지대를 형성한 感이 잇다. 이것은 거짓말 갓다. 그러나 數字가 확증하는 사실이상의 사실인대야 엇지하랴. 아아 팔자 조흔 이 지방 동포 남달니 農工立國의 福利를 누리는 그 원인이 어듸 잇슬가?

江華는 江華인의 江華?

郡內에는 부호가 만타. 350町步 이하 20町步 이상의 지주가 近 50명이나 된다. 이와 반대로 외인은 50町步 이하 10町步이상의 지주가 겨우 6,7명 밧게 업고 다시 1만 2,000町步에 近한 畓土중에 소위 京畓이란 것은 多不過 3,000町步 이내이다. 이것은 주민 互相間에 外資의 유입을 요치 안코 다만 안으로부터 각자의 실력을 다하야 공사경제의 圓滑을 鬪得하고 싸라서 地元民 對外人間의 토지소유권 매매에는 남의 것은 고가로라도 매입할지언정 자기의 것은 價金의 高下를 불구하고 賣却키를 기피하는 특수적 地方性이 잇다고 한다. 이로써 보면 江都人의 鄕土에 대한 애착심이 엇더케 절실하며 또한 고정적이요. 자족적인 생활의 근거가 얼마나 견고한가?...!

雜感의 멧가지

孫石塚

仁川서 江華 가는 길에 草芝를 지나면 손돌목(孫石塚)이라는 標路가 잇다. 이 곳은 右側岬角 우에 잇는 無主塚이 곳 孫石塚이라 한다. 이 古蹟은 예적에 高麗王이 蒙古兵에게 쫏기어 피난차로 이곳을 지나다가 灤水가 윤택하야 薛路의 방향을 일코 이것을 蒿師(孫石의 별명)의 嚮 口導 잘못한 죄라 하야 스사로 激憤되야 孫의 목을 베여 이곳에 埋葬하얏는데 이날은 곳 10월 20일이다. 其後부터 매년 이 날을 당하면 이곳이 부근 일대에는 반다시 猛風이 일어나서 怒濤가 격렬함으로 이 孫石項을 지나는 船夫들은 모다 祭酒를 밧들어 이 魂靈을 慰安식혀 준다고 한다.

忠義碑

이 鄕邑에는 吳宗道의 去思碑도 일개 古物이 된다만은 大政變이 생길 적마다 憂國丹忱의 汗淚가 흐르는 金尙容 父子의 殉節碑와 한번 북치어 紅兜碧眼白人軍의 魂聽을 서늘케 한 一門 忠友萬古風聲 魚在淵 형제의 전사비는 春秋千年 그 비문의 字字勾勾 忠魂義魄이 활동하는 듯하다.

金黔婁

31년간 祈禱의 德으로 失踪한 생부를 初覲한 金仁洙군의 효행도 무던하거니와 다시 15세 未成의 金昌九 군은 爲親至孝天의 감응을 밧아 家嚴의 38壽를 83壽로 逆轉廷長케 하얏다는 일로 朝廷으로부터 이것을 南齊의 庚黔婁의 효행과 갓다 하야 「海東黔婁金昌九之閭」라고 特賜한 生前命旌을 밧앗다는데 其子其孫도 역시 乃祖乃父의 性行을 模倣하야 世世孝門으로 「古之庚黔婁는 黔婁요. 無黔婁리니 今之金黔婁는 黔婁요 又黔婁라.」고 一世의 敬仰을 밧는다 한다. 그리고 金씨가 母喪을 당한 후나 父喪을 당한 후 侍墓할 적마다 每夜一頭의 老虎가 반다시 와서 3년을 하로 가티 동거하다가 하산한 후 1日은 其虎가 金씨에게 見夢하야 不幸通津人 朴某라는 砲手에게 捕殺된 일을 고함으로 익일에 현장으로 前往하야 본 즉 과연 夢事와 想遠가 업섯다 한다. 지금 金씨의 令孫 金●郁君의 家中에서는 당시 이 虎皮를 신중 보관하야 온다고 한다.

二節婦

入棺同時 命旌이 내리어 稀世의 激賞을 밧은 河씨의 貞烈이며 偲집구경
도 못한 靑婦으로 百折不屈一片의 貞操를 직히어 一面不知의 總角故人에게
50평생을 희생한 金씨의 烈行도 장하다만은 이보다 一箇의 信物를 가슴에
품고 萬里風浪에 몸을 던지어 一死로써 家君의 屍身을 안고 도라온 車씨, 李
씨의 節俠은 한번 듯기에도 渾身滿葉의 경이를 감당할 수 업다. 그러나 남과
가티 旌門을 세워보기는 고사하고 일이 임의 과거에 속한지라 엇줍잔은 徽頌
李烈의 黃銅半指 一箇나마도 맛보지 못하고 그냥 春風秋雨 九泉臺下에서
속절업시 잠자고 잇슴은 너무나 섭섭한 듯하다.

斥倭鬼

郡內에는 수십의 官公吏를 除하고는 日人이란 雜貨業者 1명이 잇슬 쑨이
다. 그리하야 가는 곳마다 아니밧을 수 업는 쌀싹발의 성화를 江華人은 호올
로 안밧는 모양이다. 경제착취에는 머리악을 쓰고 들어 덤비는 무리로서야
어이하야 江華돈이라고 슬타 하얏스랴만은 江華人의 몬로主義에는 귀신도
동감인지 모처럼 한푼 두푼 버러먹고 살만치 되기만 하면 그만 하염업시 신단
지가 됨으로 제 아모리 强惡으로 有名字 한무리도 이제는 江華란 말만 하야도
몸서리를 낸다고 한다.

活人佛

丁未年 7월 江華 鎭衛隊의 해산의 최후는 맛츰내 韓軍의 火蓋를 切케 하
야 意氣衝天 仁川海를 덥혀오는 적의 대부대가 전멸되얏다.
이것이 일대 화근이 되야 非朝 卽 夕一城의 屠戮을 當치 아니지 못하게

되얏다. 適期時 至今當地에 在한 天主教의 端神夫가 성심성의로 居中調停하야 危機一髮에 瀕한 참상을 면하얏다 한다. 그리햐야 이로부터 이 지방의 주민들은 端씨를 活佛로 경외한다고 한다. 지금 沁都중앙에 웃둑 소슨 高臺를 울니어 씨오르는 종소리야말로 아츰저녁 1점 2점 당시 慘灰를 길이 길이 추억케 한다.

二大名物

江華에는 다른데서 흔히 못보든 두가지 명물이 잇다고 한다 하기로 무엇이냐 물어보앗다. 첫재는 初喪楔이니 歲饌楔이니 貯金楔이니 하는 楔名色이 500여개소나 되는 것이 한가지 명물이오. 둘재는 郡내에는 600石 이상 추수하는 부자가 50여戶나 되야도 사회사업이라면 一分銅에 머리를 흔드는 개중에서도 吉祥面 金永伯군의 부부가 특히 보통학교 건축비로 3,630원을 喜捨하얏다는 것이 쏜 한가지 명물이라 한다.

織物界의 원조

府内面 新門里 金有聲군은 距今 16년전부터 이래 6, 7년간 직물에 대한 노력이 적지 안엇스나 다만 자본측의 무성으로 맛춤내 업무를 중지하얏다 하고 다시 河岾面 新鳳里 金東植군은 隆熙당시부터 수만원의 大金을 잇끌고 機織術의 연구 공장건축 기술전습 등 斯業 장려 보급에 전력한 결과 一郡을 통하야 작년 中 産額만 하야도 발서 29만 8,000원에 달한다. 이러케 江華綿布의 名價를 全鮮에 周知케 할 쑨 아니라 일시 江華 직물계에서는 金씨가 중심이 되야 인기와 시세를 좌우하얏다 한다. 그러나 한번 초월하야 中國 綢緞의 수입을 대항하야 보라고 大正 7년부터 蠶繭을 직접 매입하야 製糸幷官紗의 직조를 시작하야 오다가 不意 9년 이래 물가의 폭락으로 참패를 당하고 目下 사업중지 상태에 잇슴은 무엇보다 이상의 통분한 일이다. 이것이 戰罪일가?

아니 天亡일 쑨!

文化警察의 냄새

속담에 查頓집엔 가고 십허도 노랑 강아지가 미워서 못간다더니 朝鮮은 예의 잇는 지방으로 살기는 조흐나 싹금 나으리의 등쌀에 못살겟다고 한다. 그러나 한날 한째에 생긴 손가락도 길고 짧은 놈이 잇다더니 유달니 江華警察署에서는 提燈과 우산을 다수 비치하야 甲串津 통행하는 인민에게 편리를 도아준다 함은 참말 갓 마흔에 첫보선맛을 뵈이는 것 갓다. 이제 이것을 새삼스럽다, 적다, 고리다 하느니보다 차라리 하도 지리하게 칼소리만 들니든 천지에서 요만한 대우나마 밧게 됨을 치하하는 동시 木盃 일개라도 밧치어서 상장을 주는 것이 졉잔은 東方君子 국민의 禮道가 안일가 한다.

待接 못밧는 肖人

府內面 菊北里에 잇는 靑蓮寺의 여승 唐씨는 일차 落籍한 후로 시종일관 전 精力을 佛陀에 붓치고 오다가 年前 死葬時 意外 餘燼中으로부터 8面 영롱한 肖人이 생기어 맛치 十五夜明月과 가티 高麗山 전면에 明氣를 放射하야 한참동안 一世의 이목을 놀내게 하얏다 한다. 지금 이것은 寺中에 深藏하얏스나 다만 다시 唐僧의 成道를 알아주는 자가 업슴은 유감천만이다. 아시라 차차 食色의 魔窟로 化하야 오는 금일의 假佛界를 怨嗟한들 무엇하리요!

項門一針

세상에 제일 미운 놈이 누구냐? 돈 두고 안 쓰는 놈! 돈을 너무도 모아보랴고 횡포한 행동을 하는 놈들이다! 이짜위 金權者의 세력은 江華일대에도 발서 오래전부터 만연되야 왓다. 陸面에 簇出한 소위 無名代金業의 鬼面들은 年來 대출을 단절하고 회수에만 偏急하야 극도의 긴축책을 씀으로 細民일반

의 경제공황은 刻一刻激甚하야 온다 하며 다시 水面에서 跋扈하는 渡船業者
는 航程의 遠近, 임금의 高下 기타 승객대우의 여하는 불구하고 다만 무리한
이득에만 편중함으로 교통상, 운수상의 불평이 逐日 높하간다고 한다. 그러
나 족음이라도 自地方발전에나마 쯧을 두고 일부사회의 체면이라도 유지하
게 되면 千萬幸甚이다만은 안되야가는 집 祠堂에는 개가 올나 안는다. 망난
이 초상 喪主는 팟죽에만 밋친다더니 다만 개인의 口腹으로 하야 모처럼 생기
엇든 矯風會를 흔들어 滅風會를 만드는 데는 악을 쓰고 덤비면서도 천하가
共鳴하는 청년사업에나 民立大學 지방부의 조직이며 기타 공공사업에는 一
寸의 동의가 업다고 한다. 아아. 제군아. 사회를 써나 살 수 잇는가를 쌔달으
라! 그리고 이 천하는 일개인의 독점물이 안인 公理를 알아두라. 동시에 임의
諸君의 눈 압헤서 날뛰는 萬方의 無産者는 두 손을 단단이 잡고 제군을 위하
야 분투함을 急急瞠察하여라!

甲子檀夏旣望傳燈寺에서

山程水程

廉尙進

《개벽》, 1924년 10월

坡州를 지내면서

山明水麗 이 4자는 坡州에 대한 適評이다. 坡平山을 중심으로 서남에 蜿延한 諸峰과 臨津江을 襟帶로 동서에 紆縈한 풍경이 만흔 문인의 理想家를 陶冶함에 유감이 업슬지며 오랜 奇史勝蹟을 傳함이 괴이치 아니하도다. 우리 先民의 당당한 위풍과 凜凜한 의용을 臨津渡의 성지에서 彷佛히 상상하며 滅倭川의 土墩에서 感慨이 회고치 안을 자 누구인가. 牛浦의 行宮遺墟에서 弓裔의 末路를 憑吊하니 째마침 秋日이 석양의 붉은 놀을 널고 洪水泉의 疎林殘逕 에서 仁祖의 雄圖를 상상하니 새삼스런 滄桑의 늣김이 일어난다. 당년 부귀가 꿈자최로 化한 것은 尹侍中瓘의 尙書臺요 子古芳魂이 깁히 감초인 곳은 女眞 미인의 態潭이로다. 尹太宰莘達이 木櫃에 浮來하엿다는 龍淵과 李如松형제가 영웅기를 억압하엿다는 支石은 황당한 전설이라고 그 鄕人이 벌서 口碑를 일웟스며 麗朝가 三角의 王氣를 압도하려고 세웟다는 粉水院 雙彌勒과 老尼가 百石堆를 쌋코 성불하엿다는 陽野里天然彌勒은 그 공예와

운치의 아름다운 것까지 밉살스럽게 보이리만콤 昔今을 통한 우리의 미신이다. 文發山 金墓와 東牌里 沙彌橋 등 전설 싸위는 그만두는 것이 조흘 듯 麗末의 亂政의 피폐하엿든 민중을 安堵樂業케 하노라고 家事를 잇고 精力을 오로지 밧친 후에 銀絲갓흔 백발을 江風에 날니면서 무심한 갈매기로 벗을 삼아 소요하든 黃喜厖村 선생의 伴鷗亭은 玩賞을 초월한 감상이 憧憬의 눈물을 쌔리게 한다. 민중이야 족든지 멸망하든지 송아지 제 형보듯 하고 隱士인체 무슨 亭 무슨 軒하는 집짓기에 애쓰는 무리로 斯亭에 올으게 하엿스면 반듯이 등을 적시는 쌈이 잇스렷다. 臨津 연안의 7개 亭子에서 位로는 중심이 되며 名이 원근에 播함은 이 花石亭이다. 李珥 栗谷선생이 早年에 修硏하엿스며 晩景에 倘佯하엿도다. 정치와 철학으로 우리 문화사에 光明彩를 낫타내신 선생의 천재는 어릴 쌔부터 발휘하엿든 것이다. 그의 8세때 지은 한 편 시를 써 둔다.

林亭秋已晩, 騷客意無窮, 遠水連天碧, 霜楓向日紅, 山吐孤輪月, 江含萬里風, 塞鴻何處去, 聲斷暮雲中.

저녁놀은 紅心을 물드리고 매암이 소리 淸風을 부르는 듯 山밋 앞제에 초동은 노래하고 一葉船頭에 어부는 낙대질한다. 歷程의 피로를 잇고 무심히 강촌 夕煙에 시선을 던젓다.

汶山 篤志家 黃伯顯君

汶山市 西에 나즉한 草家 좁은 마당은 곳 黃君의 製陶工場이다. 처음 눈에 씌운 것은 그 店頭에 진열한 수십종의 도기이엇다. 그 모형의 기묘함과 色澤이 美麗함에 자연 발길이 공장까지 들어가고 쏘 黃君과 接語하게 된 것이다. 군은 18세 되던 째 普成中學 2년생으로서 京城工業傳習所로 갓다. 2년간 業을 마치고 該校에서 1년 동안 조수 노릇을 하다가 官費遊學生으로 日本 愛知縣 立窯業學校에서 3년의 業을 맛치고 京城으로 돌아 와서 2개년간 海市商

會라는 日本人상회에서 高麗磁器를 연구하고 다시 玄海를 건너 大阪正盛舘 坩堝제조소에 技手로 7개년간 근면하다가 본년 3월에 귀국하야 곳 현공장을 설립한 것이다. 제조품은 原料관계로 아즉 陶器뿐인 바 식기 각종과 병 硯滴 설합. 명패 등 諸具와 坩堝型 등 다른 陶器業者 及 유리제조업자의 수요품이다. 그 技藝의 정교함은 실물을 보는 자 다가티 경탄하려니와 전신이 흙투성이가 되여서 晝夜不撤하고 근면함은 정말 稀有의 篤志家이다. 「나는 一生을 斯業에 밧치겟슴니다」하는 그의 말은 매우 유력하게 들닌다. 아즉은 만흔 실험을 쌋키 위하야 대규모의 설계를 피하려는 그의 책략도 그럴 듯 하다.

西鮮을 본 印像

廉尙進

《개벽》, 1924년 11월

　　小春兄 今行은 정말 走馬看山격입니다. 一路秋風이 가끔 車輪을 밀어주는 것도 고맙기는 하지마는, 山亭水榭를 或對岸에서 指點하며, 古塔石碑를 째로 半面만 간과함도 유감의 一이외다. 고개에서 쌈을 씨슬 째는 문의 지은 黃葉蒼松이 눈을 살지게 하며 石泉에서 발을 씻츨 때는 山鳥의 쩨가 천연미를 노래하야, 旅行妙味를 늣겻나이다. 엇젠든 愛兄의 破寂거리나 될가 하야, 되는 대로 적슴니다.

　　형님, 長湍은 靈鷲白岳諸山을 背하고 臨津을 面하야 山野가 可謂 適中하더이다. 그런대로 그 곳의 주인공인 소년 동모들이 一團을 일운 것이 얼마나 깃분지요. 그들이 운동장에서 활발히 노는 것과 도서실에서 정신들여 낡는 것은 물론이오, 신문지 쪽에 「술 마시지 마오, 담배 피지 마시오」라고 쓴 것을 거리에 宣布함은 어엽분 천사의 전하는 복음이 아니겟슴닛가. 청년회도 今春부터는 다소의 노력을 하는 중입듸다. 借家이지마는 圖書縱覽室을 만들고 勞動夜學部를 설립하야 往日의 長湍과는 짠 面目임니다. 더한층 새 정신과

싣긔잇는 노력을 하엿스면, 오작 깃부겟슴닛가.

高浪浦靑年會가 움도 돗기 전에 말너진 것도 한심하지마는 大江面 십여 호가 홍수에 殘礎만 남은 것은 同情淚를 금키 어렵더이다. 長道面 養英講習所는 尹氏 一門(中里)의 교육열을 감탄하는 동시에, 該面 人士와 面長의 냉정함을 痛罵치 안을 수 업나이다. (尹英求 外 數氏의 열성으로 宗中 재산전부를 건축비에 제공하고 유지비로 매년 宗松楸를 發賣한답니다. 그런데 面長 尹某와 面內 有産輩는 물질의 동정이 업슬 쑨 아니라 건축증축에 助役까지 한 일이 업슴니다).

滿月臺에서 석양을 보내고, 善竹橋에서 片月을 마지하는 감상은, 開城 온 째마다 다름이 업스나, 天摩聖居의 紅葉을 攀하고 朴淵瀑布에 長歌를 放함은 中秋是日을 虛度함이 아닌 줄 생각하나이다.

형님 나는 金川을 들어서면서 곳 조밥맛을 보앗나이다. 黃海의 특산물이니까. 일즉 맛보는 것도 조흔 일이지요, 그러나 그것을 恒食으로 살아가는 농촌형제들이 가엽서요. 靑石집웅에 白土로 담벽을 바른 新成가옥이 즐비한 南川驛前을 얼는 보기에 그럴 듯 하지마는 재작년 홍수의 慘禍를 회상할 재, 滄桑의 感이 일어 남니다.

新幕은 호구의 조밀한 것이나 物貨의 집산하는 점으로 보아서는, 前途가 쾌 유망함니다. 그러나 色酒家가 넘어 만코 장기두는 것이 習俗化된 것은, 그대로 간과할 수 업는 문제임니다. 그래도 이름 조흔 청년회장은 該會의 존폐와 지방의 興替는 염두에도 두지 아니한다니, 더욱 加痛치 아니함닛가.

瑞興은 교통이 불편리한 까닭인지, 좀 쓸쓸해 보임니다. 富豪들은 황금만 능주의에 배만 쓸고 안젓고 누구에게든지 일본말만 사용하는 太守之風은 可謂 全市街를 풍미함니다. 농촌은 부녀의 일군이 남자만 못지 안합니다. 싸라서 흙물 무든 短裳과 해빗헤 검어진 肌膚는 그들의 辛勤과 貧乏을 여지업시 표시합니다.

　鳳山은 농촌의 零星함이, 瑞興보다도 심한 듯 합니다. 그러나 南鮮貧民이 玄海를 건너느니 西北間島를 향하느니 하는데 비하면 오히려 생활고의 극단은 아니라 할가요.

陽州各寺巡禮記

晚悟生
《불교》, 1926년 11월

筆者가 楊州各寺를 巡禮하게 된 그 動機부터 紹介하겟다. 本年 八月 十一日付 楊州庶 第一七五五號로써 奉先本末寺에 對한 「鄕土史料」의 件을 詳細 調査하야 九月末 日限으로 回報하라는 照會가 當本山 事務所에 到着되엿다. 本山에서는 此를 謄寫하야 楊州 管內 十七個 末寺(望月・天竺・水鍾 等의 奉恩寺末寺를 除外)에 通牒하되 當郡 定限보다 十日을 前期하야 九月 二十日 內로 此를 修報하라하엿스나 半數 以上은 回信이 渺然하다. 一日은 住持 洪月初猊下께서「鄕土史料라함은 寺院에 在하야 卽 本末沿革에 關한 歷史라 官廳 要求가 업다할지라도 우리가 率先하야 本末 史料를 精査한 後 一冊을 編成하야 寺刹에 藏置할 것인데 余가 就職 十餘星霜에 因循未遑한 바이라 今般機會를 利用하야 完全을 보랴하엿스나 末寺의 手續이 汗漫하니 君이 幾週間 停講을 할지라도 末寺의 一回 徃返을 앗기지 말고 本末 沿革을 恭考하여보라」한다.

筆者가 當寺에 來接한 지 轉眄 九朔에 末寺 觀光은 暇隙이 업섯슴으로

一道 兼行을 하기 爲하야 欣然히 承諾하고 本山沿革부터를 調査한 것이다.

奉先寺

當寺는 楊州郡治의 東으로 四里를 隔하야 榛接面 富坪里에 位置되엿는대 北으로 抱川郡界와 世祖의 玄宮을 傍하야 山水가 回抱하고 松柏이 欝密하야 風光이 明媚한 一座靈區로 되어잇다. 距今 九百五十八年前 麗朝 光宗王 二十年 己巳에 法印國師가 初創하고 雲岳寺라 命名하엿다. 그러나 當寺의 前身이 雲岳이오 初創主가 法印인 것은 今日까지 茫然하엿다. 그 原因을 溯考하면 前雲岳寺가 廢墟된지 百餘年後 李朝睿宗時代에 至하야 貞熹王后가 世祖大王을 追慕하야 現在寺를 冉創하고 優禮로써 崇奉하엿슴에 그前身을 忘却함인듯하다 然하나 筆者는 光陵誌를 讀하다가 當寺沿革에 對하야 疑雲이 疊起하엿다.

誌에 曰「妙寂庵在奉先寺西崗有觀音銅佛世傳初自西域月氏國來　而崇恩殿創建時以世祖願佛安殿傍壬辰之火朗慧出置北崗後別構　庵子而移之」라 하엿스며

又曰「聖寂庵舊墟在雲岳東」이라 하엿스며

又曰「成佛庵舊基在注葉山新定界內俗稱佛堂谷云」이라 하엿스며

又曰「聖住洞在靑龍外五里(鮮里)許」라 하엿다.

前記文面을 綜合하야 보면 이와 가튼 數多庵子가 어느 巨刹에 隸屬하엿는가 쏘 聖寂庵舊墟는 現在 寺東便으로 七八町餘에 잇는 今徽慶園의 前身이라고 하는데「在雲岳東」이라 하엿스니「雲岳」二字가 何를 指稱함인가 하엿다. 疑下에는 覺悟가 잇다는 세음으로 何幸今春에 各殿寮舍를 重修할 제 大雄殿古樑中에서 當寺 前身이 雲岳寺됨과 麗朝資福寺列에 叅入한 文句가 發見됨에 前者의 疑雲이 直下에 氷釋되엿다. 考據에 供키 爲하야 그中에서 一二를 摘記하면

一、述夫苦海注淙滴之流沙或汰而水不竭 紺園闢靈照之戶雲雖翳而月半輪 功賴佑冥 貫惟仍舊考玆寺載始之古籍 實前朝資福之舊基 營丹闕於震庭我世祖應錄之光澤盆普 厝玄宮於坎隅唯嗣王述志之基址斯開 云云 (奉先寺法堂重修記)

二、 原夫轉故成新以新爲故物之常理(中略)然更攷古籍云高麗光宗二十年法印國師創建而名曰雲岳寺東有聖寂庵西有妙寂庵北有成佛聖住等庵蔚爲巨刹故在諸州資福之列物換星移鞠爲草萊而獨妙寂庵依舊存在者近二百載矣及奉安光陵之日重創於雲岳之舊原以爲奉護先王之陵故易名奉先寺者也噫大雄氏之隨緣現形如月印千江以無住爲住豈假乎木搆石築而後爲殿宇哉然自我衆生而視之不忍見其雨洗而風磨故諸比丘衆共發重建之願始役於三月訖工于四月晦間是知興廢有時人地有待矣前人之述雖具詳細而若夫雲岳寺之舊蹟則皆略焉故特爲叙及云爾(奉先寺重修記)

이라한 等이다. 麗末로부터 鮮初에 至하기까지 雲岳寺가 何時에 廢止된 것은 文獻이 無徵이고 特히 李朝 睿宗元年己丑에 至하야 貞熹王后가 現在 寺를 再創하고 朝家로서 敎宗判事의 職을 除授하야 無弊守護이다가 宣祖 二十五年壬辰에 全寺院이 兵火에 被燒하얏는대 翌年癸巳에 朗慧大師가 三刱하얏고 其後 四十三年을 經하야 仁祖 十四年丙子에 滿寇의 蹂躪으로 南漢城下의 盟을 締結할 쩍에 當寺가 第二次의 慘禍를 被하얏든 것을 쏘ㅣ그 翌年丁丑에 四創(失創者名)하얏고 다시 京畿 五斜正所의 一位로서 僧風을 整頓하여 오다가 英宗 二十五年 己巳에 住持 再霱大師가 第一回 重修하고 憲宗 十四年 戊申에 化主 敬義永喆兩師가 第二回 重修하고 다시 七十九年을 經하야 今年丙寅에 住持 月初和尙이 第三 回重修하고 三聖閣을 新建하며 鍾閣까지 移轉하얏다. 右는 當寺 初創及重修의 大略이나 部分的 再建及修繕의 功績을 別記하면 純祖四年己丑에 放跡堂이 火하얏거늘 越二年 辛卯에 錦溟化主가 重建하고 太皇帝 光武二年春에 幻翁禪師가

判事別舘을 新建하며 大正三年 甲寅에 現在持 月初和尙이 當寺 放跡堂·雲霞堂·淸風樓·解脫門·天王門等의 거의 顚覆에 瀕한 것을 金五千圓의 巨額으로 一一히 修繕하엿고 其他 明心堂·西別堂·滿月堂의 寮舍는 李朝 正宗 王五 年庚子까지 保存됨을 古記가 證明하나 其後 何時에 廢止된 것은 憑據가 업서 渺茫中에 付할 다름이다.

　以上은 當寺 沿革에 對한 槪略이다. 그리고 特히 今年度에 限하야 重修新建하고 飜瓦丹艧하며 鍾閣을 移轉하고 道場을 完築하야 居人過客으로 嘖嘖稱道케 됨은 모다 現住持 洪月初和尙의 竭誠劃策한 功績이라 實로 未來 幾千載에 잇지 못할 偉業이다. 그러나 功績이 偉大함을 싸라 憂慮도 적지 안는 듯하다. 最初 寄附認可가 六千四百六十五圓인데 訖工後決算에 依하면 九千五百餘圓에 達하엿다한다. 寄附總額이 全部 收納되엿다할지라도 三千餘圓은 債務가될 터인데 況近千圓의 未收가 잇다한즉 四千餘圓의 先進排는 事實이다. 그러나 此를 寺中債務가 아니 되게 하기에 盡力한다하니 그 苦心이 적다하랴. 아즉 急先務로 企待하는 것은 未支拂하신 寄附者僉彦의 게 發心畢竟이 二不別이라한다. 쏘 當寺에 寶物은 무엇인가 첫재 大鍾이고 둘째 屛風이라하지마는 筆者의 생각에는 萬古芳名이 長不滅하야 一切衆生으로 病根蘇함은 오즉 三聖閣 뒤에 잇는 藥水泉이라할 수잇다. 일로부터 本山을 써나 末寺 首班地 興國寺로 第一步를 옴기게 되엿다.(未完)

陽州各寺巡禮記(續一)*

晚悟生
《불교》, 1926년 12월

興國寺를 써나려함에 學生 諸君에게 限三週間 休學을 說明하고 書寫에
嫻熟한 金普涉君을 同行하자 約束하엿다. 筆者는 마츰 京城에 緊關이 잇셔
一日을 前期 發程하게 됨에 金君은 翌朝 即 九月 二十七日에 該寺로 發向하
야 記序文 等을 豫히 謄寫하라고 言託하엿다. 京城서 二日間 滯在하다가 二
十八日 正午에 淸凉里驛에서 福溪行車를 搭乘하고 그 第二區되는 倉洞驛
에 下車하엿다. 거게서 興國寺가 몃里됨을 무르니 「興國寺가어데인가?아-
덕절이지 여게서 얼마 아니되오. 이 압물을 건너 져 골이로 한참 드러가서 조
그마한 고개를 넘어서면 거게가 덕절이닛가. 아마 면 十里(鮮里)假量은 되지
요」한다. 예-고맙습니다 하고 西北으로 三角山과 道峰山을 치어다보면서 東
으로 漢川橋를 건넛다. 갈ㅅ길은 멀지아니하나 該寺에 드러서면 무엇부터

---

* '陽州各寺巡禮記'는 1926년 11월부터 1928년 7월까지 연재된 전체 15편의 글이다. 14편 속편의 제목은 모두
'陽州各寺巡禮記(續)'으로 동일하다. 본 자료집에서는 (續一)에서 (續十四)와 같이 번호를 붙여 그 순서를 구
분하엿다.

着手하여야지 如此如此 하리라 諸葛軍師의 戰陣을 豫料하듯 胸算이 錯綜이다. 내가 이번 거름은 單純한 觀光의 巡禮도 아니오 動機와 가치 沿革을 調査할 터이라. 歷史的은 文獻에 依하려니와 傳說的을 듯자면 아마 자미 잇는 이약이도 만흐렷다. 그리고 本山 分排金과 財團法人 二種 財産未收額의 督捧委任을 맛핫스니 債權者 비슷한 行世도 하여야지. 農家는 新穀이 豊富한 이쌔이나 寺院에서는 納賭期가 尙早하니 무슨 돈이 잇슬나구. 쏘 本山 法務의責任을 가젓다하야 末寺 法要執行의 未盡한 것과 其他 道場淸潔等에 조치못할 것은 一一히 잔소리를 좀 하라고 本山 住持 猊下의 囑託을 밧앗스니 마치 巡査가 民間 淸潔을 行하려함에 人民에게 指揮하다십히 하여야될 터인데初面人事가 未洽한 暫時 經過에 可憎한 行動으로 現住 諸位의 憾情이나 사지 안흘까 이와 가튼 各項의 責任을 一道 兼行케 됨은 참으로 어려운 걸.

　이리저리 생각하는 동안에 언으듯 山下에 다달라서 조그마한 골싹이로드러섯다. 개울을 건느고 외싸로 잇는 집을 지내서 山등성이에 올라서니 天磨山色이 直線으로소사 잇다. 洞口로 드러가는 大路가 아니고 왼편으로 通行하는 길옴길이라 이른바「石間에 纔一路」이다. 左로 轉하고 右로 折하야數町步를 드러가니 발서 興國寺 爐殿 後面이다. 飛甍畫閣이 局內에 櫛比하엿는대 그 結搆의 體裁를 紹介하면 이러하다. 大雄殿이 中央에 位置되고 그東은 十王殿 그 西는 靈山殿이며 十王殿의 後는 六角으로된 滿月殿이고 靈山殿의 西는 凝香閣이며 쏘 大雄殿의 北은 海藏殿·山神閣·獨聖閣이 水平線으로 羅列되고 큰 法堂의 南은 宏傑한 食堂寮가 工字形으로 압흘 막어잇다. 다시 凝香閣의 南은 個人 住宅이 數棟이요 十王殿의 下는 事務室이西向이며 事務室의 東은 東別堂이고 東別堂의 南은 住持室이라 그 組織의美는 本山보다도 遜色이 업는 듯하다. 家屋의 制度를 보느라고 暫間 歇脚한後 從容히 이러서서 香閣 飲料井邊으로 드러서니 마츰 前期到着한 金君이朴巨遠을 帶同하고 十王殿에서 記文을 謄出하다가 欣然이 마저준다. 두 사람의 案內로 現住持 朴梵華氏를 訪問한 後 金君과 가치 記文謄 寫未盡한 것을 全部 書取하엿다. 그리고 住持室로 드러와서 該寺 事蹟을 내여 노코 記文 等을 對照하야 沿革부터 적어보왓다.

興國寺(本山 奉先寺의 首班地)

當寺는 楊州郡治의 束南으로 五里를 隔한 別內面 德松里 水落山下에 位置하엿는대 距今 一千三百二十七年前 新羅 二十六代 眞平王二十一年(日本推古天皇七年隋文帝開皇二十年) 庚申에 圓光法師(俗姓薛氏)가 開山하고 水落寺라 命名하엿다. 其後 麗末鮮初까지의 重剙及修繕은 文獻이 無徵이며

李朝 宣祖王 元年 戊辰에 朝家로서 德興大君의 墓所를 寺山局內에 定하고 願堂을 新建하며 扁額을 下賜하야 興德寺라 變更하엿다. 그리고

同 仁祖王 四年 丙寅에 朝家로서 다시 興國寺라는 額을 下賜하엿스며

同 正宗王 十七年 癸丑에 御勅으로 寺僧 騎虛를 命하야 內帑金을 下賜 重修하엿고

同 純祖王 十八年 戊寅에 六面閣이라는 滿月殿과 養老房을 除하고는 各殿寮舍가 全部 燒火됨애 越三年 辛巳에 朝家로서 다시 寺僧 騎虛에게 命하야 化行鳩金케하시며 더욱 天恩을 施하야 大雄殿 十王殿 大房 其他 寮舍를 再剙하고 蓮經七軸으로 經會를 設하야 落成하엿스며

同 哲宗王 七年 丙辰에 隱峯大德이 信女 梁氏의 補助를 受하야 六而閣을 重修하고 丹臒을 加하엿스며

同 李太王 七年 庚午에 蘗庵化主가 十王殿을 重建하고 同十五年 戊寅에 또 佛殿 寮舍가 全部 燒火된 것을 庸庵長老가 募緣鳩金하야 熱誠準備한 結果 越四年 壬午에 大雄殿 其他 各殿을 三創하고 三十七間의 宏傑한 大房을 建築하엿스며

同 二十五 年戊子에 濟庵大德이 各殿 法寮를 重修 丹艧하고 越四年 壬辰에 右濟庵 和尙이 다시 己財를 捨하야 丹靑及佛事를 圓滿成就하엿스며

大正七年 戊午에 現住持 梵華和尙이 各殿 寮舍를 重修하고 飜瓦丹艧하야 今日의 壯麗를 維持하엿다.

前記沿革을 精査한 後는 朴巨遠君의 案內로 다시 寺院 全景을 觀光하니 東便 數町餘에 잇는 浮圖二位와 큰 房 前面에 蓮池와 海藏殿에 經板까지 죄다 보고 其次는 傳說的을 드르랴고 住持室로 드러갓다. 大抵 京山은 절일홈이 둘씩인대 東部 各寺의 例만들지라도 開運寺를 永導寺라 興天寺를 神興寺라 靑蓮寺를 安靜寺라 慶國寺를 靑岩寺라 하고 奉先末寺에도 內院庵을 聖寺라 興國寺를 德寺라 한 等이다. 他處는 알고저 할 必要가 업지마는 貴寺를 왜 덕절이라하는가요.「예- 그 原因은 寺名 沿革과 가치 水落寺가 興德寺되고 興德寺가 쏘 興國寺되는 同時 德興大君의 墓所를 紀念하야 興德寺라 함과 가치 쏘 興德寺되엿든 것을 紀念하야 덕절이라고도 부르는것이요. 그리고 우리 절이 그전에는 크게 興旺하여서 자근 大闕이라고도 하엿담니다. 우에서 傳教가 각금 네리시고 尙宮 쏘는 貴族 夫人의 彩轎가 絡繹不絶한 까닭이라고요. 이것은 모다 寺域內에 德興大君 墓所가 잇는 關係로 朝家에서 優禮崇奉하든 餘澤이지요. 쏘 이곳을 德陵德陵하지요마는 其實 陵字는 宣廟朝의 苦心幹旋한 結晶이람니다. 元來 德興大君은 中宗大王의 第九子이신대 即位를 못하시고 그 아드님 宣廟朝가 踐阼하신 後 德陵으로 追尊코저 하엿스나 當時 宰臣이 듯지 안으닛가 그래 아버지께서 登極 못 하시고 그 아들이 人君인대 陵字를 施行함이 그다지 틀리냐고 하엿스나 群臣은 終乃不聽함에 엇지 할 수업서 正式頒布는 非可望이라 그제는 東大門外 柴炭商과 密約하고 다시 사람을노아 낭구ㅅ바리를 기다려서 무르되 어데서 오느냐고 해서 德興大君墓所를 지내왓다면 모른 체 지내가게 하고 만일에 德陵을 지내왓다면 그만 불러드려 酒食으로 優待하고 高價로 그 烟料를 買受하니 一口二

口 傳播되야 東쪽 사람은 且置하고 乃至五江柴商꺼지라도 興仁門을 차저와서 德陵 經過를 憑藉하엿고 其後 원쳐 柴商이 輻湊된 以後는 그만흔 柴炭을 堪耐할 수업서 그만 停止하엿스나 뭇지 안어도 저의끼리 우리가 德陵압흘 지낼 쌔는 발서 닭이 세해는 울엇겟지 하드람니다. 그後부터 그만 德陵 二字가 正式頒布함보다 優勢를 点하엿담니다. 因其勢而利導라는 것은 그 效果가 정말 크지안습잇가」한다.(未完)

陽州各寺巡禮記(續二)

晚悟生
《불교》, 1927년 2월

　　예- 그는 事實임니다. 그리고 큰房은 정말 좃습듸다. 거게서 禪房·念佛房·講堂· 이 세가지 中에 하나를 經營하엿스면 오즉이나 훌륭하오릿가 누가 아니람닛가. 그러나 이절은 亦是 세 가지의 缺點으로 될 수업습니다. 첫재로 寺中收入이라고는 正租 三十石이 못되는 것으로 六法堂을 거두어가며 各任員을 置하야 維持하여 가느라니 무슨 餘裕가 잇슴닛가. 둘재는 燃料가 업습니다. 四山 全部가 都庄宮 所有이기 째문에 或 慶節을 當하야 松餠을 비저 먹으려하나 松葉을 건듸릴 수업서 公論만하다 그만 두게 되옵니다. 셋재는 큰 關係될 것은 업다하지마는 寺院이라고 水石이 좀 잇서야 되지 안습닛가. 夏節을 當하여도 발쓰 슬 곳 하나 변변치 못하옵니다. 工夫하느니기로 무슨 趣味가 잇겟슴닛가. 예- 어데든지 여러 가지 俱備하기는 썩 어려운 것이지요.

　　古今 多少事로 問來答去하느라니 언의듯 壁上에 掛鐘은 十二點을 가르친다. 그만 睡魔의 媒介로 一夜를 經過하고 翌朝 卽 二十九日은 短笻을 鶴林庵으로 옴기게 되엿다.

住持 以下 委員 諸氏에게 그간 厚誼를 謝하고 昨日 오든 길로 드러섯다. 뒷고개를 넘어 골싹이로 나려을 제 同行 金君이 스님- 덕절이 참 좃습지요. 建物이 훌륭한 同時에 道塲도 퍽은 깨끗허옵듸다. 흥- 그것은 모다 現住持 和尙의 苦心한 結晶이라네. 建物이야 曾前부터 잇든 것이지마는 만치못한 同侔로 道塲을 그만치 거두워가기는 썩 어려운 것일세. 그리고 나는 그절에서 세 가지 感想을 이르켯네. 距今 三十年前에 잇서 京山 各寺에 이런 말이 流行되엿느니 即 望月負木이 告香偈짓고 덕절 負木이 十王草낸다고. 그째로 말을 하면 절절이 僧數가 만흘 쑨外라 魚會를 하느니 習畵를 하느니 하야 모든 것이 우리 佛家에 正當한 藝術이다 微妙한 音聲供養이다 하야 賛成이 藉藉하엿지마는 只今이야 負木은 姑捨하고 沙彌僧이나 잇서야 習畵를 하지 안켓나. 畵員만키로 有名하든 덕절이 沙彌僧이라고 하나 볼 수 업스니 將來 幀畵佛事에는 아마 古物商에 가서 모서오거나 莫重한 佛母의 責任을 俗人에게 向하야 苟且한 소리를 할 듯하네. 이것은 그래도 僧家에 現狀이라고하겟지마는 各法堂을 拜觀할 적에 海藏殿에 到着할 時는 未安한 생각이 적지 안엇네. 그곳에는 彌陀經塔·彌陀經·蓮宗寶鑑 等 淨土事業에 關係 經板을 모서두지 안엇든가. 쏘 그 -塔板由緖를 詳考하면 藥庵和尙께서 指血을 가저 글싸마다 三圍繞 三禮拜하고 쓴 것일세. 所重이 自別함도 不拘하고 한 칸이 될낙 말낙 한 法堂 안에 各種 經板을 混同雜置할쑨더러 煤塵이 重疊되고 各 法堂 燃燈器具 即 石油桶과 람포 等 物을 거게 다 드려노코 甚至於 門돌저구 까지 싸저 잇는 것을 보왓스니 아마 四生慈父이신 佛陀만 아르시고「一切諸 佛從此經出」은 들 생각한 모양이데. 쏘 大房前面 橫閣에 闕內에서 賜送하엿다는 屛風을 보지 안엇나. 마치 日本말을 모르는 사람이 아나다 곤잇지만 듯드래도 그 사람은 日語를 썩 잘 하는 줄 아는 세음으로 御筆이라는 關念이 잇서 그러한지는 모르거니와 우리 眼目에는 그 筆法이 龍蛇飛騰이라할 수 잇데. 그러한 寶物이 조각조각으로 아모 데나 노여 잇는 것을 보니 넘어나

寒心하데. 梵華스님이 數年以來로 大雄殿 佛粮까지 自擔하여 가면서 그 만흔 建物을 獨力으로 看護하느라니 餘暇도 업지마는 海藏殿을 監督하거나 御屛을 保管함에 그다지 큰 힘들지 안흘 것일세. 아- 이 사람 우리가 이약이 하느라고 境界線을 지내인 듯하네. 글세요. 제 沉藏 씻는 婦人에게 무러 봅시다. 네- 鶴林庵이요. 저게 米柳나무 두어 주 섯는 그 곳이을시다. 오든 길로 조금 가시다가 山巔으로만 올라가시오 한다. 예- 感謝함니다 하고 卽時 거름을 도릭혀서 山등성이에 올라섯다. 秦始皇의 風波餘孽이 이곳꺼자 밋첫는지 을나갈수록 赭山이다. 山中허리에 드러서니 조그마한 盖瓦집이 眼前에 突出한다. 저집은 山祭堂 모양인데 엇지 여게 잇슬까. 길을 左側으로 讓해두고 그 門前을 當到하니 石造彌勒 한 분이 坐定하시고 門外에는 雜草가 茂盛하엿다. 얼는 보고 다시 길을 차자 目的地에 到着하니 佛陀께서 涅槃에 드신 後 日月이 無光하고 禽獸까지 嗚咽하다 하야 涅槃經에 이른바 娑羅鶴林이 聯想된다. 큰房이라고는 佛陀 한 분만 微塵裡에 말하야 法輪을 轉하시고 前面 마당에는 沙土보다 草萊가 優勢를 点하엿다. 누가 잇서야 말이나 좀 부처 보지할 지음에 同伴 한 분이 方今 개울을 건너온 듯이 대님도 매지 안코 압흐로 닥아온다. 스님이 住持신가요? 아니예요. 이절 住持스님은 덕절에 계시는 表錦雲和尙이시지요.

우리는 本山에서 왓는데 이절 歷史를 뭇고저 하옵니다. 예- 그것이야 우리인들 엇지 알겟슴닛가. 日前에도 面書가 을라와서 뭇기에 알 수 업다하니까 저 현판을 치어다보고 두어자 記錄하고는 그만 가버립듸다한다. 그르면 우리도 懸板記載나 할 수밧게 別道理가 업소하고 此를 調査하니 開山은 언제인지 近古事實쑨이로다.

鶴林庵(本山 奉先寺의 方等地)

當寺의 初創 由緖는 渺茫에 附할 다름이고 距今 一百七十四年前

李朝 正宗王 四年(日本後桃園天皇安永九年淸高宗乾隆四十五年) 庚子에 最伯軌澄 兩師가 修繕하고 越十年 庚戌에 丹艧하엿스며

同 純祖王 三十年 庚寅에 秋潭和尙이 再次 修繕하엿고

同 李太王 十七年 庚辰에 慶船化主가 河判官道一氏의 周旋으로 下賜 金一千兩을 得하야 一新修補하엿고

大正 七年 戊午에 現住持 錦雲和尙이 本末寺의 寄附와 檀信徒의 捐助로 修繕을 加하엿다.

前記 沿革을 記入한 後 여보시오 當寺에서 幾年前에 安居祈禱式 잇섯는지 알 수 업스되 半은 써러저잇는 龍象榜休紙나 쎄여버리고 房안에 문지나 좀 훔치시며 道場에 雜草나 除去할 것이 안입닛가. 글세요. 큰 房에사 누가 居處를 함닛가. 이절은 부텨님 한 분밧게 佛前 四物이고 甚至於釜鼎까지 업담니다. 本來도 準備가 업섯든가요. 그른 게 아니라 錦雲스님이 年前에 橫厄이 잇서 法所에 囚禁되엿슬 째 寺有動産을 暫間 당신 私宅에 갓다 두엇든 것을 一朝에 綠林客이 全部 가저갓담니다. 이절에 收入은 얼마나 되는가요 예- 收入이라고는 아무 것도 업지요. 그래도 支出에는 山稅金이 四五圓되고 또 本山分排라고 一圓五十錢이나 된다든가요. 山稅라니 周圍의 山坂이 寺有가 아닌가요. 예- 寺有라니요 여긔서 德興大君 山所 距離가 어데임닛가. 그런데 都庄宮 所有라고 但一圓어치 價値잇다는 남기면 반드시 그宅에서 斫伐하야가지요. 그리고 異常스러운 弊瘼 한가지가 잇는대 此는 舊時 京鄕 寺刹에서 無名雜役을 橫懲하든 慣習갓해요. 德興大君 墓所에 春秋 祭享이 잇슬 째마다 興國 · 內院 · 鶴林 三寺가 돌려가며 素饌이니 香燭代이니 하면서 갓다 바치는 것이 不少하지요. 只今 文明時代를 際遇하야 全鮮 寺院에 痼瘼이라고는 죄다 革罷되엿지마는 우리 三寺는 柴草라도 조금 關係가 잇다 함인지 엇지 할 수업서 今日까지 擧行한담니다. 예- 그럿습닛가. 그런데 曾往부터「鶴林庵 중 부처 되어 가듯 한다」는 말을 드럿는대 그것이 當寺에 傳言

인가요. 예- 아니요 그는 黃海道 長連地方 物語임니다. 그러나 이절도 언제
인가 이뒤에 九星閣을 建築하느라고 主龍來脉을 바로 끈키째문에 石間으로
流血이 淋漓하더니 그만 독갑이가 벗적이러서 同住僧侶가 一時解散될 적에
그러한 말도 流行되엿담니다. 예- 이뒤에 九星閣이 잇서요. 그러면 올라가서
叅拜하겟소 하고 뒤으로 차자가니 正面 壁上에 幀畵라고는 보히지 안코 다만
林檎大의 圓光으로 七個를 그려노코 또 第三位 겻흐로 二個의 小圓光을 그
려서부텨 잇다 此가 即 九星인가보다 하고 拜觀 即時로 나려와서 主人 同侔
에게 告別하고 그만 鶴到庵으로 向하게 되엿다. (未完)

陽州各寺巡禮記(續三)

晩悟生

《불교》, 1927년 3월

山村小路를 끼고 南으로 限 一里假量을 나아가니 即 鶴到庵 洞口이다. 數十戶가 櫛比한 中央으로 碧空을 一試코저할 만한 鴨脚樹下를 經由하야 二町餘에 亘한 急傾斜 地點을 발바 올라간 즉 巖石 사이로 寺院殿角이 儼然히 내여다 보인다. 山은 그다지 雄壯치는 아니하나 小規模의 森林과 泉石의 美는 自在이다. 寺門에 드러서서 主人을 차즈니 一寺가 全空되야 音響이 雙絶이다. 「忽聞海上詩仙到하고 喚鶴看庵乞句來」라더니 主人도 이러한 趣味로 外出하엿는지 未詳하나 鶴의 影子짜지 볼 수업다.

日影은 在西하고 空門을 열 수업서 行李를 나려노코 前面에서 歇脚하노라니 限三十分은 되야 住持 吳聖曇和尙이 그동안 山栗을 摘下하엿노라고 欣然히 마저준다. 寒暄을 大綱 마치고 懸板부터 記載하니 沿革은 이러하다.

鶴到庵(本山 奉先寺의 方等地)

當寺는 距今 三百四年前

李朝 仁祖王 二年(日本後水尾天皇寬永五年明熹宗天啓四年) 甲子에

無空和尙이 此山 奧處에 在한 寺院(寺名未詳)을 當地로 移建하고 鶴到庵이라 命名하엿고

同 李太王 十五年 戊寅에 碧雲和尙이 再創하엿스며

同 二十五年 乙酉에 碧雲和尙이 慶畫船師를 請來하야

幀畵와 改金의 佛事를 一新하게 하엿다.

此의 記載를 마치고 後院 客室로 드러가서 夕齋에 應하엿다. 少頃에 住持 스님을 對하야 當寺의 現況을 무러보왓다. 이절 收入이라고요! 다만 논풰기라고 稱名 九斗落이 가잇는 그中에도 四斗落은 山上 六等이라 收穫은 期必할 수 업고 每年 五石假量은 實收入이되지요. 그러나 一年에 地稅山稅 其他 名目으로 面所支拂만하여도 五十餘圓에 達한답니다. 維持의 困難이야 이로 測量할 수가 잇슴닛가. 또 이山이 寺有이냐고요! 그는 寺有가 確實하지요. 그것도 測量 時期를 어기지안코 實測을 하야 證明까지 내게하고 牧竪樵童에 對하야는 이 늘근 사람이 머리를 독기 삼아 써서 嚴禁한 結果로 林相을 이만치라도 保存하여 왓지마는 燃料 問題로하야 附近 住民에게 人事를 듯지 못한답니다. 그리고 古來로 엇지 된 일인지는 알 수 업스나 寺後 最高峯中 허리 以上은 洞下에 잇든 尹富豪의 所有이든 것을 그집이 遠地로 移徙 할 時期를 利用하야 내가 얼는 買受하야 寺有에 編入하고 보니 只今은 二十餘 町步가 確實하지요. 만약 그쌔에 사너치 안엇든들 마치 몸둥이만 두고 머리를 버혀 간 것 갓해서 이절이 잇는 동안은 遺憾이 적지 안흘 것이올시다. 또 압 南山에 웃득웃득 서 잇는 大松을 볼ㅅ것 가트면 滋味가 잇고도 感懷가 생긴답니다. 前元興寺 時代에 明進學校인가 무엇을 한다고 只今 白雲寺에 가잇는 어림업는 老長이 저 大松을 沒伐해서 그 學校 費用에 補助하라고 勸告까지 하엿드람니다. 만일 그말을 드럿든들 大松만 업서젓지 그 學校에 餘蔭이라고 무엇 잇슴닛가. 그러기에 眷屬 한 個라도 人財俱失하는 學校에는 보낼 생각 전혀 업고 初心 한 장이라도 중은 중의 글을 읽어 佛緣을 맷는 것이 相當하다 하야

우리 적은 놈 宣忠信이는 過歲 곳 하고보면 本山 講院으로 보낼 決心이의다. 古蹟이 무엇잇느냐고! 아무것도 볼 수 업고 다만 距今 五十五年前에 明成皇后 閔氏쎄옵서 寺後 巖石에다 觀音像을 勅雕하섯는대 高는 七十五 尺이요 廣은 二十三 尺이람니다. 寺名에 對한 原因이 잇슴닛가 모르지요. 寺後 絶頂에 鶴이 날러 안진 듯한 巖石의 形狀을 取함인듯하나 證憑이 업는 同時에 꼭 그럿타고 決定할 수 업고 鶴到庵이라는 扁額만은 徐裕大의 親筆이라고 드럿슴니다. 이말저말로 問答이 相續타가 一夜를 穩宿하고 翌日은 佛巖寺로 向하게 되엿다.

이 天寶山中에는 佛巖鶴到 두 寺院이 嶺을 새에 두고 東西로 갈려 잇는대 山의 東便은 即 佛巖寺이다. 住持和尙의 案內로 東쪽을 向하야 高峻한 傾斜地를 발바올라 中間 마루턱이에서 作別하고 嶺上에 올라서니 寺院도 森林도 村落도 아무것 한가지 보님이 업다. 「어데 길이나 잇슴닛가. 차라리 嶺上樵路를 싸라 올라가 봄이 엇더할까요-」同行하든 金普涉君은 이와 가치 말을 한다. 안일세 鶴到庵에서 半里밧게 아니된다 하며 쏘 南北으로 向하지말고 嶝마루턱이에서 바로 넘어서라고 住持스님이 叮嚀付托을 하엿스니 우리를 그릇 引導할 理가 잇겟나. 그리고 저- 바로 건너다 보이는 高峯頂上에 웃득 소사 잇는 바위가 마치 老長임이 먹長衫을 입고 나려다보는 形狀인 즉 뭇지 안어도 그가 곳 佛巖인 듯하네. 자- 山으로 바위로 개울로 되는대로 나려가다보세. 그런대 昨日도 興國寺의 이약이를 하다보니 어느 겨를에 길을 다 오지 안엇든가. 오늘은 鶴到庵 이약이나 하고 천천히 나려가세. 글세요 鶴到庵이야말로 收入이 적다한즉 으러지는 집이야 修繕할 수 업지마는 그래도 自己 收賭가 얼마 잇다 하니 큰 방 塗褙粧板이나 좀 하고 道場에 雜草나 훨신 쑵고 씨설거지나 깨끗하게 하엿스면 오즉 조켓서요. 흥- 나는 그 住持스님의 權變이라 생각하네. 家屋이 全部 그런 것도아니요. 外人이 차자 보와 알 수 업는 後院應接室이야말로 제법 깨끗지 안턴가. 그절이 淨潔하고 住持스님이 벳섬이나 밧는다 所聞이나고 보면 道傍殘寺에 來人去客으로 그 貴치안는 煩悶을 누가 다 밧겟는가. 初面 사람이 오게 되면 어설핀 생각에 곳 回程할 터이니 此를 못 본 체하고 不得已한 境遇에는 淨潔한 應接室로 引導하야 一夜를 穩宿케함인듯하데.

아- 저것 보시오. 松林이 보이고 佛閣이 나타납니다-. 그러켓지. 只在 此山中이라 어데로 갈 쌔 잇나. 쏘 저것 보게 石壁으로 나려지는 瀑布는 萬斛眞珠가 흐터지는 듯하고 泉石도 佳麗하게 보이니 東佛巖、西津寬、南三幕、北僧伽의 近畿 四景의一이 됨은 아마 저를 두고 이름일세. 그럭저럭 寺門에 드러서서 來意를 紹介하니 現住持 金鏡應氏가 事務室로 마저준다. 談話를 略干 마치고 事蹟碑부터 抄出한 後 霽月樓에 올라가서 各種 懸板을 記抄하고 沿革을 綜合하니 顚末이 이러하다.

佛巖寺(本山 奉先寺의首班地)

當寺는 距今 一千四十年前頃

新羅 智證大師가 初創하고 佛巖寺라 命名하엿고

大師의 姓은 金氏니 號는 道憲·字는 智詵·塔號는 寂照라. 新羅 第四十代 憲德王 十六年(日本嵯峨天皇十三年唐穆宗長慶四年) 甲辰에 生하야 同 第四十八代 憲康王 八年 壬寅에 寂하니 距今 一○四五이라. 事蹟碑에 新羅僧 智證이 始創이라하고 某年 月日의 記入이 無함으로 前과 如히 表示하노라.

高麗初 道詵國師가 重建하니 距今 一千二十年前頃이요.

國師의 姓은 金氏니 諡號는 了空이요 別號는 玉龍子라 新羅 興德王 二年(日本淳和天皇唐敬宗大和元年天長四年) 丁未에 生하야 同 孝恭王 二年 戊午三月

十日에 寂하니 壽는 七十二요 距今 一○二八年이라. 李朝初 無學王師

가 修繕하니 距今 五百二十年前頃이요

王師의 姓은 朴氏니 道號는 自超요 贈諡는 妙嚴尊者라.

高麗 忠肅王 十四年(日本後醍醐大皇嘉曆二年元晉宗泰定四年) 丁卯 九月 二十日에 生하야 李朝 太宗五年 乙酉九月十一日에 寂하니 距今 五二二年이라.

同 英宗王 五十二年 丙申에 瑞岳化主가 禪堂을 再創하엿고

同 正宗王 六年 壬寅에 瑞岳化主가 大雄·極樂兩殿을 重修하고 霽月樓를 改建하며

同 憲宗王 六年 庚子에 炫庵和尙이 霽月樓를 重修하엿고

同 十年 甲辰에 坤命丁巳生 金氏가 各殿 寮舍를 重修丹艧하엿고

同 哲宗王 四年 癸丑에 寶城化主가 霽月樓를 重修하며 爐殿을 重建하엿고

同 六年 乙卯에 化主慧月·寶城兩師가 各殿寮舍를 重修하엿다.

右와 가치 沿革을 記入한 後 應接室로 드러가서 午齋를 罷하고 다시 住持스님을 對하야 當寺에 傳說 有無를 무러 보왓다. 예- 傳說이라고는 별로 업지요 한다. 그리자 普涉君이 明日은 쯕 우리 절 奉永寺에 드러가야 할 緊關이 잇고 쏘 日影이 下午 二時는 되엿스니 目的地에 到着은 綽綽할지라 그만 發程함이 엇더한가요 한다. 寺後 絶頂下에 잇는 石泉庵이 廢墟된 지 오랜 것을 再昨 年甲子에 竺明和尙과 鄭氏一心月이 合力再建하엿다함을 드럿스나 一夜를 宿泊할 餘裕가 업서 參拜치 못하게 됨은 무엇보다 缺然함이나 그러면 써나자하고 限 一里 된다는 內院庵으로 向하면서 當寺의 現況을 黙想하여 보앗다. 瀑布, 泉石, 林相, 樓觀의 四美는 具하엿스나 特히 事蹟碑에 碑閣 쏘는 外欄의 施設은 못 하엿슬지라도 周圍의 雜草나 刈取하고 保護를 嚴重히 하여 왓스면 碑面에 字劃을 任意로 鑿破하는 弊가 업섯슬ㅅ걸 쏘 法堂 後面에 十餘種의 經板을 積置하엿는대 就中 釋氏源流가튼 것은 稀貴한 寶

物이라 할 수 잇는 것을 咸陽 靈覺寺 藏經殿과 如히 部秩을 차자 順序 잇게 奉安하지 못하고 마치 燃料長斫을 패여 아모데나 석거둠과 가틈은 佛子의 所見으로 寒心함을 免치 못하겟다. 然則 四美가 俱함보다 二亂을 並한 것이 深刻한 感想이다.(未完)

陽州各寺巡禮記(續四)

晚悟生

《불교》, 1927년 4월

佛巖寺 洞口로 約 三町 假量을 나려오다가 다시 北便 小路로 回轉하야
한 고개를 넘어서니 平平한 山기실게 밤남기(栗本) 홍성 드뭇하게 드러서고
아람이 한창 버러저서 밤톨이 울긋불긋 내여다 보인다. 楊州가 生栗 所產이
라더니 果然 간 곳마다 栗木이 太半이다. 先生님 저게 밤톨이 써러저 잇슴니
다. 아이고 쏘 이편에도 몃 개가 보님니다. 저것을 좀 주어 가지고 가십시다.
무엇ㅣ 우리가 佛岩寺에서 點心을 먹고 오는 길이 아닌가? 嘶膓할 턱이 업고
또 임자가 보면 昌皮할 터이니 어서 길이나 가세. 아니 올시다. 어데 남게 잇
는 것을 摘取함잇가. 싸에 써러저 잇는 것이야 樵童 牧竪가 주어 갈는지 或은
다람쥐가 물어 갈는지 旣是等棄物이라 몃 갯식 주읍시다 한다. 「梨下不整
冠」이라니 主人이 볼 것 가흐면 돍맹이질 아니한 表示가 무엇인가 아마도 滋
味 업는 일일세. 拾栗競走라니 主人이 오거든 그만 六六計를 行합시다 그려
한다. 먹자는 것은 抵抗할 수 업다는 格言으로 畢竟 金君의 勝利로 도라가서
한 개 두 개 줍는다는 것이 언의듯 兩片 족기가 넘어 적다는 것이 問題이다.
그만 이러서서 한참 나려오느라니 길 엽헤서 柴草 벼히는 사람 二三人이 잇

고 쏘 그 압헤 크다 큰 栗樹가 잇서 주먹가흔 아람이 行人의 懷中을 엿보는 듯하다. 得隴望蜀인지는 알수 업스나 아마 一期 客談이겟지. 「여보시오 저 남게 돌맹이를 한 번 던지면 아람이 우수수 써러질 터이니 멧 개 주어가지고 가면 엇덜가요」同行 金君은 樵輩에게 다시 무러본다. 길을 便히 가려거든 압만 보고 작지나 던지시오. 이 山에 數百 株栗木이 발서 三年 前부터 우리 兄弟 所有가 아니람니다. 저 건네 외싸로 잇는 집을 치여다 보시오. 日本 女子가 왓다갓다 하지 안습잇가. 우리 兄弟 것흐면 容恕点이나 잇다 하지마는 저 이네로 말을 하면 쌍에 써러진 것도 여간 惹擾가 아님니다 한다. 아하…… 앗가 우리의 밤 줍는 것을 보왓드면 엇지 할 썬 햇나 속으로 悔責하고 그 압 큰 길로 나서서 興國寺를 왼편으로 치어다보면서 宮터 고개를 넘어섯다. 한참이나 나려오느나닛가 金君이 쏘 이런 말을 紹介한다. 제가 數月前에 이곳을 지내다가 異常한 것을 보왓슴니다. 저게 五六家가 잇는 한편에 書塾 하나히 잇는 대 한 번 구경함즉 하오니 잠깐 드러가 보시오 한다. 거게 무슨 書塾이 잇슬가 하는 一種 好奇心으로 金君은 暫時 기다리라 하고 信地에 到着하엿다. 草家全部가 모다 한 칸남짓한대 四面으로 土壁한 點이 업고 싸리가튼 것을 둘러 첫스며 게다가 看板도 부터잇고 閑人勿入이라는 注意까지 揭示하엿스며 前面土階에는 奇花를 만히 심어 無限한 趣味를 부처둔 듯하다. 그 書塾內面을 들여다보면 房도 마루도 하나 업고 다만 修粧板 멧족 짜라두엇다. 첫재 特色으로 보이는 것은 그 先生이라는 이가 不過 二十歲 靑年이다. 都會地의 學校로 말을 하면 多數 先生이 組織的으로 되엿스니 年少한 것도 無妨하다 하겟스나 이러한 山谷에 周圍의 制裁도 업는 듯한데 先生이 幼年이라 함은 아마도 서투른 머엄(雇傭人)에게 소(牛) 팔로 보낸 듯한 感이 업지 안타. 마츰 習字 時間이 되엿든지 幼年 男女 數十 名이 둘러 안저 書取에 汩沒이다. 內容은 如何턴지 形式부터 嘉尙한 생각이 적지 안타. 밧분 거름이라 先生과 交際하여 볼 暇隙이 업슴에 그만 도라서서 金君을 다리고 內院 洞口

를 드러섯다. 컴컴한 山谷에 雨脚은 오락가락하고 日影은 西山에 잠기인 듯한데 두리다 初到江山이라 寺院이 어데 잇슴을 짐작할 수 업시 됨에 金流洞 玉流洞에 水石의 奇絕處가 만컨마는 「尋寺歸僧杖不閑」으로 左右를 살펴 볼餘地가 업시 되엿다. 寺院 附近이라고 森林의 特別 表示가 업는 까닭에 어느골짝이에 절이 잇는가 料量할 수 업고 自信이 잇다할 것 가트면 「只在此山中」 五個字에 不過하다. 개울을 건너고 山허리로 을라서니 急傾斜로 된 바희가 數十步를 옴기게 되엿다. 마당 바회를 차자 가랴 드럿드니 아마 이것인가생각된다. 쪼 山모통이를 도라 밋 ㅣ근 올라가도 寺院 所在를 짐작할 수 업다. 아마 이 山을 넘어가서 잇는가 하고 躊躇하긔를 말지 안엇다. 다시 勇氣를내야 한등성이를 쪼 올라서니 寺院 樓閣이 瞥眼間 平地突出이다. 그제야 숨을 한 번 내어쉬고 「山重水複疑無路터니 柳暗花明又一村」의 句를 朗唫하엿다. 前溪에서 濯足하고 寺門에 드러서니 寂寂寥寥本自然에 우는 것은 殿角으로부터 數個의 磬風쑨이로다. 純廟朝의 宸筆로 極樂寶殿 四大字가 두렷이 달려잇는 큰 房 압흘 當到하니 所謂 御間門이라고 幾年前에 窓戶를 하엿든지 百孔千瘡이 되어 잇고 크다 큰 鎖筒을 잠것스니 그 안에 모서 잇는 佛陀님은 鑊湯爐炭釖樹刀山에 苦衆生을 건지랴고 미리 試鍊을 하고 잇는가하는感想이 생겨난다. 行李를 나려노코 우둑허니 섯노라니 부엌門 압흐로 아히三四名이 건너다 보고만 잇다. 大兒는 十二三歲 小兒는 三四歲로 乃至七八歲 假量은 되어 보인다. 너 이리 좀 오너라 이 절 住持 스님이 게시냐? 우리아버지 말슴이예요- 어데 出入하고 안 게십니다. 오늘은 오시느냐. 그는 몰라요 우리가 너의 절에 자고 가겟스니 爲先 어데로 좀 드러 안저야 하겟다. 依賴를 할 지음에 近四十이나 되어 보이는 同侔 한 분이 後院으로 도라나온다. 初面 人事를 한 뒤에 우리는 本山에서 왓습니다. 各寺에 沿革 調査를 다니드니 아츰 住持스님이 업서서 遺憾이올시다. 本山에 게시면 康遠皓君을아심닛가. 예 알지요. 그런 일은 康君이 옴직한데 그래 무슨 公文이 잇슴닛가 구경 좀 합시다 한다. 本山住持 猊下께서 末寺役員의 輪照라는 것을 내여보엿다. 그제는 失禮하엿슴니다. 本山 스님네는 내가 다 짐작하는대 두 분이 다 初面이고 거짓말로 本山에서 왓다는 客이 업지 안음으로 證憑까지 보자 하엿슴니다. 저는 劉泰芸이라는 사람인대 扁母를 모시고 한편 구석에 잇슴니다. 예- 그럿슴닛가. 우리가 來日은 일즉 가야할 터인데 今夕이 과히 저물지 안엇스니 아즉까지 굴싸를 아라볼 터이라. 懸板記載를 하여야 될 터인데 懸板이 모다 어데 잇슴닛가. 예- 知足樓에 하나 잇고 큰 房 橫閣에 三四個나 붓허 잇지요. 그러면 올라설 만한 足床 두 개를 준비하여 주시오. 하야 樓閣記文부터 謄出하게 되엿다. 懸板中間에 굵다는 혹 하나히 붓허 잇서 三四行의 數十字를 가리고 잇다. 여보시오 저것은 무엇임닛가. 예- 그것은 前住持 鍾皓師가 失眞되야 狂症이 種種 이러남에 그 妻가 巫女를 다려다가 雜鬼를 쏫는다 하면서 팟죽을 쑤워 가지고 여게 저게 집어던진 것이 아마 五六年을 經過함인 듯 합니다 한다. 흥- 神聖한 佛門에서 巫女까지 招待할 境遇에 이르럿스니 넘어나 寒心한 일이로다. 그러나 저것이 永年保存이 되엿스면 아마 이 절 大衆은 感氣 하나 들지 안켓스나 記抄에 妨害되니 씰 수밧게업다 하고 一一히 拂拭한 後 知足樓記와 橫閣에 잇는 것을 順序로 抄出하고 房으로 드러와서 沿革이라고 적어 보앗다.

內院庵 或稱聖寺(本山 奉先寺의 方等地)

當寺의 開山由緖는 文獻이 無徵키로 亦是 渺茫에 付할 다름이고 但年條順에 依하야 記載하면 距今 一百三十三年前

李朝 正宗王十八年(日本光格天皇寬政六年淸高宗乾隆五十九年) 甲寅에 朝家로부터 七星閣을 新建하고 光膺殿이라 命名하엿스며

同 二十年 丙辰에 朝家로부터 四聖殿을 繼建하엿스며

李朝 純祖王 二十五年 乙酉에 仁峯和尙이 內帑金을 引受하야 知足樓

를 新建하엿스며

李朝 哲宗 王二年 辛亥에 庸庵長老가 光膺殿을 重建하엿스며

李太王 十七年 庚辰에 朝家로 다시 當寺 全部를 重修하엿고 또 近年에 知足樓를 略干 修繕하엿다 云이나 記事와 知者가 無함으로 此는 省略하노라.

前記와 如한 由緖를 記入한 後 十二歲 幼兒가 지어노흔 애처로은 밥을먹고 暫時 休息을 利用하야 여보시오 泰芸氏 이 절에 무슨 傳說이 업슴닛가. 沿革을 본 즉 純祖大王께서 當寺의 祈禱로 誕生하엿다 하며 또 興國寺가 德절이라 함과 가치 이 절을 聖절이라고도 함은 무슨 理由가 잇나요. 예- 純祖大王 誕生하신 이약이는 宏壯하지요. 무슨 龍波大師가 물장수하다가 이 절에 와서 致誠하엿느니 또 聾山大師가 죽어 純祖大王이 되엿느니 滋味잇는 말이 만치마는 저도 彌勒庵에 現住하는 趙鶴松스님께 드럿스나 記憶力이 업슴으로 모다 忘却하엿습니다. 또 聖寺라한 原因도 鶴松스님이 昭詳하게 알지요. 明日 그리로 가거든 仔細히 무러 보시오 한다. 예- 그리하겟습니다 하고 一夜를 經過한 後 翌日 早朝에 寺院 全景을 한 번 둘러 보왓다. 寺의 西쪽으로 개울을 건너 잇는 光膺殿을 올라가보니 正廟朝의 親筆로 쓴 扁額은 두렷하나 椽木이 朽傷함에 盖瓦張이 써러지고 亦是 鎖金이 잠겻슴에 破裂된 門구멍으로 大綱 드려다 볼 수밧게 업다. 前面에는 雜草가 茂盛하고 爐殿이라는 것도 그 頹落의 狀況은 참아 볼수 업시되엿다. 다시 도라서서 羅漢殿龍華殿 等을 拜觀코저 하엿스나 亦是 鎖金으로 채여 둔 까닭에「捲箔逢彌勒과 開門見釋迦」는 昔日 夢話로 看做할 수밧게 업다. 近古以來 諸大講伯의 問講聲이 슨허지지 안튼 拈花室이라고 드려다 보니 閭閻貧家의 庫間은 오히려 淸潔의 滿點을 獲得할 것이다. 本年에도 五百餘圓의 寄附를 어더 修繕을 加하엿다하나 住持 和尙家族 居住하는 二間房 塗褙를 除하고는 他는 紛忙하야서 잘 보지 못하엿다.

光膺殿과 當寺를 特別保護하라 下賜한 土地 中에서 明進學校時代 補

助라 稱托하고 大多數를 파라 업새인 後 아직까지도 四十餘石의 秋收를 밧건마는 支出 項目이 넘어 만흔 까닭에 修繕費等 몃 가지는 忘却하고 잇는 듯하다.

此를 推想的으로 列記하면 緊急 忘却 二種으로 分하야

第一欵 緊急의 件

一金何何圓也 住持 家族

六人의 生活費

一金 何何圓也 同出張費

一金 何何圓也 同交際費

一金 何何圓也 同餘興費

其他

一金 何何圓也 國稅・財

團法人出資・分排金等

計 何何圓也

但不足金은 債務로

第二欵 忘却의 件

一金 空空圓也 建物及道

場修築費

一金 空空圓也 佛前享需費

一金 空空圓也 外人俸給費等

筆者가 豫決算에 素養은 업스나 前記와 갓다하면 大差는 업슬 것이다.

金剛山 楡岾寺 講院에 化主兼誦主로 現住하는 耘虛講伯을 逢着하엿슬 적에 楊州各寺巡禮를 現狀에 依하야 記載하겟다한 즉 그러면 揚語家醜가 될 쯧한 곳이 업지 안켓고 그 허물의 歸着될 點이 未安하지 안느냐고 한 말이 잇섯다. 그는 出家差晩이나 戒德과 學識은 京咸線南北으로 佛家 第一指를

屈한다는 사람이다. 그 鄭重한 注意에 抵觸됨이 업는가 하야 華嚴樓閣과 如
한 重重內容의 記載를 中止하고 龍坡大師의 親히 祈禱하든 七星臺와 香爐
·彌勒·鼇池 等 諸峯을 四面으로 치어다보면서 그 길로 써나 彌勒庵을 차
자 가게 되엿다. (未完)

陽州各寺巡禮記(續五)

晩悟生

《불교》, 1927년 5월

　　內院 洞口로 나려와서 한 고개를 너머 서니 平野가 열린 곳에 楊州邑에서
別內面으로 通한 큰 길이 나선다. 그 길을 橫斷하야 조그마한 石川을 건너
섬에 十餘家되는 村落이잇고 그 뒤는 곳 芙蓉彌勒庵이다. 山容은 나지막한
데 森林이라고는 栗木 又는 米柳數 十株가 둘러 잇스니 支那 臥龍岡의 「山不
高而秀麗、林不大而茂盛」이라 함이 聯想 된다. 栗木 사이로 數町步를 올라
감에 三四層의 石塔이 잇고 한두거름 더 드러서면 即 寺院의 敷地이다. 住持
鶴松和尙은 春期 本末 總會에 一面之舊가 잇슴으로 우리 一行을 欣然히 마
저 준다. 寒暄을 마치고 當寺 沿革을 무러 보니 예- 우리 절은 記文 한 조각이
업고 다만 傳說뿐이올시다 한다. 그 傳說에 就하야 過去 現在를 綜合하면
左記와 갓다한다.

　　彌勒庵(本山 奉先寺의 方等地)
　　當寺는 距今 四百七十年前頃
　　李朝 世廟 時代에 慧庵大師가 小庵을 建築하고 彌勒庵이라 命名하엿

고 世廟 時代에 農夫가 治田하다가 彌勒佛像이 田中에서 發現됨에 此를 聽聞하신 世祖大王은 相國 申叔舟를 命하야 慧庵大師로 하야곰 庵子를 建築하고 佛像을 奉安하라 하엿다는 바 某 年月의 文獻이 無함으로 世廟即位 元年 丙子를 表準하야 前과 가치 記入하노라.

李太王 二十九年(日本明治天皇二十五年淸德宗光緒十八年) 壬辰에 雲松和尙이 重修하니 距今 三十五年前이요

大正 十三年 甲子에 現住持 鶴松和尙이 山祭閣을 重建하고 香爐茶器等 道具를 一新 準備하엿다.

前記 沿革을 記載하고는 當寺의 調查도 하려니와 스님을 特別히 訪問할 理由가 잇습니다. 因하야 昨日 內院庵에 갓슬 째에 劉泰芸師와 問答하든 一節을 傳하고 該寺에 關한 傳說을 詳細히 일러달라 紹介하엿다. 예 그럿습잇가 그 이약이를 다-하량이면 아마 時間이 걸릴ㅅ걸이요 그 前 老宿에게 귀가 젓도록 드럿스닛가 아즉記憶은 새롭습니다. 그리고 다행히 聾山龍坡 兩和尙의 來徃 書信이 親筆은 안일지라도 傳來한 것이 잇습니다. 하고 篋笥에서 차저 주며 그 顚末을 일러준다. 筆者는 即席에서 一一히 記取하야 始終을 적어보니 그 內容이 두 가지로 分하엿다.

一、高僧의 祈禱로 王世子가 誕生

李朝 中葉 以來로 僧侶 壓迫이 漸次 極度에 達함에 方伯守令以下公私日用物品을 모다 僧侶에게 强討하든 時代이다. 例하면 草鞋麻鞋大小繩索各種紙物柮器山菜甚至於微細用品까지 僧家에 誅求로 生活을 하여 가든 것이다. 그래도 有勢寺刹 即 京畿에 五刹正所와 下鄕에 釋王 · 俗離 · 海印 等 幾個 寺院을 除하고는 一律風靡가 되고 最히 甚한 곳은 慶北 大邱 · 永川 等地이다. 其時 八公山 把溪寺에 龍坡大師가 잇섯는데 德行과 學識이 兼佛한 까닭에 그 附近이 斥佛淵藪임에도 不拘하고 高僧의 待遇를 밧든 것이다. 入山

以來로 官民의 土豪武斷을 改革코저 하엿스나 엇지 할道理가 업섯다. 一日
은 한 計策을 생각하고 徭役免除로 死而後已를 自誓하엿다. 그 計策이라는
것은 무엇인가 即 京城에 올라가서 무삼 運動을 始作하든지 三年을 定限하고
어느 大官或은 主上 殿下의 近侍를 交際하야 僧家의 無名徭役을 革罷케 하
리라 하엿다. 此를 中心에 牢定하고 正宗大王 即位 九年 乙巳 秋七月에 竹杖
芒鞋로 七百餘里의 漢陽城을 得達하엿다. 그러나 僧侶의 身分으로 城內에
드러서지 못하던 惡政 時代라 但門外漢으로는 京鄕이 一般이다 하야 即時
솔립 상투를 올려싸코 俗服으로 換看한 後 城內에 드러섯다. 섯투른 俗人 行
世가 或 巡邏軍의 身勢나 아니질싸 하야 即時 물장수(水商)를 始作하엿다.
每日 職務를 마치고는 夜時를 利用하야 念佛叅禪 或은 祈禱로 刻苦精進한
結果 工夫上得力處는 더욱 增加되엿슬 것이다. 그러나 밋지 못할 것은 事業
이요 싸른 것은光陰이라. 언의듯 三年은 되엿스나 目的은 達하지 못하엿든
것이다. 이 모양으로 지내가면 三年은 새로히 三十年을 잇드래도 別道理는
업스리라 看破하야 다시 故鄕으로 나려가서 물邑물營의 順序를 발브리라
하고 這間親交를 面面히 告別한 後 行裝을 團束하고 崇禮門 밧글 나서니 발
서 日影이 在山이다. 三年前 드러올 쌔에 貽弊서키든 旅舘을 차저가서 一夜
宿泊을 하게 되엿다. 並州가 故鄕이라 初志의 貫徹은 못 하엿슬지언정 一朝
에 遠別은 齟齬하다. 쏘 무삼 面目으로 本寺 大衆을 相對할싸 이 생각 저 생각
으로 잠을 이루지 못하다가 夜深 後에야 房 한편 구석에서 그대로 假寐가 되
엿든 것이다. 呀-難測者는 吉運이라 藤閣에 順風불고 不再來의 良時라 頑
鐵에 生光이다 쌔마즘 正廟朝께서 그날 萬機를 마치시고 明日 政事를 軫念
하시며 쏘 아즉까지 世子가 업섯스니 予의 百歲後에 國家事가 엇지될싸 悲
懷를 難禁이다가 엇의듯 微服을 가라입고 近侍 二名을 前導로 하야 南大門
을 通過하시다가 二層 樓上에 올라서니 瞥眼間 건너편 셋재집에서 瑞氣가
矗天한 中靑黃龍이 틀어지고 百道光明이 四面으로 일어난다. 殿下께서 쌈

작 놀라 近侍를 急히 불러 저것을 아라 오라 할 지음에 새벽역 바라소래 쌔고
보니 春夢이라 夢事가 異常하다하야 即時 御前別監을 命招하 사이길로 南
門밧게 급히 가서 그 무엇인가 詳査馳啓하라 하섯다. 別監은 걸음을 쌜리하
야 崇禮門外 第三家를 當到하니 曙色은 熹微한데 아즉까지 門을 열지 안엇
섯다. 主人을 불러내여 形止를 調査하고 旅客 宿所로 드러가니 한편 구석에
왼사람이 등걸잠을 자고 잇다. 從容히 흔드러 잠을 개게 한 後 住所 氏名과
緣由를 무러보니 다만 慶尙道 永川사람으로 京城에 올라와서 三年동안 물장
수 다니다가 故鄕으로 갈 쑨이고 다른 일은 업다 한다. 여보- 우리들은 人君압
헤 近侍하는 사람인데 傳敎를 뫼서 나왓스니 무슨 所懷가 잇거든 隱諱말고
說罷하야 後悔가 업게하 라 하엿다. 그 사람은 그제야 精神이 벗적나서 即時
徹天의 恨이 되는 自初至終을 일러주엇다. 그러면 우리를 싸라 詣闕伏奏하
라 이도 쏘한 御命이시니 時刻을 遲滯말고 쌜리 擧行하라 하엿다. 溺海하엿
다 芳舟를 遇하고 墜空하엿다. 靈鶴을 乘함이타 今日 境遇로 엇지 人勸을
기다리랴. 洗手를 急히 한 後 闕內에 드러가 榻前에 伏地하엿다. 別監에게
大綱 드럿거니와 住所 氏名은 무엇인다.

예- 臣僧은 慶尙道 大邱 八公山에 잇사옵난대 중의 일홈은 龍坡라 하옵
니다. 龍坡-龍坡-응- 予가 드른 말이 잇거니 明年을 期하야 水原 顯隆園傍에
大伽藍을 創設코저 함애 國內 高僧을 査實케 하엿든 바 慶尙道 八公山에 仁
岳 龍坡가 잇슴을 드럿더니 果若名不虛傳이다. 그래 所懷는 무엇이냐. 예-
前御史 朴文秀의 暗行 時로부터 八道 各寺에 弊瘼이 생겻삽는대 더욱이 八
公山 僧侶는 塗炭中에 드럿습니다. 臣僧이 三年前부터 此에 對한 免除運動
을 하여 볼까 京城에 올라와서 萬人布施를 着手코저함에 물장수를 始作하야
三年이 되엿스나 最初目的을 達할 可望이 업슴으로 그만 故山으로 도라가는
길이옵더니 千萬意外로 佛天이 感應하심인지 天顏을 咫尺에서 謁見케되오
니 今日 죽사와도 餘恨이 업사오며 諸僧이 方外에 蟄伏하오나 赤子는 一般

이오니 오즉 殿下께옵서 勅敎를 내리시사 僧侶의 弊瘼을 革祛하야 無辜殘
氓으로 光天化日을 다시 보게 하여 주옵소서(말을 마치며 눈물이 衣襟을 적
시인다). 弊瘼이 그다지 甚하단 말이냐. 그것은 予가 蠲減을 시켜줄 터이니
少毫도 念慮말라 그리고 予도 한가지의 事情을 大師의게 委託코저하노니
實行하여주겟는가.

　예- 무엇이든지 臣僧의 誠意로 될ㅅ것 갓흐면 赴湯蹈火와 肝惱塗地를
辭讓치안코 聖恩의 萬一을 圖報코저하옵니다. 予의 事實인즉 두 가지의 徹
天之願이 잇스니 그 하나는 우으로 父親께옵서 抑鬱하시게 薨逝하심에 予가
비록 三千疆土와 數萬民衆을 擁有하엿스나 小毫도 깃분 생각이 업고 엇지하
면 先親으로 하여금 淨土의 緣을 맷게 할까 苦心硏究한 結果 明年 春期로
水原 顯隆園 附近에 寺院을 建築하고 恩重經을 雕造하야 昊天罔極의 萬一
之恩을 報答코저 하는 바이라. 此는 大師의 힘을 빌지 안트라도 발서 宰臣과
各地 有力僧侶로 派任까지 定하엿거니와 그 다홈 한 가지는 予의 心力으로
도 엇지 할 수 업는 境遇라. 但 予의 年光이 已晩하나 世子를 두지 못하엿스
니 무삼 面目으로 列聖祖在天之靈을 뵈올ㅅ것이며 兼하야 億兆有衆을 對할
터인가. 그럼으로 予와 內殿에서는 晝夜로 근심하야 도리혀 庶民의 多子를
歆羨할 境遇이다. 大師는 余의 情地를 생각하야 名山勝地에 百日致誠이나
올려주면 所入物資는 內帑金으로 調度케 할 것이며 그리고 京城 百里以內
近處를 選擇하야 宮人 或은 禮官으로 信地 叅拜를 하게하라. 예- 그러하오나
此事는 臣僧의 誠力으로 期必할 수 업사오니 奉行은 하겟사오나 惶恐不已하
옵나이다.

　그는 余도 斟酌하는 바이다. 萬一에 百日이 圓滿토록 成就를 못 할ㅅ가
트면 此는 余의 薄福이라 大師의 허물이라 생각지안켓노니 念慮 말고 精誠이
나 드려보라.

　예- 誠意껏 奉行은 하겟사오나 莫重祈禱에 臣僧獨力으로 어려울 쑷하오

이다. 隱居高僧이 하나 잇사는대 그 일홈은 聾山이라 金剛山 萬灰庵에서 多年間定에 드러 世事를 忘却타가 近日 北漢山下 金仙庵에 到着하야 暫時 留錫中임을 드럿사오니 聾山에게도 敎命이 게시오면 엇더 하실까 敢히 薦擧하옵나이다. 聾山은 余가 듯지 못하엿고 다만 大師를 밋는 것이니 그 중이 可合하거든 大師가 從中交涉하야 兩地에 致誠도 無妨하다 생각하노니 吉地良辰을 選擇하야 早速히 實行하라.

龍坡는 謝恩肅拜하고 闕門 밧게 退出하야 卽時 金仙庵으로 차자갓다. 古木蒼藤 사이로 數武地를 드러가니 縹緲한 數間庵子 半空에 소사잇다. 庵中에 드러가서 聾山和尙을 訪問하고 今上殿下의 至嚴하신 勅敎를 傳하엿다.

예- 그럿습닛가. 四重恩을 報答함은 佛子의 義務라 旣是上命이게신 바에 夢寐인들 小毫의 怠慢이스릿가. 小僧은 別處를 選擇할 것 업시 이곳에서 奉行코저하옵니다. 그리고 京城 百里 以內를 擇定하란 上命이 게시오니 스님의祈禱處는 小僧이 한 곳 定하여 드리리다. 水落山 內院庵은 自古로 名勝地라 纖塵이 不到處요 또 興仁門 外 四十里 未滿이니 그 아니 適當하오 한다.

龍坡는 此를 承諾하고 翌日 城內로 드러와서 이 緣由를 우에 稟達하고 近侍 一名을 帶同하야 水落山을 차저왓다. 奇峯異嶽은 左右로 羅列하고 鬱密蒼松은 風致가 第一이며 香爐峯下奇絶瀑布玉流洞으로 나려지고 珍禽異鳥가 自然을 노래하니 祈禱의 唯一地요 보든 바 처음이라 절 뒤에 소사 잇는 七星臺에 올라가서 致誠所를 決定하고 近侍로 復命하야 香燭을 내리엿다. 龍坡는 沐浴齋戒하고 祈禱席에 나아가 勇猛精進으로 七十餘日을 經過하엿다. 하로는 定에 드러 國內를 살펴보고 憂慮를 不勝하야 卽時 茶童을 불러 金仙庵으로 글월을 닥가 보내니 其 全文은 如左하다.

春日漸和未審

那伽定裡道體淸謐朝焚夕惕庶不爲魔

侵乎時常翹竚不離心首小衲一自奉
命以來戰兢惕厲然慧暗根鈍恒不爲定
力之所攝持茌苒居諸百日將滿回向之
日未知以何功德仰答 天意甚悚甚悚
常恐付托不効每於精進之暇攝心入定
歷觀全國無非肉種凡胎覔個小分福慧
者了不可得雖禑邦嗣王豈是薄福乾慧
者所可承當者哉以愚所見稍有相應分
者非和尙則小衲政所謂天下英雄唯使
君與操也奉呵奉呵然小衲則於本寺事
業有所未盡若和尙則習定均慧曾非小
衲之比而水雲瓶鉢了無罣碍出生入死
可以自在此誠隨緣赴感示現受生之秋
而人却少年松自老此身雖異性常存豈
獨專美於古耶世間福樂雖謂之三生冤
業於度生弘法上亦未甞不爲好個機緣
故諸地菩薩皆以攝報果於天上人間示
現帝王身者也伏願不捨慈悲赴緣降誕
使 聖上有儲宮之慶則國家幸甚蒼生
幸甚唯大和尙察之早垂明誨上以副
聖上之願下以從微僧之望焉餘多恐擾
定榻略此和南

己酉二月　日　龍波　合掌

이라 하엿다. 聾山大師는 此를 接見하고 茶童 歸路에 答書를 닥가 보내엿거
늘 忙手開坼하니 하엿시되

非非想中伏承 惠札審

大法履精進中起居恒得一如於念念中

輪誠傾悃以仗佛力報 天恩爲意環一

世袈裟隊裡誠不可多得奉賀奉賀小衲

猥蒙過獎承 命以來只自添香點茶庶

幾助和尙焚修之萬一是爲區區心誓然

如以微塵補泰華之高涓滴添河海之深

耳何所補哉然而和尙不以庸陋棄之又

欲置小衲於尊貴之地於自己事尙不透

徹豈敢望有漏之世福耶誠不敢聞命第

以德行缺如者濫受百日之國恩此誠爲

一期轉世種子不可逃也當初心願實不

在這般區區之福樂奈因已種果方熟何

哉不得不一受歌邏羅身以報 聖上與

尊師萬一之望勿以爲慮益自策勵圓滿

百日則回向之夕自可知矣當此世道澆

薄法運衰替之秋非和尙之大力量大誓

願不能扶回萬一之傾倒也望湏爲法自

愛益加勉勵倘得不迷此心來生庶可助

揚矣風日漸佳祗祈定慧圓明不備謝儀

　　　己酉二月二十日 聾山 和南

이라 하엿다. 龍坡大師는 承諾인 答書를 바다보고 마음이 泰然하야 百日
을 歡喜로 回向하다.

　　却說 是 年春에 內殿께서 一日은 疲困하시와 寢殿에서 잠간 조으시더
니 非夢似夢間에 一位老僧이 검정 長衫 紅袈裟에 百八念珠와 木鐸을 손에

들고 偃然히 드러와서 小僧은 金仙庵에서 祈禱하든 중이옵더니 水落山 부터
님이 闕內로 指示함에 今夕에 왔사오니 어엿비녀기소서 하고 치마에 안기거
늘 內殿은 하도異常하다 하야 무에라 對答코저할 째에 마츰 宮人이 드러오는
발자춰에 놀라쌔니 春夢이라 即時 宮人으로 大殿에 轉稟하야 一處에 모여
안저 夢兆非常함을 娓娓히 談話하시더니 그 잇튼날 金仙庵主僧으로부터 祈
禱僧 聾山이 百日 回向하든 밤에 倏然 入寂하얏다는 狀啓가 京畿監司를 經
由하야 드러왓다. 두 분 殿下는 크게 놀라여서 이일은 龍坡 아니고는 眞相을
알 수 업다하야 水落山으로 傳敎하고 龍坡를 命招하얏다. 不多時에 龍坡가
드러와서 榻前에 伏地하니

그간 百日致誠에 얼마나 勤苦하얏나

예- 殿下의 鴻恩을 입사와 無事히 마첫습니다.

그러나 日昨 內殿에서 夢兆가 如此如此하섯는대 쏘 祈禱僧 聾山이 死
亡하얏다 聽聞되니 悲喜를 難測이라 모-든 것이 何等의 徵兆인가

예- 다 殿下의 洪福이올시다. 이것을 下鑑하시오면 事實을 證明하시오
리다 하고 懷中으로서 聾山에게 通信한 原本과 그에 對한 答狀을 올린다. 殿
下게서 王妃와 가치 보시다가 怳然히 覺悟하사 稱讚不已하시며 此는 龍坡의
精誠 結晶으로 부텨님이 感動하신 바라 얼마나 고마운가.

그러나 聾山의 遺骸는 內帑金으로 火葬에 附하려니와 龍坡는 그만
水落山에 눌러잇서 餘景을 보냄이 엇더한가.

예- 臣僧은 本寺일이 엇지 되엿는가 一日이 三秋오나 勅敎가 至嚴하심으
로 三個朔을 經過하엿사오니 歸山할 생각 以外에는 다른 것이 업사온 즉 聽
許하여 주심을 伏祝하옵나이다. 殿下게서 事情이 그럴 듯하다 하시고 龍坡
을 玄應이라 賜號하샤 厚賞하여 보내신 後에 朝家로서 葬費二百金을 下賜
하야 聾山을 北漢山下에 火葬하시고 國家에 慶事잇기를 기다리더니 마츰
翌年 庚戌에 世子가 誕生하시니 隆準龍顏에 日月之表라 萬民을 子育하실

氣像이 凛凛함에 上이 大悅하사 일홈을 玜이라 하고 字를 公寶라하니 이는
곳 純祖大王이라 越五年 甲寅 春에 新基를 開하사 七星閣을 建築하야 光膺
殿이라 扁額을 賜하시고 又 二年 丙辰에 四聲殿을 建築하시며 漸次 知足樓
와 各殿 寮舍를 重建하시고 土地 數十結을
　　佛享으로 베혀 주시며 其他 寶物及動産 全部를 一新 準備하여주섯다한
다.

陽州各寺巡禮記(續六)

晚悟生

《불교》, 1927년 6월

純廟朝께서 宿世慣習이 深厚하심으로 着御하시는 衣服은 木綿製를 조와하시며 網巾 씨시기를 시러하시고 佛法의 助揚은 限量이 업섯답니다.

二、羅漢의 奉安으로 聖寺라 稱함

當寺 光贋殿을 落成하든 翌年 三月에 江原道 杆城郡 乾鳳寺에서 平安道 妙香山에 계시든 十六羅漢을 모서 該寺로 移運할 새 그 一行이 長湍地方에 이르럿다. 當寺 僧侶가 此를 探知하고 右 十六聖像을 內院庵에 모시고저 하야 卽時 抑留運動을 하엿든 것이다. 朝家로서는 別監을 特派하야 國王의 擧動이 아닌 同時에 紅陽傘을 밧침은 禁法이라 威壓하고 聖像 十六軀를 强制抑留하야 內院庵으로 모시게 하엿다. 그리고 當寺 山局이 松都 聖居山과 酷肖한데 그곳에는 五百聖像의 常住道場이라 하야 山名을 聖居라 하엿슨즉 當寺는 十六聖像을 모섯스니 寺名을 聖寺라 함이 相當하다. 하야 扁額에 對한 傳敎가 내리엿다 합니다. 그外에도 古物을 紹介하면 正廟 時代에 綠林客이 頻數히 出入하야 僧侶에 弊瘼이 됨을 聽聞하시고 鐵蒺藜三斗를 下賜

하야 此를 防備케 한 것인대 只今은 二十餘個가 保存되엿다 하며 쏘 純廟
時代에 法師 七人을 두어 轉經을 하게 하고 每名에 玉文鎭 二個式 下賜하여
冊張을 鎭壓케 하엿는대 其時는 十四個이든 것이 只今은 二個만 保存되여
잇슴니다 한다. 예- 그럿슴잇가 일로부터 內院庵 傳說에 對하야는 心神이
爽快하옵니다. 하고 午齋를 畢한 後 告別 退出하야 別內面所 압흘 經由하야
東으로 幽僻한 山谷을 넘어서니 即 順康園森林이 鬱蒼하게 드러섯다. 山路
로 十餘町步를 나려오니 順康園齋舍가 잇고 그 압흘 지나 한모통이를 도라
서니 奉永寺 殿角이 樹林 사이로 隱隱히 내여다 보인다. 寺門에 當到하야
現住持 西耕和尙에게 寒喧의 禮를 마치고 他寺例에 依하야 沿革을 調査 記
入하니

奉永寺(本山 奉先寺의 方等地)

當寺는 距今 一千三百二十七年前 新羅 第二十六代 眞平王 二 十一年(日
本推古天皇七年隋文帝開皇二十年) 庚申에 開山하고 奉仁庵이라 命名하엿
고

當寺는 水落山 興國寺와 創建 年條는 同一하나 開山主가 誰某임은 未
詳이라.

李朝 英宗 三十一年 乙亥에 順康墓所를 園이라 追尊하는 同時에 奉仁庵
을 改하야 奉永寺의 額을 下賜하엿고 同 十三年 丁巳에 化主 太顚 · 海淸 ·
致學 三師가 重創하엿스며

李太王 十四年 丁丑二月에 朝家로 內帑金 四千貫을 下賜 重修하엿고

大正 九年 庚申에 當寺가 水害를 酷被하야 寮舍와 佛像이 瓦礫 中에 慘入
된 것을 現住持 西耕和尙이 漸次 復舊에 着手하여오다가 同 十三年 甲子에
至하야 一新 重修하엿다.

前記 沿革을 記入한 後 다시 西耕和尙을 對하야 當寺에 傳說 有無를 무러

보왓다. 예- 傳說이라고는 別로 듯지 못하엿습니다. 그러나 當寺 北便으로
約 二町餘에 古聖住庵 遺墟가 尚在함으로 今日까지 그 곳을 가르처 聖住洞
이라 稱하지요. 그리고 當寺 山林에 對하야는 寃痛한 일이 形言할 수 업습니
다. 余가 明治 四十四年 一月一日에 測量技手 金興洙를 招待하야 寺有七町
九反八畝貳步五合으로 實測한 後 森林法 第十九條에 依하야 農商工部 山
林局에 地籍屆를 提出하엿든 바 翌年 四月分에 本面長 李容相이 來言하되
山林地積 報告 接受票가 當局으로부터 來着인 바 此를 接受하면 山林은 勿
論 奉永寺의 所有인즉 速히 當局으로 證明 手續을 提出하라 하엿는대 其時
住持 金石霽가 새로 赴任하야 此를 拒絶한 結果 本森林은 그만 國有로 編入
되고 近年에 至하야는 다시 李王職 所有로 歸하엿답니다. 該住持의 一時的
經費呑嗇으로 當寺의 永世痼瘼을 作成하엿스니 此를 責任者의 할 노릇이라
하겟습닛가. 또 水害 當時로부터 復舊에 着手하든 이약이를 좀 하라고요. 그
것은 참으로 이에서 신물이 낫섯지요. 庚申年에 비가 엇지 만히 왓섯든지 山
골 물이 터저서 法堂 엽흐로 드리미럿습니다. 法殿이라고는 壁土가 다 업서
지고 願堂은 압흐로 씨러지며 큰 房 가운데로 물길이 나고 前後面에 瓦礫뎀
이가 邱陵을 이루웟스니 엇지되엿습잇가. 其時 住持는 京城 本宅에 잇섯슴
에 各處가 길물이 됨을 不拘하고 雇人으로 重賃을 주어서 住持에게 水害狀
況을 報告하고 急히 臨視하라 하엿스나 承諾만 하고 四五次 連請하엿스나
한 번을 와주워야지요. 엇덧턴지 그 사람은 兩世 六年住持에 쪽 한 번밧게
와서 본 일이 업섯습니다. 그도 自己 本心으로 온 것은 아니랍니다. 慘酷한
水害를 當한 後에 住持의 責任으로 한 번은 가서 보와야 되지 안느냐고 남의
强勸에 못익여서 優等의 紳士服으로 번개가치 다녀갓담니다. 그래서 協助하
느니는 하나도 업고 내 혼자 役夫를 사서 그만흔 흙을 다 파내고 五個年만에
서야 겨우 復舊가 되엿담니다. 그 住持가 한 번 다녀간 效果에 일 한가지 補助
는 姑捨하고 큰 일한 條件을 發起하엿드람니다. 即 奉永寺가 水害에 顚覆되

엿스니 그럴 全部 毁撤하여다가 議政府에 布教堂을 建設하자는 計劃이라고
요 그래서 우리 本末寺에 妥協이 되고 當局에 移建認可도 거의 되게 되엿드
람니다. 萬若 그리하고 보면 千年 古寺가 업서질 쑨만아니라 그 美名下에 當
寺 八十餘石의 收入되는 土地까지라도 畢竟 남겨두지 안흐리라 생각하고
나 혼자 反對運動을 이르켯습니다. 本山과 郡道廳에 交涉하여 본 즉 발서 圓
滿히 周旋하엿는지라 効力이 잇서야지요. 그제는 놉다른 旗를 하나 맨드러
그 幅에다 千年古寺를 保存하야줍시사 記入하고 總督府를 차자갓스나 訪問
하는 方法을 알지 못함에 크다른 木鐸으로 서너차레 쑤드려 대엿습니다. 巡
査가 쪼차와서 왼사람이 이게 무신지시냐 하기에 旗面을 살펴보라 하엿더니
엇덧케 交涉을 하엿던지 그만 물러드립듸다. 抑鬱한 顚末을 告한 즉 歷史가
久遠한 것이 事實이냐 하옵듸다. 懸板에 記載하여 잇는 것을 말을 한 즉 그르
면 毁撤 申請을 返却할 터이니 나가 기다리라 하옵듸다. 歸寺하야잇노라니
限 二週間이나 되여서 返却되엿다는 通知가 나왓습듸다. 그리자하니 얼마나
에를 썻겟습닛가 한다. 큰일을 하자면 그러한 支障이 생기는 법이왼다. 스님
은 한쩌번에 두 번 復舊를 한 세음이니 功勞가 너무나 浩大하옵니다. 且置是
事하고 貴眷 金君을 엇지해서 速히 오라 通知하엿습잇가. 예- 明日로 忠南
看秋의 行을 써날 터인대 집 볼 사람이 잇서야지요. 未安하오나 普涉이는
來日부터 보낼 수 업습니다. 事實이면 엇지 할 수 업는 일이지요. 金君이 書寫
에 嫻熟하기에 當郡 十八個寺를 가치 巡回하여볼까 하엿드니 그르면 來日
부터 本寺로 드러가서 다른 사람을 다리고 出張할 수밧게 업다하고 翌朝에
該寺로부터 約 一里되는 本山으로 도라오게 되엿다. (未完)

陽州各寺巡禮記(續七)

晚悟生
《불교》, 1927년 10월

本山으로 도라와서 一日의 閒을 得하고 翌朝 即 十月 四日로 다시 出張함을 計劃하엿다. 그러나 隨行員을 누구로 定할까 學生은 複習 中 妨害가 不無하다 하야 躊躇하긔를 말지 아니하엿다. 마츰 金剛山 神溪寺 金海雲氏의 徒弟 尹貞旭君이 年前 北京大學을 卒業하고 當寺에 來留한지 발서 四五個 朔에 그 無聊함이 업지 안홈을 짐작하고 筆記 外觀光 兼 消暢으로 紹介하야 即時 尹君을 帶同하고 東便 各寺를 巡禮하긔로 決定하야 今日은 本山에서 三里 左右間되는 浮圖庵부터 차저가게 되엿다. 本山 洞下로 나려 光川市를 經하고 淸凉里에서 直通한 新作路를 沿하야 眞乾面 蓮池洞「俗稱마른개울店」에 드러가서 午饒 兼 休憩하고 다시 거게서 써나 京城行 直路는 바른손 편으로 비켜두고 金谷 가는 길로 드러서서 廣野 中央으로 한참을 나려가니 欝欝 蒼松의 一望無際인 것이 눈압해 닥처온다. 這森林의 所有者가 누구이냐고 附近 農民에게 무러보니 예- 그곳이 思陵이올시다 한다. 아- 思陵 思陵이야말로 李朝 諸陵 中에 가장 冤恨이 만흐리만콤 今日까지 同情의 눈물을 아니

보태줄 수 업는 陵寢이로구나.

여보 尹君 이 思陵 主人이 어느 이룬 이신 줄 짐작하시난가요. 글세- 알 수 업습니다. 흥- 그가 端廟朝配位되시는 宋氏람니다. 世祖 當年에 그- 족하되시는 端宗을 魯山君이라 貶號를 부처서 寧越로 遜位케 하엿는대 그리자 文宗의 顧命을 바든 成三問·河緯地 等 六人이 端廟를 反正코저 하다가 畢竟 事敗됨에 世祖는 後慮를 根絶하기 爲하야 그- 불상한 十七歲 어린 人君에게 賜死까지 하엿드람니다. 그- 放逐된 場所는 寧越郡 西江 淸冷浦인대 漢江 上流로 無人 孤島와 다름이 업는 寂寞한 섬 中이고 그- 附近에 子規樓라는 다락이 하나 잇섯는대 端廟께서 하로 밤은 그 樓에 올라가서 子規에 뜻을 부처 短句吟을 하엿스되「月白夜蜀魂啾·含愁情倚樓頭·爾啼悲我聞苦 無爾聲無我愁 寄語世上苦勞人 愼莫登春三月子規樓」라 하고 또 四律 一首를 「一自冤禽出帝宮 孤身隻影碧山中 暇眠夜夜眠無暇 窮恨年年恨不窮 聲斷曉岑殘月白 血流春谷落花紅 天聾尙未聞哀訴 胡乃 愁人耳獨聰」이라 하섯다. 그 全篇을 살펴보면 얼마나한 悲絶慘絶인가. 賜死의 令을 뫼서 禁府都事가 나려 왓슬 적에 端廟께서는 此를 秘密에 부치시고 近侍 宮人을 불러 予가 近日에 狗肉을 먹고 십흐나 달리 求할 수 업고 飼養하든 개를 打殺하는 것도 참아 볼 수 업는지라 予가 狗子의 목을 올켜 壁구멍으로 줄을 내여 보낼 터이니 너히들은 힘ㅅ것 잡아다려라. 予는 그것도 참아 볼 수 업서 一隅에 隱身하겟다 하섯다. 宮人들은 信之無疑하고 命令을 服從한 後 門안으로 드러와 본즉 端廟朝께서 自己의 목을 매여 주고 그 자리에서 그만 慘酷하게 도라가섯다. 宮人들은 愴惶罔措하야 一齊히 江中에 쌔저 죽엇다 한다. 이러한 運命을 가지신 어룬의 配位시라 半生을 생각사짜로 늘것스니 아마 陵號도 思陵이라한 듯하다. 아- 尹君! 우리가 思陵 모릉이로 도라 왼켠 개울을 씨고 아마 十里는 올라온 듯한대 발서 寺院 洞口를 다다른 듯한 感이 잇소그려. 그리고 天摩山 赤城 밋흘 다 드러왓스나 寺院이라는 表示를 볼 수 업스니 웬일인가요. 글세올시다. 저리 치어다보와서 米柳나무 두어주 섯는 곳에 盖瓦집이 잇는 듯 십푸오니 何如튼지 그리로 올라가 봅시다. 서로 중얼거리면서 數十步를 드러가니 該寺 住持 張東坡氏가 큰 房 後院에 안저 잇다가 急히 이러서며 정답게 마저준다. 筆者도 慶尙道 胎生이지마는 住持스님이야말로 찰嶺南 사토리다. 「아- 왼사정고-저리로 가지다」 한다. 그를 싸라 大房前面에 當到하야 洗足已에 法衣를 가라입고 佛前禮拜부터 하긔로 하엿다. 尹君은 房門을 여러 보더니 그만 문밧마루에서 致敬을 하고 잇다. 筆者는 旣是 佛閣에 드러와서 遙禮할 必要업다 하고 門안으로 드러서 五體投地를 하노라니 房비질을 어나쌔에 하엿던지 不知不識間에 兩手가 微塵中으로 쑥드러간다. 筆者가 그럿케 淸淨自居한 者이 아니건만 但三拜의 禮를 다 마치지 못하고 그만 門밧그로 쒸여나와 尹君의 先見의 明을 嘆服하엿다. 다시 住持를 向하야 本山에서 末寺로 輪示하는 公文을 내여주니 예- 나는 諺文 한 字도 모름니다. 거게 무에라고 적엇는지 詳細히 일러주오 한다. 여보시오 此寺에 公私間 文字가 오게되면 엇더케 處理하오 한즉 그대로 가지고 洞下 松陵里로 나려가서 이것을 쎄여 보라 하지요. 그러면 일러줄 수밧게 업다 하고 各末寺 沿革 調査 次로 出張한다는 것만 일러주고 出張員의 優待 等 文句는 우리가 보와주는 까닭에 그만 省略하엿다. 흥- 그래도 住持 履歷書에는 四敎科卒業을 하엿느니 法臘五歲를 成就하엿느니 堂堂히 記入하야 認可를 마땅스럿다고 暗暗裡에 한숨을 길게 쉬엇다. 그 다흠 全景을 拜觀하기로 하고 塔法堂부터 드러섯다. 中央에 잇든 舍利塔은 年前 竊盜가 此를 破壞하야 舍利와 金屬寶物 等을 竊取하여가고 다만 四壁에 幀畵 멧 幅만부터 잇슬 다름이다. 그 다흠 山祭閣이라고 드려다본즉 頹窓破壁에 椽栧가 差脱되고 盖瓦ㅅ장이라는 것도 間間히 써러저 잇슴에 눈으로 참아 볼 수업다. 또 그다흠은 別로히 볼 곳도 업슴에 큰 房 前面 마르로 도라와서 沿革이나 記載하려 準備하는대 우리가을 줄 미리 암과 가치 懸板을 언제 씌여두엇든지 神衆壇卓衣

속에서 서너 개를 내여다준다. 筆者는 읽고 尹君은 씨기로 하야 暫時間에다 記抄하니 大槪가 이러하다.

浮圖庵(本山 奉先寺의 方等地)

當寺는 距今 三百〇八年前 李朝 光海主 十一年(日本後水尾天皇元 和五年明神宗萬曆四十七年) 己未에 開山하고 浮圖庵이라 命名하엿고 本庵은 奉印寺의 屬庵으로 該寺 及 此庵의 初剏은 文獻이 無徵이나 塔法堂 記文에 照하면 萬曆己未에 釋迦法印을 奉하엿다. 云 인즉 本庵은 其法印塔을 守護하긔 爲하야 初剏되고 奉印寺도 亦法印을 奉安하엿다는 趣旨下에 同時 開創이 아닌가 하는 推定으로 光海主 十一年을 本庵 開剏 時期라 斷定하노라.

李朝 哲宗五年 甲寅에 慧庵和尙이 重修하엿고 李太王 元年 甲子에 幻翁和尙이 塔法堂을 創建하엿고 大正 十四年 乙丑에 現住持 東坡和尙이 檀信의 寄附金으로 本庵을 略干修繕하엿다 한다.

沿革의 記入을 마치고 現住持를 對하야 昨年度에 寄附 認可를 엇어 一新修繕 하엿다는데 山祭閣 慘景이라는 것은 볼 수 업시 되고 큰 房에도 조히 한 쪽을 부치지 안엇스며 오즉 住持스님 宿所밧게 쌘한 곳이 업스니 二千 圓의 寄附金이라는 것은 어데다가 消費하엿는가요. 아이고 二千 圓이 무에요. 認可는 二千 圓이라할지라도 其實은 四百 圓 收入밧게 아니되엿다오. 쏘 收入은 그러타할지라도 化行費用이 五百餘 圓에 達하엿스니 엇지 되엿슴잇가. 그르면 山보다 虎狼이가 더 큰 격이 되엿소구려. 그럴 수밧게 잇슴잇가. 이 절 중이라고는 단 둘이 잇는 대 모다 一字無識이니 寄附를 엇는다 해도 記載할 줄 아라야 아니되오. 이 일을 엇지 할꼬 걱정하든 차에 平生 보지도 못하든 중이 뒤를 이어 드러옵듸다. 如出一口로 하는 말이 내가 京鄕間 大家집도 만히 알고 서울 상궁내도 모르는 이가업는 대 勸善을 가지고 갓스면 幾千圓이라도 어더 내겟다고 壯談을 합듸다그려. 이는 天祐神助라 하고 한 번

受苦를 앗기지 말라 勸告한즉 그러치마는 衣冠凡節이 이러케 남루하고야 될 수 업다고 衣冠과 신발을 請求하는 고로 그도 그럴 쯧하다 하고 二千圓 金額이 重修하고도 남을 테니 所請대로 實施하여주리라 하고 即時 起債하야 衣服·帽子·구두 等 一襲을 準備하야 주엇스나 俗談에 드러가는 포수만 보왓다고- 다시 도라와 주어야지요. 그나마 한 사람쑨이라하면 그래도 빗을 덜 젓스련만 四五名이나 周旋하여 주고 죄다 허탕을 치고 보니 참으로 기가 맥힙듸다. 그제는 남을 밋을 수 업다 하고 되나 안되나 내가 나가서 限 四百圓을 주어 모왓스나 그 여러 놈의 衣服費 其他를 合하면 五百餘圓이라고요. 발서 百圓 不足이 아니 되엿슴잇가. 그래서 官廳에서는 百圓金도 住持가 무러노코 修繕費도 住持가 擔當하라고요. 할 수 업시 그 돈도 무러노코 自費로 큰 房채나 大綱 修繕하느라니 얼마나 애를 썻겟슴잇가.

그는 且置하고 큰 방 卓子에 華嚴經 八十卷을 모섯는 듯한데 그 中에 數十卷이 散迭되엿스니 누가 가저 간 것을 아십잇가. 예- 그것을 前住持에게 冊匣 數로 아홉을 맛핫는대 그 속이야 엇지된 줄 알 수 잇슴잇가. 누가 스님의 창자를 다 가저가도 껍줄만 남겨두면 아모 感覺이 업슬 터이지요. 그 法寶한 卷 업서지는 것이 佛陀의 팔다리 하나 씌여 간 거와 가치만 생각하시오. 그리고 山林은 절 所有가 아닌가요. 왜요. 그 前은 다 절 所有드람니다. 中年에 와서 洞下 李生員이란 者가 奉印寺라는 큰 절도 쓰더가고 山林도 차지하고 只今 와서는 法堂엽혜 柴草 한 줌을 採取하지 말라하니 참으로 困難넘니다. 말을 다 맞추지 못하여서 저녁床이 드러오는데 舊穀은 써러지고 新穀은 未及한 까닭에 수수를 금방 슨어다가 푹푹 찌어서 죽을 맹그러왓다. 山中에서 처음 보는 別食이라 할 수 잇스나 아즉 飽時라운 다음인지 수수까쓰래기가 이에 걸리여서 생키자면 눈물이날 지경이다. 두어 술 쓰는 체하고 그만 상을 물린 뒤에 道場 散步를 나섯든 것이다. 「여보 先生님 여게 자고 보면 朝飯이라야 쏘 그 모양일 것이고 잘 處所인들 어데 잇서 보닙잇가. 住持 處所가 좀 낫다하

지마는 長竹이 여게 저게 노여 잇는 것을 보면 아마 내음새인들 견듸겟슴잇
가. 여게서 見聖庵이 一里가 못 된다 하니 洞口에 잇는 楓巖大師의 碑文이나
벽겨 가지고 그 절로 가십시다고」同行 尹君은 이와 가치 紹介한다. 그도 조흔
말이라 하고 即時 告別한 後 碑石 所在地로 나려왓다. 碑石이 限 五尺 假量이
나 되는 대山 林을 點領한 者가 三分一이나 무더버리고 漸次로 埋葬할 計劃
이라한다. 절에 잇는 沙彌僧에게 광이를 가저오라 하야 그 밋흘 죄다 파내고
碑文을 遺漏업시 抄出하엿다. 그 자리에서 써나 山모릉이를 도라 조그마한
고개를 올라서니 건네 山 지실 그로 森林이 欝密한 가운데 殿角이 내여다보이
니 저것이 見聖庵이다. 夜色은 침침하여 압길을 잘 볼 수 업는대 나려가고
올라가는 距離가 이 고게에서도 아마 一里 假量은 되여 보인다. 十月 四日初
저녁달이 낫냇기만할지라도 그 절까지 가기는 念慮 업스니 우리가 奉印寺의
廢止 原因과 앗가 보든 浮圖塔의 破壞된 事由를 他處에서 드른 거와 가치
이약이하면서 從容從容히 저 절을 차자 갑시다 한즉 예- 좃슴니다 하고 尹君
이 對答한다. 그르면 奉印寺 이약이부터 할까 하고 筆者가 말을 끄내엿다.
(未完)

陽州各寺巡禮記(續八)

晩悟生

《불교》, 1927년 11월

寺院이 廢止된다 하야도 不可抗力은 엇지 할 수 업지마는 强者의 橫點이 되는 것은 忿莫甚焉이 아니겟소. 奉印寺로 말을 하면 不可抗力과 强者橫點의 두 가지를 兼하엿담니다. 距今 四十年前에 關內로서 爲國致誠하라는 趣旨下에 香燭을 該寺로 나리엿는대 그때 노전스님은 그 黃燭燈을 大雄殿 中央에다 놉히 달고 밤을 새이기로 하엿다는 갑되다.그날 밤 子正은 되야 촉(燭)불이 마루로 떨어지면서 그만 起火하야 二十餘間의 大法堂과 應眞殿 十王殿 等이 沒燒되고 但 큰 房과 爐殿 두 채가 남아 잇게 되니 이것은 執事者의 不察이지마는 亦是 不可抗力인 敗運으로 돌릴 수가 잇지 안소. 그리고 純宗隆熙 年中에 이르러 朝家로부터 金谷洪陵을 奉安한 後 殿閣을 建設하는 同時에 當寺 洞下에 居住하는 李天應이란 者가 元來 土豪武斷으로 僧殘寺敗를 奇貨로 看做하고 남아 잇는 寺宇를 毁撤하야 洪陵殿閣 所用으로 賣喫하고 漸次 寺院 基地와 山林 全部까지 橫點하면서 現浮圖庵垈地까지 占領하엿다 하니 이것이 强者의 橫奪이라 생각할수록 忿하지 아니한가요. 그것은 다-

남만 탓할ㅅ것이 아니지요. 當然히 競爭할ㅅ것을 왜- 잡아 잡수시오 하고 잇섯 든 것이 아닌가요. 그러한 點도 잇슬 터이지. 그리고 쏘 浮圖塔의 破壞로 말을 하면 距今 二十年前에 楊州郡 和道面 嘉谷里에 居住하든 前領議政 李 裕元氏의 次男 琥勞이가 其時 見聖庵에 止住하든 喚松僧과 共謀하고 毒酒 를 가저 守房僧을 暴飮泥醉케 한 後 浮圖塔을 毁撤하야 舍利藏置한 金屬等 品을 竊取賣喫한 것이 畢竟 綻露됨에 各幾個年式 處役을 하엿다오.「亂臣賊 子가 何代無之」리요 하엿스나 奉佛僧侶로서 이와가튼 惡化가 잇슬 줄을 아 랏스며 普光寺를 創建하고 華潭禪師를 奉邀하야 禪定을 닥게 하든 橘山先 生의 子弟로서 如此한 怪擧를 敢行할ㅅ것을 그 누가짐작하엿스랴. 些少한 財物에 貪心을 일으키어 萬古의 罪人을 作하게 됨은 可憎하다 함보다 차라리 불상하다 할 수 잇지요 라고 同行 尹君은 이와 가치 對答한다. 談話하든 次에 月色은 熹微하고 岐路가 압흘 막아 左之右之를 相議하든 관에 조그마한 樵 童이 송아지 한 머리 小犢一頭를 몰고 나려온다. 을타 되엿구나 애- 見聖庵을 가자면 언의 길로 가야 하겟니 예- 왼편으로 을라가서요. 저- 산기슬게 허여 케 보이는 것은 무엇인가. 그것은 趙氏始祖되신 兩班의 神道碑람니다. 그 아 희의 가르치는 대로 왼편 솔밧 속을 向하야 限 十分 동안 올라가니 寺院이 樹木 사이로 어슴푸레하게 드러난다. 다 쓰러저가는 집압흘 지내서 雨花樓를 바로 건너 큰 房 前面에 當到하니 限 二十歲가량 되는 동모 하나히 왼사람이 냐고 무르면서 압흘 向해온다. 예- 우리는 本山에서 왓습니다. 住持 스님이 계신가요. 아니요 道詵庵에 계시지요. 왜- 다른 末寺 住持까지 兼任하엿는 가요. 아니요 住持스님 본 댁이 그 절에 잇답니다. 一年에 몃 번이나 오시는가 요. 예- 平均치면 한달에 한 번式은 될ㅅ걸요. 홍- 그만하면 現代 住持로는 精勤賞이라도 넉넉히 타겟는 걸. 그리고 이 큰 방은 廢止하섯나요. 寺院이라 고 長燈 불을 볼 수 업스니말입니다. 예- 居處를 몯함니다. 그만 저리로 가십 시다 한다. 뒤를 따라 조그마한 집으로 드러가니 깨끗한 노장님 한 분이 방아

랫묵에 안저 잇다. 아- 이 절에 노장님이 또 계시든가 속마음으로 중얼거리며 舊式에 依하야 압헤 나아가 五體를 投地하엿다. 그는 慌忙히 答禮하며 나는 抱川땅에 사는 사람으로 이 절에 와서 服藥도 하며 修養할 다름이고 僧侶가 아니랍니다 하며 辨明한다. 예- 그럿슴잇가. 우리는 各末寺 沿革 調査를 하러 온 사람이을시다 하고 携帶한 公文을 監院인 듯한 동무에게 내여주니 그는 皮封도 떼이지 안코 그냥 抱川사람에게로 건너준다. 그 사람이 바드면서 主人大師가 無識하다함에 余의 寄宿하고 잇는 동안은 臨時 書記 노릇을 하고 잇다 하며 裡面을 主僧에게 일러준다. 우리는 明朝에 妙寂寺로 일즉 떠날 터인데 或 沿革에 關한 文字를 記錄하여 둔 것이 업는가요. 住持스님이 아니계시니 알 수 업습니다. 月前에 面書記도 와서 懸板을 보고 적어 갓는 걸요. 우리도 懸板을 적어갈 터이니 法堂鍾閣할ㅅ것 업시 잇는 대로 죄다 떼여 오라 하엿다. 監院은 장도리 燈불 사다리 等을 準備하여 가지고 나가더니 얼마 아니되야 懸板四五個를 떼여다 노코 卽時 드러가서 夕飯을 準備하는 모양이다. 浮圖庵에서 異常한 飮食을 먹고 왓스나 하도 서거퍼서 모르는 체 내여 바려두고 尹君으로 더부러 懸板 한 개씩 맏터 가지고 記抄를 하고 보니 沿革은 이러하다.

見聖庵(本山 奉先寺의 方等地)

距今 六十七年前 李朝 哲宗王 十二年(日本孝明天皇萬延元年淸文宗咸豐十年) 庚申에 寶月大師가 重修하엿고

按當寺는 漢陽趙氏로서 그 始祖되시는 高麗 開國 功臣 侍中公諱孟氏의 遺跡을 追慕하야 當地에 建刹하엿스며 또 侍中公이 布衣로 隱居하엿슬ㅅ적에 多年間 祈禱의 結晶으로 東方藥師佛聖을 親見하엿다 하야 見聖庵이라 命名云이나 麗朝某王 時代에 創建하엿다는 可考文獻을 볼 수 업시됨은 一大遺憾이다.

다시 二十二年을 經하야 李太王 十九年 壬午에 鳳城和尙이 二回重修하였다.

前記 沿革을 記抄하야 마치고 전역밥을 다시 먹은 뒤에 그만 就寢하였다가 翌日 微明에 일어나서 寺中 全景을 한번 巡覽하여보고 該寺의 參考될 만한 歷史의 몃 가지를 적어 보니 아래와 갓다.

趙侍中公이 少時에 躬耕을 힘쓰고 聞達을 求치 안홈에 此地에 隱遯하야 오즉 埋炭으로 業을 삼人고 每日 近二百里되는 松京을 徃來하심으로 麗太祖가 公의 大賢님을 짐작하고 그 住處를 알고 저 人으로 跡을 追함에 天摩山下에 이르러서는 因忽不見이 되고 但巨大한 一隻履만 川邊에 掛在함을 發現하였슴으로 그 곳을 일홈하야 徃仙내(川)라 稱하며 其後 麗太祖가 畢竟 訪問하고 魚水의 歡을 得하야 三韓을 統一케 한 後 公은 다시 當地로 歸隱하였다가 百歲後에는 天摩山神靈으로 化去하였다 云인데 그 遺跡을 記하면

一、修養窟

此는 始祖公의 修養하든 塲所로 現今山靈閣 後에 在하니 公이 此處에서 藥師聖像을 親見하얏다 하야 此寺를 見聖庵이라 名稱하얏다 하며

二、獨井

此는 侍中公의 修養時 飮料水이니 法堂前에 位하야 水旱에 增減이 無하며 且水味가 甘冽함으로 至今까지 飮料水로 使用할뿐더러 是로 以하야 當寺를 獨井이절이라 或 稱한다하며

三、紀念樹

此는 侍中公의 手植松이니 法堂 後에 在하며 今日까지 趙氏 門中에서 望重한 人物이 死去하면 一枝式枯死한다는대 年前趙大妃昇遐時에 그러하얏고 趙東潤氏死亡에도 亦然하얏다 云이러라.

그리고 當寺所有로 말을하면 森林도 欝密하고 土地도 四十餘斗落인가 잇

섯지마는 배(梨)주고 배ㅅ속을 어더 먹고 안진모양이 되어잇다. 그 土地 原因
에 對하야는 趙氏 門中에서 若干 寄附가 잇섯스나 數百年來 寺有로 取扱이
든 것을 土地令이 頒布된 後 官公私有를 모다 官廳帳簿에 登錄됨을 따라 當
寺 所有는 法人住持名義로 記入함이 相當하거늘 李溁河住持 當時에 趙氏
의 威脅 或은 撫摩에 蹂躪되야 寺有 全部를 一一히 趙氏 所有로 登錄케 하야
千年古寺로 危機一髮에 付케 함은 痛嘆不已할ㅅ것이라 한다. 그러면 趙氏
門中에서는 얼마나 한 土地를 寄附하엿든가 그 原因을 叅考로 紹介하면 李
朝 哲宗王 九年 戊午에 寶月禪師가 趙氏 門中에 寄附를 얻어 若干 土地를
買受하야 當寺에 獻納하고 此를 永遠히 紀念하기 爲하야 山靈閣前 石壁에
彫刻하엿스니 其刻成文字에「趙氏始祖侍中公墓位畓 乾川面觴字二負五
束 同盃字一負一束 同字 三束 擧字 八束 戊午十月 日刻山靈 閣石壁」이라
하엿다. 이와 가튼 小數의 土地를 納付하엿다고 寺有 四十餘 斗落의 所有權
을 全部 奪去함은 訝惑을 不勝이며 設或 土地 全部가 趙氏의 獻納이라 假定
할지라도 特히 寺院에 對하야는 所有權을 奪去치 아니함은 定則이다. 例를
들면 朝家로서 山林 幾百町步와 土地 數十結을 賜牌하며 寺院을 지어주고
다시 國家願堂을 建築하야 春秋로 祭享을 奉行하는 곧이 全鮮을 通하야 指
不勝屈이지마는 그러타고 李王職에서 그 不動産인 所有權을 奪去함은 보지
몯하엿다. 그 理由는 何에 在함인가. 朝家에서 當初 先王先后를 追遠하기
爲하야 佛陀께 奉獻한 것인대 此의 所有權을 奪去한다 하면 最初納付이든
趣旨를 違反함이다. 그럼으로 佛陀께 罪人됨은 姑舍하고 先王先后의 罪人
이라 할 수 잇다. 當寺로 말하면 前日 鳳城和尙 生存時에 下有司로 잇든 趙範
夏가 土地 收入이 每年 얼마나 되느냐고 무름에 對하야 그것은 아라 무엇하
겟소 土地 收入을 알고저 하거든 卽時 僧侶가 되라고 嚴重히 拒絶하엿다 한
다. 또 잘 한 일이라고 내세우지 몯 할ㅅ것이지마는 何如튼지 趙氏의 干涉이
업든 例를 한 가지들ㅅ것 가트면 鳳城和尙이 楊平郡 龍門寺를 重修하고 그

債務로 因하야 當寺 土地 三十餘斗落을 賣却하야 갓스며 浮圖庵塔을 毀破하고 舍利寶物 等을 竊取한 喚松僧이 當寺 所有 四斗落을 賣却하야 酒色에 濫費하엿스되 興也賦也를 누가 말한 사람이 잇섯든가. 主僧의 任意로 하든 危險 時代에 在하야는 一言半辭의 干涉이 업섯다가 完如盤石인 經路를 발바 當局에 寺有로 提出코저 할 時 趙氏一方의 同意를 得하야 手續까지 다 되엿든 것을 他一方幾個人이 思陵으로 臨時 會議 塲所를 定하고 時住持 李濼河를 불러다가 當塲打殺하겟다 威脅하고 所有權 全部를 奪取하엿스니 是可忍也면 孰不可忍이리요. 그러나 甑已破矣라 言之無益이니 啼得血流無用處라 不如緘口過殘春이다. 여보 尹君 筆者는 空空然한 空想에 잠겨 잇서 幾十分의 時間만 虛送하엿소구려. 자- 그만 行李나 收拾하여 가지고 妙寂寺의 길이나 떠납시다. 當寺主人에게 告別하고 松陵里로 다시 넘어서서 忽忽한 걸음이 金谷市를 通過하게 되엿다. (未完)

陽州各寺巡禮記(續九)

晚悟生

《불교》, 1927년 12월

이 金谷市라는 데는 在來로 有名하든 場所인데 洪陵을 奉安함으로부터 더욱이 繁華地가 됨은 事實이다. 和道面으로 通한 大路를 끼고 잇서 學校, 郵便所, 金融組合所, 警察官駐在所 等이 左右로 羅列하고 市街의 狀況도 볼만한 點이 만히 잇다. 어느 旅舘에 들어가서 午饒를 식여먹고 同行 尹君을 向하야「우리가 偶然히 名所를 지내가게 되엿스니 洪陵參拜를 하고 감이 어떠한가요.」「예- 좃습니다.」「자- 그러면 지금부터 準備합시다.」携帶品인 가방은 主人에게 맛겨두고 淨襪을 改着한 後 陵所入口로 드러서게 되엿다.「우리가 朝鮮에 잇서 尊嚴한 陵所參拜는 오늘날 처음임에 그 節次를 미리 아는 것이 相當하다.」하고 路左商店에 드러가서 參拜하는 順序를 무러보왓다. 「예- 參拜를 하량이면 어려운 일이 잇습니다. 누구를 勿論하고 李王職紹介狀이 업는 同時는 그만 拒絶을 當코 마는 것임니다.」한다.「아- 그럿슴잇가. 그러면 우리는 一步라도 더 드러갈ㅅ것 업습니다.」하고 그만 풀이 업시 도라서면서 三年前 京都를 갓슬 때에 桃山御陵을 參拜하든 일이 몰란결에 聯想된다. 一行 五人이 自動車를 타고 御陵入口에 下車하야 二百餘層의 石階를 발바올라 一同이 洗手하고 御陵扉下에 就하야 靜肅히 參拜하고 다시 昭憲皇后의 玄宮인 東御陵에 躬進하야 前과 가치 參拜한 後 回路를 當하야 「久欽威德與天長, 參拜桃山下夕陽, 聖代昇平難再見, 兩陵松柏己蒼蒼」이라는 威慕詩까지 지어가면서 活潑히 도라왓든 것이다. 私家로 말을 하면 子女가 父母의 先塋에 省墓하는거와 一般이라 할ㅅ것 가튼데 日本에서는 그와 가튼 懷遠의 德化가 融融하거늘 槿域은 어찌하여서 여게까지 齷齪함인가? 그만 主人家에 도라와서 다시 束裝하여가지고 磨石隅里로 通한 大路를 向하야 한고개를 넘어선즉 十餘家되는 酒店이 左右로 갈려잇다. 그곳에서 길을 무러 바른손편으로 놉다란 산을 치켜올랏다. 비록 森林은 업스나 崎嶇한 樵路가 險하기는 싹이 업다. 마루턱이에 올라서서 잠깐 歇脚하다 다시 一里餘나 되는 골짝운이로 나려가게 되엿다. 山비탈을 도라 개울을 건너고 또 숩풀을 헤처 目的地에 도착하기까지는 여간 힘이 들지 안엇다. 山路일망정 조곰 平坦하여지고 野氣를 띄인 地點이 나서자 右便으로는 瓦阜面所所在地 德沼로 通한 길을 끼고잇는 人家가 드믄드믄 보이고 왼켠 개울건너 저쪽에는 上下 二棟으로 되여잇는 十餘間의 草家집과 但한 간 될락말락하는 盖瓦집이 뒷山 끗을 다라잇다. 全朝佛教寺院이라고하면 或 托鉢은 하여먹을지라도 草家집이 절이라하는 곤은 別로 업슴으로 疑雲이 疊起하야 左右로 바장일적에 마츰 村翁이 지나감을 보고 寺院所在를 무른즉 「예- 저게잇는 草家집이 卽 妙寂寺입니다.」한다. 그제야 同行 尹君도 「當寺가 草家집이라는 말을 듯기는 들엇는데 얼는 記憶이 아니낫슴니다. 다시 본즉 저 盖瓦집이 山神閣이 아니면 七星閣이겟고 또 三四層의 古塔이 저 끗헷집뒤에 잇지 안슴잇가. 건네다보면 절터가 分明한 것인데 공연히 한참동안을 머뭇거렷슴니다. 初行에 例事이지요. 그만 드러갑시다.」하고 조그마한 돍다리를 건너서 집압헤 當到하니 住持 任廓雲氏가 반가히 마지면서 「이게 원일임잇가. 어서 올라오십시오.」한다. 건넌방으로 드러가서 行李를 整頓하고 차저온 因由를 說明한 後 잠ㅅ간 쉬노

라니 발서 서녁床이 드러오고 뒤를 이어 京城간든 當寺監院 金元洽君이 드러
서면서「오실 즉은 짐작하엿습니다마는 정말 반갑습니다.」한다. 우리도「監
院스님의 季氏가 京城學校運動틀에 떠러저서 손묵을 상하엿다함에 入院治
療를 씨기자면 畢竟 더 될 것이라. 이번 길에 맛나보지 못하면 그런 遺憾이
업겟다고 걱정을 만히 하엿드람이다. 자- 바든 밥상이닛가 시장한 김에 먹고
從容히 이약이합시다.」그럭저럭 두어시간을 지낸 뒤에 조그마한 람포불을
압헤노코 主客 四人이 臨時 茶話會를 開催하엿다.「그런데 우리가 食畢休憩
을 利用하야 四面을 둘러보왓스나 이집에는 懸板 한 조각이 업스니 무엇으로
憑考할 수가 잇습닛가. 住持스님은 年晩하심으로 百事를 監院에게 委任하
섯다니 不可不 金君이 口頭라도 仔細히 일러주서야 하겟습니다.」「글세올시
다. 本山에서는 이번 길이 처음이지요마는 이걸 사절이라고 官民間에 或 차
저오는 사람은 이절 創建이 언제인가 또는 重修는 멧 해인가 무슨 豫約이나
한 것가치 제각금 뭇습니다 그려. 對答을 할라니 憑據가 업고 모르겟다니 참
으로 땀이 흐릅니다. 그저 나는 덕절잇다가 여게 온 지가 얼마 아니되잇가 면
첨 갈려간 住持가 누구이냐하면 金石霽올시다 라는 對答할 資料밧게 업습니
다.」 허- 엇지하면 조흔가. 그럿타고 本末歷史에 除外할 수는 업는것이요.
아무리 생각하여도 딱한 일이야 輿地勝覽에도 參考하여 보왓거니와 妙寂寺
註에 金守溫記라 한 말만 잇지 정말 記文이 잇서야지요. 그 記라는 것도 李朝
世廟 當時임을 짐작할 뿐이지 剏建과 重修를 分別할 수 업고 東便으로 밧
한땍이를 隔하여잇는 墓碑를 依據하면 墓主 李濟冤이 李朝 肅宗 四十四年
戊戌에 死亡하야 翌年 乙亥에 當寺 左麓至近之處에 入葬하고 又 明年 庚子
에 堅碑하엿슨즉 其時부터 當寺의 凋殘을 推定할 수 잇스니 現在 十餘間의
草葺이라는 것도 山神閣記文을 對照하면「四間十楹己閱數百年星霜」이라
하엿스니 비록 草家일망정 발서 李氏 入葬前에 結構임을 알 수 잇다. 當時
道場으로 되엿든 數十町의 田野에 散在한 礎石, 瓦礫, 古塔 等은 吾人으로

感慨만 자아낼 뿐이고 不可不「大朝鮮開國五百四年乙未端陽月初吉 庠士 金敎憲 誌」라는 山神閣記文에 照하야 그것이나마 左記할 수 밧게 업다.

妙寂寺(本山 奉先寺의 方等地)

當寺는 楊州郡治의 南으로 約八里를 隔한 瓦阜面 月文里 妙寂山下에 在하니 距今 三十二年前

李太王三十三年(日本明治天皇二十八年 淸德宗光緒二十一年)乙未春에 圭昕大師가 山神閣을 始建하다.

前記 以外에는 꼼짝할 수 업시 되엿스니 인제는 다 그만두고 다른 것이나 무러봅시다. 當寺에 對하야 무슨 傳說을 듯지 안엇슴잇가. 「잘 모르지요. 附近古老의 傳해오는 한가지의 말을 드르면 저- 案山말이올시다. 한 中間에 낭그도 서지안코 밧마지기나 되여 보이는 平坦한 地點이 잇지 안슴가. 그 것은 往昔壬辰丙子의 役에 僧侶의 軍功이 浩大하다하야 南北漢緇營을 設立하고 武藝로써 科擧를 보게 하든 當代에 當寺에서도 此에 應試하기 爲하야 僧侶로써 習射하든 場所임에 失鏃이 至今가지 間間發見된답니다.」「그런데 寺有山林은 幾町步나 잇슴잇가.」「山林을 두고 말을 하면 그만 긔가 막히지요. 그 前에는 前後左右에 數百町步가 모다 寺有이든 것을 私有山測量時代에 其時 住持는 測量費를 만히 負擔될까 㤼이나서 집 뒤에 二三町步量을 재여두고 其外는 全部 棄却을 하엿드랍니다. 그래서 山下洞民이 各各 寄附를 엇는다고 惹端이라더니 至今은 글로 因緣해서 栗城里와 月文里가 서로 빼아슬랴으로 氷炭間이 되엿서요. 정말 主人이든 우리로서 그 꼴을 보랴이면 忿하기도 하고 우숩기도 하답니다.」「그럴뜻하지요. 그래 土地는?」「土地야 무엇 잇슴잇가. 이압헤 보이는 밧땍이 뿐이지요. 그래도 이 밥을 좀 어더 먹어볼량으로 昨年부터 起墾을 하엿는데 今年에는 大規模로 三四斗落이나되는 논을 푼 모양닙니다. 그러나 무슨 資本이 잇서야 雇人을 살 수 잇지요. 몸을 막

드러내노코 죽을 힘을 드렷더니 水勢가 조흔 까닭인지는 알 수 업스나 農事가
저만큼은 잘 되엿담니다. 또 한가지 異常한 일이 잇습지요. 이 附近 陶谷里에
李塤氏라는 이가 잇습니다. 그 댁에서 每年 正租 六七石을 輸送하기 때문에
그것을 가저 佛粮其他維持에 큰 困難이 적습니다. 하도 感謝한 생각으로 月
前에 그 宅을 차저가서 그 穀賭輸送理由를 무러본 즉 대답은 이러합듸다.」

　妙寂寺土地 限八斗落假量을 우리집에서 管理하는 것이 잇느니 자네는
赴任한지가 不遠하닛가 그 理由를 알고 십허할 터이겟지. 다름 안일세. 前日
主僧들은 私利에만 汲汲하야 寺院守護에는 誠意가 업슴으로 穀賭는 보내주
엇스나 內容如何는 일러주지 안엇네. 그러나 자네는 비록 年少할지라도 佛
前信向에 到底하고 品行이 方正할 뿐더러 또한 公心이 豊富하야 寺院을 盡
力修補하며 변변치 못한 薄田일지라도 誠意껏 水畓으로 開墾하니 善善惡惡
은 人之常情이라. 余도 不知中感動되는 바가 잇슴에 自進하야 이약이하고
십든 터일세. 그런데 우리 先妣께서 보시든 일이고 또 子息까지 關係가 잇슴
에 우리 家庭來歷부터 說明하겟네. 우리 先親 諱字는 義字敎字에 戊子生이
시고 先妣께서는 咸平李氏이신대 甲午生이시며 伯氏께서는 單字로 我字에
丙辰生이시고 余는 單名으로 塤字에 己未生이잇가 只今 六十九歲가 아닌
가. 그리고 또 余의 長男은 宅鍾인데 伯氏에게 出系되고 그다음 完鍾이가
내 압흐로 잇는 모양일세. 또 舊時代 官職으로 말을 하면 余가 司憲府監察에
軍物委員까지 行하엿고 宅鍾이가 度支部主事로 다니다가 只今은 無任으로
京城 苑洞 九六番地에 居住하느니 우리집 內容은 이와 가튼 것인데 일로부터
그 土地에 對한 이약이를 일러줌세. 距今 七十年前부터 우리 先妣께서 佛敎
信向이 게신 故로 妙寂寺에 頻數히 단엿섯는가보데. 그리자 그때 主僧 具道
行이란 者가 잇서 一日은 그 土地文書를 가지고 우리 집을 차저와서 하는 말
이 只今 寺用이 窘塞한 즉 이 文券을 典執하고 錢幾十兩만 貸用하여 달라함
에 先妣께서 文書는 그만두고 金錢이나 얼마간 갓다쓰라 하섯다네. 그 後 幾

年을 經過하야 다른 僧侶가 主務者가 되엿슬 때에 그 土地를 이 附近 어느 常漢에게 賣渡한 것을 우리 집에서 探聞하고 卽時 下人을 보내 그 常漢을 잡아다가 한번 强制手段을 쓴 일이 잇섯느니 寺中土地라는 것은 僧侶가 아니고는 干涉을 못하는 法인데 네가 그 논을 買收할ㅅ 것 가트면 중이 되여야 할 것이라 하고 상투를 當場에 끈어올리라고 號令을 秋霜가치 하닛가 그놈이 㤼을 내여서 예- 土地文書를 宅에 밧칠 터이오니 살려줍시사고 哀乞伏乞을 하엿네. 그래 그 土地를 妙寂寺로 返還하고 시키지 안엇나. 그리고 甲午更張以後로 土地全部가 官廳에 登錄되고 寺法頒布는 아즉 아니되엿슬 때에 其時 主僧이 또 他人에게 賣渡를 씩혓데그려. 우리 宅鍾이가 그것을 알고 面所에 드러가서 手續이 다되여 잇는 것을 그만 取消를 씩히고 賣買雙方을 불러 一場惹鬧를 친 뒤에 寺有로 두는 것은 危險하다고 생각하고 그만 우리 宅鍾의 名義로 登錄을 식혓다네. 그때만하여도 兩班의 勢力이 남아잇섯네 그려. 只今갓헤서야 直接關係가 업는 境遇에 何等의 干涉이 잇겟는가. 이 土地에 對하야 우리 집과 그러한 깁흔 緣故가 잇고 또 寺況도 밋을 수가 업서 數十年을 保管하여왓스나 다만 先妣께서 信仰하든 盛意를 仰體하야 保寺에 專力할 다름이라.

하옵되다.」 어- 그 兩班은 참으로 점잔는 處事이외다. 普通사람 가트면 그 土地에 對하야 年來로 功도 만히 드리슬 뿐 外라 自己所有로 되여잇슨즉 此를 奇貨로 看做하고 못된 野慾을 내는 군이 十常八九가 될ㅅ 것이외다. 李氏宅으로 말을 하면 子孫幾十代까지라도 限量업는 福을 받을 兩班이외다. 그리고 이절은 盖瓦로 變更할 수가 업슬ㅅ가요.」「그야 寤寐不忘이지요. 그러나 내밀 것이 잇습잇가.」「왜- 이 附近에도 富豪가 더러 잇슬테니 한번 차저가서 佛田에 種福이라든가 또는 環境을 드러서 좀 이약이하여보지요.」「틀럿습니다. 이등넘이라 하여도 卽 우리 洞里임니다마 洪判書 某氏라 하면 全鮮은 몰라도 아마 京畿一帶에 屈指하는 富者님니다. 至今도 數千石을 하고 그-

일곱째 꼿가튼 妾의 집도 四五百石을 한다든가요. 그러치마는 八旬老境임도 不拘하고 돈이 얼마나 앗갑던지 이달 初旬이 그 兩班의 生辰이라는데 或 宴席이 될까 怯이 나서 그날은 아츰에 두 패 轎軍으로 四人轎를 타고 우리절로 避接을 온 모양입듸다 그려. 인제는 무슨 수가 크게 낫는가부다 하고 人事를 겨우 마치고는 그만 부엌으로 나아가서 고비고사리를 담근다 취를 삼는다 素煎骨을 準備한다 보와쥬는 사람이 업슴에 不願하고 여간 법숙을 아니첫슴니다. 翌日 떠나려할 때에 每名 한 끼에 二十錢式 十三名計二圓六十錢式을 처서 내주는 구려. 하도 어이가 업서 우득허니 섯노라닛가 下人도 보기에 얼마나 딱하든지 大監진지도 小人 等의 밥갑과 가치 칠 수야 잇슴잇가. 그도 그를터이야 내 밥갑은 뼈를 치겟다 그르면 한 끼에 四十錢이닛가 넷 기에 八十錢을 더 내여준다고 여간 德色이 아입듸다. 그러니 엇지 되엿슴닛가. 그래도 예전 歲月가트면 依例히 空食하고 더군드나 무슨 트집을 한번 부려볼 터인대 그만치 行下하는 것도 現時代文明制度의 德澤이라하고 그만 두엇슴니다마는 어지간하야 말이나 부처보지요.」「흥- 그도 그러켓지요. 舊時代에 守令 方伯으로 다니면서 모흔 돈이라는 것은 相當하게 쓰기가 퍽 어려운 것입니다. 旣往 이약이가 낫스니 말이지 예전에 엇든 兩班은 어느 고을 留守로 갓섯는데 그 고을에는 世傳하야 나려오는 金塊가 木枕덩이만한 것이 잇섯드람니다. 새로 오는 留守마다 引繼하는 金塊를 송도리채 가저갈 수는 업고 것흐로 멧 푼 증식 가만가만히 글거가드람니다. 그때에 赴任된 留守는 그것을 아라채리고「自今以後金塊暗削嚴禁」의 十大字를 深刻하엿다나요. 그 陰刻을 깁히하는 同時에 金屑이 얼마나 쏘다젓겟슴잇가. 體面조흔 날탕이지오. 쪽곳은 먹줄이지요. 그러케 罔上欺下로 모흔 돈이라는 것은 當代에 흔히 亡하는 法이건마는 그래도 二世三世로 至于萬歲나 할ㅅ것가치 벌벌 뜰고 相當히 쓸ㅅ줄을 모른대요. 자- 밤이 느젓스니 그만 잡시다.」그리고 그 이튿랄 이러난즉 뜻밧게 雨聲이 蕭蕭하다. 하는 수 업시 該寺에서 信宿하게되는데 監院

은 어떠케 準備를 하엿든지 午饒에는 칼국수이고 夕陽에는 松편을 비저왓
다. 史料調査出場以後로 草家집도 처음이요 비오기도 처음이요 국수와 떡
으로 厚待밧기도 처음이다. 간곧마다 麵장을 사면 할 수 업다는 筆者로서 그
국수가 얼마나 반가윗스랴. 第三日 되는 날은 일즉이 일어나서 그동안 貽弊
씩인 것을 無限致謝하고 寶光寺로 떠나게 되엿다. (未完)

陽州各寺巡禮記(續十)

晩悟生

《불교》, 1928년 2월

妙寂寺 監院 金元冶君은 우리 一行을 餞送하긔 爲하야 行具를 가지고 뒤를 따른다. 여보 監院 스님 金敎憲의 山神閣記를 보면 當寺가 前은 七臺이고 後는 三瀑이며 數丈 巖石이 洞口에 兀立하엿다 하엿는데 昨日은 終日토록 秋雨가 催寒함에 觀光의 暇隙이 업서 後面 三瀑은 보지 못하엿스나 前而七臺라는 것은 어느 곧에 잇슴닛가. 예- 차차 나려가면 보시지요별 것이 아닙니다. 重重한 巖石이 七處에 列立할 뿐님니다. 그리고 저- 개울갓으로부터 잇는 논뱀이가 李氏댁에서 監督하여주는 土地람니다. 논뱀이도 헌츨하려니와 벼도 오즉 잘되엿슴닛가. 妙寂寺의 土地로는 저논이 一等이지요. 예- 그럿슴닛가. 李氏宅은 하드 고마우닛가 처음 듯는 사람이라도 敬意를 表하지 안을 수 업슴니다. 이 개울물을 일곱 번이나 건너서 왼켠 산골로 드러가는 데 비가 온 뒤이라 가시기 퍽은 困難하시겟슴니다. 旣是跋涉하긔로 豫定한 것이닛가 아모 걱정업슴니다. 그만 드러가시지요. 다시 作別하고 七臺라는 岩石을 左右로 도라보면서 山村 六七家가 잇는 곳에 이르러 左便 산골로 조그마한 고개를 넘어서서 한참 나려오니 金谷으로부터 磨石隅里를 經由하는 新作路가

드러난다. 다시 한 고개를 넘어서니 東쪽으로 멀리 바라뵈는 山허리에 殿閣도 갓고 무슨 異常한 物件이 웃둑 드러난다. 여보 尹君- 저 山 기실 게 宏壯한 住宅이 잇는 듯하니 그게 무엇일가요. 글세올시다. 사람이야그려 한 곳에 살 수가 잇다고요. 대관절 저게 오는 行人의게 무러 봅시다. 그 사람이 닥처오자 大院君의 墓所와 祭閣임을 알고서는 다시 感舊之懷가 업지 안엇다. 한참 當年에 景福宮을 重刱하고 光化門을 新建하며 江都海上에 西洋艦을 擊碎하고 京城 中央에 斥和碑를 竪立하든 凜凜氣魄이 而今安在哉오 하는 冥想이다. 무슨 三昧에 나든 것가치 幾分間은 沈默 中에 잇스면서 一步二步를 進行한 것이 벌서 磨石隅里를 當到하얏다. 이곳도 金谷과가치 行政 敎育 警察 金融 等 여러 機關이 죄다 잇는 모양이다. 어느 旅舘에 들어 暫間 休憩하고 卽時 떠나서 普光寺를 차자 가게 되엿다. 嘉谷里를 무러 北으로 限 一里假量이나 進行한 즉 한 고개가 잇고 그 고개에서 조금 나려오면 三四家나 되어보이는 酒店이 잇는데 거게서 왼켠으로「嘉梧實」이라는 洞里를 드러서게 되엿다. 그 洞里 中央을 通過하야 흥성 드뭇하게 서서 잇는 栗木 사이로 限 五六町步를 드러가니 크다란 盖瓦집이 한 채 보이는데 이것이 곳 普光寺이다. 天磨山을 中央에다 두고 西便은 浮圖庵과 見聖庵이엇고 東便은 卽 當寺인데 交通機關으로 隧通의 設備가 잇슬ㅅ것가트면 東西 兩寺의 距離는 一里에 지나지 안흘 뜻하다. 큰 房 前面에 到着하야 住持 和尙을 차즈니 當者되시는 朴根實氏는 건늬편 山田에서 무엇을 收穫하다가 그대로 나려오는 모양이다. 人事를 通하고 來意를 陳述한 後에 卽時 沿革 調査를 하게 되엿다. 이 절도 記事라고는 懸板 한 조각이 업고 잇다는 것은 施主錄과 華潭禪師의 影讚뿐이다. 그를 根據로 하야 事蹟이라고 記抄하니 顚末이 이러하다

寶光寺(本山奉先寺의方等地)

當寺는 楊州郡治의 東으로 略 七里를 隔한 和道面 嘉谷里 天磨山東麓에

在하니 距今 七十六年前

李朝 哲宗 二年(日本孝明天皇嘉永四年淸文宗成豊元年) 辛亥에 檀信 李公裕元이 開創하고 越 四十三年 李太王 甲午에 鳳城和尙이 重修하엿다.

當寺의 沿革은 이것뿐이고 創寺의 原因을 溯考하면 李公이 元老大臣으로 當朝하엿슬 적에 洞下 嘉谷里에다 第宅을 宏壯히 建設하고 方外交로 相從하든 華潭禪師를 모서 修養하기 爲하야 此를 建築하엿다한다. 그러기에 遺蹟이라고는 華潭禪師의 影讚이 잇슬 다름이다. 影讚를 紹介하면

戒行之苦　般若之樂　苦耶樂耶　卽此圓寂　背負

父母　繞須彌百千匝　完爾眞相　解脫莊嚴　峯燈

吐華　嶽月印潭

時黃猿仲春　日　勝蓮居士秋史金正喜焚香和南

又

篤志力學　淨如氷雪　脇不至席　奉持戒律　錫遠

八垓　精修苦節　講若畫一淸風明月

　　　　　　　門人　寶月慧昭　謹讚

又

影非師之本意我則有意　讚非師之有意我已在意　炤

水之意水月之意　出自西天如來之意

　　　　　　知府事　橘山　李裕元　撰

右를 記抄하고 午齋席에 나아갓다. 滹沱河를 건네왓는지 純麥飯이 뜻밧기다. 點心이라고 요긔한 뒤에 다시 現況 調査에 着手하엿다. 여보 住持스님 … 暫間 左右를 도라본 즉 柏子와 栗木이 몃 주식 잇는모양입니다그려 따라 産出도 多少間 잇겟지요. 그리고 寺有 森林은 몃 町步나 되는가요. 흥- 森林이 다 무엇임닛가. 森林, 基地할ㅅ것업시 이 局內 全部가 作故하신 「기오실」大監宅 所有드람니다. 細部 測量 때가 되야서 그댁으로부터 이절 主掌을 오

라해서 寺所有로 分割하여 가라고 여러 번 勸告를 하엿드람니다. 그러치만 돈이 잇서야 測量費를 물지요. 돈이 업다면 費用도 多少間 보와줄 테니 寺印이나 찍어주라 한 즉 실슴니다 설마 댁에서 이절을 害롭게 하겟슴닛가 하고 終始 듯지 아니하엿담니다. 그댁은 할 수 업서서 稅納時가 되면 稅金만 얼마씩 바다가나 퍽은 성가시러운 양으로 지내엿담니다. 寺運이 否塞해서 그러한지 그댁에서 動不動産 全部를 賣却하고 廣州로 移徙하엿는데 업친데 덥친다고 그 買受人은 何必 平安道에서 올라온 耶穌敎人이지요. 우리 佛敎를 魔鬼라고 指目하는 軍들이 一毫의 私情이 잇겟슴닛가. 잣이나 밤이나 죄다 알뜰이 保護하야서 따기까지 하여 주면 手數料라고 몃 말式은 주지요. 그리고 보시다십히 基地에 對해서 무엇 볼ㅅ것 잇슴닛가. 그러치만 稅金 外에 穀賭라고 十餘斗式을 받아간담니다. 그러면 困難이 적지 안켓슴니다. 그러나 空中樓閣으로 집만 직혀 갈지라도 간수를 잘 하여야 되지 안슴닛가. 東便影閣 모통이로 盖瓦ㅅ장이 떨어지고 椽木이 썩을뿐더러 지붕우의로 雜草가 저러틋 茂盛한 걸 참아 보고 잇슴닛가. 예- 그것은 修繕할 양으로 日前에도 準備하다가 마츰 비가 와서 盖瓦ㅅ장에 발을 부칠 수 업기로 아즉 中止하고 잇는 모양입니다. 그런데 저- 고초밧 가장저리로 무슨 나무를 베힌 자리에 白紙가 깔려 잇는 小盤이 노혀 잇고 그 小盤 우에는 果種 담앗든 그릇이 아즉 그대로 잇스며 나무뿌리에는 실가튼 것을 감아낫스니 거게다가 무엇을 하엿나요. 예- 그 이약이를 하면 서급푸다가도 우숩지요. 도라가신 鳳城스님께서 이절을 重修하시고 저긔다가 참죽나무를 한 개 심엇드람니다. 그남기 차차 자라나서 相當한 材木이 되엿습지요. 그런데 日前에는 뜻밧게 基地 買受한 사람이 그 남글 베혀 가겟다고 함니다그려. 數十年 前에 이 절 중이 심엇슬뿐더러 風致에 關係가 잇스니 베히지 말라고 하엿스나 어데 고지를 듯습더닛가. 우리가 敷地를 買受한 以上에 무엇이던지 地主의 任意라 하고 準備하엿든 독긔를 가지고 着手코저함에 그제는 할 수 업서 이런 말을 하지 안엇슴닛가. 佛道塲에

價值 잇는 남글 無端히 斫伐하면 禍가 도라온다 하닛가 허허 우스며 우리 敎
人은 그러한 소리를 듯지도 아니한다 하면서 그만 찍어 넘깁듸다 그려. 속으
로는 가슴이 限量업시 씨라리지마는 어찌 할 수 업서 그대로 볼 뿐이더니 아니
나 다를까 그 이혼튼 드른 즉 나무 벼히든 사람이 왼 방안을 내구부느니 手足
이 오그라지느니하야 야단법석이 이러낫다더니 저노릇을하고갓드람니다.
빌면 귀신도 듯는다 해서 그런 지는 몰라도 只今은 훨신 낫드래요. 발서 여러
날이 되엿건만 저것은 아직도 가저 가지 안어서 볼수록 속이 조치 안습니다.
그도 그러켓지요. 그런대 앗가 참고를 調査 하량으로 대강 둘러 보왓는데 神
衆壇 속에는 地藏經板이 잇서 漢刻諺刻으로 두 가지가 다- 鮮明합듸다그려.
或 印出하여 가는 사람이 잇습닛가. 數年 前에는 各處사람 中에 한 해한 번
식은 印出해 갓드람니다마는 내가 住持된 後로는 아즉 보지 못하엿서요. 그
리고 神衆壇 우를 치여다 본 즉 흙뎅이 갓흔 것으로 울퉁불퉁하게 등상을 맨글
고 또- 고무 蒔畵에 뿌리는 푸리덩덩한 金가루로 발은 것을 세워낫기에 저게
무엇인가 如常 보왓더니 큰 卓子에도 저런 것이 잇스니 大關節 그게 무엇이
요. 예- 이약이를 드르시면 異常하다 하실 터이지요. 지내간 여름일님니다.
하로는 慶尙道 八公山에 잇다는 老長님 한 분이 오시드니 卓子에 계시는 부
처님을 보고 하는 말이 내가 造成한 부처님을 모시면 돈이 잘 생긴다하기에
그러치 안어도 몃 철만큼 부텨님께 禮拜라고 드리는 날에는 零落업시 싸홈이
됩니다. 但 둘이 잇는 집안 소실과 싸후지 안으면 洞里 사람이 차저 와서라도
꼭 싸홈은 되고 맘니다그려. 그래서 다시는 禮拜 한 번을 아니하엿습니다. 그
리든 판에 마츰 그 노장님이 자랑하는 바람에 귀가 솔곳해서 그러면 우리 절에
도 두 분만 造成해 달냇더니 念慮말라고 하며 몃칠동안 어듸를 갓다오마 하드
니 回還할 時는 材料를 사왓다 하며 저럿케 造成하엿담니다. 처음에는 費用
이 얼마 아니 된다드니 造成 다 된 後는 材料價와 품삭을 合해서 四十五圓이
라 하며 돈내라고 星火가치 재촉을 함니다그려. 나는 限 三圓이나 줄까 생각

하엿드니 뜻밧게 四十五圓을 請求하니 기가 막히지 안습닛가. 넘어 과하지
안느냐고 한 즉 다른 절에서는 한 분에 五十원式이나 받앗는대 우리 절은 생각
해 준다 하고 또 갑을 較計하면 죄가 된다고 함에 할 수 업서 洞里에 나려가서
몃사람에게 빗을 어더 주엇습니다. 그래 어늬 절에 잇고 姓名은 무엇이라고
하든가요. 그저 慶尙道 八公山에 잇다 하고 姓名은 무신 堂이라 하는데 그만
이젓습니다. 잘- 하엿소. 흙은 아모 데나 파서 오면 그뿐이겟고 두 군데 발나
노흔 倭金가루는 아마 限三十錢어치 되겟소. 그러면 手料가 四十四圓七十
錢이 된 모양이겟지요. 그러나 눈 가지고 그 모양을 볼 수 업시 되엿슨 즉 어데
다가 끄러 뭇던지 當塲에 치우시오. 德相이 俱備하신 尊像을 모시고도 他敎
人의게 偶像 崇拜라는 對答도 할 줄모르는 軍이 저 모양을 세워노코 무슨 蔑
視를 아니 當하겟소. 만일 어물어물 하면 우리가 집어가지고 가다가 어늬 山
골짝이에 묻어버리겟소. 그러면 大端히 寃痛한 걸요. 그전 부텨님을 모실 때
는 佛供한 자리가 아니들더니 새 부텨님을 모시고는 벌서 拾圓돈이나 생겻는
걸요 또 싸홈 한 번도 아니하엿답니다. 그것은 婦人된 이가 占가튼 것을 잘
한다닛가 畢竟 施主의 귀를 어지간히 살문게지 무슨 그 전부텨님이라고 싸홈
만 부치고 施主를 오지 말라고 한 것은 아닙니다. 미천도 빼기 겸 새 부텨넘을
모셧다고 얼마나 誇張을 하엿겟소. 조금 더 두엇다가 치우면 엇덧습닛가. 아
니되지요. 정말 원통하거든다른 사람이 보지 안토록 딴 방구석에 갓다두시
오. 참 그랫스면 조켓습니다 하고 불이나케 한 손에 하나씩 들고 後院門으로
나가 뒷방으로 가는모양이다. 우리가 발끗만 돌리면 큰방에 도로 갓다 노흘
줄을 알지마는 가치 잇지 못할 바에 소용이 업다하고 住持를 請하여서 告別하
고 卽時 本山으로 도라오게 되엿다.

　洞口로 나려오면서 先生님 왜 그러케서 듣닛가 하고 尹君은 다시 뭇는다.
그럴 수밧게 잇소. 음식은 먹을 수가 업고 또 잘 處所인들 오즉 함더닛가. 여기
서 本山이 四里는 되리라 생각하는데 三里밧게 아니된다는 것은우리를 얼른

보내고 그 흙뭉텍이를 卓子에 갓다 노차는 생각이아니요. 그- 간절한 마음도 慰勞하기 兼 늣게라도 떠날 수밧게 道理가 잇소. 그것을 우리가 가저 오드면 조흘 번 안어요. 밤나무를 가르처 神主라 하여도 敬意를 表하여서 處理가 愼重하거든 況佛陀라 尊稱한 것을 埋葬하기가 그리 조켓소. 罪福을 當者에게 맛겨 두는 것이 適合하지요. 多幸히 生栗 사발이나 얻어 젓스니 시장하거든 끄내먹으면서 밤들기 전에급히 갑시다 하고 두 소매에서 바람소리가 나도록 총총히 거러서 검단이 고개를 올라서니 발서 해는 西天에 기우러지고 저녁 연긔가 附近 山村에서 뭉게뭉게 일어난다. 시장도할 뿐 日力이 다 되엿슴에 거름을 더욱 급히 하야 光陵市를 거처 寺門에 드러서니 벌서 下午 八點 鐘이 뎅뎅한다(未完)

陽州各寺巡禮記(續十一)

晚悟生

《불교》, 1928년 3월

興國 內院 鶴林 鶴到 佛巖 彌勒 奉永 浮圖 見聖 妙寂 寶光 等 東南各地에 散在한 十一個 寺院은 調査 已畢하엿스나 白華 檜巖 自在 雙巖 石林 石窟 等의 西北各寺는 그양 남아잇는 모양이다. 前日 同行하엿든 尹君은 事故가 잇다하야 再次 出張할 수는 업다하고 其他學生은 가자기가 亦是 未安한지라 今回는 獨一無伴侶로 慨然登程하니 때는 政히 十月 中旬이다. 本山 뒷고개 를 넘어 楊州로 直通한 祝石嶺에 至하야 暫時 歇脚하고 다시 떠나 議政府에 到着하니 온 길은 四里에 不過이나 발서 午正이나 지내엿다. 이곳이 停車場 이 되고 楊州 新邑으로 決定한 後에 六七家가 홍성드뭇하게 잇든 벌판이 數 百戶의 市場으로 化하엿고 따라 物價도 京城 以上으로 高騰함에 밥갑 빗사 기는 有名한 場所이다. 그러나 한가지의 특별한 것은 飮食店이 十戶라 假定 할ㅅ것 가트면 八九家는 依例히 떡이 잇고 價格도 他地方보다 歇한 모양이 다. 비리비리한 飮食을 避하기겸 廉價厚食이란 趣旨下에 떡을 한 그럿 사서 먹고 卽時 白華庵으로 向하엿다. 議政府에서 北便으로 멀리 바라보면 重重

한 山岳이 半空에 소삿는대 異常하게도 山形은 모다 뒤로 잡빠듬하고 잇스니 그 일홈은 不曲山이다. 李太祖께서 漢陽에다 定鼎함에 모든 山川까지라도 服膺하나 오즉 이 山만은 抗立하야 압흐로 鞠躬을 아니함에 글로 因하야 山名을 不曲이라 하엿는데 旣是 寺院이 잇는 同時에 同音改稱이 良好하다하야 中古以來로는 佛谷山이라 불럿다 한다. 여게서 一里假量밧게 아니되나 孤寺單庵에 宿泊이 疑問이라 거름을 빨리하야 鐵둑을 건너서 舊楊州邑에 到着하고 그곳 中央을 橫斷하야 維陽公立普通學校 압흘 나서니 白華庵으로 올라가는 山기실기나라낸다. 조그마한 山등성이를 넘어 골작우니로 한참을 올라가니 小規模의 寺院이 四五棟으로 羅列하여잇다. 얌전하게도 築造한 槐亭下에서 신발을 다시하고 큰 房으로 드러가서 來意를 告한 後에 住持스님이 어데 계시냐고 무러보니 看坪出張으로 아즉 回還치 안헛섯다 한다. 監院을 案內로 紹介하야 法堂과 樓閣을 둘러보왓스나 懸板 한조각이 부터잇지안코 잇다는 것은 오즉 法堂門엽헤 甲契序라는 小木板이엿고 樓閣 五樑上에는 戊辰 四月에 建築하엿다는 것이 記載되엿다. 此를 根據로 하고 傳說을 綜合하야 沿革이라고 記取하니 下와 如함이다.

白華菴(本山 奉先寺의 方等地)

當寺는 距今 一千0二十八年前 新羅道詵國師가 初創하엿고

道詵國師는 新羅興德王二年丁未에 生하야 同孝恭王二年戊午에 寂하니 距今一0二八年이라. 當寺가 同國師의 創建이라 傳說만 잇고 某年月日의 文獻이 無함으로 但國師의 入寂年을 記載한 바이며 또 輿地勝覽을 보면 佛國寺라 名稱하엿는데 白華菴이라는 寺名은 李朝中古以後로 改稱함인 듯하다.

李太王五年(日本明治天皇元年 淸穆宗同治七年)戊辰四月에 祝聖樓를 建築하니 距今五十九年이요.

大正十二年癸亥에 現住持 月河和尚이 高弟 申海隱으로더부러 寺院全部를 一新重修하다.

但本年重修에 關한 記文은 現楡岾寺講主 朴耘虛和尚이 撰하엿는대 아즉 雕刻지 못하고 休紙처름 冊張사이에 끼여잇게 됨은 愛惜不已이다.

沿革이라고는 右와 가치 記入하고 다시 槐亭으로 나와 暫間 楓林을 玩賞코저 하다가 咫尺에 잇는 碑石 一箇를 發見하엿다. 거게 무엇이 잇나하고 갓가히 가서 드려다본즉 碑面에 이와 가튼 文句가 雕刻되여잇다.

「牧使徐公念淳愛恤吏民永世不忘碑」라하고 그 겻해는 「道光二十一年辛丑正月日立」이라고

이 碑에 主人公은 이절에 對하야 무슨 關係가 잇섯는가 黙想하여 보왓다. 大抵 石碑의 由來를 溯考하면 官吏가 字牧의 責任을 戴塵히 한 結果 晉時 羊祜의 墮淚碑와 가튼 것이 업지 안치마는 朝鮮近古에 至하야는 두 가지의 理由가 色彩를 加하엿나니

甲, 官長이 暴虐하야 浚民膏澤에 百姓이 堪耐할 수 업는 境遇에는 그 心理改悛을 希望하야 此를 竪立함이요.

乙, 狡吏奸民이 憑公營私의 目的으로 知郡의 善治與否를 不計하고 一端 阿諛로만 此를 竪立함이다.

前記 二點의 碑石은 竪立이야하지마는 흔히 똥통으로 洗禮를 받거나 또는 粉碎의 變을 當하기도 함에 奸猾이 極한 者는 此를 大路邊에 세우지 안코 侵漁가 稀少한 一隅地에 세우기도하며 或은 撞碎의 逢變을 免키 爲하야 兒初부터 크-다른 巖石에다 그양으로 색여두는 것이 種種이다. 그르면 此寺此碑는 果然 무슨 意味가 潛在함인가? 假令 僧侶를 愛恤하엿다면 愛恤僧侶不忘碑라 할 것이고 寺院을 愛護하엿다면 愛護寺院不忘碑라ㅅ것이며 普通民衆을 愛하엿다면 그양 愛民永世不忘碑라 할 터인데 何必 曰 愛恤吏民이라 하엿는고? 字義로 볼ㅅ것 갓흐면 乙의 目的을 가진 자가 吏房깨나 엇어하

자고 此를 發起호대 愛吏不忘이라고는 넘어나 顏厚하닛가 民字를 冒用하고 또 逢變이 잇슬까 念慮하야 一隅地에 세워노코 所謂 官長에게 萬丈德色을 吐하야 小人이 使道의 不忘碑를 名山에다 세우게 하야 永世威慕하겟다고 加一層誇張하지 안헛든가 함이다. 그르면 寺院에는 얼토당토 안는 物件이 아닌가? 그야 우리 집의 無精神은 古今이 一般이지.

　全鮮佛敎의 體面이 엇지 될ㅅ것도 생각지 안코 近日에 와서 景致流行碑의 樹立을 金剛山道場內에 容認하여준 일도 잇지 안은가하고 이러한 冥想으로 步武를 躊躇할 지음에 午齋準備가 잇다고 監院으로부터 通知가 잇는 모양이다. 다시 큰 房에 드러가서 밥床을 닥아노코 한 술을 뜨고 보니 밥그릇에 두 번 接觸할 생각은 無可奈何이다. 筆者의 飮食偏嗜는 두 가지가 잇섯는데 一, 粉麵(칼국수) 二, 麥飯이라. 粉麵은 빗만 보고 먹지 못할 境遇이면 病이 날뜻날뜻하고 麥飯에 對하야는 純米飯을 가저 純麥飯을 交換하자는데 언제든지 辭讓을 아니할 習性이지만은 當寺의 純麥飯은 몸서리나게 斷念이 되니 그 缺點이라는 것은 엇에잇는가. 直不過 맷돌에 가라서 밥을 지은 까닭이다. 麥粒의 大小가 잇슬 다름인데 食味가 그와가치 틀려잇는 것은 무슨 理由인지 할 수 업다. 當寺에 對하야 調査할 거리도 別로 업지마는 더욱이 磨麥飯에 놀래서 遲滯할 생각은 전혀 업다. 그길로 떠나려할제 只今 남은 時間으로 檜巖寺까지 갈 수가 잇겟느냐한즉 急速力으로 거러가면 到着할 希望이 잇다한다. 卽時 告別하고 忽忽히 나려올제 初行에 日暮하게되면 何等의 困難이 發生할는지 알 수 업서 엽도 도라볼 사이가 업시 舊楊州邑鄕校압흘 지내고 汽車線路를 다시 건너서 해가 막 떠러질 同時에 檜巖寺洞口를 當到하엿다. 當初 생각은 이 檜巖寺가 麗末鮮初에 際하야 全鮮에 第一指를 屈하엿다한즉 櫛比하든 佛閣은 廢墟가 되엿슬지라도 山水의 偉觀이야 그대로 남아잇서 新坪으로 通度를 드러가고 紅流洞으로 海印寺를 차저가는 勝蹟은 업지 안흐리라 하엿든 것이 及其也 到着하고 본즉 지질 펀펀한 곳이 어데다가 그럿케

宏壯한 寺院을 建立하엿든가 하는 생각도 나지 안케 되여잇다. 드러가는 길
도 차질 수가 업슬 뿐더러 栗木만 드문드문 서서잇고 田畓이 間錯 하엿는데
人影이 끈허젓스니 참으로 前路가 茫茫이다. 해는 저무럿고 창자는 밥달라
고 야단이다. 서그푼 中에도 或 먹을 것이 업실가 생각하다가 어늬 栗木下에
알암 두어개를 주어먹으니 그야말로 醍醐上味이다. 白華庵磨麥飯이 잇때를
當하엿스면 그다지 괄시를 아니하엿슬뜻하다. 人家를 차저 寺의 入口를 무
러가지고 조그마한 溪流를 따라서 數町步를 올라가니 그제야 森林이라고 조
금 나타나고 차차 큰 房채가 보여준다. 아- 인제는 사랏구나 하고 房門압헤
다다르니 現住持 楓谷和尚이 欣然히 迎接한다. 祖室로 드러가서 조금 잇노
라니 夕飯을 가저왓는대 쌀낫이라고 볼 수 업는 純粟飯이 그것이다. 平時 가
트면 그다지 반가울 것이 업실 뜻한데 한 그릇을 언제 다 먹엇든지 數十圓으로
작만한 一等料理도 珍味에 對하야는 이보다 特殊한 點이 업스리라 생각하엿
다. 當寺의 建物은 비록 조그마할지라도 歷史가 만흔 곳이라 그 調査에 對하
야 實物卽碑浮屠 等을 點檢하여야 할 터인즉 夜時를 利用할 수 업겟고 밤이
차차 느저갈 뿐 疲困이 적지 안흐나 今夜는 便히 쉴 수 밧게 업다하고 從容히
드러누워서 現住持의 來歷과 性格을 가치 듯고 보는대로 評判이나 하여볼까
한다. 和尚은 楊平郡 龍門寺에 童眞出家하야 學人時代로부터 佛陀의 本懷
를 그대로 직혀오고 또는 護三寶로하야 無限波動을 격겨오다가 中年에 本山
奉先寺住持 洪月初 猊下의 高弟가 되고 따라 本末公選으로 當寺住持에 赴
任하엿스며 그 性格은 時代僧侶와 大相不同이다. 佛敎의 骨子인 戒體가 餘
地업시 破碎로 化하것마는 自己 혼자 嚴格히 직혀오며 吾家의 眞詮은 도리
혀 輕蔑視하고 世間科學을 重大視하는 傾向이 滔滔皆是어늘 自己혼자 暇
隙만 잇고보면 法華經을 讀誦한다하야 擧世가 濁하고 醉할지라도 自己뿐만
은 淸하고 醒하자는 志槪가 漂漂하다. 또 그리고 平等과 無我主義를 露骨的
으로 實行한다. 初面不知의 어떤 한 사람이 차저와서 가치 잇겟다고하면 그

만 家人手足으로 特遇하고 衣食을 가치할 뿐만아니라 甚至於 衣籠과 物置場에 열쇠까지 맛겨주면 금방 드러온 사람이라도 제것가치 使用을 하게되고 明朝糧食이 떠러젓다 告하면 첫 새벽에 乞囊을 질머지고 山下洞으로 나려가서 雜穀일망정 幾日間 窘塞이 업도록 어더다주고 或은 上佐가 되겟다 할ㅅ것가트면 그 사람이야 나히만커나 또는 不具者이거나 善惡을 不計하고 모다 고맙다고만 생각하야 一邊本山으로 度牒을 請求한다 僧籍을 手續한다 惹端법석이 이러나며 或은 衣服, 糧食, 器皿 等을 가만히 훔처가면 그 사람도 갓다써봐야지 하고 泰然한 생각으로 動心이 되지 아니하며 누가 無依無托으로 行路의 病者가 呻吟한담니다하면 아- 업어다 求療를 하여야지 누가 장가를 갈터인데 婚需準備가 업담니다 하면 아- 債務라도 내여서 限二十圓 보태주어야 할 껄하고 卽時 出債하야 補助하니 그럼으로 數百圓의 債務를 버슬 날이 茫然하다. 心性이 이와가치된 까닭에 누구라도 崇拜하지 안느니는 업는 모양이다. 山下洞民은 一週日에 몟 번 粮식食을 보태여 줄지라도 歡喜心으로 特遇하며 和尙이 衆人을 取扱하는 까닭에 法律抵觸도 或發生되지마는 關係官廳은 檜巖절 住持는 故意가 아니란 諒解도 畢竟 묵주머니가되고 말 뿐이라한다. 歲入數百石이 드는 寺院에는 僧數라야 몟 個아니 되는 것이 軋轢도 업지 안컨마는 當寺는 在籍僧이 원체만코 歲入이 업는 까닭에 모다 動鈴을 하야 生活할지라도 언제든지 百花爛漫時와 가치 和氣가 融融하다. 또 細流를 가리지 아니하니 그 結果는 大海가 되고 大海가 되고보니 大魚가 업지 안흠과 가타서 智愚를 不擇하니 龍蛇가 混雜되고 龍蛇가 混雜되니 그 眷屬 中에는 相當한 資格도 업지안타한다.

아- 無我와 平等의 效果는 和尙을 두고 볼ㅅ것이 아닌가. 釋尊께서 羅睺羅外에 한 子息을 더두리라 생각하엿드면 四生의 摠家翁이 되지 못하엿ㅅ것이오. 王宮을 長時로 직히리라 하엿드면 大千界로 都化境을 삼지 못하엿슬ㅅ것이다. 我가 업는 곳에 眞我가 따라잇고 我가 업는 곳에 大事業을 成

就하고 我가 업는 곳에 如意寶가 隨在이다. 外書에 일은 말삼「後其身而身先하고 外其身而身在」라 함은 金石의 論이 아니신가. 그러나 和尙이 短處가 업다고는 생각이 아니된다. 自己所有에 蕩無纖塵은 거룩하다 하겟스나 三寶常住物까지 통트러노코 그 모양으로 지내가니 寺債는 淸帳할 날이 全혀 업고 따라 절 모양도 될 수 업는 듯함에 住持資格은 아니라고 酷評을 하느니도 잇는 듯하다. 呀-「終日數他寶에 自無半錢分」이라 困하니 잠이 나자고 明朝부터 調査에 着手하자 그만합홈과 기지개로 黑甛鄕에 드러섯다. (未完)

陽州各寺巡禮記(續十二)

晚悟生

《불교》, 1928년 5월

翌日 晨供을 마치고 當寺沿革을 調査할 새 懸板부터 살펴보니 現楡岾寺 講主 朴龍夏氏의 撰述인 大雄殿創建記는 큰 房門楣에 또 漢壽亭候의 筆이라는「說好話, 讀好書, 做好人, 行好事」十二字의 古悟한 刻字는 拈花室門上에 다시 辛巳 四月日에 當寺를 新建하얏다는 數行文字가 神衆壇入口에부터 잇슬 다름이고 其他는 더 볼ㅅ것이 업는 모양이다. 이만하면 現在寺沿革은 大槪 參考될 지라. 三和尙의 碑浮圖부터 參拜한 後 沿革을 記抄하리라 하고 왼켠으로 數十步를 距하야 잇는 山上에 올라간즉 松檜가 鬱蒼한 사이에 金잔듸가 깔려잇고 三和尙의 碑浮屠가 三層으로 樹立되엿는데 그- 特異한 點은 懶翁和尙의 碑뿐만이 當處에 업는 것이다. 어찌하야 잇지 안느냐 한즉 住持 楓谷和尙은 寺의 白虎燈을 가르치면서 저게 웃뜩하게 섯는 것이 卽 懶翁和尙의 碑石이라 한다. 三處參拜를 마치고는 住持和尙의 案內로 白虎燈에 것네왓다. 當處에 와서본직 石面字劃은 風雨磨盪되야 十의 七八은 아라볼 수 업시되고 또 碑文을 撰述한 牧隱公의 姓名 二字는 故意로 鑿破하엿다. 어찌

하야 姓名은 故意인 沒字碑가 되엿는가? 此를 思料함에 前韓佛敎 排斥時代
를 際하야 李氏의 愚蠢한 後孫이 本碑文이 各地金石文에 散在함은 不知하
고 그 先祖의 諱牌이 寺碑에 揭載됨은 士林에 羞恥라는 생각에서 流出하엿
거니하는 同時에 近日 頑固學士님이 新聞上 自己不名譽를 發現할 때 먹으
로 그 記事를 호려벼림과 가튼 高見이라 聯想된다. 그리고 懶翁和尙의 碑石
을 何必 坤申風이 막 모라치는 別地에 特竪함은 其理由를 알 수 업다. 다시
寺院으로 나려와서 當寺의 沿革부터 記抄한다.

檜巖寺(本山 奉先寺의 首班地)

當寺는 楊州郡治의 東方으로 約三里를 距한 檜泉面 檜巖里 天寶山下에
在하니 距今壹百六年前 李朝純祖二十一年(日本仁孝天皇文政四年 淸宣
宗道光元年)辛巳에 京山 各寺僧侶가 會合하야 現在寺를 新建하고 舊檜巖
寺名을 仍用하다.

先是에 李膺埈이란 者가 術士 趙大鎭의 誘惑을 受하야 三和尙의 浮圖를
毁撤하며 碑碣을 撞碎한 後 其親骸를 埋葬하니 事極駭然이라 奉先寺 判事
로부터 南北兩鎭과 京山 各寺에 此를 通知한 結果 諸山僧侶가 山下에 會集
하야 屍體를 掘去하고 李趙兩人을 島配케하며 浮圖를 重整하고 碑碣을 改
竪한 後 同碑浮圖 奉安重地를 守護하기 爲하야 右傍近距離에 現在寺를 新
建하고 古檜巖大刹의 後身됨을 表明하야 舊寺名을 仍用 云云

李朝憲宗十五年己酉二月에 夢醒和尙이 八道寺刹收錢六百七十兩으
로 當寺를 重建하엿스며

大正十一年壬戌에 本山奉先寺住持月初和尙이 當寺兼務住持로 被任
되야 法殿을 新建하고 佛像은 中央에 三和尙影幀은 西壁에 各其奉安하며
繪畵丹靑까지 遺憾업게하다.

現在寺의 沿革은 일로써 마치고 繼續하야 前寺畧歷을 記入함에 甲乙丙

丁 等 干支로 分類하로라.

甲, 前寺沿革

距今五百九十六年前 高麗忠烈王十五年(日本後醍醐天皇嘉曆三年 元文宗天曆元年) 卽 佛紀二千三百五十五年戊辰에 迦葉百八傳提納薄陀尊者西天國指空和尙이 開山하고 檜巖寺라 命名하엿스며

高麗恭愍王二十三年甲寅으로 辛禑王二年丙辰歲까지 王師懶翁和尙과 其門徒倫絶澗 等이 再創하엿고

李朝成宗王三年(日本後土御門天皇文明四年 明憲宗成化八年)壬辰에 貞熹王后懿旨로 河城府院君 鄭顯祖를 命하야 三創하엿다.

乖崖 金守溫氏의 撰述에 係한 檜巖寺重刱記를 節錄하건데

「昔天曆間 西天提納薄陀尊者 見此寺基 以爲酷似西天阿蘭陀寺 且曰迦葉佛時 已爲大道場 於是執繩量地 以定其位 時得劫前礎砌 暫庇屋宇以識其最而己 玄陵王師普濟尊者 受指空三山兩水之記 遂來居此 乃欲大刱 分授棟樑 奔走募緣 功未及半 而王師亦逝矣 其徒倫絶澗等 念王師未究之志 踵其遺矩 以畢其績 牧隱文靖公記之曰 普光殿五間 殿之後說法殿五間 又其後舍利殿二間 又其後正殿三間 廳之東方丈二所各三楹 東方丈之東羅漢殿三間 西方丈之西大藏板三間 由普光殿 東西分左右諸殿 南起衆寮 諸殿鐘樓沙門 廚庫之所 賓客之位 秩乎有序 棟宇連亘 廊腰蔓回 高低冥迷 不知東西 凡爲屋二百六十二間」云云. 又曰「成化壬辰春 大王大妃殿下 傳懿旨于河城府院君鄭顯祖 若曰 予一婦人 承祖父餘休 佑我 世祖大王 誕毓聖子神孫 是雖皇天眷佑東方 亦未必非 世祖夙植德本於佛乘也 自古慈母欲保於其孫 忠臣欲壽於其君 莫不惟三寶是歸 檜巖東國大伽藍也 三和尙相繼開山 三山兩水之記 肇於指空 實壽君福國之地也 頗聞築基不固 殿舍階砌 積以雜石 故創造未久而屋已老 今欲間閣制度 罔改于舊 庭除所履 悉易熟石 計

其功課 倍於初創 卿亦必有種善之因 得尙公主 卿其用力俾遂予弘願 顯祖
對曰 世皆言重刱之績 難於肇興 財穀雖多 苟不得人 罔以有成 今正陽寺住
持處安 勤敏通達 幹事之材 鮮有及者 懿旨允可 遂以安移住檜巖 財穀所費
內需司專掌 隨乏隨給 以濟其用 府院君亦傾其私蓄 以供其缺 安奏募僧俗
自願 計功以償 日役萬有餘指 不督自勸 始於其年月日 閱十有三朔而告訖
殿舍間閣 無所更改 欄墻廣狹 無所增損 而房而房櫳門闥. 益爲之洞豁. 塗墍
丹臒. 益爲之絢煥. 百餘年頹敗之舊寺. 一朝變爲重新之寶刹」云云

乙, 前寺廢止原因

李朝明宗二十年乙丑에 普雨(號處應)和尙이 四月八日을 期하야 當寺
에 無遮大會를 施設코저 萬殷을 準備함에 八道僧이 道場에 雲集하더니 不
幸히 文定王后가 一日을 前期하야 卽四月七日에 薨逝하는지라. 臺諫及太
學生 金忠甲等이 聯章하야 普雨를 讒斥함에 遂히 雨師는 濟州로 定配하게
되고 依하야 無遮大會는 居然自罷하니 此로 因하야 寺樣이 漸次廢墟에 歸
하고 至今까지 礎石만 縱橫할 다름이다.

丙, 三和尙敎旨及碑浮圖

(가) 指空和尙敎旨와 碑浮圖

迦葉百八傳提納薄陀尊者禪賢號指空加贈開宗演敎萬行圓融六度嚴淨
西天三昧東土一祖大法師者

高麗國恭愍王二十一年壬子에 王命으로써 浮圖를 寺之北崖에 樹立하다.

李太祖三年甲戌에 王命을 承하야 塔銘을 雕할새 前奉翊大夫知密直司
事商議會議都監事右文舘提學同知春秋舘事上護軍臣韓修奉敎書並篆額
前朝列大夫征東行中書省左右同鄕中推忠保節同德贊化功臣三重大匡韓

山君領藝文春秋舘事兼成均大司成臣李穡奉敎撰 (但碑文은 省畧)

(나) 懶翁和尙敎旨와 碑浮圖

高麗王師大曹溪宗師禪敎都摠攝勤修本智重興祖風福國祐世普濟尊者諡禪覺號懶翁加贈修宗崇敎證道契悟應眞延覘讚運資福大法師者

高麗辛禑王二年丙辰八月十五日에 門徒가 懶翁和尙浮圖를 指空浮圖同原에 樹立하다.

同辛禑王十七年辛酉에 王命으로 塔銘을 撰進하니 前朝列大夫………成均大司成知書筵事臣李穡奉敎撰

輸忠贊化功臣匡靖大夫政堂文學藝文舘大提學上護軍提點書雲舘事臣權仲和奉敎書並丹篆額 (但碑文省略)

(다) 無學和尙敎旨와 碑浮圖

王師大曹溪宗師禪敎都摠攝傳佛心印辯智無礙扶宗樹敎弘利普濟都大禪師妙巖尊者加贈開宗立敎普照法眼廣濟功德翊命興運持世護國東方第一大法師者李朝太宗七年丁亥十二月王命으로써 無學和尙浮圖를 指空懶翁兩和尙浮圖同原에 第三層으로 樹立하다.

同太宗十年庚寅에 無學和尙塔銘을 王命으로써 撰進케하니 嘉善大夫藝文舘提學同知經筵春秋舘事兼判內膳寺事臣卞季良奉敎撰 嘉靖大夫檢校漢城判尹寶文閣提學臣孔俯奉敎書 (但碑文省略)

附無學王師碑陰記

「東國三祖師 指空 懶翁 無學 浮圖及事蹟碑 在楊州天寶山北崖 指空懶翁兩碑 牧隱李文靖撰 韓修權仲和書 麗季所竪也 無學碑 卽我 太宗踐祚三十年庚寅 奉上王命 命詞臣卞季良製 孔俯書並竪兩師碑塔之下 寺近廢而碑獨存 今上十二年辛巳 有李應埈者 與術人趙大鎭 毀浮圖而埋其親 指空無

學二碑 俱被撞碎 道臣聞于朝 上震駭 李與趙並命島記 掘其瘞 仍敎曰 所碎
之碑國初所命 至今日而不能保存者 亦甚怵然 分付幾營主其事 指空碑 屬
文靖後孫牧使義玄改書 無學碑碎不甚 摸舊刻孔俯書刻之 戊子秋工始就 竪
于舊址 盖指空懶翁 自中國來 演釋敎於麗季 無學師其道 在我國初定鼎時
其功多有可紀者 檜巖寺之同竪三碑 良有以也 于今四百餘年之後 忽遭破碎
抑亦佛家之一劫而及我 聖上 惕然威懷愛命有司 一擧而重新之 使湮毁之古
蹟 賴而復顯 其德益遠 豈不有光大聖人 追舊紀功之盛典歟玆具顚末 記之
石右」

崇祿大夫龍驤衛上護軍兼弘文舘大提學藝文舘大提學知成均舘事原任
奎章閣提學都總府都摠管世子右賓客 金履喬 追記

嘉善大夫京畿觀察使兼兵馬水軍節度使水原留守開城留守廣州留守巡
察使 金鎌書

主事都監董仁峯德俊 奉恩寺首禪宗判事釋會善奉先寺首敎宗判事平松
普岑 南漢總攝翠峯寶活 北漢總攝嘉義性黙 龍珠寺都總攝諸方大法師肯俊等

丁, 昔日異聞

李朝世祖九年甲申五月初二日甲寅에 上이 永順君薄을 命하야 承政院
에 傳하야 曰 近日孝寧大君이 檜巖寺에 圓覺法會를 設하엿더니 如來現相하
고 甘露下降하며 黃袈裟僧이 繞塔三匝에 其光이 如電하며 於夜分에 放光
如晝하고 彩霧漫空하며 所奉舍利는 百餘數로 分身함에 二十五枚를 闕內含
元殿에 奉安하엿든바 다시 數十枚로 分身하니 如此奇祥은 實爲難遇라. 予
欲復立興福寺하야 爲圓覺寺하노라. 承政院이 啓曰 允當이로소이다. 仍請
行賀禮어늘 從之하시다.

附興天寺鑄鐘序

嘉靖大夫吏曹參判臣韓繼禧奉敎撰

吏曹佐郎兼承文院副敎理臣鄭蘭宗奉敎書

(前略)辛巳夏五月壬子 釋迦如來舍利 分身於檜巖寺 祥光瑞氣 熏灼于天 異香勃鬱 逼滿山谷 孝寧大君補 在寺進二十五枚 上興慈聖王妃 禮於內殿 又分身 安于含元殿 又分身 越丙辰大君又得又進 王妃禮於內殿 又分身 丁巳 上親製伽陀 被之管絃 偕王妃撰養於含元殿 又分身 前後所得分身舍利 總一百又二 檜巖會中 人自取去 又不知其幾 上大歡慶 肆赦 發大誓願 親自翻譯楞嚴經 率宗親政府六曹臺省 將爲祖宗及一切含靈 造如來像一軀 又爲中宮世子造一軀 又夢觀音地藏二菩薩相對之異 乃造二像 各安舍利於中 妥奉于興天寺之舍利閣 上同王妃 禮拜於寶座 燎香供養 命鑄鐘 以警六時 以導幽滯 口此緣起 昭示無窮焉

戌, 傳說

當寺全盛時代에 朝家로부터 山下茅亭里(今栗田里)에 僧市를 特設하야 賣買上便宜를 得케하고 且該洞民으로 三和尙塔燈에 雜草를 刈取케 하엿는데 場市는 革罷已久로대 除草는 尙今實行云이라.

附題詠

高麗王子僧圓鏡 手跡在南樓東西壁 及客室西偏小樓間 寺僧云 大定甲午歲 西都叛 西北路梗 金使至 從春州路 道迎金使入寺 禮像設訖 聚觀書 一人曰貴人筆也 一人曰此山人書 蔬笋之氣頗存 時有僧在其傍 以寶告 二人皆喜其言中 乃題詩曰

王子膏粱氣半存 山僧蔬笋尙餘痕 顚張醉素無全骨 却恨當年許作髠
題檜巖寺 李穡
檜樹蒼蒼石勢頑 葉間風雨半天寒 老僧出定忘聲色 頭上光陰走似丸
又 成任
藜杖尋幽信手提 長松無數倚巖低 山名不向居僧間 門額惟看大字題 萬

壑雲生林更僻 千年事往鳥頻啼 三師塔在藤蘿外 欲上危顚意轉迷

今舊兩寺의 略歷을 우와 가치 大綱 記取하고 住持和尙에게 告別한 後
逍遙山으로 發向코저하는데 藥水泉과 檜巖寺舊基를 한번 보라고 紹介한
다. 藥水泉 所在地의 距離와 方向을 무른즉 三和尙塔燈을 橫斷하야 넘어가
면 一町未滿이고 藥水의 效果이 만흠으로 春夏間에는 遠近士女가 絡繹不絶
하는 바임니다. 그러나 視務가 多忙한 中에 두루 볼 수 업사오니 檜巖舊基나
歷訪합시다 하고 住持和尙案內로 信地에 到着하엿다. 어- 참으로 宏壯합니
다. 基地가 廣闊함은 晋州三壯과 報恩法住 等을 보왓지마는 石物이 이와 가
치 훌륭함은 寺刹界로서 오늘날 처음 보겟습니다. 그리고 저 兩片松林은 檜
巖寺所有인가요. 아니올시다. 그 前에는 寺有하든 것인대 距今二十年前에
雲峴宮으로부터 入葬을 하고는 그만 自家所有로 禁養을 하엿습니다. 舊日
時代에 그 勢力을 누가 當하겟습잇가. 近年에 兩處墳墓를 다- 파갓것마는
山林은 그대로 自家所有라 主張함에 當寺는 勢不得已 뺏긴 모양이지요. 그
러켓지요. 當初부터 山林을 보고 入葬한 것이지 墓地야 우리 肉眼에 하나도
볼ㅅ것 업습니다. 또 寺基로 말할지라도 무슨 三山兩水之記이니 西天阿蘭
陀寺와 酷肖하다니 迦葉佛時에 己爲大道場이니 무엇무엇 떠들어 대엿기에
얼마나 偉觀이 잇스리라 想像하엿든 것이 言過其實에 아니 놀랠 수가 업습니
다. 廣闊한 敷地와 石物 以外에 무엇 볼ㅅ것이 잇습잇가. 風水說을 迷信할ㅅ
것은 업지마는 主峰이 잇습잇가. 龍虎가 잇습잇가. 前後案이 잇습잇가. 또
水石이 업는 것은 姑捨하고 飮料水인들 오즉 困難하겟습잇가. 人이 傑이면
地도 靈이 되는지는 알 수 업지마는 西天阿蘭陀寺가 꼭 이모양이라 할ㅅ것가
트면 그절도 몃 百年을 支撑치 못하엿스리라 생각합니다. 아- 汽車時間이
되여가니 閒談을 할 수 업습니다. 그만 드러가시지요. 다시 作別하고 一里가
될락말락하는 德亭里停車場으로 줄다름질을 첫다. (未完)

陽州各寺巡禮記(續十三)

晩悟生
《불교》, 1928년 6월

　　德亭里에서 汽車를 搭乘하고 東豆川에 至하야 下車하니 때는 上午十時頃이다. 普通學校압흘 지내서 조그마한 개울을 건너니 이곳은 即 逍遙山洞口이다. 飮食店 十餘家가 散在하여잇는 中央으로 바른손편을 끼고 溪流를 沿하야 限十五町假量을 올라가니 數間草家가 나타나고 그 집 全面木橋를 건너 險峻한 蒼壁을 더위잡고 艱辛히 마루턱이에 올라서니 이곳을 元曉목이라 稱하는 名勝地이다. 그곳에서 東쪽으로 絶壁을 바라보니 그 中허리에 限 三四間되는 七星閣이 縹緲하게 나타나며 金碧이 輝煌하고 또한 層나려서는 李栢月和尙이 白雲庵을 再刱하고 落成한지 오래지 안타한다. 그곳은 太古和尙이 高麗忠肅王五年己卯春에 楊根 龍門山으로부터 當寺에 來住하면서 白雲庵歌를 지어 읍프시니 曰「逍遙山上多白雲, 長伴逍遙山上月, 有時淸風多好事, 來報他山更奇絶」云云 等의 十六句로 編成되엿다. 그러나 白雲庵의 成壞는 何時임을 알 수 업스나 今般 栢月和尙이 開基할 時에 緣이 厚하고 完全한 솟뚝겅(鼎盖) 한 개를 얻어 古物로 寶藏하엿다 한즉 前寺의 顚覆도 그리 오래지 안흠을 可히 證明하겟다.

거게서 다시 東편 絶壁을 기어올라 한 모퉁이를 도라드니 自在庵一幅畵境이 目前에 羅列한다. 또 木橋를 건너서 큰 房前面을 도라 藥師殿압헤 當到하니 一道流瀑은 건너쪽 石面으로 나려지며 그 바른편으로는 크다란 岩石이 둘러잇고 그 岩石 밋헤는 天然的 窟이 뚤려잇는데 限百餘名사람은 坐立이 無碍일 듯하며 또 窟 속에는 甘露泉이 잇서 藥水로 有名한데 이 새음은 元曉大聖이 當寺를 刱建하고 食水不足을 遺憾으로 생각하사 拄杖子로 窟속을 뚤음에 淸泉이 湧出하엿다 하며 春夏秋 三節은 遠近 探勝의 筇屐이 足跡을 잇게되니 眉叟先生逍遙山記에 「循山渡危橋, 疊足行線路, 上有百仞巓, 曉聖來結宇, 靈蹤査何處, 留形遺素鵝, 茶泉貯寒玉, 酌飮味如流, 此地舊無水, 釋子難搓住, 曉公一來寄, 甘液湧巖寶」라는 高麗 李奎報詩를 引用한 六句 中으로 當寺形勝을 大槪模寫하엿다. 道場을 一週한 後 큰 房으로 드러오니 當寺住持 朴耘虛和尙이 金剛回路에 山內金宋窟을 구경하고 도라오는 길이라하며 筆者를 欣然히 마저준다. 久闊의 情을 娓娓히 談話하다가 栢月和尙의 記抄하여둔 當寺史蹟을 閱覽하고 沿革을 左記하다.

自在庵(本山 奉先寺 方 等地)

當寺는 楊州郡治의 東北으로 約四里를 隔한 伊淡面鳳巖里逍遙山下에 在하니 距今一千三百年頃에 新羅元曉聖師가 刱建하고 自在庵이라 命名하엿스며

高麗 光宗王 二十五年(日本圓融天皇天延二年 宋太祖開寶二年) 甲戌에 覺圭大師가 太上王旨를 奉하야 當寺를 再刱하니 距今丙寅九百五十二年이요.

高麗 穆宗王 七年(日本近衛天皇仁平三年 宋高宗紹興二十三年 金貞元元年) 癸酉에 精舍가 燬하거늘 關東僧覺玲이 佛殿僧寮를 重修하니 距今七

百七十二年이요.

李太王 九年 壬申에 元空大師가 濟庵和尙을 際遇하야 寺院全部를 再刱한 後 靈源寺라 改額하니 距今五十五年이요.

壬申 春三月에 水落山興國寺濟庵和尙이 寶盖山에 가서 千佛殿祈禱를 마치고 回路에 東豆川에 와서 宿泊할새 翌朝에 店人을 불러 이 附近에 寺院이 잇는가 한즉 此去一里에 逍遙山이 잇고 그 山中에 自在庵이 잇소 한다. 그르면 昨夜夢事와 符合하다하고 卽發하야 自在庵을 차저 올라가니 寺院이 頹落하야 참아볼 수 업시 되고 왼집안이 텡 비엿는지라. 생각이 茫然하야 瀑沛水의 나리짐만 보고 우둑하니 섯노라니 一位老僧이 洞下로 올라오며 반가히 人事하고 曰 나는 이 절을 직히는 元空이라하는 중님니다. 하도 먹을 것이 업서 外村에 動鈴을 나갓드니 昨夜夢中에 二位小沙彌가 黑衣紅袈로 儼然히 드러와서 付託할 말이 잇서 차저왓노라하며 自在庵에 貴客이 明日到着할터이니 急히 드러가서 반가히 迎接하고 所願을 請求하면 뜻과 가치 成就하리라 함에 動鈴하든 것은 中止하고 그만 드러왓삽더니 果然 스님이 오섯슴니다. 山은 畿內名勝이 온대절이 이 모양되엿사오니 이절을 回復하여주옵소서하고 辭氣가 惻愴한지라. 濟庵和尙은 내가 이절에 宿緣이 잇서 聖賢이 指示함이라하고 主僧의 請를 欣然히 承諾한 後 그달부터 着手하야 三個年만에 寺院全部를 一新重刱하고 佛像其他動産을 一一準備하며 佛餉畓數十斗落까지 獻納하야 大功德主가 되엿다한다.

高宗太皇帝光武十一年丁未에 滿月殿一所를 除하고 寺院全部가 兵火에 燒하엿거늘 越二年己酉에 性坡濟庵兩師가 一新再創하고 原名에 依하야 自在庵이라 改稱하니 距今十八年事이라.

前記와 가치 沿革을 記抄하고 다시 名勝을 調査하니 左와 如하다.

一, 元曉臺 當寺入口에 在하니 或稱元曉목(項)이라.

二, 下白雲臺 李栢月和尙의 重刱한 白雲庵舊址이라.

三, 中白雲臺 下白雲臺上에서 東쪽으로 隆起한 萬峯이라.

四, 上白雲臺 中白雲臺上에 在하니라.

五, 淸凉瀑 自在庵越便에서 直瀉하나니라.

六, 獨立巖 淸凉瀑右傍에 突起한 數百丈의 巖石이라.

七, 元曉井 元曉聖師가 拄杖子로 뚤은 窟穴流泉이라.

八, 義湘臺 懸庵古址東南에 在하니라.

九, 金宋窟 昔時에 金宋兩家가 亂離를 避하야 石窟中에서 臨時治産을 하엿다 云이라.

十, 羅漢殿窟 古時에 十六聖像을 窟中에 奉安하엿슴으로 懶翁和尙의 逍遙山天生石羅漢詩가 잇나니라. 다시 古蹟을 調査하야 左와 가치 分科하니

甲, 瑤石公主宮址

元曉聖師가 新羅文武王의 따님 瑤石公主를 尙하야 弘儒侯薛聰을 生한後 此地에 宮을 築하야 幼兒를 養하엿다 云.

乙, 李太祖大王行宮古址

太祖大王의 行宮은 어찌 此地에 잇섯든가? 그 原因을 溯考하면 太祖大王이 두 夫人을 두섯는데 神懿王后 韓氏가 六男을 誕生하시니 定宗이 둘재시고 太宗이 다섯재시며 神德王后 康氏는 芳蕃 芳碩과 慶順公主를 誕生하섯는데 太祖大王께서 어린 芳碩을 鍾愛하사 世子를 封하시니 鄭道傳 南誾 等이 芳碩에게 阿附하야 諸王子를 暗害코저하는지라. 太宗이 아르시고 機密을 엿보더니 鄭道傳 等이 마침 南誾의 妾家에 會集하야 明燈歡笑한다하거늘 太宗이 武士를 親率하고 該家에 放火하니 道傳이 逃亡하야 隣家에 潛匿커늘 軍人이 잡아내야 太宗前에 밧친대 太宗이 數罪하여 曰汝가 王氏를 旣負하드니 또 李氏를 저바리고저 하느냐. 道傳이 엿줍기를 臣의 목숨을 살려

주시면 竭忠報國하겟나이다. 太宗 曰 너의 奸計는 信用할 수 업다 하시고 卽時 斬首하심에 翌日 百官이 道傳 等의 罪를 啓하며 또 世子改封을 疏請하고 太宗은 芳蕃 芳碩을 다 誅殺하니 太祖ㅣ 忿을 참지 못하시와 是年에 咸興으로 駐蹕하시다. 未幾에 一老夫가 斗酒隻鷄를 携帶하고 慰問하니 卽太祖의 故人이라. 一絶을 口占하여 曰「休道騰鱗北海間, 莫言今日錦衣還, 我行不是歌豊沛, 却愧明皇蜀道難」이라하시다. 當地 父老로 더부러 餘景을 消遣하심에 太宗이 각금 使者를 보내여서 問候하고 또 回駕를 請하온즉 오는대로 斬首하야 돌려보내지 아니하시니 咸興差使란 말이 그때부터 始作되엿다 한다. 太宗이 다시 政丞 朴淳을 差遣하시니 朴氏는 咸興에 到着하야 색기가진 암소를 몰고가다가 송아지는 남게 붓드러매고 母牛만 끌고 드러가니 母牛子犢이 떠러지기를 실허하야 서로 소리를 처 擾亂하기가 짝이 업는지라. 太祖ㅣ 무르사대 그소는 어찌해서 소리만 지르느냐. 예- 색기가진 母牛임에 그 색기를 못이저서 그러하옵니다 하고 諷諫을 만히 하엿다. 原來 朴淳은 太祖의 潛邸時 故人이라. 一日은 棋局을 버렷드니 그날은 쥐가 天井으로부터 색기를 물고 떠러지며 그대로 버리지안코 다라남에 朴淳이 太祖로 저것을 보시라하고 伏地號泣하니 太祖께서 저윽이 感動하섯다. 그러나 斬首하라는 侍臣의 疏請이 必有하리라 하야 秘密히 朴의 回京을 재촉하엿드니 俄이오 斬首의 疏請이 잇는지라. 太祖께서 벌서 龍興江을 건넷시리라 짐작하시고 釼을 주어 보내시되 만일 江을 건넷거든 그만두고 도라오라 令을 네려섯다. 使者가 급히 조차가니 朴淳이 中路에 腹痛이 잇서 遲滯가 되엿다가 겨우 船上에 오르는지라. 使者가 칼을 드러 허리를 끈흐니 後人이 이를 두고「身在江中頭在船」이란 글귀까지 잇섯다한다. 太宗이 亟히 回駕를 씨기코저하나 計策을 定치 못하고 焦悶히 지내더니 或이 말하기를 無學大師가 아니면 道理가 업습니다. 大抵 無學의 贊劃으로 大業을 成하엿슬뿐 莫逆의 故人이라. 例를 들면 이러하니 一日은 松京 壽昌宮 東軒에 對坐하엿슬적에 太祖게서 今日은

無聊하니 우리가 君臣師弟의 義를 擺脫하고 서로 諸謔嘲笑로써 愉快히 날을 보내자하시며 卽時 無學을 가르쳐 도야지갓다하거늘 無學은 太祖를 가르쳐 부처님갓다하니 太祖게서 스님은 何故로 납분말로 對答지 안느냐 함에 예-도야지눈으로 보면 모다 도야지오 부처님눈으로 보면 모다 부처님이라 함에 太祖께서 크게 깃거하야 千載一遇라 稱讚하섯다 한다. 太祖와 無學의 魚水의 歡이 잇슴을 怳然히 覺悟하사 物色으로 無學을 訪問하고 咸興行을 固請하시니 無學曰 父子之間에 어찌 이러할 수 잇사오며 余는 將次 무엇으로 엿주릿가. 그만 듯지 아니하니 太宗이 더욱 懇請不已하거늘 大事는 不得已하야 此를 承諾하고 咸興에 이르러 太祖께 謁見한대 太祖ㅣ 大奴曰 스님이 芳遠(太宗名)을 爲하야 遊說함이 아닌가. 無學曰 殿下께서는 어찌 생각이 업스신잇가. 貧道가 殿下로 더부러 相識이 多年임에 特히 殿下를 爲하야 한番 觀問코저하는바 님이다. 太祖 顔色이 稍和하여 曰 予가 政히 無聊하더니 그르면 寢食을 가치하자 하거늘 無學이 奉教하고 數十日을 留宿하되 조금도 太宗의 말을 아니하니 太祖ㅣ 더욱이 信賴하야 每日他事를 談話하고 歲月을 보내더니 하로는 太祖를 모서 同寢하시다가 夜半은 되여 太祖를 說하여 曰 某也(指太宗)가 實로 罪를 지엇슴니다. 그러나 殿下의 愛子는 발서 다죽엇고 但只 兄弟만 남아잇는데 만일 棄絶하신다면 殿下一生에 辛苦하시든 大業을 장차 何人에게 付托하시릿가. 他姓에게 委任하는 것이 나의 血屬만 가트릿가. 願컨대 세 번 생각하압소서. 太祖 그러히 여기시고 回駕하실 생각을 두신지라. 無學이 急還하심을 請함에 太祖ㅣ 快諾하시고 翌日로 上京하시다가 逍遙山下에 이르러 다시 愛子를 생각하시고 慘酷하고도 痛憤하심을 不勝하야 山之入口에 行宮을 建設하시고 終老計를 作하섯다. 無學이 다시 强勸함에 太祖ㅣ 말지 못하야 動駕하야 議政府에 到着하시니 京城附近이 멀리 보히는지라. 그만 感懷가 觸發하야 또 드러갈 수 업다 하시고 幾日間 當地에서 議政하섯다. 無學이 地理上 極不可를 奏請함에 그제는 豊壤縣으로 移駕하사 行宮(今榛接面 內閣里)을 지으시고 三個月間을 駐蹕하섯다. 無學이 太宗으로 하여금 誠意를 披瀝하야 太祖로 畢竟 還宮케 하섯슴에 逍遙山 行宮 議政府 內閣里 大闕터 等 名稱이 其時로부터 始하엿다 云이라.

丙, 逍遙寺舊址

元曉臺上으로 數町餘에 잇더니 丁未兵火에 燒却되니라.

丁, 縣庵舊址

中峯石寶下에 在하니라.

戊, 獅子庵舊址

山의 絶頂北便에 在하니라.

名勝과 舊蹟을 調査하여 마치고는 한편 방을 치우고 그 절에서 留宿하게 되엿다. 그리자 京城에서 靑年 三四名이 妓生을 同伴來着하야 마루를 새이에 둔 건너ㅅ방에서 자게 되는데 女唱男和로 瀏亮한 唱歌聲이 寺內를 震動한다. 筆者는 調査로 하야 여러 날 疲困하든 餘地에 一種快感이 업지 안어 아마도 이 自在庵은 他化自在天거니 疑心하엿다. 그러나 꼿노래 한두 번이라고 밤을 새이자하는 모양이니 安眠妨害가 여간이 아니다. 그제는 도로 厭惡心이 생기여서 이러한 勝地道場에 왜- 저런 等類를 禁止치 안는가 하는 同時에 逍遙山은 騷擾山이라 改書하는 것이 조켓다는 생각까지 두엇섯다. 눈을 깜아보지 못하고 그대로 밤을 지낸 後 아침밥이라고 먹는 둥 마는 둥하고는 그만 白雲庵으로 나려와 栢月和尙을 보고 年前兵火격든 狀況을 무러보왓다. 예- 그때 情況이야 생각할수록 깜작깜작 놀래이지요. 그때가 아마 隆熙元年 丁未 九月頃입니다. 하로는 許蔿, 金景碩 두 사람이 義兵將이라 自稱하면서 兵丁數百名式을 거나리고 우리 寺中으로 차저와서 三四日을 留陣하엿습니다. 그리자 鐵原 寶盖山에서 接戰이 되야 寺院全部가 沒燒하엿다는 말을 듯고 우리 절도 免치 못함을 짐작하야 卜性坡和尙과 議論한 後 佛敎經卷 其他 動産全部를 조곰 隔越하여 잇는 滿月殿에 다 갓다 두엇습니다. 아니나 다를까 九月 二十九日 새벽에 日兵이 쏘다저 드러오더니 그만 총소리가 콩복 듯하며 한 時間쯤 接戰을 하더니 所謂 義兵이라고는 엇의로 죄다 다라나고 日兵은 寺院에 衝火를 하고 물러갓습니다. 그러하는 同時에 두어 개 잇는 동무는 痕跡도 업서지고 다만 性坡스님과 나하고는 山谷에 숨어잇다가 나려와 본즉 火光이 沖天함애 鎭火할 道理가 잇슴닛가. 滿月殿 집웅에 올라가서 웃옷을 버서 물에 담거가지고 불길을 막기로 始作하엿습니다. 盖瓦ㅅ장이 벌거케다는 同時에 불줄기가 거진거진 닷케되니 여간 옷가지로 막아낼 수 잇슴닛가. 이 법당이 타게 되면 가치 죽기로 작정하엿습니다. 정황이 업는 중에 性坡스님은 大聲痛哭을 합니다 그려. 나도 도리여 우스면서 여보시요.「劫火洞燃에 大千이 俱壞하고 湏彌巨海도 磨滅無際라」는 것을 讀誦하지 앉엇슴잇가? 오늘날 義務를 다하다가 죽고 살기는 運數에 一任하지 왜- 어린아히와 가치 우느냐고 말을 하엿습니다. 그때를 當해서 佛陀의 靈驗을 보왓습니다. 十月初旬이 다되엿는데 어찌 東風이 잇기를 바람닛가. 赤壁江上에는 諸葛孔明의 南屛山祈禱의 힘이라 하지마는 뜻밧게 東風이 불기 始作하더니 那終에는 사람이 서서 支撑할 수 업시 되옵듸다. 그러닛가 불줄기라든지 煙氣가 하나도 犯치 못하고 압헤잇는 靈山殿이 불에 타서 업허집듸다 그려. 그제는 숨을 도리키고 땅으로 나려옴에 밤을 들고 추의를 견딜 수 업다하야 洞下에 나려가서 자고 翌朝에 올라오니 滿月殿에서 煙氣가 무렁무렁 나옵듸다. 이게 왼일이냐 하고 뛰여가 본즉 前面柱上鳳頭에 불이 부터 익을익을 하게 되엿스나 불ㅅ광이 이러나지 안엇습듸다. 無人空山에 밤이 새도록 탓든 모양인데 어찌 한곤데만 타고 불이 일어나지 안엇슴닛가. 그도 藥師님의 靈驗이라 아니 할 수 업습듸다. 卽時 물 한동의 기러다가 鎭火를 하고 다시 精神을 차려서 數年을 두고 一新成造를 하엿습니다 한다. 顚末을 이와가치 듯고 雙岩寺를 보기 爲하야 헹-하게 東豆川停車場으로 달려왓다. (未完)

陽州各寺巡禮記(續十四)

晚悟生
《불교》, 1928년 7월

東豆川으로부터 議政府驛에 내리는 때는 上午十時頃이다. 卽時 雙岩寺를 무러 南으로 約一里 되는 柴芚面 長巖里에 到着하니 該寺는 그 洞里 뒤로 限三四町 距離가 되는 山골작이에 잇는 모양이다. 不憚不忙으로 洞口에 드러서니 크다른 바우가 서로 뛰어 건네리만큼 溪流를 幅하야 서잇는데 巖上에는 層臺가 잇서 此를 七星臺라 일흠한다 하며 數日丈으로 나려다보는 巖下에는 淸泉이 湧出하야 飮者는 百病을 除祛 云이라. 압흐로는 京咸線 鐵道를 건너 道峰山을 對하엿고 뒤로는 海拔 數千尺인 水落山이 巍峩이다. 該寺 全景을 大槪 觀覽하고 寺門에 直入하니 住持 趙善明氏가 欣然히 迎接한다. 四五間되는 法堂에 드러가서 參拜를 마치고 따라 記文 等을 살펴본 後 沿革이라고 記抄하니

雙岩寺(本山 奉先寺 方 等地)

當寺는 距今四十七年前

李太王 七十年 庚辰 春에 佛雲化主가 有願比丘尼와 引勸信女孔氏普月
華로 더부러 併力重建하엿다.

俗離山 月波和尙의 著述인 記文을 參考하여 보왓스나 創建 年代는 無憑
可考이기 但重修한 것만 右와 如히 記入하고 其他 寮舍도 三四間되는 것이
잇스나 沿革 參考의 價値는 업는 듯하다. 다시 躊躇할 必要가 업기에 그만
告別하고 石林寺를 찾게되엿다. 該寺는 雙巖寺 左便 山麓으로 한등성이를
넘어서니 조그마한 골작우니가 잇고 草家 十餘戶가 左右로 羅列하엿다. 그
洞里 中央으로 數武地를 올라가니 왼켠 山지실그로 盖瓦집 한 채가 보히는대
그것이 卽 石林寺라 한다. 큰 房 前面에 到着하야 現住持和尙을 차즈니 御間
門 압해서 藁鞋를 삼고 잇든 동무 한 분이 이러서며 住持和尙은 數日前 出他
하엿고 自己 혼자 집을 보고 잇는 中이라 한다. 頹窓破壁이 되야 完全한 것은
볼 수 업고 後院으로 도라간즉 山祭閣이라고 一所가 잇는 모양인데 그 역시
頹落한 光景이다. 當寺는 不動産이라고 盖瓦집 두어채 잇슬 뿐인데 沿革이
라고는 調査할 可望이 업다. 오직 前面쪽으로 다- 날근 懸板 한 조각이 부터
잇는대 仔細히 살펴보니 潘南朴南源의 著述인 三笑閣重修記라 한 것이 熹
微하게도 나타난다. 이 三笑閣은 法堂도 아니고 무슨 집을 어느 곳에 세워
잇섯든가 생각도 渺然이다. 또 어찌해서 三笑閣이라 하엿는가. 「石林精舍虎
溪東, 夜扣禪扉謁遠公」이라는 古詩가 잇섯슨즉 此는 必然코 石林寺를 相對
로 하야 虎溪三笑를 意味하엿거니 하엿다. 及其也 記文을 一讀한즉 생각하
든 자와 딴판이다. 該記文을 節錄하건대

是歲之春余負笈來遊居一月僧裕淡向余而言曰甍墮則柱圮必至之勢今
甍己墮其何能樓哉且有樓而無閣窃嘗病之力雖寡約敢辭其責將以鳩財有
所爲也我聽而笑其言之迂(中略)其後數旬試往觀之伐木於南山蓄土於前
庭其聲呼耶而出余又笑之曰不量乎力其亦愚矣居未幾來告厥成遂與之往
其犛然若魚鱗者前之所墮也其翼然而翬飛者前之所無也於是哄然捧腹而

前日夫子之於我嘗有微笑底意今觀某之成就果何如也曰坐吾語汝夫物不
激鮮能化故石之所激流者呈態風之所激植者動韻失激則遠絲激則淸今汝
之僝功●知非余之所有以激之也仍請閣名以題其額强名曰三笑盖取前後
相笑之意也我以歌曰前可笑笑其迂後可笑笑其愚笑迂者愚笑迂者愚却敎
見笑者笑其笑吾未知孰迂而孰憑

嘉慶二年七月 日 化主釋裕淡 木手釋法靈

三綱比丘守靜外三人

上來記文을 根據로 하야 沿革이라고 記入하니 如左

石林寺(本山 奉先寺 方等地)

當寺는 距今 一百三十年前

李朝 正宗 二十年(日本光格天皇寬政八年 淸仁宗嘉慶二年) 丙辰에 裕
淡化主가 三笑閣을 重修하엿다.

當寺 創修는 何代를 未詳이나 附近에서는 朴절이라 稱謂하는 것을 보면
山下洞 潘南朴氏의 齋寺가 的確인 듯하다. 本山에서 望月, 水鐘, 龍門, 神勒
等 相當한 有名寺刹이 末寺가 될까 慨이 나서 專力으로 拒絕하고 이러한 有
耶無耶의 名字寺庵은 무슨 趣味로 末寺에 編入하엿는지? 一年分排라야 最
高額이 一圓五十錢인데 그나마 文字上記入뿐이고 받아 볼 수는 非可望이며
本末關係라는 것은 官廳으로서 住持選報하라는 督促을 頻頻히 當할 뿐이
다. 열네번 죽어도 노치 못할 住持印章 이것마는 當寺는 希望하는 사람이 잇
서야 擧論이나 하여보지. 기리 한숨짓고 도라서서 드러오는 길로 나려오는데
洞里를 다 지내고서 幽僻處를 當到하니 一曲溪流에 盤石이 깔려잇고 有亭
翼然한데 詩句가 半間이다. 觀光兼歇脚하기 爲하야 飄然히 올라가서 左顧
右眄타가 그 原韻이라는 것을 記抄하엿다.

「問君結屋竟奚爲 勞苦辛勤意可知 聊且往來西澗上 十年同賞此中奇」

筆者가 調査에 着手한 以來로 汨沒無暇되야 溲渤의 字모듬이라도 해본 적이 업섯지마는 今日은 하도 無聊하니 前記原韻이나 다라볼까하고 되고 말고 적어 노왓다.

「處世無爲卽有爲 昔人趣味箇中知 半千里外嶠南釋 此日登臨更覺奇」

萬年筆을 다시 꼿고 緩步도라오니 議政府市場에는 交易而退한 者가 折半이다. 今日은 當地에 宿泊을 하기로 豫料하엿스나 한 곳 나믄 절을 얼는 調査해 마칠 양으로 日力에 依하야 今番에는 場軍을 따라 石窟庵을 차자가게 되엿다. 西山方面으로 限二里를 進行하고는 그만 大路를 바른편으로 비켜두고 山谷小路로 도라서게 되엿다. 山嶝성이를 넘어서니 櫛比한 村落이 左右로 갈라잇는데 이곳은 知事大監들이 居住하는 洞里라 한다. 키로는 記者보다 倍나 되여보이는 無髯男子에게 길을 무러 五峯山을 차자가는대 夕陽山路에 尋寺歸僧이라. 어쩌케 밧벗든지 엽도 도라볼 수 업시 되엿다. 山을 넘어 골작운이로 드러서니 해는 발서 떠러젓고 어데가 어데인지 重重山谷에 물소리만 요란할 다름이다. 無人空山에 信地를 못찻고 보면 初冬日氣에 어떠한 厄會가 잇슬지는 알 수 업서 차라리 山寺는 明日로 미루워두고 村落을 차저 一夜를 安息할 수 밧게 업다하고 有形無形한 山路를 緣하야 平地로 나려오는대 어떠한 樵夫一名이 나무짐을 나려노코 개울가에서 담배를 피우고 잇다. 여보시요. 이 사람은 石窟庵절을 차자가다가 길을 일헛습니다. 담배갑시나 限三十錢 보태드릴터이니 그절까지 案內하여 줄 수가 잇슴잇가. 예-나도 집에 가기 느젓지요마는 길을 일코 고생하심을 본 以上에 어찌 拒絶할 수 잇슴잇가 하며 欣然히 이러선다. 내 얼골이 一色이 아니라 돈이 입부다 하는 말과 가치 記者의 活人之佛도 오늘날은 金錢이로다 하면서 暗暗裡에 뒤를 따라 信地附近에 이르러서는 樵夫에게 돈을 주어 들려보내고 컴컴한 길을 차저 寺門에 到着하니 방안으로서는 전역 禮敬을 마치고 念佛하는 북소래가 야단이다. 前面에다 行具를 나려노코 動靜을 살피라니 年晩한 一婦女

가 검정장삼을 둘러닙고 誦呪를 하는 판인데 언제 다- 工夫하엿든지 前後誦에 한 句段이라도 別로 差錯이 업는 모양이다. 그러나 무신 試驗이나 보는 듯이 門 밧게서 竊聽하노라니 언제 치여다보왓든지 깜작 놀라며 일어나서 왼사람이냐 하고 뭇는 모양이다. 예- 나는 本山職員으로서 末寺 調査다니는 사람이라 하엿다. 그제는 마음이 노히든지 誦呪하든 것을 從容히 거더치우고 새로 나와서 人事를 한다. 日前에 납분 사람이 드러와서 道具를 죄- 훔처간 일이 잇슴니다. 놀랜 가슴이라 도적놈도 사람가트니까 어제 分揀할 수가 잇서야지요. 자- 뒷방으로 드러갑시다. 나는 夕飯을 準備할 터이니 한다. 主人의 指揮에 依하야 한편 방을 치우고 안젓노라니 居未幾에 夕飯이 드러왓다. 應供을 마치고는 主賓이 對坐하야 問來答去에 時間이 느저감을 깨닷지 못하엿다. 어찌하여서 이곳은 男僧이 업고 婦人이 계시십닛가. 이절 住持 金永峯 和尙은 咸鏡道 어데인가 가서 잇담니다. 절이 비여잇자하리 날가튼 사람이라도 집이나 직히고 잇는 모양이지요. 本宅은 어데시고 子與孫은 몃이나 잇슴닛가. 우리아들 金範仲이라고 하는 사람이 京畿 黃金町 四丁目에 居住하는데 日本女子를 얻어 生男養女하고 그대로 사는 모양이지요.

그러시면 子弟를 依托해서 사실 터인데 이 孤寂한 山中에서 무슨 趣味로 지내심닛가. 子息內外도 나에게는 孝誠이 極盡하지요. 또 孫子男妹도 여간 따르지 안슴니다. 그리고 우리집이 그리 구차한 살님도 아니람니다. 그러치마는 남의 집가타여서 暫時도 留連하기 실코 이곳을 오면 사람이 잇거나 업거나 먹을 것이 不足하거나 말거나 모든 것이 마음에 길겁슴니다 그려. 내손으로 盖瓦ㅅ장을 가라덥고 도량소쇄와 여러 가지 任務를 兼行하여도 괴로운 생각은 조금도 업슴니다. 그것은 다- 宿世因緣인가 하옵니다. 그리고 앗가 불너튼 사람과 단둘이 잇는 모양이지요. 예- 그사람은 負木名色으로 각금 남기나 하여주고 자긔집에 가서 農事를 짓는 담니다. 노-혼자 잇는 세음이지요. 이와가치 여러가지 이약이를 繼續하다가 婦人은 자긔 處所에 도라가고 혼자

無聊히 누엇다가 잠이 들지 안허서 앗가 乘暮到寺하든 光影으로 四律一首를 構成하여볼까하다가 儔字를 得하엿다.

石門斜日訪仙儔 好是楓林點綴秋 山如馬耳雙峯出 溪似羊腸九曲流 誦 經誰道男居士 法服今來女比丘 沿革精查從此畢 楊州寺現一筇頭

이와가치 唫詠하여 마치고는 그만 睡魔의 征服을 받앗든 것이다. 翌朝 木鐸소리에 잠을 깨서 禮敬을 가치하고 懸板을 記取한 後 沿革을 적어보왓다.

石窟庵(本山 奉先寺 方 等地)

當寺는 楊州郡治의 西方으로 約三里되는 長興面 橋峴里 五峯山中에 在 하니 驢年月日에 雪庵寬益大師가 重修하엿다.

當寺 記文을 參考하건대 端宗王后願刹이요. 初創 年代는 不知라 하엿스 니 前事는 渺茫에 付할 다름이나 더욱이 遺憾되는 것은 記文末에 乙丑 癸酉 乙亥 等의 干支만 付하엿스니 端宗三年乙亥以後로 七回甲이 지내간 今日에 坐하야 何代의 乙丑 等임을 未詳이라. 古人의 歷史上 생각이 업섯든 것은 冤望을 아니할 수 업시 되엿다. 旣往 歷史의 말이 낫스니 말이지 年代의 模糊 함은 어찌 이절에만 限할 뿐이랴. 발바온 十八個寺의 一律雷同이 되여잇다. 例를 들면 約四種으로 分할 수 잇다.

一, 上之十五年乙丑暢月上澣 蘭史 書

二, 黃猿流火月

三, 關逢攝提格三月日

四, 崇禎紀元後再甲午五月日

이와 가튼 奇奇怪怪한 文字를 記入하여 두엇스니 參考者의 心理는 如干 複雜이 아니엿다. 假今上之十五年乙丑이라 하엿스니 麗鮮 어느 人君의 登 極 十五年이 乙丑이든가. 또 黃猿은 戊申이라 하겟스나 어느 人君의 戊申이 든가. 또 關逢攝提格은 甲寅의 古甲이라 하겟스나 亦是 어느 時代 甲寅이든

가. 崇禎紀元도 明史를 보와 아라내겟스나 亦是 時間 虛費가 如干이 아니엿다. 더욱 기맥히는 것은 記文만 버려노코 年月까지 업는 것도 或 有한즉 그네는 心腸은 참으로 알 수 업다. 그러나 外他各寺는 距今幾年前을 아라내엿스나 唯獨當寺에 이르러서는 記者의 管見으로 알길이 茫然하다. 此를 생각하는 同時에 主人마누라는 負木을 急히 불러 本洞區長家에 단여오되 아침밥床을 밧기 前에 回還하라 申託하고 무슨 말을 귀에 대이고 가만가만 일러준다. 强知他事할 것 업고 다만 무슨 急한 일이 잇는가부다 짐작만 할 다름이더니 負木이 단여오고 아침밥을 먹는 뒤에야 記者에게 顚末을 일러준다. 우리 本末寺에 거룩한 일을 준비한다 하오매 旅費 몃 圓이라도 보태여드릴가하나 手中에 一錢도 업습니다. 그래 日(計)稅金六拾錢으로해서 一圓金을 區長에게 맛긴 일이 잇겟든바 그 殘金이나마 바다오라하고 앗가 負木을 보내엇드니 이것을 바다왓습니다 그려. 薄弱하나마 車費에 보태여씨라하고 金四拾錢을 내여준다. 末寺七十個所를 단엿스되 路資보태여 주는 곳은 當寺가 처음이다. 原來 貧弱한 本末이라 相當한 出張費가 업고 但 實費에 依하야 若干 支拂하는 中일 뿐더러 또 巾幗丈夫의 紀念을 하기 爲하야 구지 辭讓을 아니하고 그대로 받아 간수한 後 創洞停車場時間을 理容하야 불이나케 뛰여왓다. 소귀동(牛耳洞)에 이르자 汽車소리가 발서 뛰하고 山川을 울리인다. 「乞飯山僧聞種笑」라함과 가치 한번 웃고 다시 걸음을 느추어서 徒步로 議政府, 祝石嶺을 經由하야 發程所在地로부터 略八里되는 本山에 到着하니 발서 下午六點鐘이 뎅뎅한다. (끗)

  奉先末寺에 懸燈, 興龍, 五峰, 鳳岩, 彌陀, 守國等의 外郡六個寺가 殘在이나 題目에 奉先本末寺 巡禮라 아나 하고 다만 楊州各寺巡禮記라할뿐더러 변변치못한 記事로 支離하게도 끄을어왓슴에 讀者 여러분의 煩瀆을 是恐하야 外他 名寺는 機會를 미루워두고 此에 擱筆하는 바닙니다.

바다의 仁川

陽心學人

《조선지광》, 1928년 7월

　　내가 仁川을 와보기는 이번에 네 번째이다. 네 번째라니 말이지 공교하게도 春夏秋冬 四時의 仁川을 골고루 본 것 갓다. 맨 첫반은 「가을」이니 저 有名한 ×××보짜리통에 구경이라면 제 五腸을 쌔주고도 모르는 철不知구실을 톡々이 하엿슬 째 잇섯고 그 다음은 어느 해 겨울에 瑞山 舊島에서 蒸氣船을 처음타고 仁川上陸을 하엿슬 째다. 그게 발서 十年 乃至 十餘年前의 옛 일이라 짜라서 只今은 記憶도 朦朧하다마는 엇더턴지 「가을」과 「겨울」의 仁川은 쓸々한 것 갓트엿다. 그러나 봄과 여름의 仁川은 조핫다. 나는 近十年동안 가보지 못하든 仁川을 올애는 偶然한 機會로 발서 두 번채나 와 본다. 於焉 京城에 올나와 산지도 四五年이 되엿고 京城과 仁川의 相距가 不過 八十里엿다마는 나는 그동안에 한번도 仁川구경을 못하다가 올애는 A君이 잇슴을 因緣하야 갑자기 仁川行이 頻數하게 되엿다. 그러라니말이지 萬一 A君이 仁川에 업섯던들 今年 仁川行도 뜻함이 업섯슬 것이다. 舊島에서 仁川으로 올적에도 A君과 同行햇섯스니 未嘗不 仁川과 A君과는

因緣이 깁다할는지.

　　仁川이라면 누구나 米豆를 聯想할는지 모른다. 그러나 나는 바다를 聯想한다. 그것은 내가 米豆와 因緣이 업대서만 아니라 나는 바다를 조아하기 째문이다. 나는 무슨 까닭으로 바다를 조아하는지 그것은 나 스사로도 모른다. 엇더턴지 나는 바다를 조아한다. 그것은 내가 山꼴에서 生長한이 만큼 沓々한 生活을 햇던 까닭인지도 모르겟지. 何如間 바다를 보면 가슴이 시언하다. 저 茫々한 바다를 멀니 바라보는 感想이란 참으로 무에라 말할 수 업는 憧憬과 歡喜와 生命의 躍動을 늦기게 한다. 물과 하날이 맛다은데- 바다 끗, 한울 갓에는 모든 不自由와 飢餓와 ××에서 ×××平和의 나라 自由의 나라가 잇는 것 갓다. 그래「地上의 百姓들아 이리로 오너라!」하고 손짓하는 것 갓기도 한 생각이 난다.

　　바다! 너는 참으로 아름다웁다. 너는 抱擁力이 크고 度量이 넓고 團結力이 만코 順하기 羊과 갓다가도 한번 숭나면 獅子갓치 獰猛하다. 너는 平等을 조아하고 自由를 즐겨하야 한울갓티 浩々蕩々하지 안은가? 於是乎 내가 너를 조아하는 것도 이 까닭인가부다.

　　仁川을 네 번째 나와 보앗지만 구경을 잘하기는 거번과 이번이 처음이엿다. 간번에 왓슬 째에는 春日海景이 그림 갓티 아름답더니 그동안에 발서 胡蝶은 쇠잔한 꼿을 차저 哀凄러이 히매고 거울 갓든 바다가 언으듯 거치러 月尾島의 綠陰과 함께 우중충하구나. 비 끗헤 개인 날이 아즉도 晴曇相半인데다가 바람이 甚히 부러 風波를 이는 바다는 거칠게 날쮜엿다.

　　그러나 仁川은 봄보다 여름이 조타한다. 三伏의 혹군혹군한 더위가 大地를 끄릴 째 멀니 太平洋에서 부러오는 맑은 바람도 시연하거니와 月尾島海水浴場에서 달 아래 沐浴하기도 조타한다. 나는 거번에 A君과 함께 徒步로

月尾島를 근너서 「潮湯」을 구경하고 그 前面에 잇는 모래강변 海水浴場과 바위 너덜에 굴 송이가 붓튼 것을 보앗슬째 未嘗不 海國의 여름이 爽快할 줄을 짐작하엿다. 果然 遊園地로는 適好한 곳으로서 日曜日이면 京城사는 엇든 親舊들이 패패로 쎄를 지여 놀너오는 모양이엇다.

그러나 遊園地로는 조타할는지 모르지만 그外에는 아모 보잘 것이 업는 곳은 仁川이엇다. 仁川府使 十年에 「모치썩」 한 個를 못 먹고 제물에 살싹 늙엇다는 俗謠와 갓치 왜 썩으로 有名하단 말인가. 그러치 안으면 米豆판이란 말인가. 有名한 사람을 싹 對하고 볼 째 名實이 上等치 안으면 「이 사람이 무엇으로 有名하엿슬가?」하고 십푸드시 仁川도 무엇으로 有名한지 모르겟다. 더구나 朝鮮사람의 것이라고는 아모 것 보잘 것이 업다. 구지 잇다면 한 가지가 꼭 잇스니 仁川冷麵은 갑싸고 맛잇섯다. 都會地의 朝鮮人은 어듸나 데밧그로 ××나가는 것이 一等이지마는 仁川도 亦是 한 바닥은 다른 나라사람이 차지하고 조선사람은 모다 金谷里 옴막사리로 기여드럿다. 曾往에는 稅關 近處가 모다 朝鮮人의 차지엿던 것이 年復年 不知中에 이러케 ××××하엿다 한다. …… A君도 朝鮮사람인지라 亦是 金谷里를 免치 못하고 數間茅屋에서 둥구적둥구적하며 사는 모양이엇다.

나는 이날 A君을 바로 만나지 못해서 그를 만날 동안에 거번에 보지 못한 築港을 구경하러 가다가 仁川 名物의 米豆取引所를 구경하엿다. 米豆場은 그전에 共進會째에도 한번 구경한 일이 잇섯다마는 只今 도상루장이가 스투른 日本말을 짓거리며 東奔西走하는 꼴이 可觀이엇다.

仁川米豆라면 내가 아는 範圍에서도 나의 시골 富者로서 이 米豆로 亡한 者가 數十名이다. 全朝鮮을 통치고 이 仁川米豆로 亡한 사람이 얼마나 만흐랴마는 그들은 오히려 精神을 차리지 못하고 虛慾에 날쒸여서 換腸판이다. 남과 갓튼 知識이 업고 씐기가 업고 經驗이 적거든 국으로 안저서 잇는 것이나 먹고 사는 것이 제국에 마질 터인데 턱업는 投機心이 潑潑하야 밋천을 반싹 드러먹고 喪家之狗갓티 彷徨하는 것은 可憐하기 짝이 업다. 그래도 그런 者들에게 드르면 오히려 米豆의 인이 阿片갓티 박혀서 「只今도 단돈 十圓만 잇스면 米豆를 하겟다.」는 둥 「그래도 할 것은 米豆밧게 업다.」는 둥하니 대체 이게 무슨 米豆狂이냐 말이다.

나는 이 可憎한 ××場을 暫時 구경하다가 空然히 속이 상하여서 그만 築港으로 向하엿다. A君의 말을 드르면 이 築港은 多年間 累萬의 財를 散하야 竣工한 것이라 한다. 港內에는 마침 巨船이 四五隻 入港하엿는데 그 통 안에는 그런 배가 數十隻이 드러슬만큼 周圍가 넓엇다.

港門을 開閉式으로 하엿기 째문에 海面보다 水面을 높히 할 수가 잇엇다 한다. 배가 나가고 드러올 째마다 門이 제절노 열니고 닷치는대 그것은 電氣裝置로 한 모양이다. 그래서 只今은 船客들이 물 한방울 뭇치지 안코 陸地에 나리도록 便利하게 되잇다 한다. 아모러턴지 세상은 조흔세상이다마는 그러나 그것은 돈 만흔 사람의 조흔 세상일다.

돈 잇는 사람에게는 機械가 종노릇을 하지마는 돈 업는 사람에게는 사람이 도로혀 ×××××××× 身하지 안는가. ××××××××××××××× 가난한 사람에게는 그들이 機械의 종이 되니 다 갓튼 사람과 다갓튼 機械로서 이무슨 造化속이냐? 지금도 저 商船에서 起重機로 穀食을 다러올니는 機械의 종들이 눈을 멀쑹멀쑹 쓰고 안저서 機械를 부리고 잇다. 그러면 이것이 機械의 罪냐? 안이다! 기계가 슨罪가 잇스랴!……. 거듭 말하노니 機械에 무슨 罪가 잇스랴?……!.

이러구러 해가 저무러서 나는 다섯시 車로 되집혀 올나오지 안을수 업섯다. 汽笛 一聲에 仁川을 써나올 쌔 나는 空然히 心氣가 조치 안엇다. 仁川은

××××다마는××·×의 仁川은 안이엇다. 그것은 마치 機械는 人間의 奴隸
이지마는 ×××에게는 그들이 ×××××××××가 되드시. ―나는 다시 서울노
올나왓다. 그러나 서울은 쏘한 엇더한가! 어둠을 안꼬 도라온 나는 오즉 가슴
속에 멀니 바다의 저쪽이 憧憬될 쑨이엇다. 바다, 바다- 아, 그리운 바다여
!…… 너와 갓티 우리에게도 어서 ××를 다고!

開城踏査記

柳順根 · 權一
《신민》, 1929년 11월

水麗山明한 松京의 秋景을 찾기 爲하야 갓치가기로 約束한 나는 十月十七日 早朝에 上仁川驛을 써나 京城驛으로 K兄을 마저 밧분거름으로 압서거니 뒤서거니하야 京義線車에 K兄과 갓치 올마탄 째가 午前九時二分이얏다. 博覽會가 열닌 期間이라 그런지 室內는 立錐할 餘地가 업시 大滿員으로 자리를 定치 못하야서잇는 數만흔 사람 마암으로 同情하며 그래 얼마나 기다렷나 아참밥이나 엇덧게 먹엇나 하는 것은 우리 一行의 주고밧는 소래이려니와 汽笛 一聲이 슨치자 훠일이 비로소 굴기 始作할째 惜別의 情을 禁치 못하야 한마듸 말노 잘가우하며 도라스면서 눈물씻는 擧動이 멧군데 눈에 씌움을 볼 째 關係가 업는 나에게까지 적지안흔 衝動을 준다. 車의 速力으로 말매암아 窓外로 번듯거리는 山景 나려다보이는 沿線의 쓸쓸한 秋草 黃色이 지나처 荒凉의 氣色을 씌여임이 生氣가 지내갓슴을 쌔달어 草露之世에 比한 人生을 더욱 늣기게한다. 쉬지안코 다라나는 車의 速力 數만흔 停車場 번개갓치 지나 어늬덧 汶山浦에 다려려한다. 갈언덕 江洲上에 그림갓치 서서잇는 저

白鷺야 네호올노 무삼 꿈을 꾸는가. 隱隱히 들니는 櫓聲을 싸라 風帆船이 나려가는 것은 아마도 臨津江 下流의 遠浦歸帆인 듯 널녀잇는 黃穀 깁븜으로 바라보며 長湍驛것처 얼마만에 目的地 나리니 쌔가 午前 十一時頃.

由來의 開城

回顧하니 開城은 高麗朝 三十二世四百七十五年間의 王都로 當時에 百萬에 갓가운 人口를 包容하고 한참동안 殷盛을 極하엿섯다하는 곳이다. 이와 갓흔 都會處도 李太祖登極後 只今으로브터 五百餘年前 首都를 漢陽으로 遷都하심에 四百七十五年의 王都가 昔日의 그림자도 업시 날노 더욱 哀殘하여짐에 前朝의 忠義와 아울너 開城사람으로하야곰 李朝의 錄을 먹지안켓다는 奮然한 決心까지하게 하야서 萬古의 忠臣 鄭圃隱先生이 나섯고 杜門洞 七十三人이 나게되며 쏘한 李朝에서 開城人에 限하야는 前王朝의 遺民으로 李朝에 反對한다하야 所謂 五百年 亭科라는 苛酷制裁로써 仕宦의 길을 막앗슴으로 이길을 써난 開城사람은 모든 不自由함을 견댈길이 업서 大多數는 各地로 離散되고 남어잇는 少數도 仕宦의 希望이 씬어짐에 一途實業方面으로 힘쓰게되야 或은 農業에 或은 商業에 從事케 되엿다. 이리하야 五百年동안 다만 힘써온 것이 오직 農商쑨이엿다. 李朝 偏狹한 政策은 도로혀 經濟的 活路를 열게되여 擧世沒落한 半島內에서 오직 그들만이 불상스럽지 안케벗테여 吾人의 勇氣를 도두우며 오날날저럿틋 한 商業地를 形成하엿다.

吾人의 商業地 開城

이와갓흔 歷史를 가진 開城사람의 精神 그 얼마나 他地方人에 比하야 다르랴 堅忍不拔의 참다운 마암 不撓不掘의 勞力과 奮鬪 果然 爲者常成이라는 말과갓치 이릿키고야 마럿다. 오날날 朝鮮에 어나곳이 이만한 곳일망정 잇슬지 이곳에는 商業으로 數가 업슬만큼 發展된 것도 事實이지만 이곳만

限하야 잇는 松都介文書 卽 簿記術과 特殊한 金融組織인 時邊制度 外國사
람의 가삼을 적지안케 놀내게한다. 市街 中央인 南大門을 中心으로 한 十字
街路 左右로 그럴듯한 櫛比한 商店 開城吾人의 廛房이다. 數千數百許多한
商店中 남의 商店이 二三處밧게 안되는 곳도 여긔에 限한 듯 日本人도 이
地方에는 五萬이나 되는 人口中 겨우 一千五六百名에 지나지 못하며 支那人
이라고야 野菜商, 飮食店業에 從事하는 멧사람에 지나지 못하며 西洋人이
라고야 宣敎師 멧名에 지나지 못하야 이것저것할것업시 商權은 開城吾人에
게 잇다. 이곳사람들은 누가 가르쳐 배운바도 업시 팔기는 內外人을 가리지
안치만 사기는 遠近距離를 생각지안코 吾人끼리하려는 생각이 金城鐵壁갓
하야 이러한 團合에서 나오는 그 무엇이라 形言키 어려운 他地方 吾人에게
自覺을 促進한다.

英敏한 開城人과 그 生活

　開城사람은 그 精神좃차 他地方에서 보지못할 一種 特性을 가졋다. 俗談
에 이르기를 開城商人의 지나간 발자옥에는 풀도 안히난다 兎山장숀(開城
商人의 一種)의 눈쏭은 개도 안히 먹는다고 하는 말잇는 것과 갓치 첫재 영악
하기로 全鮮에 第一이다. 吝嗇하고 義理가 적고 經緯가 밝고 自己압가림잘
하고 남에게 厚히 接待안하며 어수룩한 짓을 안한다. 모도다 我利主義的이
요 제털쌔여서 제구멍에 도로 꼿는 格으로 모든 것이 固執不通이요 保守的
이요 消極的이다 虛榮心안부리고 自己程度 버서나지 안케 알맛치 무삼일이
던지 하여간다. 쏘한 開城사람은 오날까지 實業에 全力을 하여온 그만큼 堅
忍心이 强하고 될수 잇는데까지 外國人과 交易안하랴는 것이 事實노 보힌
다. 五萬人口가 살어가는 都市에 遊衣徒食하는 사람이 업다는 것도 貧富와,
貴賤을 勿論하고 白蔘製造所에 닷토아가서 勞動에 從事하는 良家婦女가 더
욱 만히 잇슴을 보와 안히 놀낼수 업다 아직 成年에 達치 못한 少年少女일지

라도 兩親의 綿密한 經濟觀念으로 因하야 돈과 物品을 앗가운 줄 알고 앳길 줄 알며 日記帳記入할 줄 알고 數盤을 제법 놀줄알며 收入支出의 計算까지 할줄안다. 쏘한 고기飯饌과 비단 衣服을 避하며 帽子안히쓰며 洋靴 안신고 洋傘 안밧고 될수 잇는데 까지 惡衣惡食을 하며 갓을 쓰고 便利靴, 經濟靴 護謨신 신으며 街路에 往來하는 婦女 亦무름깨를 쓰고 안인다. 그들은 무엇보담도 奢侈를 忌하며 土産物을 使用함에는 多少의 不便도 介意치 안는다. 이만큼 規模잇는 生涯를 하여감으로 아모리 下級細民일지라도 사는 집이 各自의 所有로 借家人이 업다. 쏘 그들은 아모리 困難할지라도 典當鋪 不過 二三戶ㅣ 入質하는 것을 一大 羞恥로 생각하야 차라리 죽더라도 典執을 안한다. 그럼으로 아모리 적고적은 茅屋에서 지내가는 사람일지라도 自立自活을 하며 남에게 依賴함이 업다. 開城사람은 完然히 一家族을 形成 李朝 五百年來 壓迫을 밧어와 自然 排他的 傾向을 가지게 되어 婚姻을 하는데에도 十中八九는 本土地사람씨리하야 모도가 姻戚關係를 맷고 지내간다. 쑨만안히라 開城사람은 先祖의 山所 卽 墳墓守護를 잘한다. 이것은 爲先하는 道德的 觀念과 倫理的 立地로 보더래도 참으로 稱讚안할수 업는 일이다. 一年에 春秋로 砂草를 드리고 왼만한 집이면 墓前에 床石을 놋코 石物을 세우고 그 子孩들이 正月 寒食 秋夕 等 名節마닥 第一着으로 먼저 山所에 省墓브터가며 每年 秋期에 山所에서 時祭를 지낸다. 그만큼 祖上의 山所에 誠意가 잇고 治山을 잘함으로 山所가 윤이 흐리게 모양이 나고 威儀가 갓추워저서 누구나 보던지 子孫 잘둔 것을 짐작하게 된다.

高麗靑年會館

開城市中에 놉즉히 하날에 다은 듯한 三層花崗石 洋屋으로 된집 이것이 高麗靑年會館이다. 얼마나 돈을 드려지은 집인지는 모르겟지만 듯는 말에 依하면 二萬數千圓으로 當地에 中心人物 孔聖學 孫鳳祥 朴鳳鎭 三氏外 數

十餘人의 發起로 市內各戶에 義捐을 公正히 割當하야 이것의 收入으로 됨이라 한다.

敎育家 金貞蕙女史

開城貞和女子普通學校長이며 女中君子란 말을 듯는 金貞蕙女史라 하면 開城사람 쑨만안이라 全鮮을 두고 왼만한 사람은 모를 사람이 업슬 것이다. 女史는 明治元年 十月二十日 開城郡 松都面의 出生으로 芳年인 十六歲에 少女寡婦가 되어 남들이 勸하는 改家의 말도 一切 기우려듯지안코 媤父母를 至誠것 섬기기와 一家를 管理하여옴은 勿論 元來 天性이 卓越한 女史인만큼 三十九歲되던해 남달니 쌔다른바잇서 兒童敎育이나 하겟다는 決心으로 비로서 松桂學堂이라는 것을 設立하고 여긔에 管理者로 잇다가 美國人의 經營인 美理欽女學校에서 三年間 獻身勞力한 後 不得已한 事情下에 明治四十二年 三月 該學堂管理의 任을 辭하고 同年 四月에 自宅을 校舍로 定하야 私立貞和女學校라 하엿다. 設立當時야말노 아직 朝鮮因襲的 惡風이 남어잇서 閨中處女의 外出을 不許하던 쌔이라 設立者兼 校長인 金女史의게 非難이란 여간 甚치 안헛스며 겨우 七八名의 學生으로 더브러 하로와 갓치 그쯧데로 行하여온 것이 今日과 如한 堂堂한 財團法人 私立貞和女子普通學校이다. 精神으로 物質로 勞心勞力한 育英的 그의 功績 엇지 開城에만 긋치고 마랴.

開城商事株式會社

同社가 創立된기는 昭和三年 九月一日이다. 資本金을 貳拾萬圓으로 線糸布, 穀物, 雜貨類의 販賣 各種 商品의 委託販賣 倉庫貸金等 營業을 하야간다는데 新進 靑年實業家를 網羅한 重要幹部가 善導하며 當地 著名한 富豪 崔善益, 高漢承氏가 支配하는 그만큼, 前途有望케 되리라고.

開城有志訪問

人蔘大王 孫鳳祥氏 氏는 七旬이 넘어 八旬에 達하랴는 老人이다. 언제던지 人情잇고 親切味잇는 態度로 接客잘하기로도 定評잇지만 이보담은 人蔘界에 드러서서 남이 짜르지 못할만큼 아는 點이 만코 엇더한 不景氣인 時에도 굽히지 안코 海外까지 業을 擴張하야 高麗人蔘의 名聲을 휫날니게 하는 老將이라하야 남들이 人蔘大王이라한다고 쌘만안히라 社會를 度外視안코 精神과 物質로 적지안흔 盡力을 하여옴으로 信望까지 이다잇서 開城會社에 好評이 藉藉한터이다.

孔聖學氏

開城에 업지못할 사람이 누구냐하면 孔聖學氏를 指名안할 수가 업다. 强柔를 兼한 天性 快活한 그만큼 처음 對하는 사람에게 好感을 잘주며 開城으로브터 惡評한마듸를 드를내야 드를수 업는 것도 氏의 長處일넌지 모르나 寸陰을 닷투워가며 勤勉히 各方面에 넘치는 힘을 다하야 돌보와주는 것 ─ 이 紹介키 어렵다. 다만 氏가 얼마나 開城社會에 信望이 잇는 것은 二十餘의 公職을 가지고 잇는 것만을 보와도 짐작하야 그의 非凡한 人格을 알 것이다.

謹愼家 金元培氏

氏는 開城에서 第一가는 富豪 元來 天性이 繁雜한 곳을 避하는 분인만큼 맛나기 어려워 氏와 갓치 面談못한 분은 그 무삼 評을 하여 氏에게 不快한 늣김을 준다는 말을 드를 쌔 遺憾之心을 禁키어렵다. 듯는 말과는 氏도 달너 적지 안흔 物質을 社會에 提供도 하며 누구만치 理解가 업는 분이 안히라고 밋음즉한 地方사람의 定評이 잇다.

風流男 朴鳳鎭氏

일즉브터 익숙히 드럿던 三井物産株式會社 紅蔘輸出權과 時邊에 對한 公課金制定等에 合理치 못한 것을 當局에 抗議코자 開城사람의 代表로 上京하야 爲政當局者에게 가슴을 서늘케한 분임을 面談席에서 더욱 늣기게 하엿다. 筆者가 뭇는말 條理다웁게 簡單히 明言하는 答辯 豪活스러운 風采 開城갓흔 特殊處에 잇슴즉한 人物이다. 附託할 한마듸 말 부듸 自重自愛하야 健全한 그의 精神을 가지고 할 일이 만흔 開城許多事業에게 을니마러주우

理財家 金正浩氏

開城電氣會社社長인 金精浩氏 方今 先親喪中임에 心傷이 될갑아 橫說竪說느러놋키를 조와안한다. 氏는 開城에서 엇덧타는 評이 업는 그만콤 心身이 剛直하고도 潔白하야 脫線行動에 나아가지안코 先親遺産에 탈을 안히 내리라고

剛直한 趙明鎬氏

開城蔘業組合書記長 趙明鎬氏 同組合에 就任以後 十二年間 먹은마음 變함이 업시 맛흔 職責 잘살피여 公明正大히 業務處理 잘하기로 이골낫다고

穩健한 朴晃植氏

一場說話에 依하야 謙遜한 言辭를 드른들 穩健한 분임은 틀님없다. 말잘하고 親切하고 謙遜之心이 잇다.

冠岳山 戀主坮를 차저서

壽松雲衲
《불교》, 1931년 7월

이 쌀막한 記行文은 벌서 여러달 전에 쓴 것이나 엇더한 事情으로 因하야 진작 내지를 못하였음니다. 그럼으로 지금 새게스럽게 紹介하는 것도 좀 무엇한 생각이 업지 아니하나 金靑山和尙의 功德과 戀主臺의 逸話만은 讀者에게 꼭 알려드리고저하는 생각으로 주저하다 못하야 紹介하는 바이오니 諒解하심을 바람니다. 筆者로부터.

余난 本來브터 樂山樂水의 習性이 잇서서 山岳과 海洋을 사랑한다. 그래서 恒常 市에 居하기보다 山에 居하기를 조아하며 野原에 處하기보다 海邊에 處하기를 願하야 마지 아니한다. 財力만 잇스면 어느 海上을 바라보는 山上에 結草爲庵하고 閑居幽棲하면서 밤이면 硏心參究하는 外에 大乘經이나 읽고 낫이면 朝夕으로 日出日入의 大自然의 奇觀이나 바라보겟다는 생각이 간절하다. 그러나 如意치 못한 것은 世事라. 山을 조아하것만은 市에 잇고, 바다를 조아하것만은 들에 잇게되야 悲嘆을 禁치 못할 뿐이다. 그런 故로 엇저다가 시골만 가게 되면 한번식 山岳과 海洋을 차저서 저윽이 心神을 休養하든 中인데 어느 날에 누가 말하기를 이름난 山岳의 名勝은 시골만 잇는 것이 아니라 京城 市外로 나아가서 四五十里 以內되는 山岳으로 有名한 者가 不少하니 三角山도 그 하나요 冠岳山도 그 하나요. 道峰山도 그 하나라고 한다. 그래서 機會만 잇스면 어느 곳이든지 가서 보리라고 하든 차에 一日은 冠岳山 戀主庵 住持 金靑山이라는 三十 前後되여 보히는 젊은 스님이 일부러 차저와서 人事를 請하고 『戀主庵이 변변치 못하나 제가 새로히 改築하고 明日에 落成式을 擧行하려는데 奉恩寺 本山 住持 스님을 오시라고 모시러 갓드니 病으로 行步할 수 업다 하시며 스님게로 紹介를 하야 주시기 째문에 不遠千里하고 차저왓스니 꼭 부대오서주서야 합니다』하고 와주기를 强請한다. 그래서 나는 山岳을 보려는 회가 動하야서 快히 허락하고 十一月 二十二日에 떠나기로 하엿다. 그러나 初行인지라 路順을 알 수가 업슴으로 本山인 奉恩寺를 들러서 朴應典 曹彦祐 兩師를 勸誘하야 가치 떠나게 되엿다.

日氣가 쌀쌀하여서 사람의 얼골을 얼릴대로 얼리여 가지고 참대ㅅ칼로 비여내는 듯한 찬바람을 압헤 안ㅅ고 修道山의 後峰을 넘어서 驛三里를 거치여야 僧房골이라는데 到着하엿다. 洞名이 僧房이골요. 들이름이 僧房들이라한 즉 뭇지 아니하야도 녯날에는 훌륭한 寺院이 잇섯든 것을 짐작하겟다. 洞人의게 무른 즉 이 곳에서 戀主庵이 十里라고 하는데 路順은 어느 곳으로 가든지 山미르태기만 올라가면 차저가게 된다고 한다. 그런데 나는 勿論 戀主庵이 初行이지마는 길을 잘 알 것이라고 勸誘해서 가치오는 朴曹 兩君도 이름만 再行이요 初行이나 다름업다. 엇재 그러냐하면 이분네도 먼저 戀主庵을 차저본 때는 只今 가는 길로 가지아니하고 安養驛으로 通한 三幕寺로 往來한 까닭이다. 그래서 서로 코를 치여다보고 입맛을 다시다가 이 近處 觀音寺라는 절이 잇스니 그 곳에 가서 만일 住持스님이 잇거든 그와 가치 가자하고 觀音寺를 차저올라갓다. 觀音寺는 別로히 놉지도 아니하고 낫지도 아니한 野山의 伽藍이다. 그러나 드러가서 본 즉 當寺 住持는 出他不在하고 侍奉하는 절문사람만 멧이 잇다. 그런데 寺院은 뭇지 아니하야도 中年에 만히 손대서 고친 寺院이다. 우리 一行은 寺院의 輪廓만 求景하고 法堂에 禮敬한 後에 떠나기로 하엿다. 절문사람이 손까락으로 가르키는 대로 길도 업는 沙汰난 山등을 멧치나 넘어서 갈팡질팡하며 어느 골자구니를 잡아들게 되엿다. 이 골자구니에 다다른 한 大路를 만나게되는대 길이 如干 조치를 아니하며 그래서 이 길로만 가면 되리라하고 물도 업시 돌만 남은 개천을 씨고 올나간 즉 길이 두 갈내로 나서잇다. 一은 左요 一은 右인데 이 길로 가야 조흘지 저 길로 가야 조흘지 알 수 업다. 左右를 돌아보아도 무를 사람도 업는지라. 세 사람이 서로 코만 치여다보다가 아모 길이나 큰 길로 가자하고 右便의 큰 길로 잡아드럿다.

그런데 큰 길이라고 잡아든 길은 意外로 失敗케 되엿다. 가고 갈수록 길은 희미해지드니 온데 간데가 업시 어지고 마랏다. 그러나 다시 나려와서 右便 길로 차저 갈 수도 업는지라. 엇절 수 업시 最上峰을 向하고 올나가는데 가시덤불이며 돌무덱이를 무릅스고 어느 등생이를 올나간 즉 제법 사람단이는 큰 길이 나섯다. 그래서 이 길이 참으로 가는 길인가보다하고 올나간 즉 올나가고 나려가는 등생이가 멧치나 되는지 알 수가 업다. 그러다가 한 곳을 當到하야 山의 中腹을 안고 도라서 다시 엇던 山 마르태기를 치어다 보니 집흐로 꼰 새씨줄에 眞言을 쓴 조히가 바람에 펄넝펄넝하며 날닌다. 그래서 이 곳이 인가보절다하고 밧비 올라가서 마르태기를 넘어스니 그 곳에 새로지은 七星閣이 보히고 大雄殿이 보히고 寮舍가 보힌다. 우리 一行은 깃붐을 이기지 못하야 寺門으로 조차 드러가니 金靑山 和尙이 반가히 마저주며 기다리기를 마지아니하엿다고 한다. 金和尙의 案內로 큰 방에 드러가서 한時間 가량이나 茶果를 밧고 이런 이야기 저런 이야기를 하다가 寺庵을 巡覽하니 삼태기가 치 폭 드러안진 絶妙한 터에 金碧丹青을 한 新法堂과 新寮舍가 아름답게 드러안젓다. 그래서 金和尙의게 新築改築한 經過를 무러본 즉 和尙은 드문드문하는 말씀시로 무거운 입을 여러서 說明한다. "저는 어렷슬 대에 이 山넘어 三幕寺라는 데서 趙城庵 和尙의게 削髮한 後 京山에서 왓다갓다하며 중질까지나 배와가지고 齋場이나 조차단이고 托鉢이나하고 잇다가 偶然히 金剛山 乾鳳寺를 가서 講堂에 잇게 되야 沙彌科와 四集科를 마치고 經을 좀 보다가 이 곳을 단이러 왓드니 어름어름 하는 동안에 붓들려서 다시 講堂에도 가지못하고 住持라고 就任하게 되엿는데 절 모양을 보니 法堂도 다- 넘어 배키게 되고 寮舍채도 다- 쓰러지게 되어서 사람이 부지할 수가 업게 된지라. 나무 절을 아니마탓스면 已어니와 한번 마튼 以上에 그냥 둘 수가 업는고로 本山 住持 和尙과 議論하고 寄附印可를 마타가지고 제가 가젓든 千餘圓을 먼저 노코 京鄭間에 活動한 結果 돈 萬圓이나 거치게 되엿습니다. 그래서 今年 二月부터 始作해서 지난 十月까지 꼭 일곱달을 두고 法堂 六間과 큰 房채 十間을 새로 改築하고 다시 큰 방을 더 느려서 七間을 增築하고 큰 방 後寮舍 十間半과 七星閣 四間半과 龍華殿 一間 都合 四十餘間을 新築하엿습니다. 그리고 改金佛事及幀畵佛事를 始作해서 本尊釋迦牟尼佛像을 改金하고 靈山齋에 모시는 掛佛一軸과 後佛幀과 七星幀 獨聖幀 山神幀 金剛幡 菩薩幡을 새로하고 侍輦에 쓰는 輦까지 一臺을 낸드러 노코 이번에 成造落成兼佛事點眼回向을 하게되엿습니다"한다.

나는 師로브터 이런 이야기를 듯고 師의 公心과 事業에 對하야 祝福하고 感歎하기를 마지아니하엿다. 이 날은 임의 저무럿는지라 일즉히자고 翌日 되는 二十三日 早朝에 華藏寺잇는 金明昊君을 案內者로 請해가지고 정작 戀主臺라는 羅漢殿을 차저 올나가기로 하엿다. 이 羅漢殿은 戀主庵에서도 한 二마정이나 山으로 올나가서 뚝더러진 바우로 생긴 칼날가튼 바우등셍이를 넘어서 法堂을 드러가게 되엿는데 길이 險하기가 如干이 아니다. 나는 설-설- 기면서 千萬辛苦를 다해서 明昊大師를 따라 드러가서 羅漢殿에 禮拜하고 겨우 발굼치를 돌니여서 回程하는 길에 羅漢殿 뒤에 잇는 바우를 지나서 돌로 생긴 石峰을 올라가니 이 곳에서는 京城 長安 一帶가 昭明하게 다-보히고 漢江에 배 단이는 것과 江華로 通한 仁川바다가 다-내다보힌다. 그리고 松都의 松岳山도 멀니 내다보힌다. 그런데 이 바우돌 우에 통가치 파노흔 것이 잇고 遮日대를 세우려고 네 군데로 구녁을 판 것이 잇다. 나는 이것을 보고 무엇하든 곳이냐고 昊大師의게 무른 즉 이것은 녯날에 서울서 冠岳山이 火山이라하야 해태를 맨드러서 光化門 앞에 안처노코 이곳에는 소곰물을 푸러서 담은 石瓮이라고 하며 또는 그 때에 소곰물을 풀든 사람들이 住해 잇느라고 使臣으로 온 縣令들이 잇슬 때에 채일 첫든 자리라 한다. 나는 다시 말을 니여서 무르되 何必 이 곳을 戀主臺라고 하엿느냐고 한 즉 昊大師는 答하되 傳說에 依하면 이것이 本來 義湘祖師가 기시든 義湘臺인데 義湘大師께서 主人公인 마음을 생각하고 主夫하시엿다해서 戀主臺라고 한다하며 또는 高麗 末年에 國體가 밧귀질 적에 寵臣康得龍이가 이곳에 와서 숨어 잇스면서 高麗 恭愍王을 생각헷다고 해서 戀主臺라고 하엿다하며 한다. 그래서 或은 望京臺라고도 하지요 한다. 그러나 이 戀主臺와 戀主庵이 創設되기는 新羅 文武王 時代부터되엿다고 하닛가 義湘臺라 함도 無妨하며 高麗 寵臣이 와서 잇섯다는 것이 事實이라면 望京臺라 하는 것도 意味 잇는 말이라고 생각하엿다.

羅漢殿을 단여나려와서 住持和尙을 보고 그와가치 險한 길에 녯날부터 나려오면서 누가 傷한 일이나 업느냐 한 즉 自古로 그런 일이 업다하며 或은 罰을 마저서 떠러진 者가 잇섯스나 그래도 다 無事하엿다고 한다. 이제로부터 五十年 前에 엇던 女人이 羅漢殿을 올나갓다가 그 압헤 잇는 數百丈되는 낭떠러지 밑으로 떠러저 걱구러젓는데 打撲傷을 當한 곳도 업시 까무러 첫다가 소생하야 거터갓는데 엇지하야 그러케 떠러젓느냐하닛가 엇던 벙거지 쓴 사람이 나오면서 개고기 먹은 년이 여기를 다 온다하며 발길로 차서 던지는 故로 그리되엿다 하며 그 후부터는 着實한 信徒가 되어서 한 十年 前까지도 이곳에 祈禱 단이기를 마지아니하엿다 한다. 그리고 또한 十五年 前에도 그런 일이 잇섯는데 그 때가 마침 이 庵子에서 袈裟佛事를 하느라고 법석댈 때인데 엇던 女人이 그 羅漢殿에 올나가다가 공중거리로 재주를 넘고 數百丈되는 臺下에 떠러젓스나 아모일이 업시 回程해 가게 되엿는데 엇재서 떠러젓느냐고 한 즉 그 역법당에서 웬 使者가튼이가 나오더니 이년이 염체 개고기를 먹고 이런 尊前에 온다하며 발목을 잡아서 동댕이를 치는 故로 그와 가치 되엇다고 하엿다 한다. 그래서 그난 그 後브터 着實한 信者가 되어서 只今까지도 祈禱를 단인다고 한다. 住持和尙은 이러한 말을 하며 『여기는 꼭 信仰의 힘으로 단입니다. 만일 信仰의 마음이 아니면 寸步도 옴겨노치 못할 곳인데 七八十된 夫人네가 조곰도 어려와하지 아니하고 祈禱단이는 것을 보면 이 것은 꼭 信仰의 힘이라고 생각합니다. 그런 일의 有無를 얼는 말하기 어려우나 엇던 사람은 기도를 가다가 失足되야 넘어지려고 하면 누가 뒤에서 번적 잡아 이르켜 주어서 無事햇다는 事實이 한두번 잇는 것이 아니라고 함니다』한다.

나는 이번에 이곳에 와서 山水의 구경도 잘하엿지마는 住持和尙과 가튼 菩薩心의 誠力을 보고 羅漢殿에 對한 信仰談을 드른 것이 무엇보다도 더 큰 所得이라고 생각한다. 참으로 그러하다. 우리는 誠力에서 살고 信仰에서 사러야 하겟다. 만일 이곳의 住持和尙이 自己의 個人이 잇슬 집을 짓는다면 單 十間을 짓기가 不能할 것이다. 그런데 三寶를 爲하야 公心으로써 至誠을 다하기 때문에 남의 手中에 잇는 萬餘圓을 喜捨바더서 이만큼 훌륭한 四十餘間

을 지여 내엿다. 그리고 至極한 信仰心이 잇기 때문에 戒行도 淸淨하려니와 一般信者에게 信仰을 바듬도 크고 두텃다. 아못조록 師는 꾸준히 오래 게속하야 더 大成하기를 바란다. 끝으로 이 冠岳山 戀主庵의 奇觀을 소개할 것은 羅漢殿이 數百丈이나 놉흔 靑空을 凌駕할 岩石 우에 밤송이가치 매달녀잇는 것이요. 둘재는 七星閣 法堂 마루에 옷칠한 것이다. 時間 餘裕가 잇스면 三幕寺로 하야 念佛庵까지 가려 하엿스나 그러치 못함으로 이곳에서 돌니기 어려운 발굼치를 돌니고 마랏다.

江都遊記

金素荷

《불교》, 1931년 12월

江都는 江華島를 가르처서 이르는 것이니 換言하면 江華島의 古號의 하나이다. 江華島의 郡名由來를 잠간 드러볼 것 가트면 아주 예전 古名이 田比古次일러니 高句麗時에 비로소 郡을 두어서 穴口郡이라 하엿고 新羅 景德王時에는 고처서 海口郡이라 하더니 元聖王時에 이르러서는 郡을 고처서 鎭이라 이르되 穴口鎭이라 하엿고 高麗初에는 縣으로 고처서 冽口縣이라고 일럿다. 그런데 이곳이 조고마한 섬에 不過하나 高麗 高宗이 蒙古로부터 侵入한 兵亂을 避하야 잠간 이곳에 駐駕하셧는 고로 郡으로 고처서 가로대 江都라고 하얏다. 그러나 요전에도 이곳을 가르처 이르되 江州 或은 沁州라고도 불럿다. 그러더니 高麗 禑王時에 이르러 비로소 江華라고 부르고 府使를 두게 한지라. 只今은 江華郡으로 定하게 되고 마랏다. 그런데 江華島는 朝鮮五十島中 一數로 延長이 七十里요 東西가 四十里라. 周圍二百八十里의 大島로 橢圓形을 이루어서 海島風景의 一大 奇觀을 이루고잇다.

筆者는 江華를 日常그리고 잇든 바이다. 웨그러냐하면 崎嶇한 運命과 數

奇한 八字를 가진 筆者는 江華島의 出生으로 한 살인가 두 살의 피둥이 고기덩이로 襁褓에 싸여서 陸地에 나온 뒤에 三十年이 지나도록 한번도 다시 드러가 보지를 못한 까닭이다. 出生地의 地形如何를 意識할 수도 업는 나로서는 故鄕이라고 한들 무엇이 그러케 그리우랴만은 北極의 寒國이라도 내 곳이라면 그립고 南端의 熱帶라도 내 나라이면 생각해지는 것이라. 落葉歸根이 生物의 本能이며 返本還鄕이 人生의 憧憬인 것만치 意識할 수 업는 江華島일수록 더욱히 보고십흔 마음이 간절할 쑨이엿다. 그런 가운데도 江華 洛迦山의 普門寺는 觀音菩薩의 靈場인지라. 七八歲頃에 出家한 뒤로부터 此靈場의 高名함을 드럿든 意識이 머리 가운데 潛在하야 항상 親見하고저 하는 생각이 끈어질 사이가 업섯든 고로 은제든지 一次拜觀하랴는 決心을 은근히 갓게 되엿다.

　　八月 二十九日 午後 筆者는 祈禱準備의 香具行李를 주섬주섬 싸아 걸머지고 京城驛을 向하야 仁川行 車中의 한 사람이 되엿다. 仁川을 말하면 朝鮮의 著名한 港口로서 月尾島의 海上風景이 京城사람을 限업시 昧惑식히는場所이라. 여름마다 나의 親故들은 仁川의 海水浴場을 안빵처럼 갓다왓다 하것만은 주변이 업는 나로서는 이와가튼 仁川을 咫尺에 두고도 가보지를 못하엿다. 머리 가운데 仁川市街의 模型을 생각나는 대로 創作하여가면서 漢江鐵橋를 지나서 永登浦를 다다랏다. 車中에는 男女通學生들이 天眞爛漫하게 學課이야기에 꼿이 피엿다. 그런 가운데 마침 나의게 정성꼿 단이는 信者한 분을 발견케 되엿는 고로 반가히 인사하고 信仰問題討論으로 車가 가는지 오는지 아무러 한줄도 모르고 談話 속에서 가는 바람에 梧柳洞, 素砂, 富平, 朱安驛 等을 순식간에 지내서 上仁川驛에 다다랏다. 이곳에서 나는 그분을 作別하고 下車하야 龍洞 乾鳳寺 布敎堂을 차저갓다. 그리하야 張日英和尙을 만나서 반갑게 人事를 交換하고 龍洞敎堂에서 留宿하게 되엿다. 이

敎堂으로 말하면 乾鳳寺잇든 河震宇圖現師가 이제로부터 十一年前에 이곳에 와서 仁川의 佛敎를 爲하야 집한 채를 사가지고 能仁敎堂이라 이름하고 佛敎를 宣布하게 된 後부터 李日峰 金景峰 金寶蓮 盧霽峰 等 여러 大法師의 손으로 거처서 오더니 鄭義山和尙時에 다시 改建擴張하야 現在와 가튼 建物이 스게 되엿는데 不幸하야 義山師가 作故하게 되엿음으로 現布敎師 張月英和尙이 此敎堂을 맛게되엿다고 한다. 이 敎堂의 維持方針을 말하면 乾鳳寺本寺에서 若干의 輔助가 잇을 분이요. 其餘는 信徒本位로 해서 경영하야 가게됨으로 매우 지나기가 어렵다고 한다. 나는 張月英和尙의게 能仁敎堂의 沿革과 經營이야기를 듯고 夕飯을 마친 뒤에 張和尙 案內로 月尾島를 一覽하고 市街를 一巡하엿다.

三十日 오날은 普門寺로 出發할 날이다. 그러나 새로 한 時부터 暴雨와 가치 부러닥치는 颱風이 仁川의 압바다를 어지럽게 하며 兼하야 雨雷가 仁川市民의 肝膽을 서늘하게 驚動식히는지라. 普門出發의 마음이 多少阻傷되고 마랏다. 놋날가티 퍼붓는 暴風雨는 아침 여덜時 또는 아홉時가 지나도 그처주지를 안는다. 汽船會社로 電話를 거러본즉 暴風雨 때문에 떠나가는 배가 一隻도 업다고 한다. 그럼으로 海上出發을 斷念하고 讀書三昧로써 半日을 보냇다. 午後에는 조곰 雨氣가 거치는 고로 張和尙과 가티 仁川의 가장 繁華하다는 中心市街를 다시 한 번 도라보고 또는 米斗場으로 朝鮮에 有名한 所謂 마당까지도 기웃기웃하며 드려다보앗다. 港口는 엇던 곳이든지 다 그러치만은 仁川은 勞働者와 카페로 장식을 하얏다. 다른 곳보다 特色이 더 하나 잇다면 멧 千石을 날마다 울리고 웃기고 가슴이 울렁거리게 하는「마당」이 잇을 분이다. 양철집이 만으며 飮食店이 만음으로써 近年에 加速度로 發展된 市街임을 알겟는데 旅舘業者가 더욱히 만음을 보아서 마당 때문에 더 豊盛豊盛한 仁川임을 알겟다. 힌 두루막이에 精神업시 市街에 어름거리는 親故는 擧皆一獲千金의 黃金夢을 가지고 마당大學에 入學生이며 말숙한 洋服에 눈알

이 동굴동굴한 親故는 뭇지 아니 하야도 마당大學을 卒業하고 新入生을 勸誘하는 仲居者임을 알겟다. 저녁에는 愛舘이라는 劇場에 新派演劇이 잇다함으로 張和尙과 가티 가서 아히들의 작란가튼 演劇흉내를 구경하고 도라오니 임의 밤이 깁헛는지라. 꿈나라의 손님이 되고 마랏다.

三十一日 오날은 日和風淸한 天惠의 好日이다. 그럼으로 아침에 일즉히 이러나서 行裝을 收拾한 後 敎堂을 出發하엿다. 그런데 普門寺로 가는 汽船이 두 가지로 노나잇다. 하나는 仁川서 떠나서 江華邑을 거처서 甲串에 定泊하야 四十里를 거러서 外浦(普通 井浦라고 呼稱한다)서 다시 배를 타고 席毛里에서 나려서 洛迦山으로 올나가는 것이니 이러케 가는 것은 仁川서 森信汽船會社의 汽船을 타고 가는 것이다. 그러나 또 하나는 仁川서 배를 타면 아무데도 陸地를 거치지 안코 바로 直線으로 席毛里에 나려서 山으로 올라가는 것이다. 이것은 仁川서 仁川汽船會社의 배를 타야 되는 것이니 近者에 새로 단이는 通路이다. 두 會社에서는 서로 競爭的으로 乘客을 勸誘하며 빼아서 가기에 골몰하는 고로 普門寺의 初行人은 森信會社의 汽船을 타고 陸地 四十里行의 苦生을 하기가 쉬운 것이다. 計劃的으로 普門寺行을 斷行한 나로서는 百會社가 잇슬지라도 昧惑할 理가 업는 고로 바로 仁川汽船會社로 달려가서 鹿島丸을 타고 海上에 둥실둥실 떠나가는 海上仙의 風流客이 되엿다. 鹿島丸이 朝陽에 沐浴한 月尾島를 싸고 돌며 無數한 多島海의 岩石을 비키며 가는 맛은 마티 海金剛을 그대로 갓다가 노은 것갓다. 茫茫한 海路에 바둑판에 노인 黑白石과 가티 點點히 널려잇는 群嶼를 向하고 요리조리 비켜간다. 똑닥船이 뛰-하는 소리에 놀라서 내다보니 信島라고 하는 곳이다. 집도 업는 海岸에서 一隻船이 나오더니 똑닥船의 사람을 바다가지고 다라나버리고만다.

나는 船室 안에서 나가는 그네를 보내고 안저서 배가 가는대로 가다보니

茅島라는데서도 그리하며 乾坪, 外浦, 仙水, 라는 곳에서도 그리한다. 물결을 거슬려 오기 때문에 時間이 느젓다하며 午後 두時에 席毛里着이 된다. 그러고 본즉 아참 여덜時에 떠난 나로서는 六時間을 航海한 것이다. 그런데 쓸물에 가게 되면 두時間이 단축되여 四時間에도 넉넉히 댈 수가 잇다고 한다. 나는 배안에서 寂寞하든 次에 仙水에서 釋王寺잇는 金永得師를 만나가지고 同行하게 된지라. 한가지 席毛里에서 짐을 노나들고 南으로 洛迦山을 넘어서 普門寺를 向하엿다. 村사람께 席毛里에서 普門까지의 거리를 무르니 五里라면 갓갑고 三里라면 먼 里數라 四里라면 적당할 것 갓다고 대답한다.

그런데 普門寺를 이르기 前에 洛迦山上에서 四方을 도라보니 江華全體가 섬인데 이 洛迦山은 섬 가운데 別個섬으로 三山面이라는 一面을 차지하고 잇다. 또는 洛迦山外에도 上柱山이라는 山이 잇서서 洛迦山과 上柱山이 서로 바라보고 잇으며 村里로는 上里 下里 席毛里 煤音里 石浦里라는 五六村이 散在하여잇다. 그리고 洛迦山의 周圍로 多數한 小島가 羅列케 되여잇으니 注文島 河北島 甫乙音島 味乙島 咸朴島 毛老島 煤音島 魚遊井島 納剡島 竹島 石嶼 彌法島 西檢島 等이다. 歡喜寺를 넘어스니 그곳에는 普門寺 뒤에 잇는 千丈가튼 岩石이 보히는데 이것을 가르쳐 眉岩이라 이르며 그 미테는 배가튼 바우가 잇는지라. 이것을 가르처서 船岩이라고 한다.

普門寺에 드러스니 金寶鏡 鄭指月 裵善周 三和尙이 반갑게 마저주며 客室로 引導한다. 夕飯을 마친 뒤에 寺院을 一巡하니 明媚한 靈場으로 朝鮮에 著名한만큼 前海後山의 一大奇觀을 이루엇다. 海岸孤絶處補陀洛迦山을 글로만 보앗더니 그럴듯한 活畵가 그대로 展開된 것 갓다. 이곳은 距今九百四十六年前 高麗成宗五年丙戌에 懷鼎和尙이 金剛山 寶德窟로부터 이곳에 와서 創建한 寺庵으로 其間에 奇異한 靈迹이 한두 가지가 아니라고 한다. 큰방 뒤에 圓通殿이라는 三間法堂이 잇으니 此는 멧 해前에 靑岩寺잇든 金大

圓和尙이 刱建한 法堂이라하며 寺의 東北間으로 數十步許에 神通窟이 잇으니 이곳이 羅漢窟노 有名한 十八羅漢殿이다. 그리고 이 뒤에는 千人臺가 잇으니 이곳에 올라서면 海上風景이 一目에 瞭然하다. 그럼으로 詩人 金昌協氏는 일즉이 이곳에와서 아레와 가튼 詩를 을펏다.

孤島重溟絶四隣 更隣石窟淨無塵
空明未許栖蝙蝠 開鑿渾疑有思神

그리고 李象曼은 이 普門寺에 와서 觀音菩薩像을 拜觀하고 이러한 글꾸를 남겨노앗다.

滿眼慈悲動 大溟日欲斜 奇岩蹲虎容
老樹走龍蛇 蒼翠多羅葉 虛明恒水沙
風波秋色裡 極目望三巴

또는 太始窟深泉茫茫 千人石回月團團 이와 가튼 聯句를 남겨노키도 하엿다.

그런데 이 普門寺에 奇跡이 한두 가지가 안이다. 普門寺는 本是 觀音菩薩의 白花道場이엇는데 中間에 十八羅漢이 海底에서 天眞像으로 出現하야 石窟에 드신 뒤로부터는 羅漢神通의 奇迹이 더욱 만타고 傳한다. 그럼으로 이 普門寺에는 觀音祈禱를 단이는 사람보다 羅漢祈禱를 단이는 사람이 더욱히 만타. 몟 개의 神話가튼 奇迹을 紹介할 것 가트면 아레와 갓다.

第一 첫재는 八十羅漢의 出現이니 몟 百年前의 어느 때인지 모르나 普門寺 압바다에 煤音里 사람들이 고기자비를 하려고 배를 가지고 나아가서 바다

미테 그물을 나렷다. 얼마 잇다가 그물을 거둔즉 그물이 묵직하게 따라 올라온다. 그래서 그 사람들이 큰수나 난줄로 알고 그물을 끄내서 본즉 잡히라는 고기는 아니 잡히고 人形 비젓한 石塊二十二個가 걸려나온다. 그래서 그들은 다시 쏘다버리고 고기모리의 그물치기를 시작하엿다. 그리하야 두번재 그물을 떠서보니 또다시 二十二個의 石塊가 걸려 나올 뿐이다. 그럼으로 그들은 대단히 재수가 업다고 생각하고 다시 바다 속에 집어 느엇다. 그래서 그들이 이날은 그럭저럭 날이 저무럿는 고로 집으로 도라가서 자는데 배부리든 主人이 그날 밤에 꿈을 어드니 엇더한 老僧이 하나 나타나서 말하되 그대가 낮에 그물 속에 담겻든 石塊를 엇지하야 버렷느뇨. 첫번재는 모르지만 두번재에 다시 버린 것은 대단히 불가하다고 책망한다. 그래서 엇지하면 조켓느냐고 한즉 그대가 來日이라도 다시 압바다에 나아가서 그물을 치면 또다시 石塊가 나올터이니 그 石塊를 버리지 말고 洛迦山에 잇는 普門寺石窟안에 壇을 싸서 모시면 대단히 吉하리라고 한다. 그래서 船主가 깨고나니 一場靈夢이라. 그 이튿날 아침에 다시 배를 가지고 압바다에 나아가서 그물을 던젓다가 거더본즉 여전하게 石塊가 걸니여 올라오는 고로 꿈에 일러주든 老僧의 말과 가티 배에 실어서 노질을 하야 洛迦山 石窟內에 모시게되니 이 二十二個 石塊가 卽是 住世佛三尊과 十八羅漢과 獨聖羅漢 一位이라. 現今 靈山殿에 모서노은 聖像이다. 그런데 그 배사공은 이일로 因하야 巨富가 되엿다해서 이러한 이얘기를 煤音里 사람들은 只今도 宣傳하며 눈동자를 둥그러케 뜬다고 한다.

이러한 奇跡으로 出現하신 羅漢이신 고로 傳하는 奇迹이 적지 아니하니 沙彌僧兒가 깨트린 玉燈盞을 감작가티 부처노키도하고 賊漢이 와서 佛具器物울 훔처가지고 다라나는 것을 밤새도록 마당에서 도라단이게도 하며 불씨가 떠러젓을대에 불씨를 어더다 노키도 하엿다고 한다.

以上은 羅漢님의 神通이지만은 觀音菩薩의 神通도 적지 아니하다. 어느 때 正初에 날이 별안간에 더웟는 고로 歲拜軍들이 배를 타고 섬 중 親戚間에 換歲人事次로 바다를 건너가는데 집채가튼 氷塊가 난데업시 모혀드러서 배를 싸고돌며 배의 進行을 妨害한다. 그래서 潮水가 미는대로 올나갓다가 물이 써는대로 나려오며 하야 이와가치 二晝夜 以上을 反復하얏다. 數千名이 海上에서 飢死 凍死케 되엿는 고로 그 가운데 한사람이 普門寺觀世音菩薩을 부르자고 함으로 一齊히 生死를 決判하고 至誠으로 불럿더니 엇더한 道僧 一人이 나타나서 배머리를 붓들고 이리저리 가는 바람에 百餘名사람이 救出되엿다고 한다. 이밧게 祈禱를 드려서 成就한 奇迹은 넘어도 만은 고로 그만 省略하거니와 이절 近處에 森林守護에 努力한 스님 한 분의 逸話나 하나 더 쓰고저 한다. 近古에 花山和尙이라는 이가 이 절에 잇엇는데 洛迦山의 隣近 各村사람들이 成群作黨하야 날마다 寺院基地 안에 나무를 無故히 伐取하야 가는 고로 師가 至誠으로 말니되 듯지를 아니하엿다. 그래서 師는 百謀千策에 一策을 講究하고 伐木軍의 魁首의 집을 調査한 後에 羅漢聖像을 鉢囊에 모시고 지고 가서 그들의 안방이나 건넌방에 나려노코 너히가 오늘부터 이 부텨님을 마트라고 부탁하고 왓다. 이러케 하기를 괴수의 집마다 하엿고 고로 그들은 일즉부터 부텨님이 靈驗하신 줄로 아는 터이라. 두말도 못하고 戰戰兢兢하야 師의게 빌고 伐採를 自禁한지라. 只今에 나무깨나 잇는 것이 그때의 그러케한 花山和尙의 德澤이라고 한다. 나는 이와가튼 滋味잇는 說話를 날마다 하나식 드러가며 八月 初一日부터 始作하야 初七日까지 祈禱를 하엿다. 그리하는데도 伽藍神께 한불긔라도 드리지 않으면 不可하다고 함으로 伽藍神供도 정성껏하엿다. 이와가티 하는 동안에 七日이 문듯 지내갓는 고로 나는 祈禱回向을 마치고 길을 떠나지 아니할 수가 업게 되엿다.

八月 八日 이날은 普門寺를 떠나오게 되엿다. 그런데 年來로 傳燈寺를 보고저 하엿스나 보지 못한 고로 傳燈寺를 보기 爲하야 席毛里에서 배를 잡아

타고 乾坤이라는데서 나럿다. 그리하야 江華郡 良道面의 新作路로서 傳燈寺를 向하야 거러오는데 가장 웃둑하게 바라다 보이는 山이 잇으니 이것이 江華에서 有名한 摩尼山이다. 이 山에는 檀君께서 天祭를 지내든 祭壇이 尙在한 고로 더욱히 著名한 중에 그 밋헤는 淨水寺라는 寺院이 잇어서 往來하는 손님이 絡繹不絶하다고 한다. 그런데 實相은 摩尼山은 나하고도 關係가 如干 깁흔 山이 아니다. 웨그러냐하면 母親의 말슴에 依한즉 나의 嚴親게서 이 변변치 안은 子息이나마 이 摩尼山에서 祈禱를 드리고 나은바 母親의 胎夢 가운데 騎虎僧을 보고 눌러서 胎氣가 잇어서 나를 낫다고 하는 것이다. 그럼으로 父親이나 母親께서는 나를 반드시 중될 팔자라 이르고 出家한 것을 多幸으로 역이엇다. 이러한 因緣을 가진 山岳인 고로 꼭 가서 보고 십흐나 日字關係로 보지 못하고 淨水寺에 對한 古人의 詩句만 생각하엿다.

千古浮屠殿 摩尼岳麓東 山回人境隔

天豁海門通 蜀魄啼斜月 梨花墜暗風

漸爲虎竹累 一宿別仙翁

이러한 詩가 잇으니 이는 李安訥詩요.

夜雨聲高萬木中 朝來危瀑化晴虹

石縫幽草披靡盡 潭腹輕沙蕩樣空

已落桃花隨翠鳥 似尋僧寺入靑楓

山間氣候殊人世 記取風雷問野翁

이러한 詩句가 잇으니 이는 李忠翊의 詩엿다. 그러나 이밧게 창자를 끈어내는 듯한 傳說을 가진 詩가 하나 잇으니

出家來住摩尼東 夫人船泊寺樓下

大十摩手閉其宮 夫人慟哭化爲石

至今宛然倚孤蓬 禪身已燒石不泐

但見天水兩性空 鳴潮長似加歡息

이러한 것이엿다. 이것은 李建昌의 弟氏인 建昇先生이 지은 것이다. 그러면 이것이 엇더한 傳說을 意味함인가. 이것은 涵虛禪師(般岩經說誼著者와는 異人)의 傳說이니 涵虛禪師는 支那 元나라의 皇子로 그 夫人을 버리고 出家하야 朝鮮으로 건너와서 摩尼山 淨水寺에 와서 工夫를 하고 잇엇다. 그럼으로 摩尼山에는 只今도 涵虛洞天이라고 刻字한 것이 잇다. 그런데 그 夫人되는 이가 男便을 생각하고 그리든 남어지에 엇더케 소식을 듯고 배를 모아 잡아타고 滄溟을 건너서 摩尼山에 이르럿다. 그리하야 寺樓下에 배를 매고 禪師를 차저서 寺內로 드러가니 師가 본체만체하며 나와 가튼 사람과는 世間 恩愛의 塵緣이 다 하엿으니 만나볼 것이 업다하며 손을 흔들고 만다. 夫人이 여러 가지로 한가지나라도 도라가기를 哀願하엿으나 도모지 듯지를 아니하는 고로 엇더케도 野俗하고 痛忿하든지 慟哭하다 못해서 그대로 바우가 되고 마랏다. 그래서 그 바우가 只今도 잇는 고로 世人이 부르되 각시바우라고 한다. 이러한 逸話가 잇는 고로 詩人 中에 綿綿此恨無時窮 野人傳會未盡信이라는 글구를 남겨논 자도 잇다.

그러나 이 夫人은 化石만 쌀이 아니라 或은 怨情을 不禁하야 바다에 빠아저서 島嶼가 되엿다고 하야 閣氏碑라는 것이 잇다. 그래서 李建昌 先生은 이러한 詩를 남겨노앗다.

閣氏軺車尙宛然 至今欲入寺門前

靑矢碧海休怊悵 大士西歸五百年

나는 이러한 傳說과 詩句를 生覺하고 가는 동안에 어느듯 溫水里라는 데를 當到하얏다. 이곳은 山中都坊의 市場으로 江華本邑에 不下한 市街地라. 學校도 잇고 警察署도 잇고 面所도 잇고 金融組合도 잇고 모든 것이 잇을만치 具備하게 잇다. 그리고 相當한 富豪도 잇는 듯 山템이가튼 瓦家도 여기저기 몟 군데 잇다. 이곳에서는 傳燈寺가 바로 二里도 못 될만치 갓갑다. 溫水里는 곳 傳燈寺의 洞口 或은 入口라 하야도 過言이 아니다. 이 市場을 조곰 비켜서 山기슬의 大路로 올라가다보니 鼎足山城이 나다르며 城門이 보인다. 그래서 그 門을 通하야 얼마가지 아니하니 寺院의 殿閣이 보히고 碑閣 하나가 나슨다. 識字가 病인 고로 조차가서 보니 洋擾에 有功하다는 巡撫 梁憲洙의 勝戰碑엿다. 「寒江十月 揮劍督師 簿伐洋夷 旗不再摩」라고 쓴 것을 보와서 鎖國時代에 洋擾가 잇엇든 것을 聯想하겟다. 碑閣을 도라보고 寺門으로 드러서니 對潮樓가 보기조케 새단장을 하고 나선다. 樓를 지나서 講說堂을 드러서니 이집은 새材木 새규모로써 一新重建한 집이다. 宗敎所로 차저가서 李晟觀師를 만나서 人事를 交換하고 師의 案內로 道場을 一巡하든 차에 마침 本山住持和尙이 本郡으로부터 來臨하얏다. 그런 고로 더욱히 반갑게 人事를 드리고 夕飯 後에 和尙의 深厚한 厚誼와 周到한 案內로 다시 各法堂을 巡拜하고 寺院重修의 苦心談과 該寺에 對한 斷片的의 史談을 드럿다.

傳燈寺는 本是 新羅時代 阿度和尙의 創建이라고 傳하는 바 그전 이름은 眞宗寺일러니 距今六百餘年前 麗朝忠烈王의 元妃 貞和宮主가 玉燈을 獻納하야 燈明을 無盡토록 傳케 하엿음으로 改稱하야 傳燈이라고 한 것이다.

舊記錄에 依하면 麗朝忠肅王(至元三年)丁丑에 再變重修하고 忠惠王復位三年(至正元年)辛巳에 三度重修하고 李朝仁朝三年(天啓五年)乙丑에 四度重修하고 隆熙丙午에 五度重修일터니 今年壬申二月부터 爲始하야 李普仁和尙이 本寺에 住持로 赴任한 後 첫 事業으로 國庫費 一千四百四十

圓 地方費 千圓을 어더내고 또다시 民間側 有志의 同情義捐과 寄附를 어더서 總計七千餘圓으로써 講說堂과 客舍를 一新重修하고 對潮樓를 重修하며 또는 大雄寶殿과 冥府殿과 奉香殿과 藥師殿과 寂黙堂의 破落된 盖瓦를 새로 翻瓦하고 前後道場의 築石을 새로한지라. 本寺의 道場이 琉璃世界와 가티 깨끗하다. 果然 李和尙은 本寺의 重建主라고 할만하다. 李和尙은「錢荒한 이 때에 空然한 일을 始作하야가지고 苦生을 사서하게 되엿으나 그러나 다 문어저 가는 집을 그대로 볼 수가 업스니 엇지하겟소. 只今도 되고 아니되는 것은 別問題로 하고 六七千圓의 豫算으로 寂黙堂을 마저 고치려고 생각하오.」하며 얼골에 愁色이 가득찻다.

나는 또다시 李和尙의 案內로 對潮樓를 올라갓다. 이 樓閣은 二層으로 結構된 樓閣인데 大雄寶殿을 正面으로 向하야 서잇다. 그런데 이 樓上에는 牧隱先生의 詩를 비롯하야 詩人墨客의 名詩가 無數하게 부터잇다. 그 가운데 牧隱詩를 紹介하면 아래와 갓다.

蠟履遊山興自淸 傳登老釋導吾行

窓間遠宙際天列 樓下長風吹浪生

星歷蒼茫五太史 雲烟縹渺三郎城

貞和願幢更誰植 壁記塵昏傷客情

九日 아침에 일즉이 이러나서 부텨님게 禮拜를 드리고 朝飯 後에 李和尙을 告別하고 다시 溫水里를 向하야 江華邑을 向하엿다. 그러나 배時間關係로 邑을 들닐 수가 업는 고로 다시 後日로 미르고 草芝에서 江華丸을 타고 仁川을 向하엿다. 그리하야 夕刻에 京城에 到着하게 되엿다.

百濟古都南漢行

李殷相

《신동아》, 1933년 8월

廣州로 向하는 自働車가 上一橋를 지나서면 코앞은 그대로 昭曠하면서 連嶂은 層又層 疊疊함을 봅니다. 百濟의 古都를 더듬는 이- 이 上一里에서 下車하는 例를 따라 餘心과 나 우리 두 사람도 여기서 下車하니 때는 三三年 七月 四日 午後 三時頃이엇읍니다.

慰禮城의 古蹟

新作路는 어대로든 가거라하고 우리는 小路로 접어들자 바른편으로 바라뵈는 山嶺이 透迤한 山城이 둘려잇음을 보니 이것이 저 二聖山 溫祚王의 古城입니다.

本是 百濟始祖 溫祚王이 京城의 一隅인 河北慰禮城에 都하엿다가 十三 年 乙卯(紀元前 六年) 夏五月에 臣下들에게 말하되

「予昨出巡하야 漢水의 南을 보니 土壤이 膏腴한지라 마땅히 거기 都하여 써 久安의 計를 圖하라」하니 때에 百濟는 東에 樂浪이 잇고 北에 靺鞨이 잇어

疆境을 侵擾하여 邊患이 不絶하고 寧日이 少有하므로 國都를 옴기고저 한 것이엇읍니다.

그리하야 秋七月에 이곧에다 柵을 세우는 同時에 八月에는 使를 馬韓에 보내어 遷都를 通告하며 疆域을 劃定하고 九月에 城闕을 築하니 所謂 河南 慰禮城이 이것입니다.

그런데 이 慰禮城의 位置에 잇어서는 여러 가지로 辯論되는 것이 잇읍니다.

東國輿地勝覽 山縣條에는 「慰禮城, 在聖居山, 土築, 周一千六百九十 尺, 高八尺, 內有一井, 今半頹起」라고 하엿으니 이것으로보면 慰禮城이란 것은 忠南 稷山이 되는 것이나 그 根據가 不明하고 또 李朝近世의 學者 丁若 鏞은 그의 疆域考에 慰禮城은 稷山이 아니고 漢陽城의 東北 卽 漢江의 北에 잇엇든 것이오. 同王 十三年에 漢江의 南으로 옴기어 當時 이것을 河南慰禮 城이라 하엿는데 그 位置는 廣州古邑이라고 하엿으며 憲宗代에 廣州留守로 잇든 洪敬謨의 南漢志도 거이 丁若鏞의 說을 仍製하기는 하엿어도 그 古城 이 二聖山이라는 것까지 詳說하엿읍니다.

그러므로 여기서 依하여 우리는 이 二聖山이 그때의 河南慰禮城인 것을 믿는 것이며 또 물을 곧이라고 野老들 뿐이라 二聖山城의 平原에 서서 여기 가 어듸오하고 물으니 廣州古邑터라고 합니다.

한 옛날 그 어룬이 民族의 生活을 富裕하고 便安케 하기 爲하여 혹 이곧으 로 혹 저곧으로 더 좋은 福地를 고르든 일을 생각하면 數千載 後 오늘 이곧을 지나가는 우리도 늦겁고 고맙기 그지없음을 깨닫습니다.

聖人이 예를 찾아 무삼일 오시든고
내거레 잘 살리려 福地를 고르시니
지금도 저녁바람에 모향기가 풍기네

興亡은 묻지마소 歲月이 알 뿐이니

歲月이 간뒤어늘 다시 또한 말치자

오늘은 農事에 바쁘더라 그 말슴만 傳할까나

春宮 後林의 鶴

우리는 손뺌으로 夕陽을 재어보며 農軍들에게 길을 물어 春宮里로 들어
섯읍니다. 이 春宮里는 여기서「궁안마슬」이라고 부르니 이도 또한 古都잇든
남은 이름일시 毋論입니다.

마슬 뒤 松林 속 길로 들어서니 머리 우에서 푸르럭거리는 소리가 납니다.
치어다보니 數十마리의 鶴이 날고 울고 잇읍니다. 나로서는 前日에 釋王寺
山門 앞 沙器里의 後林에서 野鶴을 보앗고 여기가 두 번째입니다.

나는 문득「鶴鳴九皐, 聲聞于天」이라는 詩經의 一句를 읊엇읍니다마는
다시 생각하니 오늘 朝鮮서는「鶴」의 소리를 들어줄 이가 없음을 嘆하지 않을
수가 없읍니다.

저 鶴이 부질없다 네 울음이 부질없다

長깃 펼치고서 붉은 목 늘이고서

우를어 아무리 운들 듣는 누구 잇드뇨

두어라 듣는 이야 잇고 없고 탓할 것가

맑은 本性이 듣는 이를 求할 것가

제소리 제도로 들으며 날아돌아 울더라

우리는 걸음을 빨리하여 두어 村落을 지나 山路로 기어올라 南漢北門에
이를엇읍니다. 후유 한소리에 黃昏이 짙어 풀숲 속 찾아온 길이 어둠 속에

잠깁니다. 돌려보니 峰巒 溪谷은 달 알에 熹微한데 내려보니 山城 안 人家에는 點點 燈火가 꿈 속 같습니다.

南漢의 歷史

이제 이 黃昏의 北門터에 서서 山城內를 굽어보며 옛 歷史를 생각합니다.

百濟의 始祖가 十四年 春正月에 遷都한 以後로 十二世 三百七十餘年을 지나 近肖古王 二十六年(西紀 三七一)에 다시 南平壤(今 京城)으로 移都하고 그 後에 百濟가 羅唐軍에 攻滅된 때부터 新羅가 이 땅을 漸收하여 南漢山城을 고처 漢山州라 또는 南漢山州라 하엿읍니다. 그리다가 文武王이 그 터에 晝長城을 쌓으니 이것이 곧 日長山城이오. 지금도 南漢山의 一名을 日長山이라 함은 이 까닭이겟거니와 當時 그 城의 周圍는 八萬六千八百尺이요 高는 二十四尺인 石築이엇고 그 後 景德王 十五年(西紀 七五六)에는 이 곧을 漢州라 改稱하엿읍니다.

新羅의 後를 이은 高麗朝에 잇어서는 高麗 太祖 二十三年(西紀 九四0)에 今名 卽 廣州로 改稱하엿고 成宗 二年(西紀 九八三) 國中에 十二牧을 둘 적에 이 곧도 그 하나이 되엇고 顯宗 三年(西紀 一0一二)에 節度使를 廢하고 安撫使를 두엇다가 九年에 다시 八牧을 定할 때 牧으로 되엇읍니다.

그리다가 李朝 鼎遷 後에는 그 이름을 그대로 因稱하엿고 世祖 때에는 鎭을 두엇으며 燕山 十一年(一五0五)에 州人에 亂言者가 잇어 本州를 革除하엿다가 中宗初에 復舊를 하엿읍니다.

그리고 이 南漢山城은 仁祖 四年(西紀 一六二六) 秋七月에 領議政 李元翼과 府院君 李賓의 建議로 摠戎使 李曙에게 命하여 築城하엿는데 周●에 役이 告成하니 周圍가 千二百九十七步요 東西南北에 四門이 잇고 十六의 暗門이 잇읍니다.

英祖 二十年(西紀 一七四四)에 重修하엿으며 邑治 卽 郡衙는 仁祖 修築

同時에 山城內로 옴겨왓고 더욱이 丙子亂이 지난 뒤에는 留守를 두엇고 山城要害의 地域에 九寺를 創建하여곰 僧將 卽 摠攝으로 하여곰 僧兵을 거느리고 守護의 任에 當케 하엿다가 甲午改革 以後에 다 罷하고 오늘의 現狀으로 되엇읍니다.

또한 邑內의 戶數로는 往時에는 千戶를 過하엿스나 建陽 元年(西紀 一八九六) 春에 京畿 江原의 匪徒 一團이 占據하엿을 때에 焚蕩의 慘厄을 만난 以後로 지금은 二百五十餘戶 二千七百人의 人口를 不過하게 되엇읍니다.

이러한 南漢의 歷史를 이야기하며 우리는 아푼 다리를 竹杖에 의지하여 끄을 듯이 내려와 旅舍에 드니 밤은 벌서 아홉時나 되엇읍니다.

月下의 演武舘

이 山城 內의 古蹟으로 말하면 列朝의 陵寢과 名賢의 祠院이 處處에 잇고 年久한 古寺와 善政을 記한 古碑가 또한 적지 않읍니다.

그러나 이미 밤이 깊엇기로 모든 勝地와 古蹟은 밝은 날 巡禮키로 하고 旅舍에 누엇노라니 마침 東亞支局의 記者 宣鎭秀氏가 우리를 枉訪해주어서 다시 일어나 月下를 散策하엿읍니다.

우리는 宣氏의 引導를 받아 演武舘으로 올랏읍니다. 演武舘이 잇는 小丘의 草路로 오르는 맛은 참으로 愉快하엿읍니다. 閑寂한 밤 香氣로운 草原에 고요히 흐르는 달빛은 누구든지를 詩人되게 하는 抒情的 風景이 아닐 수 없읍니다.

山村 달 밝은 밤 演武舘 풀밭 우에 지
팽이 던저놓고 말없이 앉앗을제
어대서 밤방아 소리 멀리 들려 오누나.

우리는 다 벙어리나 된 듯이 한마디 말이 없이 거닐엇읍니다. 뉘가 먼저 발을 뗀지는 몰라도 하나이 가면 같이 가고 뉘가 먼저 머문지는 몰라도 하나이 서면 같이 서고··············

지금 우리 눈앞에는 반딧불이 날아다닙니다. 저것도 古蹟巡禮로 나선 것이나 아니온지오. 우리는 旅舍로 돌아가려 하는데 저들은 밤새도록 예서 놀 것을 생각하니 우리보다 自然을 더 사랑하는 것 같읍니다.

우리는 旅舍로 돌아와 疲勞한 몸을 자리에 뉘엿으나 열어 놓은 西窓으로 지는 달빛이 새어 들어와 잠을 일울 수가 없엇읍니다.

清凉山 지는 달을 한 가슴에 안고 누어

흐르는 물소리에 생각이 그지없어

木枕을 세고 누이고 다시 세고 누이고.

山城最高의 西將臺

이튿날 아츰 우리는 亦是 宣氏의 引導로 勝地巡禮를 떠낫읍니다. 옛날의 行宮터라는 面所앞 지금은 禁林組合이 되어잇는 枕戈亭을 잠깐 지나 林間水路로 崇烈殿을 參拜하엿읍니다.

이 崇烈殿은 百濟始祖 溫祚王의 古廟인데 가만이 생각하면 人世興亡이 또 한 번 부질없은 줄 알겟읍니다. 當時 三十世 六百七十八年間의 온갖 歷史가 檉松과 殘栢間에 悠々히 묻히엇읍니다. 나는 입 안으로 긴 한숨을 죽이면서 殿內로 들어서 溫王의 位牌 앞에 頂禮를 드렷읍니다.

여기다 國祭를 始行하기론 仁祖 十四年(西紀 一七三六)이며 여기다 宣額을 下하기로는 守御廳을 罷하고 廣州留守를 두든 正宗 十九年(西紀 一七九五)인데 지금까지 每年 春秋로 祭享을 드린다고 합니다.

우리는 다시 걸음을 빨리하여 西將臺로 올랏읍니다.

西將臺는 南漢山의 絶頂에 잇으니 海拔 一千六百尺입니다. 臺上에 올라
서니 마침 하늘에는 一點 雲도 없어 漢陽 龍山을 歷歷 可數요. 險固한 重重烽
을 둘러다보매 壯夫의 悲償한 心思ㅣ 다시 한 번 용솟음을 칩니다.

이 臺에 오르는 이로 뉘가 저 國恥的 丙子大亂을 생각하지 않으리이까.
그러나 여기에는 戰史를 쓸 수가 없으므로 略하거니와 그날에 成功한 아무것
도 없고 오늘은 호을로 寂寞히 남아잇는 이 將臺야말로 내 눈에는 無用長物
의 슬푼 存在로 밖에 더 보이지 아니함니다.

將臺야 높이 서서 네 한일이 무엇이뇨
將帥 다 간 날에 너만 무삼 남앗느뇨
슬프다 오늘 앞날에 쓰일 곳을 일러라.

우리는 醮樓 우으로 올라가 透迤連山과 一條漢水를 둘러 본 後에 長風이
땀이 걷기를 기다려 臺庭으로 내려섯읍니다.

臺의 一隅에 天然한 岩石의 面에는 守御將臺의 四字를 御筆로 大書特刻
하엿는데 諺에 이르기를 이것을 鷹岩이라고 하고 이 鷹岩에는 李寅皐의 化鷹
傳說이 잇읍니다.

그리고 우리는 西側으로 내려 山城築造와 胡亂防禦에 苦心盡力하다가
陣中에서 病歿한 將軍 李曙의 廟宇인 淸凉堂에 들어가 拜禮를 드렷읍니다.

長慶寺와 顯節祠

우리는 다시 이 西將臺에서부터 城을 끼고 갑니다. 혹은 暗門도 거치고
北門도 지나 東門채 못밎어 岩松亭을 한 겉으로 두고 바른 편으로 꺾여내려
山谷이 漸〻더 幽深한 곧에 長慶寺를 찾으니 이 절은 지금 이 山城 안에 다만
하나 밖에 남지 아니한 古刹입니다.

住持 慧松和尙과 인사한 後에 淸冽한 泉水도 마시어가며 境內를 翫賞한 後에 寺庭으로 내려서니 月明殿에는 마침 十餘 婦人들이 모여 說法을 듣고 잇읍니다.

뒷 松林에 暇閑로이 울고 잇는 매암이소리 보담도 여기 모인 안악들은 더 閑暇로워 보엿읍니다. 寺門 밖에는 丙子亂보담도 더 큰 戰爭이 벌어젓는데……………

우리는 和尙과 告別하고 東門 안으로 돌아나려 顯宗 二年(西紀 一六六一)에 세윗다는 地水堂과 蓮塘을 구경하고 그길로 顯節祠로 올랏읍니다.

顯節祠는 丙子亂 當時 斥和臣이든 尹集, 吳達濟, 洪翼漢 卽 世稱 三學士와 鄭文簡公, 金文忠公 두 분을 加하여 다섯 분을 祭亭한 곧입니다.

이들 三學士의 略歷을 紹介할 수는 없거니와 이자리에 와서 當時의 悽慘하든 光景을 생각할 때 뉘가 滂沱하는 눈물을 禁할 것입니까. 더구나 人質로 被縛되어 故國을 離別하고 남의 손에 끌려가며 창자 끊는 詩를 지어 故國에 보내고 혹은 거기서 怨痛한 이슬이 되든 이들을 생각하매 行人의 가슴마저 찢어지는 듯합니다.

鴨綠江 해질녘을 건느시든 저 님네여
피눈물 글에 섞어 故國으로 보내옵고
머나먼 燕雲萬里 어이 울고 가시든고

몸은 버리고도 뜻은 아니 버린 것이
칼로도 못 버힌 뜻 그 뜻 뉘게 傳하신고
웨오처 傳하건마는 받는 누구 없고나

그렇습니다. 우리가 名勝古蹟으로 다니면서 忠臣義士의 남긴 자취를 數

없이 보건마는 그 鐵石金剛을 이기는「뜻」그것을 받아가는 이가 몇 사람이나 됩니까?

때는 언제 벌서 夕陽이 되려합니다. 앞길이 急하기로 우리는 다시 한 번 黙禮하고 이 곧을 벗어나 우리 爲해 受苦를 아끼지 않은 宣記者와 作別하고 南門을 나섯읍니다.

黃昏의 汗伊碑

우리가 松坡에 이를엇을 때는 黃昏이 이미 깊엇읍니다. 그러나 굳이 밭언덕을 돌아 三田渡江가에 우뚝선 汗伊碑를 찾아드는 것은 그 뜻이 무엇이겟읍니까.

「大淸崇德元年冬十有二月寬溫仁聖皇帝以敗私自我始」라 한 自引自咎하는 句로부터「有不巍然, 大江之頭, 萬載三韓, 皇帝之庥」라 한 句까지 눈에 피돋을 글字들이「어두움」의 德으로 보이지 아니하니 이도 한 가지 多幸이라 하리까.

一面에 滿洲와 蒙古의 飜文으로 並書하여 崇德 四年 十二月 初八日에 이 碑를 세울 때에 大提學 李景奭이 文을 作하고 參判 吳竣이 書하고 參判 呂爾徵이 篆頭를 書하고도 그들이 그 生命커녕 그 팔목 그 손톱 하나도 버렷다는 것을 듣지 못하니 슬프고나. 참으로 슬프고나.

우리는 雜草를 밟고 서서 이곧이 仁祖大王과 淸大宗 汗伊가 平和를 講하는 곧임을 생각할 때 뷘 들판이건만 얼굴이 붉어짐을 늣기지 않을 수가 없읍니다.

汗伊碑 남은 곧에 무엇이 또 남은고
敵將도 인곧없고 忠臣도 다 갓는데
흘리신 님의 피눈물이 歷史되어 남앗구나.

汗伊碑 남은 곧을 지나는 저 行人아

先民의 부끄러움 嘆하지 말앗으라

몇萬개 저런 降碑를 네 生活에 보려무나.

그렇습니다. 決코 汗伊碑 앞에서 丙子의 亂을 생각할 것만이 아닙니다. 우리의 生活에 날마자 몇 장씩의 降書를 누구에게 써 받히는지를 깨달을 것이 아니오리까.

江가에 나와 囊섬가는 배 우에 올라 앉으니 江물은 無盡無盡 말없이 흐르고 가슴도 끝없는 생각으로 가득히 찹니다.

「여보 사공! 櫓젓지 말고 흐르는 물에 그냥 띄워두소. 이런 달밤을 또 언제 江 우에 떠보겠소.」

沙工은 그리자고 對答은 하면서도 自己네 밧분 일에 노를 빨리 젓습니다. 응당 沙工은 閑暇치도 못한 우리를 閑暇한 者로만 여기고 속으로 무슨 말로 비웃을 것입니다.

물도 흐르고 바람도 흐르고

달도 구름도 다 흘러가는구나

우리도 흐르는 배우에 절로 흘러가리라.

傳燈寺의 一夜

洪曉民
《신동아》, 1934년 10월

江華에 온지 三日이 되던 五日날 저녁 때에야 宿顧의 傳燈寺를 洪, 琴, 李, 安, 나의 다섯 사람이 貸切 自動車로 出發하게 되었다.

江華는 京畿道에서 有秀한 富鄕인 것은 벌써 世의 定評이 있거니와 江華의 富 그것뿐만 아니라 山川이 明美하고 古蹟이 多數이었다. 元來 傳燈寺는 京畿道內에 有名한 절의 하나이요, 아울러 江華의 名勝地이다.

天人一團의 一行은 午後 六時나 되어서 江華의 美麗한 山川의 風光을 보면서 傳燈寺를 向하야 달리었다.

沿道에 무르녹은 穀物은 實로히 우리에게 먹지 않아도 배가 불을만치 누러케 익어있으며 저녁 연기 고불고불거리고 올라가는 그곳에 二三의 人家가 보임은 꼭 그림을 보는 것 같었다.

自動車가 이러한 沿道를 한 時間餘를 달린 後 한 곳에 다다르니 이것이 傳燈寺이었다.

傳燈寺가 바루 눈앞에 다어있고 그 뒤로 드높은 昇足山城과 三郎城이 擁

圍하고 있는 것 같이 되어 있었다.

이 傳燈寺는 元來 옛날 新羅 阿度和尙의 創建한 것으로서 일즉 이는 眞宗寺라고 하였다 한다. 그러든 것이 距今 六百餘年前 바루 高麗 忠烈王때의 忠烈王의 안악이 되시는 元나라의 貞和宮主가 玉燈을 施捨하고 드디어 傳燈寺라고 命名하였다는 것이다.

그後 高麗 忠肅王 丁丑에 重修하였고 그다음 同忠惠王 復位 三年 辛巳에 三度重修하고 李朝 仁祖 三年 乙丑에 四度 重修하고 隆熙 二年 丙午에 五度 重修한 歷史깊은 절로서 李朝 高宗 九年 壬申에 摠攝 一人에 僧軍 五十名이 있었고 丙寅年 當時에 僧永欣 住持로 있었던바 하루는 諸僧더러 말하기를 官軍이 만약 이 三郞城에 들러오면 糧米가 倉卒之間에 없을 것이니 어서 舂米를 하자 하야 쌀을 많이 맨드러 두었던바 이날 밤에 官軍이 果然 入城하야 僥幸히 饑饉을 免하게되어 至今도 그 절 안에 僧들이 이야기들을 한다.

그리고 이곳에도 亦是「大雄寶殿」以下「山神堂」等 웬만한 절에 있는 것은 다 있는 外에 特異한 것은「藥師殿」이라는 것이 있다. 듣는바에 依하면 이「藥師殿」은 그전에 이 江華에서 藥艾(약쑥)을 貢物로 받히게 되어「藥艾庫」가 있었고 亦是 業을 위하는 까닭으로 藥말든 神을 위하야「藥師殿」이라는 것이 생기었고 또한 절 東편쪽 들어오는 어구에 千摠 梁憲洙 將軍의「紀績碑」가 있으며「山城別將所」와「史庫」가 있던 곳은 죄다 터만 남아있었다.

그리고 傳燈寺의 名物인「對潮樓」가 높다라게 매여 달일 것 같이 덩그러니 서있다. 옛날에는 二層이었다는데 지금은 單層으로 相當히 높게 선 樓다락이다. 李朝 憲宗 己亥에 僧「坦仁」이 돈을 걷우어서 重修하고 最近에 또다시 重修한 것이라고 한다.

이「對潮樓」속에 들어서면 바로 漢江의 長流水가 湧湧히 흐르는 것을 볼 수 있으며 멀니서 一隻白帆이 나는 듯 돌아오는 것이 勝景이 아닐 수 없다. 보고 또 보아도 싫지 않은 것이 이「對潮樓」에서 내다보는 景致이다.

이「對潮樓」안에는 相當히 오래된 다 썩어진 懸板이 옛날 高麗末年의 志士 牧隱 李穡 先生의 詩가 있다.

蠟屐登山興自淸, 傳燈老釋導吾行
窓間遠岫際天列, 樓下長風吹浪生
星曆蒼茫伍太夫, 雲烟縹緲三郎城
貞和願幢更誰植, 壁記塵昏傷客情

이라는 傳燈寺의 全般을 이 詩로 알어 볼 수 있는 그러한 것이 쓰여있다.

이렇게 돌아 다니는 사이에 날은 아주 어두어젓다. 琴友 以下 四人이「太公」이라는「뉘, 네임」을 가진 젊은 僧을 請하여 우리의 먹을 밥과 우리의 놀 곳과 잘 곳을 부탁하야 가장 安閑한 곳을 얻었다.

그리하야 이 밤은 늦도록 或은「麻雀」으로 或은「將棋」로 或은「바둑」으로 於焉 子正을 넘기고 臨時로 定해준 寢室에 들었다.

「그만 일어나요! 저것을 보아요. 景致가 저렇게 좋은 것을 두고 잠만 자시오!」

하는 安友의 소리에 잠이 어렴푸시 깨기는 하였으나 원체 늦도록 놀아기 때문에 極度로 疲勞하였든 모양- 잘 깨여지지 않었다. 勇氣를 華胥의 적은 게집을 쫒고 일어나니 해가 東窓에 붉어있었다.

安友를 딸아 불낳게「對潮樓」에 올으니 이미 좋은 景致는 가신지 오래라고 한다. 하도 애석고 섭섭해서 安友에게 그 모양을 무르니 참으로 絶勝의 景槪인 것을 노친 모양이다.

비록 絶勝의 景槪는 노치었으나 山寺의 아츰이란 깨끗한 그것이었다. 어제 저녁의 疲困이 이 山寺의 맑은 空氣로 다 씨슨듯이 그야말로 雲捲靑天格이다.

「타올」을 아름답게 游游히 흘러가는 시냇물에 젖어 얼굴을 씻고 若干의 深呼吸을 하고 아래를 내려다보니 果然 明朗한 山川이 이곳에만 모인 것 같다. 진실로 朝鮮이라는 말이 元來 山川의 明美함을 表現한 말이어니와 果是 朝鮮의 山川은 어느 名工 巨匠으로도 이렇게 그려놓지는 못하리라고 느끼어졌다.

나는 다시 諸友들과 「史庫」가 있었다는 곳을 가보았다. 지금은 한 평평한 적은 마당에 숲풀이 욱어졌고 아무런 遺蹟이라고는 없었다. 그러나 그곳에서 앞을 내어다보니 자리는 明堂이었다. 決코 「史庫」자리는 아니오. 남의 墓를 썼으면 좋을 만한 자리었다. 나는 不知中

「자리가 퍽으나 좋은데…….」

하고 끝을 맺지않고 말을 하였던바 安友는 곧 이 말을 받어 아래와 같은 이야기를 하였다.

「원래 이 史庫터에 對하야 傳說이 있었다. 그것은 嶺南의 어느 靑年地官이 山地를 보러 다니는데 江華 傳燈寺의 바로 이곳에 이르러 大地를 發見하고 죽은 自己 아버지의 목을 베여가지고 急急히 다시 돌아오니 史庫터를 닦드라고. 그래서 千秋遺恨을 남기고 울면서 돌아갔다는 곳이다.」

라고 說明한다. 그 말을 듣고보니 비록 地理는 모르는 나이나 左靑龍 右白虎가 번득하고 來龍이 줄기차게 나려왔으며 앞으로 바다가 보이나 물 흐르는 것이 보이지 않었다. 진실로 勝地인 것 만은 틀임이 없는 모양이다.

두루두루 逍遙를 하고 朝飯을 먹고나니 江華邑으로 가는 自動車時間이 되었다고 琴友가 催促을 한다.

急急히 行裝을 收拾해가지고 「溫水里」를 나오니 그곳에는 마침 「農務大會」가 열리어 「溫水里」 넓은 마당에는 農民들의 集團이 極히 天眞스러운 原始的 舞踊을 하고 있었다. 그 中에도 男子로서 女裝을 하고 소고를 들고 뺑뺑 돌아가면서 뛰노는 모양이란 참으로 볼만하였다.

「뭘 이렇게 精神이 없이 보시오. 時間 늦어요. 가십시다!」

이 한마디의 소리에 깜짝 놀래어 그 좋은 「農務大會」의 놀음노리도 充分히 구경못하고 自動車 時間을 대어 森信 溫水里 出發所에서 車를 타고 돌아오니 午前 十一時이었다. 내 一生의 이 傳燈寺의 絶勝이며 「農務大會」의 舞踊은 잊혀지지 않으리라고 생각되었다. 尾

廻遊 幸州山城

無影

《신가정》, 1935년 7월

「기립!」

하는 수주(樹州) 선생의 신호가 떨어지기가 무섭게 내가 맨 먼저 벌떡 일어나니 일송형의 그 옴팡 들어간 눈이 툭 튀어 나온다. 아까지도 간단 말이 없던 내가 갑작이 따러선 까닭이다.

「정말 가려오?」

뭇는 말에 나는 팔푸바지를 입은 다리 한 쪽을 번쩍 들어 보이고 모자를 쓰고 나서니까 일송형은 어이가 없는 모양이다.

철도 오월이려니와 오늘은 일요일 날세좇아 더없이 명랑하다. 유리창을 잡아 흔드는 도회의 소음에 상을 찡그리기보다 첫여름 강물에 배를 띄워 수로 오십여 리를 흘러간다는 것을 상상만 하여도 철필이 보기 싫다.

「정말 가려오?」

일송형이 거듭 뭇는다. 내가 싱글싱글 웃으니까 농담인줄만 안 모양이다.

오늘은 일요일!

날새좇아 명랑하다. 그렇지 않아도 배 탄다는 바람에 들먹어리는 나의 귀에는 유리창을 두드리는 도회의 소음이 어쩐 일인지 더 한창 요란하다.

서봉(曙峰) 수주(樹州) 두 어른에 일송(一松), 원경(圓鏡), 대석(大奭), 나 - 이렇게 一행이 되어 전차에 오르니 차ㅅ간은 비지도 않았건만 대절이나 한 것처럼 의기가 높아진다.

「헤염칠줄 아우?」

목선을 타고 수로 오十리를 떠나는 길이다. 슬몃이 일송의 옆꾸리를 찌르니 일송형의 눈동자는 금시에 둥그러지며 원경씨를 넌중이 처다보고는 눈을 끔적한다. 원경씨는 원산 태생. 헤염은 칠 줄 알겠거니해서 빠지거던 구해달라는 구호의뢰인 모양이다. 둘러보아야 절터라고 남은 사람을 살펴보아야 기댈데는 대석씨뿐 나도 눈을 찡긋하니 대석씨도 알았다는 듯이 싱끗 웃어 무언의 언약을 해준다. 사람이란 웃우운 것이다. 작란이라도 그만큼 해놓고 나니 구조선이나 타고 가는 듯 저윽이 마음이 놓인다.

-그러나 누가 알리. 구해준다던 사람들이 되려 구해달라고 손을 내밀게 될지-

원정 四정목 전차종점에 나린 것은 열시 반- 아니 이십오분. 부탁해둔 기선회사를 찾으니 정각 열시에 행주행 모터가 막 떠났다고 딱해한다. 그러나 우리의 목적한 것은 모-터가 아니다. 목선 준비를 부탁하고 강변에 섯으려니 돌을 스쳐오는 것은 확실히 여름 바람이다.

멀리 타원형을 이룬 강변에 칼날처럼 번득이는 것은 빨래방망이다. 그 앞 배ㅅ전에서 개구리처럼 물로 뛰어드는 밝아벗은 아이들. 대석형이 사진기를 들고 떼ㅅ목으로 뛰어 들어가니 밝아숭이들이 여봐란듯이 가슴을 내민다.

밝아숭이들아. 가져보지도 못할 사진을 박는 것이 그렇게도 좋단 말이냐?

준비한 배를 보니 너무도 적다. 적다거니 괜찮다거니 선부와 악다구니를 하다가 수주선생이 호기 있게 오르는 바람에 한편에 셋 식 마조 자리를 잡았다.

따끈따끈하게 내려쪼이는 오월의 태양. 거울 속처럼 맑고도 잔잔한 강물. 다 낡은 목선에 다리를 뻗고 앉아서 강물에 손을 담그고 물 따라 흐르는 이 즐거움. 철필대잡기에 마비된 듯싶던 손을 물속에 담그고 나니 짜릿짜릿 전신에 생기가 돋는 듯하다.

외인편 강 언덕에는 힌 모래밭 그 넘어로 파란들, 저기가 여의도 비행장이다. 행주를 무르니 수로로 오십리란다. 오십리라면 멀도 가깝도 않은 길이다. 담배를 피워물고 대공을 처다보니 저 하늘도 기쁜게라 명랑히도 웃는고나.

사공아 말드르소 행주따도 이 물줄기
나리는 물이거니 젖잖은들 아니가리
가다가 저해지면 배우에서 자고 가세-

그만두지, 이것을 누가 시라고 해줄 사람이 있을라구-

배꼬리에 드높이 앉으니 인도교 물 우에는 관악산이 잠기었고 마포 언덕 수양버들 넘으로는 삼각산이 넘겨다본다. 물따라 흐르기 약 삼십분. 곧 손아금에 듬직한 조고만 섬에 이르니 이것이 미인이 많이 난다는 「밤섬」이란다. 밤이라도 아람드리 외톨밤. 저렇게 동글수가 있을까.

이 「밤섬」에서 난 미인이라면 회루밤처럼 동글리라.

「수주 우리 여기 나려서 미인이 따러주는 탁주 한잔 않 하려우?」

서봉선생의 농담을 고지드른 것은 사공 뿐. 구미가 슬몃이 당기는지 노를 세우고 우리를 처다본다.

건너다보니 섬까 애띤 반송이 선 바우 밑에서 남치마 입은 부인네가 방망

이를 나리다말고 오두머니 우리를 바라다본다. 저 부인네도 밤섬의 미인일까? 그럴진대 또한 밤처럼 둥근 얼굴일게라……… 그러나 풍경이란 서양화와 같은 것이라니 멀리서 바라봄으로 만족하리라.

밤섬을 지나니 양화나루(楊花津) 사공에게서 양화진이란 말을 듣기도 전에 만침 언덕에 매였던 나루ㅅ배가 부녀 삼사인을 싫고 우리의 길을 가로 질른다. 새하얀 옷빛보다도 갸웃이 제처든 양산에 운치가 있다.

「여보 한장 찍소」

「벌써 찍었는데!」

선선히 대답하고 대석씨는 상긋 웃는다.

양화진을 지나치니 물은 더욱 잔잔하다. 아무리 적은 물 한강이라기로서니 접시물이 아닌- 그래도 강물이거던 이처럼이나 잔잔할수가 있을까?……

뭇노니 야시의 거울장사여. 십오전에 둘짜리 거울이 이 물보다 뭬날게 있겠소?……

옛날도- 옛날 신선들이 나려와서 놀았다던 선유동(仙遊洞)의 속되지 않은 풍경에 심취하여 배ㅅ전을 두드리려니, 뭘리 삼각산 밑 울창한 숲속에 백아관같은 집이 보인다. 드르니 저 집이 새로 지은 이화여자전문이란다. 물까의 수조(水鳥) 버들가지의 꾀꼬리소리와 함께 곧 이화 아가씨들의 코-라스가 은은히 들려오는 듯 싶다.

선유동 풍경에 심취한 동안 솔솔 스미어든 물이 배ㅅ바닥에 홍근하다. 박아지를 찾아도 없어 어쩔줄을 모르는 판에 일송형이 「여깃소」하고 사공의 고무신짝을 내민다. 신짝으로 물을 퍼내는 풍경도 오늘 이 배에서는 없지 못할씨-ㄴ이다.

배는 다시 흘러 「쥐산」(鼠山)의 아래턱을 씻어주고 바른편 언덕에 안개처럼 자욱한 버들숲을 이끌고 나려가니 또한 뫼. 여기가 양천(楊川)이란다.

양천은 허씨(許氏)의 본고향. 갓머리(宀)형으로 생긴 바우를 허씨암(許氏岩)이라고 부른다고 한다.

허씨암 바른편 강까에 그리 굵지않은 대ㅅ가지가 원을 치고 둘러 꽂혔다. 이것이 행주의 명물「웅어」를 잡는「삽」이라고 한다. 그 삽에서 대여섯간 떠러진 물우에 푸른 닢이 그대로 달린 양버들 한개가 젓기에 사공에게 무르니「뽀이」라고 한다. 「뽀이」는 삽을 처놓았으니 주의하라는 배ㅅ사람들끼리의 신호라고 한다. 듣건대 영어로도 이런 것을「뽀이」라고 한다니 영어(Buoy)에서 온 말일까 보이(見)에서 변한 말일까?

다시 머리를 드니 멀리 백사장 넘어로 흡사 양복솔을 제쳐놓은 것 같은 형상의 양버들숲이 물속을 기우러 보고있다. 새하얀 모래 빛에 짙은 초록 기연가 미연가 한 하늘빛과 물 빛, 그새로 당해솜같은 구름짱이 하느적 하느적 움즉인다.

양천을 지나지니 바다가 가까워 졌음인가. 물빛이 제법 탁하다. 수량도 많이자고 바람도 조곰식 일른다. 바다 물에는 물결이 있어야 하고 강물은 잔잔해야 한다지마는 이 만물에 물결 좀 있은들 어떻랴. 철철 배ㅅ전을 치는 물소리에 일송 형이 코ㅅ노래를 마추니 난데없이 나타난 수조(水鳥)의 한 떼가 바다의 정세를 돕는다.

녹음이 잠긴 연변을 다시 몇 군데 지나고나니 갑작이 강폭이 넓어지며 기암을 번쩍 들어 보이는 산머리가 나타난다. 모양은 개형상이달까? 고개를 넘은 산길이 흰목도리처럼 또렷하다. 강변에는 임자 없는 목선이 즐비하고 산모솔기로 초가의 집울이 빼꼼이 내다본다.

배 안 뜬 강처럼 쓸쓸한 것이 없다하지만 임자 없는 나루가 뜬 강변만큼 서정적인 풍경도 없을 것이다. 모래사장에서 숨죽이는 것은 그믈을 말리는 어부인가보다. 멀리 들려옴은 어부들의 배ㅅ장단인가?

사공한테 물으니 여기가 행주란다.

「저집이 행주명산「웅어」를 상감께 진상하던 집이외다.」

사공의 가르키는 것은 울타리처럼 둘러진 산 복판에 단정히 서있는 게와 집이다. 우리 一행이 모다 행주는 초행인지라 그런 인연 깊은 집이라면 눈역여 보아두리라고 고개를 빼밀고 있는 동안에 일렁- 하며 배 머리가 언덕을 들어받는다.

시간을 보니 정각 두시. 에누리 없는 세 시간의 배 길이건만 실증은 커녕 일어나기가 싫다.

집 앞에는 그물이 널리고 울 뒤에는 보리밭이다. 그물과 보리. 이것만으로도 여기가 반농반어(半農半漁)의 색다른 촌이라는 것만은 짐작할 수 있다.

언덕에 올라스니 눈에 뜨이는 것은 처마에 달린「술」자와「주」(酒)자. 동구의 七八호에는 한 집빼지 않고「술」자를 내걸었다.

주막집에 점심을 부탁하고 사람 여섯이 주체를 못하던 맥주 여섯 병에서 남은 두병을 일송과 한 병식 나누어 들고 권율(權慄) 대장의 기공사(紀功祠)에 찾아가다.

배에서 보던 산길을 더듬어 기공사를 무르니 노인이 아르키는 것은 사공이「웅어진상」하던 집이라던 바로 그 집이다.

「그러면 그런게지!」

성봉, 수주 두 분이 앞을 서서 꺼-치런 홍살문을 바른쪽에서 보며 정문으로 들어서니 기공사(紀功祠)라는 현판이 드높이 붙어있다. 스켙취하느라고 뒤떨어진 일송형은 빼놓고 비석 앞과 기공사 앞에서 사진을 한 장씩 찍고 권대장의 일본군을 격퇴했다는 승전봉을 찾고저 동산으로 올랐다.

얕아도 산은 산인지라 보지 못한 초목이 심산처럼 욱어졌다. 첫여름의 풀 향기는 더없이 구수하다.

승전봉을 처다보니 듣기보다는 멀다. 왕복하자면 한 시간은 걸릴 것 같아서 주저하려니까 일송형의 배속에서 꼬르륵 꼬르륵 비명을 울린다.

하는 수없이 승전봉을 멀리 바라보기만 하고 사진을 찍으려고 밀밭으로 들어서니 때마침 어디선지 산새소리가 짹짹.

「대석형! 조심해박으시오.」

「웨요?」

「새소리까지 박히면 어쩌게.」

내 딴에는 멋처럼 한 재담이건만 아무도 웃어주지 않는다.

눈 앞에 한가한 강변. 둘러보니 하얗게 패인 보리. 발을 멈춘 곳은 초록빛 잔디. 반반한 곳을 골라서 남은 맥주를 나누어 마시고, 한담 한 시간.

그리 뜨거운 볕도 아니건마는 축 늘어진 갈 닢을 보니 어쩐지 등바지에서 땀이 흐르는 것 같다. 엿치 소리가 곧 들리는 듯 억새풀에서도 더운 기운이 확 끼친다. 아모렇든 여름은 여름이다.

강변 모래밭에 자리를 깔고 점심을 먹었다. 오늘의 행각을 이리로 이끈 「웅어회」를 못 먹은 것이 섭섭다 못하여 한이 된다. 상치쌈을 싸다 말고는 모두 한마디씩 한다.

웅어를 먹자면 아직도 두세 시간 기돌러야 한단다. 시장이 반찬이다. 고초장에 싱검초 나물 뿐이건만, 맛 없다는 사람은 하나도 없다. 서봉, 수주 두 선생인 각각 두 공기 반, 대석, 원경, 일송이 각 세 공기 내가 세 공기 반. 이것이 통계다. 저렇게 먹고도 키가 못 크느냐고 일송형한테서 놀림까지 받았다.

「아이 이런! 그래 여까지 왔다가 웅어를 못먹고 가다니!」

잊어버릴만하면 또 누가 한마디 한다.

「이 좋은 상추를 두고 웅어를 못 먹다니!」

모든 행복이란 이런 것일거라. 밥을 든든히 먹고 나니 「웅어」고 무엇이고 세상이 다 귀치않다. 그저 모래밭에 번듯이 누어서 사공들의 배 노래나 싫것

들었으면 하는 욕망뿐이다.

「일송은 입을 벌린게 박혔소!」

대석형이 밥먹는 것을 어느새 박은 모양이다. 어느 틈에 박았느냐고 모다 놀라는 것만 보아도 찬 없는 밥이 얼마나 맛낫던가가 짐작된다.

남은 사과와 밀감을 한쪽씩 나누어 먹고 남은「도롯스」는 강변에서 노는 아이들을 한줌씩 나누어주었다.

양복바지의 모래를 털고 일어선 것은 네 시 반. 동구를 빠져서 나오다가 능곡(陵谷)역으로 향했다. 능곡역까지 말은 十리라고 하나 동구를 빠져 나오니 빤히 내다보인다. 한 오마정이나 될까 말까…….

보리밭머리에서 담배를 피우는 농부에게 차 시간을 무르니 대답기 전에 먼저 해를 처다본다. 때를 요량하는 모양이더니 여섯시 차가 있다고 한다.

노량으로 간대도 한 시간이면 족할 것이다. 알맞게 나왔다고 제가끔 시계를 보고는 대행해했다.

역까지 나오는 길도 한간통은 된다.

가래 자욱이 그대로 남아있는 논바닥과 다부룩 다부룩한 모자리판 새로 뚫린 길가에는 크로-바가 탐스럽게 도련한듯 자라있다. 일송, 원경, 나- 이렇게 젊은 축들은 네닢새달린 크로-바를 찾아 한동안 헤매였다.

가는 도중에서도 대석형은 사진을 찍기에 겨를이 없다. 물 푸는 농부의 턱밑까지 가서 한 장. 다시 나와서 농촌 풍경을 한 장.

역에까지에 한 시간. 시간을 보니 삼십분 여유가 있어 다리를 쉬노라니 낚시질꾼들이 제각금 보구니들을 들고 들어온다. 제법 큰 붕어를 낚은 사람도 한그이 아닌 듯 생선을 보니 갑작이 웅어 생각이 또한 간절하다.

「무영! 무영! 웅어구경하시오.」

저쪽에서 일송형이 고함을 친다. 쫓아가보니 과연「웅어」다. 길이가 약 한자나 된다.

「먹지 못했으니 구경이라도 하라는 겔세」

하는 일송의 말을 받아.

「압다 기행쓸 땐 보기만 했다구하구려!」

하고 서봉선생이 넘겨다 본다.

삐-ㄱ.

시게를 보니 다섯시 사십분 아 우리를 태울 기차가 이제야 오는 구나

………

(五月二十一日)

近畿行脚數題

崔鳳則

《사해공론》, 1935년 10월

近畿 一帶는 李朝五百年 王業이 繼承된 歷史的 地帶인지라 이르는 곳마
다 史蹟 아닌곳이 없다. 한발작 한발작 이 史蹟을 더듬어 제고장의 過去를
究明하야 앞날에 빛나는 生活樣式을 建할 生活哲學을 세워볼 것도 우리로서
應當한 일이거니와 峻險한 山嶽이 四圍에 重疊하니 한거름 門前만 나서도
探險의 經路 아닌곳이 없다. 仁王과 北岳을 등에 지고 東으로 忘憂里고개
連麓인 嵯峨山에 高句麗 ●韻名將 溫達의 戰死地를 밟고 그 北으로 佛岩山
과 水落山 道峰山 三角山이 모다 四五百米 乃至 八百餘米의 峻險한 山麓들
이니 快히 一日 路程으로 白頭探勝과 알펜登山에 彷佛한 探險을 試하기에
足하다. 朝鮮이 어덴들 우리의 筋力을 試할 山嶽이 없으랴만 뜻만 決하고 나
서면 李太祖와 같은 武勇도 自身의 것이고 乙支文德이나 金庾信의 雄圖도
우리의 體中에 서릴바 아니냐!

때는 天高馬肥한 좋은 時節이다 저만큼 말이야 못할망정 天賜한 行脚으
로 萬里를 踏破하고도 남음이 있으리니 休日과 日曜를 利하야 登山探險을

勵行해볼이다. 이제 實踏數題로써 그 實의 鑑賞에 提供코자한다.

西五陵

서울서 西로 二十里 밧겯 往復할수 있는 路程이다. 西大門밖 靈泉뻐스終
點에서 徒步로 무학재(無學峴)를 넘는다. 이길은 汽車의 便이 있기前 옛날
關四千里를 通하는 主要道路였고 中國使臣을 맞고보내든 獨立門밖 첫마루
턱이다. 十八九年前까지만 하여도 西으로 奉元山 안장봉(鞍峰)과 東으로 仁
王山麓에서도 마조들니운 天險의 마루턱 그대로 넘나들던덴데 이마즉와서
는 十餘길 岩峴石壁을 斷絶하야 人馬가 通하기에 無難하게되었다. 李朝初
國礎를 査할 때 地理를 探相하든 僧 無學이 至今 觀底洞 선바위(立石)앞 庵
子에 留하엿던 것을 記念하야 이재를 무학재(無學峴)라고 한다. 이 재를 넘어
서면 弘濟院이니 옛날 公館이 있어 支那의 使臣이 여긔 이르러 旅裝을 풀고
禮服을 交着하든데다. 通行의 비린마끔을 잠간참고 지내가면 彰義門 밖으로
흘너나려가는 細川이 있으니 거긔를 건너 左로 哲宗大王의 母 廉氏의 陵地
인 鬱蒼한 松林을 白蓮山下 川邊 地帶로 바라보며 弘濟院 外里를 거처 박석
고개를 넘어 綠磻里 거리에서 新作路 左便 村路로 들어 다시 右便 通路 大棗
里驛村을 向하노라면 왼편 논밭 가운대 丘陵에 한 碑가 있으니 이 碑는 仁祖
大王께서 光海主를 ●하고 李貴 金鎏等으로 더부러 反正을 謀하던 記念碑
閣이다. 지나든 길에 約 三十分間이면 들러보고 갈 수 있다. 그리로서 老芝訓
과 갈골(葛峴里)로 왼편 한마장 距離에 李朝中葉後 建立인 宋國寺를 바라보
면서 벌고개(峰峴)을 넘어 두어마장 나려가면 오리木과 松林이 욱어진 右로
웃둑 솟은 鶯峰山下에 一大 陵林이 첫눈에 뵈이니 여긔가 바로 西五陵이다.
地域은 高陽郡 神道面 鹿頭里인데 右便 첫재로 보이는 明陵은 바로 李朝歷
代에 一明王이신 肅宗大王과 그 後 仁顯閔氏와 仁元 金氏를 가티뫼신 陵이
다. 그 다음에 西北間으로 順次로 있는 陵들은 翼陵(元妃仁敬金氏陵) 敬陵

(德宗大王及 昭惠韓氏陵) 弘陵(英祖大王 元後貞聖徐氏陵)이다. 翼陵과 貞
陵 中間에 明宗大王의 二男 順懷世子와 恭懷嬪尹氏의 墓인 順昌閣이 있다.
쉬염쉬염 陵一帶를 參拜(勿論 李王職의 許諾이 있어야든지 或 陵參奉의 諒
解가 있어야해)하랴면 가까운 한 時間이나 速히 들면 三四十分을 要한다.

　　紙面關係로 한두편 紹介하랴든 肅宗大王의 逸話는 여기서 約하야둔다
　　陵林에서 다리쉬어 回路에는 翼陵 옆으로 海拔 二百三十餘米되는 鶯峰
山麓을 올라서며 西으로 굽이처흐르는 漢江水를 中心으로 多數한 丘陵이
沓野中에 點綴된 것을 一瞥할 때 錦繡江山의 眞意를 거듭 味實하게 된다.
거기서 東北間으로 險峻한 三角山 後面을 바라보며 山路 그리 險하지는 않
어도 相當한 傾斜面을 나려달리면 바로 關西로 通하는 新作路에 나서는 舊
把撲거리다. 午後에 떠난 길이면 여기서 南으로 通하는 新作路로 京城에 도
라오게 된다.

碑峯山麓

　　만일에 一日路程으로 西五陵코-스를 取한다면 아츰 八時쯤 떠나 西五陵
을 거처 舊把撲를 縱斷하야 津寬外里로 해서 津寬寺에 得達하야 準備하여온
點心으로 寺畔淸溪邊에서 暫休한 後 津寬寺 뒷산 매봉(鷹峰)을 올라 그등성
이를 타는길은 정말 本格的 探險의 길이다. 勇者면 單獨으로 踏破하기에 念
慮없지만 初行者이면 三四人以上 一行으로 서로 부뜰고 밀어야 攀上할수
있는 險峻한 斷崖를 가끔 當한다. 이로부터 龍蟠虎走의 探險心氣는 자못 熾
盛하야 一壑一厓의 攀上跳躍의 通過를 스칠적마다 달리는 새로운 勇氣와
冒險에서 透得한 飛虎같은 快感을 느끼게 된다. 四五百米의 매봉을 探上하
면 바로 僧伽寺後峰에 다다르니 거기서 疲勞한 사람은 僧伽寺로 떨어저 歸
路에 올라도 좋고 餘氣가 있으면 一路 西南間으로 五百五十六米나 되는 碑
峰(新羅花郎道가 熾盛하였든 時의 王 眞興大王이 登獵하엿든 記念碑가 섰

음으로 碑峰이라 함)에서 暫時 숨을 돌려 그앞 岩脊으로 그냥 踏破할수 있다. 斷崖가 한곳있어 普 으로는 어림도 없다. 그러므로 碑峰山中 허리를 橫斷하야 다시 碑峰을 거처가는 것이다. 何如間 이 斷崖는 純岩脊으로 된데 約 두길의 中間에 겨우 발붙일 곳이 있다. 여기는 或 롭(繩)이 必要하나 操心만 한다면 岩頭와 후며진데를 단단히 부뜰고 沈着한 氣分만 잃지 아니하면 通過에 無難할뿐더러 冒險에서 얻는 痛快感이 操心하든 그 心境보다 몇갑절하다. 거기서 暫時 順坦한 등을 밟고 西南間으로 前進하면 純石壁의 岩麓에 다다른다. 往年十月에 여기서 日本內地人 靑少年 四五人이 붉은 밧노를 부뜰고 이리로 通過하야 津寬寺 後麓을 踏破하고 오는 우리 一行을 보고 그中에 두 少女가 우리들에게 어데서 오느냐고 물으며「우리는 지금 저앞峰을 타고 오는데 무엇 허잘 것 없든군요」하고 뽐내든 印象은 閑暇한 골 안이 잠겨있거나 自動車를 몰아 探勝地類에 徘徊함으로 滿足에 끄치려는 우리네 女性들과 比하야보든 생각이 이 碑峰을 지날때마닥 새롭다. 부끄러운 말이지만 총각같이 登山服을 차리고 氣炎을 吐하든 그 日本內地少女의 豪語에 刺戟되어「온! 저기」도 踏할수도 있을가하고 年來로 疑問에 두든 이 山麓險逕을 정복하게 되었다.

嵯峨無雙한 金剛山의 一峰을 밟든 奇妙한 바위등어리를 밟노라면 或은 발등을 밟는듯한 앗찔한데도 있고 때로는 千仞萬丈의 石壁을 다다르는 感도 不無하다. 이러구려 峰頭에 이르러 눈앞에 벌려진 서울長安과 멀리 노들건너 全幅을 바라보면 一氣息 쉬어가지고 정말로 어제 絶壁을 미끄러내리는데 間或있는 돌들과 나무등성이로 生命線을 삼어 조심조심 기어나린다. 여기에서 石逕에 經驗없는 이는 롭의 必要를 단단히 느낀다. 初行時엔 이 斷崖만을 더듬어 오르기에 約五十分 虛費했다. 石逕에 발익은 사람이면 不過 十五分 內外에 通過할수 있는데를.

그부터 外城殘疊을 밟아 舊基里山城 水口門 옛터를 지나 彰義門으로 서울에 들어시면 좋이 七八時頃이리라.

三角山

一日 路程 두어참 먹을 것과 十五把되는 大繩(登山用)을 背囊속에 輕快히 東裝하고 적어도 五六人 作伴하야 아츰 八時 東小門 뻐스終點에서 正刻에 만나 徒步로 東小門을 通하야 三仙坪으로 敦岩里를 왼편으로 휘둘야 新興寺앞「아리랑」고개를 넘어 孫哥莊別莊地帶에 水石淸凉한 遊園地를 通過하야 溪邊을 끼고 올라가노라면 右便으로 갈라지는 小路가 나서니 이는 華溪寺로 넘어가는 길이다. 그리로 빗들지말고 일로 곳장 가다가 左右岐路가 나설때에는 가장 通行人에 足跡이 많아보이는 右便길로 들어서 北漢山城 輔國門으로 오른다. 城門가까히는 한동안 傾斜가 相當한데 險國門石疊에 올라 右便으로 北漢山城을 그냥 踏破하야 東將臺를 그냥 그나서 三角山中의 一峰인 萬鏡臺 左便山路를 밟아오르면 露積峰 뒤허리마루턱이다. 여기서 숨을 돌려 萬鏡臺 削麓 비탈길을 더듬게 되는데 여기서부터 三角山 險路의 全貌를 鑑賞하고 餘裕도 없 만큼 手足과 眼孔의 末梢神經이 움주기기 바쁘다. 鐵絲두른 石迳을 지나 城門 밑에서 땀씻고 左로 城疊가 끝나는 關門에 이르니 여기가 右便으로 비스듬이 絶壁으로 까가드러온 決斷岩이란데. 지금은 鐵絲가 있어 斟酌하면서 지나가거니와 옛날에는 여기까지와서 上峰에를 올은다든가 그렇잖으면 回路로 돌아서거나 左右를 決斷하는 곳인만큼 數十年前 協成神學校 老童學生들이 여기올라왔다가 어찌어찌해서 다먼저가고 혼자 뒤떠러젔든 金在燦 牧師가 決斷바위를 혼자 나려올길이 없어 「어이하는고!」하고 痛哭하는 것을 마츰 그날 어떤 中學生 一行이 뒤로 오다가 부측해내렸다는데. 이러한 고비를 돌아서면 三角山 第一峰인 八三六米의 白雲臺에 올라선다.

人壽峯(독바위)

거기서 一瞥하고 山건너편으로 두어마장 나려가면 致誠堂같은 山幕 하나가 있다. 여기서 점심을 양끈채우고 **둑**사크 帽子等屬을 모다 이 山堂에 맡기고 登山롭만 매고 한 二十分間 하늘에 다은듯한 독바위를 바라보며 山堂後路를 밟아넘어 右便으로 擧上하면 所謂 바위란 첫 關門이 눈앞에 가로 막힌다. 初行에 指導者가 없으면 귀바위 윈편에서 두려운 헛수고를 하다가 空歸하는 수 있다. 大繩으로 코를 만들어 두어길 우에 凡立한 귀바위코에 던저걸친담에 第一 勇漢이 뒤에서 바뜰어 숨을 발돋음하면서 롭을 의심없이 딴 우에 범립한 귀바위코에 던저 걸친담에 제일용한이 뒤에서 바뜰어 숨을 발돋음하면서 롭을 疑心없이 떡부뜰고 올라간다. 그 다음 한사람식 줄잡고 올라오는데는 추들어 올닌다. 뒤밀어 올라오는 사람이 한자리에 앉을만한데가 없다. 操心操心 한 사람식 기어도는데 勇者 二人은 맨 앞뒤에 各各있어 指導助力해야한다. 귀바위 우에서 도는 距離가 한오르는데 처럼 距離는 아니면서도 발한번 미끄러지면 最 라 그한동안 애쓰는 것이 자칫하면 五十餘分 걸니게된다. 한 三間되는 若干 傾斜面 中間에 어느 勇者가 鐵釘一介를 岩障에 押入하였기 때문에 바코를 걸고 첫사람이 먼저 오르면서 그위 나무끝은 부뜰고 올라가 줄을 드리우면 그담엔 겨우 안심코 꾿패스를 하게 된다. 初行에 얼마나 애썼든지 一行中 三名은 귀바위에서 도로 나려가고 三名만이 독바위를 그여 探上하고나니 입에 침이 마르고 팔둑이 岩面에 두간두간 깎기여 鮮血이 으리우고발되고 말였다. 오히려 셋재 關門을 지나 上峰에 오르기까지에는 無難하다. 밑에서 보기에는 한사람 안즐만큼 尖端으로 보이던 仁壽峰頭가 웬걸 오르고 보니 可히 백사람 앉 만한 넓이다. 그윽히 天上에 올은듯하야 머리 치는 白雲便에 「仙子가 내아니오」하고 天城에 消息을 傳하는 樣 생각이 白雲간에 徘徊하는 듯하다. 一聲 抑揚으로 萬歲를 三唱하고 眺望良久에 山堂에 돌아오니 그동안에 三時間좋이 걸린 양하다.

行裝을 端束하야 聖山에 끼인 濃厚한 아즈랑이를 通하야 夕陽에 빛이는 峻險한 山勢를 屏風에 各畫같이 가끔 行路를 멈추고 뒤를 돌아 우르러볼때에 더욱 높아가는 靈氣를 보는듯하야 얼잃은 사람처럼 입을 「헤-」벌리고 夕陽의 갈길을 잊는줄 몰으게 잊는다.

　　山허리 道鉄寺에서 남은 飲食으로 다시 元氣를 돋우고 소귀동(牛耳洞)으로 加五里를 거처 큰길을 밟고 무네미(水踰洞)로 彌阿里를 지나 되네미(狀踰峴)를 넘어 敦岩里서 뻐스便을 만나 東小門으로 돌아오면 한 七八十里 路程 저녁 七時나 八時頃에 서울길거리에 나서게 된다.

江華行

金俊淵

《신동아》, 1935년 10월

八月 三十日이다. 나는 이날에 江華島를 가게 되었다. 八月 二十九日은 記憶하는 사람이 많겠지마는 八月 三十日은 아는 사람이 많지 못할 것이다. 그러나 이날은 倂合紀念日로 하야 公認되어 있는 모양이다. 그리고 이날에 對하야 내가 類달은 생각을 갖이게 되는 것은 또 한 가지 달은 理由가 있는 것이다. 昭和 五年이다. 우리들의 裁判이 八月 三十日에 言渡가 있었던 것이었다. 이런 일 저런 일을 생각하면서 江華行을 떠난 것이다.

아침 여덜時 半에 떠나는 自動車를 타자고하니 나로서는 꽤 바뿌게 서둘으게 된 것이다. 다섯時부터 잡 안에서는 朝飯準備를 하느라고 야단이다. 내가 刑務所에서 생각할 때에는 밖에 나가면 刑務所에서 지내던 생각을 하여서 食事를 簡單하게 하야 반찬은 두어 접시만 노코 먹겠다고 마음을 먹었지마는 나오고 보니 그와 같이 되지는 않는다. 그뿐 아니라 반찬 가지數를 너무 적게 制限하는 것은 時間上 經濟上으로는 利益이 되겠지마는 健康上으로 보아서는 그대지 贊成할 수 없는 일이라는 것을 생각하고 아즉 좋은 案이 없는 以上 在來해오던 그대로 밥床을 차리게 하고 있는 것이다.

그러므로 時間이 相當히 걸리는 것이다. 반찬이 너무 簡單한 것을 每日 그대로 繼續하여가면 偏食의 念慮가 있는 것이다. 그點으로 보면 普通 우리가 보는 和食이라는 것은 朝鮮飮食에 比하여 보면 매우 不合理的이라고 斯界의 專門家 어느 사람이 말한 것을 보았다. 日和食에는 나는 진저리가 나게 困難을 當한 사람이다. 每日 꼭 같이 反復되는 그 된장국과 소곰에 굽거나 장에 삶은 生鮮이라는 것은 도모지 바위에 맞지 안는 것이었다. 簡單치 못한 朝鮮在來式의 出床밥을 먹고 奔走하게 江華行 自動車會社에 가본즉 時間은 아즉 四五十分이 남어있는 것이었다.

언제던지 나는 失數라면 이러한 失數를 하는 것이다. 淸凉里驛에서도 近來 여러번 氣車를 탔었지만은 언제던지 汽車 出發時間보담 三四十分 乃至 한 時間까지 일즉와서 기다리게 된다. 이것이 時間의 觀念이 不足한 것이라면 그만이지마는 何如間 그와 같이나 하지 아니하면 마암이 잘 뇌이지 안는 것이었다. 自動車집에서 심심한 時間을 앉었다 이러섰다 하면서 보내느라니 乘客들은 발서 自動車를 타기 始作한다. 그러기에 나도 쫓아가서 自動車를 타고 보니 時間은 아즉도 二十分이나 남어있는 것이었다. 한 車는 발서 滿員이 되였다. 그래서 車 한臺를 또 내오게 되었다. 나는 時間을 넉넉히 잡어와서 車탄 것을 多幸으로 생각하고 떠나기를 기대렸다.

自動車는 漢江橋를 지나서 永登浦를 나가니 眼界가 豁然해진다. 눈에 뵈이는 것은 豊年의 徵兆이다. 논과 밭에는 푸른 곡식이 가득 차있다. 물도 많고 山도 푸르다. 마암이 참 爽快하다. 湖南地方의 旱魃은 여기서는 모르는 것이다. 陽川을 지나 金浦郡을 지나서 城東나루터에 다였다. 午前 十一時頃

이었다. 여기서 배를 타고 江華島로 건너가는 것이다. 모-터를 裝置한 배인데 그로서 五分이나 걸렸을가? 우리는 어느듯 江華島에 上陸하였다.

江華島! 이 江華島는 우리 歷史를 조곰이라도 아는 사람이면 누구나 다 興味를 갖이고 對할 것이다. 檀君이 그 아들을 보내서 摩尼山에 가서 祭天壇을 쌓고 하날께 祭祀하고 또 鼎足山에다가 三郎城을 쌓았다는 것은 太古時代의 傳說이거니와 高句麗代에 와서 朝鮮時代에 와서 또 最近에 와서 江華島가 얼마나 우리 歷史 우에 그 일홈을 날리게 되였던지!

江華島는 漢江과 臨津江이 합해서 바다로 들어가는 곳에 뇌어있는 섬이니 京城의 守備上으로 보아서 古來로 重要한 地位를 찾이한 것은 勿論이다. 歷史가 많이 엉켜있는 이 江華를 한번 보자는 것은 朝鮮사람 치고는 누구에게나 다 그의 懇切한 所願일 것이다. 그러므로 나도 江華島를 한번 求景하기를 남들과 같이 希望하였던 것이다. 그런대 今番에 그 希望이 이루어지게 된 것은 愉快한 일이라고 하지 아니할 수 없다. 그러나 나에게는 남달은 理由가 있는 것이다. 나는 江華를 한번 꼭 가야 되겠다고 생각하면서도 目的을 達치 못한지 數年이었고 또 六七年동안은 하재야 할 수 없는 處地에 있었기 때문에 所志를 貫徹치 못한 것이었다.

때는 二十一年前으로 올라간다. 나는 그 때 京城高等普通學校를 卒業하고 三月의 따뜻한 날 집으로 가려고 木浦行 汽車를 탄 것이였다. 南大門驛頭에는 同窓生 여럿이 作別하려 나와 주었던 것이었다. 그 가온대 한 울고 있는 同窓生 한 사람 發見하였으니 그는 鄭在吉君이었다. 그後에 나는 岡山으로 東京으로 工夫하려 댕기는 것이였다. 따라서 서로 만날 機會는 없었고 다만 書字의 往來가 있을 뿐이였다. 君은 그동안에 내게 對해서 마암 끝 好意를 表해 준 것이였다. 내가 東京帝大 一學年의 歲暮이었다. 君은 내게 五十錢爲

替證書를 同封해서 片紙를 하면서 自己는 肺病第三紀라는 決定을 받고 지금은 다만 죽을 날을 기대리고 있을 뿐이라고 하였었다. 그리했더니 數日後에는 발서 그 父親의 일홈으로 君의 訃告가 왔었다. 君은 學校를 마친 후에 江華金融組合에서 그 才幹을 發揮하고 있었던 것이였다.

江華邑까지는 甲구지서 또 自動車를 타고 가는 것이다. 距離는 朝鮮里數로 十里나 된다. 午前 十一時 半에 邑에 到着하였으니 京城서 乘合自動車로 세時間 行程이다. 江華는 살기 좋은 곳이라는 생각이 난다. 우선 山에 나무가 많이 있어서 마맘이 爽快하여 진다. 今年 農事는 去年만은 못하지마는 亦是 豊作이라고 한다. 甲구지渡船場까지 우리를 出迎하여준 여러분은 江華事情을 親切히 說明하여 들려준다. 江華서는 花紋席이 많이 나고 감이 많이 나고 沙器도 많이 나고 匹누비가 名産이요 또 近來에 와서는 人絹으로서 그 일홈을 휘날리게 되었다고 한다. 가던 날이 장날이라고 마치 우리가 가던 八月三十日이 江華장날이라 自動車가 進行을 못해가게 사람이 몽여서 있다. 江華는 開城과 類似한 곳이어서 商權이 모두다 우리 朝鮮사람의 손에 있다고 한다. 自動車 右便에 見子山이 있으니 그 東山鹿이 造山들이다. 거기가 高麗의 王宮터이라고 한다.

高麗는 蒙古의 侵入으로 因하야 大困難을 當하게 되었던 것이다. 中國을 奪取하야 元나라를 세운 蒙古는 그 억센 陸軍으로써 그야말로 無人之境과 같이 天下를 橫行하였던 것이었다. 그들은 中國을 征服하고 中央亞細亞를 征服하고 印度를 차지하였을 뿐 아니라 歐羅巴에 까지 처들어가서 키에프까지 들어갔던 것이다. 그야말로 席捲天下하였었던 것이다. 그 勢力이 東으로 미처오매 高麗의 受難時代는 始作된 것이다. 그러나 蒙古의 兵力은 陸軍이었다. 水戰은 그들의 익숙하지 못한 것이었다. 이 點을 생각한 麗朝에서는

都邑을 江華島로 옮기고 京江의 守備를 嚴重히 하고 數年間이나 버티고 있었던 것이었다. 江華陷落은 없었 朝鮮全部를 荒弊하게 하니 江華만으로는 어찌할 수 없이 麗主는 江華서 나와서 平和條約에 締結을 보게 된 것이었다.

내가 이번에 江華간 것은 合一學校主 故崔尙鉉氏의 銅像除幕式에 參例하려는 것이었다. 式은 午後 두時부터 始作되는 故로 그 틈을 利用해서 점심 待接받고 市街求景을 하게 되었다. 장군들의 雜踏한 가온대를 지나서 어느 碑閣 앞에 當到하였다. 碑文을 보니 仙源 金尙容의 殉義한 땅이다. 이 碑閣에 丙子胡亂의 눈물겨운 歷史가 엉켜있는 것이다. 當時에 愛親覺羅氏는 滿洲로부터 일어나서 明나라를 흔들어내고 淸太宗은 十萬兵을 몰고 瞬息間에 그야말로 疾風迅雷的으로 京城에 迫到하였던 것이었다. 壬辰亂에 쓰라린 經驗이 있었지마는 朝鮮朝廷은 國防을 疎忽히 하였던 結果 이 外敵의 侵入이 그 不意에 나오게되어서 蒼惶失措하게 되었던 것이었다. 님군은 南漢山城으로 播遷, 王子 妃嬪은 江華 卽 江華島로 避亂, 이와 같이 되었던 것이었다. 그때 江華守將이 失守하게되자 滿都의 士女는 落花같이 流水에 떠러졌던 것이었다. 尹明齋의 아버지는 죽기를 誓約하였으면서도 兵卒의 옷을 입고 逃亡가버렸던 것이었다. 그는 못생긴 작자이었다. 이것이 宋時烈과의 사이에 問題가 된 것이었으니 尤庵은 尹明齋가 自己 아버지의 墓誌銘을 請하였을 때에 「江都之事問於江都」라 하여서 江華에서 取한 그 卑怯한 行動을 譴責한 것이었다. 그때에 尹明齋는 골이 나서 房에 앉었다가 門을 박차고 나가면서 「師與不孰重」고 하였다고 한다. 못생긴 아버지에 못생긴 子息이었다. 그따위 人物들이 首領이 되어가지고 朝鮮을 亡처먹은 老少論의 싸홈이 버러지게 된 것이었다. 못생긴 尹明齋 아버지는 飛去夕陽風해서 逃亡가버렸지마는 金尙容은 죽었다. 그를 追慕하는 意味로 이 碑가 서있는 것이다. 그 앞에 서서 그의 군센 意志를 생각하고 한번 敬意를 表하게 되었다. 그곳은

南門 안이라고 하는데 그것은 舊城廓을 標準해서 하는 말이라고 한다.

거기서 몇 거름 더 안가서 또 한 個의 碑가 서있는 것이다. 이것은 조선의 最近世史를 우리에게 說明해주는 것이다. 그때는 大院君의 當局한 때이었다. 高宗 登極이 甲子年 卽 一千八百六十四年이였으니 丙寅年은 그 第三年이었다. 그때에 佛蘭西에서는 大拿破崙의 조카 拿破崙 三世가 帝位에 올라서 뽐내고 있던 판이었다. 그 때 佛國軍艦이 江華島에 와서 測量의 目的으로 上陸하였던 것이다. 守備兵이 不意에 그들을 攻擊하게 되어서 佛軍은 한번 退却하였으나 다시 오게 되었다. 그리하야 掠奪을 恣行하여 갔었으나 大事에는 이르지 아니하였다. 拿破崙은 한번 大擧하야 入寇하려고 하였엇지마는 普佛戰爭이 일어나서 그가 눈코를 뜰새가 없게 되었는 故로 朝鮮에 搆事할 餘暇가 없이 그저 落沒落되고 만 것이었다.

丙寅年 事件을 丙寅洋亂이라고 하고 그後에 또 米國과 衝突이 있었는대 이것을 辛未洋擾라고 한다. 大院君은 何如튼 外敵을 물리치게 되었다. 그리하야 意氣는 揚揚하게 되었던 것이었다. 그리하야 洋人들은 두려워할 것 없다고 생각하고 그들의 事情을 硏究하야 知彼知己면 百戰百勝이라는 이 戰略을 大院君은 解得하지 못하고 그저 덮어노코 그들을 排斥하고 極端의 鎖國主義를 쓰게 된 것이다. 그리하야 大院君은 그 國策의 宣傳을 하게 된 것이다. 지금 여기서 보는 碑가 그 當時 朝鮮의 國策을 말하는 것이고 大院君의 意圖를 말하는 것이다. 碑에는 「洋夷侵犯非戰卽和主和賣國」이라고 크게 本文으로 씨워있고 그 옆에 조고만케 「戒我萬歲子孫」이라는 文句가 添加되었고 「丙子作辛未立」이라고 年代가 紀錄되어있다.

거기서 또 몇 거름 東으로 가면 龍興宮이 있다. 內需宮이라고도 한다. 아까 그 碑가 있던 곳도 같은 洞內인대 이 洞里 이름을 內需洞이라고 한다. 그

宮 안에는 또 碑閣이 하나 있는대 거기에는「哲宗朝潛邸舊基」라고 씨워있다. 그 碑閣이 서있는 곳이 哲宗大王의 舊邸이었던 것이다. 純祖의 昇遐 後에 後嗣가 未定하였슴으로 遠族의 十九歲의 哲宗大王을 院相 鄭元容이 이곳에 와서 迎入爲主하였던 것이다. 거기서 바라다보면 江華條約締結하던 집이 뵈인다. 雲揚號事件이라는 것이 있어서 朝鮮과 日本과의 사이에 問題가 있었다. 그것을 結末짓기 爲해서 朝鮮代表와 日本代表가 江華 이집에서 會同해서 條約을 締結하였던 것이었다. 그 當時 日本은 維新의 意氣가 大振하야 後日 發展의 基礎工作에 專念하고 있었는대 朝鮮은 아즉도 姚源의 꿈을 꾸고 蝸牛角上에서 勢力다툼이나 일삼ㅅ고 있다가 만 것이었다.

두時부터 銅像除幕式이 있었다. 아마 세時間 동안이나 繼續되었으리라! 故 崔尙鉉氏는 再昨年에 作故할 때에 十八萬坪의 上地 卽年 秋收 六百石하는 土地를 이 合一小學校에 寄與하야 이 學校의 基礎를 盤石 우에 두게한 敎育界의 恩人이다. 그 銅像은 江華에다가 또다시 한 個의 紀念物을 더하는 것이다. 그는 恒常「大我」를 主張하야 敎育의 基本을 삼었다고 한다. 學校 內에는 어느 敎室에나 다「大我」의 懸額이 부터 있는 것을 나는 보았다. 式後에는 여러 親舊의 好意로 燕尾亭 求景을 가게 되었다. 그것은 江華八景의 하나라고 한다. 獨貰車를 얻어가지고 우리는 바람과 같이 달려갔다. 東北으로 가기 十餘里에 月구지라 하는 곳에 到着하였다. 海岸 우에 飄然하게 서있는 亭子는 우리의 생각을 길게길게 五臺山까지로 끌고 가는 것이다. 漢江과 臨津江이 合水처서 내려오다가 여기 와서 바다로 들어가는 것이다. 그런대 거기에 江華島가 앞을 딱 막어있는 것이다. 그리하야 江華島와 本土 사이에 흘으는 陸水와 海水의 往來하는 곳을 京江이라고 한다. 京江과 이 江華는 悠久한 四千餘年의 朝鮮歷史上에 참 큰 자리를 차지한 것이다. 松都 五百年, 漢陽 五百年에 이곳이 얼마나 重要하였었을 것이며 百濟 高句麗 新羅의 爭

覇時代에는 얼마나 하였을가? 地理上 가장 要害之地라 할 것이다. 앞에는 文殊山城이 뵈인다. 漢江이 바다로 들어오는 어구에 또 조고만한 섬이 하나 있어서 물을 두 갈래로 딱 갈려노았다. 글해서 물이 제비꼬리와 같이 되었다. 그런 故로 여기 있는 亭子를 鷰尾亭이라고 한다. 二水中分白鷺洲라던 것도 이와 같이 되었던가? 風光이 明媚하고 氣宇가 昂然해진다.

江水를 二分한 이 조고만한 섬! 그 일홈은 무엇인가? 뱀섬! 蛇島이다! 그 일홈을 들으니 二十三,四年前에 鄭在吉君에게서 들은 말이 번개같이 머리 속을 지내간다. 그때 우리가 처음으로 入學하였을 때에 지금 京城第一高等普通學校는 漢城高等學校하는 일홈을 가졌다. 우리가 入學하던 해가 一千九百十年이었으니 合邦하던 해이다. 그때에 朝鮮의 敎育熱이 해ㅅ발같이 일어나던 판이었다. 漢城高等學校 百名 學生募集에 志願者가 一千二百餘名에 達하였던 것이었다. 그런대 또 그 中에는 無試驗으로 入學시킨 學生이 많았었는 故로 競爭은 퍽 極烈하였던 것이었다. 今年度에 京城市內의 私立中學의 入學生 比率을 보건대 養正高普가 最高率로서 九倍라는대 그 當時에 있어서 漢城高等學校는 官立은 官立이었지마는 발서 今日 養正 以上의 競爭의 度에 達하였던 것이었다. 朝鮮 各道로부터 學生들이 구른과 같이 몽여온 것이었다. 그 中에서 이 江華島에서 온 鄭君을 發見하고 서울 어린 學生들은 더군다나 여러 가지 일을 묻는 것이었다. 우리는 그때 地理時間에 地圖는 자조 보던 때이라 江華島가 朝鮮本土 옆에 참새알 만하게 붙어 있는 것을 잘들 보았던 것이다. 그리해서 어떤 서울서 자라난 어린 學生들은 바람이 불고 비가 오면 그 조고만한 섬에서 어찌 견디느냐고 하였다고 한다. 어린 생각에는 地圖 우에 있는 江華島가 그와 같이 적으니 바람 비에는 바다 속으로나 풍덩 들어갈 뜻이 생각하였던 모양이다. 그리고 또 우리는 鄭君에게서 이 배암섬에는 사람은 안 사는대 배암이 가득 차있다는 이야기를 듯고 무시무시한 생각이 낫었다. 그런대 지금 와서 들으니 果然 그 섬에는 배암이 많다고 한다.

섬도 적지마는 글해서 더군다나 사람이 못산다고 한다. 그는 글헐뜻한 일이다. 洪水에 밀려서 내려온 漢江 臨津江의 배암들은 죽기를 실혀하는 故로 다 이 섬에 와서 上陸하기 때문이다. 回路에 故鄭君의 父親을 찾아뵈입고 十九歲된 그 아들을 만나고 어떠한 나의 한 가지 義務를 失行한 듯한 느낌을 가졌다. 翌日에는 鼎足山에 가서 傳燈寺를 求景하고 三郎城을 보고 梁憲洙의 勝戰碑를 보고 三郎峰의 最上峰에 올라서 摩尼山의 塹星壇을 바라보고 故李建昌氏의 故宅所在地를 바라보았다. 今番의 江華行은 참으로 내에게는 잊을 수 없는 旅行이었다.

古戰場碧蹄舘
아울너 肅宗嬪墓昭寧園紀行

崔鳳則
《삼천리》, 1935년 12월

十月 下旬 어느 날 朝七時半, 서울 서대문밖 靈泉電車終點에 니르니 이미 約束이 있었는지라 쌈바 短裙에 背囊을 질머진이 輕裝便靴에 點心 보재기를 허리에 찬이 그 中에도 한팔이 否實한 몸으로도 單衫短裙에 赤脚紅顔으로 早朝에 寒氣를 能駕하고 出陳한 養正高普의 朱英鉉君은 우리 一行 九人의 氣力을 더욱이 舊勵시킨다. 人王 鞍峯間의 舞鶴峴을 一息之間에 넘어 內外 弘濟里와 磢磻峴의 산골鑛과 梁鐵里平野며 舊把撥거리와 塔洞川橋며 三松 里酒幕거리로 숫돌고개(礪石峴)을 대번에 무쓸어 梧琴里 望客峴을 싸고 돌아 賓亭 陰達兩里를 一路山谷에로 邁進하야 나붓이 平原으로 자리잡은 터를 汽車속에서 山野를 달리는 氣勢로 四十里 地點을 겨우 三時間 스피드로 다다르니 여기가 바로 三百三十餘年 前 壬辰兵亂에 日明兩軍이 一大風雲을 이르키어 肉彈苦戰으로 鮮血이 淋漓하였든 戰迹의 名所 碧蹄舘 거기이다.

李如松의 敗戰兵처럼 숨을 헐덕이며 뒤밎어 이르니 閔君은 飛行機 푸로페타로 代用하던 行脚을 죽뺄고 릭삭구를 베가하야 碧蹄舘 舊廳舍마루에

넌즛이 누었고 或은 欄杆에 몸을 걸치고 或은 大廳에 서성거리는데 庭前草莽
도 秋色이 가득하고 正午를 바라보는 맑은 햇빛은 有爛이도 따거웠다.

碧蹄의 古戰이라고 예부터 傳하거니와 그 實은 今日 碧蹄舘 여기가 戰場
이었든 것은 아니다. 勿論 當時 明軍과 日軍의 勝겨온 발자욱과 敗해 다라나
든 말발굽이 蹂躪해 돌아간 經路이며 鳥銃의 나는 彈丸과 비끼는 搶劍이 번
득이었든 一部 戰役의 자최였든 것은 틀임없다. 碧蹄舘은 元來 高陽舊邑基
趾로 옛날 中國使臣去來에 北關行路로 五六十里許마다 舘을 두어 使臣들의
旅幕을 計한바 碧蹄舘은 中國으로부터 오는 길便에 맨마즈막 旅舘으로 이름
난 것이오 壬辰亂의 碧蹄舘戰 云云하는 것은 그 主力戰地가 여기가 아니라
舊把撥서 반마장박 塔洞을 起點으로하야 彌勒院平野와 숫돌고개(礪石峴)
를 中心으로 激戰이 亂交하였던 데이다. 그러나 後人은 元來 碧蹄舘의 이름
낫던 것으로 그냥 碧蹄舘戰이라고 햇고 當局의 施設로 再作年에 建設된 碧
蹄舘 戰蹟記念碑도 碧蹄舘廳舘後 山麓에 花岡岩으로 衝天할 듯이 凡立되
어 戰蹟訪問客들의 節따라 雜多의 盛을 呈하게쯤 되었다.

至今 古邑이 蒼然한 碧蹄舘舍는 現位置에서 한마장 右便으로 碧蹄里 바
루 예전 高陽舊邑地帶의 西北便 惠陰嶺山谷洞口近處에 鎭座하였든 客舍의
建物로 中國使臣과 그 他地方官들의 가고 오는데 宿泊廳舍(客舍)로 그 名을
碧蹄舘이라 하고 懸板한 것이 至今까지 달려잇다. 그後 高陽郡廳이 京城西
大門밖(西大門署右側)으로 옴겨온 (現 高陽郡廳은 光熙門內訓練院에 新築
洋舍)뒤로 現 場所에 移建한 것이라 한다.

碧蹄舘役 어쩻던 碧蹄戰의 當時 記錄을 叅考하면 壬辰兵火에 日兵第六
番部隊로 朝鮮에 出戰하였든 六十老將小早川隆景과 芳年 二十六歲의 靑年
將校 立花宗茂의 그 存在를 뚜렷이한 一大激戰이요 明將 李如松으로 다시
擧頭를 꿈쑤지 못케한 最後一戰의 史를 記錄케 된 戰役이다.

그 主力戰의 沿革을 따지면 이러하다.

李朝十四代 宣祖大王二十五年(西紀 一五九二, 文錄元年) 六月 十六日 將軍小西門長과 黑田長政等이 數萬의 軍師로 平壤을 陷落함에 및어 朝鮮으로는 救援을 明國初宗帝(明十三代)에게 請하며 趙承祖摩下五千軍을 派遣하야 平壤을 回復하려다가 日軍에게 大敗하자 朝臣 沈維敬을 보내여 明과 相議하야 俱體的 講和를 하기로 하고先 그 交涉의 期間에는 서로 兵火를 相交치 않기로 五十日間 講和條約을 締結케 되었다. 이는 小西行長이 釜山서부터 平壤까지 轉戰하기에 不小한 兵士를 잃을뿐더러 軍糧이 兵火에 灰盡하고 앞으로 秋冬의 寒節이 가까와 오므로 交戰이 不利함을 알기 까닭이다.

그러나 千萬念外 五十日 期間이 넘으되 明使가 不到하던바 宣祖 二十六年 正月 一日 明將 李如松이 揚元과 査大受(右脇), 李如松과 錢世禎(中脇) 張世爵과 祖承訓(右脇) 等을 將領으로 騎兵이 相半한 四萬 六千의 大軍을 引率하고 安州城을 거처 五日에 平壤城을 完然 包圍하고 猛然攻擊한다. 術略에 빠진 小西行長等은 忿激應戰야 彈丸이 비오듯하고 火箭이 해를 가우도록 激戰하였으나 衆寡不敵이라 마츰내 外城은 奪還되고 날은 임이 저물었다. 當時 明軍에게는 戚南唐과 같은 有名한 兵學大家가 있어 戰法도 奇妙커니와 五里以上의 距里를 爆擊하는 火砲와 震天雷와 火箭의 兵器는 鳥銃과 鎗刀로만 對抗하는 日兵의 武器에 比하야 휠신 優良銃利하였다. 이에 氣魄을 놀내인 行長 等은 當夜에 退却을 凝議하고 한밤중에 大同江 氷板을 밟고 그윽히 京城으로 退陣하였다.

日軍平壤敗報가 京城에 到着하자 宇喜多秀家는 三奉行等과 相議한 結果 附近陳兵을 모다 京城으로 集中하기로 되어 各處에 分布되었든 軍師가 모다 接踵入京하는中 開城守備 小早川隆景이만은 安國寺惠瓊이 使節로 와 本陳의 令을 傳함에도 不拘하고 風咳에 걸녀 喘息을 不禁하면서도 『내나이 六十에 玄海를 건널적부터 발서 戰死는 覺悟한바다. 明으로하여금 日本의 小早川隆景이 있음을 알게 하리라.』하고 즐겨 退軍치 아니한다. 三奉行의

一將 大谷吉繼가 京城으로부터 달려와서『解永期가 迫頭하기 前에 臨津江을 건너 일즉이 退軍해 둠이 後日에 有利할 것으로 說服하야 隆景이 마츰내 開城을 抛棄하고 京城으로 돌아오되 終乃 入城치아니하고 西大門外 城壘下에 結陳하였으니 이는 京城이 明軍에게 包圍되면 軍糧運路가 遮斷될가 念慮한 隆景의 明見이다.

이에 李如松은 抛棄夜走한 平壤城을 正月 六日 不戰入城하였으나 前日戰驗에서 日軍이 얼마나 强忍함에 저윽이 挫氣되어 좀처럼 進軍치 아니하므로 一時 義州에 避行하섯든 宣祖大王의 激勵로 追迹長驅하야 京城에 近迫하였다는 斥候의 捷報에 相顧回顧하며 先頭에 나서기를 서로 躕躇하던 次 小早川隆景이 白鬚를 흐날리며 自願出征을 決하고 六番隊의 副將인 二十六歲의 勇敢한 男兒 立花宗茂로 先陳에 果敢함을 遷하야 곧 出戰케하니 宣祖 二十六年 正月 二十六日 朔風의 餘襲을 받으며 火箭같이 몰아 塔洞서 斥候部隊와 交火로 爲始하야 礪石峴激戰과 望客峴넘어 賓亭里平野畓田中에서 爆音이 轟然하고 火彈이 콩복듯하고 火矢가 대를 울리어 早朝로 正午가 기웃하기까지에 그야말로 文字그대로의 肉彈戰이었든 것이다.

그때의 立花隊는 숫돌고개에서 明軍兵馬二千을 무찔으고 左로 前進하며 望客峴넘어로 突行하였고 숫돌고개넘어 右狹으로는 小早川隆景部隊와 井上隊 毛利部隊等이 聲勢를 울니며 左右狹攻하는 바람에 明軍은 三次나 行軍이 中斷하야 井中包圍의 陳中에 大軍이 沒落한 地境에 이르렀다.

半解氷期라 畓中激戰에 步兵部隊인 日軍은 오히려 行動이 自由로 되었으나 明軍兵馬는 수렁에 헤매며 갈팡질팡하야 마츰내 隊伍를 일코 血屍를 뒤로 남기며 碧蹄舘을 뒤로 거처 或은 惠陰嶺으로 或은 德破嶺으로 뿔뿔이 逃亡쳤다.

이 戰役에 明軍은 四萬大兵으로 日軍 一萬九千에게 大敗하야 逃走行脚에 聲譽가 隨地한바 推定死傷이 明軍이 六千 日軍이 二千假量이라한다. 이

로써 老隆景은 靑年勇將立花宗茂等과 가치 壬亂陸戰에 가장 빛있는 凱歌를 불른 것이다. 만일에 幸州山城에 權標將軍과 水師提督에 李忠武公舜臣이 아니낫더면 玄海灘을 건넌 雄圖가 이로써 終局을 報하였으리니 如松이 權標 를 嘆服하고 後日 日將某가 李忠武로 英國의 넬손提督以上으로 激讚함은 理當한 壬亂의 兵役에서 採集해내인 놀라운 史料일 따름이다.

　이렇든 歷史의 推移함을 따라 昔今의 懷를 不禁하면서 릭삭구를 다시 걸 머지는데 分乘한 自働車 三臺가 碧蹄舘廣庭에 머물으며 옛날 凱戰將軍의 遺趾를 巡禮하는 日本內地人의 家族八九名의 一行이 和氣있게 나리며 故 事를 追慕하는 듯 操心스러운 行步로 碧蹄舘舍大廳을 지나 小早川이 甲衣 를 걸고 하로밤 쉬여 京城에 凱旋하였다는 이야기를 少年小女들에게 指目하 면서 記念碑臺로 거닐어 오른다.

紀行 肅宗嬪墓昭寧園

古戰場碧蹄舘을 지나면서(續)

崔鳳則

《삼천리》, 1936년 1월

우리는 따스한 가을해만이 發射해 주는 光線을 받으면서 여기에만 特産인 밤보숭이의 인절미를 열량어치 사 들고 어린아이같이 행길로 가며 立花宗茂처럼 단숨에 古戰地를 突擊하기에 多少 虛氣를 感한 腹臟에 饒饑하면서 碧蹄里 街道를 지나 호랑굴(虎穴)편 惠陰嶺마루를 西으로 바라보며 右便으로 웃골(上谷)에 끔직이도 斫伐하여 中天까지 太山처럼 쌓아놓은 長斫데미를 路傍에 놀랍게 보며 役夫더러 이 어이한 長斫인가고 물으니 議政府 某當者가 德坡嶺(俗稱 되빡고개) 前後 山林을 貸付한 日本內地人의 所有를 昨年에 契約하고 斫伐한 것입니다고. 嶺前後에 쌓인 것이 京城 四十萬 府民의 一朔燃料에 可敢할지라는 놀라운 장작데미들이다. 海技 二百七十米의 傾斜가 稍急한 되빡고개를 넘어서니 여기서부터 楊州郡 境內이다. 金色이 秋陽에 照耀하는 田畓의 秋收하는 多事한 農村의 가을 風景에 醉하야 혹은 수수밭으로 혹은 논밭으로 或은 細川의 돌다리를 밟으면서 고개에서 한 十里남아 行路를 繼續하니 젓나무와 落落長松과 자작나무들이 深邃하니 버려진

白石面 靈場里, 三百米 高嶺下에 奇異하게 秋色을 返射해 주는 여기가 바로 昭寧園이다. 勿論 英祖大王의 嬪李氏墓인 綏吉園도 이 入口 右便에 있음을 잊지 아니한다.

三百年이나 길르고 자란 園林사이로 이름 모를 奇異한 풋딸기와 머루며 다래와 담쟁이들의 넝쿨잎새들은 有別하게도 千紫萬紅의 애틋한 丹楓으로 谷口를 丹裝한 것은 옛날 淑嬪崔氏의 곱고도 맑은 靈의 表現을 그대로 그린 양 싶어서 六十里 먼 길을 찾은 무레 사네의 探勝者의 마음을 아리답게도 慰勞해 주심 같으시다면 過한 妄發은 아니리라.

李石村野史와 衣冠을 整齊하고 나서 親히 案內해 주시는 郭參奉의 說明을 斜合하면 肅宗大王의 둘재 아드님이시오, 그 兄 景宗大王의 世弟(英祖大王)로 冊封되시기 前 延礽君으로 계실 때에 母堂淑嬪崔氏가 昇選하신 뒤에 이리로 모시자 昭寧園山 밑 所에 一間草堂을 짓고 三年間을 至誠으로 省墓하시있는데 그 草堂도 至今 園 右便齊所後園에 移存하야 예런 듯 保存되었는데 거기에는 英祖께서 每朝 山所에 오르나리실제 쓰시던 손때 앉인 短笻을 保管해 두었다 한다. 그리고 英廟登極하시기 前에 孝誠이 至極하야 昭寧園 齊所 뒤에 別室을 짓고 六吾堂이라는 懸板을 달았으니, 이는 내 집 내 所有에 내 물마시고 내 밥먹고 等 여섯가지 내 것으로 自足하다는 뜻을 表함이다. 至今은 六吾堂이 바로 陵祭奉舍廊으로 되어 있다. 英祖大王이 登極하신 뒤에 王家의 山地가 되면 庶民의 山所는 依例이 不許하는 것이다. 그러나 英祖는 仁厚하시어 父母를 위하기는 君王이나 庶民이 一般이라, 一切 發堀하지 말고 다만 平土藏으로 하야 春秋省墓를 如前히 하라는 吩咐가 계셨다. 그리하야 昭寧園에 山所가 있는 庶民은 勿論, 온 洞內가 惶感한 處分에 感激聲이 滋滋하였다.

昭寧園은 明主인 肅宗의 妃嬪이오 英君인 英祖의 母堂의 山所임에도 有名하거니와 淑嬪崔氏 그 어른 自體가 宮中秘史에 一代 뛰어난 淑德의 主人

公으로 해서 더욱이 世人의 稱姿를 받게 되는 것이다.

夜巡하시기로 이름 난 肅宗大王(李朝 第十九代) 이 겨울 어떤 날 밤 大闕안에서 夜巡을 도시다가 한 宮女의 房 앞에 이르니 밤이 이미 三更이엇만 燈燭이 환이 窓에 비치는지라, 怪異여겨 그 房으로 쑥 들어서니 한떨기의 佳人이 燈下에 떡을 빚고 앉었다가 이 뜻하지 아니한 突入에 愴惶罔措하야 頓首待罪인데 그 行色이 端雅한 中에도 밤중에 떡을 빚는 曲節이 더욱 궁금하오서,

『네, 深夜에 잠 안들고 떡은 빚이 무삼일고?』

『네, 小婢는 廢宮되신 前閔中殿 마마의 侍女온데 明日이 그 마마의 生辰이시라, 平時에 좋아하시던 떡을 비록 廢宮하셨다 하와도 옛 恩惠를 잊을 길 없사와 이 떡을 빚으옵다가 上監眼前에 發現이오니 죽엄으로써 待罪하노이다.』

고 조금도 서들지 않고 恭惶이 아뢰온다. 肅宗은 五年前 張禧嬪에 沉惑하셔 忠諫하는 朴泰輔를 嚴刑의 餘에 귀양보내여 鷺梁津頭에 致死의 慘劇까지 이르키면서 先王의 三年喪까지 가치 지난 賢淑한 閔中殿을 廢하고 張禧嬪으로 中宮을 封하였던 것이다. 그 後 五年에 閔칠에 대한 民怨을 듣고 古書를 읽는 中에 當身의 一時 잘못을 十分 悔悟턴 머리에 이렇든 忠婢가 있음은 閔中殿의 德望이 至大함을 證明함이라. 肅宗은 佳爽이 여기시며 『오늘밤에 侍寢해라.』 한즉 『前中宮께옵서 廢宮이시니, 小婢亦 罪人이라 어찌 龍體를 뫼시오리까.』하고 宮女는 눈물로 辭하매 肅宗은 그 淑德의 갸륵함과 姿色의 端雅함에 더욱이 情을 움직이시어

『네 오늘밤 侍寢하면 明日에 閔妃를 復位하리라.』

『千秋에 罔極하신 處分이오니 前마마를 위하와 어찌 御令을 辭하오리까!』肅宗은 대단이 滿足하시어

『네 이후에 아들을 낳거던 널로 中宮을 封하리라』

宮女는 고요이 衣裳을 끌며 밖으로 나간다. 두이 食頃이 지나도록 돌아오지 아니하매 肅宗께서는 怪異이 여겨 映窓을 밀고 燈燭을 비치니 흰 눈발 날리는 庭下에 무언 屈服하었다. 놀라 뛰여나와 보시니 그 宮女라. 四肢가 얼어 濱死의 地境인 것을 親手로 안고 房으로 드오셔 아래목에 입히고 手足을 주무르고 녹히니 이윽고 깨는지라. 『이 무삼 일인고?』宮女 精神을 收拾하야 御前에 屈伏하야 머리를 땅에 쪼아리면서『옛날 史記를 보오면 賤婢를 들어 中宮(王后)을 封치 아니하옴은 大經大法이옵는데 小婢의 上典이 廢宮中이시온 바에 賤婢인 저로 中宮을 封하신다 하옴은 勘當 못하올 處分이시라, 仍하야 死로써 罪를 기다림이외다.』

고 눈물이 비오듯 하면서 閔中殿을 위하야 말끝마다 淑德을 懇懃이 呼訴한다. 中宮으로 된 張禧嬪도 元來 宮女中 一人이라. 自己로써 中宮됨이 大經大法이 아님을 指定함은 역시 張禧嬪으로 中宮을 封함도 上監의 잘못이란 뜻을 包含함이라. 肅宗께서 들으시고

『네 이 말 옳다. 내 閔中을 다시 封하리라.』

하시고 그 翌日 朝會後에 閔氏를 다시 中宮으로 復位하시고 鷺梁津에서 刑毒으로 죽은 朴泰輔의 祀堂을 세워 春秋奉祭하라 下敎하시며 朴泰輔가 살아 今日의 일을 못봄이 千秋에 恨이라 하셨으니, 이는 그 宮女의 至極한 淑德의 發露인 바 그가 바로 淑嬪으로 封해 온 崔氏요, 그날 밤 邂逅로 해서 閔中殿 復位뿐만 아니라 英祖같으신 英特한 大王을 낳은 것이다. 그러므로 해서 昭寧園의 主人公 毓祥宮崔氏는 그 園으로 하여금 後人의 記憶을 더욱 새롭게 한다.

園紅箭門앞 잔디밭에서 携來한 點心을 甘食하고 園外 洞口 右側 神道碑閣에 들어서니 李朝石工物로는 그 規模의 크기와 武風이 堂堂한 돌거북으로는 昭寧園神道碑의 바침 石龜가 第一일 것이다. 빼여든 거북의 額部와 눈초리가 영특하고도 武風이 서린 것이 宛然이 生龜가 方今 動하려는 것 같

다. 여기서 郭參奉에게 再三謝禮하고 回路에 오르니 午後 三時頃.

普光寺

德坡嶺 밑에서 左便으로 한 二馬場 들어서니 古靈山洞口에 高山密林을 聯想하리만큼 丈餘의 松檜가 葱立하였고 陪提樹와 丹楓이 谷口를 臙脂하였다. 이러한 深邃한 密林의 洞口를 지나 들어서니 屛風같은 古靈山下에 나붓이 자리잡은 麗末에 興建한 古刹 普光寺가 나타난다.

반듯이 巨刹의 一로 볼 수 있는 雄刹이면서도 古色이 하도 蒼然하아 옛날의 긴 歲月을 經過해 온 樣子가 너무나 秋然해 보임을 不禁한다.

이 寺刹의 特記할 것은 淑嬪崔氏의 位牌를 모시어 春秋祭典을 드림과 英祖大王이 延礽君으로 昭寧園에 계시며 工夫하시던 때에 親筆로 쓰신 昇風 二臺가 있는데 天文學圖解와 坐鳴鍾(時計)을 解剖하야 齒輪과 內部裝置를 昭詳이 그리고 解說을 正字로 써두신 御筆跡은 天文學을 研究하는 이로는 一考의 價値가 있지 않을가 한다. 保管이 愼重치 아니하야 좀이 먹고 弊態가 흐름은 一大遺憾이 아닐 수 없다. 大雄寶殿의 통기둥과 佛像을 鎭座한 달집(懸閣)은 千餘年前 創建時의 것으로 有名하다. 古靈山 篤鵡峯下에 있는 兜率庵은 日暮를 念慮하야 一昨年 探訪으로 代하고 그냥 回路에 올랐다. 不幸이 발덧이 나서 先發隊를 먼저 보내고 養高朱君과 가치 덧 望後의 明月을 띠고 舞學재로 돌아드니 밤 十時半. 往復百二十里餘의 壯快한 日程이다.

附記=步行이 어려운 이는 碧蹄舘까지 乘合車便을 利用하면 昭寧園과 普光寺를 보고 돌아와도 過히 疲困치 않을 것이다.

紀行 南漢山城

朴鍾和
《삼천리》, 1940년 4월

北漢山이 영특하고 준수한 男性美를 가진 호방한 산이라면 南漢山은 부드러웁고 평범하면서도 어느 구석 느긋하고 너글너글한 맛을 주는 어머니 젖가슴 같은 母性愛를 가진 믿엄성스런 듬직한 산이다. 산 모양은 마치 사깟을 재처 논 것과 같기 때문에 옛 사기에 그 형상이 仰笠과 같다 한 곳도 있다.

서울 東北에 萬丈의 氣焰을 배알으며 우줄거려 소슨 鎭山 北漢山과 띄갈은 푸른 물구비 南北漢江 물을 가운데로 두고 東南에 아리잠직 靑黛를 눈섭에 지운 듯 둥두렷이 구름 밖에 누어 바다 같은 蒼穹을 손질해 부르는 南漢山은 한 쌍의 좋은 夫婦 같은 對照다.

北漢山과 南漢山은 키가 또한 夫婦다웁게 걸맞게 差異가 지니 北漢山의 키는 海拔八百三十六米突이나 되는 수얼치 않은 높이지만은 南漢山의 키는 四百五十三米 밖에 되지 않으니 역시 南漢山이 北漢山에 比하여 女子다운 謙讓의 德을 가졌다 할 수 있다.

北漢山의 別名을 三角山이라 부르드키 南漢山의 別名을 日長山이라 불은다. 東國輿地勝覽을 찾어보면「日長山은 廣州 南 五里에 있으니 一名은 南漢山이라」하였고 따로이「日長山城은 新羅時節의 晝長城인 바 文武王의 築造다. 안에 여섯 우물과 시내가 있으며 周圍가 八萬六千八百尺이요, 높이가 二十四尺의 石築」이라 하였다.

이것으로 보면 新羅가 百濟를 倂合한 뒤에는 南漢山에 山城을 쌓고 晝長山城이라고도 불은 것이다. 다음에 三國史記를 參照해 보면『溫祚王 十三年에 王都의 늙은 할미 化하여 산아히 되고 다섯 호랑이 城에 들어오며 王母가 薨하거늘 王이 臣下에게 일으는 말슴이「國家의 東편엔 樂浪이 있고 北편엔 靺鞨이 있어 변방을 침노하야 편안한 날이 없는 중, 허물며 이 사이는 妖物이 자주 뵈이고 國母조차 돌아가시니 形勢ㅣ 편안치 못한지라 반드시 장차 도읍을 옮기려니와 내, 어제 漢水 南편을 巡視해 보니 땅이 기름지고 좋은지라 마땅이 그 곳에 都邑하여 써 오래 편안함을 도모하리라 하고」七月에 漢山에 나아가 柵을 세워 慰禮城의 民戶를 옮기게 하고 九月에 城闕을 세우다』라 적혀 있다.

이것으로 보면 新羅가 南漢山에 晝長城을 쌓기 以前 六百七十五年에 百濟는 河南 慰禮城 곧 지금 稷山에서 漢江 南岸인 南漢山城 一帶를 中心으로 하여 廣州 古邑에 都邑을 定하였든 것이다. 邇來 近肖古王이 北韓에 都邑을 옮기기까지 近四百年 동안 南漢 廣州는 百濟의 서울이었다.

암커나 南漢山은 北漢山과 함께 길고 긴 二千年의 悠久한 歷史를 가진 크나 큰 古蹟의 터로 저 新羅의 慶州, 高句麗의 平壤城과 어울려 솟발같이 三國時代를 일우어 가지고 天下를 號令하든 곳이다.

興亡 二千年, 歷史의 책장을 뒤적여 보면 이 곳에 활시위가 울고 말굽 소리가 요란하여 번적어리는 긴칼 날카로운 蛇矛鎗으로 龍驤虎搏 丈夫의 피를 뛰게 하는 크나큰 戰爭 수효만이 四十餘回다.

그러나 近世에 들어와 最後의 잊지 못할 戰爭, 씻지 못할 哀史는 李朝 仁

祖王때 丙子胡亂의 구슬픈 戰爭 南漢 籠城이 그것이다. 누구나 南漢山을 찾는 이로 이 구슬픈 이야기를 듣고, 懷古의 눈물을 자아내지 아니하고 백일 것이냐.

南漢山은 百濟의 古都로도 이름이 높으려니와 지금으로부터 三百年前 丙子胡亂이 있기 때문에 더욱이 우리의 가슴을 뛰놀게 한다.

李朝 仁祖大王 十四年 丙子에 滿洲 一角에 새로이 불붙듯 일어난 愛親覺羅 누루하치(弩爾哈赤) 金國은 그 아들 홍타시(皇太極, 또는 洪多時) 때에 일으러 國號를 大淸이라 하고 한(汗)은 스스로 皇帝라 일커르매 崇德이라 年號를 고쳤다.

때마침 朝鮮에는 王妃 仁烈王后 韓氏가 昇遐하신 때라 滿洲에서는 그해 二月에 國喪을 吊表한다 表明하고 使者 龍骨大 副將 馬保大는 從卒 一百九十餘名을 거느리고 朝鮮에 나왔다. 그들은 한편으로 吊喪을 表하는 동시에 한편으론 大淸 皇帝를 또는 新興淸國을 國際的으로 承認한 뒤에 朝鮮도 이 淸國에 歸依하여 藩臣 노릇을 하라 要求하였다.

그러나 이때 朝鮮朝廷이 淸國을 보는 眼目은 極히 傲慢하였든 것이다. 여태껏 淸國은 一介 建州衛野人의 무리 오랑캐로 太祖, 太宗 以來에 여러번 朝貢을 들어왔든 허잘 것 없는 눈 아래 보는 무리이였든 것이다.

이러한 野人의 族屬으로 歲月이 바뀌고 時勢가 다르다 할망정 별안간 皇帝요, 天子라는 것은 기맥히는 소리였다. 더욱이 朝鮮으로 하여금 藩臣 노릇을 하다싶이 하라 하니 될 번이나 한 소리냐.

마침내 朝廷議論은 물 끓듯 일어났다. 掌令 洪翼漢은 淸使 龍骨大를 목 베이자 주장하고 弘文館, 司諫院은 모든 學士와 諫官들도 들고 일어나「홍타시」의 글을 불사른 뒤에 宣戰을 布告하자 날뛰였다. 모도 二十과 三十 熱血 義氣의 젊은 사람이였다. 그러나 그들에겐 앞뒤를 돌아보고 料量해 볼 老宿한 政治的 料量은 적었다.

仁祖 大王도 마침내 輿論에 휩쓸려 ●書는 받지 않고 吊祭만은 아니 받을 수 없다 하여 禁橋에 헛장막을 치게 하고 虛位로 吊喪을 받게 하였다. 龍骨大의 從者가 하도 많고 하는 수작이 당돌하니 대궐 안에 들였다가는 무슨 事變을 일으킬가 念慮한 까닭이다.

龍骨大도 몇일 묵는 동안에 朝鮮朝廷의 물 끓듯 일어나는 輿論을 모르지는 아니했다. 좌우간 나온 길이니 國書 傳達은 고만 두드라도 吊喪이나 하려 하였든 것이다. 이때만해도 그들은 朝鮮의 實情에 어둡기 때문에 꽤 朝鮮을 두려워했든 것이다. 급기야 致祭를 들이러 吊祭場에 당도해 보니 吊祭場은 大闕이래야 할 것이 금충교 다리 위요, 祭床 交椅에는 虛位다. 三拜九叩頭 절을 하면서도 잔득 의심을 품고 있는 중에 바람에 펄떡 帳자락이 움직이매 帳幕 뒤에는 武器를 가진 刀斧手들이 埋伏하여 있었다. 이것은 朝鮮朝廷의 혹시 龍骨大들이 亂을 일으킬가 저허하여 미리 감추어 두었든 軍士였다.

잔득 恸을 집어먹고 있든 淸使 龍骨大는 그대로 곧 자기네를 죽이려한 줄 直覺하고 올리는 술잔을 동댕이 치고 두 주먹을 불끈 쥐며 다러나기 시작했다. 龍骨大가 달아나니 馬夫大도 뛰였다. 두 장수가 뛰여가니 從者 數百名도 영문을 몰으고 놀래 뛰였다.

용골대가 뛰고 마부대가 뛰고 從卒들이 뛰니 삼지오겹 둘러 섰든 구경군도 놀래 뛰였다. 다러나는 淸使들을 향하여 조물아기 아이들은 돌풀매를 던졌다. 뒤에서 악 소리가 나며 돌 풀매가 비 오듯 쏘다지니 淸使들은 더욱 慌急했다. 줄다름질을 주어 무악재 근처에서 말 한필식을 빼서 타고 逃亡질 첬다.

이것이, 丙子胡亂을 일으켜 논 첫 導火線이다. 일이 이쯤 되고 보니 仁祖大王도 허는 수 없었다. 八道에 諭文을 노아 「누루하치」와 絶交한다는 뜻을 변방 장수들에게 네리였다. 淸使들은 도망하는 途中에서 備邊司에서 平安監司에게 보내는 斥和하는 諭文 한 장을 證據거리로 빼아서 가지고 돌아갔다.

「홍타시」滿洲는 朝鮮의 決意를 알자 一擧에 朝鮮을 征伐하기로 된 것이

다. 「홍타시」는 親히 滿洲, 蒙古, 漢兵 등 十萬名을 거느리고 鴨綠江 어름이
얼기를 기다려 朝鮮을 犯하니 先鋒은 「마부대」「용골대」요, 中軍은 淸太宗
「홍타시」요, 後軍은 豫親王 等이었다. 丙子年 섯달 十二日 義州 府尹 林慶業
의 狀啓가 파발 말방울 소리 요란하게 서울에 들어 왔다. 아흐레날 淸軍이
鴨綠江을 지럼길로 건넜다는 것이다. 열 사흗날 都元師 金自點의 馳報가 들
어왔다. 물밀듯한 大軍은 벌서 安州 지경에 일으렀다는 것이다. 열나흗날 松
都留守는 또 다시 把撥 말을 띠웠다. 敵兵은 벌서 松都를 지냈다는 것이다.

이렇듯 한번 막어 보지도 못 하는 敵軍은 潮水 물 밀듯 호호탕탕이 삽시간
에 長端, 高陽, 京城을 향하고 몰려 들어왔다. 朝廷은 狼狽하고 城 안은 물
끓듯 뒤엎었다. 백성들은 난리가 처들어 온다는 바람에 아무런 心算도 없이
다투어 痛哭하며 城門 밖을 나섰다.

나라에서는 禮房 承旨 韓興一에게 宗廟와 社稷의 神主를 奉安하여 原任
大臣 尹昉 金尙容에게 護從하게 하고 金慶徵으로 江華 檢察使 李敏求로 副
檢察使를 식히여 嬪宮(世子妃 姜氏) 元孫, 鳳林大君 麟坪大君과 公主, 翁主,
駙馬들을 護衛하여 江華로 먼저 避難케한 뒤에 京城은 留都 大將 沈器遠에
게 防禦케 하고 當日 午後에야 仁祖大王은 世子 邸下와 함께 嬪宮의 뒤를
좇아 江華로 납시려 하였다.

그러나 슬프다, 때는 이미 修羅場이 된 판이라, 千乘의 몸이연만 탈 만한
말 한필 없고 護衛할 武藝 別監 한 名도 없었다. 손을 묶거 발을 굴으는 동안에
內乘 李星男이 겨우 말 한필을 얻어 와서 견마 잡었다.

이때 한 편으로 淸軍의 先鋒은 양철이 벌판(高陽郡 恩平面 大棗里 南)을
지내 벌서 앞잡이는 弘濟院에 일으니 長湍 府使 黃稷이 꼴사납게 멀이 깍기
고 胡服을 입힌 채 嚮導官이 되어 왔고, 一技隊는 어느 틈에 陽川江에 진을
치고 江華로 가는 길을 遮斷해 버렸다. 仁祖大王은 허는 수 없이 南大門 門樓
에 玉駕를 멈으시고 大將 申景禛은 門 밖에 結陣하니 城中에 父子 兄弟 夫婦

죄없는 허다한 백성들은 서로 부터 않고 慟哭하여 구슬픈 울음소리 城 안에 가득하다.

仁祖大王은 急히 몇 사람 안 되는 扈從한 臣下에게 對策을 물으섰다. 鐵山 府使 池如海는 칼을 집고 御前에 구부려 나아가 敵兵이 國境을 넘은 지 겨우 三日에 千里 먼 길을 몰아쳐 왔사오니 軍士와 말들이 모두 다 疲勞했을 지라 砲手五百을 가저 모래재(現今 峴底町 附近)에 追擊하여 先鋒을 鏖殺 하면 銳氣ㅣ 꺽기여질 것이요 이 틈을 타 殿下께서는 江華로 向하시면 萬全 의 策일 듯하오니 원컨대 臣에게 精砲手 五百名만 주시옵소서 하였다. 그러 나 모든 신하들은 고개를 외로 꼬고 沈默해 버렸다. 浩浩蕩蕩한 敵兵을 五百 軍士로 막어낸다는 것이 믿엄성스럽지 못한 때문이다.

吏曹判書 崔鳴吉이 御前에 엎드려 자기는 單騎로 敵陣에 나아가 出兵한 理由를 뭇기도 하고 牛肉과 酒肴로 軍士를 犒饋하는체 하여 時間을 허비할 터이니 이 틈을 타 主上은 南漢山城으로 빨리 듭시여 모든 戰備를 準備하라 아뢰였다.

仁祖大王은 崔鳴吉의 말을 쫓아 氣槪가 있다는 李景稷을 副使로 하고 禁軍 二十名은 주어 崔鳴吉을 護衛하게 하였다. 그러나 弘濟院으로 가는 途 中에 禁軍 二十名은 죽음을 두려하여 뿔뿔이 다 헤여졌다.

仁祖大王은 崔鳴吉이 敵陣에 나아가 말씨름으로 時間을 지체시키는 동 안에 車駕를 돌리켜 南漢으로 향하니 世子邸下의 견마 잡을 從者 한 명도 없 었다. 世子는 손수 챗죽을 들어 말을 갈기며 大王의 뒤를 따렀다.

구리개(黃金町 一丁目)를 지내 시구문(光熙門) 밖을 나서니 城中안 士女 는 맨발로 호곡하며 王駕를 따러 뛰여 들어섰다. 申時에 신내와 (新川, 現 高 陽郡 纛島面 新川里) 松坡江을 건너 戌時가 넘고 亥時가 지난 뒤에야 겨우 南漢山城에 到達했다. 悲慘하다. 이때 扈從한 신하는 겨우 열명뿐이다. 이것 이 모두 丙子年 섯달 열 나훗날 밤까지의 일이다.

上監의 御駕가 확실히 南漢으로 播遷하신 줄을 안 뒤에야 百官들은 둘식 셋식 모여 들기 시작했다. 밤새도록 御前 會議가 열렸다. 領議政 金瑬는 南漢이 利로운 땅이 되지 못하니 微服으로 몰래 江華로 빠저 나가시기를 主張했다. 上監은 이튼날 첫 새벽에 山城 軍卒을 檢閱하신다 핑계하고 山城 南門 밖을 나서니 눈 녹은 산길엔 어름이 유리 같이 깔리여 말굽이 떠러지지 아니하였다. 상감은 허는 수 없이 도보로 바위 길을 기어 나리시니 믿그럽고 발 끝이 시려 寸步를 옮길 수 없는 중에 간밤에 부르튼 발뿌리는 다시 더 꼼작을 하실 수 없었다. 디디여 籠城하기를 決心하시기고 다시 山城으로 돌아오시니 외로운 孤山 南漢山城을 死守하자는 悲壯한 決意가 게신 때문이다.

城 안에 돌아온 上監은 친히 將臺에 올라 山城軍士를 激勵하는 告諭를 내리시고 술과 안주를 멕여 犒饋한 뒤에 一一이 軍士들의 춥고 배곰흔 것을 下問하시니 士卒들은 感泣해 울고 장수는 칼을 뽑아 한번 싸우기를 願치 않는 者 없었다.

이때 山城에 딸어온 文武百官은 二百餘人이요, 宗室과 醫局員 等이 二百餘名이요 奴僕이 三百餘人이요 軍兵이 一萬三千八百名이였다.

山城 안에 貯藏되어 있는 物品은 白米와 皮雜穀 얼러서 겨우 一萬六千餘石이요 銀이 七千六百餘兩이요 醬이 二百餘石에 소금이 九十餘石, 火藥이 一萬八千斤 뿐이다. 一萬三四千名 사람이 겨우 한 달 남짓 먹을 만한 곡식이다.

이튼 날인 섯달 열엿새 날에는 벌서 敵軍의 先鋒「마부대」는 南漢山城에 군사를 對峙해 놓았고 京城 城 밖에 멀리 避亂하지 못한 士族과 庶民의 婦女들은 모도 다 敵軍 손에 掠奪되어 어미는 陣中에 강박하여 멈을러 두고 어린 애들은 陣밖에 버리니 嚴冬雪寒 치운 때라 어린이의 死體가 즐비하였다.

이동안에 朝鮮軍士는 몇 번인지 惡戰苦鬪 싸우고 싸웠다. 그러나 時勢는 利롭지 못했다. 마침내 主戰斥和를 부르짖는 洪翼漢, 吳達濟, 尹集 三學士가

나오고, 雍容이 主和함을 主張하는 崔鳴吉이 나서고, 國書를 찢는 千古의
義氣男兒 金尙憲이 나오고, 伏劍而死를 못 했다고 배를 찔러 恨歎하는 鄭蘊
도 나오고 칼을 빼여 主和臣을 목 베자든 申翊聖 駙馬도 나왔다.

그러나 빈주먹 意氣만으로 무슨 보람이 있을 리 없다. 正月이 썩 넘어서고
보니 산성 안에는 백가지 물건이 점점 군색해 들어갔다. 첫째로 말과 소멕일
꼴이 뚝 떠러졌다. 여름철 같으면 아무리 빨가버슨 山이라 하나 그대로 풀이
茂盛하여 馬糧草 걱정은 없으련만 嚴冬雪寒 어름과 눈이 케케히 쌓여 얼어붙
은 산골이라 검부 새끼 하나 求할래야 도리가 없다. 열흘씩 보름씩 먹지 못하
는 마소들은 배고프고 주린 것을 참지 못하여 그대로 턱턱 쓰러지고 자빠저
죽는다. 말과 소가 쓰러저 죽는 것을 보면 자기가 일찌기 사랑하여 멕여 기른
情들여 논 짐승이언만 軍士들은 다투어 가며 죽은 소와 말의 고기를 씹어 먹었
다. 軍士 역시 주리고 솟증이 나니 백여날 도리가 없었다. 그러나 빼빼 말라
죽은 소와 말이라 먹는대야 질긴 심줄과 봉투라지진 뼉다귀 뿐이다.

쓸어저 죽지 않고 그래도 아직까지 목숨이 부터있는 牛馬들은 배고프고
먹을 게 없으니 서로 꼬리와 꼬리를 뜨더 먹으며 으흥거려 싸우고 있다.

군사와 백관들의 먹을 糧食도 점점 줄어 들어 갔다.

正月 스므 하로날 마침내 한(汗)은 친이 大軍을 거느리고 先鋒과 合勢하
여 南漢山城을 包圍해 둘러 쌓었다. 이에 앞서서 一技大隊는 江華를 向하고
처들어갔다. 難攻不落이라고 믿고 믿었든 江華島도 소용이 없다. 얼지 안는
江물이라 배만 없으면 못 드러가리라 하든 江華島도 소용 없었다. 陸地에서
배를 맨들어 가지고 어름 언 祖江에는 수레에 배를 실어 끌고들 들어가 江華
앞 바다에 띠웠다. 天府金湯을 믿고 코노래만 부르며 술타령하는 江華檢察
使 金慶徵은 한번 칼 한자루 빼여 보지 못한 채 一瞬 동안에 江華 왼섬을 敵軍
의 손속에 넣어 버렸다. 宗廟와 社稷도 敵軍의 손에 들고 嬪宮과 元孫도 敵軍
의 손에 들었다.

千百士婦女는 다투어 水中의 孤魂이 되었다. 慘憺한 이 소식이 南漢山城에 들어가니 宗廟, 社稷을 버리신 상감도 상감이어니와 안해와 아들과 父母들을 江華로 보낸 文武百官이며 士卒들은 그대로 意氣가 悄沈되고 脈이 풀여 벌였다. 痛哭一聲에 모두 다 氣節된 듯하니 漠漠한 愁雲은 山城을 둘러쌌다.

籠城 激戰 四十五日에 드디여 上監은 藍袍 玉帶(元來 紅袍가 正服이연만 降伏하는 罪人이라 하여 藍袍을 입으시게 한 것이다.) 로 萬古 恨을 품으신 채 三田渡 胡陣에 나아가 降書를 올리시니 實로 朝鮮史에 처음되는 千古의 屈辱이였다. 이 날 상감은 還宮을 許諾하고 三學士는 斥和臣이라 하여 胡陣에 묵껴 가고 鳳林大君, 麟坪大君과, 世子邸下는 볼모로 瀋陽까지 가시게 되었다.

이것이 近世史에 가장 구슬픈 南漢山城의 場面이다.

봄빛이 다스럽고 가을 단풍 고을 녘에 短筇을 이끌어 廣津 橋畔에 나아가면 南으로 日長連山이 天空에 孤線을 그어 靈氣를 배아트며 가로 누었다. 이것이 바로 이 張遑한 이야기의 主人公인 南漢山城이다. 서울서 徒步로는 六十里요 近者의 簡便한 交通機關을 利用한다면 東大門 軌道會社에서 廣壯里로 가는 汽動車를 타고 廣津 津橋까지 나아가 風細里 土城이란 百濟의 遺跡을 구경한 뒤에 上一里 小學校 앞을 거처 新長里 德豐里를 지나 光池院까지 가서 동문(松岩亭)으로 해서 山城에 들어갈 수도 있고 좀 더 걸음을 아낀다면 서울 東大門에서 軌道車를 타고 纛島에서 내려서 江가에서 松坡가는 똑닥船을 타고 언덕에 네려 松坡鎭에서 三田渡 한(汗)의 碑를 뜻 깊이 읽은 뒤에 바루 南門으로 들어서 山城에 들 수도 있고 아주 걷지를 아니하랴면 서울서 京電 뻐스나 탁시를 타고 앉으면 바로 山城 안 演武館까지 다을 수 있는 것이다.

山城 東門을 들어서면 왼편에 池水堂, 觀魚亭, 이 있고 오른편에 長慶寺,

顯節祠의 朱欄畫閣이 솔밭 사이 隱隱하다.

池水堂은 顯宗 때 留守 李世華의 建築한 것으로 堂 左右에 세 곳 연못을 파고 이 집을 지었다.

그러나 지금은 연못이 둘밖에 남지 않았다.

觀魚亭은 池水堂 西편 첫째 연못 섬 속에 지은 六角堂이니 純祖 때 留守 金載瓚이 建設한 것으로 南漢誌에 金載瓚의 「觀魚亭 小識」이 있다.

東北方 長慶寺는 일즉이 丙子胡亂 때도 일홈이 높든 長慶寺다. 開運寺, 長慶寺들의 아홉 군데 절이 있어 이 절에는 入山修道하는 佛弟子들이 法悅에 들어 三寶를 받들건만 하루 아침에 나라에 급한 일이 있으면 검은 長衫에 칼을 빼여 들고 戰場터에 나갈 僧兵을 길으든 곳이다. 開運寺에는 중의 總攝이 있고 그 밑에는 僧兵 三百七十名이 平時에도 칼쓰고 말달리고 敎鍊하고 있는 곳이다. 그러나 지금엔 長慶寺 한아만이 남었다. 四面은 躑躅花와 松林으로 둘러쌓았다. 鎭南樓에 앉어 봄에 화려하게 터지는 철죽꽃을 바라보는 멋도 좋으려니와 盛夏 불같은 더위에 松風을 받어 드리는 快味 더 좋을게다.

顯節祠는 저 有名한 丙子胡亂의 三學士 洪翼漢, 尹集, 吳達濟 세 분 斥和臣을 모신 곳으로 三學士는 當時 胡廷에 붓들려 가서 殺身成仁한 어른들이다. 肅宗大王 때 大王은 三學士의 忠義를 嘉尙이 생각하시어 留守 李時白으로 이 祠堂을 지어 그 靈魂을 慰勞하였다. 白日을 꾀뚤는 忠義 ㅣ 지금까지 赫赫하다. 二百五十餘年前의 建築으로 每年 春秋에 節祀를 들인다.

조금 더 들어가면 演武館이다. 옛적엔 鍊武堂이라 불렀다 한다. 肅宗朝때 守禦使 金在好를 시켜 이 집을 修築한 뒤에 「鍊兵館」이란 扁額을 부쳤다가, 그 뒤 正祖大王때 「守禦營」이라 고쳤다 한다. 軍士를 操練시키든 터다.

얼마를 걸어 올러 가면 行宮 터가 나온다. 行宮 터 곧 윗 대궐(上闕)은 西將臺가 있는 日長山 아래 지금 面事務所가 있는 後편 一帶다. 仁祖 甲子 築城과 同時에 建築한 것으로 守禦使 李曙가 牧使 柳琳에게 命하여 左右 房軒과 翼

廊 等 凡七十餘채를 乾縮하여 甲子年 이듬해 乙丑에 가서 竣工한 것이요 아랫 대궐(下闕)은 윗 대궐 三門 밖에 있어 역시 한때에 建築한 것으로 곧 宣化堂이 되는 것이다. 윗 대궐 左牆 밖에 坐勝堂이 있다. 이것은 純祖朝 丁丑에 留守 沈象奎가 建設한 것으로 이 세 建物은 官廨 中 重要한 建築이라 하여 李朝中葉 以後엔 留守와 府尹의 衙門으로 使用했다. 이 가운데 特筆할 것은 上闕과 下闕은 丙子胡亂때 仁祖大王께서 四十餘日, 臨御하신 由緖 깊은 行在所다.

丙子胡亂을 격은 뒷날 孝宗大王의 萬古 恨을 먹음으시고 北伐을 經營하시자 突然 뜻 아니한 鬢腫으로 돌아가시여 驪州 英陵에 고요이 잠드시니 뒤 임금 肅宗, 英祖, 正祖는 驪州 陵行 길 回路에 仁祖와 孝宗을 우러러 생각하시여 한번식 이 行宮에 듭시여 주무시고 回駕하셨다. 이것이 肅宗 十四年 戊辰, 英祖 六年 庚戌, 正祖 三年 己亥의 일이다.

坐勝堂은 大正 八年 京安里로 옮기여 지금은 警察署로 使用한다. 行宮 其他 重要한 建物도 郡廳 移轉과 함께 拂下되어 오늘 남은 것은 極히 적다.

山城 西門 안으로 발을 옮기면 百濟 始祖 溫祚王을 모신 祠堂이 있다. 곧 日長山 西北 中腹에 있다. 丙子胡亂 때 仁祖大王이 이 산에 籠城해 게실 때 지으신 祭殿이다. 廣州 南漢의 옛 主人을 생각하시여 그 靈魂을 慰勞하는 意味였다. 이곳에는 當時 守禦使로 있든 李曙도 配享을 하였다. 仁祖께서 溫王廟를 짓고 祭享을 지내신 다음 몇일 안 돼서 이상하게도 仁祖 大王 꿈에는 百濟 溫王이 顯夢을 하였다. 「大王이 내 사당을 지어 주시니 진실로 감사하오,」하고 謝禮를 들인 뒤에「그러나 나 혼자 있기 몹시 쓸쓸하오, 청컨대 大王의 臣下 李曙를 나에게 보내 주시요」하였다. 仁祖大王은 꿈속에 快하게 許諾하셨다. 「어렵지 않은 일이오이다」하고, 그러나 깨여보니 南柯一夢이였다.

몇일 뒤에 守禦使 李曙가 벌안간 앓기 시작했다. 싸움에 勝負가 決斷되지 않은 이 판에 李曙의 병은 적지 않게 狼狽를 주었다. 마침내 李曙는 病들어

죽었다. 仁祖大王이 戰爭中에 名將 하나를 잃은 것도 恨이려니와 꿈이 하도 영악하매 마침내 李曙를 溫王廟에 配享시키셨다는 구슬픈 傳說이 있다.

다시 숨을 헐덕어려 山城의 最高峯을 올라가면 이것이 곧 四百五十三米突이나 되는 日長山의 꼭댁이다. 古色이 蒼然한 西將臺가 있고 臺上엔 無忘樓 석字를 쓴 懸板이 달려 있다. 丙子胡亂을 잊지 말자는 뜻이다. 四十坪이나 되는 넓은 터전을 차지한 집으로 아래 윗 층 壯嚴한 建物이다. 지금으로부터 英祖朝때 留守 李箕鎭이 建築한 것이니 現存한 山城 속에 가장 그 規模가 큰 집이다. 守禦使가 具軍服 蜜花 貝纓으로 將臺에 올라 칼을 빼여 數萬軍兵을 號令하든 곳이다.

누구나 한번 이 無忘樓 우에 올으면 豪放하고 壯快하여 스스로 발을 굴러 豁然한 胸襟으로 기-ㄴ 회바람을 불어 보고 싶지 않을 이 없을 것이다.

탁 열려진 眼界는 一眸에 京城, 楊州, 楊平, 龍仁, 高陽의 모든 山川이 네려다 보이고 희멀금 仁川 바다엔 夕照가 끓어올라 시뻘언 불덩이 같다. 다시 눈을 가까이 돌리여 발 아래 漢江을 구버보면 無心한 듯 有心하고 閑暇로운 듯 바쁜 두어척 漁艇이 돗대에, 바람을 배불리 실고 그림같이 도라든다. 손을 들어 漢江의 上流를 指點하는 동안 아하, 저기가 三田渡 松坡 汗의 비가 선 곳일세 할 제 丙子胡亂이 눈 앞에 역력히 버려진 모양, 三學士가 뵈이는 양 崔鳴吉이 뵈이는 양 淸陰 金尙容이 뵈이는 양, 仁祖大王이 뵈이는 양 사나이면서도 한 줄기 悲憤慷慨한 눈물을 뿌리지 않을 수 없다.

문득 孝宗大王의 손자 되시는 肅宗大王의 西將臺詩

回駕直登西將臺

君臣說往日昏來.

忿然慷慨不能抑

惟有善承善繼哉.

멍에를 돌이켜 西將臺에 올으다.

임금과 신하 하소연 수작

해가 점은 줄도 아지 못하네.

분하고 슬퍼라 어찌할게냐

도라가 도라가 굳게 지키리.

라 읊으신 한 首를 노래하고 夕陽을 짝하여 돌아오면, 하로 동안의 所得이 너무 벅차서 몇 해를 두고라도 南漢의 印象이 머리에 슬어지지 아니할게다.

漢陽 附近 名山 紀行, 北漢山記

車相瓚
《삼천리》, 1941년 7월

春南漢 秋北漢이라고 옛날부터 南漢山은 봄경치가 좋기로 有名하고 北漢山은 가을경치가 좋기로 有名하다. 그것은 무엇보다도 南漢은 봄철에 躑躅花가 著名하고 北漢은 가을철에 丹楓이 著名한 까닭이다. 그러나 北漢은 非獨 가을丹楓뿐 아니라 봄철의 各種名花, 異鳥, 여름의 幽遠한 溪谷, 淸冽한 泉石과 겨울의 壯嚴한 雪景 그 外 名刹古蹟 等 모든 것이 具備하야 결코 一片孤城으로 萬古恥辱을 우리에게 끼처준 南漢에 비할 바 아니다.

北漢은 大小群山이 퍽 많지만은 其中 代表的인 山은 漢陽朝五百年國都의 鎭山인 三角이다. 三角이란 말은 仁壽, 白雲, 萬景 三峯이 마치 세 뿔과 같이 屹然이 相對하야있음으로 그렇게 이름지은 것이니 一名은 華山, 또 一名은 華嶽이다. 仁壽峯은 三角山의 第一峯으로 四面이 純然한 돌르만 깍어질은 듯이 空中에 우뚝이 소서있고 東北便에 바위 하나가 峯背에 엎여있어서 어찌보면 사람이 어린아희를 엎고 있는 것과 같음으로 별명을 負兒岳이라

하고 또 그 까닭으로 朝鮮五百年 동안에 科擧보러 다니는 선비들이 褓짐을 지고 다니게 되였다는 風水說도 있다. 그리고 옛날 三國初에 百濟始祖 溫祚王이 其兄 沸流와 같이 南으로 漢山에 이르러서 負兒岳에 올나 可居의 地를 察相하였다는 곳도 바로 그곳이요, 白雲峯은 仁壽峯 西편에 있으니 北漢山의 最高峰으로 옛날에 李太祖가 登極하기 前에 일즉이 이 峯에 올나서

引手攀蘿上碧峯, 一菴(一云倚樓)高臥白雲中. 若將眼界爲吾土, 楚越江南豈不容.

이란 御製詩를 지였기 때문에 그 뒤 因해 그 高臺를 白雲臺라 稱하게 되였다. 그리고 萬景臺는 白雲臺 南方에 있으니 李太祖가 道僧 無學을 命하야 此峯에 올나 漢陽國都의 相을 望察케 하였음으로 國望峯이라 改稱하게 되였다. 또 萬景臺 즉 國望峯 西使에는 露積峯이란 높은 峯이 있으니 그것은 峯의 形狀이 마치 露積덤이(穀食쌓은 것)과 같음으로 그렇게 이름지은 것이니 宣祖時 名宰相 또 大文章으로 有名한 月沙李廷龜先生記에

露積峯最高頂에 올나서 바라보면 西南大海가 멀리 푸르게 둘너있는데 浮雲落日에 銀界가 茫茫하야 目力이 다하야도 望勢는 限이 없다. 그 中 可히 알 수 있는 것은 水落, 峨嵯, 冠岳, 淸溪, 天摩, 松岳, 聖居의 諸山으로 모도 丘垤같이 울멍줄멍하게 둘너있으며, 月溪峽이 터진 곳으로 놀난 물결이 西편으로 쏘다저 漢水(漢江) 一帶가 흰 비단을 펴 놓은 듯이 굽이굽이 감도라 王都를 둘너 흘으고 먼 峯과 허터진 섬(嶼)이 구름새에 숨었다 나왔다 하며 都城의 百萬人家는 逼近하나 잘 볼 수 없고 다맛 다리 밑에서(脚底) 뵈이는 밥짓는 煙氣가 一幅의 活畫를 펴처놓은 것 같으며 구름새이로 조고마한 달팽이의 뿔(螺鬢)같이 드러난 것은 짐작건대 終南山인 듯하다(下畧 = 月沙先生原文一節意譯)

...이라한 登峯記는 그 露積峯에 올나 四方을 바라보는 光景을 그대로 描

寫한 것이었다. 이 峯은 옛날에는 只今보다 훨신 높던 것이 高麗 睿宗 二年과
또 恭愍 二年에 두 차려나 스사로 崩壞되야 其高가 퍽 減下되고 宣祖 三十四
年에도 또한 一時 크게 鳴動하야 都城의 住民까지 驚怪한 일이 있었다 한다.
그리고 그 外 著名한 것은 普賢峯, 文殊峯, 碑峯 等이니 普賢峯은 옛날에 世
祖大王이 여러 大君兄弟와 같이 그곳에서 뜀박질을 하야 膽力을 試하던 곳이
라 하고 文殊峯은 普賢峯 西에 있는 것으로 峯下에는 有名한 文殊窟과 文殊
菴이 있으니 窟中에는 藥水와 忠壯公南廷年의 題名이 있고 (南公殉節後, 僧
普心이 字를 刻하고 大司成 李天輔가 記함) 文殊菴에는 文殊의 石像과 五百
羅漢을 진열하야 一大奇觀을 呈한다. 또 碑峯은 옛날 新羅眞興王(同王 十六
年)이 北巡하다가 此峯에 이르러 定界碑를 세웠기 때문에 그 이름이 생긴 것
이니 近代詩人 黃綠次의 南山詩에 興王北狩山河靜이라 함이 곧 그 事實을
가르침이다.

　　北漢山을 말하는 사람은 北漢山城을 또한 빼놓지 못할 것이다. 이 山城은
元來 高句麗 北漢山郡으로 百濟始祖 溫祚王이 빼아서서 처음으로 城을 쌓
서(同王 十四年 丙辰 = 漢哀帝建平二年) 南平壤城이라 稱하고 그 後 近肖王
시대(同王 二十六年 辛未)에는 國都까지 그곳으로 옮기였다가 蓋鹵王乙卯
(二十一年)에 高句麗 長壽王이 包圍來功하야 形勢가 크게 不利함으로 王이
城을 버리고 逃亡하다가 麗軍에게 遇害한 後 遂히 오래동안 廢城이 되고 말
었다.
　　그러다가 李朝 孝宗時代에 이르러 王은 南漢의 恥辱을 한번 快雪하랴고
이른바 北伐의 計劃을 하는데 當時 有名하던 相臣宋尤菴時烈에게 敎諭를
나려 國家保障의 安地로 이 城을 쌓고 또 造紙署洞口(只今 洗劍亭 넘어 洞
里)까지 防築하게 하셨으나 財力, 人力의 不足으로 敢히 生意를 못하고 그
後 肅宗時代에도 初年부터 그것으로 君臣間 論議가 퍽 많다가 同王 三十七

年 辛卯 二月에 비로소 議를 決하고 그 해 四月에 始工하야 同 九月에 訖役하 였는데 築城時 드러간 物資로 말하면 米 一萬六千三百八十一石, 木(綿布) 七百六十七同, 十二疋, 錢이 三萬四千七百九十九兩, 正鐵 二千七百八十五 斤, 薪鐵 二十二萬九千一百八十斤, 石炭 九千六百三十八石, 木炭 一萬四 千八百五十九石, 生葛(츩) 二千二同, 四升布 四同, 小帽子 九百立에 達하였 다하니 只今 物價로 換算한다면 相當한 巨額일 것이다.

城周는 七千六百二十步로 水門北邊에서 龍巖까지 二千二百九十二步 는 訓練都監에서 쌓고, 龍巖南邊으로부터 普賢峯까지 二千八百二十一步 는 禁衛營에서 쌓고, 水門南邊에서 普賢峯까지 二千五百七步는 御營廳에 서 쌓었다.

그리고 城高는 平地最高 十四尺, 山上最高 十尺, 門은 十四, 將臺 三, 城 廓 一百四十三, 城池 二十六, 城井 九十九, 行宮은 內殿 二十八間, 外殿 二十 八間이요, 그外 倉庫, 留營 等이 모두 具備設置되고 또 城內에는 重興, 露積, 西巖, 慶興, 國寧, 圓覺, 扶旺, 普光, 保國, 龍巖 等 十一寺를 두고 寺에는 僧將 (其中大將 一人은 八道都摠攝兼任) 卽 大將, 中軍, 左右別將, 千摠, 左右兵 房과 敎鍊官, 旗牌官, 倉監官 等 各僧官과 首僧 十一人(僧將 十一人外) 義僧 三百五十人이 있어서 守城의 責任을 지게 하였다.

漢陽 附近 名山 紀行, 道峯山行

李秉岐

《삼천리》, 1941년 7월

서로 言約한 時間보다 늦을가 하여 나는 부리나케 石南과 함께 東京城驛으로 나가니 하나도 안왔다. 기다리고 있으니까 具君과 靑汀, 仁谷, 斗溪, 天籟가 온다. 벌써 發車時刻은 臨迫하였다. 그래도 한 사람이라도 더 올가 싶어 그 二分前까지 待合室에서 躑躅하였다. 요마적 乘客이 많아 車ㅅ속이 매우 비좁으리라든 것이 오히려 零星하다. 우리가 車 한간을 독차지하고 앉어 나는 漠然히 郊外의 風景을 바라보다가 天籟에게 끌려 疏通에 당한 實錄抄를 보며 句節을 뜨이었다. 霎時間 議政府에 다달렀다. 우리는 다 나렸다.

먼첨 飮食店으로 들어 點心療飢는 갈비와 藥酒로 하다. 갈비는 질기기는 해도 맛있다. 과연 名不虛得이다. 술을 못자시는 분도 갈비 때문에 잔을 사양치 않는다. 우리는 누구나 얼굴에 다 붉은 빛을 띠고 나섰다. 午後 三時半. 하늘이 퍽 흐리고 雨氣가 있다. 우리는 비맞날걸 念慮하며 談話를 주고받고 하며 밭가운대ㅅ길로 걷다. 모래만 수북한 乾川으로 건너 마을을 지내오다 고개를 넘어 山神堂도 보고 길을 다시 찾어 한 溪谷으로 들었다.

요리조리 돌아드는 깊숙한 골짜기 물도 좋고 돌도 좋다. - 玉같이 빛나는 돌, 콸콸 울리는 瀑布와 여흘, 紺碧한 쏘. 그리고 左右로 짙은 綠陰과 芳草 - 이곳을 나는 걸어가면서도 한 발자욱 한 발자욱 띄어놓기를 아까워하였다. 한 좁은 모롱이를 도니 古木속으로 頹落한 瓦屋이 보인다. 이게 回龍寺. 앞엔 시내, 周圍로는 山인 바 바루 그 뒤 솟은 봉의 중턱에는 李太祖가 祈禱하셨다는 窟과 無學大師가 살았다는 窟이 있다. 이건 傳說이지만 太宗이 太祖의 第五子로서 그때 世子인 芳碩을 謀害하고 功臣 鄭道傳을 죽이매 太祖께서 크게 怒하여 第二子인 定宗에게 禪位하고 떠나 咸興舊邸로 가, 게시었다. 太宗은 그 뒤 바루 定宗의 禪位를 받고 太祖께 자주 使臣을 보내어 回鑾하심을 請한 즉 그를 문득 射殺하시다가 朴淳, 成石磷의 懇請으로 마침내 돌아오시는데 온 政府가 뒤끌어 마중을 지금 議政府라는 곳에까지 나가 太祖를 뵈었다. 議政府라는 이름도 이 때문에 얻은 것이라 하고 이 回龍寺도 그때 太祖의 願刹로 된 것이라 한다. 허나 이 절의 事蹟은 이 傳說밖에 그다지 들리는 것이 없고 風謠三選의 張混의 作인

潭月寒生樹, 山鐘早閉門, 無心老釋子, 終夕憩雲根

이라는 詩一首가 있다. 이건 지금 우리가 보는 景과는 다르다. 삥둘러 가시울타리를 하고 入門嚴禁함을 써부치고 中年이나 넘은 僧豎子가 住持로 있으며 바야흐로 齋를 지내노라고 우리가 들오는 줄도 모른다. 우리는 그 앞마당 바위에 앉어 半時間이나 쉬었다.

그 앞시내를 건너 빙에로 가다 또 右편으로 건너 으늑한 골짜기로 들다. 또 左편으로 건너 雜木이 茂盛한 溪谷으로 오르다. 비가 듯기 시작한다. 점점 더 한다. 山ㅅ새 한마리 아니 나르고 山草들은 무릎 위까지 휘휘 감기고 句配는 점점 急하다. 숨이 잦고 다리는 무거워진다. 간신히 마루턱을 당하였다.

젖은 菓子를 끄내어 먹으며 좀 歇脚을 하고 그 등성이로 오르니 잘크막한 고개가 나선다. 回龍寺서 오는 길이 둘이 있으니 지금 우리가 온 길과 또는 그 위로 날ㅅ등을 타고 이 고개로 오는 길이다. 그 길도 6년 전에 내가 와 보았다. 그 때 引路는 七十八歲된 蓮隱老長이었다. 一行이 다 허덕이는데 그 老長은 泰然하며 健康을 자랑하였다. 나는 그때가 다시 생각힌다. 이런 비는 없었다. 우리는 침침한 松林 속으로 썩은 닢사귀냄새를 풍기며 발을 옮겼다. 모다 沈默하였다. 비탈을 잡어 돌다 나리니 상취밭이 나서고 그 넘어이 望月寺다. 그 뒷門으로 들었다. 寂寂도 하다. 法堂마루에 짐들을 벗어놓고 걸어앉었노라니 學人 하나이 방에서 나온다. 날은 다 저물고 비는 그저 줄줄 온다. 우리는 자고 가기를 말하였다. 學人은 住持는 出他하고 供養主는 다러났으니 못하겠다 하고 다른데로 우리를 가라한다. 우리는 堪忍하고 또 懇請하였으나 듣지 않는다. 우리는 그 右편 客室 불때는 아궁이 앞에 옷을 말리며 모여 서서 의논을 하다가 필경 天籟가 名啣를 내보이고 談判하는 바람에 快히 肯諾으로 얻군 그 左편 禪房으로 들었다. 서로 囊槖을 끄르고 糓茶를 내어 마시고 供養은 法堂에서 하였다. 禪房은 아니 쓰다가 이날 쓴다하며 불을 너무 때었다. 煩熱은 하였으되 感氣는 들지 않았다.

새들이 짖어귀는 소리에 잠을 깨었다. 구름이 山기슭으로 뭉게뭉게 피여 오르고 이슬비가 부슬부슬 나린다. 개었드라면 漢江도 보고 日出도 보았을걸 하고 뜰에 나섰다. 뒤에 우쭉우쭉한 峯巒과 굳게 擁衛한 靑龍白虎와 여기저기 버려있는 老松, 奇岩과 때로 변화하는 雲霧가 道峯의 絶勝뿐 아니다. 京山으로는 이만한 곳이 없으리라. 僧伽, 三幕, 大聖도 眼界는 넓으나 이처럼 秀麗하지 못하고 津寬, 奉恩도 으늑은 하나 이처럼 幽雅하지 못하다. 나는 무단히 詩情을 이르키며 이리저리 거닐었다. 朝飯 後 石南은 嘉慶板眞言集을 박이고 우리는 閒談하였다. 點心 때에야 비가 개었다. 登山하는 이들이 패패이 올라온다. 대개는 靑年男女다. 麥酒에 流行歌에 질탕히 군다. 우리는 法堂

앞에서 撮影을 하고 右편 고개를 넘어 이 절의 開祖라는 慧炬의 石塔을 보고 樹林 속으로 또 고개를 넘다. 어마어마한 萬丈峯 밑으로 기어올라 매달린 岩窟 - 滿月寶殿을 보았다. 심부림군같은 男子가 부엌에서 일하고 두 계집애는 물을 깃고 한 마누라는 藥을 다리고 또 한 마누라는 琉璃窓으로 우리를 내다보고 한편 바위 우에는 개부랄꽃(蘭科植物, 敦盛草)이 검붉게 피어있다. 우리는 물을 달래어 마시고 돌아섰다. 나려보이든 고개하나를 넘으니 한 女子가 아이를 데리고 나무를 뜯으며 올해는 취도 그리 나지 않았다 하고 우리를 흘긋흘긋 처다본다. 나와 仁谷은 蘭을 심을 浮黑土를 캐어 지고 天竺寺를 찾어 들매 한 옆에서는 女子 二三人이 꽃을 꺾으며 어정거리고 한 和尙은 法堂에서 面刀를 하고 있다. 이 절은 寧國寺를 헐어다 지었다 하나 퍽 頹落하였다. 앞에 서렸든 다래년출도 없어지고 木蓮만 두어株 남어 아직도 淸楚한 꽃이 유다른 香을 피운다. 이 절은 터이 너무 狹窄하나 역시 淨界다. 뒤에는 峻峯, 앞에는 斷崖로 과연 비일 수 없는 곳이다. 그러나 天竺이나 望月이 높은 山턱에 달려있으매 오르기가 어려우므로 예전의 詩人墨客도 와본 이가 적었든 모양이라 從來 詩文集에도 별양 이름이 나타나지 못하였다. 나도 와보기 전에 天竺, 望月은 퍽 險峻하여 오르기 어렵다는 말을 들었다. 이런 길을 겁을 내든 때에는 望月, 天竺도 숨을 수밖에 없었다. 지금도 이런 절이 귀여운 건 서울을 좀 떠러져 있기 때문이다. 萬若 서울 가차이 있었드라면 벌써 俗化하였을 것이다.

　우리는 峻急한 길로 한참 나려오매 봉머리로는 저녁별이 비껴 든다. 연신 溪谷을 따러오면 점점 平緩한 지대가 나서고 두 골물이 合해 흐르고 왼쪽으로는 안옥한 都局이 있어 논머리에 柱礎와 土壇이 남었으니 예는 道峯書院터. 本是 寧國寺基址로 宣祖 六年에 書院을 짓고 靈谷書院이라 하였다가 그 뒤 道峯書院이라 하였으며 이 書院에는 趙靜庵先生과 宋尤庵先生을 위하다 高宗 八年에 毁廢가 되었다. 그 東北에는 宣祖 때 詩人 劉村隱(希慶)의 墓山이

있고 水石이 좋으므로 村隱이 자주 往來하며 詩도 만히 짓고 예를 와 살려하다
못하고는 畫家李澄을 시켜 林莊圖를 그리고 그때 諸公에게 詩와 序를 받어
큰 軸을 이루었다.

空林夕氣翠霏霏, 一壑泉聲遠石扉
山雨乍收苔逕滑, 木蓮花裏醉扶歸

이는 村隱이 寧國洞을 읊은 것이다. 이 光景이 지금 우리가 보는 그것과
같다. 우리는 그 앞의 光風霽月泉翁(李陶庵絆)書七字를 사신 水石이 좋은
곳으로 가서 발도 싯고 석은 가지로 주어 밥도 짓고 고기도 지지고 하여 아끼
든 병으로 다 거울렀다. 그리고 村隱처럼 醉하지는 못하였으나 극히 유쾌하
였다.

그 아래는 마을이 있고 石壁과 쏘이 있고 趙心庵(斗淳)의 別莊인 枕瀨亭
이 있더니 지금은 뉘집 園林이 되어 길을 물려 새로 내고 鐵絲로 울을 하였다.
이 또한 殺風景이 아닌가 하며 우리는 그 마을을 지나, 쌍갈무니로 하여 倉洞
驛으로 오다. 午後 八時나 되었다.

漢陽 附近 名山 紀行, 烽燧臺 高峯山

柳光烈
《삼천리》, 1941년 7월

때는 初夏이다. 옛 詩의「綠陰芳草勝花時」라 함은 이때를 가르찬 말이다. 京城附近에는 散策할 만한 곳이 적지 않다. 或 名勝으로 또는 古蹟으로 散策人士를 부르는 곳이 많이 있다.

다른 곳은 이미 相當히「포퓰라」하였음으로 나는 이때까지 世上에 들어나지 아니한 곳 하나를 紹介하려 한다.

그것은 京義線으로 約四十五分(普通汽車)을 가다가 一山驛에서 내리어 二十分 乃至 三十分의 登山을 하면 到達할 수 있는 高峯山이다.

山 우에는 平地로 터를 닦아놓고 金잔듸가 깔리어 앉어서 놀기에 適當하다. 南편으로 흰띄같은 漢江이 흐르고 西北으로는 松嶽을 境界로 無數한 殘山短麓이 와서 절을 한다. 田野에는 흰옷 입은 農夫들이 한가로히 논을 갈고 밭이랑에는 수건 쓴 婦人네들의 나물캐는 光景이 보힌다. 金잔듸에 자리를 定하고 携帶하고 간 一盃酒를 기우리는 것도 좋고 또는 準備한 茶菓를 풀어 小宴을 排設하여도 좋다.

風景만 이렇게 佳麗할 뿐 아니라 古跡도 相當히 있다. 이 附近은 옛날 高句麗時代의 達己省縣이다. 그 때에는 半島에 高句麗, 百濟, 新羅 三國이 있어 爭覇를 하였었는데 高句麗의 安藏王은 少時 때에 漢氏美女와 綿綿의 정을 속삭이어 美女는 이 山上에서 烽火를 들어 安藏王을 맞었다는 綠由로 처음에는 高烽山이라 하였던 것을 後世에 高峯山이라고 부르게 되었다 한다.

또 古老들이 傳하는 말을 들으면 壬辰兵亂에 淸正部下의 軍이 이 山上에 陣을 치고 있었다하나 文獻은 남지 아니하였다. 다만 이 山上에 平平하게 닦어놓은 모양은 烽燧臺가 있었던 形跡이 現著하다.

烽燧臺라 함은 지금의 哨戒, 傳信을 兼하는 것이니 半島는 恒時 外來의 敵을 防備하기 爲하야 山上에 이런 烽燧臺를 만들고 外敵이 들어오든지 또는 國家에 무슨 큰 일이 있으면 山上에 홰불을 집히어 警報를 發한 것이니 지금으로 치면 哨戒를 하다가 警笛을 부는 것과 一般이다. 이 山上에서 몇번이나 國家重大事變의 警火를 들었는가 하면 구을러 感慨가 없지 아니하다.

이 山上에서 놀다가 저편으로 넘어가면 山麓에 萬景寺라는 조고마한 절이 있다. 옛글에 이른바 古寺에 荒烟이 오르고 暮鍾이 구슬프게 울린다 함이 그대로 眼前에 나타난다. 散策人士로서 만일 中火準備가 없으면 이 절에 가서 點心을 부탁하여도 좋을 것이다.

高陽에는 碧蹄館에 文祿役에 小早川隆景, 立花宗茂가 明軍을 大破한 곳이 있고 그 附近에는 高麗 末年에 大陸發展을 하려다가 萬斛의 恨을 품고 遇害한 崔瑩의 墓가 있으며 幸州에 權慄의 勝戰蹟의 있어 世에 有名하거니와 이 高峯山도 하로 散策에는 適當할 뿐 아니라 筆者의 少年時代에 만히 이 山에 올라 본 일이 있어서 三十年前 옛 記憶을 더듬어서 이 紹介를 草한다.

漢陽 附近 名山 紀行, 冠岳山遊記

崔鳳則

《삼천리》, 1941년 7월

「果川冠岳山」이라면 民謠로도 이름 높은 곳이요, 李朝 어느 임금님 수라
상에 생선이 올랐는데 너무도 까맣게 탔으므로 숙수를 불러

「얘! 여바! 반찬을 먼 불에 굽지, 이것 너무 타지 않었느냐!」
꾸중을 나리시었더니, 이튿날 아침 수라상에는 아조 날생선이 올랐는지라
임금께서 기가 막히시어

「얘! 여바라. 엇저녁에는 생선이 너무 탓더니 이번에는 웨 이리 생생하냐!」
「네, 상감마님께서 먼 불에 쬐여야 한답시기로 어제밤 冠岳山 山불에 밤
새도록 쬐였습니다」라고.

何如턴 말속을 통하여도 이름난 冠岳山은 어지간이 좋은 山이기에 노래
에로, 이야기에로 古今을 통하여 膾煮될 것이 아니다.

어느날 아침이다. 몇몇 古友와 같이 노들 건너 電車終點에서 나렸다. 四
節 登山客이 踏至하는 冠岳山行인 것이다. 西으로 新作路, 交通網이란 絶代
한 權威앞에 목을 잘리인 嵯峨山 나지막한 山머리에는 어리신 端宗朝에 忠命

을 다한 死六臣墓가 祀堂 한 간 남기지 못한 채 荒凉한 草丘에 조그만 碣하나
식으로 當代에 堂堂하던 碩士 李塏, 朴彭年, 成三問 等等의 墓가 머리속에
떠오른다. 따라 그들의 時調 두어 首

이 몸이 죽고 죽어 무엇이 될고 하니,
蓬萊山 第一峯에 落落長松되었다가
白雪이 滿乾坤할제 獨也靑靑하리라.
(成三問)

窓안에 혔는 촛불 눌과 이별하였관대,
곁으로 눌물지고 속타는 줄 몰으는고?
저 촛불 날과 같아야 속타는 줄 몰으더라.
(李塏)

六臣墓 재넘어 한많은 漢江水를 依舊히 바라보고 섰는 鷺梁津忠祠가
또한 생각난다. 이는 變德많으시던 肅宗께서 張嬉嬪을 寵愛하시어 無辜하
신 閔中殿을 廢出하실 때에 忠諫하다가 酷刑을 받고 配出하던제음 노들을
지나다가 少年時 父命으로「大丈夫는 兒女子의 怨心을 사는 것이 아니니
라」는 말슴에 단지 一夕만을 同過하였던 志操높은 婢子를 만난 두어 거름
後 刑毒으로 해서 轎子안에서 그만 殉職허였던 朴泰輔를 後日 悔悟하시는
肅宗께서 閔中殿을 復位하시던 날에「泰輔가 어데 갔느냐? 泰輔가 살었던
들 오늘을 얼마나 기뻐했겠느냐?」고 前日 당신의 잘못을 깊이 뉘우치시면
서 朴泰輔의 暗葬으로 調査하여 厚葬케 하고 거기에 祀堂을 세우셨든 그
忠祠가 우두먼이 남아 있어 三百年前 옛일을 至今도 자아내게 한다. 一言
을 付記해 둠은 朴泰輔의 祀字가 落成되든 翌朝 그 석가래 끝에는 一美人

이 목달려있었나니 이는 一夕同衾의 婢子가 泰輔의 怨풀림을 靑天에 呼召하다가 그 願이 이루어지매 殉死한 갸륵한 그 주검, 어찌 逸話의 一節이 아닐 수 있으랴!

요사이와 같이 긴긴 해에는 아침 일즈막이 떠나면 漢江건너 鷺梁津電車 終點에서 한 馬場밖에 아니되는 이야기 서리운 한낮 嵯峨山 머리를 들려가드라도 넉넉히 冠岳行에 支障이 없으리라.

路邊 언덕 위에 우뚝 선 六臣碑 앞으로 나려 永登浦間 新作路를 橫斷하여 木洞町으로 돌리어 上道町 넘어 朴齊宮 윗 마을로 奉天里塔洞을 지나게 된다. 往年에 偶然이 塔洞에 들렸다가 두어層 떠러진 五層塔이 一草家庭前에 鎭座해 있음을 살피다가 塔面에 「姜邯瓚落星臺」라는 刻字를 發見하고 깜작 놀라 村老에게 來歷을 물으니 麗朝 顯宗때에 北으로 侵入하는 契丹을 단숨에 寧州까지 뭇즐러 大勝捷을 한 名將 姜邯瓚 將軍의 出生地가 바로 여기라 한다. 이 같은 史跡있음을 몰라본 무디인 歷史眼을 스사로 브끄리었다. 모르긴 하거니와 冠岳이 有名함은 그 山勢의 險峻偉秀한 點에도 있겠지마는 그 山下에 萬古名將을 出産케 하였으므로 더욱이 이름높지 않었는가 생각된다.

塔洞을 지나 二, 三馬場 지나면 제법 山坂에 오르게 된다. 다시 두어 마장 오르면 急角度의 石間溪邊에 이른다. 이에서 勇士답게 허리를 굽혀 기운차게 石溪淸流를 氣끝 들어케고 몸을 틀어 岩面에 一座하면 北岳山이 바로 正面에 오고 汝矣島飛行場이 코아레 놓인다. 어니듯 식는 땀에 몸이 輕快하여 거름을 재촉해 三十五度角, 登陟이 끝나는 곳에 冠岳本領인 北麓등성이에 올라선다. 四方으로 眼界가 넓어져 近畿一帶가 碁局처럼 눈앞에 버린다. 冠岳北麓의 脊梁을 타고 南으로 두어킬로 나아가면 재넘어 山坂으로 비스듬이 나리다가 左靑龍, 右白虎로 東向한 古刹의 터전이 나서니, 여게가 바로 新羅文武王時義湘大師의 創建인 義湘寺舊趾다. 西向뒤로 몸을 틀며 턱을 활신 뒤로 저치면 야즈라진 懸岩面에 달린 戀主臺를 奇異와 驚嘆속에 바라볼 수 있다. 그뿐이랴 발서 저 峯머리에 올라 좋와랏고 떠드는 少年少女들! 더욱이 우리의 발거름을 재촉이나 하는 듯 재재거린다.

다시 西南向으로 등넘어 若三十步에 淸雅하게 자리잡은 戀主庵을 松林 사이로 바라보면서 一路右便山坂을 거름거름 攀上하면 海拔 六二九米突 이나 되는 冠岳의 最高峯 戀主峯에 올라선다. 西으로 仁川海가 눈앞에 橫臥 하고 南으로 今日始興郡屬 昔日果川邑이 안윽이 眼界에 잠든다. 三南通路 의 唯一한 要衝이었거니 하매 鐵馬가 달리는 今日에 있어 昔今의 感이 뉘 없 으랴!

果川건너 氣勢차게 둘리인 山脈은 亦是 이름있는 淸溪山이다. 南으로 氣 차게 달리어 水原 뒤의 光敎山을 이룩한 大山脈인 것이다. 몸을 東北으로 틀 면 驪島 앞으로 굽이쳐 蠶室里벌과 銅省里 山飛頃 아레로 누였이 흘러나리는 一帶의 漢江水 건너 京城의 萬戶長安이 膝下에 노인다. 다시 果川便으로 말 등바위(馬背岩)를 위태위태 넘어서면 옛날 義湘臺, 今日戀主臺, 懸崖에다 丈餘의 石築을 바치인 庵子가 絶妙하게도 서 있다. 바루 아까 처다보이던 戀 主臺다. 山僧은 말한다.

「麗朝가 國運이 다할 때에 杜門洞七十人中 姜得龍, 徐甄, 南乙珍 세 분 의 忠義士가 아레 義湘寺에 와 居하매 아침마다 이 峯 義湘臺에 올라 北으 로 眼界에 닷는 松京을 바라보고 忠恨의 솟는 熱淚를 뿌리며 王公朝를 향 하여 日恒三拜하고 나려오곤 하였다. 이러기를 두어해 後에 南乙珍과 徐甄 은 다시 杜門洞으로 돌아가고 姜得龍 혼자만이 每朝 이 峯에 올라 松京向 哭을 하루같이 하기를 氣力이 다하는 날까지 하였는데 저 南向 어느 山麓에 그의 墓土가 오늘날까지 있어 靑山孤魂이 아직도 옛節을 지키고 있다오. 한데

李朝端宗事變에 淸節을 지키어 議政府回龍寺에서 落髮爲僧한 孝寧大

君이 여기왔다가 麗朝의 이 三義士의 來歷을 들으시고 그를 紀念으로 義
湘寺를 山넘어로 옴기고 義湘臺를 重修케 한 後 매일 아침 임금을 생각했
다고 해서 義湘寺는 戀主庵, 義湘臺는 戀主臺라고 題號를 고치었습넨다
요」 云云.

수원원족기

박인애
《배화》, 1942년 7월

무르녹은 綠陰의 향취는 우리 培花 동산을 뒤덮고 앞뜰과 뒷동산에서는 萬樹百草가 빙그레한 웃음을 지어낼 때 상급반 언니들은 학창생활을 벗어나 아직도 만사에 서투른 우리들 일, 이학년만을 남겨두고 사학년은 금강산으로 삼학년은 경주로 쌀쌀한 듯이 여행을 가버리니 남은 우리들의 쓸쓸함은 비할 데가 없었다. 낙원인 이 배화를 적적하게 지키고 있으라니까 빠르기 살같은 이 세월도 그때에는 한없이 더딘 것 같았다. 이렇게 지루한 생활을 계속한지 몇날이 못되어서 우리마자 이 배화원을 등지고 옛날에 화성인 수원을 찾아가 게 되었다.

이 배화 만일 입이 있어 말을 한다면 우리들 보고 퍽 냉정하다고 하였을 것이다. 그러나 원족의 정신에 팔린 씩씩한 우리 동무 이학년 일동은 오월십 칠일 해는 구름에 가리워 흐릿하고 덥지도 않고 춥지도 않은 서늘한 날 아침 목적지를 향하여 발길을 옮길 때 그 기쁨이 어떠했을까? 다만 웃음만이 표할 뿐이었다. 아직껏 고대하든 기차 시간이 우리 일동은 선생님의 지도 아래서 차에 몸을 싣게 되었다. 기쁨과 웃음을 가득 싫은 기차는 남으로 남으로 다름질하였다. 차안에서 아름다운 대자연을 내어다 볼 때는 나의 모든 슬픔과 걱정이 저녁안개와 같이 사라지게 되었다. 이와 같이 巧妙하고 미려한 녹음의 산천을 지날 때 나는 스스로 머리가 숙어지게 되었다. 그것은 하나님의 위대한 힘과 비루한 우리 인간에게 대하신 고마우신 뜻을 생각하였기 때문이다. 잠시 기차에 객이 된 우리들은 차 안을 퍽 뒤숭숭하게 만들었다. 여기 저기에서 떠드는 소리, 웃는 소리 창가소리 이 모든 소리가 합하여 참 굉장하였다. 이러할 동안에 조고마한 정거장을 몇이나 지났는지 우리들이 하나같이 가고 싶어하든 수원땅에 도착하게 되었다.

아! 역사 깊은 수원 무엇을 보나 무심히 보이는 것이 없고 나무 한 가지라도 모두가 옛 고담을 말하는 듯하였다. 차에서 나리자 얼른 눈에 보이는 것은 순 조선식으로 된 건물인데 그야말로 옛 조선인의 기술과 문화를 자랑하는 듯 우리로 하여금 마음 깊이 옛날을 연상하게 하였다. 이것이 즉 수원역이었다. 역을 떠나 제일 먼저 간 곳은 농림학교였다. 교내에 들어가서 각색식물과 짐생들과 비둘기 등을 구경하고 양잠학교에 가서 겉으로 집만을 돌아보고 지도자의 이야기를 들었다. 그런데 거기는 일개년 동안에 양잠하는 일을 강습하고 성적이 좋은 사람은 양잠기수가 되고 그만 못한 사람들은 저 농촌으로 나아가서 양잠교사 노릇을 한다고 한다. 또 그곳을 떠나 바루 농사시험장을 향하여 행진하였다. 그곳에 가서 보니 퍽 재미있는 것들이 많이 있었다. 그안에는 사람이 형용하야 만들어놓은 조선인의 실생활을 나타낸 조선농촌이 있었다. 아! 참 사람의 삶을 본즉 꼭 어린아이가 작난하는 것 같이 웃음만 나고 재미있게 보였다. 이 모든 것을 일일이 구경하고, 상상만 하여도 시원하고 상쾌한 서호를 바라보고 발길를 바라보고 발길을 옮기었다. 배도 고프고 다리도 퍽 아팠으나 모든 괴로움을 꾹 참고 서호까지 이르게 되었다. 그곳에는 잔잔한 물결이 바람에 이지저리 밀려 댕기고 푸른떼 밭은 우리들의 편히 앉아 쉴 곳이 되어준다. 여기에서 모든 피곤은 우리에게서 떠나게 되었다. 한참동안을 이렇게 저렇게 재미있게 놀면서 점심밥을 먹었다. 떠나기 싫은 그곳을 뒤로 두고 신선한 다리를 건너서 서문도 보고 화虹문을 찾아갔다. 그곳에서 최남선씨의 수원에 대한 역사이야기를 듯게 되었다. 그것은 영조께서 사도세자를 넘우도 억울한 죽엄을 시키었으므로 사도세자의 아들인 정조가 장성한 후에 그 일을 가슴에 품고 돌아가신 아버지의 혼령이라도 기쁘게 하여 드릴까하여 수원을 화성으로 하고 화려한 건물들도 많이 세웠다. 한다. 만일 정조의 효도가 아니었다면 이대서 이러한 화성을 찾어 보나 하는 생각이 났었다. 화령전을 댕겨 오라고 할 때에 구진비가 대지를 적시고 있었다. 아! 나는 이것까지라도 무심히 보이지를 않았다. 옛 적 그 어떤 분의 쓰라린 그 무엇이 뭉키어 눈물로 변하지 않았나 하는 생각도 났었다. 다 허러진 옛 성과 고목미 된 수목들은 우리의 가는 길을 붓잡는 듯 하고 옛적부터 지금까지의 하소연을 이야기하고 싶은 것 같이 보인다. 얼마든지 더 놀고 싶은 마음 금할 수 없지만 시간이 허락지를 않으므로 팔달문을 거처 종로라는 상업지를 지나 역까지 왔다.

고달픈 몸을 차에 던지고 잊을 수 없는 수원을 등지고 섭섭한 인사만을 남겨두고 어머님품과 다름이 없는 따뜻한 동무들의 사랑이 찬 이 기숙사를 향해 다름질 다름질 하였다. 평안이 있는 내 집 기숙사에 와서 누으니 또 다시 수원이 보고 싶고 한없이 그립다. 나는 꿈에라도 그 곳을 찾아가 산천초목들을 반가히 만나려고 한다. 유월십사일 밤.

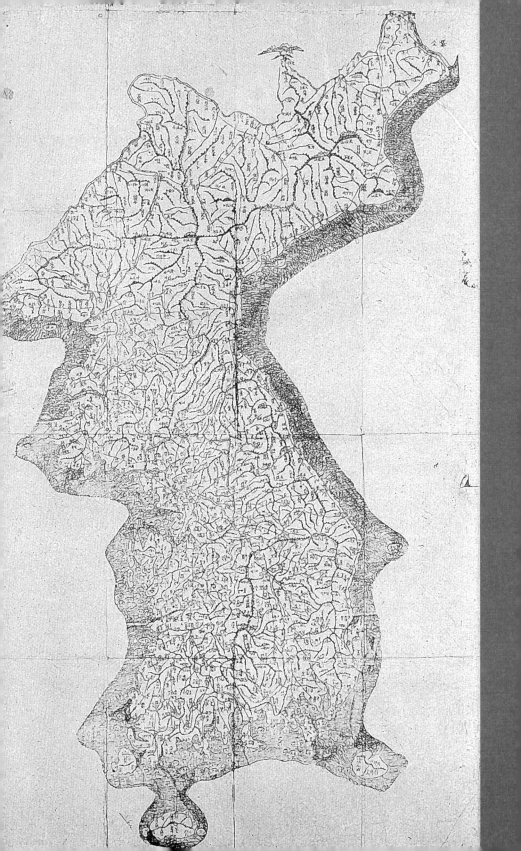

O2

충청도

忠淸道

황폐한 삶의 장소 · 고도 부여의 역사적 관광지, 충청도

1. 식민지 시대 '지역' 여행과 네이션

어느 시대든지 세계에 대한 인식을 좌우하는 지배적 요소가 있다. 이는 여행 장소에 대한 인식에도 강한 영향력을 행사한다. 현상윤의 〈경성소감〉에서 경성, 염상섭의 〈만세전〉에서 부산 · 김천 · 경성 등은 모두 그들 도시 자체가 아니라 조선의 환유이다. 이들 각 도시의 의미는 특수성과 고유성을 가진 그 자체의 장소라기보다는 집단화되고 추상화된 조선이라는 개념으로 수렴된다. 이는 충청도를 비롯한 각 도의 인식에서도 동일하다. 식민지 시대 조선의 13도와 개별 지역 기행문 또한 내용상으로는 구체적인 지역의 특성을 기술하고 있지만, 이들 여행을 추동한 기저에는 '조선'이라는 추상적 개념이 자리잡고 있다. 이와 같은 형식의 지역 여행은 주로 근대의 대표적 매체인 신문과 잡지 사를 통해 주도되었다. 이들은 1910년대에서 1930년대에 걸쳐 꾸준히 전 조선 차원의 답사를 기획하였다. 《반도시론》, 《매일신보》, 《개벽》,

《신민》과 《삼천리》가 대표적이다. 이들 매체는 소속 기자를 조선의 각 지역에 보내 그 결과물인 보고서를 겸한 기행문을 발표하였다. 이를 통해 각 지역의 특성이 구체적으로 기록되어 보고되었다. 각 매체마다 목적은 달랐지만 답사 자체가 지속적으로 기획됨으로써 조선 전역에 걸친 여행 기자들의 발걸음 또한 계속되었다. 충청도 각 지역의 기행문이 지속적으로 발표될 수 있었던 것도 이들의 기획에 힘입은 바가 크다. 물론 여기에서 각 지역은 독자적 지역이라기보다는 전체 조선의 부분 혹은 조선 그 자체로 인식되는 경향이 강하다. 식민지 시대 충청도 소도시 여행은 주로 조선 여행이라는 차원에서 이루어졌다고 해도 지나치지 않다.

물론 이러한 유형의 여행만 있었던 것은 아니다. 이 시기 충청도 여행은 주로 다음과 같은 유형으로 정리할 수 있다.

- 잡지 및 신문 사 주도의 전 조선 답사
- 부여를 비롯한 역사적 장소 탐방
- 유성 온천, 천안삼거리 등의 명소 관광

충청도 여행에서 두드러지는 것은 부여에 대한 집중적인 관심이다. 충청도 지역 기행문 가운데 가장 많은 부분을 차지하는 것이 부여 기행문이다. 전조선 답사에서도 부여는 빠지지 않는 장소였다. 뿐만 아니라 충청도 소도시 가운데 가장 독자적으로 인식된 곳이기도 하다. 부여의 독자성은 백제의 고도라는 점에 있음은 물론이다. 전 조선에 걸친 지역 답사가 당대 조선의 상황을 구체적으로 파악하기 위한 공시적 차원의 조선 체험이라면 부여 탐방은 통시적 차원에서 조선을 체험하는 역사 여행의 형식이라고 볼 수 있다. 부여에 대한 관심 또한 네이션으로부터 자유롭진 않다. 구체적으로 들여다보면 이는 더욱 복잡하다. 여기에는 조선 차원의 일방적 관점뿐만 아니라 제국 일본의 관점도 복잡하게 얽혀있기 때문이다.

부여 외에도 충청도에는 공주, 유성 온천, 천안 삼거리 등 다수의 명소가 있다. 이에 대한 기행문들 또한 간간이 발견된다. 하지만 이들의 양은 상대적으로 빈약으로 《삼천리》 등의 1930년대 잡지에는 명소의 볼거리를 즐기고 소비하는 관광 차원의 여행 및 그에 대한 기록들을 흔히 발견할 수 있다. 이 시기에 이르면 여행의 성격이 조선 답사에서 명소 관광으로 바뀌긴 하지만 그렇다고 장소가 비약적으로 다양해지지는 않는다. 관광 또한 부여와 같은 역사적 장소와 결부되어 진행된 경우가 대부분이기 때문이다. 이런 점에서 이 시기 충청도의 대표적 역사적 장소이자 관광지로 주목받았던 곳은 부여이다. 이처럼 충청도 여행에서는 부여를 빼놓고 말할 수 없을 정도이기에 여행과 관련해서 볼 때 충청도는 부여의 도라고 표현해도 무리가 없을 정도이다.

2. 전 조선 기획 답사와 충청도

1910년대 전 조선 기획 답사를 실시한 대표적 매체는 《매일신보》와 《반도시론》이다. 《매일신보》의 기획 결과물은 바로 이광수의 〈오도답파여행〉이다. 이광수는 1917년 6월 26일부터 9월 12일까지 충청남도, 전라남북도, 경상남북도 5도 여행을 강행하였다. 여행의 계기와 사정에 대해 이광수는 《매일신보》 3대 사장 무불옹 阿部充家를 "처음 만난 그 다음해인 대정 6년(1917)의 여름방학을 이용해서 정치를 시작한 5년의 민정시찰로 조선행각을 해 볼 의향이 없는가라는, 당시 매일신보 감사인 中村健太郎 씨의 편지가" 계기가 되어 "五道踏破 여행의 길에 올랐는데, 조선인 기자로서는 처음 있는 일인 만큼 신문사나 총독부에서도 각 지방 관헌에 통첩하여 이르는 곳마다 송구할 정도의 환영을 받았다."(이광수, 〈無佛翁의 추억〉, 김윤식 편역, 《이광수의 일어 창작 및 산문선》, 역락, 2007, 75쪽)라고 적고 있다. 이처럼 그의 여행은 조선총독부의 기관지였던 《매일신보》의 기획에 의해 추동되었다.

1917년 6월 26일 경성에서 출발한 이광수가 처음으로 도착하여 소식을 보낸 곳은 조치원이다. 이렇듯 충청남도는 이광수가 5도 여행을 시작한 곳이다. 그는 26일 오후 조치원에 도착하여 공주, 이인, 부여를 거쳐 7월 1일 오후 8시 30분 강경에서 전라북도 군산으로 향할 때까지 6박 7일 동안 충청남도에서 보냈다. 이 곳에서 그가 주로 머문 곳은 공주와 부여이다. 당시 도청소재지였던 공주에서는 도장관 방문이 주된 일정이었다. 경성에서 조치원까지 열차를 타고 온 그는 곧장 자동차를 이용해 공주로까지 내달렸으며 도착하자마자 "여장도 끄르기 전에 도청장관실"부터 들렀다. 지방 고위 행정관료를 방문하고 그로부터 각 지역의 분야별 상황을 전해 듣고 정리 기록하는 것은 그에게 주어진 주요 임무였다. 서둘러 충청남도 상황을 보고한 그가 다음으로 들른 곳은 부여이다. 4박 5일을 부여 여행으로 보냈으니 충남 여행의 대부분을 부여에서 보낸 셈이다. 이 시기에 쓴 부여 기행문의 일부는 이후 1933년 4월 《삼천리》에 〈아아 낙화암〉이라는 제목으로, 또 1939년 단행본 《춘원기행문집 반도강산》에 재수록 된다. 부여에 대한 이광수의 애착이 갖는 의미는 다음 장에서 좀 더 살피기로 한다.

《오도답파여행》에서 충청남도에 대한 양적 설명은 양반의 도로서 충청도의 특징, 농업 중심의 산업 상황, 삼림 계획 등에 대한 일본인 도장관의 설명을 통해, 역사성은 부여의 고적들에 대한 이광수의 감상적 표현을 통해 이루어진다. 하지만 무엇보다 당시 충청남도의 상황은 조치원에서 공주로 가는 자동차 안에서 본 풍경을 통해 단적으로 드러난다.

도로도 좋기도 좋다. 이렇게 좋은 것을 왜 이전에는 修築할 줄을 몰랐던고. 질풍 같이 달려가는 자동차도 거의 동요가 없으리만큼 도로가 단단하다. 그

러나 발가벗은 산, 바짝 마른 개천, 쓰러져 가는 오막살이를 보면 그만 비관이

생긴다. 언제나 저 산에 살림이 쭉 들어서고 하천에는 물이 깊이 흐르고 촌락

과 가옥이 번쩍하여질는지.

조치원 공주간은 거의 빨간 산뿐이다. 잔디까지 벗겨지고, 앙상하게 산의 뼈

가 드러났다.

이광수, 오도답파여행 제2신, 1917.6.

1917년은 가뭄이 심했던 해이다. '바짝 마른 개천'은 그런 연유라 해도 '발

가벗은 빨간 산', '쓰러져가는 오막살이'는 당시의 사정을 짐작하게 한다. 일

제가 개통한 단단한 도로와 대비되어 조선 촌락의 살림살이는 더욱 힘들어

보인다. 충청남도의 행정, 산업, 역사에 관한 내용이 주를 이루는 여행기의

틈새에서 실제적 삶의 정황은 이런 식으로 언뜻언뜻 드러난다. 이처럼 답사기

혹은 기행문에서 실제 조선인의 삶의 정황을 조사하고 기록한 것은 1920년대

《개벽》에 이르러서야 제대로 이루어진다. 《오도답파여행기》는 일본인 위

주의 고위 행정 관료를 통해 조선의 상황을 전해 듣거나 여행자 이광수의 역사

적 장소나 풍광에 대한 감상이 위주가 되다보니 생활에 대한 면밀한 관찰은

이루어지기 어려웠다.

《반도시론》에서도 이에 대해서는 찾아보기 어렵다. 《반도시론》은 조선

13도 일대 조사라는 명목으로 1917년 8월부터 1918년 10월에 이르기까지 9번

에 걸쳐 조선 각 지역 발전 기념호를 발간하였다. 1918년 3월호가 '충남발전기

념호'이다. 그 내용은 "지방행정 산업 교육의 상태로부터 교통 운수와 기타

지방에 파동되는 전 방면 문제에 대하여 공평무사한 관찰과 비평"(〈긴급 사

고〉, 《반도시론》, 1917.6)을 하겠다는 애초의 취지에 맞추어 농업, 경찰행정, 금

융 등을 통해 충남의 현황을 조사하여 소개하였다. 〈면목을 일신한 충남의

농업〉, 〈경찰행정으로 見한 공주〉, 〈공주의 금융과 장래〉, 〈반영구 시대에

移한 대전〉 등이 이에 속한다.《반도시론》의 지역 답사는 단순한 소개가 아니라 이를 통한 '개발'에 목적이 있다. 사장 다께우찌竹内錄之助의 궁극적 목적은 조선 식민지 개척과 개발이었다. 음월생이라는 필명으로 쓴〈급해 해결하여야 할 충남의 제문제〉에서 그는 경편철도의 부설을 충남에서 가장 시급한 문제로 파악하였다. 이를 통해 서해안의 어장, 간석지 및 초생지의 개발을 촉구하는 동시에 일본 자본가의 진출을 적극적으로 유치할 것을 하나의 방법으로 제시하였다. 이는《반도시론》측 답사의 목적을 단적으로 보여주는 예이다. 기행문으로는 음월생의〈冬의 유성 온천에 游하야〉과 최찬식의〈백제 고도 부여의 팔경〉이 실려있다.

　　1920년대에 전국 답사를 실시한 잡지는《개벽》과《신민》이다. 1923년 1월 '조선문화의 기본 조사' 사업을 기획 공표한《개벽》의 실질적 답사는 1923년 4월부터 1925년 12월에 이르기까지 만 3년에 걸쳐 이루어졌다. 답사를 마감하면서《개벽》은 조선 13도의 특징을 간략히 정리했는데 충청남북도에 대해서는 "아직까지 양반세력이 多大하고 계룡산 부근에 미신자 많은 것은 참으로 놀랄만하다. 어쨌든 충청남북도는 무엇이던지 荒廢凋殘한 감이 퍽 많다."(〈十三道의 踏査를 마치고서〉,《개벽》, 1925.12)라고 적었다. 충남 답사기는 1924년 4월호에, 충북 답사기는 그로부터 1년 후 1925년 4월호에 실렸다. 1910년대의 답사가 산업과 행정 시찰적 성격이 강했다면 이 시기의 답사는 생활 관찰적 성격이 강하다. 이는 "조선 사람으로 조선을 잘 이해하고" "자기네의 살림살이의 내용을 잘" 알고자 한다는《개벽》의 답사 목적에서 비롯된 것으로서 이를 통해 당시 조선인의 삶의 풍경을 살펴볼 수 있다. 충남의 경우 이에 가장 합당한 글은 차상찬의〈호서잡감〉이다. 이 중 '충남 七多'는 당시 충남의 사정을 구체적이고도 총괄적으로 보여준다.

충남에는 일곱 가지 많은 것이 있으니 왈 미곡, 독산, 걸인, 村도부 다니는 지나인, 자전거 탄 상투장이, 진흥회 문패, 청년의 술장사 첩이다. 물론 충남은 평야가 많고 토지가 비옥하야 자래 삼남의 곡향으로 굴지하는 곳이니까 미곡이 많으려니와 禿山이야말로 충남의 명물이다. 당진, 서산, 홍성, 청양 등지 몇 군을 제하고는 산이 모도 뼈만 남고, 沙汰 천지다. 특히 천안, 아산, 대전 등지는 연료가 없어서 풀뿌리, 禾栗의 글겅이까지 채취한다. 그럼으로 산은 해마다 벗어지고, 토지는 점점 황폐한다. 또 걸인 많은 것도 可驚할 일이다. 시장이나 촌락을 물론하고 걸인의 떼가 삼삼오오식 짝을 지어 돌아 다니며 금전, 미곡을 청구하고 밥도 얻어 먹는다. 그 중에 강경 시장은 걸인의 집합지다. 하루 아침에 밥을 얻으러 오는 자가 일가에 평균 7,8인이다. 그들은 대개 불구자도 아니오. 사지가 성하고 멀쩡한 사람이다. 그 중에는 3,40의 장정도 있고 이팔방년의 처녀도 있고 8,9세 내지 12,3세의 소년도 있다. 특히 可怪한 것은 의복도 상당히 입고 은반지, 은비녀를 가진 여자의 걸인이다. 그들은 걸인이라 하는 것보다 遊食之民이라 하는 것이 옳다. 강원도나 서북도와 같이 자작자급하는 지방에서는 도저히 볼 수 없는 일이다. 이것은 자래 충남인의 遊逸安惰하고 不勞自食하던 악습에서 나온 것이다. 其次에 지나인의 상업상 세력은 또 경시치 못할 것이다. 何地方을 물론하고 여간한 도시에는 지나인의 상점이 독권을 점하고 촌에는 당목, 광목 물감 등 物을 가지고도 다니는 자가 퍽 많어서 조선인으로는 도저히 상업상 쟁형을 못한다. 정감록에 魚羊亡於古月이라더니 충남은 참 지나인에게 상업상 정복을 당하였다. 그리고 탄탄한 대로에 자전거 탄 상투쟁이가 왔다갔다 하는 것도 볼 만 하거니와 도청 명령 하에 발기된 진흥회(그 목적은 불문가지)의 문패도 경성의 소위 국유지에 박힌 총독부 말뚝 수만큼이나 하다. 또 기괴한 것은 상당 신분과 명예가 있다는 청년의 술장사 첩 둔 것이다. 어디든지 우리 조선 사람이 축첩을 하는 폐습이 있지만은 대개는 하이칼라적으로 축첩을 하는데 충남 사람은 영업적으로 축첩을 한다.

학교 교원, 청년회 간부로서도 酒商하는 첩을 두고 그 집에서 숙식하고 객과 대작한다. 또 酒商 녀자이니까 물론 타인 남자와 비밀 관계도 많이 있을 것이다. 그러나 그들은 不顧 체면 不顧 렴치하고 태연자약한다. 이것이 不生産的으로 卜妾하야 두는 것보다는 차라리 나을는지 알 수 없으나 일은 아니다.

청오, 〈호서잡감〉, 《개벽》, 1924. 4. 133-134

차상찬은 당시의 충남을 '미곡', '독산', '걸인', '村도부 다니는 지나인', '자전거 탄 상투쟁이', '진흥회 문패', '청년의 술장사 첩' 등의 일곱 가지로 표현했다. 1917년 이광수도 조치원-공주 간의 풍경 중 하나로 '빨간 산'을 꼽았는데, 일곱 가지 특징 중 하나인 '독산'으로 미루어볼 때 1924년이 되어서도 산림의 상황은 나아진 것이 없음을 알 수 있다.

충북의 상황도 이와 크게 다르지 않다. 차상찬은 1924년과 1925년 1월에 충남과 충북을 각각 답사하여 그 해 4월호에 답사기를 실었다. 충북답사기에서는 청주를 비롯한 7개 군의 상황을 '말숙한 청주군, 空殼만 남은 진천군, 邑殘民疲의 음성군, 黃煙에 목매인 충주군, 점차 쇠퇴하는 괴산군, 문제 많은 영동군, 土肥穀豐한 옥천군'의 제목으로 전하였다. 제목만 보아도 답사자가 청주와 옥천을 제외하고는 모두 쇠락의 느낌을 받고 돌아왔음을 알 수 있다. 구체적인 답사기에 앞서 실린 '답사기를 쓰기 전에'에서 밝힌 충북 답사에 대한 개괄적인 소감도 마찬가지다.

작년 충남을 답사할 때에 여러 가지로 낙망을 한 나는 충북을 떠날 때부터 아무 흥미를 가지지 못하였다. 더욱이 충청북도는 全鮮 중 최소의 道로 해안선이 일촌도 無한 山國이오 교통도 불편하고 산물도 빈약하고 시대의 문화도 다른 도보다 낙오된 것을 미리 짐작한 까닭에 답사하고 싶은 용기까지도 별로 없었다. 그런데 실지 답사를 하고 보니 과연 정신상으로나 물질상으로나 아

무 소득이 없다. 충남보다도 더 허무하다. 충북은 참 白板의 세계다. 산야는
전일 소위 양반의 해충이 다글거리어서 赤地가 되고 사회는 유생의 부균이
아직까지 잔존하여 新氣脉이 돌지 못하며 도회와 옥지는 박래의 기생충이 모
두 침식하야 일반 민중은 다만 赤身으로 아무 정신과 활기가 없이 기아에 비읍
하고 황야에 방황할 뿐이다. 전 도가 마치 병화를 치른 도회, 폭풍을 지낸 사막
과 같은 감이 있다. 따라서 기사에도 특별한 재료가 없다. 그런대로 말하자면
惡評외에는 별로 없다. 그러나 필자인들 어찌 악평을 好하랴. 사실을 사실대
로 기록하려니까 자연 世人이 운하는 바 악평이 되고 만다.

차상찬, 〈忠北踏査記〉,《개벽》, 1925.4.

〈오도답파여행기〉에서도《반도시론》의 조선 일대 조사에서도 충북은
제외되었다. 이런 점에서 위의〈충북답사기〉는 이 시기 충북의 상황을 알려
주는 드문 글이다. 충북 답사기가 드문 것은 이 지역이 특별히 주목할 만한
것이 없었던 데 이유가 있는 듯하다. 차상찬 또한 "全鮮 중 최소의 道로 해안선
이 일촌도 無한 山國이오 교통도 불편하고 산물도 빈약하고 시대의 문화도
다른 도보다 낙오"되었다는 생각에 답사의 의욕이 크게 없었노라 한 것을 보
면 충북에 대한 일반적 인상이 어떠했는지를 짐작할 수 있다. 차상찬의 선입
견은 틀리지 않았다. 그는 전체 도가 "병화를 치른 도회, 폭풍을 지낸 사막"
같다고 충북의 답사 소감을 정리했다.

충청도 지역을 제목으로 내세운 또 다른 답사기에는《신민》의〈충남잡
관〉(1926.10)이 있다.〈충남잡관〉은 공주, 온양, 아산, 홍성, 보령, 서산 등의
6개 군에 대해 매우 간략하게 소개하였다. '일본 천지'가 된 온양 온천, 말할
수 없이 참담한 홍성과 서산 등의 지역 상황에 대해 언급하고 있으나 그 외에
는 일반적인 역사적 연혁 소개에 그치고 있어 구체적인 답사기라고 보기에는
부족함이 많다. 충남 지역 관련 기사는 1927년 3월에서 6월에 걸쳐 실린〈京

南 잡관(제이신)〉(윤용규, 1927.3), 〈畿湖雜觀(이)〉(홍인택 윤용규, 1927.5) 등에서
도 찾아볼 수 있다. 경기도와 충남 북부 지역을 함께 다룬 이들의 글에서 후자
에 속하는 지역은 아산, 예산, 홍성이다. 여기에서 특별히 관심을 보이는 것
은 지역 유지의 성공담이다. 지역 소개에서도 예산의 나이 어린 도평의원 정
봉화, 예산의 백만부호 장석구, 홍성의 자선사업가 이종우 등에 대해서 간략
하지만 구체적으로 소개하고 있다. 〈京南地主探査記〉(홍인택 윤용규, 1927.5),
〈京南地主探査記〉(윤용규, 1927.6)에서는 정봉화, 성낙규 등의 예산의 대표
적인 지주를 좀 더 집중적으로 다루었다. 이처럼《신민》의 지역 답사기는 성
공한 지방 유지나 사업체 등의 소개가 주를 이루고 있어 이로부터 조선 민중
의 구체적인 삶을 엿보기는 어렵다.

이는《신민》이 창간호부터 내세운 '생활 개조'론으로부터 비롯된 결과이
다. 1925년 5월 창간호에서《신민》이 내세운 것은 사회교화 내지 민중 지도이
며 그것은 '생활 개조'라는 용어로 집결된다. 이에 대한 방법론으로 강조한
것이 "지방 공공단체 또는 개인의 각성"이다. 이를 위해《신민》은 꾸준히 조
선 전국을 답사를 하면서 사회 교화에 모범이 될 만한 공공단체나 개인들을
소개하였다. 이에 대해서는 〈지방 방랑의 자취〉, 〈지방휘보〉라는 제목으로
창간호부터 실리다가 1925년 11월 경북 지역을 다룬 〈남행잡관〉부터는 구체
적인 지역을 집중적으로 다루기 시작했다. 충남 지역의 답사기도 이 연장선에
있다. "우선 먹자 먹고 살고야 보자"라는 정신에서 비롯된《신민》의 이러한
사업은 한편으로는 조선의 민족정신, 일제에 대항하는 조선인의 운동성을
소거시키는데 일조했다는 비난을 면하기 어렵다. 이러한 태도는《개벽》의
답사기와 비교할 때 더욱 두드러진다.

《삼천리》는 1929년 6월 창간 기획 사업으로 문인들의 추천을 받아 반도
8경을 선정하였다. 제1경 금강산(강원도), 제2경 대동강(平壤), 제3경 부여(忠

南), 제4경 경주(慶北), 제5경 명사십리(元山), 제6경 해운대(東萊), 제7경 백두산(咸北), 제8경 촉석루(晉州)가 반도 8경으로 선정되었다. 애초의 계획은 문인들이 8경 각지를 답사하고 그에 대한 기행문을 싣는 것이었다. 1931년 3월 안재홍의 백두산 기행문으로 시작된 8경 답사 및 기행문 게재는 《삼천리》의 계획과 달리 부정기적으로 이루어졌으며 끝내 제대로 완수되지 못했다. 계획대로 이루어진 곳은 백두산(안재홍), 부여(이병기), 경주(김동환), 대동강(양주동) 등의 4군데이다. 《삼천리》의 편집 겸 발행인이었던 김동환은 이와 관련된 일련의 기행문들을 함께 묶어 《반도산하》(삼천리사, 1941)라는 기행문 단행본을 발간함으로써 이 기획을 마무리한다. 흥미로운 것은 이 기획의 초반과 후반에 '부여'가 있다는 점이다. 1931년 4월호에 '문인의 반도 8경 기행 제1편'이라는 제목으로 이광수의 〈아아 낙화암〉이, 1940년 10월호에 이병기의 〈기행 낙화암〉이 실렸다. 이에 대해 8경 가운데 부여가 더욱 중요했기 때문이라고 말하기는 없다. 사실 이광수의 〈아아 낙화암〉은 〈오도답파여행〉 가운데 부여 부분을 재수록한 것이다. 이 기획에서 부여 답사를 맡은 이는 주요한이었고, 이광수는 백두산을 답사하기로 했었다. 하지만 답사는 계획대로 되지 않았다. 안재홍이 백두산 답사를 하고 3월호에 기행문을 싣게 되자 이광수는 그에 대한 책임을 이전의 기행문 재수록으로 대신하지 않았을까 추론해볼 수 있다. 기행문집인 《반도산하》에는 이병기의 글이 실렸다.

1910년대의 《반도시론》, 1920년대의 《개벽》, 《신민》이 각 도의 전 지역을 대상으로 하고자 했던 걸과 달리 《삼천리》의 답사는 아름다운 풍광이나 역사적 유적지 중심으로 이루어졌다. 이들의 반도 8경 선정 사업의 취지 또한 산천의 아름다움을 소개함으로써 젊은이들과 민중들의 인식을 새롭게 하고 조선에 대한 자부심을 심어주고 나아가 직접 산하를 밟아볼 것을 권장하기 위함에 있었다. 1929년 6월 《삼천리》가 발표한 반도 8경은 1941년 《반도산하》에서 16경으로 확대된다. 후자에서 승경 중심의 8경과 사적 중심의 8경으로 나누어 소개했기 때문이다. 이들 중 충청도에 속한 곳으로는 부여와 천안 삼거리가 있다. 전자는 사적에 후자는 승경에 포함되었다.

천안삼거리를 소개한 이는 노자영이다.

필자는 다시 호기심을 가지고 경부선을 옆에 끼고 도보로 큰 길을 따라 한 5리 쯤 내려갔다. 과연 거기는 조그마한 세 거리가 있었다. 초가집이 두서너채 있 고, 그 중에는 술집까지 있다. 쓸쓸한 거리가 아니냐? 십주, 수십주로 연상하 였던 능수버들은 모두 그리던 꿈의 파편이요, 자못 버드나무 한 그루가 노쇠 한 몸을 겨우 지탱하고 봄바람에 삐걱삐걱 비명을 칠 뿐이다. 그나마 본 가지 는 많이 부러지고 곁가지만이 춘풍을 받아 세사같은 줄기가 땅에 몇가락 스러 졌다. 아, 세월이 가고 산하가 변한다 하지만 조선인의 입에 많이 오르내리던 능수버들이 모두 자취조차 없어지고 지금은 단 하나의 버들이 그나마 조쇠한 몸을 겨우 가누고 있단 말인가? 지금 내가 삼거리 민요를 읊어 본다면,

천안삼거리 능수나 버들은
바람에 갈리고 우로에 젖어서
자취도 없이 날아가 버렸다. 흥.

노자영, 〈천안삼거리 능수버들〉,
김동환 편, 《반도산하》, 1941.5, 106-107쪽.

노자영이 천안에 관심을 갖게 된 것은 민요 때문이다. "천안 삼거리 능수 나 버들은"으로 시작하는 민요의 가사가 장소에 대한 관심과 동경을 키운 것 이다. 한 좌담에서 그는 "그 민요의 향기에 반해서 늘 한 번 보려 가려다가 정작 연전에 가 보았더니 한적한 천안 구읍이 있을 뿐으로 읍 한가운데 삼남

대로 가던 곳에 능수버들이 섰었다. 하지만 지금은 없어요. 역마도 매였겠고 하여 적어도 몇 백년 생의 늙은 버들이 가고 오는 봄바람에 흥청거릴 줄 알았더니 버들 그림자도 없습디다."(〈좌담: 〈半島山河〉을 말하다〉, 《삼천리》, 1939.4, 87쪽)라면서 천안 여행의 소회를 밝힌 적이 있다. 위 글은 이에 대한 노자영의 감상을 적은 부분이다. 노자영의 천안 행은 역사니 민족이니 하는 개념 아래 진행된 여행보다는 한결 가벼운 느낌을 준다. 10여년에 걸친 진행된 이들의 《삼천리》의 반도 8경 기행문 게재는 대중적 차원에서 조선을 상징적 경관적 차원의 명소로 인식하는 데 큰 영향을 끼쳤다. 역사적 장소와 여행의 결합은 민족 의식의 차원에서 진행된 것으로 《삼천리》에만 국한되지 않는다. 이런 점에서 승경 중심의 여행은 그와는 다른 차원에서 볼거리 중심 혹은 주관적인 자기 욕구 충족과 관련한 여행 의식을 발전시키는데 일조했다고 볼 수 있다. 물론 이 시기에 이르면 역사 유적지 여행의 성격 또한 이와 같은 유형으로 변화하기는 한다.

3. 식민지 정서와 古都 부여 여행의 미적 비애감의 의미

전국 답사의 목적은 전 조선 시찰이었다. 이런 까닭에 답사자들의 발걸음은 조선 곳곳까지 이르렀다. 충청도의 경우 예산, 홍성, 서산, 강경 등의 상황을 전해들을 수 있었던 것도 이러한 목적 아래 가능했다. 하지만 일반적인 관광은 주로 명소를 중심으로 이루어질 수밖에 없다. 충청도의 대표적인 관광 명소는 단연 부여이다. 여기에는 부여가 백제의 고도로서 조선의 역사적 장소라는 점이 일차적 이유로 작용했다. 하나의 장소가 대중적 관광 장소로 정착하기 위해서는 이러한 명분만으로는 부족하다. 이를 위해서는 제도적 뒷받침이 필요하다. 그렇다면 부여를 대중적 관광 장소로 만드는 데 일조한 것은 무엇일까? 수학여행, 대중매체의 탐승단 모집 사업과 총독부 중심의 고전보존 사업 등이 그에 대한 답이다.

황의돈의 〈부여행〉(《학생계》, 1922.5)은 1920년 경성 보성 고등보통학교 수학여행 인솔기다. 채만식 또한 중앙 고등보통학교 2학년 때의 부여 수학여 행을 추억한 바 있다.(〈수학여행의 추억〉, 《신동아》, 1934.8) 여행 시기는 1919년 혹은 1920년 정도로 추정된다. 이들의 글은 부여가 이 시기 단체 여행의 대표 적인 예인 수학여행지였음을 말해준다. 신문사나 잡지사의 경우에는 광고를 통해 탐승단을 모집하여 단체여행을 실시하였다. 《동아일보》의 경우 1925년 8월부터, 《매일신보》의 경우 1927년 10월부터 광고란에서 부여탐승단 모집 광고가 발견된다. 이들의 광고는 1930년대 후반까지 부정기적으로 계속되었 다. 부인견학단도 이 시기 단체 여행의 한 형식이었는데, 이들의 견학지에도 부여가 포함되어 있다.(《조선일보》, 1929.5.13.) 이처럼 부여가 관광지로 자리잡 을 수 있었던 것은 관광의 물적 토대를 마련한 고적보존회의 지원이 있었기 때문이다. 1915년 설립된 부여고적보존회는 1929년 재단법인 부여고적보존 회 발족으로 체제를 갖춘다. 이들은 부여 관광을 위한 제반 편의 시설 — 교통 및 숙박시설이라든가 관람 편의시설 확충 등 — 을 정비하였다. 이러한 부여고 적보존회의 일련의 사업은 1915년부터 본격화된 조선 총독부의 고고학 발굴 사업과의 관계 속에서 이루어진 것이다. 이들을 통해 부여 관광의 물리적 기 반을 마련되었다고 할 수 있다.(최석영, 〈일제 강점 상황과 부여의 '관광명소'화의 맥락〉, 《인문과학논문집》 35, 2002)

부여 관광의 물리적 기반은 일제의 식민지 문화 침탈 전략의 결과라고 해 도 과언이 아니다. 이에 반해 관광지 부여의 정신은 주로 이를 여행한 문인들 의 기행문을 통해 생산된다. 여기에서는 이광수, 박화성, 이병기, 박노철을 중심으로 이들의 부여 인식 양상을 살펴보고자 한다.

이광수의 부여 기행문은 〈오도답파여행〉의 일부분이다. 앞 절에서 말한 바와 같이 그는 1917년 6월 26일에서 7월 1일까지 5박 6일을 충남에서 보냈는데 이 중 4박 5일을 부여에 머물렀다. 부여뿐만 아니라 공주도 백제의 고도였거늘 그가 유독 부여에 애착을 갖는 이유는 무엇일까? 부여는 백제의 절정과 패망의 시기를 함께 했지만 후자의 이미지가 더 강하게 부각된 도시이다. '낙화암'이라는 표현에서도 드러나듯이 백제 패망사에서 죽음은 꽃의 이미지로 미화되어 전승되었다. 여기에서 부여는 패망의 슬픔과 아름다움이라는 중의성을 가진 도시가 된다. 이광수가 공주보다는 부여에서 더 많은 시간을 보낸 것은 이러한 부여의 의미에 이끌렸기 때문이 아닐까.

이광수의 부여 기행문은 짙은 비애감, 강한 시적 흥취가 물씬 풍기는 감상적 산문이다. 부여로 들어가는 첫 길목인 이인-부여 간의 길에서부터 그는 소진 상태까지 감정을 몰아간다.

> 나는 산속, 빗속으로 터벅터벅 혼자 걸어간다. 좌우청산에는 빗소리와 벌레
> 소리뿐이로다. 천 이백오십년 전 백제 서울 반월성이 나당연합군의 一炬에
> 灰燼이 되던 날 밤에 자온대, 대왕포에서 놀던 흥도 깨지 못한 만승의 임금
> 의자왕께서 태후, 태자와 함께 웅진으로 몽진하던 길이 이 길이다. 그 때가
> 칠월이라니까, 아마 이와 같이 벌레 소리를 들었을 것이다. 지팡이를 멈추고
> 우뚝 서서 좌우를 돌아보면, 예와 같은 청산에는 말굽 소리가 들리는 듯하여
> 초연한 감회를 금치 못하였다. 신지경 고개라는 고개 마루터기에 올라 설 적
> 에 문득 들리는 두견 수성은 참말 遊子의 애를 끊는 듯하였다.
>
> 이광수, 〈오도답파여행 제5신〉, 《매일신보》, 1917.7.4.

그가 부여로 들어서는 길은 의자왕의 패망 길이다. 이 지점에서 그는 곧 의자왕이 된다. 여행자는 패망의 주인공이 되어 비애감에 젖어든다. 이러한 정서 속에서 그는 고분, 부소산, 고란사, 낙화암, 평제탑, 백제왕릉을 둘러보

고 규암진에서 백마강을 따라 강경으로 향한다. 그는 고분의 규모나 평제탑의 건축미를 통해 백제 문화의 우수성을 찬탄하기도 한다. 하지만 부여 여행에서 일관된 정서는 위 글에 깔린 바와 같은 비애감이다. 이와 어울리는 것이 그가 만난 주막집 여주인, 백마강에서 함께 배를 탔던 3인 — 퉁소 부는 노총각, 해금 긋는 백발 파립의 노인, 담장 소복의 미인 — 들과의 이야기이다. 특히 후자는 노래와 연주가 함께 한 백마강 상에서의 아름다운 시간과 인연으로 기록되었다. 이러한 분위기 속에서 이루어진 이광수의 부여 여행은 패망기 백제인이 된 환몽 혹은 열루와 혈루로 얼룩진 망국 후손의 애끓는 감상의 세계를 오가는 길이었다.

부여에 대한 이광수의 감정과 태도는 몇 가지 차원에서 이 시기 부여의 문화적 이미지와 관련지어 얘기해 볼 수 있다. 먼저 이광수에게 부여가 갖는 비애감은 무엇보다 미적 차원에서 의미를 갖는다. 여기에서 비애가 갖는 내용은 차선으로 미뤄진다. 미라는 형식 자체가 우선되기 때문이다. 그렇다고 내용적 차원의 비애감이 중요하지 않은 것은 아니다. 그것은 식민지인으로서 이광수의 의식을 건드린다. 나당연합군에게 쫓기고 결국에는 나라를 뺏기는 백제인의 심정은 일본과 동일한 관계에 있는 조선인의 심정이기도 하다. 동병상련처럼 이광수는 패망기 백제인에게 끌린다. 패망의 슬픔과 아름다움이라는 부여의 중의성이 이광수를 부여로 이끌었다는 것은 이를 두고 한 말이다.

이러한 부여의 문화적 의미 작동은 이광수의 일회적 여행에서 끝나지 않는다. 이는 식민지 시기 부여의 의미 원형으로 생산되면서 변주된다. 이광수의 부여 여행기는 최초 발표지인 《매일신보》를 포함하여 4회 정도 지면을 달리하면서 발표되었다. 이를 정리해보면 다음과 같다.

	1차 게재	재 게재	재 게재	재 게재
1	〈오도답파여행 제5신·제6신〉, 《매일신보》, 1917.7.4.			〈오도답파여행〉, 《춘원기행문집 반도강산》 춘원 이광수걸작선집 제1권, 영창서관, 1939.8.
2	〈오도답파여행 제7신〉 《매일신보》, 1917.7.5.	〈아아 낙화암〉, 《삼천리》, 1933.4		
3	〈오도답파여행 - 백마강 상에서 (제8신)〉, 《매일신보》, 1917.7.6.		〈백마강 上에서〉, 《삼천리문학》, 1938.4.	

부여여행기의 반복 게재는 곧 부여의 정서와 이미지에 대한 반복적 생산으로 이어진다. 이는 기행문뿐만 아니라 시를 통해서도 이루어졌음을 박화성의 글을 통해 확인할 수 있다. 그녀는 배를 타고 백마강을 지나면서 "푸른 물에 손 넣어 가는 물결 깨트리며 전설의 저 바위 쳐다보니 가슴은 막막하여 오직 내 입에서 나오는 소리는 이광수 씨의 〈사비수〉 노래뿐입니다."라면서 "맘 잇는 나그네, 창자를 끊노라./낙화암! 낙화암! 왜 말이 없느냐"로 마무리되는 이광수의 시를 함께 싣는다.(〈그립던 옛터를 차저(14) - 낙화암! 낙화암! 웨 말이 업느냐〉, 《조선일보》, 1934. 3.14.) 이러한 정서와 이미지는 이광수와 박화성뿐만 아니라 이 시기 부여 여행자들에게 공통된다. 이는 이광수에게서 발원된 감정은 물론 아니다. 다만 그를 통해 이러한 정서가 더욱 공고화되고 있을 뿐이다.

이러한 공통 감각에 토대해 있지만 여행자에 따라 강조되는 바는 상이하다. 박화성은 〈그립던 옛 터를 찾아〉라는 제목으로 1934년 2월 8일에서 3월 31일까지 34회에 걸쳐 경주와 부여 기행문을 연재하였다. 1회에서 13회까지가 경주, 14회에서 34회까지가 부여 기행문이다. 그녀 또한 이광수처럼 조선의 고도를 보면서 과거의 찬란함과 현재의 비참함 속에서 무력감과 무상감에 젖어 비애에 휩싸인다. 박화성에게도 부여는 '한 많은 역사', '애끓는 노래'의 부여, '애수의 고도', '불행한' 고도이다. 또 부여 낙화암 등에서는 백제의 마지막 왕인 의자왕을 떠올린다. 이처럼 식민지의 지식인은 과거 역사에서 건국의 희망찬 흔적보다는 패망과 좌절의 흔적을 먼저 읽는다. 박화성 또한 이광수처럼 고도가 자아내는 비애감으로부터 자유롭지 못하다. 그러나 그녀는 이러한 감정을 증폭시키지 않는다. 고도 여행을 떠나면서 그녀가 강조한 것은 "현대적인 생생한 관찰"과 "실감적인 씩씩한 감상"이다. 그렇기에 그녀는 비애감에 머물지 않고 고적을 둘러싼 왜곡된 역사적 표상을 바로 읽으려는 비판적 자세 또한 잃지 않으려고 노력한다. 이 점이 부여를 바라보는 이광수와의 차이점이다.

이는 평제탑에 대한 기술을 통해 단적으로 드러난다. 이광수는 평제탑의 명칭에 대해서는 "이름은 수치언마는"이라는 말로 간단히 언급할 뿐 더 이상의 구체적인 설명은 하지 않는다. 그가 극력 강조하는 것은 이 탑의 예술성이다. 이에 대한 서술 과정에서 그가 강조하는 것은 조화 · 장중 · 미려함을 갖춘 백제탑의 예술성이 조선인에게 계승되지 못했으며, 그 결과 현재 조선인은 쇠퇴 · 타락 · 추악해져 무능무위한 민족이 되고 말았다는 점이다. 이와 달리 박화성은 평제탑이라는 이름에 대한 반감으로부터 그에 대한 기술을 시작한다. 평제탑에 대해 2회분을 할애하면서까지 그에 대한 자신의 생각을 적극적으로 표출한다. 23회분에서 그녀는 "이것을 平百濟塔이라 불으나니 이 무슨 치욕이뇨", "조국와 지음을 입은 너로써 어찌하야 고국을 배반하는 두려운 이름을 가지고 있느냐? / 네 몸에 삭여진 唐將 소정방의 立功碑銘의 억울함이여. 네 몸을 꾸민 권회소의 영필의 원망스러움이여!"라는 표현을 통해 그에 대한 분노와 원망의 감정을 여과시키지 않은 채 그대로 드러낸다. 이어 24회분에서는 건립 연원에 대해 왜곡된 바를 정정하고 명칭에 대해서도 다시 한번 문제제기를 한다. 이처럼 조선 역사의 주체성을 폄하하는 평제탑이라는 명칭에 대해 분노를 표출하고 이를 논리적으로 해명하려는 그녀의 태도에서 민족적 주체 의식을 읽을 수 있다. 이는 이후 이병기가 쓴 부여 기행문인 〈기행 낙화암〉과도 통하는 관점이다. 그렇다고 박화성이 고도의 역사 유물을 민족적 관점에서 맹목적으로 미화하거나 낭만화 하지는 않는다. 오히려 그녀는 고도에 대해 지극한 "호의와 경의를 표하지 않는"다.

이병기 또한 부여 여행기 수 편을 남겼다.

〈부여행〉, 《동아일보》, 1926.11.5
〈사비성을 찾는 길에〉, 《동아일보》, 1928.11.23-11.27.
〈기행 낙화암〉, 《삼천리》, 1940.10.
〈낙화암을 찾는 길에〉, 《신생》

이 중 〈기행 낙화암〉을 살펴보면 그는 역사적 사실, 일화, 전설 등의 자료를 확인하고 이를 재구성하는데 많은 지면을 할애한다. 평제탑에 대해서도 그것이 "백제 무왕 때 만든 정림탑"임을 분명히 밝히고 있다. 이러한 태도에서 읽을 수 있는 것은 당대의 인식을 맹목적으로 받아들이거나, 조선의 역사를 슬픈 역사로만 받아들이지 않고 역사적 표상의 계보를 제대로 찾아 바로잡으려는 자세의 진정성이다. 곧 그는 역사적 관점에서 부여를 읽고자 한 여행자이다.

이러한 그의 태도는 '낙화암'과 의자왕 관련 이야기 부분에서 더욱 구체적으로 드러난다. 그가 조사한 옛 기록에 의하면 '낙화암'은 원래 의자왕이 여러 궁녀와 함께 떨어져 죽은 바위로서 '타사암'으로 불렸다고 한다. 고려 충선왕 때의 이곡의 시에서 '낙화암'이라는 표현이 발견되는 것으로 보아 그 이전부터 타사암이 낙화암으로 바뀐 것 같다는 것이 그의 추측한다. 이에 따라 그는 "낙화암은 백제의 사극을 마지막 연출하던 곳이오 그걸 영구히 전하는 유일한 기념탑"이리고 정리한다. 낙화암의 사극과 기념탑에서 이병기가 관심을 갖는 것은 의자왕이다. 패망기 의자왕의 행적을 자세히 정리하면서 그가 내리는 결론은 의자왕은 후궁들과 함께 떨어져 죽지 않았다는 사실이다.

> 사람이 한번 죽는 건 면할 수 없는 일이로되 잘 살기보다 잘 죽기가 더 어렵다. 잘 못사는 이는 살아도 죽었고 잘 죽은 이는 죽어도 살았다. 의자왕은 죽었더라도 성충과 흥수와 계백과 함께 그 후궁들은 살았다. 이 낙화암을 보라. 그 발자국, 피 한방울이 흔적도 없지마는 선연히 보이고 들리지 않는가. 펄펄거리는 그 치맛자락, 부딪히는 패물소리. 그리고 그 飛火같은 순간과 정열. 그 閃忽한 광경은 한 때만 아니라 언제든지 그러리라. 우리의 이 기억과 이 바위가 있을 때까지 그러리라.
>
> 이병기, 〈기행 낙화암〉, 《삼천리》, 1940.10, 131쪽.

낙화암의 비극에서 이병기는 살아서 더욱 구차해진 의자왕의 말로를 강조한다. 이를 통해 그는 왜곡된 낙화암 일화를 바로잡는 동시에 의자왕의 태도를 비판하고자 한다. 이러한 비판 의식에도 불구하고 그에게도 부여는 여전히 비애의 공간으로 머문다.

박노철의 부여 기행문은 앞의 여행자들과 또다른 면모를 보여준다.

〈부여팔경〉(전3회), 《동아일보》, 1926.5.16/19/23.
〈사비성을 차저서〉(전3회), 《동아일보》, 1929.12.21/22/24.
〈조선팔도편답기(3), 사비고도 觀禮〉(이), 《개벽》 신간, 1935.1.
〈팔도강산편답기 사비고도 觀禮〉(속)6, 《개벽》 신간, 1935.3.

기행문의 내용으로 보아 박노철은 부여에서 학창의 한 시절을 보낸 듯하다. 그렇기에 부여에는 지인들도 많고 각각의 장소에 대한 기억과 추억도 많다. 그에게 부여는 한 시기 삶의 장소였다. 따라서 부여는 그에게 백제와 관계된 추상적 장소일 수만은 없다.

이러한 그의 기행문에서 두드러지는 것은 부여의 변화상이다.

석시에는 수북정 바로 앞으로 청풍루가 있어 그 규모의 장려한 품이 더욱 기관이드니 지금은 그 흔적조차 볼 수 없다. 십구년전만 하여도 그 빈 자리에 초석과 와편이 궁굴러다니더니 이제 와서는 그 고루에 일본인의 가옥이 대신 차지하고 있을 뿐이다.

사비성을 차저서(상), 동아일보, 1929.12.21.

부소산의 사비루는 그 곳 관료배의 주선으로 건축한 것인데 그 규모가 崎嶇하야 보기에 정취를 끌지 못하게 된다. 내부현판에는 관료배의 비열한 시구로 뜻있는 선배의 口逆을 催促한다. 누하 송원에는 갖은 추잡한 거획의 명패가 나열하여 보기에 눈꼴이 시려서 구경할 수 없다.
사비성은 제2고향이나 진배 없는 舊里로 가장 마음 드는 곳이지만 이 곳 인사를 볼 때는 스스로 장탄을 마지 않는다. 그들은 조선을 알고자 하는 마음이 없고 또는 결례를 위하여 사업을 한다면 머리를 내두르는 고질이 있다. 일본인을 위하는 사업이라면 땅과 집을 내주면서 활동하는 성벽을 가지고 있다. 이리하여 그들의 성정은 심히 유연한 중에도 견인성이 풍부함을 볼 수 있으니 그들은 언제나 결례를 알고 조선의식을 발휘할는지.

사비성을 차저서(하), 동아일보, 1929.12.24.

박노철은 부여의 명소에 들어선 일본인 가옥, 조선의 것들에 대한 진지한 의식은 없고 그저 일본인을 위한 사업에만 관심을 갖는 관료 들에 대해 안타까움과 불만을 드러낸다. 그의 글들을 통해 부여는 여행자와 거리를 가진 관광지 혹은 백제의 역사적 고도라는 추상성에서 벗어난다. 그가 소개하는 부여 8경은 단순히 아름다운 풍경이나 역사적 의미의 공간이 아니라 경험과 추억의 장소로서 생생함을 획득한다. 이를 통해 일제 시대에 이르러 어떻게 부여가 변화하고 있는지에 대해서도 단편적이나마 살펴볼 수 있다. 〈조선팔도편답기, 사비고도 觀禮〉과 〈팔도강산편답기 사비고도 觀禮〉에서는 8경에 얽매이지 않고 13개의 항목으로 나누어 부여의 곳곳을 자유롭게 소개할 수 있었던 것도 박노철이기에 가능했다. 부여에서 그는 단순한 관광자가 아니었던 것이다.

4. 충청도 기행문을 통해 본 근대 여행과 이념의 굴레

조선의 여행지 가운데 부여는 일본인들이 매우 친밀하게 생각했던 곳이다. 일본과 부여 시대 백제의 문화 교류가 그 이유이다. 일제는 이를 동화정책에 적극적으로 이용하고자 했다. 1930년대 후반 총독부는 부여 성지화 작업을 펼치는데 이는 1939년 5월부터 부소산성에 신궁을 짓는 일을 착수하면서 이는 절정에 이른다. 이들이 부여를 어떻게 생각하는지는 다음의 글에 잘 나타나 있다.

그런데 이들 문화를 가져 온 원천을 더듬어 올라가 본다면 원래 백제는 금일의 경성 부근에서 공주로 천도할 때부터 벌써 일본과의 교류가 빈번해서 군사적으로나 정치적으로나 일본의 구원에 의지하여 발달하고 존립까지 해 온 경우가 많았던 것이다.
이러한 배후의 지원에 의하여 백제는 나라로서의 기초가 견고하여졌으므로 자연히 문화도 배양되었다고 보아야 할 것이다.

특히 이십육대 성명왕 십육년에 이르러 공주로부터 부여로 도읍을 옮겼다는 것은 일본과의 교류상 큰 의의를 가진 것이라 하겠다. 즉 금강의 상류 공주에서 중류인 부여로 천도하였다는 사실은 다른 의미도 있다 하겠으나 일본에 일보라도 근접한다는 의미가 무엇보다도 크다는 것은 오늘까지 남아내려오는 기록이 명확히 증명하는 바이다.

지금 말한 바와 같이 백제가 부여에 옮긴 다음부터 일본과의 관계는 더 한층 밀접하게 맺어졌다.

烏川僑源, 〈성지 부여와 내선 관계〉, 《조광》, 1941.7, 36쪽.

총력연맹총무부장이라는 직함의 필자는 부여 시대 백제 문화의 번영이 일본의 후원 결과라고 해석한다. 이는 당시 조선에 와 있던 일본인 혹은 일본인 관료들의 일반적인 생각일 것이다. 《조선》, 《조선급만주》, 《조선의 교육 연구》와 같은 잡지에는 일본인 필자의 부여 기행문이 상당하다. 위 글을 통해 볼 때 이들의 부여 관심의 근원에는 백제 문화에 대한 시혜자로서의 의식이 강하게 자리잡고 있었으리라 짐작할 수 있다.

제국과 식민 의식 양자는 민족 개념이라는 동전의 두 면이다. 이런 관점에서 부여를 바라보는 조선인과 일본인의 상이한 시선의 기저에는 민족이라는 동일 개념이 작동하고 있다고 볼 수 있다. 부여 기행문은 제국과 식민의 시대에 민족 개념이 어떻게 여행과 관련되는지를 잘 보여주는 예가 아닐 수 없다.

동일한 부여 기행문이면서도 이와는 전혀 다른 차원의 여행을 보여주는 또 다른 예가 있다. 바로 채만식의 〈白馬江의 배노리〉(《현대평론》, 1928.7)가 이에 속한다. 이 글은 여행 안내기다. 그는 1년 전 여름 '하기 백마강 탐방'에 참여했던 것을 기억하면서 피서 안내를 목적으로 이 글을 썼다. 체험에 토대하고 있긴 하지만 채만식이 상상하는 백마강 여행쯤으로 생각해도 무리는 없다. 그의 백마강에서 중요한 것은 의자왕이나 삼천궁녀가 아니라 달과 그물이다. "도착하면서 바로 고적을 찾아가는 것도 좋습니다. 그러나 달이 있을 터이니까 저녁으로 미루고 우선 여관을 찾아들어 잠깐 쉬는 것이 좋습니다." 라든가 "저녁을 먹고 나면 동편인 듯싶은 산봉우리에서 달이 뚜렷이 떠오릅니다. 달이 오르거든 다시 배로 돌아와 그물질을 합니다."라면서 여행의 일정 동안 무엇을 보아야 할 지 또 어떻게 해야 할 지에 대해 하나하나 친절하게 설명한다. 하룻밤 야영까지 권하는 지점에 이르면 그가 권하는 여행이 오늘날의 여행과 별다른 점이 없음을 알게 된다.

채만식의 글에서는 식민지 시대 무거운 이념의 굴레를 벗은 여행의 한 모습을 발견할 수 있다. 충청도 기행문들을 일괄해 볼 때에도 사실 이러한 여행기는 양적으로 많지 않다. 이 시기 여행은 네이션의 강력한 자장 속에 놓여 있었다. 이는 여행지인 장소 또한 예외적이지 않다. 장소가 그 자체로서 고유성을 확보하기 위해서는 여행자의 자유로운 시선이 전제되어야 한다. 조선 답사의 차원에서 이루어진 충청도 답사, 조선의 고도로서의 부여 여행 등에 집중된 충청도 여행은 민족 개념에 충실한 여행의 전형적인 양상이다. 이는 식민지 시대 지역이 갖는 의미 차원을 그대로 보여주는 것이기도 하다.

우미영

冬의 儒城 溫泉에 遊하야

吟月生

《반도시론》, 1918년 3월

泉은 何處를 勿論하고 繁華를 劇하ᄂ 時는 秋節이나 라지움溫泉으로 好
評이 浪藉ᄒᆫ 儒城溫泉의 狀況을 視察코져 記者ᄂ 一月十四日 大田에서 腕
車를 乘하고 冬日을 窮ᄒ야 溫泉場에 著ᄒ야 勝利館에서 一泊을 得ᄒ엿다.
年末부터 一月十日前까지ᄂ 그다지 크지 못ᄒᆫ 宿屋이엿스나 猝然히 滿員의
狀態로 되야 書字로 申請치 아니ᄒᆫ 客子ᄂ 總히 謝却을 斷行ᄒᆫ다. 宿屋의
實情을 探聞ᄒᆫ즉 設備의 不足으로 客은 上下의 區別이 無ᄒᆫ 故로 先來의 客
브터 順次로 定ᄒ야 隣家 溫突ᄭ지 臨時 使用ᄒ엿스나 斷送ᄒᆫ 客도 不少ᄒ
다 ᄒ며 봄이 된 故로 向來의 慶北 警務副長 服氏도 本館 內에ᄂ 宿所가 無ᄒ
야 昨年 洪水에 崩壞된 裏面 溫突에셔 宿ᄒ고 伊時服部大佐를 訪來ᄒᆫ 忠南
警務副長도 留宿ᄒᆯ 바가 無ᄒ야 鮮人家 溫突에셔 宿ᄒ엿다ᄒ니 一月初브
터ᄂ 溫泉場은 晴快ᄒᆫ 貌樣일다.

溫泉은 라지움質인 故로 基附近의 朝鮮人은 自前브터 藥水라 稱ᄒ야 溫
浴ᄒ던 것을 巨今 十數年에 內地人의 鈴木松吉이라 云하ᄒᆫ 人이 偶然히

此地에 巡廻ᄒ다가 溫泉이 有홈을 發現ᄒ고 始히 保護를 加ᄒ야 種々의 苦心을 加ᄒᄂ 中 溫泉 附近의 國有地 貸下를 得ᄒ타 個人 經營의 溫泉으로 計畫되엿더니 資本의 關係로 大正 三年에 至ᄒ야 大田溫泉株式會社를 建立ᄒ고 浴場을 新設흔 바이라. 沐浴場은 一個所인ᄃᆡ 一은 普通이오 一은 特等浴場이라 普通은 男女 內地人과 鮮人라의 浴槽가 四房으로 區劃ᄒ고 特等에ᄂ 男女 二浴槽가 有ᄒ다 普通에ᄂ 浴槽가 大ᄒ기는 大ᄒ나 冬에ᄂ 溫度가 不適當ᄒ고 特等은 浴槽가 一坪方에 不過ᄒ나 比較的 溫度가 高ᄒ야 障碍가 無ᄒ더라.

溫泉의 設備로ᄂ 過大흔 裝飾이 有ᄒ니 第一, 旅館에셔 浴場을 通ᄒᄂ 樓下를 設ᄒ고 第二, 園遊地圍를 設ᄒ고 第三, 娛樂場을 設ᄒ고 第四, 輕便 宿泊所를 設ᄒ고 第五, 內地人 旅館으로 冬節의 設備를 ᄒ고 第六, 朝鮮人 旅館의 設備라. 今日에 在ᄒ야 溫泉의 設備로ᄂ 單히 原野中에 浴場을 設흘 ᄲᆞᆫ으로 天然的이던지 人工的이던지 殺風景이 極ᄒ고 或은 風流節은 今日의 溫泉場은 野趣가 富ᄒ다. 賞흘ᄂ지도 不知ᄒ겟스나 世間 普通의 浴客은 太히 沒味흘 바이라 溫泉場 附近으로 流下ᄒᄂ 淸川은 冬期에ᄂ 結氷이 되엿스나 夏節에ᄂ 必히 趣味를 添흘 者이라. 그러나 今日에ᄂ 堤防이 不完全ᄒ야 昨年에도 洪水에 押流되어 困難을 ᄒ엿다 云々ᄒ니 兩岸에 楊柳 其他 樹木을 植ᄒ야 水害를 防ᄒ면 頗妙흘너라. 目下 溫泉場의 在留者ᄂ 旅餘三, 郵便所, 分遺所와 市場 商人과 東拓의 移民 等을 合ᄒ야 內地人이 二十戶에 不過ᄒ고 郡廢止와 共히 大田郡 城面에 編入되엿도다. 往昔此 附近에 七城을 置ᄒ엿슴으로 其他 名을 錫ᄒ엿다. 今에 城路가 名處에 殘在ᄒ엿고 鷄龍山 東鶴寺ᄂ 一里半假量인 名勝地오 또 溫泉場에서 十二三丁되ᄂ 北方에 陸埛石을 産ᄒᄂ 山이 有흔ᄃᆡ 全大小가 無數흔 六方石으로써 成ᄒ야 極히 美觀을 呈하나 可惜흔 事ᄂ 當地에 植흔 바 樹木이 總히 不珍奇치 못흔 者가 深奧흔 處에ᄂ 約干의 態를 藏ᄒ고 露出흔 個所에ᄂ 一個도 無ᄒ야 天然의

風致를 缺ㅎ엿다. 交通은 大田에셔 公州에 通ㅎᄂ 三等道路를 面ㅎ야 大田에셔 二里의 强을 見ㅎᄂ 道程인ᄃᆡ 自動車의 定時 往復이 一日 三回인ᄃᆡ 賃金 五十錢만 準備ㅎ면 二十分間에 達ㅎ고 人力車ᄂ 夏季 六十錢 冬季 八十錢이라.

溫泉의 適應症은 神經痛, 慢性腸加答兒, 婦人生殖器病, 切傷火傷, 糖尿病, 腎臟炎, 痔疾, 皮膚病 等이라. 當局의 分析에 依ㅎ면 朝鮮 內 溫泉 中 라지움 含有量은 當 溫泉이 帝日이라 ㅎᄂ 故로 溫泉會社 及 大田人士가 大々的으로 設備를 改良ㅎᆷ은 將來 南鮮 最大의 溫泉場됨을 得ㅎᆯ 希望이라. 溫泉場은 浴客의 多ㅎᆫ 것이 第一이라. 그런ᄃᆡ 客을 多集ㅎᆷ에ᄂ 其設備를 平民的으로 ㅎ고 上流客의 來遊와 共히 下層客이 多數히 集케 아니ㅎ면 實地의 繁榮을 見ㅎ기 不能ㅎᆯ지니 溫泉會社 及 大田 有志ᄂ 果然 如何ㅎᆫ 計畫이 有ㅎᆫ지 不知ㅎ나 記者ᄂ 再遊ㅎᆯ 時에 徵코져ㅎ노라.

鷄龍山서 扶餘까지(夫餘行의 一節)

○○生

《신민공론》, 1922년 1월

一

公州서 鷄龍山까지 四十里. 해는 귀우럿고 갈길은 四十里외다. 아모리하 야도 鷄龍山을 보아야하겠슴니다. 鷄龍山이란 생각만하여도 孤靑 先生의 그 외롭고도 씩씩하던 不遇(?)의 生涯를 聯想하게됩니다. 바쁜 길에도 이 山 을 구태여 차즈려함은 한갓 漫遊客의 본을 밧으려 함이 아니외다. 山水가 秀 麗한데 더구나 丹楓까지 한창이라는 말에 醉함이 아니외다. 漣川峯下의 先 生의 舊墟를 차즈려함이외다. 그리하야 落葉을 주어 차(茶)를 다리고 竹杖을 집고 天地를 俯仰하든 곳이 而今에 엇더한가를 보려함이외다. 꽃아츰 달저 녁에 先生과 한가지로 俗世를 閱歷하든 물, 숩, 바위, 봉오리사이로 흐르는 空氣만이라도 마셔보려함이외다.

길을 이른바 一等道路라하닛가 坦々하다면 坦坦도하외다. 그러나 본대 「고루지못함」이 世上일이라 올으고 나리는 山비탈도 적지아니하외다. 「곳 (直)지못함」이 世情의 常事라 이리구불 저리구불함도 쏘한 自然이외다. 길

鷄龍山서 扶餘까지(夫餘行의 一節) 381

左右 옆혜는 먼-새봄을 기다리는 앙상한 「아가시아」「포푸라」가 大部分이오 그밧게는 「大和의 魂」을 象徵한 「번」나무의 여윈골이 보임니다. 기름칠한듯 히 「반즈르」한 眞黑色 「염소」가 시드른 풀밧헤 쓰씀々々 매며 잇슴니다. 무슨 藥을 먹고 그렇게도 살지고 潤澤하고 부드러워졋는지 뭇고 십헛슴니다. 그레 서 나와갓치 날노달노 시드러가는 모든 동무에게 알리고십헛슴니다.

친히 구을린 自轉車 박휘는 그럭저럭 公州서 二十餘里나되는 地點에까 지 이르럿슴니다. 바른쪽 언덕우에는 새로 지은 鷄龍公立普通學校가 잇고 왼쪽으로 호젓한 짠길이잇스니 이것이 鷄龍山 甲寺로 들어가는 길이라 합 니다.

주막집 店頭에는 보기만하여도 춤이 흐르는 무르녹은 「紅柿」를 벌려노코 서 오고가는 行人의 가난한 주머니를 털게합니다. 「折枝하니 春在手」라드니 이야말로 「秋在盤床」이외다.

멀-리 鷄龍山의 흐릿한 얼골을 처다보면서 夕陽이 빗긴 農村을 지나감니 다. 秋收가 한창이되다. 鷄龍山에 對한 이야기도 들을 兼 孤靑 先生에게 대한 傳說도 어더드르려고 「나락」설기에 한창 분주한 農夫 中에서 第一 나만코 점잔은 老人한 분을 붓들고 이말저말 뭇기 시작하얏슴니다. 「鷄龍山은 古來 로부터 神靈한 山인데」하는 前提를 비롯하야 「하늘에 게신 玉皇上帝께 得罪 하고 人間에 下降한 龍女가 一時 이 山中에 寓居하얏섯는데 當時에 째도 아 닌 附近의 닭소리가 一時에 낫다」는 等 자못 西遊記갓흔 이야기가 續出합니 다. 山中大寺로는 甲寺요 甲寺에서 徐孤靑의 舊墟인 漣川峯까지는 山路로 二十餘里나 된다 합니다. 先生의 後裔는 다만 甲寺에서 중노릇하는 徐弄山 이란 사람이 잇슬 쑨이라함니다.

「先生의 後孫이 중 한 사람쑨이란 말이 듯기에 너무나 설엇슴니다. 그의 初生은 微々하얏슴니다. 그러나 그의 最後는 웃둑하얏슴니다. 이제 그의 후 생은 「微」도 아니오 「웃둑」도 아닌 「浮雲蹤跡」임니다그려- 그가 微賤한데서 나와 이 世上不公平한 모든 制度알에서 쓰린 가슴을 안고 더운 눈물을 쌕릴 째에 누가 그의 將來를 알앗슬가요. 班常의 가시(棘)밧헤서 뒤굴거리는 어린 兒孩의 구든 決心을 누가 알앗슬가요. 아— 그의 最後는 실노 웃둑하얏습니다. 後人이 흔히 先生의 平生을 一貫한 不遇(?)의 生涯를 追懷할 째에 더구나 그의 그에만 긋친 最後를 痛惜할 째에 그의 초생이 微賤하얏섯슴을 嘆惜히 녁이는 듯하외다. 그러나 先生으로 하여금 先生이 되게 한 偉大한 動力은 實로 이 「微賤이외다. 이 「微賤」으로써 짜내인 「설음」과 「義憤」이 맛츰내 先生의 崇高한 人格을 陶成하고야 말앗습니다.

바람이 얼골에 스치고 碧烟이 바야흐로 일 째에 거름이 선 듯 鷄龍山 洞口에 이르니 山徑은 漸々 놉하가고 水石은 갈사록 그윽하야짐니다. 長蛇갓치 구불구불한 길 左右 엽헤는 알음되는 나무가 빈틈업시 들어섯고 그 사이로는 「머루」「다래」넝쿨이 이리저리 엉키여서 우중충한 압길에 도리혀 무서운 氣分이 이러남니다. 길이 次々 넓어지고 압히 휠신 열린 곳에 退色한 검붉은 干欄이 나무 사이로 隱々히 보이니 이것이 甲寺외다. 「鷄龍山 甲寺」라는 커다란 懸板 알에 이른 째는 네 시가 휠신 지난 뒤엿습니다.

三十餘名이나 된다는 중덜이 죄다 홋허지고 「새끼 중」 하나이 나와 마자줌은 너무나 失望되얏습니다. 丹靑이 흐릿한 大雄殿上의 如來佛은 어찌하얏든지 眞影閣의 山神님도 보는 듯 마는 듯 八相殿의 元曉大師의 首影부터 차젓습니다. 元曉大師는 나의 祖像인 까닭이외다.

時間에 억매인 몸이라 하루가 걸니는 連川峰도 못찻게 되엿습니다. 자세한 이야기나 들으리라 하던 徐弄山이도 못보게 되엿습니다. 「涅盤淨土의 無窮한 東國」을 啓示하는 聖佛의 尊前임도 不拘하고 나는 나대로 心術을 부리기에 이르럿습니다. 對句업는 心術로 혼자 積憤할 째에 어대선지 「쿵」하는 실박하고도 부들부들한 「북」소리가 仙境의 沈默을 깨트림니다. 잇대어 「쎄-ㅇ」한다 할는지 「즈-ㅇ」한다 할는지 分別할 수 업는 雄遠하고도 幽閒, 哀然한 공기 사이로 波紋을 지으며 曲線을 그리며 나무 사이로 숲속으로 바위틈으로 山골잭이로 애처롭게도 살아지함니다. 그리하야 그「발발」써는 旋律의 윤곽이 보이는 듯 마는 듯하는 그 刹那刹那의 感覺이 맛치 電流의 感應을 바든 듯이 振動하든…… 아! 바로 그쌔의 心理를 어써케써야 조흐릿가? 아츰 저녁으로 無心히 울리는 듯하는 이 소리의 源泉인 甲寺의 千餘年前의 原形은 거의 업서젓소이다. 物이 換하고 星이 移함에 모든 것이 죄다 바쮜고 바쮜고 하얏슴니다. 그래서 只今 저 소리를 내는 사람이니 듯는 사람이나 한가지로「예와 이제」(古今)란 기다란「쌔」(時)의 連線上에서 갈리고 갈리고 하얏슴니다. 그러나 只今 바위틈으로 山골잭이로 훗허지는 저소리만은 예나 이제나 한가지로소이다. 塵世에 나오든 그쌔로부터 오늘 이쌔까지 다름 업는「쎄-ㅇ」이외다. 오직 이 소리를 듯는 자- 쌔를 쌀아 처지를 쌀아 스사로 울고 웃고 쒸고 아고 하얏슬 쌴이외다. 百濟의 末路를 弔하갯던지(甲寺의 原建物은 百濟時代의 建築) 新羅의 隆盛을 頌하얏다 하더라고 그 弔, 頌, 賀, 訴는 各各 그 時代가 命名한 것이오 저 소리는 한글갓치「쎄-ㅇ」하얏슬 것이외다.「갓」(笠)을 쓴 徐起(孤靑)의 들은 소리나 벙거지를 쓴 ○○○이가 只今 듯는 소리나 다름업는「쎄-ㅇ」이외다.

　멀-리 連川峯도 보입니다. 가까이 水晶峯도 보입니다. 그리하여 생각하는 대로 新興菴은 이쯤 大慈菴은 저쯤이라고 指點하면서 石階를돌아 조그마한 山脊에 올랐습니다. 높고 낮은 봉우리에 희고 검은 奇岩과 怪石이야 別로 보잘것없다하려니와 落照의 金絲쌜에 아롱진 滿山의 타는 듯한 丹楓의 活畫를 무엇으로 그리리까.

　山이 있으니 골이 있습니다. 골이 있으니 물이 있습니다. 부서져 구슬이 되고 감돌아 샘이 되는 이 골물 저 골물이외다. 좁은 길 넓은 길 바른 길 굽은 길을 싫증도 없이「찰찰찰」「졸졸졸」넘치고 흐르는 물들이외다. 둥글고 모나고 길고 짜른 數많은 바위에 부딪치는 소리!「돌돌돌」구르는 美妙한「리듬」을 써볼까요 그려볼까요. 다만 恍惚하였을 뿐이외다.

私情없는 夜幕이 眼界를 吟을 때에야 비로소 疲困한 다리를 끌고 돌아오니 다-식은 夕飯은 벌써 客室에서 기다린 지 오래였더이다. 終日 旅路에 몸은 좀 지친듯하외다. 孤燈을 낮추고 자리에 누우니 온길 갈길이 눈압에 선-합니다.

말로만듯던 恩津의 彌勒은 얼마나 클꼬 하면서 꿈길에들 었습니다. (十九日밤甲寺에서)

二

夫餘갈 길이 바쁘외다.

名僧慧明의 石塔(甲寺大雄殿後方에在) 위에 아침 햇빛이 오름을보고 甲寺를 떠났습니다. 鄭道令의 都邑地로 有明한「新都안」도어쩔 수없이 後期로 留約하였습니다. 夢昧에 그리던 黃山(連山)의 옛 자취도 斷念하였소이다.「與其生辱不如死快」라하는 凜凜한 階伯將軍의 말달리던 옛자취는 像想할 뿐이외다.「一當千」하던 血戰의 遺痕이 조각조각 보이는 듯합니다. 아침바람이 싸늘합니다. 길바닥에는 數많은 落葉이 깔렸습니다. 훤-한 벌판에 論山 全景이 보입니다. 甲寺에서 論山까지 四十里 써른 距里는 아니건만 이르고 보니 瞬間이외다. 入口에는 幾百千 사람이 울고 웃고 하던「送迎橋」란 다리가 있습니다. 다리의 結構도 산뜻하거니와 그 이름이 더욱 詩的이외다. 아무 말업시 가로누운 이 다리가 無常한 逢別에 덧없이 날뛰고 주저앉던 우

리 人生의 懶弱한 꼴을 어떻게 弔憐하였는지는 알 길이 없소이다. 다리 이름
이야 어찌하였든지 나같은 無名漢을 맞아줄 사람이 없음은 勿論이외다. 論
山은 보잘 것도 없이 恩津을 向하여 달렸습니다. 東南 十里쯤되는 坦坦大路
외다.

恩津彌勒은 三大巨物의 하나이외다. 高麗當代의 優美雄健한 彫刻藝術
의 代表的石像이외다. 近古藝術史上의 光輝잇는 一頁을 차지할 이 石像을
아무리 凡眼인들보 고싶지 않을 理가 있겠습니까? 빠른 걸음이 오히려 더디
게 磐若山아래에 이르니 막다른 곳이 灌燭寺외다. 寢房같은 조그마한 法堂
안에는 十餘名 늙고 젊은 婦人들이 와글거리고 곁에는 八十이 가까운 희늙은
중이 誦經하기에 餘念이없는 듯이 보입니다.

磐若山의 下腹은 全體가 바위외다. 밑도 바위요 둘레도 바위로되 가운데
에 하늘 닿은 커다란 바위가「이놈!」하고 우뚝 섰으니 이것이 彌勒石像이외다.

그 結構의 莊嚴한 點으로 그 制作의 巧妙한 點으로 보아 實로 神技에 들어
간 솜씨라고 합니다. 그리하여 東洋에 唯一 世界의 冠이라는 推賞은 적어도
藝眼을 가진 者의 共鳴하는 바이외다. 나는 凡眼이외다. 그러니까 따라서 鑑
賞力가지지 못하였음은 勿論이외다. 凡眼인지라 이 어마어마한 巨物을 對하
여 靈肉이 한가지로 떨릴 뿐이외다. 工藝上으로 본 이彫刻의 價値, 藝術的
表現이 那邊에있 는지는 알 길이 없습니다. 그러나 周圍가 三十尺, 身長이
六十尺七寸(輿地勝覽에는 五十四尺, 碑銘에는 五十五尺五寸)이나 되는 이
巨物의 全身에 表現된 新興한 高麗當代에 潑々한 邁進的 勇氣와 毅々한 自
尊的 氣風은 充分하게 볼 수 있습니다. 三尺五寸이나되는 口角에서 磐若山
이 떠나가려는 獅子吼가 방금 나올 듯한 그 嚴然한 姿勢, 六尺 眉間에 怡然히

흐르는 慈悲의 道光이 그 蒼遠한 古色과 함께 어우르는 氣品이 實로 石化한 彌勒이외다.

이 巨物이 巨大한 것만큼 그 裏面의 事實이또 한 奇莊하였습니다. 神話的 傳說은 除外한다 하더라도 이 巨物이 巨物된 所以然이 이미 巨物의 産母도 넉넉 하였었습니다. 沙梯村의 한 婦人이 때묻은 치맛자락을 걷으면서 磐若石 고사리를 캐다가 發見한 바위가(땅에서 솟았다 합니다) 이 巨物의 前身이외다. 그리하여 이 事實을 本官에 품하고 다시 闕下에 奏達하여 百官을 招集하기까지에 이르렀습니다. 佛로 興하고 佛로 亡하도록 佛에 歸依한 當時 高麗의 上下 人心은 이 事實이 문득「佛의 啓示」라고 判定하였습니다.「梵相을 지으라는兆徵」이라고 하여 名匠達工을 八路(當時는 八道로 分)에 求하였습니다. 그래서 마침내 當時에 이름 높은 중 慧明으로 하여금 百餘名 工匠을데리고 前後 三十七年間(光宗二十一年에起工, 穆宗九年에 竣工)의 긴-歲月을허비하여 只今 보는 저 巨物을 만들게 하얏섯습니다.

三十七年! 이라는 半生을 들어 心血을다한 그 줄기찬 끈기를 생각만하여도 놀랍소이다. 八萬大藏經의 刻板도 이러한 솜씨였을 것이외다. 이러한 솜씨가 아니고는 活字의 創造가 업슴니다. 傑器의 發明이업슴니다.

이것이 高麗 民衆의 氣魄이었습니다. 新興 國民의 氣魄은 이러합니다. 七顚八起하는 이런 氣魄이아니고는 新興이없습니다. 中興이 없습니다. 하물며 千山嵌中에서 솟는다함이리까?

저 巨物을 通하여 表現된 高麗 民衆의 啓示가 무엇일까요? 高麗를 背景으로한 저 巨物의 嚴重한 訓戒가 무엇일까요?「目視鼻端, 會踵支尻」하던 썩고 다시 썩은 李朝 民衆(?)의하나인 나를 내려다보는 저 巨眼에도 무슨 뜻이 있을까요? 나는 부끄러웠습니다. 나는 서러웠습니다. 좁은 가슴이 타는 듯하였고 鈍한 腦가 더욱 무거워지는 듯 하였습니다.

　우리의 옛터전은 아름다웠고 우리의 祖上은 훌륭하였구나! 하면서 발을 돌이키니 해는 中天에 솟았더이다. 山비탈 늙은 소나무밑헤서는「九萬里-長空에 大鵬-새-」라는 새타령 소리가 들립니다.(二十日　論山에서)

三

　論山서 扶餘까지 四十里.

　온 길이 四十里요 갈 길도 四十里외다. 四十里나 四百里나 갈 길이니 가야 하겠습니다. 제 興으로 가는 길이니 제 興대로 갑니다. 제 興으로 떠난 길이니 興으로만 갑니다. 山을 넘어 골을 지나는 멋이「橫行天下」하는 듯합니다. 가고 쉬고 하는 것이 온통「제 興化」외다. 보이고 들리는것이「興」아닌 것이 없습니다. 이 길을 萬一 누가 시켜서 가는 것 이라면 到底히 못갈 것이외다. 그러나 제 뜻으로 하는 일이니 제 自由로하 는일이니 괴로움도 즐거움으로 變하고 興으로 變하여집니다.

　해도 제멋대로가고 나도 내멋대로 갑니다. 「山外에 有山하니 넘도록 山이로다」외다. 「路中에 多路하니 예도록 길이로다」외다. 「山不盡路無窮하니 아니가고 어이하리」는 아니외다. 넘으리라 가리라하든 山과 길이 다 한 곳이 扶餘인 까닭이외다.

　멀-리 母校의 修學旅行團을 보고는 까닭업시 기뻤습니다. 비 올 째나 눈 올 째나 늘 보아 다름업는「渾身이 都是春」인 두리둥둥하신 李先生을 爲始하여 호리-하신 卜先生 짤막한 兪君 一行을 맛낫습니다. 額岩津에서 다시 만나기로 하고 갈니니 山 설고 물 선 扶餘 네거리에 오직 혼자외다.

十五萬餘口에 달하든 當時의 (現在九萬餘) 京都로는 너무나 零落하외다. 百餘年 王都에 가을풀이 성길 쑨이외다. 안으로 固有한 獨創的 文化에 밧그로 漢唐文明의 精華를 調和한 當代의 꼿동산을 차즐 길이 업습니다. 「範을 同族에 示」하고 「師를 異域에 派」하든 當時의 繁榮은 一場의 春夢이외다. 다못 荒涼한 낡은 터에 平濟塔이란 「多寶塔」(이것이 實名)이 百濟의 建築을 알닐 쑨이외다. 三國文化가 다-갓치 「배달文化」란 크나큰 背景을 가졌습니다. 文學으로나 宗敎로나 또는 美術이나 各 方面을 通하야 이 「배달」이라는 靈泉이 必然으로 흘너잇습니다. 그러나 派가 다르고 事情이 다름을 싸리서 제各其 區別이 나고 差異가 생겻습니다. 處地가 갓지안코 環境이 갓지아니함을 쏫차 別別의 特色과 特長이 잇습니다.

高句麗의 繪畵나 新羅의 彫刻이 各各 그 文化의 特色을 代表하는 것과 갓치 百濟文化의 精髓는 建築에 잇습니다. 只今 차저가는 平濟塔이 이러한 建築이외다. 이러한 意味에 잇서서 實로 貴重한 寶物이외다.

더듬는 발이 塔 압해 이르니 斜陽이 黃昏을 재촉할 째외다. 소등에 안즌 牧童의 그림자가 塔 압흐로 지나감니다 (塔이 길가에 잇습니다) 그리고 「가고-지고-」라고 로레를 부름니다. 부르는 사람은 無心하게 부르는 것이엇마는 듯는 나는 異當한 느낌이 이러남니다.

春風秋雨 一千三百二十餘年間 (이는 武王 元年부터 세임이니 萬一 只今 所傳과 갓치 이 塔을 蘇定方이 建造한 것이라 하면 一千二百餘年) 외로운 身勢를 目前에 對하얏습니다. 蕭條한 가을에 시드른 夕陽에 「欲言不吐」하는 恨 만흔 孤塔이외다. 寂寞한 녯터(舊城)에 거츠른 벌판에 五重三十四尺의 靑苔 씨인 孤塔이외다.

規模의 雄大함과 構造의 幽玄함이 이제 오히려 燦爛한 百濟 當代의 藝術이 어써하얏슴을 알린다 함니다. 그 形容의 奇拔함과 그 壽命의 長久함이 이

제 오히려 伊時 伊人의 卓拔雄遠한 心肚를 보인다하더라도「火光彌天鮮血淋漓」하든 修難의 옛날을 생각하면서 夕陽에 빗긴 외로운 殘影을 바라보니 그 哀然하고 凄凉한 쌀이 애처롭기 그지업습니다. 이 塔은 朝鮮 最古塔이라는 慶州 芬皇寺의 九層塔(新羅當代)보다도 四十五個年을 압선 現存한 朝鮮 最古塔이외다. (九層塔이 이 多寶塔보다 十五年을 압선 最古塔이라하나 그러치아니한 證據가 만습니다.」藝術上價値로나 稽古上材料로나 實로 貴重한 寶物이외다. 이 貴重한 寶物이 모진 風霜에 衰退하야엇습니다. 이 貴重한 寶物을 알들히 保存하여가는 子孫이 업습니다. 이것만으로도 怨痛하기 짝이 업는데 게다가 所謂「大唐平百濟國碑銘이란 눈쌀이를리는「怨讎의 글」을 四面에 색여노코 大膽하게도「題慶五年歲在庚申八月己巳朔十五日癸未建」이란 엉터리 업는 즛을 敢行한 唐奴의 狡猾한 手段이 痛忿하기 限量 업습니다.

이 塔은 公紀二九三三年(芬皇塔은 二九七八年) 百濟二十九代法王二年(三十代武王元年)에 建築한 王興寺의 多寶塔이외다. 「下令禁殺生, 收民家所養鷹鷂放之, 又焚漁獵之具」하도록 誠心盡力하야 지은 寶物이외다.

이 寶物이 法隆寺(在日本)를 짓던 솜씨로 된 自家의 寶物임도 몰으고「因百濟阻新羅貢道……討平百濟 刻石紀功建塔于白馬江上」이라고 본 듯이 써노코「詞雄筆遒冠絶唐碑」라는 讚辭까지 써노흔 事大慕華에 卑尾沒頭하든 後世史家(?)輩들이 한즛이 더구나 可憎加痛합니다.(이 塔이 蘇定方이 百濟를 滅한 뒤에 지은 것이 아니라는 明確한 證明은 여러 가지로 말할 수 잇습니다. 하나 只今 쓰는 이 글의 性質로나 文의 體裁上으로 쓸 수 업습니다. 다른 날 짠 機會를 긔다릴 짠이외다)

해는 西山에 갓까왓고 斜陽은 塔 우에 쟌득 실렷습니다. 間斷업시 구을러 가는「때」의 박퀴는 만흔 餘裕를 주지 안슴니다. 扶蘇山으로 가려합니다. 扶蘇山 上上峯에는 暮烟이 오락가락합니다. 난데업는「소리개」한 마리가 西쪽

하늘에 빙-빙 돌아감다. (二十一夕陽扶餘에서)

四

扶蘇山은 半月城 옛 터전이외다. 七百年 王基가 狂風에 날려간 눈물의
넷 자최외다. 平壤의 牧丹峯과 慶州의 吐含山과 한가지로 扶餘의 扶蘇山은
그 自然의 景色보다도 無限한「時間」과 함쎄 흐르는 史的 背景을 가진 史上
의 自然이외다. 大空은 그은(劃) 봉오리와 봉오리의 曲線美가 부드러움이
扶蘇山의 特色이외다. 숨길갓치 喜微한 內外의 半月城趾에 푸른 내가 자욱
한 것이 扶蘇山의 遠景이외다. 東쪽으로 迎月臺의 돌아가는 구름과 西쪽 하
늘에 비스듬한 送月臺의 숨으려는 햇빗치 扶蘇의 近景이외다. 그러나 扶蘇
의 眞景은「山」그 自體보다도 滾滾히 흐르는 直下의 白江에 잇습니다. 멀-니
雲涯에 보일 듯 말 듯한 鷄龍의 連峯도 扶蘇의 一景을 돕거든 하물며 눈 알에
굽어보이는 白馬江上의 泛泛한 흰돗(白帆)이릿가? 붉은 果樹園 푸른 배추밧
치 한데 어우르는 扶蘇의 가을은 이러함니다. 扶蘇의 自然은 이러함니다. 이
것이 空間上으로 본 扶蘇의 自然이외다. 그러나 나는 이 扶蘇의 自然을 自然
그대로 보기에는 國情이 너무나 쓰거왓습니다. 史的遺痕이 너무나 分明히
보임니다. 성긴 가지에 바람이 스침니다. 衰殘한 풀밧헤 버러지 웁(泣)니다.
자욱한 炊煙이 四隣에 홋터집니다.

悠然한 情緒를 슬(沸)이듯하는 이곳이 그곳이외다.「積尸如山, 河血成
江」이란 史句가 通史의 殘片을 흐리게 한 悲絶, 慘絶한 當時의 現場이 이곳이
외다. 黃山의 敗報에「罔知所措」하고「羅唐의 挾攻」에 滿都人心이 洶々하던
곳이 이곳이외다. 失石이 빗발 갓고 喊聲이 掀天하던 넷 자최가 이곳이외다.
그리하야 最後의 애달븐 눈물을 쌴리던 곳이외다. 兵士가 굿세고 軍糧이 아
모리 넉넉한들「淫酗耽樂, 杜絶忠諫」한 亡主를 어찌하릿가「一夫單槍萬人

莫當」하는 白江炭峴의 天險이 갓추어잇스나 이를 돌보지 아니함을 어찌하 릿가? 百濟의 亡한 것이 實로 當然한 일이외다. 金春秋의 罪가 아니며 金庾信의 허물이 아니외다. 오직「百濟繁華都幻夢」이란 撫古子의 창자만 쓴흠을 설어할 쑨이외다.

「에우-」하는 소리개 소리를 들으면서「唐將劉仁願記功碑閣」압헤 발을 멈추니 이것이 朝鮮最古碑의 一이외다. 藝眼을 가지지 못한 나는 이 碑의 藝術上 價値가 얼마나 되는지는 알 길이 엄습니다 다만 好奇心으로 稽古의 材料로 세로 절반이 쌔틀어진 모양을 留意하게 보앗을 쑨이외다.

길이 아모리 밧쌉어도「一千二百五十餘年 되는 오늘날까지 불에 탄 숫(炭)이 된 쌀, 보리, 콩, 밀 갓흔 것이 파면 팔사록 얼마든지 어들 수 잇다는 當時의「倉庫」跡을 그저 지나갈 수가 업섯습니다.

길이 아모리 밧쌉어도 [一千二百五十餘年되는 오늘날까지 불에 탄 숫(炭)이 된 쌀, 보리, 콩, 밀 갓흔 것이 파면 팔사록 얼마든지 어들 수 잇다는 當時의「倉庫」跡을 그저 지나갈 수가 업섯습니다. 그리하야 引導하는 老人을 쌀아 이곳저곳 파본 흔적이 뒤수선한 늙고 젊은 소나무 사이에 이르럿습니다. 山갓치 싸혔든 軍糧이 兵焚에 업서지고 말앗든 자최외다. 싸른 時間에「나도 三四十個의 쌀을 주엇습니다. 秋毫도 틀림업는 쌀이외다 다만 빗치 검을 쑨이외다. 오늘날 안저서 이 쌀빗의 黑白을 議?할 바가 아닐가 합니다. 變態는 하얏슬망정 千餘年이란 그 壽命만으로도 貴重한 寶物됨이 넉넉하외다 千餘年前 우리 祖上의 구슬쌈이외다. 쌈구슬이외다. 방울방울 흘린 쌈이 알알이 쌀이 되얏습니다. 이 알알의 쌀이 다시 낫낫의 숫으로 變하야 千餘年後의 오늘날에 나의 손바닥 우에서 구을게 되얏습니다.

눈을 감앗소이다. 그리하야 冥想의 나래가 멀-리멀-리 한 옛날 논두덕에 빙-빙 돌앗습니다. 씨쌜리고 기음매고 秋收하는 光景이 눈압헤 선-함니다. 이러케 秋收한 쌀과 보리를「內官穀部」(當時官廳의 名)에 바치고 다시「內頭

「佐平」(官名)의 處分을 긔다려 倉庫에 너엇섯습니다. 百萬軍卒의 活氣를 養하려 하는 쌀은 이 모양이 되고 말앗소이다. 實로 今昔의 感을 禁키어려웟습니다.

「走馬燈」갓치 재촉한 거름이 지나는 손의 눈물을 짜내고야 만다는 「洛花岩」岩頭에 이르니 直下는 漾漾한 白馬江이외다. 唐軍도 삼키고 新羅兵도 죽이고 百濟를 爲하야 「犬馬」의 「勞를 다하든」 불상한 「倭卒」까지 흘테세고 그리고 「丹脣晧齒」의 꼿갓흔 달갓흔 三千宮女의 어린 몸조차 삼키던 무서운 白馬의 물결이외다 惡魔의 白骨갓치 울퉁불퉁한 數十丈되는 斷崖의 모양도 險狀스러운메 검푸른 물결에 더욱 소림이 끼침니다.

繁華한 비단동산이 한 줄기 불길에 永遠한 ?界로 돌라가든 當夜에 아름다운 꼿밧테서 고요히 잠들엇든 妃嬪宮女의 갈길 몰라 彷徨하든 애처러운 모양이 눈우에 알연히 써오름니다. 九重深宮에서 苦生이란 무엇인지 모르던 그들이 恐怖! 絶望!으로 驚魂! 落膽! 하야 맨발로 허우적거리든 모양을 追想하기에 너무나 마음이 弱해집니다. 칼날이 서리갓고 말굽소리가 悚然한 가운데서 이리쓸리고 저리쓸리든 哀魂, 憐絶한 꼴이 더구나 分明히 보이는 듯 합니다. 싸늘한 새벽바람에 雲髮이 날리고 얼켜진 가시덩굴에 綠衫이 씨저지는 光景이! 압흐로 업더지고 뒤으로 잡바저 金釵玉佩가 숩속에 훗터지며 가다가 주저안고 안저서 呼訴하야 嗚嗚嗚咽이 하늘에 사모치든 慘景이 좁은 가슴을 여어는 듯함니다. 「細腰短軀」가 나무에 걸치고 「粉面纖手」가 바위에 부듸쳐 쌀간 피방울이 쑥쑥 썰어지든 그 무섭고도 可憐한 情景이 구든 肝腸을 녹이는 듯하외다. 쌍이 쩌지니 갈 길이 업소이다. 하늘이 문허지니 솟을 길기 업습니다. 뒤에는 敵兵이 쏫고 압해는 長江이 기다리니 軟軟弱質이 取할 바 길이 무엇이릿가? 울고 울고하다가 그들은 맛춤내 하나씩 둘씩 손목을 마조잡고 저-검푸른 물속으로 쮜여들고 말앗소이다. 그리하야 그들은 後生의 變化업는 樂園을 차저갓소이다. 落花岩이란 이런 눈물의 歷史를 품은 바위외다. 쯧 잇는 者의 눈물을 싸내고야 싸내고야마는 바위외다. 바위 우에는 저녁 바람이 슷친 쓴이외다. 落輝에 물든 白江의 물은 옛일은 이즌 듯이 바위에 부듸쳐 출넝거릴 쓴이외다.

傳說이 이르는 對岸의 天政臺는 저쯤이라는 分明치 못한 印像으로 北龜에 잇는 皇蘭寺를 차짓습니다. 뒤로 絶壁을 등지고 압흐로 白江의 淸流를 對한 灑落한 百濟時代의 절당이외다. 「無我無人觀自在 非空非色見如來」란 實로 佛論다운 佛家의 詩句를 爲始하야 海岡 金氏의 題字가 보임니다. 四閣의 團淸雅한 畵村에 새벽 鐘 소리까지 잇선스면 實로 天眞의 特品이엿겟더이다.

扶餘八景의 一됨이 至當하다 하얏나이다.

定方이 白馬를 잇글고 黃龍을 나수엇다는 釣龍臺란 怪石을 暫間보고 歸路에 들엇습니다. 「迎月送月」하는 「泗沘樓」를 지날 쌔는 엿흔 黃昏이엿습니다. 개짓는 소리가 선듯 들림니다. 窺 岩津으로 장다름 쳣소이다. (二十日 扶餘에서)

五

「窺岩津의 歸航」을 차져 감니다. 扶餘邑에서 約 十里나 되는 白馬江畔의 村落이외다. 洪水의 被害를 막으려고 白楊을 잠북 심은 渡頭에 이르니 淡墨으로 그린 듯한 對岸의 分明치 못한 마을이 窺岩이외다. 아부지를 모시고 동생을 다리고 孫子를 잇글고 마누라를 부축하면서 亂을 避하야 숨해도 숨고 바위에도 숨던 無數한 生民이 唐兵의 들어오는 規模을 엿보던 곳이라 합니다.

커다란 나룻배에 몸을 실엇소이다. 「돗대」는 업슬망정 「歸航」의 맛은 마찬가지외다. 數十길 되는 어둠컴컴한 물이 무서운 沈墨을 직히고 잇습니다.

때때로「生의 躍動」에 날쮜는 鯉魚의 모양이 물 우에 번적거림니다. 배에 나리니 몬저온 學生團이 길가에 와글거림니다. 괴로운 다리를 旅舍의 압마루에 버틔고 주린 창자에「저녁밥」부터 차젓슴니다.「湘江의 歸魚」는 멋어보지도 못하얏거니와「白江의 鯉魚」는 口味를 돕을 모양이외다. 엇던 鯉魚는 自由로운 世上에서「生의 享樂」의 즐거운 춤을 춤니다. 엇썬 鯉魚는 晩餐의 盤床 우에서「他의 餌食」의 설은 事情도 모름니다. 앗가 물 우에서 풀스쮜든 그 鯉魚를 생각하고 只今 밥床 우에 노힌 이 鯉魚를 바라보니 제各其 그 運命의 다름이 생각하면 생각할사록 몰을 일이외다.「사람이란 참 至毒해!」하면서도 쯔리하나 남기지 안코 죄-다 먹어버렷슴니다.

　나까지 너어서 座中이 여덟이외다. 大哉閣은 무엇이니 九龍坪은 어쩌하니 하는 등 쌀막쌀막한 이야기가 넘나듬니다.「자-自溫臺로 갑시다 水北亭도 보고 …) 하고 李先生께서 提議하심니다. 밤에 구경하는 것이 더한?異彩가 잇다는 强辯을 억지로 쑤며대고「남 아니하는 밤구경이니까 더욱 멋이 잇단 말이야!」하고 卽席決行을 재촉하야 一行은「밤구경」을 나섯슴니다. 초롱 한 개에 불을 켜들고 어두운 밤에 한거름 두거름 거러가는 멋이 果然「멋 안닌 멋」이외다. 아모리「멋」이라도「水北亭의 晴風」이란 밤에 할 말이 아니외다. 松林 사이로 은은한 遠山近水가 보여야 할 터인데…… . 더구나 刱建힌 째가 近世오 지은 本意가 一個 私人의 娛樂을 爲함이라 別로 興味도 업거니와 구태여 興味를 차즈려고 아니하얏슴니다.

　다 못 亭下에 險하기 싹이 업는 自溫臺란 바위가 多少의 冥想을 줄 쑨이외다. 발도 손노릇하고 손도 발노릇하면서 바위틈으로 한치 두치 압흐로 나가보앗소이다. 쌋싹하면 百길일지 千길일지 몰으는 구비진 물속에 썰어질 만한 絶壁이외다. 예서 萬一 무거운 구두 신은 발이 앗차!하면…… . 그야말로「他無事, 自無事」의 고요한 세계의 손이 되고 말 것이외다. 이 險한 곳에 날마다 오르나릴 만한 勇氣를 가진 義慈王이 웨 그 못생긴 즛을 하얏는지 참 몰을 일이외다. 궁둥이가 짯뜻하여지는 것이 문득 倭臣의 姦邪한 手段인 것도 몰으고……

밤바람이 싸늘하외다. 一行은 旅館으로 돌아가고 나는 짜로 周君의 好意에 醉하야 江畔에 잇는 배 가운데서 逍遙합니다. 그야말로 잘란 詩人은 畵舫에「菊花酒 덜킨 술」을 실고 明月, 美人으로 더부러「洗盞更酌」하는 터인대 나는 어두운 밤에 나릇배에 美妙한 秀才와 함께 달콤한 이야기 맛으로 享樂함니다. 언덕 우에 짠-한 불빗츤 나란히 안즌 우리 두 사람을 多情하게도 빗추어 줍니다. 三台星은 斗牛에 빗겼습니다. 周君의 햇슥한 두 볼에는 찬바람이 스칩니다.

二十一日 훤-한 아츰.

三忠碑(成忠, 階伯, 興首)도 못 보고 大旺浦도 못 찾고 窺岩津을 써낫슴니다. 玲瓏하기 珠玉갓흔 洪氏의 案內로「考古品陳列館」을 一覽하고 邑에서 十餘里나 되는 陵山里에 잇는 百濟王陵의 幽室(石造)까지 차젓슴니다. 山인 줄로 알다가 三年 前에야 發掘하게 된 것을 보아 얼마나 巨大한지를 알 것이외다. 이야기로만 듯던 古墳을 처음 보는 터이외다.

놉피가 한 길이나 되는 正方形의 石室이 前後 두 間이외다. 압흐로 한 間에는 그가 生前에 쓰든 物件을 두는 곳이외다. 天井에는 多種 多樣의 幾何模樣이 鮮明하게 그려 잇슴니다. 四面에는「左靑龍, 右白虎, 南朱雀, 北玄武」라는 保護의 神을 模寫한 그림이 分明하게 남아 잇슴때. 이 珍貴한 藝術의 作者는 勿論 모름니다. 이른바「환쟁이」라는 賤한 者의 이름을「兩班」이오「쪽쪽」한 子孫들이 어찌 傳할 수 잇스릿가?

우리의 現在는 가시밧치외다. 우리의 現在는 冷灰와 갓치 싸늘하외다. 그리하야 우리는 거츤른 동산에서 눈물의 살림을 지여갑니다. 그러나 우리의 歷史는 우리로 하여곰 꼿밧츨 차저갈 만한 힘을 주는 터이외다. 우리의

過去는 우리오 하여곰 나아가는 方途의 範을 보이는 터이외다. 우리의 이러한 祖先의 寶物은 우리로 하여곰 將來의 웃음을 긔다릴 만한 「싣기」를 주는 터이외다. 우리는 하루밧비 우리의 손으로 우리의 파뭇친 寶物을 캐내야 하겠습니다. 우리의 감초인 靈泉을 어더 새로운 寶物을 만들어야 하겠습니다. 그래셔 이 거츠른 가시밧흘 곳다운 동산으로 바꾸어노코 그리고 그 가운데셔 「즐김의 노래」를 길-게 길-게 불러야 하겠습니다. (壬戌十月廿一日 夫餘를 써나면서)

湖西의 一日

湖西銀行의 新築落成宴을 機로 하야

靑友生

《개벽》, 1922년 12월

謝感이 만흔 京南鐵道

客月 12일은 湖西銀行의 新築落成式을 거행하는 日이다. 의외의 社命이 잇서 同行의 초대에 응케 되어 同日 上午 7시 5분發 경부선 급행렬차에 신세를 끼치게 되엇다. 때마츰 前宵의 小雨가 저윽히 개인 아츰이다. 이날을 當한 초대자측도 응당 愁眉를 전개하얏스리라고 推想하는 被招待者이야말로 雀躍의 깃븜에 배불럿다. 딸하서 이날 同車 內에 어깨를 聯한 乘客의 3分 1이나 넘치는 평소의 面識의 두터웁든 신사들과 向方을 함께 하게 되엇슴은 참말 남달리 위안을 어듬이 적지 안핫섯다. 시간의 정확으로 생명을 삼는 기차의 連動은 벌서 3시간도 못되어서 天安驛을 交換驛으로 하고 어느덧 禮山 방면의 行客은 同 10시 15분발 京南線으로 옴기게 되엇다. 이 京南鐵道가 부설되엇다고 듯기는 오랜적이엇스나 다만 博覽의 기회를 엇지 못함이 恒時 유감되는 차에 이러트시 奇遇의 會가 생김은 이것이 정말 時來風送의 그때가 아닌가 하얏다. 더구나 이날은 자발적인지 피동적인지 그까지에 추궁할 필요는 업섯스나 어찌하얏든지 同鐵이 개통된 후 새로이 도착된 특별 열차를 운전케 하야 모든 편리를 줌은 그야말로 京南鐵道會社의 商業道德이 된다 하겟는 동시에 다시 湖西銀行 天安支店長인 成元慶 外 諸氏가 (自行의 일이니까 그러타고 도 할 듯하나) 各等室로 넘나들면서 서로 秋波를 밧고아 天安驛으로부터 禮山驛까지에 이르는 25哩나 되는 가깝지 안흔 동안에 최선의 대우로써 來賓接待에 慇懃함은 넘우나 고맙고도 미안하얏섯다. 아- 인간의 사회란 것은 樂觀할 수밧게 업는 今日! 男兒의 好風流가 간 곳마다 어대 업스랴마는!!

東南의 美를 盡한 湖銀의 落成宴

이날 禮山에 도착하기는 上午 11시 50분이엇다. 우리 일행은 차에 나리자 이미 出迎의 준비가 튼튼한 湖西銀行員들은 雲波가 일어나는 「후로코-트」에 다가 榮華를 자랑하는 듯한 花章을 번득이면서 三三五五 驛前 좌우에 벌어서서 정다웁게 마저가지고 즉시 수십대의 자동차로 長蛇形의 행렬을 整齊하야 玉壺形의 禮山邑內를 향하야 豪氣堂堂하게 달리어 一路平安히 목적지에 도착하야 同行二階 우에서 잠간 路憊를 푼 지 약 1시간이나 지나서 下午 一點鍾이 개회의 정각을 告하자 樓上의 滿客은 일제히 樓에 나리여 식장으로 모여들어 각각 자리를 정돈한 후에 순서대로 개회인사와 式辭의 뒤를 이어 忠南道知事 외 각 은행회사 기타 유지 다수의 懇篤한 축사가 끗나자 觥籌가 交錯한 가운대서 축배를 들어 酬酢하기 시작하얏다. 더구나 紅裙隊의 淸歌妙舞는 장내 장외의 공기를 一變케 하야 너나 할 것 업시 오로지 人間苦의 경계선을 突破하고 一點의 하자가 업시 天眞爛漫하게 胸襟을 披瀝하야 和氣靄靄한 속에서 醉興을 못익혀 하면서 同 6시경에 논 후엿다. 아즉 기억이 남은 바는 이날 祝壇에 오른 귀빈 중 某行頭取는 雍容鄭重한 어조로써 특히 純朝鮮語로써 축사를 낭독하얏다. 이 양반이야말로 日語의 素養이 부족하든지는 모르겟스나 어쨋든지 나의 은행은 우리나라 사람끼리만 獨立 自營하노라는 특색을 자랑하는 듯함도 多少의 속정을 아니줄 수가 업섯스나 이보담 족음 다르게 보이는 某某氏는 조선인사의 다수를 무시하고 아모 기탄업시 아조 유창한 日語만으로써 무엇을 독점한 듯이 두세번 仰視케 함은 아모리 보아도 아즉 第2天性에 끄을니는 듯한 감이 적지 안핫섯다. 그러나 이러함도 면할 수 업는 무엇인 때문이겟지 다시 밧고아 생각하면 그 뿐일 것이다. 아- 今日의 盛況이여! 眞平和를 맛보는 이 자리!!

前途有望한 京南線地帶

나의 여행은 단순하다. 나도 남과 가티 도처의 絶佳한 風光에 소리를 떨치어 볼 생각도 업지 안핫슴이 사실이오 또한 物態風俗도 시찰하야 보랴 하얏슴이 사실의 사실이엇섯다. 그러나 이번의 이 여행은 아조 그런 여행과 다른 압날이 短促한 여행임으로 하야 지나가는 곳마다 走馬看山的으로 차창에 비치어 출몰하는 산수의 그림자만 서리 바람에 나붓기는 나무닙의 빗과 함께 나의 눈가를 스칠 뿐이다. 그런 중에도 예정의 사실은 아니엇스나마 다행히 先導者의 指端과 舌頭의 힘을 빌어서 적지안흔 소득이 잇섯다. 溫陽溫泉지방을 중심으로 한 부근지대는 전부가 溫泉地帶라고 할만하게 이곳 저곳으로부터 새로이 솟아나는 온천의 발원지가 적지 안타. 이 온천들은 모다 水深의 3尺가량도 파기 전에 4斗 이상의 熱湯을 어들 수가 잇는 가장 유망한 온천이라 한다. 目下 이것을 발견한 京南鐵道會社는 다대한 비용을 들여가면서 열심으로 調査試掘하야 好成績을 어든 후는 斷然코 민간경영자에 利權을 讓與하야 지방 발전에 큰 공헌이 되게 한다고 同會社의 立川專務는 이러케 揚言하얏다. 이 지방의 지세로 말하면 보통 緩傾斜地로 곳곳이 대개 小異한 점은 잇스나 특히 地質에 이르러서는 일부의 砂質을 除한 외에 擧皆 壤土로 되어 稻作에는 물론 棉作, 養蠶, 果樹栽培에 이르기까지 적당치 못한대가 업는 天藏의 寶庫라 할만한 지방이라 한다. 또한 직접으로 두 눈에 부듸치는 沿路左右의 토지는 모다 天水에 의하야 경작되는 것 외에 草色이 離離한 황무지가 가는 곳마다 업는 대가 업는 것을 보면 아마도 이 지방에는 灌漑와 開墾事業에 애쓰는 사람이 아조 업느냐고 물엇다. 이곳에는 아즉도 水利組合의 시설도 업고 딸하서 東拓會社의 세력도 그러케 힘잇게 밋지 못한 듯하다고 한다. 그러나 일방의 산업개발에 대한 先見의 明은 것잡을 사이가 업시 벌서 京南線 개통에 성공하얏다. 인제부터는 자본가의 利權爭鬪焦點이 이 지방으로 집중될 것은 다시 어찌할 수 업는 사실이다. 아- 살아야 한다. 먹어야 한다. 생존권의 침해를 하는 자는 누구? 침해를 밧는 자는 누구??

銀行다운 湖西銀行

생각컨댄 일이란 것은 무엇무엇 할 것 업시 모다 하나로부터 둘 셋에 이르기까지 거긔에서 지식이 생기고 거긔에서 경험을 어더야만 쓰는 것이다. 이 은행은 원래 現任專務 成樂憲 외 湖西一帶 地元有志의 힘으로 된 주식회사이다. 맨처음 30만원에 불과한 소자본금으로써 大正 2년되는 5월 1일에 비롯오 설립되엇다. 그후 업적이 차차 양호함을 딸하 大正 8년되는 해 6월 16일에 100만원으로 增資하고도 더욱 경제발전의 범위를 확장치 아니치 못할 필요를 先覺한 同行은 다시 100만원의 對等資金을 가진 京南廣業株式會社를 병합하는 동시에 京城 一流 資本家의 다수를 勸入하야 일대 혁신을 力圖한 결과 현하 業務槪況을 보면 拂込資本金이 72만 5천원, 적립금이 8만 3천원, 預金高가 80만원, 貸出高 154만원으로 配當率이 年 9分은 無慮함이 사실이오 직원수로 말하면 본지점을 합하야 거의 50명이나 되고 지점도 벌서 京畿 安城, 忠南 天安, 洪城, 廣川 등 4箇所나 설치된 바 이로부터 더욱더욱 분포구역을 逐年 확장할 계획을 확립하얏다 한다. 과연이다. 이 은행이야말로 얌전한 은행이다. 全朝鮮을 통틀어 노코 지방은행으로는 이 은행에 俛首치 안흘 수 업는 쩍말업는 대은행이라 하야도 과언이 아니다. 아- 은행인즉 은행다운 은행! 京南 동포의 사랑의 선물!!

經濟活動의 新氣運을 作하는 湖銀

　　나의 소견에는 이 은행의 위치가 멀리 新禮院을 떠나서 구석지게 禮山邑
內로 들어가 잇게 되엇슴이 발전상에 결함이 업슬가 하는 의문이 업지 안핫섯
다. 그러나 官公廳이며 학교, 회사 등 공공기관의 新建物이 은행을 隣近하야
여긔 저긔 웃둑웃둑 일어나는 것을 보면 장래까지는 말할 것 업시 現下 상태로
는 그리될 수밧게 업는 모양인 듯하다. 그리고 종래 禮山지방은 仁川港으로
부터 水陸으로 물자의 공급을 가장 만히 바다 왓섯다고 한다. 지금은 京南鐵
道가 天安에서 滿鐵線을 연결하야 新禮院까지 개통됨을 딸하 仁川港과의
通商이 일층 圓滑하야짐은 물론 이미 成算이 잇는 京南線이 다시 남으로 羣
山까지 연장되면 이곳은 바로 京南線방면에서는 中央集産地가 되리라고 한
다. 그러나 (이러케 말하면 좀 과격하다 하겟스나) 株式取引이니 現物取引이
니 하는 일시 투기업에 埋頭沒身하야 허영에 유혹된 浮浪輩가 만키로 一指를
屈하는 兩湖의 토지는 달마당 해마당 濫典濫賣로 殖銀이나 東拓이 아니면
그나마 如干 殘存한 것은 高利鬼의 그물에 걸리어 개중 선량한 分子가 업지
도 안컨만은 눈뜨고 물에 빠지는 세음으로 그럭저럭 울면서 겨자먹는 세음으
로 아- 놀라지 말지어다. 천리의 沃野로부터 산출되는 米의 주요작물로써 능
히 전국의 식량문제를 일으키는 南鮮 각지의 富庫는 거의 다 남의 손으로 돌
아가 버리게 되엇다. 요컨대 天運이 순환하야 회복되지 안흠이 업슴인가. 이
것을 살피기에 신경이 예민한 湖銀은 이에 地元人의 다수를 株主로 하는 동시
에 토지개량, 産米增殖 기타 利權回收에 腐心하는 중임은 진실로 朝鮮人인
나로 하야금 滿腔의 祝意를 표하게 되엇다. 아- 무력이 집중된 兩湖! 經濟戰
의 勝算이 넉넉한 湖 西銀行.

湖銀은 朝鮮人의 特殊銀行

사람이란 반듯이 자립하여야 한다. 힘만 잇기만 하면 언제든지 자립하여야 할 것이다. 정치도 자립, 경제도 자립, 무엇이든지 될 수만 잇스면 될 수 잇는대로 하여야 하겟다 함은 天演公例이다. 이 湖西銀行은 조직체가 아조 朝鮮人의 경제책을 자립케 하랴는 정신적 결정체인 듯하다. 정부의 보조이거나 外人의 간섭가튼 것을 밧는 약점이 업시 열쩨 얼어죽게 되어도 겻불도 쪼이지 안느다는 양반샌님 모양의 순결한 貞操를 지키어 왓슬 뿐만 아니라 더구나 주주로부터 行員에 이르기까지 전부 純朝鮮人으로 되엇슴을 보면 이것 한두 가지만 하여도 사실상 조선민족의 운명개척상에 어떠한 남다른 무엇이 업지 안을가 한다. 이 의미에서 同銀이 終始一貫 行運을 촉진함은 한갓 이 은행의 큰 기록이 될 뿐이 아니라 영원한 장래를 두고 朝鮮經濟發達史에 막대한 공헌이 되리라 한다. 아- 同行 諸君이어 一向健全하야 朝鮮人의 特殊銀行 된 책임을 堪能하라.

엄벙이 忠淸南道를 보고

차 특파원
《개벽》, 1924년 4월

　엄벙 忠淸道에 公州監營이라는 말은 누구던지 다 아는 말이다. 참 忠淸南 道는 자래 엄벙뗑한 酬酌이 만엇던 모양이다. 금번에 나도 역시 엄벙뗑하게 忠南 일대를 보고 왓는데 其中에 名勝古跡이 만은 扶餘와 水石 조흔 靑陽과 苧布 산지로 유명한 舒川, 古水營인 保寧 諸郡은 사정에 인하야 못 다 보고 말엇다. 또 그것이나마, 紙頁의 관계로 자세이 기재치 못하얏다. 이것은 필자 의 大遺憾으로 思할 뿐만 안이라 독자 여러뿐도 또한 遺憾으로 思할 것이다. 그러나 世事가 엇지 일시에 만족을 得하랴. 금일의 遺憾은 장래의 만족을 得 할 원인일지도 不知하겟다.

忠南首府 公州郡

　本郡은 元 百濟의 熊川이니 文周王이 此에 都하엿다가 聖王에 至하야 更히 南扶餘로 遷하고 新羅 통일 후에 熊州都督府를 置하얏다가 神武王 시 대에 熊川州라 改하야 都督을 置하고 景德王에 至하야 다시 熊川이라 칭하얏다. 公州라 칭하기는 高麗 太祖 23년부터 始하얏스니 錦江 北岸에 在한 山의 形이(日公山) 公字와 如한 고로 取名한 것이다.(실은 곰州 卽 熊州인데 熊字를 기피하야 改한 것 갓다) 爾後 春風秋雨 屢 100년을 經하야 李祖 仁祖 時에 公山縣이 되고 李太祖 32년(建陽 元年)에 公州府로 陞하야 觀察使를 置하얏다가 익년에 更히 郡으로 변하야 금일에 至하얏스니 卽 忠淸南道 道廳所在地다. 道廳의 배후에는 鳳凰山이 有하니 松林이 翁鬱하야 4시에 雅趣가 상존하고 市의 東方郡廳 배후에는 景槪絶勝한 櫻山公園이 有하며 또 其 北에는 유명한 雙樹山城이 잇고 洋洋한 錦江은 襟帶를 成하야 郡의 東北으로 回流한다. 廣袤는 東西, 9里 南北 11里 13町, 면적 62方里 面은 13, 町里는 213, 호수는 21,878,(日及外人 697호) 인구는 107,489(日及外人1935)을 有하고 학교는 公州高等普通學校 忠淸南道師範學校 외 8개의 普通學校, 와 1개의 小學校가 有하며 私立으로는 米國人의 경영하는 永明高等學校 同女學校 외 元明學校와 幼稚園이 잇다. 會社는 朝鮮人의 경영하는 자 一 日本人의 경영하는 者 四가 有하니 대개 貸金業 又는 交通業이오 産業은 農業이외 약간의 商工業 蠶業, 이 有하나 별로 가관할 자가 업다. 總而言之하면 公州는 자래 歷史가 有하고 山水가 佳麗함으로 考古上 又 風致上으로는 상당한 가치가 有한 都會나 政治的 及 經濟的으로는 하등의 가치가 無하고 且 발전의 희망이 無하다. 卽 南으로 湖南鐵道가 개통되야 江景 이남 이북의 物貨가 직접 輸移되고 又 北으로 京南鐵道가 개통되야 禮山, 洪城 등지의 物貨가 亦 他地와 직접 取引됨으로 公州는 商業上 실권이 少無하며 且 錦江은 비록 舟楫의 편이 有하나 육지 교통상 일대 장벽을 成한 고로 장래 公州 발전에 불익이 多하다(此江이 有함으로 公州와 大田, 又는 鳥致院 간 철도가 개통되기 難함)

胡桃名産地 天安郡

「天安 三街里 능수버들은, 제멋에 지워서 척 늘어젓다」는 노래는 3척의
樵童이라도 다 아는 것이다. 이 天安은 三南의 要衝之地오 舊百濟의 歡城郡
이다. 高麗 太祖가 군병 3천을 置하야 天安都督府를 設한 이래로 혹은 天安,
혹은 寧州 혹은 寧山이라 칭하다가 李朝에 至하야 다시 天安이라 개칭하고
大正 3년 군폐합의 際에 木川, 稷山(本百濟 慰禮城) 양군을 합병하야 14면,
170동리로 分하고 면적은 41方里 16, 호수 15,471(日本 及 외국인 47호 인구
87) 인구 87,399다(日本 及 외국인 1,714) 敎育은 普通學校 6 私立學校 2, 日
小學校 3이 有하고 會社는, 京南鐵道, 天安電氣, 百濟商事 稷山金鑛, 등 6,
7개소가 有하며 市場은 忠南에 유수한 대시장 天安市를 始하야 笠場, 成歡,
幷川, 豊西가 有하고 且 交通이 四通八達하야 物貨가 폭주한다. 産物은 米
122,133石이 최다하고 其次는 大小麥豆類 등이오. 又 廣石面의 胡桃는 年産
300여石에 달하니 품질이 극히 양호하야 全道에 유명하고(朝鮮에 제일 多
産) 고래 獻上品으로서 京城, 平壤, 大邱 기타 각지는 물론이고 中國까지 수
출되고 又 成歡의 眞苽「참외」도 味佳하기로 南鮮에 유명하다. 尙又 인심은
忠南人으로는 비교적 강경하니 彼 己未年 民族運動 時에 天安의 운동이 水
原 이남에 제일 격렬하야 사상자 60여인에 달한 것을 보면 족히 推知할 것이
다(其時 중심지는 幷川)

溫泉名所 牙山郡

本郡은 忠南의 북단에 在하니 東은 天安郡과 접하고 西는 揷橋川을 隔하
야 唐津郡과 상대하고 西南은 禮山 公州 2군과 隣하고 西北은 牙山灣을 面하
야 京畿의 振威郡과 界하얏다. 지세는 대개 평탄하고 경내에 曲橋川, 揷橋川
이 貫流하야 관개에 편리하고 地味가 비옥하니 本道 굴지의 농산지다. 然而
樹木을 濫伐한 결과로 매년 홍수가 범람하고 旱災가 亦 多하야 농작물의 피

해가 不少하다. 本郡은 元溫陽, 新昌 2郡을 大正 3년에 합병하야 1군이 되고 12면 163리로 分하얏스니 호구총계는 12,859(日本人 183 외국인 37) 인구총계는 72,467이오(日本人 604 외국인 120) 군청은 溫陽驛前 溫泉里에 置하얏다. 경지면적은 畓 139,902反, 田 57,244反이니 米의 산출은 141,822石(시가 2,552,756圓) 麥은 34,463石(시가 413,556圓) 교육은 5개의 普通學校와 2개의 小學校가 有하고 종교는 약간의 기독교, 불교, 천도교 신자가 잇다. 시장은 溫泉, 屯浦, 牙山, 仙掌, 曲橋, 新昌, 龍虎院이 皆 저명하야 物貨의 교통이 多하니 其中 屯浦는 古來 교통의 요충에 在하야 頗히 번화함으로 민간에 「牙山 屯浦 큰악아, 사람의 간장을 녹이지 말나」는 속요가 잇다.

峽間富窟 禮山郡

京南線 禮山驛에서 東南 方山 峽間으로 약 10町을 가면 壺裡洞天에 高利 냄사나는 대건축물 湖西銀行이 번듯 뵈고 有尾漢의 시가가 즐비한 도회가 잇스니 이것은 不問可知 忠南의 峽間富窟 禮山邑이다. 이 禮山은 元百濟의 烏山縣으로 新羅가 통일한 후 孤山이라 칭하다가 李朝에 至하야 禮山이라 칭하얏고 大正 3년 군폐합시에 大興 「元百濟任存城」 德山 2郡을 병합하야 12면, 175리로 分하얏스니 옥야가 多하고 자래 상업이 발전되야 忠南에 굴지하는 殷富의 鄕이다. 경지면적은 畓 12, 16, 14反 田 6849, 5反이니 年産米 121,943石, 大小麥 50,258石 豆類 24,807石에 달하고 「기타 잡곡 亦 多」 禮山場을 始하야 7개 시장의 1개년 매매고는 1,158,166圓에 至한다. 然而 京南鐵道의 개통은 일반의 교통을 편리케 하는 동시에 자래 禮山으로 집중하던 내외의 물화가 직접 운수하게 됨에 禮山의 시장은 점차 세력을 失하는 경향이 有하고 且 인심은 元是 逐利에 成習이 되야 사회의 공익적 사업이나 자선적 시설은 하등의 관념이 업다.

地廣邑小한 唐津郡

면적 30여方里, 호구수 24,031, 인구 68,276을 有한 唐津郡은 本道의 최북부에 位하얏으니 東은 牙山灣을 隔하야 牙山郡과 隣하고 西는 瑞山郡 南은 禮山郡에 境하고 北은 南陽灣에 臨하얏다. 지세는 남부 金馬川 流域에는 一望坦然한 本道의 제2 평야 牛坪(소들이 잇고 서부 及 중부에는 중첩한 多佛 峩嵋, 螭輦, 蒙山 등 諸山이 잇스며 本郡 읍내로부터 북부 해안에 至하는 地에는 一小沃野가 잇다. 本郡은 舊百濟의 伐首只縣 一云夫只이니 新羅 時에 憬城「음세」이라 개칭하고 李朝 太宗 時에 唐津 沔川 2군으로 分하얏다가 大正 3년에 다시 양군을 합하야 舊沔川郡 22면을 7면 98洞 舊唐津郡 8면을 3면 25동으로 分하고 군청을 唐津邑에 置하얏다. 인정풍속은 대개 온순질박하고 근검역행의 미가 잇고 산업은 농업을 주로 하니 其 중요 농산물은 米 115,670石, 大麥 21,222石이 最多하고 其次는 小麥, 豆類 등이다. 교육은 6개의 普通學校, 3개의 小學校 외에 私立學校 4, 講習所 7 書堂 82개소가 잇고 교회는 기독교, 불교, 천도교가 잇고 민간 단체는 以文俱樂部, 農業相助會, 敎育協成會 외 67의 단체가 잇스며 水利組合은 蓮池堤, 白米堤, 烏池堤, 가 最 유명하다.

「어리젓」國 瑞山郡

本郡은 어리젓 산지로(看月島 特産) 京鄕에 유명하니 本道 西北 偶에 位한 一大 반도다. 동방은 伽倻山脈으로 洪城 禮山 唐津 3군을 界하고 南北 及 西 3면은 海로 環하얏다. 지세는 伽倻山脈이 西北으로 走하고 지맥이 사방 돌출하야 蛸足과 如히 반도를 형성하고 산악이 기복하며 평야가 小하나 多大의 干潟地를 包有하고 해안선은 292리에 延亙하야 굴곡이 多하고 且 무수의 도서가 처처에 星羅碁布하얏다. 본군은 元瑞山, 海美, 泰安 3군을 大正 3년에 합병하야 20면 232리동으로 分하얏스니 「內島嶼로 된 者 1面 16리동」 有人

島 18 無人島 30有餘에 至하고 운수교통은 수륙의 便이 皆有하야 육로는 海美, 洪城을 經하야 禮山驛에 至하는 2등 도로 及 기타 각지로 통하는 3등 도로가 有하고 수로는 舊島 安興港으로부터 仁川 群山에 至하는 정기 항해가 有한 외에 해안 각지로부터 來往하는 선박이 甚多하다. 기후는 대개 온화하나 동기에는 북방 황해 방면으로 폭풍이 襲來하는 事가 有하야 漁業者의 피해가 종종 多하고 산업은 농업을 주로 하며 其次는 어업 임업이니 삼림의 양호하기는 忠南에 제일이오 특히 어업은 본군의 유망한 사업이니 어획중 중요한 자는 石首魚 3만圓 大刀魚 2만 6천圓, 鮏 1만 3천여圓 鮑 1만 1천圓, 鯛 9천圓, 이오 수산 제조물의 주되는 자는 靑海苔 1만 4천圓, 鹽乾石首魚 1만 圓, 海苔 5천圓, 이다. 교육은 普通學校 11, 尋常小學校 2, 書堂 168, 夜學會 4가 有하고 종교는 천도교가 最盛하고 其次는 기독교 불교다. 尙又 本郡의 장래 유망한 사업은 淺水灣, 의 干潟地 개간 梨北面의 철광, 雲山面 자기업이니 상술한 어업 及 임업을 병하야 상당히 노력과 자금을 加하면 爾後 瑞山은 一大 富庫를 成할 것이(이하 1줄 삭제)

泰安 본군의 속군인 泰安은 元百濟의 省大兮郡으로 新羅 時에 蘇泰라 칭하다가 高麗 時부터 泰安이라 改하야 금일까지 至하얏다 (일명 蕁城이니 城在郡 東 14리 今云云) 白華山麓에 在하야 外面으로 一見하면 일개 海陬殘邑에 불과하나 재력의 풍부 인물의 秀拔은 反히 소위 母郡인 瑞山을 능가한다. 且 此地方은 자래로 상업이 발달되야 일반의 인민이 자작자급의 풍이 有하고 忠南의 通弊인 依賴惰怠의 性이 絶無함으로 제2 開城의 칭이 有하고 또 愛黨의 心과 공익적 사상이 亦多하니 彼全市街 중 금일까지 외인의 상점과 소유 가옥 토지가 殆無하고 當地 청년의 手로 간이도서실, 공원, 노동야학 학 등의 경영하는 것을 보와도 족히 推知할 것이다. 尙又 當地 인사 중 李基升氏의 경영하는 임업과(삼림 900町步) 농장(名曰 華林農場이니 투자 3만圓 보통농사 4町步 과수원 10정보 桑園 3정보) 機業場은 本郡에 유명할 뿐 안이

라 全道에 모범이 되겟고 金圭恒氏의 빈민 구휼과 中尾猪太郎氏의 교육 열심은 亦 斯世에 見키 難한 事이다.(中尾氏는 現 當地 普通學校長이니 氏는 특히 朝鮮人 敎育에 열심하야 자기의 수입으로 매년 졸업생의 유학비를 보조하고 기타 미행이 多함으로 當地 인사가 白華山 岩石上에 기념비까지 立함)

百戰古地 洪城郡

洪州는 湖省의 雄府다. 西南으로 海를 鎭하야 漕餉의 요충이 되고 東北으로 陸을 控하야 京都의 咽喉가 되얏다. 古昔은 막론하고 李朝初 이래로 重地로 視하야 兵甲을 置하고 성곽을 築하야 湖西 19郡의 진영을 삼엇다. 壬辰亂時에 光海君이 總理官으로 중요 宰臣을 率하고 此地에 來鎭하얏고 又 明將 陳璘, 體察使 李元翼이 계속하야 대군을 此城에 駐劄하얏스며 其後 寧原君 洪可臣이 此城을 守하야 李夢鶴의 亂을 平하고(宣祖 29년 丙申) 李太王 甲午에 東學黨이 李勝宇(其時 洪州牧 兼 招討使)에게 此에서 敗續하고 丙午年 閔宗植이 또 此에 據하야 의병을 起하얏다. 이 洪州은 유사 이래로 血風彈雨를 屢浴한 百戰의 古城이다. 古號는 海豊, 洪陽, 運州, 니 大正 3년에 결성과 합병하야 洪城이라 칭하고 11면 139리로 分하얏다. 면적은 26,8810方里 호수는 13,00(內日本人 206, 外國人 30호) 인구은 74141(內日本人 630 外國人 98)이다. 산업은 농업이 대종이니 其 주요산물은 97,932石의 米 3,2493石의 麥 5,887石의 小麥 등이오 기타 약간의 수산과 繭産 有하다. 교육은 普通學校 6, 小學校 2, 書堂 67이 有할 뿐이오. 일시 世에 선전하던 高等普通學校는 尙今 설립 운동 중에 在하나 전도가 아즉 요원하다. 尙又 종교는 기독교회와 천도교회가 有하며 교통은 京南鐵道가 郡 東을 직통하고 자동차가 四通八達하야 운수가 극히 편리하며 시장은 洪州, 廣川, 龍湖, 上村 등이 有하야 1년 매매고가 488,177 圓에 달하니 其中 廣川場은 자래 禮山 이남의 대시장으로 물화가 집중하고 且 철도가 개통된 후 수륙의 편이 구비함으로 장래 더 발전될 희망이 有한 것은 물론이다. 然而 洪州는 자래 인물이 배출하야 소위 金谷之文과 赤洞之武의 稱言이 有하더니(高麗崔瑩生於赤洞, 李朝成三問亦生於此, 赤洞卽今之火洞(등골) 金谷卽今之金洞) 시대 변천의 결과인지 근일에는 별로 활동의 인물이 少하고 청년은 대개 杏村花巷에 타락한 자가 多하며 東門 외 중요 시가지는 전부 외인의 手에 歸하고 古色이 창연한 東門만 의연이 殘雲落照 중에 立하얏다. 古를 思하고 今을 視하면 誰가 감개의 懷를 능히 금하랴.

湖西米倉 江景市

속담에 論山은 江景이로 꾸려간다고 論山을 논하자면 몬저 江景市를 말하지 안을 수 업다. 군청은 論山邑에 잇지만은 其外 일반 관청은 江景에 다 잇다. 江景은 論山郡의 경제적 중심지가 되는 동시에 장래 정치적 중심지까지 될 것이다(현재도 안인 것은 안이) 此地는 자래 朝鮮 3대 시장의 一로 平壤 大邱와 병칭하니 其 시황의 殷盛한 것을 가히 推知할 것이오. 年産米가 30여만石에 달함으로 특히 米의 江景이라는 칭호가 잇다. 위치는 忠南 全北 양도 경계선에 在하야 東南은 忠南의 일대 고산인 鷄龍山 大屯山脈 及 彌勒山으로써 界하고 西北은 양양한 錦江의 하류를 控하야 廣袤 약 20方里되는 大沃野다. 평야의 서방 錦江의 左岸는 一小峯이 잇스니 이는 玉女峯이라. 시가가 此山峯의 東南方에 橫在하고 南에는 風景이 絶佳한 彩雲山(고대 百濟王 遊樂之地)이 잇고 錦江의 지류되는 江景川은 瓢形과 如히 蜿蜒屈曲하야 市中을 관통함으로 舟楫의 便이 잇고 시가의 南에는 湖南鐵道가 개통되야 각종 운수가 극히 편리하며 尙又 목하 시공중인 防水閘門水道工事가 준공되면 시가의 면목을 일층 嶄新할 것이다. 江景은 최초 망막한 일대 습지로 蘆荻이 사면에 叢生하고 일편의 小山이 其中에 兀然이 獨在하얏슬 뿐이엿더니 距今 300년 전에 金氏라 칭하는 이가 其妻와 共히 來하야 此山 上에 一小屋을 結하고 거주하얏스니 此가 卽 江景 가옥 건축의 嚆矢오 其後 150여년을 經하야 當地 石雪山이 渼橋를 가설하야 中國과 교통하는 公路를 作하얏다. 차후로부터 이주하는 자가 점차 증가하야 습지를 매장하며 혹은 개착하야 遂히 금일에 일대 시가를 형성하얏다. 然而 本地는 元恩津郡 金浦面으로 大正 3년 郡面廢合의 際에 江景面이라 칭하얏스니 江景은 元江鏡으로 景과 音이 相似하야 景으로 통용하다가 今에 仍稱한 것이니 金浦는 상술한 金氏를 기념하기 위하야 작한 명칭이다(金氏 자손이 其地에 尙在함) 其 시가의 총면적은 46만 7,156평이니 其中 朝鮮人의 소유는 僅히 16만 8,709평여에 불과하고 其餘는 日本人(29만 1,265평) 及 中國人(7,181평)에 歸하얏고 又 호수는 2,087, 인구는 9,054니 其中 日本人 호수 343, 인구 1,305, 中國人 59戶 204口오 且 전 시가의 중요지와 대건축 대상점은 다 日本人 及 中國人의 소유가 되얏다. 시내학교는 私立養英學院(當地 宋秉直 設立) 私立萬東學校 東一講習所 외에 公立商業學校, 普通學校, 小學校, 가 잇고 회사는 日本人의 경영하는 자 6개 외 朝鮮人의 경영하는 三益社가 잇고 산업은 물론 農業 商業를 주로 하고 其次는 工業 水産業이다. 玆에 특기할 것은 음료수에 관한 事이니 자래 시내에 井戶가 別無하고 강수를 汲用하는데 심히 혼탁 불결함으로 此을 甕中에 貯置하얏다가 수일을 經하야 濁滓가 下墮한 후에 음용한다. 此水는 일견하면 위생에 극히 위험할 듯하나 사실은 不然하야 味가 甘하고 일시를 경과할사록 더욱 淸爽하고 腐臭가 無하야 瘴氣와 土疾에 有效하다 한다. 그럼으로 江景人 중에 유력한 家에서는 수 30의 水甕을 埋置하고 水를 貯置하야 三年水혹 五年水를 用하는 事가 잇는데 江景에서는 이 水甕의 多小로 其 재산의 정도를 可知한다 云한다. 然而 現에 시공 중인 수도가 未久에 준공되면 이 사실은 일종 歷史의 奇談이 될 것이다.

四通八達한 燕岐郡

　燕岐郡은 本道의 동방에 편재하야 忠淸北道와 상접하얏스니 燕岐 방면은 구릉의 기복이 有하나 대개 평탄한 중 특히 鳥致院 부근의 광야는 淸州평야와 連하야 一望無際의 大沃野를 형성하고 全義 방면은 東南에 峻嶺이 重疊하나 燕岐에 亦 평야가 不少하다. 교통은 京釜鐵道, 가 郡의 東北을 관통하야 鳥致院, 全義, 小井里, 三驛을 有하고 又 淸州와 鳥致院 간에 中央鐵道가 개통되고 公州와 鳥致院 간에 自動車 편이 有하야 全道 중 제일 발전되얏스니 실로 四通八達한 상업상 樞要의 地오 又 곡물의 집산지다. 군청은 鳥致院에 在하니 시내 호수는 1,013(日本人 333, 外人 19戶) 인구는 4,632(日本人 1,210, 外人 77) 然而 燕岐郡은 本百濟 豆仍只縣으로 新羅 時에 燕山이라 하고 李朝 太宗 時에 全義와 합하야 全岐라 칭하얏고 又 全義는 本百濟 仇知縣으로 新羅 時 金池라 칭하얏다.

忠南 新日本 大田郡

　本道 東南端에 在하니 동북 일대는 鷄足의 諸峯이 중첩하고 西南은 광막한 평야가 전개되야 遙遙히 馬耳山脈을 접하얏다. 邑을 分하야 南大田, 北大田이라 칭하니 北大田은 太田驛의 부근지로서 전혀 日本人이 거주하고 南大田은 역의 남방에 在하야 朝鮮人이 거주한다.

　본군은 원래 적막한 一寒村에 불과하더니 교통 기관의 완성 즉 京釜, 湖南 兩鐵道의 개통을 隨하야 急潮의 勢로 발전되야 今에 일대 도회를 成하얏다. 然而 전 시가의 중요지는 물론 전부 日本人이 占하야 호수 1,082호 인구 4,310인에 至하고 朝鮮人은 벽지에 산재하야 僅히 호수 402호 인구 1,949인에 불과한다. 試하야 太田驛을 下하야 시가를 一瞥하면 日本에 여행함과 如한 感이 有하다.

湖西雜感

青吾

《개벽》, 1924년 4월

인사의 말

　　나는 작년 봄부터 朝鮮文化 基本調查의 임무를 띄고 南으로 慶尙南北道
와 東으로 江原道 각군을 답사하얏다. 따라서 道號에 관한 기사도 만이 썻섯
다. 그 기사 중에는 물론 남의 호평도 썻겟지만 악평을 만이 썻다는 비난을
지방 형제에게 간접으로 다소 들엇다. 그런데 금년에도 또 계속적으로 신년
벽두에 忠南 일대의 답사를 始하야 2월 말에 겨우 畢하고 이제 기사를 쓰게
되얏다. 때는 벌서 陽春 3월이나 颯颯한 東風이 아즉까지 치워서 어른 붓이
자유로 돌지를 못하고 또는 나의 버릇이 그러한지 지방의 사정이 나로 하야금
그러케 맹기는지는 알 수 업스나 여전히 악평만 하게 된다. 그러나 내가 엇지
악평만 하기를 조와 하리오. 사실를 사실대로 쓰자닛가 자연 악평이 되는 것
이다. 試思하라. 兄弟-여 금일 우리 朝鮮에 잇서서 무엇을 그다지 자랑하며
무엇을 그다지 칭찬할 것이 잇는가. 總督府와 가티 각군의 孝子 烈女를 조사
하야 褒揚한다 하야도 만족할 것 안이며 군청 도청에서 자기 성적 자랑하기

위하야 과장의 보고하덧시 어느 지방이 엇지 발전되얏다고 선전하야도 만족할 것이 안이여 賣骨鬼의 족보장이나 吸金奴의 紳士寶鑑* 모양으로 無用無實의 문벌을 자랑하야도 또한 만족할 것이 안이다. 다뭇 우리는 서로 鞭撻하고 서로 警省식히는 수 박게는 업다. 독약이 口에는 苦하나 病에는 利롭고 忠言이 耳를 逆하나 行에는 利롭다. 우리가 이 점을 깁히 서로 양해하면 오해도 업고 비난도 업슬 것이다. 최후에 또 한 가지 말할 것은 답사한 시일이 벌서 遲遠하야 기사 중에 혹 과거담가튼 구절이 업지 안이하나 이것도 역시 事勢의 固然이라고만 알아주면 萬萬 감사할 뿐이다.

士夫鄕이냐 死腐鄕이냐

忠南은 朝鮮의 士夫鄕이다. 자래로 名人達士가 배출하고 따러서 문화가 또한 발전되얏섯다. 百濟 古都를 지낼 때에 누가 그 700년 간의 찬란한 문화를 추억치 안이하며 連山鐵釜와 恩津彌勒을 볼 때에 누가 그 彫刻의 장대한 것을 놀나지 안이하며 公州의 麻谷, 扶餘의 無量, 天安의 成佛 등 寺刹를 차질 때에 누가 감히 그 건축의 宏嚴한 것을 贊揚치 안이 하랴. 忠武公의 칼빗이 아즉까지 산하를 움직이고 古筠 선생의 革命血이 길이 청년의 뇌 속에 흐른다. 成忠, 興首의 直臣과 階伯, 黑齒常之, 崔瑩 장군의 義勇과 高興, 李穡, 李詹, 李達의 문학과 向德의 孝와 都彌夫人, 智異山女의 烈과 靜菴, 沙溪, 愼獨齋孤靑의 도덕이 다 忠南에서 산출하얏다. 과거의 역사를 보면 忠南은 참 士夫鄕이다. 그러나 근래에 至하야는 運이 盡하얏는지 碧海桑田의 感이 不無하다. 문명의 餘弊는 사치로 流하고 膏沃한 토지는 惰怠를 馴致하며 온화한 기후는 遊逸를 조성하얏다. 또 兩班 세력의 강대한 결과는 계급적 관념이 鞏固하고 빈부의 차별이 懸殊하고 남녀의 대우가 불평등하게 되얏다. 現시대에 부적합하고 대모순되는 일은 忠南 사람이 모도 도맛터 한다. 다시 말하면 忠南 사람은 遊逸, 惰怠, 虛榮, 妄尊, 奢侈, 浮薄, 外飾의 性이 具有하다.

그럼으로 여간 재산가는 자기 집 안방에 安臥하야 世無我關이라 하고 좀 활동한다는 사람은 仁川米豆取引所나 京城現物取引場에 가서 일확천금에 不勞自得하랴다가 전래의 재산을 톡톡 틀고 그렇치 안이 하면 회사의 중역이나 道評議員을 獲得하기 위하야 東拓 又는 殖銀에 土地를 잡혀 쓰고 만다. 또 無産者 중 보통의 사람은 京城, 仁川 등 도회지로 출몰하면서 땅 興成群 노릇을 한다. 일기나 좀 땃듯한 때에 京城 塔洞公園이나 仁川 萬國公園에 가보면 긴 담뱃대에 갓 쓴 鄕村兩班이 4,5人식 이 모퉁이 저 모퉁이 안저서 「허허, 웨그랴, 그래깐, 암마」 하고 숙덕숙덕하는 사람은 不問可知 忠淸道人이다. 그들은 자래로 남의 재산을 빼서 먹기는 하얏슬지라도 남을 주어보지는 못한 까닭으로 여간해서는 사회 사업이나 무엇에 동정치 안는다. 또 아즉까지도 兩班의 생각이 胸中에 충만한 고로 다른 사회나 인물을 그다지 안중에 두지 안는다. 이것이 모다 금일의 忠南이 他道에 낙오된 所以다. 古人은 忠淸道 사람을 淸風明月에 비하얏지만은 나는 細風殘月에 비하고 십다. 산하는 의구하나(山도 禿山) 前日士夫鄕이 於今에 安在哉오.

忠南七多

忠南에는 일곱 가지 만은 것이 잇스니 曰 米穀, 禿山, 乞人, 촌도부단니는 支那人, 自轉車 탄 상투장이, 振興會 門牌, 청년의 술장사 妾이다. 물론 忠南은 平野가 만코 토지가 비옥하야 자래 三南의 穀鄕으로 屈指하는 곳이닛가 米穀이 만으러니와 禿山이야말로 忠南의 명물이다. 唐津, 瑞山, 洪城, 靑陽 등지 몃 郡을 제하고는 산이 모도 뼈만 남고, 沙汰 天地다. 특히 天安, 牙山, 大田 등지는 연료가 업서서 풀뿌리, 禾粟의 글경까지 채취한다. 그럼으로 산은 해마다 버서지고, 토지는 점점 황폐한다. 또 乞人 만은 것도 可驚할 일이다. 시장이나 촌락을 물론하고 乞人의 때가 삼삼오오식 짝을 지여 돌아 단니며 金錢, 米穀,을 청구하고 밥도 어더먹는다. 其中에 江景市場은 乞人의 집합지다. 하루 아츰에 밥을 어드러 오는 자가 일가에 평균 7,8 人이다. 그들은 대개 불구자도 안이오. 사지가 성하고 멀정한 사람이다. 其中에는 3,40의 장정도 잇고 이팔방년의 처녀도 잇고 8,9세 내지 12,3세의 소년도 잇다. 특히 可怪한 것은 의복도 상당이 입고 은반지, 은비내를 가진 여자의 乞人이다. 그들은 乞人이라 하는 것보다 遊食之民이라 하는 것이 올타. 江原道나 西北道와 가티 自作自給하는 지방에서는 도저히 볼 수 업는 일이다. 이것은 자래 忠南人의 遊逸安惰하고 不勞自食하던 악습에서 나온 것이다. 其次에 支那人의 상업상 세력은 또 경시치 못할 것이다. 何地方을 물론하고 여간한 도시에는 支那人의 상점이 獨權을 점하고 촌에는 唐木, 廣木 물감 등 物을 가지고도 부단니는 자가 퍽 만어서 朝鮮人으로는 도저히 상업상 爭衡을 못한다. 鄭鑑錄에 魚羊亡於古月이라더니 忠南은 참 支那人에게 상업상 정복을 당하얏다. 그리고 탄탄한 대로에 자전거 탄 상토장이가 왓다갓다 하는 것도 볼 만 하거니와 도청 명령 하에 발기된 振興會(그 목적은 不問可知)의 문패도 京城의 소위 국유지에 백힌 總督府 말둑 수만이나 하다. 또 기괴한 것은 상당 신분과 명예가 잇다는 청년의 술장사 첩 둔 것이다. 어듸던지 우리 朝鮮 사람이 蓄妾을 하는 弊習이 잇지만은 대개는 하이카라적으로 蓄妾을 하는데 忠南 사람은 영업적으로 蓄妾을 한다. 학교 교원, 청년회 간부로서도 酒商하는 妾을 두고 그 집에서 숙식하고 객과 대작한다. 또 酒商 女子이닛가 물론 타인 남자와 비밀 관계도 만이 잇슬 것이다. 그러나 그들은 不顧體面 不顧廉恥하고 泰然自若한다. 이것이 不生産的으로 卜妾하야 두는 것보다는 찰아리 나흘는지 알 수 업스나 일은 안이다.

南餅北麵

黃平兩西나 關東關西을 가면 四時 물론하고 국수에 퇴를 낸다. 음식점에도 모도 국수요. 별식도 국수요, 연회에도 국수다. 국수 빼놋코서는 별로 먹을 것이 업다 하야도 可하다. 그러나 忠南은 국수의 구경도 할 수가 업고 그 대신에 떡국이다. 별식도 떡국 술안주도 떡국 음식점도 대개 떡국집이다. 이것은 물론 南鮮은 산악이 만코 기후가 한랭하야 蕎麥이 다산하고 南鮮은 평야가 만코 기후가 온화하야 미곡이 多産하는 까닭이다.

以食爲天乎

忠南의 농가는 먹다가 판이 난다. 한참 농사 시기에는 하루에 8,9차식을 먹는다. 조반, 아츰견누리, 점심, 저녁견누리, 석반은 물론이고 其 새에 또 샛밥, 샛술이 몃 번 식이다. 그래도 일하는 농군만 먹으면 오히려 관계치 안치만은 한 집에서 일을 한다 하면 일하는 사람의 전 가족이 다 모혀들어 의례이 먹는다. 이것은 역시 전일 兩班의 집에서 나온 弊風이다. 즉 兩班은 농업을 주업으로 하지 안코 官史 단니면서 부업으로 하얏다. 다시 말하면 농업을 생산적으로 하지 안이하고 오락적으로 하얏다. 농군을 먹이는 것도 일을 잘 하라고 먹이는 것이 안이오. 畜生과 가티 잘 먹는 구경을 하고 또 어느 兩班님의 집에서 잘 먹인다는 칭송을 듯기 위하야 먹인 것이다. 이것이 兩班과 兩班 사이에 한 경쟁이 되야 금일에 일대 弊俗을 成한 것이다. 물론 民은 以食爲天이라 하지만은 忠南에서 此 弊習을 몬저 개량치 안이하면 農事 改良이니 무엇이니 하야도 農經濟는 困難을 면치 못할 것이다.

立場 困難한 忠南의 郡守

어느 지방이던지 군수 노릇하기가 그다지 쉽다구는 할 수 업지만은 특히 忠南은 군수 노릇하기가 매우 곤란하다 한다. 본래에 兩班의 세력이 강대하닛가 兩班을 배척하고는 군행정을 잘 할 수 업고 兩班을 좀 친근히 하면 의례히 청구가 만타. 면장도 식혀다구 직원, 학무위원도 식혀다구 심지어 면협의원 급사, 서기까지도 식혀달나구 청탁한다. 듯자하니 될 수 업고 안 들으면

불평을 품는다 한다. 이것은 忠南 某 군수의 실지 경험담인데 忠南 사정에
한 참고거리.

爲人設郡

忠南은 지방이 협소하지만은 자래로 郡이 썩 만엇다. 3郡 或 4郡을 합병한
금일에도 면적상으로 보면 他道보다 비교적 군이 만타(元 37郡으로 今爲14
郡) 그러면 何故로 忠南은 특별이 군이 多하얏는가. 이것도 역시 전일에 세력
만은 兩班이 자기네의 편리를 위하야 군을 多設케 한 것이다. 즉 수령이란
벼슬은 욕심이 나지만은 王都와 거리가 稍遠한 지방은 가기가 실음으로 王都
각가운 忠淸道에다 수령 자리를 확장하기 위하야 郡을 다수히 설치하게 된
것이다. 이는 참 爲人設官이오. 구시대에 소위 兩班이란 자가 국권을 擅弄하
던 好標本이다.

南國無佳人

南男北女란 말은 누구던지 다 하지만은 꼭 忠南에 적절한 말이다. 忠南의
男子는 兩班 계급이던지 평민 계급이던지 유산자던지 무산자던지 대개 얼골
이 허멀숙하게 잘 생겻스나 女子의 인물은 별로 볼 것이 업다. 물론 내외의
풍이 심한 까닭으로 상당한 가정의 女子는 잘 볼 수가 업고 보통 중류 이하
계급의 女子 즉 생활상 困難으로 육체미가 잘 발달도 못 되고 의복도 잘 못
입고 화장도 잘 못하는 女子 뿐 외출을 하는 고로 그러하다고 말할 수도 잇다.
그러나 중류 이하 계급의 女子는 반듯시 미인이 업다는 理由가 어듸 잇슬냐.
西北이나 江原道의 平昌, 旌善을 보면 중류 이하 계급의 인물이 도로혀 미인
이 만타. 그것은 육체적 勞働을 하고 자유의 생활을 하는 고로 천연의 미가
발달되는 소이다. 하여간 忠南은 미인이 업다. 자래 忠南의 臨邛이라 하는
泰安과 洪城의 廣川瓮岩浦와 公州의 大通橋(今 公州橋)등지에도 今에는 폭

풍우를 經한 春山과 가티 一枝名花를 볼 수가 업고 寂寂寥寥하다.

나는 무엇을 가지고 선전하란 말인가

慶尙道나 江原道에 가서 其 地方의 형제를 대할 때에 나는 그이들에게 이번 기회에 지방 사정을 가급적 잘 소개하고 선전할 터이니 기사 재료를 공급하야 달나고 하면 그이들은 반듯시 말하기를 우리 지방은 아모 것도 업서서 도리혀 북그럽다 하고 또 공격을 만이 하야달나

하며 자기의 힘 잇는대로, 자기의 아는 데까지 재료를 만이 공급하야 준다. 그러나 忠南은 전연 반대이다. 만나는 마당에 자기네가 몬저 우리 지방을 잘 소개하야 주시오 한다. 우리 청년회, 우리 학교, 우리 무엇 심지어 哀慶相助會, 普通學校學父兄會까지 잘 선전하야 달나고 한다. 그러되 결국 사실을 기록하야 달나면 차일피일하고 안이하야 주며 작구 독촉하면 후일에 본사로 직접 송달한다고 한다. 이것이 다 무슨 허위며 外飾이냐. 그래 나는 아모 것도 업는 백지를 가지고 선전하고 소개하란 말이냐. 아이구 답답아.

公州乎아 空州乎아

公州는 忠南의 도청소재지오. 富力으로 말하야도 全道에 몃재 안이가는 雄州다. 그러나 민간의 사업은 아모 것도 볼 것이 업다. 몃 개 부호들의 고리대금업하는 數種의 회사, 조합 외에 일반 공익적 사업은 참 업다. 純朝鮮人의 경영으로는 小學校 한아도 업다. 완전한 강습소도 업다. 青年修養會인가 무엇이 잇서도 역시 유명무실이다. 간부는 명예간부이니까 그러한지 집에서 白鷗詞만 부르고 잇스며 회관은 밤낫 보와야 사람의 影子도 볼 수 업고 집보다 더 큰 문패만 덕 부터서 바람과 눈하고 싸운다.(요새이는 婦人夜學을 하지만) 참 한심도 하고 기가 막힌다. 其中에 특히 발전된 것은 화류계와 감옥이다. 料理집으로는 무슨 館 무슨 屋하는 것이 엉성 듬웃하야(기생잇는 料理집 5호,

색주가 料理屋 38호) 밤낮으로 새장구 소리가 鳳凰山(道廳後山)을 들들 울이고 또 시장 부근에는 出役하는 囚徒가 5,60명식 떼를 지여 누구를 위하는지 피땀을 흘니며, 영치기 영차 하고 돌아다인다. 아모던지 錦江을 건너서 산성 모통이로 들어오다가 첫번에 宏大한 감옥이 州口에 잇고 囚徒들이 滿山遍野하야 작업하는 것을 보면 놀납고도 이상한 감상이 잇슬 것이다. 감옥이 公州의 간판인가, 광고인가, 模範場인가. 엇지하야 구태여 公州의 초입문에다 설치하얏나. 물론 거긔에도 여러 가지 사정이 잇슬 것이다. 그러나 사회도덕으로 하던지 도회 미관으로 하던지 아동의 교육으로 하던지 감옥을 현지에 두는 것은 당국의 부적당한 일이다. 찰아리 도청과 위치를 박구엇스면 시가의 발전도 낫고 또 鳳凰山 꼭댁이에서 죄수를 간수하기도 편리할 것이다. 하여간 公州는 화류계와 감옥이 제일 발전되얏다.

開闢은 入學試驗에 大禁物

작년 3월이다. 公州師範學校에서 입학시험을 치르는데 엇던 학생 한 아이 시험 답안에 日本을 內地도 쓰지 안이하고 日本이라 썻다고 소위 교원이라는 자가 그 학생을 叱之辱之한 후 또 책보를 수색하다가 開闢 한 권이 잇는 것을 발견하고는 『此漢이 원래 不逞者』라 하고 즉시 퇴장을 명하얏다 한다. 日本을 日本이라 한 것이 무슨 과실이 되며 상당한 법령에 의하야 발행한 開闢을 강독하는 것이 무슨 欠節이 되는가. 此等 몰상식의 무리가 소위 師範學校의 교원으로 잇스니 朝鮮의 교육이 얼마나 한심한 것을 가히 추측할 것이다. 금년 입학시험에는 또 엇지 되얏는지 알 수 업거니와 이후에는 학생 모집 광고를 할 때에 맛치 年齡은 몃 살 이상, 禁錮 이상 刑에 처치 안이한 事 등을 列記하는 것과 가티 미리 開闢을 購讀치 안이하는 자, 日本을 內地라 하는 자 등 주의을 첨부하는 것이 조켓다.

此後更不用文字日語如何

忠南 道知事 金寬鉉 군의 문자 잘 쓰는 것은 세인이 다 아는 바이다. 인민에게 납세 잘 하라고 권고할 때에는 「인민이 납세를 잘 안이 하면 斯文亂賊이 된다」하고 桑苗木을 분배할 때에는 論語에 孔子가 말슴하시기를 五畝之宅에 樹之以桑이라 하얏스니 인민도 뽕나무를 잘 심어야 된다」고 하는 등 今文無古文無의 절도할 말이 만탄다. 그는 다만 문자만 잘 쓸 뿐 안이라 또 日本말도 퍽 유창하게 잘한다. 다른 사람이야 잘 듯던지 못 듯던지 생각나는 대로 소리 나오는 대로 한다. 금번에 나를 대하야서도 자기가 日本말 잘하는 자랑인지 나를 시험하랴고 그러는지 알 수 업스나 첫 인사가 「아나다개벽기자데스네」(의미인즉 貴公 開闢社デス子인듯)라 하고 또 이여서 「개벽기도잇다라 항이가히로이데스네, 상고이라이가라이마마데노이로이로노고도자나이데스가」(開闢卜云ッタラ範圍ガ廣イデスネ上古以來カラ今迄ノ色色ノ事ヂャナイデスカ) 하더니 또 廣口를 開하고 「시가시와닥시노도와마다면세이 가짓시사렌노데조사가무스가시데스」(シカシ私ノ道ハ面制ガ末ダ實施サレンノデ調査ガ六ケ敷イデス)라고 要領不得의 新式 日本말을 한다. 그런 日本말은 참 「진통」 사람으로는 알 수가 업고 세계에 「막집」을 하야도 엇기 어려울 것이다. (진통은 普通, 막집은 募集이니 이 말도 初出於金氏 故로 仍用) 물론 金氏는 학자님 자손이오. 日本말 덕분에 금일에 지사까지 되얏스닛가 不可不論語孟子의 문자도 써야 하겟고 日本말도 해야되겟지만 이후는 그러케 남용을 하지 말엇스면 엇더할지.

이름이 조와서 秋月인가

나는 忠南 지방을 별로 단녀보지 못한 까닭에 여러 가지가 다 생소하얏다. 심지어 여관까지라도 남에게 물어야만 가게 되얏다. 瑞山에서 洪城으로 갈 때에도 엇던 사람에게 洪城은 어느 여관이 제일 조흐냐고 물엇더니 그는

李秋月의 집이 제일이라고 말한다. 차에 나려서 洪城 사람에게 또 물으니 그도 역시 李秋月의 집을 가르친다. 나는 혼자 생각하기를 秋月이는 이름 ──기니와 여관도 참 잘 하는가 부다 하고 언제나 친한 사람인듯시 이 골목 저 골목을 돌아서 차저가니 급기야 조고마한 초가에 옥내가 별로 깨끗지도 못하고 주인 秋月이라는 女子는 반나마다 늙고도 빡빡 얽은 데다가 검기도 어지간 하다. 게다가 금니는 해박어서 말을 할 적마다 반작반작 하는 것이 닷쳐 우박 마진 재덤이에다 죽어가는 깝북이 볼이 반작거리는 것도 갓고 썩은 대추나무 등걸에 개똥 불이 비치는 것 갓다. 나는 처음부터 정이 뚝 떠러젓다. 그러나 不以貌取旅館이라 하고 빈 방이 잇느냐고 물엇더니 秋月婆는 풋돈양이나 잡은 까닭에 뱃대가 넘모 벗고 또 내가 아모 行具도 가지지 안이하고 흙투성이 구두에 숫달 금음날 들어스니까 무슨 殊常之人거나 그럿치 안으면 노자가 떠러저서 名日의 공떡국이나 신세지러 온 사람으로 알는엇지 불친절한 어조로 名日 밋이 되야 손님을 안이 들인다구 한다. 나는 슬금어니 감정이 나서 새로 배운 忠南의 느린 어투로『그러면 구만두어...어듸 가면 여관업게깐』하고 뒤통수를 툭툭 치고 나오다가 연필를 끄내서 陶靖節의 秋月揚明輝란 글구를 고치여 秋月伴名輝라고 대문 박 벽에다 써부치고 왓다. 허허 우숩다. 이 세상에 허명을 가지고 사람을 속이는 자가 엇지 이 秋月이 뿐이리오만은 참 괴심하다.

山歌村笛亦難聞

唐人 白香山은 江州司馬로 잇슬 때에「豈無山歌與村笛嘔啞嘲哳不忍聞」이라고 탄식하얏다. 그러나 나는 忠南 일대를 여행하는 중에 山歌村笛도 들어보지 못하얏다. 忠南은 참 寂寞鄕이다. 음악도 업고 극장도 업다. 예술이 발달되지 못한 우리 朝鮮에서 어느 곳이던지 다 일반이겟지만 그래도 黃平兩西에는 守心歌가 잇고 全羅慶尙道에는 六字拍이와 伽倻琴이 잇고 江原道에

는 아리랑 타령이 잇서 樵童牧叟라도 곳곳마다 노래를 한다. 그런테 忠南은 그것도 업다. 瑞山 泰安은 원래 歌鄕이니 律鄕이니 하야 속담에 瑞山가서 시조하는 척 말고 泰安가서 잡가하는 척 말나는 말까지 잇지만은 이것도 과거의 역사담이오 지금은 별로 업다. 冬節인 까닭에 蛙鼓鶯歌도 드를 수 업고 물 건너 고양이떼가 여간 重要地는 모도 유린하는 까닭에 닭의 소리도 들이지 안는다. 아-忠南의 형제는 무슨 취미로 살며 무슨 희망으로 사는가. 올타 논이 만으니까 이밥 자미에나 살가. 논도 6할 이상은 외인의 손에 다 들어갓스니 이밥인들 엇지 잘 먹으며, 제 논이 잇다 하야도 산에 나무가 업스니 생쌀만 먹고 사나 생각하면 속만 답답하다.

大和忠魂과 槿域毅魄

洪城의 南山公園에는 놉히가 수십 척이나 되는 소위 哀悼碑가 송림 중에 웃둑 섯다. 그 비는 丙午年 閔宗植 義兵에게 죽은 韓日 양국의 警官을 褒賞 紀念하기 위하야 세운 것이다. 그 비의 글시는 당시 천하명필 李完用이가 쓰고 비명은 萬古文章 金允植이가 지엇다. 비명 중에는「大和忠魂槿域毅魄」의 구가 번듯이 뵈고 其外에도 별별 가관의 구절이 다 잇다. 참 日韓合邦에 大勳功이 잇는 문장명필의 高名도 이 비와 가티 기념될 것이다. 그러나 의병이라고 자국을 위하야 이러낫다가 폭도로 몰녀 참살을 당한 수백 동포의 원혼은 何面目으로 상대하는지 지하에 在한 雲養故人에게 一問코자 한다.

白晝에 잠고대

忠南에서 土倭의 별명을 듯는 군수가 누구냐 하면 노상행인이라도 다 天安郡守 尹*求 君을 가르칠 것이다. 尹君은 언제부터 고리 알들한 大和人이 되얏는지 자기는 물론이고 가족까지라도 朝鮮 옷은 절대로 입지 안케 하고 日本 옷만 입게 하며 자녀들도 日本 말만 하게 한다. 그리고 日本人이 무슨 사업을 한다 하면 埋頭沒身하고 극력 원조하나 朝鮮人 사업에는 추호도 동정치 안이 한다. 또 인민에 대하야는 言必稱近來人心이 악화되야 官尊民卑를 모른다고 痛論한다. 이것이 白晝에 안저서 무슨 잠고대인가. 그래도 직무상에는 퍽 충실한 사람이다. 전일 세무관리로 잇슬 시대에 자기의 從兄까지 납세 안이 한다고 때리고 밧엇고 卽今도 官物이면 신중이 알어 邑誌가튼 것도 남을 잘 빌녀주지도 안코 郡勢一班은 인쇄비 들갑아 맹기지도 안엇다. 참 君은 금세에 난득할 良太守다.

彩雲橋上鶴徘徊

忠南 지방에 여행하는 사람은 누구던지 다 속이 답답할 것이다. 상토장이 兩班을 보와도 속이 답답, 빨간 산을 보와도 속이 답답 얼골 못 생긴 女子를 보와도 속이 답답 달팽이 껍질 가튼 왜소한 가옥을 보와도 속이 답답 千呼萬喚하야도 대답 잘 안이 하고 심부름 식허도 느리게 하는 여관집 뽀이를 보와도 한 시간에 4, 5 차식 고장 생기는 자동차를 타도 다 속이 답답하다. 그러나 한 가지 상쾌한 것이 잇다. 그것은 즉 唐津平野의 鶴구경이다. 이 鶴은 朝鮮의 명물인 동시에 唐津의 특산이다. 그 종류도 만커니와 수도 또한 만타 아모리 塵世俗客이라도 彩雲橋에 倚하야 그 부근에 수 30의 羽衣客이 공중으로 翩翩하며 戛然長鳥하는 것을 보면 자연이 兩腋에 仙風이 부러서 三淸世界로 入하는 듯 할 것이다. 軍國主義고, 帝國主義고 최신의 社會主義, 共産主義까지도, 다 흉중에서 소멸되고 淸淨高潔한 초인간적 관념이 생긴다. 자래로 鶴을 指하야 仙鶴이니 羽衣道士니 한 것도 역시 緣由가 잇는 것이다. 이제 唐津의 鶴은 또한 당국에서 특히 보호하야 일반의 포획을 엄금한다. 그러나 年前에 齋藤總督은 忠南을 巡遊할 時에 이 唐津의 鶴을 구경하고 기념적으로 某 여관에 鶴見館이라 題額도 하고(現存) 또 一隻의 鶴을 生擒하야 가저간다 한다. 總督의 세력은 참 위대하다. 保護鳥까지도 잡아갓다. 그 鶴은 於今平安否아.

嗚呼偉人志士同一丘

牙山郡 溫陽里 北方으로 약 2리 반을 가면 陰峯面 山亭里가 잇고 其 洞里 國壽峯下 小丘中腹에는 거대한 一墓가 잇스니 이는 萬古 偉人 李忠武公의 幽宅이오. 또 同郡 邑內 西隅에는 小丘陵이 잇스니 其 中腹은 甲申革命黨 수령으로 千古의 遺恨을 抱하고 만리 고역인 上海阜頭에서 不歸客이 된 金玉均 선생의 葬地다. 兩公이 비록 시대가 상이하고 처지가 상이하고 행사가 상이하고 성패가 상이하고 死場이 상이하고 세인의 이해가 상이하나 피차에 국가를 위하고 민족을 위하야 身을 희생에 供하기는 일반이다. 今에 偉人과 志士가 동일히 牙山 지하에서 永眠하게 된 것은 또한 一奇緣이다. 만일 兩公의 英靈이 금일까지 尙在하야 故國事를 생각한다 하면 비록 泉臺下에서라도 엇지 안연이 目을 瞑하리오. 그의 칼은 반듯시 움즉이고 그의 피는 반듯시 뛰리라 嗚呼哀哉.

附記 李忠武公의 廟도 또한 溫泉里 北方 1리 許峙面 白岩里에 잇스니 其 廟下에 公의 자손이 世居하야 당시 유물 戎刀, 屛風, 劍帶, 手墨 등을 보관하고 又 金玉均墓는 日本靑山墓地 及 本鄕駒込眞淨寺 2개소가 有한데 此 牙山 邑 墓는 養嗣子 金英鎭氏가 此地 郡守로 在할 時에 金氏 夫人의 시체와 金氏의 遺髮을 매장한 것이다.

立春時節雨紛紛

洪城郡은 여러 번 亂離를 격근 곳이다. 宣朝時에 李夢鶴의 亂도 격고 甲午東學亂도 격고 丙午義兵亂도 격것다. 그럼으로 그곳의 인민들은 驚弓之鳥 모양으로 항상 不安之心을 품어서 조곰만 하야도 疑懼와 恐怖가 만타. 然中에 공교이 李夢鶴의 亂은 丙申年, 東學亂은 甲午年, 義兵亂은 丙午年인고로 丙年이나 甲年을 당하면 특히 不安之心이 더 만타. 금년은 마침 甲子年인데다가 정월 2일부터 때 안인 비가 연 3일을 계속하야 막 쏘다지고 개천물이다 漲溢한 까닭에 미신 만은 故老들은 立春時節에(陰 正月 1日 立春) 大雨가 오는 것은 난리의 징조라고 서로 말하야 인심을 동요케 한다. 난리 만이 격고, 미신 만은 지방에서 容成無怪한 일이다만은 난리는 난리오 비는 비지 비가 난리에 하등 관계가 잇는가. 그네들로 하야금 天文學은 구만 두고 千字만 잘 읽어서「雲騰致雨」의 의미만 이해하야도 이러한 미신은 업슬 것이다.

滿城槿花爲誰春

無窮花는 朝鮮의 國花다. 세계 희유의 식물이다. 자래로 朝鮮을 槿域이니 槿園이니 하는 것도 이 無窮花가 잇는 까닭이다. 그러나 우리는 이 귀중한 국화를 애호할 줄을 알지 못하야 별로 재배치 안이 함으로 극히 희소하게 되얏다. 도회지의 공원이나 유력가의 정원에 幾株式式 或 有할 뿐이오. 심지어 엇던 지방에서는 無窮花 이름도 잘 모르게 되얏다. 그런데 洪城은 특히 無窮花가 만이 잇다. 울타리도 하고 정원도 꿈이고 길가에도 잇고 밧둑에도 잇다. 貧家에나 富家에나 官家에나 民家에도 다 잇다. 幾千年間을 산간벽지에 처녀와 가티 잇서 無名無色하던 櫻花가 槿花八域을 침입하야 片時春光을 자랑하는 이때에 獨히 洪城에 槿花가 만이 잇는 것은 기이한 일이다. 이제 洪城의 중요 시가지는 모도 日本 사람의 수중에 귀하얏다. 朝陽門 外(東門)의 즐비한 2층집과 비옥한 토지는 모도 某次郎 某兵衛의 소유다. 이 無窮花는 주인의 박권 것도 알지 못하고 儼然이 호로 서서 暴風寒雪과 싸우며 春光를 기다린다. 나는 이 無窮花 나무를 대할 적에 감개가 또한 무궁하얏다.

섬中 有女顏如玉

唐津 군청에서는 농가의 부업을 장려하기 위하야 음력 세모에 특히 繩叺品評會를 개최하얏다. 현장에는 叺織 機械를 놋코 엇던 농촌 총각 한 아이 모범적으로 치는데 참 선수엿다. 얼골은 둥글넙적하고 머리 꼬리는 짤너서

격고리 동정과 싸울만 한데 향촌의 특색인 붉은 당긔를 멋잇게 척 따느리고 안저서 쿵덕쿵덕 장단을 마처 친다. 그 총각은 13세부터 가만이 치는 법을 배워서 今 18세 약 5년간을 계속해 친고로 퍽 練熟하야 1일 보통 20枚(現價 약 3圓)는 無慮히 친다 한다. 그것만 하야도 保妻子는 넉넉하다 하야 其 부근의 사람들은 빈한함을 불구하고 사우를 삼으랴고 자청한 사람이 만타 한다. 참 사람은 아모 일이던지 잘 하고 부지런하면 되는 것이다. 전일에는 書中有女顔如玉이라더니 금일에는 섬中에도 有女顔如玉이다.

南國山川多鴈影

京城 이북의 사람으로서 음력 12월이나 정월에 기럭이의 구경을 하랴면 열대의 사람으로 어름 구경하기보다도 더 어려울 것이다. 따라서 深冬期에 詩에나 노래에다가 기럭이를 쓴다 하면 물론 철도 안이오 格도 안일 것이다. 그러나 忠南은 기후가 온화하고 평야와 해안이 만은 까닭인지 冬節에도 기럭이가 만타. 산에도 잇고, 들에도 잇고, 해변에도 잇고 공중에도 잇다. 특히 天朗氣淸하고 夜靜月白한 時에 수천의 群鴈이 隊를 作하야 이 세계는 자기의 낙원으로 思하는 것 가티 自來自去하며 叫號하는 것은 참 볼만도 하거니와 天涯萬里에 孤寄한 客과 孤燭香閨에 相思하는 人으로 하야금 한 번 그의 소리를 들으면 자연이 斷腸의 淚를 禁치 못할 것이다. 忠南은 과연 鴈國이다. 朴楚亭 詩에 南國山川多鴈影의 句는 실로 此 忠南에 적절한 詩이다.

忠北踏查記

車相瓚

《개벽》, 1925년 4월

踏查記를 쓰기 前에

나는 작년 1월에 忠淸南道를 답사하엿더니 금년 1월에 또 忠淸北道를 답사하게 되얏다. 道는 비록 南北이 다르고 해는 역시 昨今이 다를지라도 가튼 1월에 가튼 忠淸道를 답사하게 된 것은 한奇緣인 듯 십다. 그러나 작년 忠南을 답사할 때에 여러 가지로 落望을 한 나는 忠北을 떠날 때부터 아모 흥미를 가지지 못하엿다. 더욱이 忠淸北道는 全鮮 중 最小의 道로 해안선이 一寸도 無한 山國이오 교통도 불편하고 産物도 빈약하고 시대의 문화도 他道보다 낙오된 것을 미리 짐작한 까닭에 답사하고 십푼 용기까지도 별로 업섯다. 그런대 實地 답사를 하고 보니 과연 情神上으로나 物質上으로나 아모 소득이 업다. 忠南보다도 더 허무하다. 忠北은 참 白板의 세계다. 山野는 前日 소위 양반의 害虫이 다글거리어서 赤地가 되고 사회는 儒生의 腐菌이 아즉까지 잔존하야 新氣脉이 돌지 못하며 都會와 沃地는 舶來의 寄生虫이 모다 侵蝕하야 一般民衆은 다만 赤身으로 아모 精神과 活氣가 업시 飢餓에 悲泣하고

荒野에 방황할 뿐이다. 全道가 마치 兵火를 치든 都會, 暴風을 지낸 사막과 가튼 感이 잇다. 따라서 記事에도 특별한 재료가 업다. 그런대로 말하자면 惡評 외에는 別로 업다. 그러나 필자인들 엇지 惡評을 好하랴. 사실을 사실대로 기록하랴닛가 자연 世人의 云하는 바 惡評이 되고 만다. 작년 忠南道號를 발표한 뒤에 忠南의 일부 양반들은 자기 道를 侮辱하얏다고 불평을 부르지지며 심지어 엇던 頑固는 자기 자손에게 양반 욕하는 開闢을 購讀치 말나는 敎訓까지 하얏다는 傳言을 드럿다. 아- 그것이 무슨 몰상식한 自滅의 짓이냐. 물론 盲者를 보고도 눈먼 사람이라면 설어하고 蹙者를 보고 절눙발이라면 조와하지 안을 것은 사람의 常情이다. 그러나 醜女가 明鏡을 멀니하면 自貌가 점점 더 추해지고 病者가 良藥을 실혀하면 자신만 더 위태할 뿐이다. 필자의 言이 엇지 明鏡이 되며 良藥이 되리라 감히 自處하리요만은 狂夫의 言도 一助도 잇는 것가티 엇지 無益하다고만 하랴. 소위 惡評이라고 하는 그 말 속에는 無限한 아픔과 쓰림이 잇슬 것이다. 今番에 忠北道號를 발표하면 또 엇더한 비평이 잇슬지 알 수 업다. 惡評이라 하던지 善評이라 하던지 그것은 全然 독자의 公眼에 막기거니와 아모조록 잘 보와달나고 부탁할 뿐이다. 그리고 忠北의 山水勝地인 丹陽 堤川 報恩 3郡은 부득이한 사정에 의함이나 빼놋코 가지 못한 것은 그곳 兄弟에 대하야 무엇이라고 말슴할 수 업는 큰 遺憾이다. 그러나 이 다음의 기회가 또 잇스닛가 그것으로 적은 위안이 된다. 최후에 또 忠北에 게신 여러 兄弟에게 답사 중 만히 愛護하야 주신 것을 謝하고 만다.

總論

全國 中 最小한 그의 位置와 面積

本道는 朝鮮 中央部의 稍南에 位하야 北은 江原道, 西北은 京畿道, 西는 忠淸南道, 南은 全羅北道, 東은 慶尙北道를 界하얏스니 면적이 전국 중 最小

하다.(東經 120度 20分-128度 38分, 北緯 35度 52分-37度 20分, 東西 약 360여 리, 南北 약400여 리 면적 489方里)

尺寸의 海岸線이 無한 그의 地勢

　지형은 東西로 橢曲하야 半灣形을 成하얏스니 3面에 峻嶺이 包圍하고 尺寸의 해안선이 無하니 道內에는 도처에 山岳이 重疊하고 평야가 乏하다. 北은 漢江의 流域의 忠州平野를 始하야 幾多의 豊饒한 小沃野가 有하고 南은 錦江 流域에 淸州, 鎭川, 永同, 報恩의 沃野가 有하며 且 漢江은 舟楫의 便이 有하야 自來 運輸交通이 편리하고 東方에 運亘한 鳥嶺 竹嶺 兩大山脈에는 無盡의 鑛物과 森林이 有하니 日本人은 此道의 地勢를 日本의 甲斐信濃과 彷彿하다 稱한다. 然而 本道의 山川은 二大山脈과 二大河流로 구분함을 可得할지니 즉 鳥嶺山脈은 南西로부터 東北으로 走하고 竹嶺山脈은 東南으로부터 西北에 향하야 蜿蜒屈曲하다가 忠州 德周山 地方에 會하야 儼然이 東南의 一障壁을 成하고 繼하야 丹陽의 小白山脈, 報恩의 俗離山脈, 永同의 三道峯 白華山, 堤川의 月岳, 白雲, 錦繡 諸山과 槐山의 七寶山이 되얏스니 忠北一道의 大小山脈은 대개 此 二大山脈의 支系라 하겟고 又 河流는 漢江, 錦江이 大宗이니 즉 漢江은 其 水源을 江原道에서 發하야 丹陽, 堤川, 忠州, 槐山, 陰城 지방의 諸流를 合하야 京畿道로 入하는 바 此에 속한 著名한 支流는 槐山 大元山下에서 合流하는 槐山川, 陰城의 迦葉川 忠州의 達川 江原道 原州雉岳山에서 發하는 周浦川, 廣灘이오 錦江은 西南諸流를 합하야 忠南에 入하니 其 最著한 者는 鎭川, 陰城, 淸州 諸郡의 水를 合한 八結川, 美湖川, 芙江下流에서 합하는 永同川, 松江, 石川 등이다.

腥風血雨를 經한 그의 歷史

　本道는 古昔 三國의 接壤之地로 淸州, 文義, 懷仁은 忠南을 근거로 한

百濟. 沃川, 永同, 黃澗, 靑山, 報恩은 慶北을 근거로 한 新羅. 鎭川, 淸安, 陰城, 槐山, 忠州, 延豐, 丹陽, 淸風, 堤川, 永春 지방은 北方 高句麗에 속하야 三國이 서로 城壘을 築하고 寸山尺土의 쟁탈을 是事하얏스니 즉 淸州에는 百濟의 上黨城 古址가 잇고. 報恩邑 南方에는 新羅의 三年城이 잇고 기타 丹陽의 道樂城, 堤川의 紺岩山城, 永春의 城池古城은 다 高句麗의 유물이다.

濟麗가 망하고 新羅가 統一함애 本道도 역시 新羅의 版圖에 入하얏다가 高麗를 歷하고 李朝에 入하야는 全道가 또한 일시 戰地로 化하얏스니 즉 壬辰亂에 加藤淸正은 慶州 安東 豊基를 掠하야 竹嶺을 踰하고 小西行長은 尙州 聞慶으로 鳥嶺을 過하야 兩軍이 忠州에 會合함에 申砬장군의 彈琴臺 戰敗와 共히 忠州 附近 列邑이 其 兵馬에 蹂躪되고 又 小西의 一枝帶는 秋風嶺을 經하야 소위 三南中道로 북진코자 하다가 黃澗에서 張智賢의 방어병과 交戰하야 同地가 일시 焦土로 化하고(其時 張公 戰敗 殉節) 또 淸州 西外 華淸嶺은 (國士峯) 趙重峯이 당시 日兵을 대파하얏슴으로 그의 碑가 지금까지 屹立하얏다. (元在 西門外 今移于 道廳構內) 壬辰 後 朝鮮政府는 前事를 鑑하고 南寇의 防備를 엄히 하야 忠州 及 淸州에 都護府 牧師 겸 防禦使를 배치하고 更히 淸州에 兵馬節度使를 置하야 鎭守케 하얏다. 其後 開國 503년에 觀察使를 置하야 公州 及 忠州 2府를 分領케 하얏스니 沃川, 文義, 報恩, 懷仁, 永同, 黃澗, 靑山, 淸州 8郡은 公州에 屬하고. 堤川, 永春, 鎭川, 淸安, 陰城, 槐山, 延豐, 忠州, 丹陽, 淸風 10郡은 忠州에 속하얏다. 그러다가 李太王 乙未에 忠州를 忠北首府로 하야 全道를 관할하다가 隆熙 2년에 更히 道廳을 淸州에 移하고 同 4년 日韓合倂 동시에 觀察使를 道長官으로 변하고 大正 2년에 更히 郡廢合을 행하야 淸州, 報恩, 沃川, 永同, 鎭川, 槐山, 陰城, 忠州, 堤川, 丹陽 10郡이 되얏다.

15萬未滿의 戶數와 近 78萬의 人口

大正 11년도 末 조사에 의하면 本道의 總戶數는 14萬 8,901戶오 總人口는 77萬 9천628人이다.*

山多野少한 그 土地

本道의 총면적은 上述함과 가티 廣袤가 489方里에 달하나 山岳이 多하고 沃野가 少하니 此를 種別하면 山林, 53만2천649町 0反步, 水田 6만9천342 4反步, 田, 8만8천495 2反步, 垈, 5천956, 1反步, 雜(池沼), 157, 8反步, 計 69만6천600 5反步, 인데 즉 산림은 총면적의 7割 5分强 垈은 1割弱, 田은 1割 2分强에 상당하고 此中 未墾地 약 7천町步와 경사 15도 이내로 개간하기 가능한 임야 2만 6천여 町步는 大正 8년부터 同 17년까지의 예정기한으로 개간에 착수하얏슨 즉 大正 17년 이후는 약 19만町步의 耕地가 될 것이다. 地味는 雲母質의 토양이 多하고 다소 유기물이 乏한 嫌이 有하다. 그다지 瘠土는 안이오 淸州의 평야는 古來 素砂, 牙山平野와 공히 忠淸道에서 저명한 沃野다.

보잘 것 업는 그상의 産業

本道는 尺寸의 海岸線이 無한 山國인 故로 若干의 陸産物以外에는 産物이 別로업고 또 自來交通이 不便하야 商工業도 發展이되지 못하얏다 그런대로 分類하야말하자면

農業 本道人民의 主業으로 耕地面積 垈六萬九千餘町步 田八萬八千餘町步에 耕作農家十三萬二千七百餘卽全道戶口의 九割을 占하야 其生産額

---

*   원문은 "總人口는 77萬 9천628人이니 此를 다시 군별로 詳示하면 左表와 如하다."이다. 이와 더불어 現住戶數, 現住人口, 現住人口職業別에 관한 세 개의 표가 제시되었다. 자료집에서는 이 표를 생략하였다.

이 年四千餘萬圓에 達하니 其中米六十九萬二千餘石과 麥五十五萬八千餘石 豆類二十五萬餘石, 粟九萬四千餘石이 最重要한 者이오 各産物로는 棉化三百四萬六千七百斤(價格二十五萬圓)忠州黃色烟草,(價格一百三十餘萬圓)淸州山東烟草, (生産地淸州郡所城面 昔申叔舟使中國持種子來今年額二十萬貫 價格十八萬圓假量)果物로는 自來靑山報恩의 大棗와 黃澗의 柿가 著名하고 且近日에는 各地의 苹果(一二九, 一七三貫), 生梨(六一, 二二四貫)等이 每年增産된다 그리고 蠶農은 近來農家에서 多少힘을쓰는 結果年額七千百餘石의 産繭이 有하고 그다음에 牧畜農은 大槪農家副業에 不過한 故로 特記할것이업다.

林業 全道面積의 七割五分을 占하야 五十三萬二千六百四十九町步의 林野들 有한 本道는 當然히 大森林國이 될만한 地位를 가지고잇다 그러나 積年濫伐의 結果는 到處에 山岳이 赤禿하야 每年洪水의 慘害를 受하는바 當局에서 例年植林을 獎勵하나 아즉까지 林業의 可觀할 者가업다 다만 자랑할 것은 三萬餘町步되는 鳥嶺森林이다 이 森林은 自來韓國政府時代부터 所謂黃腸封山으로 特別保護하야 今日에까지 至한것이니 其中赤松은 材質이 美麗하기로 有名하며 每年伐採量은 約二萬尺締에 至하고 其中雜木도 亦一萬尺締內外가되며 坌木炭其外産物이 甚多하다.

鑛業 本道는 山國인 故로 到處에 鑛脈이 豊富하니 其中淸州, 永同, 忠州, 陰城은 金鑛이 多하고 又重石은 忠州에 多産하야 歐洲大戰當時에는 一時採掘熱하더니 近來價格의 暴落으로 休業의 悲境에 至하고 且同郡의 達川大召院間에 明治鑛業會社의 大鐵鑛이 有하며 沃川靑山面에는 著名한 小宮, 山野兩人의 二大黑鉛鑛이 有한바 大正十一年度調査에 依하면 本道의 鑛區總面積은 四一,三七九,一四八坪이오 鑛區數는 一三八, 産額價格은 七五,三六二圓이다.

商工業 商工業은 坌한 幼稚狀態에 在하니 工場은 永同의 日本人鈴木繰

棉工場이 惟一이오 其外若干의 精米, 棉巾, 製紙, 製陶等이 有하나 可記할 것이업고 特히 製紙業은 自來本道著名한 者로 堤川, 忠州, 丹陽이 中心地가 되야 名數製造하니 彼世人이 膾炙하는 五庫紙, 窓紙, 燕方紙, 淸風紙, 白雲紙等이 是다(年産五三八一塊價格一八八五, 八五圓)且商業은 大槪市場取引을 主로하고 鐵道로 若干의 貨物을 輸移入或輸移出하니 其取引地는 朝鮮의 重要都會와 及日本이다 次에 宗敎及敎育은 別로 特記할 者가 無하기 路하고만다.

말숙한 淸州郡

水至淸則無魚하고 人至察則無徒이라더니 郡名에도 淸字가들면 아모 것도 업는모양이다 淸州야말로 참말숙하다 山도말숙 물도말숙 市街도말숙 産物도 人物도다말숙하다 世上사람들은 흔히 말하기를 朝鮮全國中道廳所在地로는 江原道의 春川의 第一峽邑이오 文化가 써러진곳이라한다 그러나 實際에보면 淸州는 春川보다도 몃倍써러졋다 첫째 山水로볼지라도 늘신한 臥牛山은(淸州邑東北에 在한 名山)秀麗奇拔한 鳳儀山(春川邑後鎭山)만 못하고 힘업는 無心川은(淸州市街를 回流하는 大川)浩洋廣大한 昭陽江만 못하며 荒凉한 淸州平野는 膏沃한 牛頭平野나 竹田平野만못하다 坌樓臺景勝으로말하야도 터만남은 祺北樓 天堂群의 附屬品된 望仙樓와 日本냄새나는 東公園(唐美山一帶)西公園(舊社稷山) 櫻馬場(東公場前)은 到底히 金碧燦爛한 昭陽亭과 景槪絶勝한 鳳凰臺 白鷺洲를 못싸를 것이다 그다음에 建物로말하야도 다 쓰러저가는 道廳, 郡廳, 慈惠病院과 헷假家가튼 高等普通學校, 師範學校等은 亦是雄大한 春川의 建物과 同日에 語치못할 것이다.

그쑨아냐 精神界도 그러하고 思想界도쏘한그러하다 勞動運動은 胎生도되기 前에 엇던 官界의 退廢物이 그 運動을 한다 憑藉하고 反히 勞動者의 膏血을 搾取하야먹고는 有耶無耶에 싹도업게만드러놋코 靑年會는 門牌를 쎄랴도쎌사람이 업서서 淸州의 唯一鬪士인 金泰熙君이 東亞支局看板과가티 保管하야가지고 이리도 쪽기고 저리로 쪽긴다(從來復興運動은잇다) 人心도 所謂잇다보자 淸州라고 甚히 野薄하야 春川처럼 淳厚한맛이업다 其中에 좀나흔 것은 電燈이밝고(春川도 近間電燈架設) 汽車가 通行하는것쓴이다(汽車도 乘客貨物이 別로업서 空車가 普通만타) 淸州는 참 靜的都會요 暗黑의 都會요 處女의 都會다 全市街가 睡眠中에잇서서 沙漠과 가티 도뵈고 荒野가티도뵈인다 民衆은 아모 反抗의 氣力과 情神이업서 柔羊의무리모양으로 이리 彷徨저리 彷徨한다(失禮지만) 市中에는 酒酊軍도볼수업다 爭鬪하는 사람도업다(酒酊과 爭鬪를 贊成은 안이나) 하다못하야 개(犬) 싸우는구경도할수업고 황소영각하는 소리도 드를수업다 오즉 晝夜로들니는 것은 大成町貧民屈에서 배급흐다고 哀號하는소리 無事泰平을 謳歌하며 술만먹고 들아단이는 巡査의 칼소리 閔泳殷 龐寅赫所謂富豪家에 村農民들이 小作田畓還實해달나고 伏乞哀乞하는소리 道知事官舍에서 多數한 美人의 奸惡피우는 우슴소리(朴知事가 笑妾三을 두고 쏘日蘇下女二美人을 두고도 妓生을 각금불는다) 日本人高利貸金業者가 朝鮮人에게 執行한다고 야단법석하는 소리쓴이다 그러면 이 淸州는 本來부터이러케 微弱한 都會인가 안이다 過去에는 勝史도 相當하고 人物도 相當하얏다 往昔三韓의 爭奪當時부터 淸州는 所謂「東南走集에 要害之地」라 稱하야 百濟는 狼臂城을 置하고(元上黨縣又名狼子谷) 新羅는 西原京을 設하야 武將으로 邊境을 鎭하고 高麗와 李朝에도 牧府 或觀察府(李朝世宗時一時觀察府를 置함)를 置하고 쏘兵營을 設하야 國防中樞之地가되엿다 壬亂時에 趙重峯은 本郡南國士峯에서 秋風嶺을 經由하야 來하는 日兵을 大破하얏고(道廳前庭有趙先生勝捷碑) 英祖戊申에 李麟佐의 革命亂이 쏘한 이곳에서 니러낫다(當時兵使李鳳祥及營將南延年裨將洪霖節死今有三忠祠碑)

高麗太祖는 일즉이 淸州를 評하야 曰「土地大饒하고 人多豪傑」이라하

야스니 自來人物이만흔것도 알수잇다 麗朝로말하야도 王可道, 郭元, 郭尙,
郭輿, 李公升, 가튼 文章, 學士와 慶大升가튼 將軍도잇섯고 李朝에도 主和
臣이나마 崔活亭(鳴吉)도 잇고 且近來偉人에 孫義菴先生도 이곳에서낫다
愛國者申睍觀(元文義人)도 이곳사람이다 그러나 今日에는 이럿타할 活動
的人物이 別로업다 文士로 申采浩, 主義者로 申伯雨 申英雨外몃몃 靑年이
잇스나 或은 外地或은 京城에 在留하고 實地淸州에는 活躍하는 靑年이업다
敎育이라야 돌림 加資모양으로 道廳所在地에 依例設立하는 官公立의 高
等, 普通 師範, 農業學校等이잇고 民立으로는 耶蘇敎所管淸南學校(舊望仙
樓)當地有志家金元根君의 經營하는 大成普通學校其他村의 私立普通學
校講習所가 或잇스나 淸南學校는 不完全한 中未久에 坐廢地한다 云하고
大成學校는 比較的成績이 良好하나 勸에 비지썩처럼 억지로 維持하는 것이
엇지 完全하다하랴나는 金氏가 힘을 좀 더써서 擴張하기를 企待한다 宗敎로
말하야도 耶蘇敎가 流入한지 十七年이나 되얏스나 信者가 多치못하고 事業
이 쏘한업는 것을 보면 發展되얏다할수업다 그런데 그 敎의 中心人物은 牧師
咸台永 長老金泰熙氏라하겟고 天道敎도 亦 그러할쑨인데 徐昌壽, 金英植,
池晶夏(三氏는 皆大成學校議員) 等爲志靑年이잇서 敎會로나 社會로나 만
흔 努力을한다 其外産業도 別로볼것업다.

그런데 古跡으로말하면 자랑할것이더러잇스니 曰 南石橋(在無心用上
幅二間 長數十間 以花崗石架設 甚雄大新羅訪居世元年即漢宣帝五鳳元年
架設)曰 鐵幢(一云銅●, 高麗光宗十三年所築元三十段今只存二十段高四
三尺經一尺四寸其第三段有記銘現在淸州警察署後庭)曰三忠祠(上記)曰
東峯戰捷碑(上記)曰 鴨脚樹(在道廳構內周圍三六尺間高麗恭愍王信●囚
李牧隱穡及李陶隱崇仁忽雷大作洪水汎濫城中獄吏及囚者僅登此樹而生
王聞之驚異釋放 陽村權近詩所謂流言不幸及周公忽有嘉禾偃大風 聞道西
原洪水漲足知天道古今同是也) 曰 望仙樓(元名聚景樓高麗校)等이오其外

名所도椒井(別項에詳載함)을爲始하야또한多少잇스나 玆에略하고만다.

空殼만남은 鎭川郡

살아서 鎭川이오 죽어서 龍仁이라는 말은 安城을 조와하는 畿湖사람들의 普通하는 말이엿다 (鎭川은 宅地가 좃코 龍仁은 墓地가 조흔 싸닭에)이 鎭川은 忠淸北道西北隅位한 小郡으로 東은 淸州及槐山北은 陰城及京畿의 安城을 界하야 廣袤가 東西五里, 南北七里二三町, 面積二六方里餘에 不過하니 古昔高句麗時의 萬弩郡으로(一名今勿奴) 新羅가 合倂하야 黑壤이라 稱하다가 其後屢度의 變遷을 經하야 今에 七面으로 成하얏다 別名은 首知, 新知黃壤, 降州, 鎭川, 彰義, 義寧, 常山이니 鎭川이라 稱하기는 李朝太宗十三年부터 始하얏다.

이 鎭川은 元來山水가 秀麗하고 土地가 膏沃하야 忠北의 樂地또는 近畿의 樂地라 稱하는 故로 前日에 所謂 兩班, 富豪識者階級들이모다 責任하얏고 싸라서 文化도 比較的發展되고 人物도 相當히 産出하얏다 녯적 新羅時에는 彼有名한 金庾信가튼이가낫섯고 高麗時에는 文章과 外交로 一世를 風靡하던 宋彦琦氏가잇스며(高麗高宗時에 宋氏가 講和使로 蒙古에 四次來往하야 功勞가 甚多함)李朝에도 名人達士가 또한 不少하얏다 ××××××××××××××××鄭安立가튼 怪物도 잇고 또 新進 人物로는 鄭在達, 朴鵬緖, 趙明熙, 洪瑠植, 洪●植, 朴瓚熙, 外 某靑年이잇서서 京城에서 相當한 活動을하고 外某某靑年 辯護士界에 曰 누구라하는 李升雨君도 이 鎭川외 사람이다 現在內外國의 留學生도 近七八十人에 達하야 文化의 普及이 忠北으로는 首位에 간다 可謂하겟다 그러나 그네들은 卒業한 後에 大槪職業을 爲하야 都會에서 彷徨할쭌이오 鄕村인 鎭川의 啓發을 爲하아는 活動하지안는다 實際의 鎭川은 寂寞하기가 짝이업다 靑年運動도 아주 微弱하고 其他思想運動은 影子도볼수업다 所謂富豪者들은 一擲千金하야 不勞

臥食하랴고 仁川米豆場出入만하다가 全財産을 蕩盡하고 氣脉이업서서 얼병알이처럼 蟄伏하야잇고(昨年中에도 米豆로 敗한 者가 多하야 約五千石의 富力이 減少되얏다)前日에 내로라고 橫暴를 恣行하야 人民의 財産을 掠奪하던 鎭川의 三大班이라는 申鄭李三家도 今日에는 氣忘이다 奄奄하야 自禮를 維持하기 不能하게되얏다 이름조흔 吉祥山은 全部가 童濯하야 骨相山이되엿다 風水들은 말하기를 鎭川邑이 金鷄抱卵形인 故로 郡內의 巖石이다 뭉글게되고 坐富者가 自來로 만타고하며 坐邑附近에리재(駕峴)가잇슴으로 그것을 忌諱하야 內市場을 設立하얏다한다(鎭川邑에 內市場과 外市場에 有함)그러나 그 金鷄의 卵은 벌서 破壞되야 卵黃과 蛋白質은 모다 飛去夕陽風하고 空殼만남어잇슬샌이다 膏沃한 大土地는 閔泳徽, 韓圭禹, 李容汶 其他某某京城富豪의 所有에 歸하고 商權은 日本人中國人에게 沒落되얏다 鎭川의 人民은다만 小作農에 목을매고 年年이 飢寒에 쪽긴다 前日에 樂地라고 稱하던 鎭川은 以後에도 樂地가될지 疑問이다 郡守李海用君은 特히 民間의 疾苦를 살펴서 鎭川의 一大弊害라 可謂할 靑畓豫賣의 事件을 調和하고(昨年度에 鎭川貧民二千餘人이 債務로 因하야 秋收後一石十七圓乃至十八圓價格이 될 在畓稻約二千餘石을 六圓乃至十圓에 債權者에게 豫賣하얏는데 郡守가 債權者와 特別交涉하야 其暴利를 制止한 結果貧民의 利益이 畧七千餘圓에 達함)坐同郡에서는 自來人民에게 絶大不許하던 煙草耕作權을 專賣局에 交涉하야 許與하게되고 其他産業敎育을 格別獎勵하야 人民의 稱頌이자못만타 그러나 一般人民이 覺醒하야 根本問題를 解決하기 以前에는 비록 産業을 獎勵하고 敎育을 獎勵한들 一般無産者에게 무슨 큰 效果가날가보냐 何如間그것만이라도 現在形便에 잇서서는 鎭川을 爲하야 感謝하다안이할수업다 坐한가지 紹介할 것은 聖公會事業으로 英人「아다-로-스」氏를 院長으로 한 愛人 病院은 淸州慈惠病院보다 規模도 宏大하고 施設이 完全하야 患者가 每日平均數百餘人에 達하고 坐 醫師가 親切叮嚀

한 外에 無料施術이 多한즉 一般貧民이 恩院이라 可謂하겟다 그다음에 名所로 말하면 牛澤, 草坪은 一指可屈하겟고(兼有平沙落雁峯, 吹笛臺, 靑鷄白羅洞, 會安盤石落妓岩, 双淸岩之勝)古蹟으로는 都堂山城, 大母山城이 有하나다 頹廢에 歸하고 또 吉祥山에 在한 金黃信祠는 他項記事에 讓하고 玆에 畧한다.

邑殘民疲한 陰城郡

忠淸北道의 地圖를펴서보면 西北部에 最爾한 囊狀形을 成한 一郡이잇서서 東은 忠州郡, 南은 槐山郡, 西南은 鎭川郡, 西北은 京畿道의 利川, 安城, 驪州等郡과 界하얏스니 이것은 忠北에서 邑殘民疲하기로 有名한 陰城郡이다 이 陰城의 古號는 仍忽, 雪城又는 仍斤內니 本來陰城, 遠南二面에 不過한 小縣인中 忠州와 接近한 關係로 壬辰亂時에 特히 慘禍를 被하야 아주 廢縣이되야 淸安郡에 屬하얏다가 光海朝十年에 僅히 縣을 復하얏스니 當時巡察使李安訥詩에「壬辰幷邑久戊午設官新, 縣吏縫三戶鄕儒未十人」이라는 句와 觀察使洪受疇詩에「職愧二千石縣無三百困」이라는 句를 보고 또前日忠北俗言에 陰城郡守는 到任時에 도울고 遞任時에도운다는 말을 들으면 其郡의 殘疲가 如何한 것은 可히 推知할 것이다(陰城이 貧邑인 故로 前日郡守時代에 到任床까지도개다리소반을 씻스나 隱結은 比較的만하서 郡守의 私俸이 厚함으로 郡守가 올째울고갈째운다는말이잇섯다)近來에 至하야는 忠州郡의 金旺, 孟洞, 笙極, 三成, 大所, 甘谷, (以上은 光武十年九月移屬)蘇伊(大正十三年十二月編入)等七面을 移屬하야 合計九面一一二里洞이되고 廣衰三十三方里에 至하며 産物로도 米가 年産額七萬七千餘名에 達하고 其他麥豆類도 相當히 産出되고 特用作物의 陸地棉, 黃色煙草도 每年增産되며 遠南面의 金鑛柿, 金旺의 金鑛, 二成面의 柿는 亦本郡의 著名産物이되얏다 그리고 交通도 忠北線의 二等道路와 長湖院忠州間의 一等道路가 郡內

를 貫通하야 比較的便利하며 其他學校, 金融機關市場等도 隣郡에 不讓하게 施設되야 前日에 比하면 額히 括目의 感이잇다 그러나 그것은 全혀 形式의 發展과 統計의 發展에 不過한쭌이오.

實地人民의 生活程度는 前日보다도 極히 貧弱하고 悲慘하다 全郡의 産米七萬餘石中五萬餘石은 全部가 京城富豪들의 倉庫로드러가고(閔泳徽閔丙奭의 土地가 最多함)殘餘二萬石으로 一萬二千二百九十四戶의 六萬四千四百九十餘人口가먹게되는데 그서이나마 다먹지못하고 日本人에게 쌕기고 支那人에게 쌕기고 稅納에 쌕기고 面所駐在所 學校等增築改築費에다 쌧기니 人民의 먹을 것은 아도것도업다 全郡內의 富者라야 秋敗가 大槪三百石以內에 不過하니 其餘貧民이야 다시 말할것이 무엇잇스랴 邑內라하는곳도 三百三十八戶에 不過하는데 모다 矮小한 草家쭌이오 其中좀 쪽쪽하고 基地가 廣濶한곳은 日本人이 三十六戶, 支那人이다 占領하얏다 官公署의 建物까지도 퍽 貧弱하야뵈인다 오즉 人民怨府인 面所한아가 赤身에長刀찬 格으로 市街中에 華麗하게소사잇다(人民負擔七千偉圓으로 新建한것인데 面所집으로는 忠北의 第一이나 民怨이 甚多하다)市民의 職業은 飮食店 營業이안이면 馬車, 牛車業이다 生活이 이와가티 自來로 貧弱하니 何暇에 智識을 求하며 짜라서 무슨 思想이 날것이냐 己未年以後各地에 靑年會기 雨後竹筍가티니러나되 이곳은 아주 從容하고 地主와 舍音의 橫暴가忠北에서 第一甚하다하겟스되 小作人運動은 그만두고 地主나 舍音의 얼골한번을 바로치여다보는사람이업다 다만한가지 紹介할 것은 이 暗澹하고 寂寞한 中에 蘇伊面忠道里에서 니러난 少年軍이다(進明講習所內)비록 自力이 微弱하고 後援이적으나 씩씩하게 잘자라고 充實이커서 沙漠의 花가되고昏衢의 炬火가되여라 쏘古蹟名所라야이럿타할것이언고 自來人物도 쏘한別로업다 그러나 말하자면 古代高麗의 樞密副使蔡靖, 李朝의 朴淳 南延年,崔及, 朴長生, 朴叔蓁가튼이가 著名하얏고 近來新進人物로는 筆者가 周知

치못하는 까닭인지알수업스나 京城에 在留하는 鄭廣朝氏以外에 何等活動하는이가업는것갓다 다음에 地勢로말하면 東南部三面에 太白山餘脉이 蜿蜒屈曲하고 西北部는 平野가 開하야 其間에 達川支流는 東美湖川支流는 西, 淸漢川支流는 北으로 貫流하야 耕地가 介在하고 郡北에 迦葉山이 屹立하야 邑의 鎭山이되얏다 且邑西三十里에잇는 自起石은 奇觀으로한아적어들만하고 坐倚松亭은빈터만남엇스니 古蹟이라 말할지 (在舊客●東)

黃煙에 목을 매인 忠州郡

荒凉한 平野에 끼치집가튼 草家가 零星드뭇하게흐려져잇고 다쌔진머리에 가름자모양으로 큰길만횡하게 뚤닌 市街속에 牧師님의 벤도그릇쑤듸리는 소리와(忠州에서 耶蘇敎會鍾치는소리를 牧師의 벤도그릇치는소리라한다)村富者의 敗家祝願소리(料理屋長鼓聲)가 間間이들니며 참외막가튼 二層乾燥室이 웃둑웃둑소사잇고 明太싹가튼담배짐이 들낙날낙하는 곳은 不問可知黃色煙草(黃色煙草는 別項에 詳記함)에 목을 매고사는 忠州郡이다 이 忠州郡은 往昔中部朝鮮의 樂境으로 碧瓦朱欄에 金光爛然(一名未乙省又는 萬長城)新羅眞興王은 小京을 置하야 貴戚子弟와 六部豪氏을 移하고 歌舞歡樂의 場을 삼엇섯다 其後或은 中原城或은 國原府或은 藥城(高麗忠烈王이 忠州城을 改築하고 城壁에 蓮花를 離刻한 後로 此名이 有함)이라 稱하야 一時鎭營, 盤司營又는 觀察府가되얏다가 隆熙三年에 府를 淸州로 移轉한 後春風秋雨를 經하야 今日에 至하얏스니 忠州라 始稱하기는 高麗太祖二十三年이다 本郡은 東南으로 慶尙道를 通하고 西北으로 京畿江原道를 接하야 水陸交通이 便利할쑨안이라 漢城을 背景으로 한 軍事上重要之地인 故로 代代로 兵禍가 不絶하얏스니 其最著한 것은 高麗高宗時蒙古亂과(當時倉正崔守大破蒙兵于金堂峴今東長面)李朝壬辰時倭亂이다 坐近來의 甲午東學亂, 丙申(第一回義兵)丁未(解散軍隊亂)兩義兵亂에도 特히 慘禍를 만이입엇다 忠州의 歷史는 참피의 歷史오 눈물의 歷史다 山河는 아즉까지 彈雨炮烟의 痕跡이 남어잇고 原野에는 天陰雨濕한때에 鬼哭이 宛然히 啾啾한다 昨日富貴繁華의 都會는 今日蕭條寂寞한 寒村으로 化하얏다 彈琴臺에 落月이바치고 鳥嶺에 春鵑이울째에 往事를생각하면 그누가 一掬의 淚를能히 禁하랴 忠州는 荒凉하고 暗擔하다 龍山里의 貧民은 朝夕으로 飢寒에 울고 村農民들은 黃色煙草에 목을매고 專賣局門간에서 檢査員에게 虐待를밧는다 全市街地와 家屋은 全部日本人의 所有가 되얏다(城內朝鮮所有가 僅十一戶). 忠州는 壬辰亂時에 日兵에게 陷落이되엿더니 今日에는 日商에게 쏘全滅되얏다 그래도 民衆은 睡眠만할쑨이오 活動이업다 任强首가튼 文章도 볼수업고 魚有沼가튼 武士도업고 于勒가튼 音樂家도업다 權近, 鄭麟趾, 孫舞孝諸賢은 地下에서 永眠하고(三賢墳墓皆在忠州)任忠愍의 英靈은 虛空에 徘徊한다 中央塔은 默默이서서 네 歷史를 말하고 開天寺(有弘法, 法鏡兩大師碑在東良面荷天里)靈鵲寺, 金生寺(在北津崖)는이미 荒廢하야 쇠북소리를 드를 수 업다. 寶相塔(弘●大師願塔元在開天寺)은 景福宮으로 移遷되고 狂佛은 郡廳에 被囚되얏다(郡●構內有鐵佛俗●致誠則惡病流行, 設堂宇●火起故謂之狂佛元在邑東野中海來移子郡廳) 忠州는 古代藝術까지도 다 陷沒되얏다 다만 交通의 便利한 것이 한자랑거리다 未來에 忠北線鐵道가 開通되면 더욱 便利할 것이다 그러나 現在忠州人의 智識과 經濟力으로 此를 利用하야 能히 外人과 各方面으로 競爭을할지 疑問이다 最後에 한가지 말할 것은 이 忠州의 孤城을직히고 惡戰苦鬪하는 靑年몃쑨이다 李善圭, 吳彥泳, 徐相庚, 徐天淳, 沈琦澤諸氏外某某靑年은 百方의 困難을 忍耐하면서 或은 靑年運動或은 勞動運動或은 文化運動(如晚聲解社組織)을한다 아모조록 充實하게만 努力하야 잘 싸우기를 바랄 쑨이다.

漸次衰退하는 槐山郡

本郡은 忠淸北道의 稍中央에 位하얏스니 東은 慶尙北道聞慶郡, 西南은 忠州鎭川兩郡, 北은 陰城, 忠州提川三郡을 接壤하얏다 地勢는 俗離, 鳥嶺 兩山脉이 東南部에 蟠屈하야 公正, 曦陽, 馬本, 朴達, 鷄立等 諸峯을 成학 又七寶, 頭院 杻城 金大也, 産龜의 諸嶺이 西北에 連한바 磻灘, 鷄川, 伊火의 三川이 其間에 齊流하야 北으로 忠州郡에 入하야 漢江의 上流가되니 大槪 山岳이 多하고 平地가 少함으로 交通이 甚히 不便하다 그러나 槐川의 下流 는 京城과 自來舟楫의 便이 有하고 또近日에 槐山邑과 曾坪間에는 定期自 動車가 有하야 忠北線汽車의 連絡이 有하며 鵲川流域(錦江上流)은 平地가 多하야 米産地로 著名하다 沿革으로 말하면 本郡은 元高句麗의 仍斤內郡으 로 新羅時槐壤, 高麗時에 槐州, 李朝初부터 槐山이라 稱하얏스니 凡四面이 廢合時에 延豊, 淸安兩郡을 合倂하얏스니 南鮮一帶의 物貨와 中北鮮의 物 貨가다 此郡에 集中하야 市街가자못殷盛하고 文化가 發展되야 幾年前까지 山間都會라는 名稱이잇섯다 그러나 京釜線의 開通과 忠北線의 開通은 本郡 에 一大打擊을 與하야 市況이 漸次衰退의 傾向이잇고 또所謂富豪家들은 過多한 負擔金을 免키 爲하야 京城其他都會地로 每年移住하며 商業은 中 國人의 專業이되고 말앗슥즉 不過幾年에 前日에 자랑하던 山中의 繁華鄕은 槐花一夢이 것갓다 其中에 靑年들은 大槪錦衣玉食에배가불러 自己의 안방 만지키고 잇는 故로 名色靑年會가잇스나 一個講習所와 新聞支局을 經營하 는 外에 何等活動이업다 그것도 靑年會의 事業이라 云함보다 鄭震錫君外機 個敎員의 事業이라 云함이 可할것갓다 그들은 飢寒을 참어가며 晝夜로 苦勞 하나 有産의 靑年들은 任員名義만 씌고 屛風안에서 낫잠만자고 飮食店에가 서 自動車運轉轉手와 每夜에게 집 爭奪戰만한다(所謂顧問) 아서라 좀 精神 들차러라 産物로는 黃色煙草, 木炭이 特産이라하겟고 其外에는 例의 米穀 外에 可數할것이업다 名所로는 假明人儒者들의 神聖地로치는 靑川面의 華

陽洞과(華陽洞은 ●記事에 詳戰함)明使朱之番의 遺墨이라는 甘勿面梨灘의 上流基谷下에잇는 陰屛과(黑色岩壁上에 陰屛二字를 書하얏는데 大가 約一寸五分, 最約이 二尺 傳說에 依하면 元書가 約三十尺以上에 達하얏다 한다)水安堡溫泉과(此도 他項에 詳就함)險地로 有名한 鳥嶺이(此地는 元 新羅高句麗境界線이오 京釜通路의 要地인 故로 軍防上必要로 古代에 城을 築하고 又第一第二第三의 開門을 設하얏스니 本郡에 屬한 者는 第三門이오 其外는 聞慶에 屬하얏다)最著하고 또古物로는 上芼面彌勒里鳥嶺谷에 在한 石佛이 第一指를 屈할 것이다(高三丈五尺周圍二丈五尺, 이니 約二千年 前 遺物로 忠北最大의 佛이다)그리고 最終에 東亞日報의 洪命憙君이 이 槐山사람인 것을 잠간 紹介하고 獨筆한다.

問題만흔 永同郡

南으로 釜山을 距하기 百四十七十里, 北으로 京城을 距하기 百三十四里 되는 地点을 據하야 京釜線의 稍中央이되고 忠淸北道의 最南端되는 永同郡은 忠北全道中 第一問題만흔 곳이엿다 小作運動도 一時全道中第一激烈하얏고(張埈, 金行夏, 金極洙 諸青年이 中心이됨)青年連動도 第一活氣가 잇섯다(現在稽山學院經營)忠北에 唯一한 大工場이라는 新戶巨商鈴木商店의 經營하는 繰綿工場도 이곳에잇고(이 工場狀沖은 別項에 詳載함)山野秀一의 經營하는 無盡藏의 月明洞(沃川郡青山面)黑鉛도 이곳을 經由하야 輸出된다(所謂永同黑鉛)大文章家乗厓先生金守溫도 일즉이곳에서 出生하얏스며 大音樂家蘭溪朴堧先生도 이곳에 寓居하야섯다.

이름조흔 芙蓉城落花臺며 地帶놉흔 秋風嶺(南鮮最高地)壯快한 玉吉瀑布(在深川驛西玉山中高六十尺)景槪조흔 黃澗八景(使君峰, 山羊壁, 龍潤臺, 冷泉亭, 花幹獄, 青鶴窟, 法尊菴)이다-여긔에잇다 新羅百濟의 古戰場과(在陽山面新羅武烈玉欲伐百濟以金運將爲陣陽山, 進攻川城, 城兵夜

襲甚急, 運激戰遂死人惜之作陽山曲而吊之今俗間流行之陽山謠)(양산도
始終此)

壬辰古戰場(壬辰古戰場在秋風嶺驛附近有三槐堂張智賢殉節碑)도 坮
한 이곳에 잇다.

及其也昨年旱災까지도 全道中第一甚하얏다(秋風嶺及陽山附近이 尤
甚한데 郡廳에서는 救濟策으로 例의 裁縫機械를 無料貸興하고坮黃澗永
同間氣等道路修築工事, 水利組合開墾工事를한다 云함)이여러가지의 問
題가 잇는 永同郡은 元來新羅의 吉同郡으로 其後或永同或稽山이라 稱하야
變遷이 無常하다가 光武十年에 沃川의 陽內(今陽山面)陽內一所(今鶴山
面)陽南二所(今龍化面)三面을 移管하는 大正三年에 坮黃澗郡을 合併하야
十一面百三十一洞에 分하얏스니 西南은 全北茂朱, 錦山兩郡과 接하고 東
은 慶北尙州及金泉과 界하고 西北은 沃川에 隣하얏다 境內에는 秋風嶺의
高山脉이 西南으로 縱橫하야 山嶺이 多함으로 耕地가 乏少하나 到處에 鑛
物林産이 豊富하고 且鐵道는 郡의 中央을 橫貫하야 永同, 黃澗, 深川, 秋風
嶺四停車場이잇고 其他道路가 四通八達하야 交通이 便利하며 錦江의 上流
가 境內에 貫流하야 其流城에는 灌漑가 坮한 便利하고 地味는 一般으로 膏
腴하야 農作에 適宜하다 産物은 米, 大豆外에 陸地棉과 鑛物이 特多하나 詳
細한 것은 玆에 略한다.

土肥穀豊한 沃川郡

本郡은 往昔新羅時代의 古戶山郡으로 一時管城이라 稱하다가 高麗忠
宣王五年에 비로소 沃川이라 稱하고 大正三年에 大棗産地로 有名한 靑山
郡을 合併하야 十一面으로 區分하얏다 徐居正赤登樓記에「沃之州山峻 水
淸土地肥沃, 五穀이 豊槐」이라 云한것과 南秀文鄕校記에「邑之據漢南者名
勝多牟惟沃爲最」라 云한 것을 見하면 沃川이란 名稱은 土地의 肥沃함을 意

味함인듯하고 또自來로 山水奇麗한 것을 可知하겟다 物換星移한 今日에도 沃川은 依然이 山水奇麗하고 또民俗이 淳厚하야 忠北에서 惟一한 樂地가 되얏다 그럼으로다른 地方은 富豪들이 작고 移散하되 惟獨沃川은 他地方의 富豪들이 反對로모혀든다 現在에 沃川의 首富안이 忠北의 巨富라 可謂할 吳允黙君도 京城에서 移來하얏고(吳氏는 元咸鏡道人으로 李容翊時代에 猝富가되얏다)近日에도 晉州富豪로 京鄕間에 問題가 多한 金琪邰君이 亦是移住하려고 七千餘圓의 巨金으로 廣大한 基地를 買收하고 京城의 名工明匠四十餘人을 募集하야 가지고 八萬圓인가 十萬圓豫算으로 宏傑할 新阿房宮을 建築하는 中이다 이것이 將來沃川人의 福이될지 禍가될지 不知하거니와 四方의 富豪들이 작고모혀 드는 것은 事實이다 그리고 本郡은 壬亂忠臣趙重峯憲先生의 胎生地인 同時에 幽宅之地오(在安邑枏山嶺)또近代事大主義者로 有名한 巨儒宋尤菴時烈氏와 南學士秀文氏의 出生之地인 故로 儒者가 甚多하야 舊時代에는 儒鄕又는 文鄕이라 稱하얏다 그러나 그 餘弊로 人民이모다 柔弱하고 頑固하야 現時代에는 아주 落伍者들이되얏다 全郡에 아즉까지 靑年團體도업고(靑山面에서 近日靑年會를 發起한다는 말은잇다)主義人物도보기어렵다 生活은 他郡에 比하야 좀 餘裕가잇는듯하나 新郡廳所在地인 深川驛附近重要地는 全部日本人의 所有가되얏고 商權도 日本人이안이면 支那人이다-占奪하얏스니 그 生活인들 또몃칠이나 더 保持하랴 生産物로말하면 米穀五萬六千餘石大豆一萬四千八百餘石이 最多하고 其外特産으로는 麵子(年産一五〇, 七八〇個, 三八, 八〇七圓)大棗(舊靑山)生繭(伊院)棉, 黑鉛(靑山面月明洞)其他鑛物이 重要한 者이며 交通은 京釜鐵道가 郡內를 貫通하야 沃川伊院兩驛을 有한 外에 自動車가 隣郡을 通行하는 故로 山間奧地를 除한 外에는 大槪便利하다 最後에 位置와 地勢를 잠간말하자면 本郡은 忠淸北道南端에 位하야 東은 永同郡及慶北의 尙州郡, 南은 全北의 錦山郡, 西는 忠南의 太田郡, 北은 報恩郡과 接하얏스니 東

西約十二里南北約十一里全面的三十五方里餘로 四圍山岳이 圍繞하고 平地가 少하며 河川은 全北의 茂朱, 鎭安, 錦山方面으로부터 來하는 諸水가 永同郡陽山面에서 合하야 唐灘津이되고 本郡伊內面에서 更히 尙州郡으로 來하는 一流를 合하야 有名한 赤登津이되고 本郡東二面에서 報恩及本郡靑山으로 來하는 一川을 合하야 東津이되고 北流하야 更히 全北珍山으로 來하는 支流와 合하야 報恩郡에 入하니이것이 곳 錦山의 上流다 또名所古蹟으로 赤登樓, 喚仙樓, 降仙樓, 三止臺, 摩尼山城이잇스나 다 頹廢하야 古址만 殘存할쑨이오 舊靑山의 邑南의 虎穴巖窟과 鵂岩이 一大奇觀이라하나 보지 못한 것이 一遺憾이다.

湖中雜記

차상찬
《개벽》, 1925년 4월

問題의 色魔知事를보고

一月十九日이엿다 나는 忠北道知事 朴重陽君을 訪問하랴고 道廳으로 갓섯다 道廳正門안에는 道立簡易圖書館이잇고 그 西便에는 趙重峯先生의 壬辰勝捷碑가잇스며 前庭에는 녯 歷史를 말하는 鴨脚樹가 雲表에웃둑이서서잇는데 그속으로 古色蒼然한다쓰러저가는 廳舍가뵈인다 廳直이 房모양으로 門間에 짜로 써러저잇는 參與宮室로 몬저드러가니 參與官牌가 붓터잇기로 잠간 休憩하랴고문을 열고보니 놀나지말어라 記者室이안이라 道廳써레기 間이다 破傷된 椅子는 모조리모와다가 이구석 저구석쓰러토려노코 掃除는 녯젹 鎭營時代에나 한번하고 말엇는지 숫부스럭이 新聞쪽 색기나부랑이 別別不潔한 亂雜物이다잇고 琉璃窓 門작도모도 破傷하야 맛치독갑이굿하고 간집갓다 너모도 昌皮하야 그만 門을 탁다치고서 혼자말로 아모리 地方官廳이라도 所謂記者室이이러하니 其餘도 可知하겟고 쏘淸州에 名色新聞紙局이 鮮日文幷하야 十二個所나되는데 記者들이 이꼴을보고도 가만이잇

스니 무슨 權威가잇스랴하고 우스면서다시기름을 웅겨 바로 知事官房秘書
室로 쑥드러가서 日本人某道廳에게 名啣을 주고 知事의 面會를 請하얏다
그쌔에마츰엇던 洋服장이 한아가 쏘와서 그 遣屬에게 절을 百拜千拜하면서
知事의 面會를 請한다 눈치를 보니 所謂時局大同團講演隊의 先發狗가 其翌
日에 淸州에서 講演會를하랴고 道知事에게 保護하야달나고 哀乞하러온모
양이다 道屬이 知事室로 드러갓다나오더니 나와 그사람을 가티 知事室로 室
內한다 나는 조곰 昌皮한 생각이 잇서서 못드른척하고 잠간 잇다가 혼자드러
갓다 몬저 道知事의 觀相부터보니 그는 年齡에 比하야 身體가 매우 强壯하다
번들번들한두눈에는 大邱에서 野犬撲滅하던 殺氣가 아즉까지남어잇고 웃
둑한코ㅅ째 血色만흔얼골은 强○잘하고 술도잘먹게생겨서 所謂色魔知事
니보리술知事니하는 別名을 듯기에 無愧하게되엿다 나는 그에게 人事를하
니 그는 答禮를하고 쏘나의 名啣을 請한다 官廳의 文書는 大槪正副本이잇
지만은 名啣두張식주어보기는 이번이 츠음이엿다 나는 조곰 不快한 顔色을
가지고 名啣한張을 쏘주면서 아까道屬에게 傳한 名啣은 보지못하엿느냐고
물은즉 그는 要領不得의 對答을하며 例의 日本말로 엇재왓느냐고 反問한다
나는 차저간 事由를 자서히 말하엿더니 그는 다시말하기를 그런일은 나를
차저서말하는이보다 各課에가서 말하는 것이 조켓다고하고 다른말은 안이
하는데 그의 態度와 氣色에는

　　朴知事와 問題된 報恩郡俗璃山法住寺

　「내가 그래도 前日로말하면 忠淸監司 그럿치 안으면 忠北觀察使 卽今으
로도 大日本帝國朝鮮總督府道知事閣下신데 一個雜誌記者가 나에게와서
함부로 무슨말을하누」하는 안이꼰 주저넘은생각이 肛門이서부터 頂首백이
까지 꽉차뵈인다 그러나 나는 그를 보기를 쏘이러케보앗다 「그대는 時代德
分에 道知事가 되얏지만은 名色이무엇이냐 本이 潘南이오 姓이 朴이오 行

列이 陽이나 門閥의 엇더한 것을 내가알고 總督府給仕만 日本을 가면 秋風嶺까지 依例가서 屈服儀送함으로 道民에게 朴秋風이라는 稱號를듯고 各郡 出張을 가면 旅費를 타서 自己가먹고 郡守집에가서 찐대를 부터서한번에 三四十圓빗을지게하야 各郡守에게 鄙陋知事내 乞人知事니하는 稱怨을듯고 坯 婦女○通잘하는 不精한사람이안이냐」고 그래서 그가 驕態를 피우면 나도 驕態를 피우면서 다시말하기를 勿論나도 그런줄은 大槪알지만은 脚下는(閣下와 音은 一般 적어도 道의 長官이닛가 道의 全體에 關한일을 알것이오 坯今番行政整理以後로 道의 行政方針도 多少의 案이잇슬터이니 말을 좀하야 달나고한즉 그는 亦是아모할말이업다고하더니 한참잇다가 겨우 입을열고그의 平生事業으로아는 種桑에 關한말을하는데 日本말 朝鮮말을 석거서 「뽕나무 고주뽕(五十本)」하고 마치 보리죽먹고 길가는 驛馬모양으로 ……뽕……뽕소리만 連해서두어마디하고만다 나는 最後에 다시 各課訪問을할터이니 案內者一人만불너달나고 請하엿더니 그는 그것까지 拒絕하기는 좀 未安한지 學務課長이라는 日本사람을 불너서 紹介한다 나는 그사람과 가티 各課를단녀서 나왓다 아- 참壯하시다 知事大監地位를 몃칠이나 더 保全할지?

매품팔너단이는 時局大同團

俗言에미친개는 간곳마다 매만맛는다더니 所謂時局大同團의 講演隊는 到處에 逢變쑨이다 이번 淸州에도 公立普通學校內에서 李啓浩羅弘錫兩人이 講演을하다가 一般群衆이 이놈죽여라잡어내라하는 바람에 말도잘못하고 혼이나서 旅館으로 逃亡을하엿더니 二百餘의 群衆은다시 그 旅館까지 쏫차가서 所謂演士란 者와 普天敎太田眞正院長이란 者를 쌤도 싸리고 坯 얼골에 침도배트며 或엇던 靑年은 銅錢分을던지면서앗다 이놈들아 뱃댁이가곱흐거던 이것이나 가지고 가서 먹고 매마저죽을짓을하지말나고하며 一

時大風波를 이르켜섯는데 그 者들은 警察官의 保護德分에 多幸이 殘命을
保存하야가지고는 變服을하고 暗中逃走하얏다 돈도 所重은하지만은 如干
돈을 좀 먹곳 뭇매를 맞고단이기는 참어려울것갓다 日鮮融和宣傳講演인지
매품파리 講演인지알수업다만은 이것도 이번 踏査中한 求景거리엿다

風雨에 頹落한 金庾信祠

鎭川은 新羅名將金庾信氏의 胎生之地다 郡西吉祥山(一名胎靈金庾信
胎藏地)에 그의 遺祠가잇는데 往時에는 官廳과 儒林에서 特別守護하고 春
秋에 享祀까지 하더니 近來에는 守護하는사람이 別로업서서 祠宇가 風雨에
다 頹落하고 但히 村家婦女의 祈禱場이되엿다

(當地婦女祈福于此如德勿山之崔瑩祠)그의 子孫도 其麗不億이오 坐朝
鮮사람치고는 누구나 그의 功德을 모를사람이업슬 것이다 그러나 그의 祠宇
가 이와가티 頹落되되 修築하는 사람이업스니 엇지 애달분일이 안이랴 近者
에 그의 遺孫인 金萬燮君이 祠宇를 新築하랴고 郡當局과 協力하야 吉祥山
一帶의 貸付許可를 得하고 坐義損金을 募集中이라하니 그의 孫子은 勿論이
어니와 一般의 人士들도 만흔 同情을 하기를 바란다 이것이엇지 舊時代的迷
信의 事業이라고만하랴

難聞打餠聲

一月二十九日-舊曆으로 섯달금음날이다 나는 鎭川을 써나 陰城으로 向
하는데 八十餘里路程에 所謂大村落이라는 곳을 몃몃곳이나지냇스되 到處
에 쩍치는 소리를 듯지 못하얏다 나는 혼자생각에 오날이벌서금음날이닛가
영간쩍개를 좀해먹을사람들은 몃칠전에 다해서 그런것이라고 하얏더니 알
고보니 陰城은 元來貧色이 故로다른해에도설에 쩍해먹는 집이 別로 업는데
昨年을 特히 凶年이저서 쩍은커녕 正月一日에도 발굴물집이만타고한다 아

-이것이 엇지 陰城뿐이랴 今日朝鮮사람의 生活이다그러하다 언제나 이 問題를 解決하야 名節마다 잘먹고 잘놀고

道中送三歲

나는 地方踏査를하노라고 客中에서 舊曆過歲를 세 번재나하엿다 再昨年에는 慶南咸陽에서하고 昨年에는 洪城에서하고 今年은 쏘陰城에서하엿다 그러나 咸陽과 洪城은 비록 客地라도 多少親知가잇서서 이약이도하고 술도먹은 까닭에 孤寂한줄을 別로알지못하얏더니 이번陰城은 아주한사람도 아는이가업고 매우 孤寂하야 참으로 旅館寒燈獨不眠 이라는늣김을가젓섯다 人生이란차으로 동모업고는 살수업는 것을 더욱쌔달엇다

可憐한 少女

忠州에서 나는 엇던 친구의 招待로 永盛館이라는 料理집을갓섯다 그집에는 名色妓生이 三四名이잇는데 其中에 年齡이 不過 十三四歲되는 少女한아가잇다 其少女는 나를보고반가워도하며 쏘붓그러워도하는 氣色을가지고 인사를하더니 한참잇다가 내겻트로와서 귀에다대고「先生님! 여긔는 엇재 오시엿스며 쏘언제왓느냐」고뭇는다 나는 쌈작놀나서 네가엇지너를아느냐 한즉 其少女는 쏘귀에다대고「네-저는 本來서울 ○○女學校學生으로 ○○○少年會를단녓섯는데 그쌔에 先生님을 만히뵈엿습니다 라고한다 나는 반갑고도 쏘이상한 생각이나서 한참보다가다시 그 少女더러엇지아야 妓生이 되엿느냐고물은즉 그 少女는 쏘귀에다대고「어머니가 엇던 四柱장이에게 저의 四柱를 보닛가 일곱번이나 寡婦가될 八字인데 妓生이되면 後運이조켓다고 해서 서울에 妓生에다 박으랴고하엿더니 아버지가 남이붓그럽다고 이리로 보내서 왓습니다」하고는 두눈에 눈물이 핑돌더니 다시 귀에다 대고「서울가시거던 우리선생보시고 이말슴을 마르시고 저의동포를보시여도말슴

말어주서요」하고 다시 소리를 하는데 아즉까지 妓生의 소리는 하지못하고 學校에서 배운 唱歌와 少年會歌 쏘는 少年歌劇할새에 하던 唱歌를한다 다른 이들은 그것을 잘한다고 滋味잇게드르나 나는 드를째마다 가슴이압헛다 아-可憐한 少女! 前日에 天眞爛漫하던 그 純潔한 몸이 엇지 今日에 이 惡魔의 窟에 싸질줄알엇스랴 但只蒙昧無知한 그 父母의 罪惡이 오 迷信만흔 우리 社會의 罪惡이다 이 世上에 이런 悲慘한 일이 果然얼마나 잇는가

風雲忠愍

　바람불고 눈이홋날니던 一月二十六日이엿다 나는 忠州의 동모 李善圭, 吳彦泳, 徐相庚, 具英四氏와 作伴하야 丹月里에가서 林忠愍公景業氏의 忠烈祠를 拜審하게되엿다 이 丹月里는 忠州邑에서 南으로 略十餘里가되는데 鳥嶺으로 通하는 驛路다 路程의 順序로 몬저 鳥嶺假道(地名未詳)에가서 林將軍의 少時에 씸쒸던바위 求景을하엿다 이 바위는 達川江上流絶壁上에잇는데 路邊에서 略五六十길이나되고 臺가 凡四五가 잇다 傳說에 依하면 林將軍은 每日이 十二臺를 몃번식 超躍上下하엿다한다 그말만드러도 그가 平素에 心身鍛鍊을 如何히한 것을 可히알겟다 그곳을보고 우리는 다시 발을돌녀 狹路로 丹月里에가서 그의 傍孫인 林稷鉉氏를 訪問하고 쏘그의 집에잇는 엇던이의 案內로 忠愍公의 廟祠를 拜審하엿다 廟門初入에는 公의 碑閣이 잇고 正廟에는 公의 遺像을 奉安하엿는데 그 案內하는 이의 말을드론즉 本來이 廟祠에잇던 遺像은 不幸히 中年에 遺失하고 그 本孫이 집에 奉安한 遺像을다시 模寫한 것이라한다(公無子以其弟府使俊業子重著爲後)그러고 쏘그엽헤는 公의 夫人李氏의 旌閭가잇다(李氏亦入瀋陽殉節) 나는 平素에 公의 忠義와 氣槪를 仰慕하고 쏘公의 寃死를 痛恨이 思하던바 그곳에가서 公의 遺像을 拜審하니 實로 感慨無量의 懷가 形言할수업게니러낫다 拙한 詩나마한 首를지여 紀念을삼고 자하엿스나 그도 쏘한 餘暇가업서서 짓지못하고

그냥돌아왓다 다만 公의 遺詩인 釰銘一首와 坖梅山洪直弼氏의 感慨詩一首를 記錄하야 讀者에게 紹介한다

釰銘

三尺龍泉萬卷書, 皇天生我意何如. 山東宰相山西將, 彼丈夫兮我丈夫.

(按公之日錄曰我在小農堡(在三水郡)時出遊於大池邊忽有大蛇口含長物出視我我即脫所着衣投之於其前蛇即驚疑凞入於水中數日後天氣明期瑞雲凝結我又出視之則大蛇口含短物我又解衣投之以物置於衣上因忽不見乃短釼也自製一律銘其 云是公二十七能時也

(拜林忠愍公遺像有感(梅山洪直弼)將軍遺廟達川陽客子來尋感慨長,　歲暮松杉增氣節. 夜闌星斗見精光, 英風觸目如將語. 至恥蔣心可忍忘, 宇宙知音惟獨步. 當時恨不配公傍 (獨步僧申歇別名)

-(以下十行削除)-

다만 彈琴臺懷古詩의 名作인 黃午詩一首를 紹介한다.

東風東望琴臺, 戰壘愁雲欝未關. 天地無功君背水, 江山有恨客含盃. 漁村幕笛忠州入, 海戌春烽鳥嶺來. 盡日不見申壯士, 平沙漠漠白鷗回.

競賣에 부튼 華陽洞

槐山郡靑川面의 華陽洞하면 別로모를사람이업슬 것이다 이 華陽洞의 元名은 黃楊洞이니(黃楊이 多함으로)近世支那崇拜者로 有名한 學者宋尤菴時烈氏가 懷德郡華提로부터 此地에 移住한 後中華의 華字와 一陽來復의 陽字를 取하야 華陽으로 改稱하얏다 當時尤菴은 此洞의 山水를 愛하야 五架膏齊를 建하고 後生을 敎授하며 明朝의 御筆「非禮不動」四字를 得하

야 石上에 刻하고 原本을 煩章寺雲漢閣에 藏置하며(寺及閣其後被火燒盡)
坐그 書齊附近巖石奇絶處에 一室을 作하고 櫚書齊하 命名하얏다 其後肅
宗甲辰에 그의 高弟인 遂菴權尙夏가 尤菴의 遺囑에 依하야 南山麓에 明의
神宗, 毅宗兩皇帝의 廟를 建하고 萬東廟라 稱하야(其碑文李縡撰兪拓基
書) 春秋에 享祀를 하고 坐尤菴書院에도 參典을 行하얏스니 此가 近世所謂
尊周主義者인 假明人學者들의 最大事業이 다 其後李太皇卽位二年乙丑에
朝令으로 萬東廟及書院을 撤毁하얏다가 乙亥(開國四百八十二年)에 다시
重建을 命하고(卽現在萬東廟)光武十一年까지 國家에서 享祀費를 支出하
다가 隆熙二年에 至하야 遂히 祀典을 廢止하얏다 이 華陽洞은 慶北地方에
서 發源하는 玄川의 支流에 臨하야 奇巖絶壁에 老松이 鬱蒼하고 淸州白石
이 約十餘里를 相連하야 所謂 警天壁, 雲影澤, 泣弓岩, 金沙澤 瞻星臺, 凌雲
臺, 臥龍巖, 鶴巢臺, 巴串(閔鎭遠篆書) 九景을 成하고 又瞻星臺로부터 崖를
攀하야 南入하면 綵雲菴이 有하니 亦風景이 絶佳하다 往時에 尤菴一派學
者들은 此地를 魯의 闕里와 如히 神聖視하야 特別愛護하더니 物換星移한
今日에 尤菴後孫은 此를 京城麻浦千某에게 抵當하고 報償의 道가 無하야
現在競賣中에잇다 元來 宋氏가 建立한 萬東廟이닛가 宋氏가 賣却하야도
無妨한일이다 그러나 尤菴의 靈이 만일잇다하면 今日地下에서도 반드시
「嗚呼崇禎紀元後某年月에 大明之華陽洞遂競賣」라할 것이다 나는 坐最後
에 그前엇던 文士가 이 萬東廟建設한 것을 嘲笑하더라고지은 詩一首를 紹
介한다 그 詩가 音으로는 비록 賤鄙하나 主義로는 尤菴派學者에 比하면 霄
壤의 判이잇다

步之華陽洞

不謁宋先生

區區華陽洞

何獨屬大明

宋尤菴肯像

色色形形의 忠北處女

사람은 居地를 짜라서 形態가다-다른 것이다. 靑山報恩處女들은 大棗
를 만히먹는 싸닭에 입이 쌔죽하고(大棗씨뱃노라고), 쏘三伏째에비가오면
작고 울어서눈이 쑹쑹하며(三伏에비가오면 大棗凶年이 저서시집을 못갈가
하야) 黃澗處女는 軟柿를만히먹어서 두볼이불룩하고, 永同處女는 棉花를
만히만저서 毛髮이희고, 沃川處女는 麯子냄새를 만히맛타서 頭痛을 잘알코
淸州處女는 椒井藥水를 만히먹어속 病이 업고, 鎭川處女는 쌀밥을 만히먹
어얼골이 해말숙하고 陰城處女는 빗에 쏠녀서 몸이파리하고 槐山處女는 숫
을만히만저서 手足이 검고 忠州處女는 담배를 만히만저서 코씃이놀으고 丹
陽提川處女는 山을 만히단녀서 발바당이 쌔젓다 그러나 이것은 다 우슴의
말이지 엇지 그러하랴정말 이번 忠北旅行中에는 女子라고는 淸州, 鎭川, 忠
州에서 親舊님의 德分에 술집마누라와 妓生몃 以外에는 對面을못하얏다 그
러고보니 處女가 엇더하게생긴거커녕 암평아리가 엇지생긴것도 알수업섯
다 忠北은 홀아비 社會인지 女子는 볼수업다 참 寂寞하고 孤獨한 地方이다.

白馬江의 배노리

蔡萬植

《현대평론》, 1927년 7월

녀름의 金剛山 三防藥水와 釋王寺 元山海水浴場과 明沙十里의 海棠花
쏘 하다 못하면 가직한 仁川 月尾島의 潮湯……… 이러케 죽 골나 세이기만
하여도 무엇이 엇지 좀 선々하여지는 것 갓습니다.

긔왕이면 얼마나 시원한 맛이 나나보게 좀더 자세한 것을 써보앗스면 하
겟지만 元來 그러한 곳이린고는 한번도 가서 놀아본 젹이 업슴으로 그야말로
자반죠기 한 뭇을 사서 달어매어놋코 밥 한 숫갈에 한 번씩 치어나보는 격이나
얼마상관이 아닙니다.

다만 昨年 녀름에 某社에 잇는 德으로 夏期白馬江探訪(그 江이 實相은
錦江이지만 中間의 어느 部分은 白馬江이라고 합니다)을 갓든 일이 아직
어렴풋이 記憶에 남어잇스니까 그것이나 利用하여(하기여 두 번이나 부려
먹기가 좀 창피는 하지만) 나처럼 죠흔 곳으로 避暑를 못다니는 讀者를 爲
하야 簡單하고도 比較的 趣味가 잇슴직한 避暑案內나 하나 만들어보려고
합니다.

쯧잇는 讀者 가운데 한 一週日 동안의 餘裕만 잇거든 三四人이 作伴하여서 來日이라도 길을 써나면 그닥지 後悔하는 일은 업슬 것임니다.

準備래야 費用으로 한 二十圓쯤 들 것이고 함부루 굴녀도 關係치 아니할 옷 한 벌이면 그만임니다.

그밧게 카메라와 簡單한 樂器를 가지고 가도 좃켓고 쏘 담뇨는 하나 必要함겟슴니다.

그리고 八月 十日 前後면 陰曆으로는 七月 보름이니까 더위도 한참이려니와 밤이면 달까지 잇서서 맛츰 써나기에 가서 놀기에 알마즌 째임니다.

푹々 삼는 듯한 더위와 눈코를 쓸 수 업는 몬지의 구렁텅이 서울을 버서나 京城驛에서 아츰 열시에 써나는 南行特急列車에 몸을 실코 안즈면 시원스럽게 다러나는 그 快한 速力과 車窓으로 들어오는 선々한 바람이 발서 半避暑는 넉々히 됨니다.

이 列車 안에서 네 시간가량 窓밧 景致를 구경하고 잇느라면 午後 두 시가 좀 지나서 太田驛에 當到함니다.

太田驛에서 잠간 기다려 다시 湖南線을 가러타고 南으로 내려가느라면 다갓치 避暑客의 눈을 살지게 하는 푸른 山과 맑은 江언덕을 멧곱이 지나 午後 다섯 시쯤하여서 江景驛에 나리게 됨니다.

이 江景이가 우리의 배노리의 最初出發地임니다. 最初出發地이니까 多少 準備도 할 겸 쏘 地理도 서투루니까 爲先 案內를 밧자면 어느 新聞支局을 차져가는 것이 좃슴니다.

어데를 가든지 地方의 新聞支局에서는 그 地方으로 차져오는 探勝客을 像相 以上으로 고맙게 대접하여 쥬니까요.

何如間 아직 남은 해가 멀었스니까 案內하는 사람을 싸러 市街를 한 박휘 돌아 압山(무슨山이라든지 일흠은 이졋지만)에 올나가면 江景市街의 全幅

을 발알에 내려볼 수가 잇습니다.

그러나 이 江景이라는 곳은 江景平野라는 넓고 밀숨한 들 가운데서 發展한 곳이기 싸문에 다만 商業地帶일 쑨이지 그닥지 景致나 古蹟은 차즐 곳이 되지 못합니다.

勿論 若干의 古蹟과 所謂 江景八景이라고 멧군데 쫏타는 곳이 업는 것도 아니지만 뭣 그닥지 神通하지가 못하고 쏘 江을 씨고 잇기는 하지만 물이 濁하기 싸문에 淸新한 맛이 업습니다.

그야말로 江景에 江景이 업습니다.

구경을 맛치고 나서 旅館을 차져들면 쏙 져녁밥 째가 알마즘니다.

져녁을 먹고나서 달도 밝고하니까 뒤ㅅ山亭山에 올나가서 消風도 하고 쏘 엔만하면 麥酒ㅅ병이나 쌔트리기에 그닥지 무류하지는 아니할 것입니다.

그러나 이져서 아니 될 것은 밝는 來日 扶餘를 것쳐서 公州까지 갈 배 하나를 미리 말하여 둘 것 입니다.

勿論 自動車로도 넉々히 갈 수는 잇기는 하지만 그것은 아모 趣味가 업습니다.

쏘 扶餘를 往來하는 장ㅅ배가 잇기는 하지만 맛침 그 機會를 맛날 수도 업는 것이고 쏘 장ㅅ배를 타고 가느라면 中間에서 마음대로 놀 수가 업습니다.

한 十圓 쥬면 사공싸른 죠고만한 帆船 하나를 빌을 수가 잇습니다.

쏘 한 가지는 江景에 少年軍이 잇스니까 天幕 하나와 自炊器俱와 쫌 쥬선하여 가지고 죠고만한 고기 그물 한 채를 빌어서 배에 실어두면 반드시 쓸 곳이 잇을 것입니다.

그러고 그밧게 쌀이나 멧 되하고 쌍 멧 뎅이하고 간즈 메 통이나 사가지고 가면 넉々하겟습니다.

그러고 麥酒ㅅ 다쓰나 잇스면 害롭지는 안켓지요.

밝는 날 느직히 선창으로 나아가서 준비하여 둔 배를 타고 白馬江 배노리의 첫 길을 써남니다.

먼점도 말한 바와 갓치 江물은 얼마 가는 동안까지 매우 濁합니다.

그러나 그것은 잠간 동안말이고 차ㅅ가는 동안에 물은 졈ㅅ 맑어지기 시작함니다.

맑고 푸른 江물에 돗대를 넌즛이 달고 소래업시 밋그러져 올나가면서 고요한 바람결에 쓸녀오는 배ㅅ사공의 코노래도 듯고 배ㅅ전에 나안저 시원한 찬물에 발도 잠거보고 새ㅅ로 배를 버리고 백모래沙場에 쒸여내려 한참씩 거러가면서 四肢를 마음껏 내어쌧고 소리도 쳐보고 얏흔물을 맛나거든 옷을 활ㅅ 버서내던지고 모욕도 하여보고 그물을 던져 한 두마리 걸니는 고기도 잡어보고 쏘 가다가는 江 언덕의 酒幕에 올나가 白馬江의 別味인 우어(이 우어는 大東江과 漢江과 錦江의 세 군데서 밧게는 나지 안습니다)회에 입맛을 다시면서 麥酒ㅅ잔이나 마시기도 하고- 이러케 쳔ㅅ히 가는대로 가느라면 일은 夕陽에 대왕ㅅ벌(王場里)에 다달어 扶餘의 엿바우(窺岩津)를 각가히 바라볼 수가 잇습니다.

勿論 쌜니 서둘면 江景에서 扶餘까지 세 시간이면 넉ㅅ하지만 決코 그럿케 할 必要는 업는 것입니다.

엿바우에 배를 대이고 언덕에 내리어 죠곰 가느라면 自溫臺가 잇습니다.

그리고 水北亭이 山언덕에서 江물을 굽어보면 위태로히 서 잇습니다.

이 두 곳에 발을 잠간ㅅㅅ 멈츄엇다가 다시 엿바우 나루를 건너 한 오리쯤 가면 그곳이 바로 우리 百濟의 옛 都邑터 扶餘문입니다.

扶餘 扶餘 우리의 歷史 가운데 가장 눈물겨운 滅亡의 페이지를 채운 百濟

의 옛 서울!

한 번 발을 드려노흐면 길가에 성긴 일흠 모르는 풀포기와 하날에 써다니는 無心한 구름까지라도 愴然한 빗츠로 우리를 마지하는 듯함니다.

到着하면서 바로 古蹟을 차져가는 것도 뜻슴니다. 그러나 달이 잇슬터이니까 져녁으로 미루고 위선 旅舘을 차져들어 잠간동안 쉬이는 것이 뜻슴니다.

쉬이고 나서 져녁밤을 맛치고 달이 도다오르거든 扶蘇山에 올나가 爲先千古의 限을 먹음고 어둑한 碑閣 속에 말업시 서서 잇는 劉仁願 將軍의 碑에 點頭를 하고 그 길로 泗沘樓에 올나감니다.

泗沘樓는 近來에 지은 것이라 古蹟이라고 일카를 것은 못되지만 바로 발 밋흐로 흐르는 白馬江의 푸른 물을 구버보며 발서 옛날에 지고 업는 落花岩의 三百水中冤魂을 安頓식히는 듯이 일은 아츰과 느진 져녁에 고요히 울니는 皐蘭寺의 鍾소리를 들으면서 발길을 두 루옴기々에 매우 알마즌 곳임니다.

詩越 깁흔이가 술잔이나 기우르고 멧 句詩나 을푸면서 고요히 잠자는 옛 扶餘의 一帶를 像想하느라면 一種의 形言할 수 업는 깁흔 銘威을 맛볼 수가 잇슴니다. 달이 밝고 몬지가 것첫는데 酒興까지 씌엿스니 밤이야 깁건 말건 오래도록 놀다가 돌아오는 길에 平濟塔(이 塔이 萬一 귀가 잇서々 듯는다하면 발버둥을 치게 원통한 일흠을 듯고 잇는 其實의 王興塔)을 잠간 구경하는 것이 뜻슴니다.

쏘 길이 험하기는 하지만 泗沘樓에서 바로 皐蘭寺를 들녀보는 것도 뜻슴니다.

밝는 날이 써난지 사흘채 되는 날임니다.

느직히 일어나 다시 멧 군데 구경할만한 곳을 둘너보고 어제 배를 매여두엇든 몃바우로 나아가서 돗을 곳쳐달고 公州로 向하야 써나감니다.

옛바우에서 써나 水北亭을 도라보면서 한 十分동안 가느라면 바른편 江 언덕에 山이 다다른 곳에 깍겨질닌 어마어마한 바위가 오랜 비바람에 시달닌 자최로 古色이 愴然하게 서々잇스니 이가 곳 落花岩임니다.

落花岩 옛 일을 알면서도 말이 업는 落花岩. 數만흔 佳人才子를 울니는 落花岩.

落花岩이 말이 업고 배 역시 無心히 지나가니 역시 가는 길을 길게 멈출 수는 업슴니다.

落花岩을 지나 悲懷가 더욱히 가려 안질만하면 江물은 더욱 맑어지고 江 언덕의 細沙는 어욱 회여짐니다.

亦是 어제 하로와 갓치 질겁고 시원럽게 쳔々히 올나감니다.

가다가 날이 져물고 물새가 江물을 차고 날아들어 지져귈 째쯤되면 錦城 里라는 公州싸에 다달을 수가 잇슴니다.

오늘 져녁은 野營임니다.

하기야 酒幕을 들어가서 잘 수가 업는 것은 아니지만 그러나 그것은 재미 가 젹고 쏘 飮食이 낫불 쑨만아니라 모기와 빈대 벼룩이 생으로 사람을 물어 가랴고 함니다.

하니까 긔왕 가지고 간 自炊用俱와 天幕이 잇겟다 江언덕 마른 곳을 가 리어 치고 酒幕집에 가서 남구를 어더다가 셧부른 솜씨나마 져녁밥을 지음 니다.

생선을 살 수가 잇거든 酒母를 쥬어 국을 씌려달나는 것도 돗겟지요.

이럿케 하여가지고 둘너안져 먹느라면 아마 그 맛이 朝鮮호텔에 가서 十 圓 각가히 내는 定食보담 몟 곱절이나 나슬 것임니다.

져녁을 먹고 나면 東便인듯 십흔 山봉오리에서 달이 우렷이 써오름니다.

달이 오르거든 다시 배로 도라와 그물질을 함니다. 물이 얏허서 그닥지

어렵지는 안켓지만 그러나 우리의 재됴로는 아모리 하여도 멧 사람이 먹을 고기를 잡을 수가 업슬터이니까 한편으로 酒幕사람에게 부탁하여 얼마간 잡어달나는 것이 됫습니다.

고기가 잡히거든 酒母를 쥬어 회를 쳐가지고 배에 올나안져 사가지고 간 麥酒병을 터트리면서 먹습니다. 혹은 달을 우러々 보면 혹은 銀ㅅ빗갓흔 고기가 잠방잠방 쮜노는 물을 굽어보면서 한 잔 두 잔 마시는 그 맛이 결코 蘇東坡가 赤壁江에서 놀든 것만 못하지 아니할 것입니다.

하물며 人내(臭)와 淫내(臭)가 물신거리는 通俗避暑地에 가서 늬끌스러운 꼴을 보는 것 갓겟습니까.

잇는대로 마시고 마음대로 놀고 노래 부르고 소리치고 나서 져윽이 밤이 깁거든 酒幕집에 가서 섬거적을 빌어다 天幕 안에 펴고 가지고 갓든 담뇨를 덥고 하로 밤을 새임니다.

잇흔날 아참에는 어졔 져녁에 먹고 남은 생선으로 酒母의 손을 빌어 얼큰하게 국을 쓰리고 역시 손수 지은 밥을 먹고 다시 배를 씌여 올나갑니다.

亦是 어제와 그적기 갓흔 하로를 보냄니다.

갓흔 짓을 사흘이나 되푸리하면 실증이 날 것 갓흐나 實相 당하여 보면 그럿치 안습니다.

도리어 얼마든지 더 계속하고 십흠니다.

夕陽에 公州의 곰나루(熊津)을 지냄니다.

곰나루에서 됴곰 더 가면 公州의 入門인 배다리에 배를 대이게 됩니다.

이 公州가 百濟의 처음 都邑地인데 우리는 여기로써 白馬江배노리를 맛침니다.

타고 왓든 배는 배다리에서 작별하고 爲先 旅舘을 차져들어 하로 밤을 便

히 쉬임니다.

　밤을 지나고 잇흔날 아참에 대강 볼만한 곳을 구경하고 나서 마즈막으로 배다리 우에 배노리를 쏨이는 것도 무류하지는 아니함니다.

　公州가 그래도 시골로는 繁華한 곳인 만큼 배노리도 都會風調로 할 수가 잇슴니다.

　이것으로 피서를 맛치고 自働車로 鳥致院까지 나와서 밤차로 서울로 도라옴니다.

　싯흐로 筆者의 붓이 서투러서 讀者의 마음이 당기도록 事實을 如實코 자미잇게 쓰지는 못하엿스나 實地로 한 번 시험하여 보면 그 맛을 알 것임니다. 二.十.

忠淸道地方農村求景

小春
《농민》, 1930년 6월

잠간 旬餘의 시일을 가지고 忠淸北道地方의 一部를 구경하게 되엿다. 몃 츨간 약물을 먹고 약을 먹는 관계로 忠北에서도 그 首府인 淸州 淸州에서도 邑을 距하기 約四十里 以北되는 北一面 椒井里라는 순농촌에서 약 한주일을 지나게 되엇다. 이제 이 가운데서 보고 듯고 또 늣기는 이곳 농촌생황의 一斑을 소개하려한다. 평안도나 함경도의 서북지방의 농촌에 비하야 그 갓고 다른 뎜 또는 그 특수한 情調의 무엇임을 讀者 스사로 대조함이 잇기를 바란다.

十三道中 最小의 忠北

충청북도라 하면 됴선 십삼도 가운데 뎨일 적기로 유명하다. 全道의 고을수가 도합 열골 여긔에 충청남도의 십사군을 아울려 게산할지라도 십삼도중에서 뎨일 큰 慶北 二十四郡의 한 道폭밧게 더 되지 못한다. 地理로만 하면 군대군대 쇠 큰 山들이 列立하고 其間에 田野가 열닌 바 말하면 그러케 山谷도 아니요. 또 平野도 아닌 非山非野라 할 수 이스며 氣候는 됴선에서 中部

以南 南部에 속하는 바 西北地方에 비하야는 만이 溫和하다. 오늘이 五月十
三日(舊 四月 十五日)인대 兩麥은 벌서 發穗된지가 여러날이여서 「四月南風
大麥黃」이라는 말이 그러케 틀니지 아늘 것갓다. 이 地方에서 뎨일 눈씌우는
것은 山에 樹林이 극히 적어서 대개는 군대군대에 山汰가 난 썰건 빗나는 산
이요. 산에 나무가 若干式 잇다는 것은 지금 자라는 松木落葉松쓴이요 闊葉
樹가 극히 적은 바 山獄의 모양은 심히 파리하고 쌕々하야 沒風致하다.

이것이 모다 忠淸道에 兩班만핫던 덕택이엿거나 하면 그만이다.

忠北의 首府인 淸州는 邑內戶數가 四千餘戶 全郡의 十八面을 합치면 近
三萬戶가 되는 巨邑이나 이 곳에서 저 곳까지에 直經 百里를 넘는 곳이 업다.
그러니까 人口는 상당히 稠密한 것을 알 수 잇다. 只今 이 글을 쓰는 椒井里는
全戶數 三十八인대 이 中에서 제 짱갓고 農事짓는 사람은 단 한 집으로서 그
것도 그 所有가 畓十五斗落에 不過하고 그리고 이 三十八戶 中에서 糧食 걱
정을 아니하는 집이 僅三戶이요. 그 外에는 朝不慮夕의 貧窮莫甚한 집들이
라. 것츠로 보면 이 한 洞里를 갓고 곳 全部全道를 律할 수는 勿論 업는 것이
다. 그러나 이 지방 貧富의 懸隔이 如何히 심함과 쏘 농촌의 窮狀이 甚極에
達한 것을 直覺할 수 잇다.

想像 以上의 農村의 疲弊

農村의 窮狀! 이것이 勿論 이 地方의 형편 쑨도 아니겟지만 그야말노 눈을
쓰고는 참아볼 수 업는 慘狀이다. 이 지방의 俗言에 「대추나무에 쓸나고 씰네
나무에 꼿이 피거든 쌀의 집에도 가지 말나」는 니야기가 잇다. 卽 春末夏初의
舊穀은 已盡하고 新穀은 未登한 쏙 이만 째를 가르친 말이다. 이러한 窮節임
으로해서 그러한 嫌도 勿論 업지는 안이한 것이지만 農村의 窮狀은 그야말노
너무 悲慘하다. 지난 春正月頃부터 糧食이 써러저 이러케저러케 高利의 責

務를 저서 連命을 하는 中 업는 사람의 일이라 빗도 그러케 째마추어 어들 길이 업슴으로 그 잘나게 먹는 나물죽도 二三日間式 飢하기를 녯말하도록 한다. 나물죽 말이 나스니 말이지 요새의 이곳에서는 農家의 半以上이 거희 나물(山菜)로 살어간다. 내가 잇는 집이 바루 길가인데 아츰저녁이면 老小男女의 나물 쑨이 數十名式 쎄를 지여 來往하며 이 地方은 山조차 瘠薄함으로 十里 二十里의 깁흔 山에를 드러가지 안으면 나물을 쓸 수가 업는 관게로 스사로 깁은 山谷을 차자 모히게 되는 바 그러한 곳에는 수백 명의 나물군이 왼 山을 뒤덥허서 무슨 큰 亂離가 난 것 갓다. 西北地方에서는 山을 化하야 火田을 만드는 것이라하면 여긔서는 菜田을 만드는 셈이다. 그래서 이 나물 쏫는 것을 正히 農事짓는 것과 가티 한다. 事實 穀植農事는 一年을 죽도록 벌고나야 結局은 겨울 한 절의 農糧밧게 못 되는지라 이 나물農事는 約 一週日間 熱心하면 첫녀름 한 節은 버틔여가게되니 농사야말노 훌늉한 농사이다.

참 기가 막히는 現狀이다.

旅舍에 잇노라면 마을 어른들이 혹 한 분 두 분 모혀 안는 것을 보게된다. 그런대 그 어른들 사이에 交換되는 니야기를 드러보면 이 洞里의 누구는 벌서 사흘째 씌食을 쓰리지 못하니니 쏘 누구는 胡米 한 말을 구하려고 四五日을 단녀섯스나 結局 求하지를 못하엿다는 等 말말이 ● 주린다는 것이오.

求乞한다는 니야기이다. 쏘 엇던 날은 마을 어른 한 분이 돗자리 하나를 지고 와서「自己 집에서 벌서 사흘을 째를 념겻스니 活人하는 셈으로 그것을 사달나.」는 哀願을 하엿다. 실제로 농촌의 속에 와 안저서보니 우리가 지금 살고 잇다는 것이 도모지 산(生)것 갓지를 안타.

氣막히는 貧窮과 無知

十四五六歲되는 少年群이 每日 포대와 지게와 낫(鎌)가튼 것을 갓고 솔닙 풀닙을 쓰드러간다. 하루는 그들을 붓잡고「당신들 第一 갓가히 쇠고기

먹어 본 째가 언제인가.」한즉 都合 八名이나 되는 그 中에서 두 少年이 昨年 九月中 九日 祭祀 째에 먹어보앗노라하고 그 다음 少年들은 벌서 먹어본지가 너무 여러 해되여서 記憶을 못하겟다고 하엿다. 나는 다시 당신들 中에서 언문 아는 사람이 몃 名이나 되너냐 한즉 꼭 한 사람이 안다고 하며 엇더케 배웟넌가 한즉 아버지의게서 배웟다하며 글방이나 야학은 전부 업다는 것이다. 다시 문뎨를 굴니며 「지곰 우리 朝鮮이 누구의 손 밋테 드러잇다고 생각하너냐.」한즉 그런 것은 勿論 모른다고 하며 지난 어린이날에 쓰던 宣傳紙를 한 댱식 分給한 즉 언문도 모르는 自己네에게 이것이 무슨 所用이냐하며 모도다 返還하고만다. 이 瞬間에 나는 마음이 씨르르하며 엇지할 줄을 몰낫다.

이 忠淸道地方의 建物은 大體로 京城地方과 갓흔데 異常한 것은 雖如何히 큰 村中에서도 도모지 瓦家를 發見할 수 업는 그것이다. 勿論 或 잇는지도 모르지만 이번 行에 나는 瓦家한 채도 구경하지 못하엿다. 農作物은 田畓相半으로 第一次는 兩麥을 심어서 田畓의 約三分之二는 二毛作을 하며 小作料는 全部 賭租制로서 西北地方의 並作보다 오히려 심한 便이 잇스며 또 地稅는 全部 小作人이 負擔한다.

農家의 常食은 亦是 胡米를 主로 하고 보리쌀을 間用한다고 한다.

大書特筆할 한가지

忠淸道地方의 農民에게서 한 가지 特書할 것은 지난 甲午의 東學革命亂에 잇서 그야말노 큰 役割을 다한 그것이다. 이 淸州로 볼지라도 甲午年 當時의 南門 밧 南들(野) 接戰과 北門밧 接戰 또 細橋 接戰은 有名한 싸움으로서 南들 接戰에서는 當時 東學黨의 頭領의 一人인 金開南 將軍이 戰死하여스며 또 姜洙라는 어른도 淸州邑에서 刑殺되엿다. 當時의 이 地方農民은 거이 全部가 東學군으로서 다— 가티 戰地에서 出動하야 大小의 戰功을 세웟다.

結局 日淸兩國의 出兵으로 大勢가 不利하게 되쟈 이들 東學의 信徒는 만히는 誅戮 逃竄 歸順되야 지금은 西北의 地方보다도 東學 卽 天道敎의 勢力은 至極히 微弱하며 各 農村은 그쌔의 被禍를 凋殘하게 되야 아직도 其藥이 만이 남아이스며 내가 지금 暫留하는 椒井里도 甲午 以前은 僅五十餘戶이엿는데 그쌔에 만이 헐니워서 只今은 三十餘戶 밧게 못 된다는 말이다. 한마듸 附加할 것은 淸州의 北二面 大周里는 當時 東學의 一大頭目이요 天道敎 三世敎祖인 孫秉熙어룬의 生長地라는 말이다.

一九三0年 五月 十三日

淸州 北一面 椒井里에서

牙山 古戰場에서

파인

《삼천리》, 1931년 1월

牙山을 向하며

諸君은 記憶하실 것이외다. 獨逸의 레마루크가

「대체 戰爭이 웨들 이러나나?」

「그야 한 나라가 다른 한 나라를 무척 욕보인 째이지.」

「무에? 무척 욕보엿다고 언제 獨逸 山川이 佛蘭西 江山을 辱보인 적이 잇다든?」

「이 자식 보게 누가 산이랫나. 내가 말한 것은 어떤 한 國民이 다른 한 國民을 욕보인 째란 말이야.」

「그럼 더욱 승겁지 안나. 나는 불난서 놈팽이에게 욕바더 보기는 고사하고 어써케 생겨먹엇는지 입새 佛蘭西놈들은 구경한 적도 업단다.」

「무에 엇재 너 하나란 말이냐 國民이란 말이다. 全體란 말이다. 즉 祖國이란 말이야.」

「흥! 祖國.」(下略)

하고 斬壕속의 兵丁들 입을 通하여 「西部戰線 별탈업다」속에다가 帝國主義的 近代國家의 姿態를 深刻하게 解剖 批判한 것이 잇지 안습니까. 실로 생각건대 戰爭가티 우수운 것이 업소이다. 글세 무엇하려 撤天의 恨이 잇다고 농사짓든 獨逸農夫가 불시에 銃자루 메고 나가서 佛蘭西의 불상한 구두쟁이 職工들을 쏘아 죽임니까. 白耳義의 시골 뽕다든 색시가 무슨 배 아픈 일이 잇다고 墺太利의 구멍가가 사내를 죽이려고 砲兵廠에 달려가서 爆彈을 만들고 毒瓦斯를 운반함니까. 무슨 까닭에 집을 헐고 짱을 파고 곡식을 뭇지르고 하나이까.

레마루크의 말맛다나 정 싸움이 하고 십거든 獨逸皇帝 카이제루와 佛蘭西大統領 포앙카레를 한마당에 붓잡어다 노코 兩國〻民이 구경하는 속에서 「장겜보」를 시키든지 석동이다 제럭이다 하고 윳흘 놀니든지 하다 못해 삼륙이고 장구고 하며 골패라도 놀게 하여 진 쪽을 敗戰國家로 삼고 마음대로 땅을 쩨어가든지 公主아씨를 姦淫하든지 함이 올치 안을가. 적어도 간단하고 시원스럽지 안으리까. 그러나 이런 줄을 알면서도 國家는 戰爭을 식힘니다. 戰爭이 업스면 큰 資本家들이 지어내 논 賞品을 팔아 볼 장거리와 또 솜이고 강철이고 하는 그 工業원료를 어더 드릴 땅이 업스니까 그러니 누구 쌔문에 누가 죽고 누가 리를 보고 안젓나이까. 이것을 祖國의 일음에 민다면 그 祖國은 ××바더 조흘 것이외다.

제가 이 말을 웨 함니까. 설마 諸君이 이것을 모른다고 제가 함니까. 아니올시다. 牙山에 와보니 넷날 日淸戰爭을 치르고 난 湖西山川이 날더러 이 하소연을 시키더이다. 四十年前 淸兵 日兵의 大砲알에 마저서 가지가 불러진 古戰場의 一草一木들이 내 입을 通하야 이말을 傳하더이다. 그쌔 日本과 淸國의 젊은 壯丁이 이곳에 와 만히 죽엇겟지요. 食糧을 실고 왓든 마소도 만히 총에 마저서 덧업시 여기에 무첫겟지요. 지금 내 발쯧에 채우는 소쌕다귄지 말쌕다귄지 모르는 모든 쌔들이 날더러 이 말을 세상에 전하게 하더이다그려.

그네는 본국 떠날 때에 조선사람을 보기나 하엿스리까. 목숨까지 내어걸고 조선에서 무엇을 찾을 것을 判斷이나 하고 왓스리까.

더구나 이러케 不分明한 壯丁이 百이고 千이고 왓다갓다하는 사이에 우리의 大勢는 決定이 되고 말엇습니다그려.

그야 우리 옛 祖上 百濟도 싸우기는 하엿습니다. 唐太宗의 大軍을 白馬江에 마저서 大戰을 하기도 하고 新羅군사와 干戈를 밧구기도 하엿사외다. 그러나 百濟사람이 싸운 것은 新羅나 唐나라로부터 奴隷를 엇고 십다든지 쌍을 어드려고 그리함이 아니고 오직 뒤울 안에서 木花따고 안젓는 제 妻子를 保護하기 爲하여 제가 갈어 먹든 이웃 耕地를 빼앗기지 안키 爲하야 창과 칼을 들고 나선 것이외다. 한 마리씩 가진 오양깐 마소를 唐나라 군사가 가저가면 무엇으로 바틀 갈며 한 게집밧게 지킬 줄 모르는 터에 자긔 안해를 新羅 놈에게 빼앗기면 집 세간사리를 누구에게 맛기겟서요. 이러한 責任에서 나온 自己保護戰爭이엇더이다. 別로 큰 富者도 업고 別로 큰 酋長도 업슴애 帝力도 못 밋는 자긔네 生活을 잘 成長시키기 위하여 共同防衛로 나섯든 것이외다. 日淸戰爭가티 大阪 東京이나 武昌 漢陽에서 지은 상품을 장차 조선팔도에 팔고 시퍼서 쏘는 鴨綠江에서 나는 木材와 朔州龜城의 金銀과 바다의 고기 쌍의 오곡을 엇고저 한 싸홈과는 딴판이엇습니다. 卽 共同의 利益을 爲한 正當한 싸홈이엇습니다.

나는 只今 牙山에 와서 嘆息을 합니다. 全奉準의 一黨이 좀더 疾風火雷的으로 서울에 큰소리 냅다치면서 이르럿든들 또 三南沿岸의 住民의 援兵이 좀더 만햇든들 朝鮮에는 一大轉機가 왓슬 것을 日本의 明治維新인들 별것이오니싸. 伊藤博文 木戶孝允 西鄕陸盛 등 쏫잇는 이가 關西에서 旗를 들고 勤王黨을 잇글고서 江戶의 德川幕府를 넘어트리고 王政을 奉還한 뒤 제 마음대로 泰西를 본밧은 新政을 폇든 것이 아닙니싸. 孫逸仙의 中國革命도 全奉準과 가치 처음 武昌 漢陽을 떠난 革命黨 氣勢는 微하엿지만 未久에 帝都

를 점령하고 淸朝를 너머트린 뒤 今日의 新興中國의 출발을 지어노치 안엇습니까. 그런데 모처럼 이러낫든 全奉準의 長蛇—그만 陰風 속에 자최를 감추고 말엇습니다 그려. 東學黨의 擧兵이 성공하엿든들 牙山의 面目은 훨신 달러젓스련만 누구를 怨하랴. 이제 이르러 日月은 녜나 지금이나 쭈렷히 찟는데 天時에 무슨 罪잇슬가 보냐—

白石浦에서

牙山邑에서 西南으로 略十里 거러가면 白石浦란 조고마한 浦口가 잇스니 이것이 처음 淸兵이 上陸하든 자리다. 압 바다에는 큰 섬 적은 섬이 이 구비 저 구비 서로 엉키어 물이 들어온 곳도 나아간 곳도 모르게 되엇다. 潮水물이 아츰에는 썻다가 저녁에 출렁출렁 들어오는 것을 보아 아마 甲午役의 淸兵도 夕陽 녁에야 陸戰隊上陸을 하엿스리라.

浦口에는 힌 바위가 잇다. 어썬 것은 안젓고 어썬 것은 섯는데 바위 쑥댁이에는 江南가든 기럭이 어제밤 에서 자다 갓든지 하얀 새쏭들이 총총 부터잇고 漁村의 늙은 노파는 김장배추 씻기에 각금 물을 틔어 岩石에 花草를 그린다.

나는 가만히 섯다. 발끗을 싯츨 듯이 달려드는 힌 물결을 바라보면서 가만히 섯다. 어느 옛날 草笠쓴 百濟의 젊은이도 나와 가티 이 夕陽때 이 바위에서서 저 바다물을 바라보고 잇섯슬는지 모르나 到底히 내가 이 자리에 갓는 이 感懷를 느끼지 못하엿스리라. 나도

百濟때에 낫더면 山잇고 바다잇는 이 絶景보고 놀애부르기에 밧벗슬 것이나 이 古戰場이 因緣이 되어 우리의 事情이 變하여진 일 생각함애 悵然한 마음에 실로 노래부를 餘裕라그 업다. 四十年前 日淸戰爭쌔에 淸國士官이 이 바위에 올라서서 총을 꺽구로 메고 上陸하는 그 淸兵들을 號令하든 한 마듸가 우리와 그러케 密接한 脈絡을 주엇거니 하면.

두 나라 군사의 交戰의 中心地는 이 白石浦와 牙山邑의 중간지대라고 이 곳 古老들이 이야기한다. 이 山과 들이야 別로 다른 곳과 다르랴만은 첫눈에 덥힌 그 쌍속에는 만흔 쎠들이 무처 잇슬 것이다. 눈바래 날리는 이 朔風도 어느 곳 바람과 다르랴만은 귀녁어 들으면 몃萬 壯士의 呼哭이 쎠잇는 듯 지금도 밧흘 매느라면 총알과 총자루 썩은 것들이 나온다 한다.

十萬 각씨야 이 바닷물 퍼두소
百萬 백성도 이 쌍흙을 파두소
이 山川, 갑잇건만 아는 이 업는가
한숨쉬어 내 흙 한줌, 漢陽에 運搬하네.

金玉均墓

牙山邑에서 慮民樓 오른편 쪽을 돌아 뒷山으로 오르면 金玉均先生의 묘가 잇다. 일은 아츰 첫눈이 새하야케 쌀럿는데 무덤 가는 길은 벌서 반쯤이나 쓸어 노앗다.

墓의 周圍에는 밤나무와 잣나무가 쌕쌕히 둘너서잇고 墓前에는 石馬二基가 노여잇다. 先生의 嗣子이든 金英鎭氏가 얼마 전에 하여 세운 것인데 墓守의 말을 들으면 春秋로 祭亭도 못지낸다고 한다. 아무튼 고요한 山谷이다.

이 山谷에 四時 가득차고 잇는 것은 풀과 버레소리와 밤이면 달이 차저주고 가을이면 서늘한 바람이 가득 와주리라. 그러나 그 박게도 上海方面으로부터 몰여오는 구름이 아츰 저녁이 우덤무를 싸고 지내가는 듯 그래서 하늘에는 늘 선생을 부르는 그 上海의 구름덩이가 뭉게뭉게 써돌면서 각금 비도 되고 눈도 되여 써러지는 듯.

上海에 쌕리 둔 저구름

牙山을 넘다가 눈이 되어 써러지네

이 눈이 찬 줄도 모르시니

선생의 일 더욱 애달버라.

(失戀한 동무의 生命을 싸 주려고 먼-湖西의 눈 깁흔 山谷을 달려갓다가
지내든 길에 暫時 본 이 百濟의 山川을 못 이저서 대강 그 자최나마 기록하엿
슬 싸름이다. 紀行도 아니고 아모 것도 아니나 내 自身의 記憶을 爲하야)

十二月 十二日

李忠武公墓 參拜記

박윤석

《삼천리》, 1931년 6월

朝鮮사람으로 태여나 保存되지 못한 歷史的 遺物이나마 時間과 機會의 許與치 안는 關係로 遍踏江山하야 記憶에 새로운 이 땅의 先代偉人과 遺跡을 探訪拜觀치 못한 것은 平日에 나의 가장 큰 痛恨事이엇다. 이제 偶然한 事情과

社의 指令을 밧고 지난 17일 아츰 湖西를 向하야 李忠武公의 故土와 墓所遺物을 拜觀할 『챤스』를 어든 것은 果然 參拜만의 單純한 使命이 아닌것을 스사로 覺悟할 때에 삼가로운 생각이 더욱 두터워젓다.

興亡의 波瀾이 無常한 이 세상에도 우리들은 남어 잇스며 半萬年의 久遠한 歷史는 全人類史上에 애오라지 燦然한 異彩를 發揮하엿든 것이다. 이 實로 偉大한 人物이 업섯고 偉蹟과 遺訓이 史上에 記錄되지 안헛든들 무엇을 우리는 떠뜻한 史實을 들어 자랑할 수 잇섯스랴!.

百世와 幾千萬人中에 오즉 만치 못한 偉人! 다만 둘도 업다고 하는 先驅者로 崇仰하는 李忠武公의 懷古깁흔 故土와 遺跡, 位土는 變遷되는 世情딸아

나날이 또 다달이 그나마 永久한 保存과 우리 民衆에 遺訓의 標本이 되지 못한 만큼 毁損되어 갈 뿐만아니라 公의 位土는 一個 資閥의 X手에 抵當典執되어 멀지 안흔 將來에는 法的 處分을 當하게 될 모양이라 한다. 이제는 스사로 不遇의 環境임을 끗업시 悲哀하면서도 이 痛歎할 消息을 들을 때에 朝鮮사람이면 누구나 痛憤한 생각을 갓지 안흘 자 잇슬랴! 이 民族的 恥辱과 그 經緯를 天下에 論하야 애달은 事實과 呼訴를 하려는 것도 筆者로서는 本意가 아니다. 그러나 抵當期限完了와 債務者인 그 後裔嗣孫에게 債權者로부터 이미 債務履行을 督促한바 잇다하니 辨償할 道理가 업다면 結局 銀行으로부터 法的 處分을 할 것은 免치 못할 事實일 것이다. 그러면 公의 位土遺跡이 엇지하야 一個資閥의 蹂躪을 當하게 되엇스며 이것은 누구의 허물이라 할가.

忠武公의 千秋萬代에 오즉 한분이엇고 정말 우리 民族의 燦爛한 歷史를 지은 先驅者이다. 아니 全人類의 白衣民衆으로 하여금 特殊한 存在와 文明的 價値를 認知識히엿슴도 오즉 이분의 偉大한 事業이 잇섯기 때문이 아닌가 함을 나는 새삼스러히 늣기엇다. 傳統과 惰性의 희미한 가온데 蠢動하든 우리 百姓들속에서 轟然히 烽火를 들고 曙光빗치는 光明을 展開한것도 公이 아니신들 누가 잇섯슬고 엇질수 업는 李公의 故土를 차저 京城驛을 떠난 當日 午正 좀지나 京釜線天安驛에서 分岐된 京南鐵道溫陽驛에 내리여 支局長 鄭鎭九氏의 引導로 貰自轉車 어더타고 溫泉里 뒤고개를 넘어 附近 俗稱 白岩平野의 春水넘치는 좁다른 논길을 달닌다. 넝늑지 못한「웬수의 時間은 都市의 紅塵萬丈속에서 그리든 農村의 閑靜한 風景조차 넝늑히 賞翫활게을 주지 안는 것이다.

「이라! 이소! 일루루! 저리로!」논, 밧, 쟁기질하는 農夫들의 고달픈 노라와 여름을 讚揚하는 개고리 소리 들은듯 만듯 총총히 서들어 白岩「내」건너 혹은 발빼고 물건너 懷古깁흔 牙山郡場崎面「뱀밧」「蛇田- 白岩里」다다르니 벌서 下午 한시가 거진 되엇다.

平坦한 두고개를 한숨에 넘고 自轉車달니어서 주체할 수 업시 흐르는 땀을 故宅압 바로 舍廊마당에 잇는「샘」「泉」물에서 시츠고 셈가티 솟는 心神을 가다드며 春風秋雨 300餘年의 波瀾曲折을 閱歷한 舊邸에 오르니 果然 感慨無量하다. 變化無常한 이 時代를 딸아 公의 偉業과 故土에는 變遷되고 頹落되어감에 떠뜻한 이 업는지라 이에 엇지 感覺이 愚鈍한 筆者인들 한줄기의 눈물과 直覺的한 끗의 悲哀가 업섯스랴! 祠堂은 어듸메 게시며 遺物은 어느곳에 存置하엿는지 얼른 發見할 수 업섯다. 봄풀만 가득히 자란 잔듸밧에 녯 形狀의 故宅 舍廊마조 보이는 기동에는

「遺物參觀謝絶」

이라는 木板揭示가 잇스니 이 엇지된 까닭일가! 이곳까지 公의 遺蹟을 차저온 筆者로서 虛還하지나 안흘가하야 스사로 옴축징이 몃번이나 낫다.

如何間 이곳까지 이르럿스니 于先 公의 後裔嗣孫 李種玉氏를 맛나고 用務와 簡單한 陳謝로 뒷동산에 따로 떠러저잇는 公의 祠堂에 일으러 삼가히 三拜禮告하고 遺物의 拜觀을 請하니 李種玉氏 令息 應烈君의 공손한 態度와 힘에 부치는 太刀寶劍먼저 祠堂압 마당 뺑대풀잔듸우에 깔은 돗자리에 삼가 運搬하고 玉鷺 金角帶 雲龍盃 追懷되는 親筆의 壬辰亂草記를 비롯하야 甲午, 丙申, 丁酉, 戊辰, 壬辰, 癸巳等 歷年의 戰中日記等 書簡等 一一히 삼가 拜觀할 때에 어느 것 한가지 當時의 公의 偉蹟을 새삼스럽게 崇仰되지 안는 것이 잇섯다. 길이 6尺5寸20斤의 太刀大寶劍 번적이는 칼날에는 아즉 瑞氣가 살나지지 안헛다.

이 太刀는 어느 時代에 누구의 손으로 製作한 것인고, 칼날에는

一揮掃蕩血染山河

라는 무시무시한 글句와 손잡이 빼이면 그손에는.

『甲午4月日造太貴連李茂生作』이라는 製作의 署名이 잇스니 이 太刀는 우리의 先代에 얼마마한 偉大한 光明을 주엇스랴! 懷古 더욱 새로운 壬辰亂

과 公의 親筆인 戰中日記 一節을 拜讀하면.

9月 初10日 乙未 朝陰 晩晴

卯時 (午前6時-8時間) 發船直指態川海則 (削 - 원문) 船依舊列海 再渡誘引却會慟 我師乍出乍還終莫捕殲 痛憤痛憤 夜二更還則永登後涉蘇秦浦入泊經夜乃丙申日.

이라 하섯다. 이 日記는 當時 公의 態川海附近에 列海한 (削 - 원문) 船을 乍出乍還으로 苦心誘導하엿스나 終是 捕殲을 못하야 痛憤痛憤하섯스니 海戰의 參謀에 얼마나 苦心한 것을 알수 잇는 것이다.

時間은 꼭 뒤에서 매질하듯이 催促한다. 故邸宅의 東便언덕알에 牧丹꼿 한송이는 더욱 빗이 새롭고 300有50餘年前에 公이 이 「뱀밧」(蛇田 - 白岩里)을 터잡으시어 이 집 지으시고 손수 심으시엇다는 銀杏나무는 어느덧 古木이 되엿스되 도라오는 봄마다 오즉 綠陰을 자랑하지만 公의 遺物과 靈魂의 精力은 歲歲不同하게도 頹衰하여가니 이 원일고! 朝鮮사람은 아즉 터문이도 업시 滅亡되지는 안헛것만 이 歷史的 偉蹟인 이 故土이 遺物을 完全히 保存하고 千秋萬代로 後生에 敎材와 學究的 硏究이며 拜觀을 식힐수 업는가! 슬프다. 우리의 못생긴 탓! 우리의 無能한 탓! 우리 民族의 誠意업는 탓 이 엇지 누구에게 責任을 轉嫁할고.

눈물겨운 이 事實! 그우에도 雪上加霜으로 公의 位土마저 一個資閥에 抵當되어 不遠한 將來에 法的 處分을 바들것이 民族的 恥辱事件의 裡面을 直接責任者인 李種玉氏에 質問하야 「槿域三千里」에 궁금히 넉이시는 讀者位끠 披瀝하기로 한다.

問 - 位土는 얼마이며 銀行에 抵當된 元金과 現在利子는 얼마임니까.

答 - 大正14년8월29일 湖西銀行에 根抵當하엿든 것인데 位土 約40斗落으로 元金2,000圓에 대한 利子까지 約2,400圓以內이지요.

問 - 그러면 이 位土를 물을수가 업스며 或 宗中에서도 善後策을 協議한

일이 잇슴니까.

答 - 오즉 銀行의 法的 處分만 기다릴 뿐이요. 작년봄부터 督促狀을 맛고 宗中에서 協議한 일도 잇섯스나 世情이 떠뜻지 안흔데 무엇한가 제음대로 아니됩듸다.

質問하는 記者나 答辯하는 公의 後裔 李種玉氏는 서로 이약이의 장황함을 避하려고 하며 氏의 不安한 態度에 記者 亦是 뭇고저 하는 말뜻가치 안흔 것이다. 그의 現在 生活狀態는 昨年度 前記抵當된 40斗落의 位土에서 39石의 秋收가 잇섯섯스나 이것저것 除하며 食口만흔데 單85圓으로 一年열두달을 지나가노라니 죽지 못하야 살아가는 중이라하며 그 令息 慶列君도 昨年까지 普成高普校2學年에 在學하다가 밥은 京城市內 親族의 집에서 糊口하나 月謝金과 學用品살 經費 원수가튼 돈이 그를 하야금 前途를 막게하고 지금은 오즉 그 父親 種玉氏膝下에서 先祖의 遺物拜觀者의 案內나 하고 悲哀의 歲月을 보내고 잇다.

아! 끗업는 이 세상 이에「파트론」이 업는가! 360有餘日을 거이 비가 오나 눈이 오나 內外國人士가 끗임업시 이 故宅을 차저 遺物을 拜觀하고 돌아가는 사람만흐되 祀堂의 垣墻이 비에 頹落되고 遺物中 가장 尊貴한 親筆의 戰中日記冊를 쥐가 뚤고 가베먹고 글자가 좀나는 것는 關心한 人士 누구이랴! 李種玉氏의 말을 들으면 멧가지 안되는 이 遺物保存에도 流動한 世態딸아 多難한 事가 적지 안헛스되 이제나마 完全히 想像보다 잘 保存한 것만은 氏에 대하야 一縷의 敬意를 表하지 안흘수 업는 것이다. 事情몰으는 이 세상에서는 李種玉氏를「모히」中毒者이니 等 一部誤謬도 잇다. 그러나 氏는 그러한 低劣한 분은 아니다.

일즉이 博覽會인지 共進會인지 公의 遺物을 出品하라 또 某博物舘에 갓다두라는 等 X力으로 或은 金力으로 誘惑한 바 잇스되 氏는「不要多言」이라는 先祖遺志의 主義一貫에서 斷然 一蹴한것도 氏의 굿굿한 意志가 아

닌들 엇지 하엿스랴! 누가 氏를「모히」中毒者라 固執하는 者 잇스랴! 이 主
張은 斷然 抹殺코저 하노라! 公을 欽仰한다는 者로서 自己 어떠한 主張을
세우고저 이와가튼 公의 嗣孫에 野卑한 侮辱的 言辭를 可함이 오히려 公의
遺蹟을 더러피는 人間이 아닐가 하노라. 公의 遺蹟을 民衆的으로 保存할
機會를 엇게 된것도 그 遺物 太刀 民族寶도란 親筆日記等이나마 이미 업서
젓든들 엇지하랴!

　　公의 實錄 一節을 읽으니 前略- 慶尙右水使元均 壬辰五月 使人詔李舜
臣 請援舜臣 方大會諸將謀之 諸將咸曰職者分界 兵有信之我守我强 且不足
何暇赴他送耶 軍官宋希立 鹿島萬戶鄭運曰不然 討(削 - 원문)寧有彼此道
今嶺海諸鎭 皆沒我以一道 定師忍視不救 坐使嶺海之兵 今日盡沒則明日之
事何以處之 於是 李舜臣大悅 厲聲曰 我之發門如試公等意斗 今日之事有進
無退 敎言不可戰者 斬於是定約束嚴紀律 一耳爾然卽合兵船四十艘 會均於
露梁 均欽喜泣謝遂進至浦 (削 - 원문) 方下船焚掠 猝見兵至皆大驚 呼噪 登
船而出 舜臣乘勢鼓낙跳 焚倭船三十艘 煙焰漲天獲粮械以餘計又破之 於赤
彌浦 碎其船十餘 至月明浦 聞(削 - 원문) 陷京城舜臣 西向痛哭 引兵還營
旣而聞車駕 駐平壤始撫掌 君父旣全我何憂焉 遂迫兵會元均遇倭兵於泗川
千岩 舜臣揚艦先登諸將從之 鹿島萬戶鄭運突入樓船下斬其碇而焚之 諸軍
爭進破之碎十餘 舜臣左肩中丸猶握弓督戰 戰罷破臂出之談笑若軍中始知
之 莫不聳動 翌朝迫軍月明浦 (削 - 원문) 船從曉海 雲靄中無數颺來舜臣 以
爲(削 - 원문)旣大來可少退觀勢 麾其軍退己而(削 - 원문)船雲集大洋 舜臣
整軍不動時出二三船 更迭試日暮(削 - 원문)忽乘潮而進舜臣遂引兵益進先
時舜臣 自以造龜船其利 船上鋪 板如龜 背上十字細路 餘皆列捕 刀錐前龍
頭 口爲銃穴後爲龜尾尾 下有銃穴左右各有銃穴六 藏吾其底 四面放鉋進退
縱橫樓疾如於戰時西馬以編茅使錐 刀不露(削 - 원문)路超登則陷于錐于掩
圍則 大鉋諸路橫行(削 - 원문)中 我軍無所損而所向枝靡 (下略 - 원문)

이글에서 知謀의 偉大함과 20世紀今日의 精銳新發明의 戰具인 潛航艇
도 當時의 公의 考案이라 한다.

古今이 一樣인 芳華山 (白岩里後便山)을 뒤로 두고 압산의 숲속에서 公
의 偉業을 追憶하는 듯한 布穀鳥노래를 들으며 三巨里 公의 體魂이 奠居하
신 墓所를 參拜하기로 하엿다. 溫泉里에서 貰自轉車는 돌니주고 自動車『뜨
라이부』曲橋川 빗뒤에 넘치는 내물을 그대로 無理하게 自動車를 물속에 달
니어 陰峯面三巧里에 일으니 이곳은 溫泉里에서 약20餘里되는 곳이다.『투
구』峯압을 막 다다르자 陰峯普通學校뒤편으로 좁다른 山길 十町가량 걸어
들어면 公의 墓所이니 墓閣이며 石物은 이름난 집 山所가기도 하나 그러나
鬱蒼한 樹木조차 업시 荒漠하기 짝이 업다. 校門과 壁도 헐여가는 墓碑閣알
에서 帽子벗고 供手하야 碑文을 敬頌하고 20步되는 墓에 일르러 三拜하고
이리저리 徘徊하며 아모리 살피어도 主人업는 山所갓다. 九片의 墓屛石도
이리저리 틈이 벌어 오래지 안해서 잡바질 것 갓다.

무엇한가지나 신통한 일이 잇스랴! 半萬年歷史을 자랑하는 우리 民族은
先代에 偉人傑士가 몃분이나 잇섯든고! 時代와 思潮는 엇더케 流動한다 할
지라도 偉業남긴 先驅者는 언제든지 崇仰할것이라 한다. 公의 遺物이 우리
民族에 남긴 바 功勳이 크고 기괴기괴 追憶 새롭다 할진대 그 遺物한가지 完
全한 保存을 한 것이 업다. 紀念博物舘가튼 것은 꿈에도 생각지 못하엿스려
니와 그 硏究하든 書冊, 生存時의 日常用品等 한가지도 民族寶될것이 만히
남지 안헛다. 그리하야 오늘날 誘惑하는 모-든 무리를 까닭업시 遺物拜觀을
請하고 그 精力을 더러필 言辭와 行動이 업지 안흠으로 遺物參觀謝絶이라는
揭示板까지 그 故宅에부터 잇스니 뜻잇는 人士誠金의 熱熱한 收合으로라도
速히 公의 遺跡을 이 民衆들에게 拜觀식히고 이 江山의 지나간 歷史를 더욱
燦然케 하소서. (心耕學人)

寺刹史料蒐集의 길을 써나면서(一)[*]

晩悟生

《불교》, 1931년 8월

朝鮮佛敎界에 寺刹史料가 存在하엿는가 不充分하지만은 얼마라도 잇는 것은 事實임니다. 그러면 우리 절 歷史는 이와 갓음니다 하고 外人을 向하야 자랑할 만한 資料가 잇섯든가 이 點에 對하야 奉先 乾鳳 兩本末을 除하고는 個寺로 幾個寺刹이 잇는지는 알 수 업스나 具體的으로 잇지 못한 것은 亦是 事實임니다. 오즉 白羊一本末이 筆者의 微力으로 蒐集은 다되엿으나 經濟恐荒으로 以하야 印刷에 부칠 程度가 못되고 보니 史料업는 것과 同一하고 其外 海印 金龍 法住 等 各本末이 얼마쯤 準備가 잇는 줄은 짐작허나 아직 實現이 못된 限度에는 此를 樂觀할 수 업시 되엿습니다. 個寺〈마다 若干 材料가 存在함을 믿을 수 업시 되엿습니다. 數年以來로 長湍의 華藏寺와 密陽의 表忠寺와 利原의 福興寺 等은 相當한 材料가 잇섯지만은 火災로 以하야 그 蹤跡을 찻지 못하게 되고 公山의 把溪寺는 昨年 水害로써 一部分이 없어

---

* 이 글의 행선지는 경성 · 경기도 · 충청도이다. 충청도의 비중이 높아 충청도 편에 배치하였다.

진 것은 免치 못할 겁운입니다. 아즉 個寺로서 小三災로 厄會가 업다하야 史料保管에 宛全無缺을 保障할 수 업는 同時에 언제든지 印刷普及이 아니고는 捕風捉影의 歎을 免치못할 것입니다. 例를 들면 月印千江曲이 希世의 寶典이라하야 그 板本所在를 朝野가 大搜索의 觀이 업지 아니허나 畢竟 첫재ㅅ 卷 第一號가 榮州 喜方寺에 끝애卷 第三十一號가 安東 廣興寺에 남아잇고 그 中間 十九號 冊板은 形影을 찾지 못하게 되엇스니 이것을 미루워 본다면 本冊全部板本을 二十一個寺에 配置하엿든 것은 事實이 아님잇가. 李朝光 廟當時는 이러한 配置方法으로 萬無一失이라 생각하엿는지는 알 수 업스나 오늘 現狀으로 볼 것 같으면 왜- 幾百部를 印出하야 全鮮有數寺院에 分置하 거나 만冊板 뿐이라도 그 保護를 全力하는 海印藏經一隅를 빌려두지 못하엿 든가 하는 感想이 油然히 일어남니다.

우리 全鮮寺誌도 當分間은 材料를 遺漏업시 주워모아 本末〈이 一部式 編成하고 漸次 叙力을 기다려서 個寺끼리 分離編集하야 星羅棋布로 參考上 便利를 圖하여야 될 것입니다. 그리고보면 當寺는 姑捨하고 數十個寺의 水 火 等 災難이 잇다하기로니 史料保管에 何等支障이 잇겟습잇가. 筆者가 年 前 日本 各宗寺剎을 巡禮할 時절마다 完全한 歷史一冊式을 엇어봄으로붙어 더욱이 이점에 생각이 간절하엿스나 周圍의 事情으로 今日까지 延拖됨은 만흔 遺憾이라 아니할 수 업습니다. 世事無限이어늘 이번일만 맞이고 着手 하리라 第二無盡이어늘 오늘 일만 돈정하고 出發하리라 하는 것이 轉眄間鬢 邊에 白髮이 星散하고 眼眶에 野馬가 橫馳임니다. 石火影裡에 因循終老함 은 良心上 不許이라. 爲敎盡誠으로 死以後에 已를 自誓하나 何等背景이라 고는 두지 못하엿습니다. 첫재 史眼이 炯々하야 班馬의 筆을 가젓는가 아님 니다. 筆者의 菲才蔑識은 知我者의 共認입니다. 둘재 金錢이 餘裕있어 巡禮 의 길을 開拓하겟는가. 아님니다. 筆者는 貧無立錐하야 一身多를 自恨할 뿐 입니다. 셋재 同志가 多數로서 外護를 分擔하겟는가. 아님니다. 筆者는 獨一

無伴입니다. 그러면 무엇을 밋고 그와 같은 鉅大事業을 經營하는가. 다만 「誠」의 一字가 있을 다름입니다.

一

五月 十七日 雨晴을 기다려서 그만 自轉車를 모라 永登浦에 到着한즉 徒弟 安惺宇가 瞥眼間 낱아남니다. 前日 言及한 바와 같이 나는 只今 史料蒐集 兼 佛敎誌代徵收로 南鮮地方을 出張 中일세. 그러면 스님 遠地孤蹤이 未安한즉 다만 幾週間이라도 同行執行하것습니다 라고 自願임니다. 惺宇는 曾前붙어 醫學上 素養이 잇고 其他 여러 가지 慰安點이 만흠으로 此를 承諾하고 한사람은 汽車로 또 한사람은 自轉車로 水原驛에 逢着하야 下午 四時頃 當地 八達門에 드러서々 南水里에 잇는 龍珠寺 敎堂을 찾인즉 布敎師 兼 支社長 尹豪淳氏는 本日 午前 說敎를 맡이고 발서 本山으로 回錫 云임니다. 日氣已晩에 敎堂에 一夜宿泊을 依賴하고 法殿參拜를 하였음니다. 八達山을 案으로 하고 一條川이 墻下로 흘러가는 韻致도 綽々할 뿐 敷地가 廣闊하야 布敎事業에 使用이 훌륭할 것은 무엇보다 喜感임니다.

翌朝에 當地 農林模範長勤務인 讀者 鄭八甲君을 暫訪하고 上下柳川이며 大皇橋를 지나 本山 龍珠寺에 드러섯습니다. 本日은 政務總監을 筆頭로 要路大官들이 當寺 及 隆陵을 參拜하기로 하야 不多時到着 云인데 발서 正私服 警官이 來往人을 監視하며 우리 一行에게도 어데서 왓느냐 自轉車는 한편으로 치워라 하야 華山一秣이 戒嚴狀態로 變하였음니다. 한쪽 舍處를 치우고 三四時間을 드러안젓다가 大官一行이 隆陵叅拜까지 맟이고 還去한다는 自動車警笛을 듯고서야 小沙彌의 案內로 各殿叅拜와 道場一週를 하였음니다. 道場美觀은 姑捨하고 內政에 있어 各殿佛粮을 주리지 안코 더욱々 誠意를 다하며 祭需에도 舊時代와 같이 奉行한다함과 朝夕禮敬에 大衆이 一致勤行이며 供養時期에 法衣가 업는 者는 드러서지도 못하게 하는 行號施令이 森嚴함에 筆者는 敬嘆함을 말지 안었읍니다.

　우리의 目標가 史料蒐集이닛가 어느 本末을 揀擇할 것은 없으나 誌代多數滯納關係로 忠南을 먼첨 가야 되겟슴에 當本末支社長 尹氏와 大槪討議하고 一夜宿泊한 後 發程行李를 準備하는대 住持 姜大蓮 猊下는 挽留를 하서습니다.「只今 若干 茶果와 칼국수를 準備하라 所任에게 付托하였은즉 아마 거의 되였을 것이요. 點心供養 後 隆陵參拜나 하고 明朝에 일즉 아니 發程하라.」하웁니다. 그르시면 午後에 떠나겟습니다 하고 當本山最近二十年來經歷談을 듯고 안젓노라니 언의듯 午鍾이 울리고 茶啗床이 드러왓습니다. 百種飮食이 具備하엿드래도 칼국수로붙어 양을 채웟다. 隆陵은 日後 當本末歷史收集時에 叅拜하겟습니다 라고 別意를 告하고는 卽時 餠店驛으로 달려왓슴니다. 手荷物은 惺宇를 주어 天安驛에 下車를 當付하고 筆者는 自轉車로 鳥山 西井里 平澤 等 各驛을 지내 成歡驛을 距하기 一里, 假量이 다 못밎어 曠野 一隅에 커다른 石碑 一座를 發見하였읍니다. 洞里 앞이 아닌즉 孝烈碑라 할 수 업고 附近에 墳墓가 업스니 墓碣도 아니며 大路를 直向하지 안었으니 字牧官의 善政碑도 안일테라 그 무엇인가하는 好奇心에 끄을여 自轉車를 路邊에 세우고 碑압까지 드러가본즉 千萬意外로 奉先弘慶寺 碣碑라 題目이 되였는대 高麗學士 崔沖의 奉宣撰이라 한 것을 짐작하면 적어도 六七百年以上이라 하겟는대 字劃도 그리 磨滅되지 안엇습니다. 아- 萬年筆 等을 가젓드면 當場에 記抄하겟는대 行李全部를 汽車로 보냇스니 할 수 잇나. 後悔를 말지 안엇습니다. 그러나 이와같은 古蹟은 金石總覽에 必然코 記載되엿을테니 他日閱覽하리라고 自慰하고 自轉車를 다시 모라 天安驛에 이르러 惺宇를 맛낫습니다. 只今 이해를 가지고 四十里되는 廣德寺는 갈 수 업는대 엇지하면 조흔가 바장이는 판에 停車場을 監視하는 칼찬 양반이 行李를 좀 보와야 되겟다 합니다. 僧侶의 行具로는 鉢囊보다 더 適當한 것이 업건마는 常住道僧들이 이것을 질머지고 無碍行을 만히하는 關係인지 何如間 抵抗力이 업는

以上 속이 시원토록 삶여보란 세음으로 和盤托出내여주니 大綱〈 觀覽하고 그만 가저가라 합니다. 여보시요. 邑內에 或 朝鮮佛敎布敎堂이 있음잇가. 예 - 한 곳 잇지요. 어느 方面인가요. 郡廳 앞을 지나 조그마한 고개를 너머서면 곳 그곳이라 합니다. 當地를 到着하니 看板에 大典寺出張所라 特書하였음니다. 大典寺는 慶北 靑松地方에 한 곳 잇는대 或 그절 所屬인가? 何如間 드러가자하야 門앞에 當到한즉 왼집안이 괴ㄍ한데 出入口를 채워둔 모양이라. 琉璃창경으로 法堂을 드러다보니 塑像幀畵는 죄다 朝鮮式이고 木鐸과 小鐘 等은 日本式이 分明한지라. 그제는 아마 日本大典寺가 잇지 안는가 하였음니다. 그저 나오기도 점져하고 서울 習慣으로「이리오느라.」찻고저허나 地方習慣을 알 수 업서 이리저리 彷徨하는대 二十歲 左右間 되여보이는 一女子가 挾門을 坐開하고 針線에 紛忙임을 發見하였음니다. 여보세요. 主人스님이 어데를 가섯습잇가. 예- 日前出入이 게섯는데 明日이 나오슬는지요. 여보게 우리 豫科는 다 틀엿네. 그만 나가세 하고 도라섯다.

二

다시 거리로 나와 附近에 寺院有無를 또 무른즉 北으로 邑里라는 데를 차자가면 예서 十里假量이고 그곳이 成佛寺라 합니다. 行李 中 寺刹 一覽表를 끄내서 叅考한즉 忠南 麻谷寺 所管이고 誌代關係도 잇는지라. 그곳을 向하야 차저간즉 洞口에 金鑛設費가 相當하고 그곳을 지나 數武地를 드러가니 十餘家나 되는 村落이 連管하엿는대 洞名은 安捿里라 하였음니다. 그 洞里 金敬培家에 自轉車를 맛겨두고 깍가질리인듯한 成佛寺를 올라가니 발서 法堂에는 夕禮木鐸聲이 떠러지고 門間채에는 한 老婆가 山蔬를 삶으며 늘근 상투쟁이는 오락가락한다. 主人이 禮敬을 맞이고 長燈을 밝힌 후 나려옴을 기다려 初面人事를 하오. 誌代가 엇지된 것도 調査하며 當寺 歷史를 무러보왔습니다.

예, 나도 麻谷寺에 잇다가 昨年 봄에사 이곳을 왓슴니다. 면첨 잇든 중 ○○○이 寺中動産이라고는 全部 가지고 도망한 後 집만 數朔이나 비여둔 것을 여러 사람이 권하는 바람에 오기는 하엿슴니다마는 집물이라고는 土器 하나를 볼 수 업고 古文書 한 쪽이 업슨 즉 歷史가 엇지된 것을 알 수 있음잇가. 私財 二百餘圓을 드려 집 修繕하느라고 苦生만 죽도록 하엿슴니다 하고 歷史에 대하야는 몃마듸의 傳說을 말하야 줄 뿐이다. 翌日 山祭堂 懸板을 調査하고 傳說을 綜合하야 當寺 沿革을 下와 같이 일러 주엇슴니다.

太祖山 成佛寺는 巨金 五百三十八年 前 卽 佛紀 二千四百二十一年(李太祖 卽位 三年) 甲戌春에 慧照大師가 初刱하엿고 隆熙 二年 戊申四月에 化主 正煥이 重修하고 奧 二十三年 庚午七月에 現住持 李惠城이 一新 修繕하엿다라고요.(미완)

寺刹史料蒐集의 길을 써나면서(續)

晚悟生
《불교》, 1931년 9월

　　成佛寺는 廢墟小寺로 다만 眼界가 廣闊하야 멀리 眺望에 快活할 다름임
니다. 그길로 떠나 다시 天安市로 도라와서 自轉車를 大概 修繕하고 天安神
社가 잇는 南山을 바라보며 太田向一等通路를 왼편으로 비켜두고 等外道路
인 廣德寺로 向하엿슴니다. 「天安三巨里 능수버들은 제멋에 지처서 느러젓
다.」는 天安名物을 노래하니도 잇지마는 우리는 볼일이 밥분지라 三巨里가
어데인지 능수버들이 무슨 모양인지 무러볼 餘暇도없이 총々히 거러갈 뿐임
니다. 回行 惺宇는 이와갖이 말을 하엿슴니다. 自轉車를 제가 타고 습님이
뒤에 올라 안지면 얼마나 속하지 안슴닛가. 안일세. 危險도 하려니와 二人乘
은 禁法인데 警官은 흔히 黙認하야 두는 모양이데. 만일 말성이 된다면 여간
支障이 아니겟스니 그리 말고 서로 것고 서로 타기로 하세. 먼첨 내가 타고
限二町步쯤 가다가 自轉車를 中路에 세워두고 步行할테니 다음은 자네가
오다가 집어타고 또 내 압흘 지내서 세워놋소 그려. 줄곳 그럿케만하고 가드
라도 얼마나 縮地가 아니되겟는가 하고 그만 그 方法을 實行하기로 하엿슴니

다. 三四回이나 利用하고 앞에 가면서 기다리노라니 豫定時間이 여간 틀리지 안어도 도모지 오지를 안습니다. 무슨 故障이 생겻는가 마음을 조리든 차에 惺宇가 닥처오면서 今回는 別支障이 생겻다고 말을 합니다. 스님이 오시다가 못자리(秧坡) 보는 사람 잇는대 自轉車를 세워두엇지요. 그래서 그 사람이 말하기를 自轉車主人은 예다 세워두고 볼일보러간 듯한데 그대는 왼사람이기에 남의 物件을 가저가느냐 합데다. 一行 두 사람이 서로 탄다는 변명을 만히 하엿건만 종시 드러주어야지요. 彼此 自轉車를 붓잡고 실난이 되는대 간신히 빠저오기는 합니다만은 생각할스록 우습기도 하고 길지체가 됨에는 분하기도 합니다. 아- 그런가 그 사람이 분명한 사람일세. 내가 恒常 操心이 되야서 사람 잇는 곳을 選擇하야 둔 것이나 뒤에 엇던 모양을 하고 오는 사람이 自轉車를 타고 갈테이니 그리 아라달나고 付托 못한 것만 不察일세 하며 서로 우섯습니다.

一

볼일이 밥부자닛가 小地名이 무엇인지 左右山川이 엇어한 모양인지 도라볼 여가가 업고 것고 타는 대만 열이 나서 얼는 豊歲面 場市를 지내고 廣德面學校를 건네다 보면서 山모릉이를 돌고 개울을 몟 번 건너서 廣德寺入口에 다달었음니다. 옹기점을 지내 조금을 나가노니 千萬意外에 一位少年이 압흐로 닥처오면서 아- 先生님 어데가십닛가하며 반가히 人事를 합니다. 누군가 하고 다시보니 白羊講會에서 同苦하든 趙世正君이라. 그동안 仙巖가서 잇는 줄을 아럿으나 工夫繼續이 되엿든가. 또 只今은 어대로 가는 모양인가. 예- 그럭저럭 지내엿음니다. 今春은 京畿以北을 向하야 觀景 兼 工夫할 次로 떠나슴니다. 간밤에는 麻谷서 자고 오늘 떠나서 只今 廣德寺를 단여나옵니다. 그런데 先生님은 어데로 가세요. 우리도 麻谷으로 가는 길일세. 그러시면 이절은 가시지 말고 저 건네길로 麻谷을 直向하십시요. 왜그러는가. 이절에를 가서보니 住持스님은 出他하고 女子만 잇는 모양인데 交涉이 창피하지 안어요. 그절터이지. 그러나 우리는 歷史觀係가 잇자하니 무슨 廉恥를 도라보겟는가. 자- 예서 作別일세. 언제나 다시 맛나겟는가 하며 彼此 섭々히 헤여젓습니다. 얼마 아니 드러가니 寺院殿角이 이곳저곳에서 樹木 사히로 오는 사람을 기대하는 듯합니다. 入口에 草家집 三四채나- 煙管되고 盖瓦집 一棟이 보이며 그 압 우물에는 少女僧伽가 무슨 山菜를 빨고 잇습니다. 여보세요. 이 盖瓦집은 首座님네 게시는 절입닛가. 예- 그럿습니다. 우리는 구경 다니는 사람인데 오늘 이 절에 와서 宿泊이 되는지도 알 수 업습니다. 豫備的 注文을 하여노코는 큰절로 드러갓습니다. 알고 드러온바에 큰방으로 가서 문안드릴 것도 업고 後院으로 도라가서 夫人과 直接對話를 하였읍니다. 우리는 京城사는대 이절 調査次로 나려왓습니다. 住持스님은 어대로 가섯습닛가. 예- 天安邑에를 가섯는대 언제 오실는지 알 수 업세요. 그르면 기다릴 수 업스닛가 爲先 法堂에 드러가서 懸板記抄를 할테이니 點心準備나 하시요 하고 大雄殿에서 멧 낫板子를 謄出하였읍니다. 午飯後는 冥府殿과 寮舍懸板을 다 抄하고 東便으로 二町假量이나 隔해잇는 千佛殿으로 가게하였읍니다. 冥府殿 뒤를 도라 山비탈로 거러가노라니 왼켠 山腹으로 浮屠가 나타남니다. 最初붙어 案內者가 업자하니 浮屠場이 이곳에 있음을 아랏겟슴잇가. 路順으로 浮屠場붙어 가서 보세 하고 올라가니 入口에 二位浮屠와 上面에 一位浮屠뿐인데 죄다 글자가 磨滅되야 알아볼 수 업습니다.

　二

　그길로 千佛殿을 건네오니 香閣이라고 一棟이 있으나 사람은 업습니다. 法堂을 채워두지 안엇스니 드러가 參拜하세 하고 四壁을 둘러보니 등상千佛이 아니고 後佛幀三面에 各其千佛을 畵成하였으니 三世三千佛인가 하여습니다. 거게서도 懸板을 抄하고는 다시 僧首座가 잇다는 安養庵으로 나려왓습니다. 무슨 祈禱가 드럿는지 祭日이 되엿는지 알 수 없으나 멧 분수좌는 떡방아를 찟고 다른 首座는 珍羞를 보살피는 모양입니다. 우리는 이 암자 歷史를 調査할테니 知事者가 뉘신지 이리 좀 오라하야 沿革을 무러보왓습니다. 이절 창건은 언제인가요. 예- 六十年前에 昌義首座라니가 처음 지엇으나 草茸이엇든 것을 去辛丑年에 小僧이 盖瓦重修를 하엿담니다. 記序文一片이 업자니 따라서 記抄할 것도 업고 공연히 잔소리만 멧 마디 하엿읍니다. 왜- 책 갓흔 것을 佛像 우에 다 걸어두어서요. 아마 아히들이 몰누고 그랫는가봐요. 저건 무엇인지 모르-나 經冊 우에 두는 법이 아닙니다. 그도 이다음부터 단속하겟습니다. 우리는 큰절로 간다하고 後院으로 도라나오는데 스님 저게 저 방에는 하얀 老丈 한 분이 누어서 무슨 冊을 보는가봐요 하며 惺宇는 말을 합니다. 그러면 드러가보세나. 만흔 노장을 對하여야 傳說갓흔 것을 드를 수잇는 것일세 하고 드러가니 近五十이 되여보이는 首座 一人이 病으로하야 皮骨이 相連하고 이러나지도 못하는 모양입니다. 무슨 病으로 해서 저럿케 누어잇소. 예- 五六年前붙어 病이 생겨서 南大門 밧「세부란쓰」病院에 가서 診察을 밧고 治療를 하엿는대 그후로 줄곳 낫지를 안코 찬四個年을 누엇자니 身體가 이모양이 됩니다 그려. 이와같이 問答을 하는 판에 앗가 沿革案內하든 淨業首座가 드러오며 그 病을 或 짐작할 수 있음잇가 하고 뭇습니다. 惺宇가 예- 大綱 알지요 라고 對答함에 病者가 손을 드러 가르치며 只今 드러오시니가 나의 스승이올시다. 무슨 말슴이 계시든지 議論하시요 하고 기운을 못차리는 表徵으로 그만 눈을 시르々 감습니다. 다시 업수좌를 對하야 지금 무슨 약을 씨습잇가. 예- 京畿 楊州郡 白石面 某寺 鄭住持가 저 사람의 親兄이랍니다. 거게서 數次藥을 보내주엇기도 아즉 服藥 中입니다. 筆者가 惺-宇를보며 旣是 診察機를 가젓스니 한번 試驗해보게 그려. 宇가 聽診機와 呼吸器를 가지고 한참 診察하더니 그만 짐작을 하겟습따. 旣是 服藥 中이라니 그약을 다 써보시고 或 未盡하거든 내게로 한번 通知나 하시요 하며 住所氏名

을 記錄하야준다.

三

자- 인제는 드러가세 하고 나오는대 業首座가 스님네 吉祥庵을 보섯슴
닛가. 아니 어데 또 절이 있어요. 저- 千佛殿 우의로 치어다 보는 집이 卽 吉祥
庵이랍니다. 거게는 정말 현판이 붙어잇는 걸이요. 그르면 거게도 가볼 테니
이번에는 首座님이 좀 案內하시요 하고 뒤를 좃아떠나는대 우리는 멀직 아
니 따라가며 앗가 그 首座病因을 알겟든가. 예- 그것이 乳癌이라는 것인데
病院에서 흔히 見習生으로 手術을 씩히는 까닭에 명주실보다 더 微細한 血
管을 그릇 끈헛습니다 그려. 그만 消化不良이 되는 것을 지금이라도 溫中을
작 씩히지 못하면 此世上 사람되는 틀렷습니다. 왜- 病者에 對해서는 자세히
일러주지 안엇는가. 危險한 말은 病者에게 絶對秘密입니다. 그런가 하고 業
首座 슬〻 따라가는대 首座는 도라보며 浮屠 멧 座을 보슷습니가. 셋을 보왓
지요. 정말 큰 浮屠는 못 보왓습니다- 그려. 그러면 浮屠붙어 親見합시다 하
고 놉다른 山上으로 引導합니다. 앗가 보든 부도장을 지내여서 두리〈하게
突出된 山上으로 올라가니 크다란 石鐘 하나가 잇는대 珍山和尙이라 特書
하였음니다. 여게는 珍山和尙이고 저 밑에 큰 浮屠는 비록 글자는 보히지 안
치마는 淸霄和尙이라 傳해옵니다란 말을 드르면서 吉祥庵으로 나려와 懸板
을 記抄하고 그만 業首座와 分路가 되야 우리는 큰절로 도라와서 一泊을 하
였음니다.

翌日 上午 三點은 되야 일즉 아니 일어 앉어 當日事를 생각 中입니다. 今
日은 麻谷으로 가야 할텐데 史料蒐集은 다한 모양이나 住持스님을 相面 못하
였으니 誌代徵收도 할 수 업고 또 冊子로 歷史可考件이 或 업는가하야 遺憾
千萬으로 咄嘆不已하든 차에 별안간「淨口業진언수리〻〻마하수리」라는
석목탁성이 울려나오는대 그 音聲이 如干 훌륭치 안습니다. 아하- 住持스님

이 밤에 오섯군- 여보게 惺宇 그만 일어나소 「聞鍾臥不起하면 護塔善神嗔」 이라하섯스니 僧侶가 되야 禮敬참례는 꼭 못할지언정 누어있어야 되겟는가. 그만 개울로 나와 洗手를 하고 다시 드러 안젓노라니 住持스님은 禮敬을 맛인 後 門을 열고 드러서며 昨夕은 夜深하엿는 故로 失禮하였읍니다 하며 人事交 換이 되였읍니다. 名啣一枚를 내여준즉 다시 깜작 놀라며 발서 十餘年이 되 엿읍니다마는 그럿케 못아라보겟서요. 저는 張慶煥입니다. 年前 尙州 南長 寺에 있엇는대 그때 스님은 金龍寺 監務 兼 專門講師로 잇지 안엇서요. 同是 洛陽人이라고 저도 醴泉사람입니다. 그전에도 龍宮땅이라 하엿지만 우리 族 屬이 「앗질」 「동소리」 榮州 「꼿게」하는 等 各洞里에 자작一村으로 살지안어 요. 예- 그럿습닛가. 더욱 반갑습니다.

四

그런데 어제는 主人 업슴을 不拘하고 너무나 분주를 피웟습니다. 아니지 요. 제가 案內를 못해드린 것이 如간 未安이 아닙니다. 姑捨是하고 이절에 冊子로 記錄된 史料라던가 其他 寶物이 업습닛가. 예- 여러가지 잇지요 하며 안으로 드러가서 조그만한 궤짝 한 개를 가저왔습니다. 此를 열고보니 種目 은 이럿습니다.

當寺事蹟 一冊 金字法華經 一冊 銀字法華經 一冊 佛牙 一點 李朝十一朝 御筆帖 一冊 光廟朝敎旨 二通 等입니다.

佛牙와 法華經을 除하고는 一々히 記抄하얏다.

다시 住持스님을 向하야 이절 山林이 宏壯함니다. 죄다 廣德寺 所有인가 요. 예- 山林을 말을 하게되면 氣가 맥히지요. 애초에야 全部 이절 所有 다 뿐이겟습닛가. 中年에 當地附近에 잇는 金某가 一端勢力으로 寺山에 入葬 을 하고 借廳入房格으로 山까지 點領하랴 하였읍니다. 그리자니 是非가 宏 壯하였어요. 幸이라 할는지 또 不運이라 할는지 去隆熙二年度 森林法 第十

九條에 依하야 相當한 料金을 주고 四山局內를 全部 測量하야 圖本 四通을 製出하고 農商工部로 報하게 되엿는대 엇지된 세음인지 그만 四山全部가 墓主 金氏의 山으로만 確定이 되엿음니다. 하도 抑鬱해서 墓主相對로 起訟을 하엿드람니다. 彼隻이 勢力도 相當하려니와 彼測我不測이란 理由로 當寺에서 敗訴가 되엿음니다. 控訴까지 하느라고 費用만 相當히 들고 立錐之地가 업게 되니 얼마나 忿하겟슴잇가. 그러나 엇지 할 수 업서 墓主에게 哀願하여서 限二十餘町步를 讓受하야 寺有로 되기는 되엿음니다만은 當寺에 對하야 致命傷을 준 모양이요. 墓主도 그대로 직히지 못하고 數百町步山林을 가저 어느 會社에 賣却하엿담니다. 아- 참 스님 自轉車를 좀 빌려 주십시요. 왜- 무슨 急한 일이 잇어요. 어제 面所를 갓다가 늣계야 도라오잇가 여덜살먹은 계집아해가 急病이 생긴 모양이예요. 뜻눈으로 밤을 새웟슴니다. 그러나 病勢는 漸々 急해가닛가 不可不 데리고가서 醫師에게 診察을 밧어야 할 터인데 二十餘里나 되는 豊歲面을 가야 하겟고 病은 急하닛가 그 애를 업고 自轉車를 타 볼 생각님니다. 筆者가 惺宇를 도라보며 그 애를 자네가 좀 보면 엇더한가 글세요. 病勢가 急하다닛가 藥은 가진 것이 업고 조심이 되여서 그만 沈默을 하엿음니다마는…… 여보 住持 스님 조흔 일이 잇소. 이 사람이 病을 볼 줄 아는데 아이를 急히 데려오시오. 예-그럿슴잇가 하고 病든 아희를 갓다 눕히는대 발서 가래가 끌코 情神을 잘 차리지 못합니다. 宇가 한참 診察하더니 이 病을 돌릴 수 잇음니다. 相當한 藥은 求할 時間이 느졋으니 아니되겟고 爲先 참기름을 끄리고 杏實을 가러넛코 또 멧가지 약을 조합해서 먹인 후 어머니되니가 안고 누엇더니 얼마 아니되야 땀을 촉촉이 흘리고 성한 사람 가치 일어낫슴니다. 부모된 니는 얼마나 반가웟든지 어느새 술을 한 주전자 밧고 주안상을 걸게 차려드러왓슴니다. 둘이 다 술은 입에 다이지 못함을 듯고는 얼는 나가서 蜜水를 타가지고 드러왓슴니다. 꼽보를 들고 서로 권하면서 일은 말을 하엿음니다. 상당한 의사를 차자 가는대 우리가 中間에 따가지고 着手를 하엿다가 만일에 낫지 안흐면 급한 거름이나 것게 되지 안흘까 여간 걱정이 아니되엿음니다. 천행으로 아희 병은 快復되엿고 日力曆 넉넉하니 그만 本山으로 떠나겟슴니다. 안지니요. 별안간 산협에서 무슨 준비가 잇슴닛가 쌀을 당거 떡을 좀 하라 하엿는데 지금 부엌에서 쿵쿵 하는 소래가 떡방아를 찟는가보이다 午後에 떡이나 잡수시고 하룻밤만 더 지무시면 어데가서 무슨 변통을 하든지 雜誌 代金도 一年치는 꼭 준비해 드리겟슴니다. 그리시다니 엇지 할 수 업슴니다 하고 하룻밤 더 자고 나니 돈도 변통되고 절머음을 씩여 自轉車를 本山까지 갓다 드리라 하며 어제 먹다 남은 떡을 크게 한 봉지 싸가지고 洞口까지 따라나오며 險한 山路에 부대 평안이 가라고 은근히 作別하였음니다. (미완)

寺刹史料蒐集의 길을 떠나면서(三)

晩悟生
《불교》, 1931년 11월

　　廣德寺에서 麻谷本山으로 向하자면 놉다른 고개 셋을 넘는대 里程은 三十里에 不過이나 道路가 퍽은 險峻하다 합니다. 自轉車를 지고 가야할 터인데 路卜은 끌고 가기로만 주장님니다. 또 住持和尙은 當付하기를 그 兒가 自轉車를 타기를 조와해서 昨年에도 나의 것을 折斷낸 일이 잇슴니다. 그리고 耳聾症이 잇어 남의 말은 잘 듯지 못하나 뒤를 緊着히 따라서々 故障이 업게 함을 注意식힘니다. 得失相半이라고 精神苦痛은 路卜업는 것보다 한층 더 밧게 되엿다 하며 뒤를 따르는대 아니나다를까 개울이 잇거나 돍무덕이가 重疊한 것도 생각지안코 그저 뒤를 힐긋 도라보며 타기로만 힘을 씨다가 눈을 마조치면 고개를 푹 수구리고 다라나고 記者는 或 故障을 내지 안흘까하야 헐덕거리며 조차가니 走逐一般의 感想이 油然發生입니다. 그리노라고 얼는 고개 둘이나 너머서고야 한 가지 잘못된 것을 覺悟하엿슴니다. 처음 廣德寺로 드러올 적에 洞口 어느 草家집 압혜 잇는 논두럭이에서 寺蹟이 略載된 石碑一座를 發見하고 回路에 記抄하리라 牢定하엿든 것이 路卜의 行動

主義로 그만 忘却된 것은 무엇보다 섭섭하였음니다. 이제는 進退維谷이라. 後日 두 번가기로 決定하고 一行에게 暫間 休憩를 言及한 後 어느 亭子나무 밋 盤石上에 거러앉었습니다. 여보게 惺字- 우리 질머지고 오는 떡이나 먹고 갈까. 樹蔭과 盤石은 잇습니다 만은 물이 있어야지요. 더 가다봅시다. 그리할까하고 그곳을 떠나 또 한 고개를 너머서니 거게는 조그마한 村落이 잇고 그 洞里앞은 垂楊버들이 느러젓시며 맑은 물이 潺潺히 흘러감니다. 여보게 예서 요리할까 惺宇는 또 盤石이 업다고 欠을 잡습니다. 나- 이약이 하나 할테니 들어소보. 慶北 어늬 고을 양반 한 분이 딸을 두고 擇婿를 하는대 첫재 양반 좃코 둘재 인물 잇고 셋재는 富者라야 되지 한가지만 未洽하여도 斷然코 拒絶을 하엿드라네 그리자니 適當한 婚處가 쉬운가 흐르난 光陰은 잠간 사이에 어린 處女로 晩婚의 感을 이르켜다네. 하로는 處女가 점심밥을 싸며 아부지- 오늘 나무하러 山에 가시거든 亭子 水石 세 가지가 完備한 곳을 가려서 饒飢하시고 만일 한 가지라도 未洽하거든 아예 잡숫지 마세요 라고 하엿드라네. 그는 범연히 듯고 나무를 가서 세 가지 完備된 곳을 찻다 못찻고야 그 딸의 부탁이 意味深長한 것을 覺悟하고는 한 가지 不足點이 있음을 不拘하고 結婚을 식혓드라네. 우리도 세 가지 完備를 찻다가는 요기를 못할 것이 아닌가 하고 일변 떡봉지를 끄내서 路卜붙어 조금 더러주자. 어느 사이에 洞里幼兒十餘名이 닥처왔습니다. 중의 버슨 것 어린애 업은 것 웅게중게하고 떡봉지만 치어다봅니다그려. 여보게 우리는 별안간 福田이 생겻네. 우리는 시장한 것도 아니거니와 저애들을 나누워주세 하고 떡 한 두개씩 分給하니 그 맛잇게 바다 먹는 것은 참으로 자미시럿습니다.

二

이곳에서는 얼마 아니가서 公州와 維鳩場市로 通한 本山洞口가 날아납니다. 큰 개울 하나를 건네서々 차츰 드러가는대 山勢도 雄壯하려니와 水石

이 奇麗한 것은 忠南一道를 代表한 本山位置가 相當하다 하엿음니다. 山굽
의를 도라 寺門 앞에 當到한즉 一條川을 새에두고 建物位置는 南北으로 分
하엿는대 宗務所는 南에 잇고 應接室은 北에 잇는 모양입니다. 다리를 건네
尋釰堂 一隅에 舍處를 定하고 暫時 歇脚하노라니 年前 京城에서 一回知面
이 잇든 性海和尙이 차자와서 隔世感을 娓々히 談話하는대 昨年까지도 本
郡靈隱寺住持로 잇다가 現今은 本山監事責任을 가젓다하며 住持猊下와 監
務 韓普淳君은 海珠首座遺物處理로 瑞山 方面에 出張未還이라 함니다.

午後는 廣德寺 路卜을 돌려보내고 宗務所 勤務인 明書記를 紹介하야 南
北으로 갈라잇는 法殿僧寮를 一々히 叅拜하엿음니다. 翌日은 朴昌浩 許尙
甲 兩沙彌를 案內로 選定하야 山內志寺붙어 史料蒐集에 着手하는대 靈隱
庵을 筆頭로 隱寂 白蓮 大院 洛迦 土窟 等 各庵을 調査하엿음니다. 各庵이
位置마다 幽寂爽塏하야 山人養性之所가 適當하다 歆羨하엿음니다. 就中
白蓮庵은 去乙卯二月에 燒火된 것을 越二年丁巳붙어 重建着手를 하엿는
대 化主比도 尼金水天이 風餐露宿으로 京鄕을 出沒하야 施主를 만히 交涉
한 結果 畢竟 二棟의 莊嚴樓閣이 出現하엿으니 그 化主尼의 誠心이 얼마나
壯할까요.

예서는 上院 迦葉 等 各庵으로 갈 터인데 서로 건네다 보히지만 中間距離
는 十里 以上이고 또 日力이 不及할테니 그곳은 明日로 미루고 大寺東便에
잇는 靑蓮庵이나 보자고 案內者 兩沙彌는 提議를 합니다. 主人하자는대로
그리하라하고 다시 川流를 건네 二層殿法堂 뒤로 도라 靑蓮庵에 到着하엿음
니다. 午前 調査이든 靈隱 外 四五處에 土窟 一所만 除하고는 죄다 尼僧住所
인데 이 靑蓮庵도 亦是 尼僧의 住居입니다. 本庵 懸板을 記抄하는 中 兩沙彌
의 不注意로 잉키瓶을 건듸려 朴昌浩의 新件白苧周衣를 餘地업시 버리게
됨은 愛莫措之가 되엿음니다.

今日은 舊四月 六日이라. 聖誕紀念이 臨迫하엿음으로 住持 安香德氏와

監務 韓君은 一齊回錫이 되엿음에 躬進問候하고 來意를 詳陳하엿읍니다. 翌日은 卽慶節前夕임으로 奉齋準備紛忙인 까닭에 許尙甲 一名만 다시 案內로 交涉하야 山內 遠距離에 잇는 各庵調査의 길을 떠낫읍니다. 羅漢殿 뒤로 도라 維鳩로 往來하는 큰길로 向하는대 오늘붙어 절 압 川邊에는 假家數十棟이 構造되얏시며 長鼓 伽倻琴 其他 樂器를 질머지키고 綠衣紅裳에 脂粉으로 冶容한 妓生 一團이며 엿장사 떡장사 乃至 魚物商人까지 漸次로 모와드는 中이라. 이리저리 避하느라고 길을 自由로 것지 못하엿읍니다. 限三마장가량 前進하야 개울을 건네서며 浮屠一座가 路邊에 구울러 잇는 것을 보왓습니다. 것헤가서 본즉 紅葩堂日禪之塔이라 雕刻되엿읍니다. 挽近湖西一帶는 奇怪한 風說이 도랏는대 卽寺院浮屠에는 舍利金銀 等 各種寶物이 潛在하다하야 無賴輩가 暮夜無知에 힘이 닷는 石鐘은 죄다 넘어트리고 所有品은 全部 盜難을 當하엿다 云인데 이 紅葩堂浮屠도 亦是 이 모양이 되고 잇답니다. 그리고 오즉 이 浮屠에 對해서 一種怪說이 또 잇는대 그것은 이 浮屠를 本處에 安置하면 未幾에 또 구울러잇다고요. 數十次 安置하여도 亦是 數十次 구울러진다는대 사람은 그렇게 기성시리할 理가 업고 아마 鬼物의 戲弄인가 한답니다.

三

그곳을 떠나 얼마쯤 前進하다가 大路는 왼켠으로 비켜두고 바른편 개울을 끼며 그만 樹林中으로 方向을 轉합니다. 漸入佳境으로 드러갈스록 景致는 無限好냅니다. 峰回路轉에 樹林이 叅天한데 潺湲溪聲은 松風에 석겨잇고 磊落石氣는 雲霧에 저젓스며 香鹿이 지내간듯 珍禽이 和鳴하대 汨滑世慮는 언의듯 消滅되고 한걸음에 한번식 躊躇하니 나는 언제나 塵襟을 훨신 버서재치고 이러한 勝地에 長住하여 볼꼬함에 姜秋琴雲門庵詩에 「江南第幾寺 是處最名山 老釋修何福 一生住此間」고하는 名句가 聯想됩니다. 한모릉이를 돌고 또 한등성이를 올나서면 거게도 거게갓해서 初行人은 압길을 分別할 수 업시 되엿습니다. 案內者 許沙彌가 앞을 引導하다가 앗차 길을 일 헛습니다. 數年前 우리 學生團이 이곳을 지내면서 무슨 池바우라는 것을 眼標로 하엿는데 금번에는 그 바위도 볼 수 업고 岐路가 두갈레로 되엿으니 엇의로 가면 조흘는지요. 흥- 案內者는 잘도 세윗다. 그러나 山內末寺라 하엿으니 庵子가 只在此山中이겟고 名山失路도 樂觀으로 보면 亦是 滋味잇는 것이라. 아모길이나 가다보세 그제는 惺宇가 압흘서々 차자간다는 것이 芙蓉庵으로 먼첨 드러갓습니다. 왼켠 石壁上에 잇는 法堂 懸板과 寮舍記錄을 謄抄하고 上院으로 나려오는 中間에 靑巖堂 以下 六位浮屠를 記抄하고 上院에 到着한즉 懸板이라고 한개를 볼 수 업고 主人에게 沿革如何를 무러보와야 亦是 對答이 模糊님니다. 卽時 떠나 北迦葉으로 來到한즉 維鳩市의 錯雜한 家屋이 眼前에 羅列되고 멀리 錦江 一面에 布帆往來를 歷々히 指點할듯 합니다. 記文大槪를 記抄하고 그만 큰길로 좇아 宿所로 回着하야 午後는 川南 川北에 잇는 法殿寮舍의 記文을 一々히 謄抄하엿읍니다. 但南迦葉은 距離가 稍遠할 뿐더러 數年 以來에 俗人이 家主가 되야 들낙날낙하고 本寺는 干涉이 업슬 뿐 記事材料도 全無라 하기에 그만 中止하엿읍니다. 特히 三國師 影堂左便으로 錦湖和尙記蹟碑가 잇는대 田畓垈計六十一筆의 白米收入 四十三石어치를 寺中에 獻納하고 左記를 依賴하엿는대 그 內譯에 六香閣佛米 五石 大光殿外 兩法堂佛米各三石六斗 講師料米五石 念佛粮米十石 供養主米三石 五祭位合三十斗式으로 排定되엿읍니다. 참 잘도 處理하엿읍니다. 相當한 富名을 가지고 慳吝性에 束縛되야 生前에 分別못하고 眷屬의 紛爭거리만 작만하여 주는 愚痴僧에 比較하면 雲泥의 差가 잇지 안습잇가. 八日은 我本師世尊의 聖誕慶節이라. 一日을 休務하긔로 하고 그만 樹林 中으로 散策하엿읍니다.

川流 兩岸은 瞥眼間 大場市로 形成되야 百貨가 賣買되고 近邑男女가 總

出動한 듯 그 稠密의 度는 발을 드려 노흘 수 업시 되였읍니다. 昨年까지도
學生이 만히 잇는 關係로 演劇 幻燈 提燈 行列 假裝行列 等이 있어 觀光者의
眼目을 悅惚케 하엿다는대 今年은 學生이 업는 까닭에 一切를 廢止하고 오
즉 晝會에는 中庵住持 金鼎濟氏의 講演이 잇고 夜會에는 記者의 說敎가 있
을 다름임니다.

四
그 翌日은 宗務所에 잇는 史牒도 參考하고 各記序文을 綜合하야 記錄하
얏다.

文人의 半島八景紀行 第一篇
아아 · 落花岩

李光洙
《삼천리》, 1933년 4월

    퍼붓는 비를 무릅쓰고 早朝에 利仁을 써낫다. 利仁서 扶餘 五十餘里間은 大槪 山陜길이엿다. 坦々한 新作路가 狹長한 山陜間을 다라난 것이 마치 一條淸流와 갓햇다. 게다가 道路左右 엽흐로 아싸시아가 쭉 느러서서 그 風致 잇슴이 비할 데가 업섯다.

    나는 山 속 빗탈 속으로 터벅터벅 혼자 거러간다. 左右 靑山에는 비 소리와 버레 소리 쓴이로다. 千二百五十年前 百濟서울 半月城이 羅唐聯合軍의 一炬에 灰燼이 되던 날 밤에 自溫台大王浦에서 놀든 興도 쌔지 못한 萬乘의 임군 義慈王께서 太后太子와 함께 熊川으로 蒙塵하던 길이다. 그쌔가 七月이라니까 아마 이와 가치 버레소리를 드럿슬 것이다. 집행이를 멈추고 웃둑 서서 左右를 도라보며 녜와 가튼 靑山에는 말굽소리가 들리는 듯 하야 愀然한 감회를 禁지 못하엿다. 新地境고개라는 고개 마르턱에 올나 설 적에 문득 들리는 杜鵑數聲은 참말 遊子의 애를 끈는 듯 하엿다. 이리 돌고 저리 돌고 이

고개 넘고 저 고개 넘어 느러진 버들 그늘에 서너 茅屋이 暮雨에 잠겨잇슴을 보앗다. 막걸리 파는 美人에게 무른즉 이 地名은 「왕자터」요 扶餘서 二十里 라 한다.

목도 渴하고 시장도 함으로 메어기 안주에 막걸리 한 잔을 마셧다. 門 압헤 淸江이란 江이 잇슴애 메어기가 만히 잡힌다 한다.

거기서 約十리를 오면 扶餘郡 欲內面 佳增里에 有名한 有史以前의 墓地 가 잇다.

前年 總督府의 屬托을 바든 黑板博士의 鑑定에 依하건대 少不下 四千年 前 것이라 한다. 그째 엇더한 사람들이 엇더케 사랏는지는 물어도 古墳에 대 답이 업건만은 亂裡에 일허바렷든 先祖의 墳墓를 보는 듯하야 暫間 徘徊不 忍去하엿다.

扶餘 羅福里라 하는데도 四千年前 住民의 遺跡이 잇다한즉 이 地方에는 퍽 古代부터 문화가 열엿든 듯 하다. 次々 압히 툭 터지며 眼界가 널버 간다. 大體 그 宏壯한 文明을 가젓든 百濟의 서울이 엇더한 것이던가 하는 생각에 自然 거름이 쌜너진다. 同時에 이 고개 넘어서 行軍吹打가 들릴 듯 하고 하날 에 날아오르는 半月城의 巍峨燦爛한 宮殿과 泗沘水上에 管絃의 太平曲이 喇喨히 들릴 것 갓다. 그러나 그 고개를 너머서면 여전히 거치른 여름풀과 모 심는 農夫뿐이로다.

길까에 말 업시 누운 지추돌과 날근 碑가 行人의 눈물을 재촉할 샌이로다. 徘徊數瞬하야 感慨無量하면서 扶蘇山 東便 모통이를 도라 草屋 二三千이 寂々히 누어잇는 所謂 扶餘邑內에 다달엇다. 「이것이 扶餘든가.」함은 初來 者의 누구나 發하는 感歎이라 한다.

이것이 일즉 泗沘 서울터이라고야 누라서 미드리요. 人事를 미들 수 업다 하건만은 이러토록 심하랴.

이튿날 아츰 百濟의 舊蹟구경을 써낫다. 바로 넷 憲兵隊 構內에 石槽 二個가 노혓다. 이것은 百濟의 貴人이 沐浴하던 것이다. 一個는 다리 뻣고 안씨 조흔리만하고 一個는 반듯이 눕기 조흐리만 하다.

나는 한창적 羅馬人을 聯想하엿다. 그러케 百濟人은 번적하게 살앗다. 扶蘇山은 山이라기 보다 岡이다. 羅馬의 七岡山이란 엇든 것이지 모르나 아마 이러할 것이다. 길에 盖瓦쪼각이 한벌 깔렷다. 그날 밤 火焰에 튄 것이다. 御爐의 香내 맛던 것이오. 南薰의 太平歌 듯든 것이다. 여기는 大闕자리요 저기는 妃嬪이 잇던데요 달 맛는 迎月台 달 보내는 送月台도 여기요 공차든 蹴鞠場이 여기 歌舞하든 무슨 殿이 여기 百五十年의 榮華가 一夜에 살아질 째 扶蘇山 全體가 왼통 불길이 되여 七月의 밤하늘과 泗자水를 비최일 쌔 그쌔의 悲壯悽慘한 光景이 눈을 감으면 보이는 듯 하다. 그쌔의 榮華의 숨에 醉하엿든 九重의 宮闕이 왼통 驚惶하야 울며볼며 업더지며 잡바지며 이리 쒸고 저리 굴고 하든 樣 꼿가치 아름답고 細柳가치 軟弱한 數百의 妃嬪이 黑煙을 헤치고 送月臺의 빗긴 달에 落花岩으로 가든 樣 숫고개와 泗자水로 暴風가치 말 몰려오든 羅唐聯合軍의 乘勝한 高喊소리가 귀를 기우리면 들리는 듯하다.

나는 靑草우에 펄석 주저 안저서 힘껏 그쌔 일을 想像하려 하엿다. 내 눈 압헤는 그 쌔의 半月城이 잇다. 그쌔의 宮殿이 잇고 그쌔의 사람이 잇다. 그쌔의 色彩가 보이고 그쌔의 吟聲이 들린다. 나도 그쌔의 사람이 되여서 노래하고 춤춘다. 荒凉한 半月城池의 거칠은 풀이 보일 쑨이다. 扶蘇山의 모양도 얌전하거니와 비스듬이 저리 이리 흘러 도라가는 白馬江도 좃코 멀리 눈섭가치 둘러선 靑陽定山의 連山도 좃타. 江山은 조흔 江山이다. 그러나 그 江山도 그 主人을 어더야 빗이 난다. 扶餘의 江山은 암만해도 文雅한 百濟人을 어더가지고야 비로소 빗이 난다. 只今은 百濟人이 업슴애 그 江山을 뉘라서 빗내일가. 扶蘇山 동쪽 迎日臺 넘에 잇는 倉庫터를 보앗다. 아직도 쌀과 밀과

콩이 싸맛케 재가 되여 남아잇다. 거기서 다시 발을 돌 文字와 가치 禾黍油油
한 밧흘 지나서 送月臺자리에 한참 발을 멈추고 宮城西門을 쌔저도라가 螺
線狀으로 天仞絶壁을 다 내려가서 白馬江 물소리 들리는 絶壁 밋 盤石 우에
잇는 것이 有名한 皐蘭寺다.

門前絶壁에 几立한 老松에는 싸치둥지가 잇서 싸치가 지저귀고 쏘 그
밋헤 보히지는 아니하나 아마 垂楊버들 속에는 쇠꼬리 소리가 울려 올나온
다. 이 절의 來歷은 可考할 史料가 煙滅하엿스나 아마도 佛法을 尊崇한 百濟
王室의 守護寺일 것이다.

蓮花를 아르색인 지츄돌이며 빤々히 달아진 섬돌에는 當時 貴人의 발자
국이 잇슬 것이다. 落花岩上에서 芳魂이 슬어진 宮女들도 아마 이 法室에 最
後의 冥福을 빌엇슬 것이다.

거기서 碧蘿를 더위 잡고 層岩을 안고 돌아 數十步를 가면 싸마케 하날을
폭 찌르고 웃둑 선 울퉁불퉁한 바위가 落花岩이다. 설마 그째 宮女의 피는
아니지만 바위틈으로서 물방울이 뚝々 쩌러지고 足下에서는 소용돌이치는
장마 물이 怒吼한다. 幸여 꼿 한 송이나 어들가하고 四方을 살폇스나 오직
同時에 독사가 지어나올쯧한 일홈 모를 풀이 잇다.

나는 우흐로 바위를 보고 아래로 물을 보다가 참아 오래 머물지 못하야
急히 踵을 돌렷다.

泗자水 나리는 물에 夕陽이 빗길제
버들꼿 날리는데 洛花岩이란다.
모르는 아히들은 피리만 불건만
맘 잇는 나그내의 창자를 긋노라.
落花岩, 落花岩 웨 말이 업느냐.

七百年 내려오든 扶餘城 녯 터에
봄 맛난 푸른 푸리 네가치 푸럿는네
九重의 빗난 宮闕 잇든 터어대며
萬乘의 貴하신 몸 가신곳 몰나라.
落花岩, 落花岩 웨 말이 업느냐.

엇던 밤 물길 속에 곡소래 나드니
쏫가튼 궁녀들이 어데로 갓느냐.
님 주신 비단치마 가슴에 안고서
泗자水 깁흔 물에 던진단 말이냐.
落花岩, 落花岩 웨 말이 업느냐.

　困한 다리를 잠간 쉬여 離々한 靑竹中에 平濟塔을 차잣다. 大唐平百濟塔
이란 일홈은 羞恥언만은 如此한 萬古의 大傑作을 後世에 씨친 우리 祖先의
文化는 쏘한 자랑할 만하다. 夕陽을 빗기바든 塔은 卽時 날개를 버리고 半空
으로 소사올 듯 하다. 엇더케 저러한 構想이 생기고 엇더케 저러케 技術이
能한고. 저러케 調和잇고 莊重하고 그러고도 美麗한 形狀은 案出하는 그 大
藝術家의 精神은 얼마나 崇高하엿던고. 쏘 그러한 大藝術家를 出하는 當時
의 우리 祖先의 精神은 얼마나 崇高하엿던고. 歷史의 모든 記錄이 다 煙滅하
고 말드라도 平濟塔이 几然히 百濟의 舊都에 섯는 동안 吾族의 精神이 숭고
하고 洗練됨은 닛치지 못할 것이다. 只今에 血管中에도 이 祖先의 血液의 數
滴이 흐를지니 이것이 新沃土를 맛나고 新日光을 바드면 반다시 燦然히 쏫
을 피울 날이 잇슬 줄을 밋는다.
　今日의 朝鮮의 建築과 工藝를 出하는 朝鮮人이 百濟塔을 作成한 朝鮮人
의 子孫이라한들 뉘가 고지 들으랴. 今日의 朝鮮人은 衰退하엿고 墮落하엿

고 醜惡하고 無能無爲하게 되고 말엇다.

　高麗中葉以降으로 李朝來에 至하는 七八百年間에 三國時代의 勇壯하고 健全한 崇高하던 精神은 왼통 消滅되고 말앗다. 偏僻挾隘한 儒敎思想은 朝鮮人의 精神의 生氣를 말씀 食盡하고 말앗다. 孔子의 儒敎가 生한지 二千餘年에 그것으로 亡한 者가 잇슴을 드럿스나 흥한 자 잇슴을 듯지 못하엿다. 儒敎思想은 一部 修身正心의 資料는 되는지 모르되 결코 治國平天下의 道는 아니다. 儒敎는 진실로 潑剌한 精神의 活氣를 죽이고 모든 文明의 萌芽를 枯死케하는 曝陽이다.

　三國時代의 朝鮮人으로 하여금 今日 朝鮮이 되게 한 것은 그 罪가 오직 儒敎思想의 專橫에 잇다.

　나는 朝鮮史에서 高麗와 李朝를 削去하고 십다. 그러고 三國으로 溯去하고 십다. 그 中에도 李朝時의 朝鮮史는 決코 朝鮮人의 朝鮮史가 아니오. 自己를 바리고 支那化하고 말랴는 엇던 奴隷的 朝鮮人의 朝鮮史다. 그것은 決코 내 歷史가 아니다. 나는 三國時代의 朝鮮人이다. 高句麗人이요 新羅人이요 百濟人이다. 高麗를 내가 모르고 李朝를 내가 모른다.

　西洋의 新文明이 古思想 復活에 잇다는 것과 同一한 意味로 朝鮮의 新文明은 三國時代의 復活에 잇슬 것이다. 아이구. 나는 泗자城의 녯날에 도라가고 십허 못 견대겟다. 나는 平濟塔을 바라보고 다시 바라보며 昔日의 祖先을 戀慕한다.

　浮山우에 걸린 太陽은 피 빗 가치 붉다. 泗자水 邊에 늘어진 버들에는 저녁 안개가 꼇다. 半月城頭에 울며 돌아가는 가마귀는 무엇을 恨하는고. 夕飯 後에 自轉車를 빌려타고 半月城 東門外의 百濟王陵과 百濟時代의 墓地를 차잣다. 黃昏의 靑草속에 무친 세 王陵 前에 懷古의 熱淚를 쑤리고 累々한 石槨의 北邙에 無常의 感情을 도도앗다. 아-그리운 泗자의 서울 灰燼된 泗자의 서울. 참담한 泗자의 서울. 荒凉한 泗자의 서울. 千年後 어린 詩人의 애를 슷는 泗자의 서울아.

나는 배를 탓다. 우리 배는 窺岩津을 써낫다. 녯날 百濟의 商船과 兵艦이 써다든데요. 唐, 日本, 安南의 商船이 各色物貨를 滿載하고 輻湊하든 데다. 自溫台의 奇岩은 現今에는 義慈王의 逸遊하든 터로 聲名을 傳하지마는 當時에는 아마 離別岩으로 有名하엿슬 것이다. 進取活潑한 百濟人이 今日 東明日 西로 天下가 좁다하고 橫行할 쌔에 此岩上에서 紅淚를 쑥리든 美人도 만핫슬 것이다. 나도 百濟人이 唐을 向하고 써나는 마음으로 窺岩津을 써낫다. 感懷만흔 扶蘇山을 다시금 바라보며 一葉遍舟는 芝蘭叢소리 閑暇하게 泗자水의 中流에 흘려나린다. 一點風 一點雲이 업시 一波가 不動하는데 兩岸의 細柳만 안개에 뭇첫다. 잇다금 일홈모를 고기가 쒸여 倒映한 山影을 쌔트릴 뿐이다.

물도 좃고 靑山도 좃고 靑天에 뜬 白雲도 좃다. 모다 畫中의 景이오, 詩中의 趣로다.

마츰 同舟한 三人이 다 非凡한 者다. 洞簫부는 소경 老總角과 해금 긋는 白髮破笠의 老人도 神奇하거니와 淡粧素服에 年光이 二八이 넘엇슬 말낙한 美人이 同舟함은 더욱 奇緣이다.

나는 兩個 樂人에게 一曲을 請하엿다. 兩人은 欣然히 許諾하고 數種의 仙曲을 和奏한다. 淚痕의 美人도 柳眉를 움직이며 이윽히 듯더니 솟는 興을 못 이김인지 擊節一番에「長生術거진 말이」의 一曲을 부르고 다시 내 請으로

半月城 깁흔 밤에 火光이 어인 일고
三千 宮女가 洛花岩에 지단 말가
水邊에 푸른 楊柳야 넘어 無心

江山은 조타만은 人物이 누구냐

自溫台 大王浦에 烏鵲이 깃들이니

只今에 義慈王 업슴을 못내 실혀

泗자 城 宮闕 터에 보리만 누엇스니

當時 繁華를 어대가 차즐가

東門 밧 累累한 무덤에 夕陽만 빗겨라.

美人은 소리를 써러가며 三曲을 連唱하엿다. 노를 젓던 沙工도 어느덧 노를 쉬고 배는 물을 짜라 저 혼자 흘러간다. 이윽고 江上에 一陣風이 도라가니 千年間 水中에 졸던 落花岩의 아름다운 넉시 이 노래에 깨임이런가. 배가 쏘한 물 구비를 돌아가니 冊床 우에 올려노코 십흔 조고만 峯이 보이고 거기는 岩上에 굴붓듯이 草屋이 눌려 붓헛다. 사공의 말이 江景에 다달앗다 하더라.

落花巖의 回想

愼麟範

《신여성》, 1933년 6월

山水玩賞에 지독한 癖이 업지는 안핫스되 다리 힘이 그리 튼튼치 못한 내가 짠힘까지 아조 蔑如하야 足路에 미친 곳이 몃 곳에 지나지 못하니 나의 넘우나 拙한 것을 스스로 붓씌릴 쑨아니라 朝鮮에 태여나 朝鮮人의 義務를 저버림을 더욱 두려워마지 안는다. 내가 본 몃 군대 勝地 中에는 百濟古都인 扶餘가 恒常 寤寐間方寸을 써나지 못한다. 내가 扶餘를 가본 적이 前後 두번 이엇는데 첫 번은 五年前 庚午 暮春이엇다. 伴行한 知舊도 五六人이 잇고 暮春節인 만큼 和暢한 風日과 淡麗한 景色이 限업시 古都의 容態를 단장하야 보는 者로 하야금 말 못할 느낌을 자아낼 쑨아니라 東道의 主人公인 某友가 慇懃하고도 繁華한 接待로 杯酒와 歌舞에 쓸리어 獅子樓의 집지킴과 落花岩의 꼿다운 魂에게 저버림이 만하 後悔를 不禁하얏더니 客春에 偶然한 機會로 閑거룬 節履가 다시금 扶餘山에 오르게 되엿다. 그 째에는 同伴이 나와 洪成友 둘 쑨이엿고 洪君이 杯酒에 興趣가 不足한 탓으로 나홀로 鯨飮할 滋味가 업서 名勝을 맛나면 痛飮을 일삼든 나도 아조 맑은 精神이엿다.

서로 말하고 서로 웃는 사이에 登降의 勞苦를 모르고 扶餘山 全面을 周視하 얏는데 洪君의 山水보는 尖目과 地勢삺히는 炯識이 나에게는 百倍를 지날 쑨 아님으로 往年에 볼 째보담 洪君을 因하야 새로 쌔다른 것이 如干 아니엇 다. 百濟는 三國째 强國이다. 이 扶餘가 强國의 首府되기에 무엇이 足하냐하 면 얼는 보기에는 차질 수업다. 무엇보담 地形의 險峻을 唯一한 依支로 밋는 그 째에 잇서 여긔는 그리 險峻한 山水가 아니다. 大江이 背에서 面으로 衝流 는 하지만은 前面이 廣野이고 主山이 그리 高險치 안하 防守의 堅壘가 못됨 쑷하다. 그러나 平地에 솟은 扶餘山이 大江을 뒤로 한 까닭으로 몃사람만 직히면 飛鳥 以外에는 긔여올을 者업고 東南으로 炭峴의 목을 직히면 거긔도 一夫當關에 萬夫莫開라 할만하다. 넓은 局面이 西北은 大江이고 東南은 山險이라 안에서 留守하기에 狹窄치 안코 밧그로 防守하는 목이 廣闊치안하 이 까닭으로 三國이 鼎立하야 干戈를 일삼든 판에도 그만큼 오래 쓸헛든 것 이고 新羅와 唐國의 聯合軍이 陷落하기에 그와 가티 長久한 時日과 數多의 犧牲을 내인 것인가 한다. 景致로 말하면 規模가 넘우적고 舖置가 그리 아긔 자긔한 맛이 업서 凡常한 眼目으로 보면 別로 喫驚할 바이 없슬 쑷하나 山容 의 典雅와 水態의 明媚함이 점잔흔 淑女가 恒茶飯의 단장 속에 말 못할 美가 나타나는 것갓다. 落花岩의 奇와 獅子樓의 快는 그 속에 잇는 一分子라 別로 히 譽言할 것이업다. 보는 者로 第一 不快를 느낄 것은 劉仁願의 碑와 白江의 터이다. 劉仁願의 碑는 우리 族이 他族에게 節制를 밧든 始初의 紀元이요. 白江의 터는 李願의 消極的 事大思想을 차질 수 잇는 까닭이다. 淸에게 丁丑 의 敗亡을 當하고도 그에 對한 怨恨보담 明의 亡함을 더 원통히 알아 日暮途 遠에 至痛在心을 부르고 드러안저 明國을 爲하야 自請할 맛이 무엇인가. 이 째에 이 붓을 잡으매 順風에 돗을 멍여하야 窺岩의 여울과 水北亭 그늘 밋헤서 고기를 낙구고 한 번 기우릴 생각이 다시금 간절할 쑨이다.

修學旅行의 追憶

蔡萬植

《신동아》, 1934년 8월

1.

철이 든 뒤로 지금까지 旅行다운 旅行을 해보지 못했다. 늘 가난에 쫓기는 몸이라 그러한 餘裕가 없때든 때문이다. 지금 亦是 그러하고 앞으로도 그러할 것이다(누구에게 못지 아니하게 旅行이 좋고 有利한 줄 알면서도 못하는 안탁가움니란 때로는 짜증이 나기도 한다).

그러하니 旅行에서 얻은 로맨쓰도 있을 턱이 없는 것이다.

다만 구태여 찾어내이자면 中學時節에 修學旅行을 다니든 때의 記憶을 더듬어보는 수밖게 없다.

나의 中學時節은 事情이 比較的 順調로웠다. 如一하게 대여주는 學費를 써가며 아모런 世上의 波란과 人生의 쓴 境遇에 부댁김없이 學課에만 專心하든 때다. 그런 만큼 지금 앉어 생각하면 그때가 그리워지고 그 中에도 동무들과 떼지여 未知의 땅을 찾어갔든 일이 반가운 追憶으로 떠오른다.

다음에 一般讀者에게는 좀 乾燥無味할 뜻한 것이나마 二三 적어보기로 한다.

扶餘로 修學旅行을 갔을 때. 아마 二年級때인 듯한데 三四年級도 같이 갔었다.

그 골郡守 Y氏가 親히 古蹟을 案內說明해주는데 마츰 平濟塔 차례에

「다른 사람은 京城 빠꼬다 公園의 砂利塔을 이찌반메(一番目)라고 하지만 나는 이 平濟塔이 이찌반멘줄 아오. 왜그러냐하면 이 平濟塔은 가고-깡 (花崗岩)이 都合이 굳게 잘가다 마루해서………」

이렇게 半섞기 說明을 하고 있노라니까, 後列에 섯든 대가리 큰 學生들이

「거참 말이 이찌반메로군!」

「演說 말슴이 都合이 좃소.」

라고 숭내입내를 내었다. 그러니까 氏는 그만 氣가 죽어 끝에 說明은 얼골이 불거진 채로 어물어물 해바리고 마렀다.

扶餘구경을 맛치고 木船으로 白馬江을 내려 江景으로 올 路程을 세워 江邊으로 나왔다. 崔斗善 先生이

「엿바우 보피떡이 有名하다지.」

하고 우리에게 보피떡 한 턱을 내시든 것도 생각이 나고 李光鍾 先生이 大哉閣을 感慨 깊이 說明해 주시든 생각도 난다.

그리고 배가 自漫臺 밑을 지낼 때에 바우에서 자라 물 위로 버든 소나무를 李光鍾 先生이 거문고감으로 맛침이라고 탐내시든 것도 그때의 일이다.

九月 새 學期 開學을 하고나서 바로이었으니까 아직도 여름이었었다.

그런데 扶餘로부터 江景까지 내려오는 錦江上流인 白馬江의 한 토막은 물이 그다지 깊지 아니하여 사공들이 바닥닳는 배를 억개로 밀고 내려가게 되었었다.

그것을 본 우리 작난군이 몇 사람-- 辛奉根 곰보피취 等 五六人인 듯하다-

벌거벗고 물에 뛰여드러가 사공과 같이 배도 밀고 또 왼 몸에다 개흙칠을 새깜하게 해갖이고(密地의 黑人숭내를 내어) 배를 습격하는 작난도 하였다.

실컨 작난을 하다가 피곤하여 배에 올나 잠을 잔 것이 깨었을 때는 임이 밤이요 달이 뜨고 물결이 출넝거리는 江景 각가히 당도하게 되었었다.

그곳이 江景인 줄이야 알엇지만 어쩐지 神秘스러운 딴 世上에 간 것 가터 종시 마음이 깃벗었다.

지금은 中央學校의 校服도 普通 것으로 變하였지만 그때는 海軍服을 뻔뜬 것이었었다. 단추를 속으로 채이고 선을 둘는 검정저고리에 여름에는 흰바지다. 그리고 亦是 海軍이 치는 흰 脚絆이다. 거기다가 旅行을 갈 때면 흰 肩帶를 메인다.

옛날 普成學校의 半金태 만큼 한가지로 特殊하였다.

이런 채림을 하고 百餘名 각가운 우리가 곡호手 나팔에 맛추어 平壤거리를 行進할 때는 이상하게 억개바람이 나는 듯하였다. 이것이 四年級 때었든 듯하다.

저녁을 먹고 나서 나제 淸流壁 아레로 지나든 일이 어찌도 좋은지 朱洪錫君과 그밖에 누구든지 또 한사람 서이서 淸流壁을 찾어 나왔다.

그날 밤 惰景이 어떠하였든지 細密한 것은 오래된 지금이라 記憶이 나지 아니하나 어쨌건 興은 단단히 났던 판이다.

그래 流行歌를 부르고 하며 거니다가 담배를 먹었다. 朱君은 그때도 老人(!)이었고 우리도 二十이 각가웟든 터이라 그다지도 嚴禁하는 담배었지만 平素에 늘 먹어왔었다.

修學旅行을 떠나면 밤낮으로 先生님들을 모시고 다니느라고 담배를 그립운 때에 못 먹기가 십상이었는데 마츰 조용한 곳에 나왔으니 아니 먹고 못백일 판이었었다.

旅館에 도라와서도 아모 눈치도 띄이지 아니하였고 서울로 도라와서도 한 一週日 아모런 氣色이 없었다.

그런데 하로는 授業 中에 우리 세 사람에게 教務室로부터 呼出이 나왔다. 그것이 平壤가서 담배 먹은 事(件)일 줄은 꿈에도 생각지 못였다.

引率者의 한 분이든 趙喆鎬 先生한테 톡톡히 나물혐을 듣고 玄相允 先生의 斷分에 依하야 便所掃除의 苦役을 치루었다. (필경 누가 密告했ㄷ고 우리는 그때 분개하였다)

便所掃除는 열 번을 해도 좋으니 제발 그런 時節이 또 한 번 도라왔으면 하는 꿈같은 생각을 지금은 가끔 한다.

慶州갔을 때.

大邱에서 작난감같은 輕便車를 가러탔는데 키 크고 작난군이 李萬雨君이 車의 速力이 느린 것을 깔보고 뛰어내린 데까지는 無事했지만 다시 올나타려니까 그래도 맹낭해서

「이기요! 당나구같은게!」

하며 死色이 되어 질질 매달니든 일이 지금 생각난다.

우리가 修學旅行을 가면 孫總統으로 通用(!)되는 재미있는 校友 한 분이 늘 따러오군한다. 慶州 때도 그 분이 따러왔다.

느진 가을인데다가 慶州가 감의 産地인지라 우리도 감을 많이 사먹었는데 하로는 몇치서 陰謀를 꿈였다. 그리하야 밤에 孫總統의 醉한 틈을 타서 氏의 貧弱한 포켙을 톨톨 텀어 全部 감을 사먹어바렸다. 술에 깨인 이튿날 孫氏는 「엥! 엥!」하며 입맛을 다섰고 지금도 맛나면 그 이야기가 나오군 한다.

石窟庵이 그 때 맛츰 天井이 새여서 修理를 하는 中이었었다. 그래 그 工事監督을 하는 技師가 그 때 引率者인 故 羅元弼 先生과 마주서서 이야기를 하는데 技師氏 장히 도도한 체하고 쓰봉포켓 속에다 두 손을 끼고는 나오지도

못한 배를 뚱- 내밀고 있었다.

　　이것을 우리는

　　「그자식이 거만 無禮하다.」

고 닥거세우려고- 그리고 테로도 쓰려고 -- 벼르는데 李光鍾 先生이

　　「이애들아 西洋사람들은 그것이 되려 禮節이란다.」

하고 말니어 無事하였다.

　　이만하고 붓을 놓으려하니까 마츰 어렸을 때 亦是 修學旅行을 갔다가 울
고 망신하든 일이 생각이 난다.

　　아마 열 살도 못되었을 때다. 故鄕에서 普通學校를 다닐 때인데 全州에
共進會가 굉장하게 열니어 우리 學校에서도 修學旅行 겸 구경을 갔었다.

　　그래 첫날 도라다니며 구경을 하고 밤에 旅舘에 들어서 잠을 자는데 어찌
하다가 잠이 깨었다.

·　　잠이 깨이기는 하였으나 정신은 없다. 한데 사방이 캄캄하기는 하고 웬
영문인지 알 수가 없다. 전주에 와서 여관에 들어 잠을 자고 있었다는 생각은
밋처 생각나지 아니하였든 것이다.

　　옆에 아버지도 게시지 아니하다. 나는 세 살에 아우를 보면서부터 줄곳
아버지 옆에서 잣고 그것이 서울로 工夫하려오든 때까지 계속되었다.

　　그러니까 그때도 우에서 말한 대로 전주에 와서 여관 잠을 자느니라 하는
생각은 나지 아니했든 판이라 이게 도대체 웬일인가! 그만 기가 맥혀 왕- 하고
울었다.

　　그러니까 引率者이든 吳永喆氏--이 先生은 지금 어데가게신지!--가 잠
에 깨어 웨 우느냐고 달내며 뭇는 것이다.

　　그제야 비로소 나는 아차 여기가 全州로구나하고 울음을 꿀꺽 끈쳤다.

八道江山遍踏記(其二), 泗沘古都觀禮*

朴魯哲

《개벽》, 1934년 12월

上黨서 懷德으로

四月二十八日

行裝이라고는 新聞紙로 싸온 조고마한 보따리한아--그것도 내게는 큰 짐일 것 같다.

먼길에 거치장 거릴가 하여 아조 갑분하게 한다는 품이 原告紙와 日記帳 한권---그밖에 신 한켜레를 쌌다.

兩堂께 拜退한후 솜바지 저고리에 회색두루막이를 입고 고무신을 신고 洋傘을 들고 멀리 「한밧」을 向하여 길을 떠낫다.

날세는 매우 淸爽하나 順風이 일지않어서 길것기에 그리 좋은 줄을 모르 겟다.

---

* 「八道江山遍踏記」는 『개벽』이 1934년 새롭게 발간되면서 기획된 기행문이다. 1934년 11월의 신간 1호에는 권덕규의 『팔도강산편답기』이 실렸으며, 이는 제주도 서귀포 기행문이다. 이후 신간 2호에서 4호에 이르는 세 편의 『팔도강산편답기』는 박노철이 썼다. 부여 기행문이 그 중심이다.

한창 무르록은 봄철이라. 路柳 墻花의 한「마리」그림폭에 마음이 당기여 저절로 거름이 느러지기 시작한다.

담밑---을 밑에 뒤동산 기슭에 외떠러진 등서이에 桃花滿發한 그사이로 노랑나비가 點點이 나러 틈을 바라볼 때 나는 짐짓 발을 멈추지 않을 수 없다.

點心때쯤하여「광대바위」(竹岩)에 아르러 어느 旅幕에 들어 요기할 것을 무르니 주인마누라가 녹두고물묻친「인절미」(次食餅)를 때묻은 소반에 밧치어 드러내온다.

시장한 김에 얼른 한 개 집어 입에너어 우무르니 그 맛이 여네 인절미와는 딴판이다. 버레먹은 대추로 속을 박은품이 더 別味가 난다. 대추 넣은 養餌으로는 아마 이곳에서 처음 먹는가보다.

어린아이의 버들입 호두기소리---장기잡은 農事의 소모는소리---쑥뜯는 마슬 小女의 다듸단 군소리---그중에 牧豎의 청 좋은「아리랑」의 가벼운 외가락이 그윽히 드메로흘러 들역에 퍼지며---엿가래 같이 느린 忠淸道「육자백」이가 더 듯기 좋았다.

農家는 한고비 밧분철이라. 상투튼 선머슴꾼 머리딴 總角이 논뚝을 곳치고 물고를 내고 둬을 처내고 못자리를 내느라고 한바탕 부산을 피우는데--- 산넘어숨은 부엉이 밧에 출낭대는 종냐리 논뱀에 숨은 개고리 우름이 農軍의 재인 발을 더 재이게 하는구나

「광대바위」에서 上黨이 三十里라하니 아직두 한밧을 가랴면 五十里는 남었고나---쉬엄쉬엄 것노란 것이 薄暮에야 懷德舊邑에 다다럿다.

邑에 드르스자 路邊에는 碑碣이 齊一하게 羅列되였는데 그것은 대부분이「都巡察使」「巡察使」「縣監」「判官」「縣令」等의 古色深靑한 頌德碑로서

---그중에는 三座의 鐵碑가 서있어 더 異彩가 돗는다.

이는 마치 支那劑書의 撰한「去思碑」처름 당시 人民들의 그 恩德을 思念不忘하여 그 施惠의 功德을 永世토록 빗내고저 한 것이 幾百年을 지나지못하여 저다지 頹圮傾仄한채 龜趺이 물너나고 긔가 떨어지고 字劃이 磨滅되였으니 앗갑다. 그 碑橛된 昨碼이 애초에 없는 이만갓지 못할가 한다. 보기 숭업다 「斷碼만이 存焉하였고녀.」

임자없는 저 수많은 碑石을 閭閻마다 閣을 지어 保存하였더라면 뒤에와서 好古者의 翫賞에도 그닥지 꼴숭한 것은 뵈잊 않으렷만--그리됨을 어이 바랄수나 있으랴만.

그 子孫들은 대개 流難散亡한채 寒窮과 文盲에 不遇拓落하여 저꼴을 보고도 複古할 念頭도 못내었을것이 않이였을가.

날은 저므러 더갈수없음므로「한밧」을 咫尺에 두고 山을 등진 외떠러진 旅幕에 드러가 쉬이게 되었다.

방은 캄캄하여 옆댕이 사람도 분간할수 없도록 어둡다. 벽은 신문지 쪽도 붓치지않은 맨벼람박이요 자리는 검기가 길드른 마루장같다.

조곰있더니 머슴꾼이 상사발에 꽁보리밥을 가득담어 가지고 드러온다. 나는 그 상을 받어 시장판에 한그릇을 다먹었다. 그러나 아직두 출출한 허기는 가시지않은듯싶다.

늙은이와 젊은 農軍들이 한방에 여섯사람이나 즐비하게 누은틈에서 부르튼발을 뺏고 누으랴니 여간 괴롭지가 않다.

문앞 小便통엣 넘어오는 지린내-머슴꾼의 코와 입과 발꾸락 또는 거드랑에서 긔어오는 고린내 땀내 담배내 암내로 뒤범벅이 되어 내코를 짤은다.

잇다금 지저귀 같은 다낡은 이불자락이 들석거릴때는 금시에 숨이 맥힐듯 답답함을 억제할수 없다. 나는 일부러 이런 旅幕을 골너들은감이 나서 한

갓 취미로운 생각도 든다.

　그러나 잠을 이루지못할 때 문득 지난때 吉林等地에서 苦生하든 생각이 새삼스레이 내머리에 떠오른다.

　발서 三十年前일이다. 吉林서 徒步로 延邊땅 八百餘里(지금은 鐵道를 놓았지만 그때는 疊山窪壑 그대로이다)를 거르며 타며하여 馬賊巢窟로 일홈있는 老爺嶺, 長廣才嶺을 넘어 胡人의 旅幕에 들어 鴉片吸入ㅏ는 되눔들과 함께 자리를 하여 손등이 뭇칠 몬지구덕이 우에 밤을 새울새 胡人들의 몸에서 긔어오는 惡臭 또는 鴉片피우는 냄새로 잠한심 못이루고 그대로 밤을 밝혀 먼길을 떠나는 그때 그길이 거듭 聯想되는구나.

　(上黨서 懷德까지 오는 동안에 古跡은 다음번 도라올 때 대강 들고저 아직 멈춘다)

懷德서 連山으로

　있흔날은 새벽길을 떠나「한밧」을 向하였다.「한밧」서 五里남짓한 閭里에 이르러 지나는 牧童에게 洞里의 俗名을 무르니「버드내」라 한다. 나는 한번더 불러 보였다. 버드내---부르기 순순한 일홈이다.

　나는「버드내」(柳川)다리를 건너 그다리 밑으로 내려가 맑은 시내에 세소한후 발씻고 冷水摩擦 한뒤에 돗아오는 아침 햇빗을 드러마시며 遊幾體操를 한참하고나니 금시 羽化昇天 하는듯싶어 그 暢爽한 氣趣는 이로 말할수없이 좋왔다.

　鎭岑市街를 通過하려니 마침 紅衫綠裳의 賣唉婦가 酒店에서 假頭로 나와 行人에게 秋波를 던지는 양이 퍽 醜陋한감이 난다. 이같은 山林에 까지 賣唉婦를 둠은 稀罕한 일이다.

　나는 일부러 그 酒幕의 거리를 避하느라고 멀즉안이 古木밑에 낯을 가리고 옷을 풀어 땀을 드리며 잠시 쉬다가 다시 嶺을 넘어 豆溪로 向하였다.

이곧 鎭岑普校生중에는 대부분이「게다짝」을신고 通學하므로 처음볼 때 짐짓 놀래지 않을수 없엇다. 或者는 이를 새삼스럽게 역일지 모르나 나는 그 를 한낫 流行으로만 돌일수 없다고 생각하였다.

「팟거리」(豆溪)에 이르니 鷄龍山脈이 左右로 둘러있어 초록병풍을 친듯 한 감이 난다.

豆溪는 옛일홈이『豆口磨村』이니 지금 豆磨面이 있음을 보아 豆溪의 本 名을 豆磨라 함이 確實하다. 豆磨는 곧 「팟거리」의 漢字譯이며 「팟거리」는 『팟가리』의 轉訛된 일홈이다.

이리하여『팟가리』를 「팟거리」로 誤傳한다 豆磨를 豆溪라 함은 訛謬된 名稱이다.

「팟거리」는 본시『팟가는마슬』곧『豆口磨村』으로서 後世에 傳한 일홈이 요 그 古名은 廣怡部曲이다.

薄暮에야 連山에 이르럿다. 連山은 본시 百濟의 黃等野山郡으로 그후 新 羅一統時에는 黃山郡으로 改名하엿든바 그뒤 高麗初에 와서 連山郡으로 곳 처 부르게 되엿다.

鷄龍山은 일즉 忠淸道人士에게 일종의 神秘說話를 물려준 名山으로 忠 淸道를 말할 때 道骨仙風인 鄭道領이 튀여나온다. 이로서 鷄龍山과 鄭道領 은 서로 姉妹格이다.

二十年前까지도 鷄龍山新都에 鄭天子가 降下하신다는 말이 閭鄕간에 盛히 流布되더니 지금와서는 그 說話의 그림자도 얻어볼수 없을만치 소식이 적조하도다.

한창 鄭道領의『新都說話』가 鄕曲간에 꼬리를 물고 돌아단일때는 各樣 色色의 神異한 天子들이 몇 명식 튀여나왔다가---드러가곤 하였다.

내어릴 때 記憶으로는「天地黃」等의 漢字로 呪典을 삼은 어느 더벙머리 늙은 總角이「不言主義」를 내세워 단지 외우는 것은『天地黃』세글자뿐인데 三邊에 다다르면 그 弟子들이 대신업어 건늬고 먹고 입고 居하는것도 그 弟子들이 韓族하여주며 또 급작스리 禍亂이 일면 그 神秘한 玄衛로써 厄運을 避한다는 誣說이 떠도라 단였다한다.

또 어는 天子는 遁甲, 縮地, 借力等에 能通하여 가진 災殃과 禍亂을 逃避한다 하며 이역 鷄龍山新都地에 降下하실 鄭道領이나 않인가하여 그 誣說에 陶醉된 愚夫들은 거긔에 誇誕을 더하여 閭閣으로 도라 단이면서 宣佈한 까닭으로 一時는 鷄龍山新都遺址에 八道愚夫들이 接踵雲集하여 一大仙市를 일운감이 낫섰다.

鷄龍山은 忠淸道愚氏을 얼마나 誘惑하였으며 忠淸道愚氏은 鄭道領을 얼마나 믿어왔던고---新都思想은 당시 一部民間信仰의 한낫 神詫的代言者노릇을 하였으며 鄭道領은 湖西愚夫의「미새아」가 되었도다.

그러나 이젠즉 鄭道領의 그림자를 감초인지 이미 오래었고 그 新都思想을「할아비」로 떠바친더벙머리 아기 天子들도 소식이 隔絶하였으니 섭섭도다---新都說話의 時運도 마즈막 가는가뷔다.

鷄龍山은 連山邑서 北으로 二十七里쯤 드러가 있으니 일즉 李成桂는 卽位할무렵에 이 鷄龍山南(지금 新都地)에 國都를 定코저 意圖할새 車駕로 親巡하여 그 吉을 占친후 基址를 略定하고 工役을 肇興타가 이에 水運의 轉漕와 輅路의 邈遠으로 마침내 工役을 罷하였다. 이르니 今人이 그 땅을 일커러「新都」라 한바 상기도 遺址에는 溝渠 礎磧이 짓허있어 觀參하는 나그내의 懷舊之感을 더일게한다 이른다.

(遺址에 對한 傳說은 여긔에 들지않음을 말한다)

新羅眞平大王及太宗王時의 沙潔部人 花郎金官侯 金欽純(庾信之弟)와 그아들 級飡金盤屈 그밖에 神文大王時의 盤屈子 花郎 黃枌誓幢步騎監 金令胤(奚干徐發翰金欽春之孫)과 또 太宗大王時의 將軍首若侯黃品日子 花郎 官昌等이 이 黃山들을 넘어들면서 百濟 軍士와 더부러크게 싸운일이 있었다.

당시 花郎金欽春은 大王의 命을 받어 그 子盤屈과 함께 軍士를 거나리고 黃山原에 이르러 百濟元師階伯의 軍士와 干戈를 견울새 처음에는 戰勢不利하여 階伯의 軍士에게 屢次敗한일이 있었다.

그리고 黃官昌은 그아비 品日의 命으로 馬上에 槍을 비껴들고 黃山原을 넘나들새 百濟陣에 突入하여 數人으 格殺한후 旗旌을 塞拔코저할뿐외에 達率 階伯에게까지 치러 덤벼 들다가 百濟軍士에게 사로잡힘이된지라.

階伯이 그머리를 버쳐 말안장에 달어 新羅陣으로 보내었으나 처음에는 그 少年의 義勇을 앗기여 참아 加害치를 못하고 이에 歎息하여갈오대「新羅에는 奇士가 많은지라 少年으로서도 오히려 이와같거늘 하물며 壯士일가부냐」하며 도로 돌려 보낸일이 있었다.

黃山은 一名天護山으로 連山邑서 東으ㄴ 五里쯤나가있으니 당지 百濟 達率階伯이 新羅軍士를 이 黃山野에서 防禦할새 陣中에 三營을 設하고 네차례나 크게싸워번번이 익였으니 워악 軍士가 적고 힘이 弱한지라 끝끝내 血戰苦鬪하다가 죽고마럿다.(天護山에는 高麗太祖의 眞殿이 있었다한다)

이 黃山은 일즉 後百濟王甄萱(武珍冊北村紫衣男阿慈介之子李萱)이 등창병으로 죽은곧이니 당시 李萱은 高麗에 歸降한후 太祖王建을 따러 그아들 神劍을 懲討코저 이 黃山原을 밟은일이 있었다.

神劍이 兵寡力屈하야 不得已 王建에게 降하매 李萱이 그아들로 말미아마 煩懣함을 참지못하더니 마츰내 疽瘡으로 數日동안 呻吟하다가 黃山佛宇에서 孤魂이되고 마럿다.

連山의 名物로는 今世에 와서 두르러진 것이 없다. 억지로 든다면 柴木이나 들가.

湖西에있어 柴木만키로는 連山만한곧도 드물가 한다 그중에도 豆溪와 連山於間이 第一인감이 난다.

閭里 山谷마다 쌓어놓은 장작떼는 그 磊砢한 품이 마치 外郭같이 뵈인다.

東國輿地勝覽에 連山을 題하여「田多自古稱多稼」라 한 바와 붙이 湖西의「내포」「위대」兩界에 있어 田畓놓기로야 連山,「논미」江景, 夫餘等地를 빼놓고서 들곧이 어대일가. 高麗李牧隱稿詩에

桑陰漠漠夏陰凉
蠶箔層層滿堂舍
夫動婦苦營生理
促織又吟明月夜

小兒牽牛將出欄
大兒牧馬能縱靶
里中父老迭相邀
醉飽何會更辭謝

란 句가 있으니 이는 湖西「내포」의 田家農形을 善히그려낸 一幅의 詩畵 그것이다.

부르튼발을 조심스리 드듸며 저물게야 論山땅에 드럿섯다--嶺下에서 오리쯤 더나가「분동」「사외성」附近에 있는 새로지은 큰악한 旅幕에 들어 하로밤을 쉬이게 되었다.

두메의 炭舍로서는 비교적 靜雅菌逸한품이 돈다. 주인마누라가 夕飯을

차리어 왔는데 山村에서 보기드믄「김」이 상에 으르고 그 외 다른 반찬도 꽤 많다. 밥은 머슴밥같이 코깔모양을 내여담은 것을 한톨 남김없이 다 훔으려 먹었다. 실로 甘食이다.

숙늉을 두손으로 공손히 밧치어 드리는 것이라든지 돗자리를 친히 펴주는 것으로 보아 주인내외의 친절한 품은 어대다 비할수도없이 고마웠다.

(後日回程時에는 일부러라도 한번 들러주리라 하든 것이 뜻한바와는 달리 실행하지 못하게되대 오히려 민망한감이난다.)

방금 쇠죽을 쑤운방이라 아래웃목이 끌는 듯이 더웁다 너무 더워서 문을 열어놓고 누어도 오히려 땀이 흐를지경이다.

그러나 나같이 발이 잘부릇는 나그내에게는 路毒을 풀기 겸하여 알마즌 방이다. 아랫목은 새로 막거맨든 토막을 빼고 누은 農軍들이 땀도 흘이지않는지 그끌는 구석에서 코를골며 잘도잔다.

주인집 쇠아치가 밤중에 여물먹느라고 내여흔드는 원앙소리가 가금 잠결에 들일뿐이요 그 외에는 아모소리도 들이지 않는다.

●●●에 쇠위 짓든 묏개들도 숨이 죽은 듯 잠이들었다.

외딴 드메에 관솔불 마저 조을다 사라지는 외로운 밤이다. 적막할대로 적막한--한없이 외롭고 아쉬운밤이다.

山林의 寂寞한밤--嗟呼라 나는 이밤을 웨 이즐수 없는지--아모까닥도 모를이밤을.

四月三十日

새벽에 일즉 일어나 夫餘를 向하여 길을 떠낫다. 論山邑附近에 이르러 지나가는 村夫에게 이따의 古城有無를 무르니 村夫말이 이곳「사외城」이란 ---둥글게 쌓은 土城한아이「성태봉」뫼우에 있는데 漢文으로는 무슨글자인지 모른다한다.

이 土城에 對하여는 내스스로 踏査하지 않고는 斟酌도 못하겠음므로 더 묻지를 않었다.

東國輿地勝覽에 보면 連山邑서 北으로 三里쯤 가서 險山한 땅에 돌로쌓은 古城一基가 있는바 그 周圍는 一千七百四十尺이요 高는 十二尺인데 그 않에는 우물 一座와 軍倉이 있으니 이를 北山城이라 하였으며 또 邑에서 東으로 十五里相距되는 兜率山에 古城一基가있다 하였을뿐이다.

論山 江原 夫餘는 米의 富로 일홈있느니 만치 실로 湖西의 實庫라 할만하다. 그러나 이는 우리의 富가 않이다.

都會는 措置하고 지극히 적은 農村에서도 우리의 富는 찾을 수 없다. 이는 論山郡城東面에서도 그 一例를 들어알수있는 것이다 (扶甚는 이보다 더 한 餘 곧이많다)

저들이 사는곧은 아모리 陬僻한 山村의 드메라도그 移民戶數가 十餘戶만 되어도 반듯이 學校를 세우지않는곧이 없다.

큰직한 村落마다 산등성이에 웃둑한 집은 무를 것도 없이 ●●이다.

대개 그들은 主로 農場을 經營하여 우리의 幾十倍乃至 幾百倍가량되는 田畓을 개개 작만하였고 또 副業으로는 果園, 菜田, 桑園, 養鷄, 養豚, 養兎, 養蠶等에 主力하며 그 외에 漁業에 從事하는 者도있다.

그중에 더러는 家屋, 農具까지 우리의 法式을 본뜨는 者도 있으며 或者는 言語에도 우리 忠淸道 사투리를 곧 잘 쓰며 간혹 우리의 일꾼을 두어 耕作, 打穀等을 우리의 풍속 그대로 施行하는 者도 있었다.

東國輿地勝覽에보니 恩津邑西十里許에 皇華山이 있고 그 山麓아래는 平瀾하고 廣大한 岩石이 있었든바 이를 皇華臺라 하며 第三十一世義慈王은 그 周圍가 一千六百五十尺이요 高는 六尺인데 그않에는 우물 二基와 軍倉이 있었다 하였다.

그 외에 恩津邑서 南으로 十二里許의 風界村에 古墳一基가 었으니 이를 俗稱 後百濟王 李萱의 墓라한다.

「원봉리」에 와서 次食餠으로 요기를 대강한후 그길로 魯城附近에 이르러 잠간 쉬여 땀을 드려 가지고 다시 甑山을 向하여길을 거럿다.

魯城은 본시 馬韓땅으로 百濟時에 熱也山縣을 두었던바 그후 新羅一統時에는 이를 魯城으로 改號하여 熊州에 屬하였으며 그뒤 漢陽朝에 와서는 이를 石城縣에合하여 尼城縣이라 하였다.

이리하여 魯城은 熱也山, 魯山, 尼山等의 일홈을 가지고 있었다.

漢陽朝成宗時에도 魯山城은 그 周圍가 一千九百五十尺이요 高가 八尺인데 그않에는 우물이 四基나 있다하였다

甑山市로부터 百濟王都의 外城址(?)를 지나 夕陽역에야 夫餘邑에 이르럿다.

邑은 五年前에 보든 그때에 比하여 별로 發展된것이없다

山川과 人物이 依尊한체 肅雅靜逸한 古邑 그대로이다. 水石이 繪龍한데다 그우에 古都의 景趣를 띄인지라. 그 아름다운 품은 예나 이제나 다름이 없으되 한갓 반남어 頹圮한 城址와 左右로 傾仄된 砟磈을 볼 때 짐짓 懷舊의 感을 거둘길 없도다

遠近을 대강 삷여보니『泗沘古宮』의 遺墟에는 보기흉한 딴 집들이 잔득 버틔고 앉어 古代의 深靑한 빛갈은 찾어볼수도없이 엄엄한『임』의 얼골이 숨기인채 변하고 또 변하였구나.

나는 夫餘邑을 떠나 홀로 투벅 투벅--西北으로 五里로 더나가 나루가에

이르럿다.

黃昏은 이미 다라나고 薄暮의 엷은 날애가 「가람누리」를 가벼웁게 覆燾할저음--나는 江頭에 외로이서서 나룻배 오기만 고대하였다.

暮烟은 아독히 闇闇을 가리웠는데 數百길 내려백힌 自溫臺後丘에 나는듯---소슨 저 水北亭은 솔절없이 그 姿態가 어둠속으로 점점 사러지고 마는구나.

한갓 泗泚河沿崖의 병풍같은 楊柳만이 西風에 飄飄히 잎을 떤다. 언의듯 江村은 저므러 「귀암」나루배의 노젓는 소리만 그윽히 自溫臺, 泗泚河, 九龍坪을 어렴풋이 바라보며 울렁거리는 가슴을 억제하지도 못한다

自溫臺는 나의 어릴 때 搖籃이요 泗泚河 역시 나의 어릴 때 泳遊場이다.

이윽고 나룻배에 올러 출렁거리는 물소리를 들으면서 다시금 옛일을 回想해 본다.

夫餘는 둘재가라면 서러할 나의 고장으로 이땅에서 呼吸하기 비롯하여 「泗泚風土」에 몸이 저즌지 언의듯 十年---철이 막 들려할 무렵에---이근을 舊然이 떠나 멀이 北國으로 踵跡을 감춘지 몇해이든가.

嗟呼라 北國에 樓層漂逸한지 於焉間十年만에 이따을두번채 드나드는구나.

長亭私塾에 挾卷受業한답시고 九龍坪을 몇고비나 돌었으며 公州上校에 負笈修課 하노라고 이 泗泚水를 몇 번채 三四나 들었던가.

嗚呼라 三十年逸縱의 感舊之懷를 멈출곤 없어하노라

나루를 건너 『엿바위』거리를 지나든중 意外에 姜湖石先生의 글에 子弟를 맞나 그분의 懇悃한 請으로 旅幕에 들어 疲勞한 몸을 쉬이게 되었다.

이윽고 姜氏는 不得已한 事情으로 밤길을 거러 그 本第---長亭里로가고 나 홀로 빈방을 직히고 있던바 마침 『서당글』로부터 工君이 찾어와서 일시

적적함을 면하였다.

五月一日

잇흔날『엿바위』로부터 錦福里를 지나『여을』로 갈 때 余의 幼時에 寄寓하는 舊宅도 대강 삷여 보았다

이『여을』은 十一年동안 小年時代를 修練하든 나의 伽檻이다.

泗沘城을 巡歷할적마다 이『여을』을 찾어 들어 어릴 때 심은 과일나무도 구경하고 빨기 뽑든 동산도 올러보고 왕골 까서 돗자리치든 사랑마루를 지날 때 十年묵은 글씨가 古色深黃한 그대로 壁上에 남어 있어 恰恨튼 나의 마음이 더 憫栗케 되는구나.

『여을』은 內外里와 그 附近을 合하여 거의 千餘戶에 달하는 富村大里로 앞으로는 曠遠한 九龍平原이 질펀이 퍼저있고 그 옆으로는 浩蕩한 泗沘水가 滔滔히 흐르고 있다---方可謂之人傑之地라 않을 수 없다.

나는 그길로「여을」에 있는 姜氏의 寓所를 찾어가 姜氏오기만 기다리고 있었다.「여을」마슬슬을 찾을 때 문득「반산」李氏네의 일이 回想된다.

二十五六年前일이다. 이곳「반산」李氏중에 豪氣滿滿한 여을 李兵使 집이라면 당시 財福으로 恣勢를 피우든 土豪들도 그앞에서는 쩔쩔 매엇다 한다.

또 내 나히 十五六歲때 일이다. 하로는 그들을 찾어가 이야기를 듯던중 그 族戚되는 어느 난봉군 한아이 諧謔삼어 말하기를 前者---某事件이 이러날 때 夫餘땅에서도「반산」李氏네 몇사람이 거긔에 關聯되어 憲兵隊에 잡혀가 訊問을 당하든바 그중심술사나운 헌병이 그들의 목슴같이 앗기는 상투를 버히러 덤비거늘 그중에서 한분이 秋霜같은 목소리로…………

『이놈들---상투를 베지말고---내목을 버혀라』

하며 상투를 잔독 움켜 쥐고 그대신 목을 내미니 그 憲兵들도 하는수없이 상투

를 버히지 못하였다는 逸話가튕겨저 나오게쯤 되었다.

「여을」에 고래등 같은 기와집은 그들이 代代로 一樂을 누리든 伽檻이
었다.

그동안 年代遠邈에 風磨雨嚙되여 그 堂宇가 太平이나 頹圯되었고 상기
짓허 있는 瓦家들도 거이다 舊態를 일허바리게쯤 되매 或은 기둥이 썩고 大廳
마루짱이물너나고 曲雅한 莊園이 桑田化됨을 늬 아럿을고.

거들어, 사는이들, 자최나마, 있다할가

『여을』, 기와집이, 대밧속에, 뼈만남어

해묵어, 자라는풀만, 첨하우에, 조더라.

五月二日

식전에 비를 마즈며 合松里 盧一光兄을 찾어갓다. 一光과 나와는 竹馬故
友나 다름이없는 知己中의 知己이였다.

본시 柳兄으로 더부러 三友一身으로 자별나게 지내오더니 柳兄은 踵跡
을 감초인지 이미 十年이 넘은지라. 지금와서는 소식조차 드를길이 없게 되
었도다.

一光과 나는 그간 맛나지 못한지 八年이라---그리운 懷抱가 일시에 솟는
듯싶다.

그러나 이야기할 긔회도없이 一光은 出他하고 나만 홀로 방을 직히고 있
었다.

夕陽역에야 一光이 옴으로 함께 夕飯을 치른후에나는 그를 따러 松堂學
院에 가서 新郞다는 求景을 하게되었다.

이곧 마슬 靑年들이 接踵入室하야 한창 諧謔으로서 談樂에 기우러지는
판이다.

그리자 뭇청년들이 村新郎을 한참 달고 치고 하더니만 금시에 酒席이 버려진다.

一光은 친히 濁酒一杯를 따러 나에게 勸한다. 再三勸한다. 그 외에 여러분도 勸한다. 나는 끝까지 사양하여 받지 않었다.

八年만에 勸하는 술이라 사양하기론 너무 몰정스럽지만 불가불 사양하지 않을수 없었다. 一光은 내가 이미 禁酒함을 아지못하고 前者의 大酒量만을 생각하여서 勸하는 것이다.

이곧 合松里學院과 靑年會는 一光兄의 힘으로 設立되니 만치 그 功獻이 크다 않을 수 없다.

그는 夫餘靑年의 先覺으로 于今꼈 指導者의 責務를 如一히 밟어온이중에 우두머리다.

나는 一光에게 夫餘遺蹟에 對한 이야기를 대강들으며 明日부터「古都巡歷할 順序」를 豫定한후 松堂서 하로를 奇留케 되었다. …(繼續)…

朝鮮八道遍踏記(3), 泗沘古都觀禮(其二)

朴魯哲

《개벽》, 1935년 1월

1. 九龍坪落鴈

(5월 3일) 나는 이번에도 合松里를 오고가는 동안 九龍坪을 바라보며 길을 것는다.

九龍坪은 나의 因緣 깊은 곳으로 내 어릴 때 이 벌판우에서 蘆田을 벗삼었고 또 長亭里를 갈 때에도 이 九龍坪을 지나간다.

九龍坪은 본시 古 仇郎浦에서 울어나온 말이니 仇郎浦는 그 水源이 鴻山地境에서 발하여 멀리 場岩江으로 流入된 바 그 附近에는 仇郎山이 있다 한다.

이리하여 九龍坪은 仇郎浦의 訛傳된 寫音으로 「仇」는 곧 「九」의 誤字인 듯하니 仇郎은 即 9人의 佐郎을 일음인가 한다.

이를 傳說에 빛외여 보면 百濟時에 九龍坪에는 九郎의 豪族들이 部曲을 일우워 살었던바 일즉 그들이 使用하든 器皿과 瓦片이 지금에도 地中으로부터 간간 발견된다 이르며 또 이 곧 老叟들의 전하는 말에 의하면 지금 九龍坪

은 百濟時代에 九郎들이 鄕曲을 일우어 사든 곳으로 九郎廳의 訛傳이라는 말도 있다.

　이리하여 九龍坪은 九郎廳의 遺址로 본다 하나 나는 아직 이를 確信할 수 없게쯤 된다.

　또 扶餘邑에서 西으로 40里가량 들어가 鴻山邑地境 갓가히 九臣峴이 있고 그 近傍에 五佐郎洞이 있는데 이는 百濟나라 亡할 무렵에 五佐郎과 九貴臣이 羅唐의 勢力에 屈從하기를 실혀하여 모두 이 곳에서 隱遯自適하여 苦節을 직혀 가면서 崎嶇한 餘生을 보낸 일이 있었으니 지금까지도 그 亡命志士의 偉名을 世上에 전한바 없다 한다.

　九龍坪의 周圍는 줄잡어 70里가량이니 蘆田 晪畓은 處處에 曲浦紆池를 일운바 晩秋에 이르러 그 질펀한 들녁에는 *風이 隱隱히 나붓길새 *風이 눈나리듯-滄海에 波濤치듯 滿野의 蘆花는 紛紛히 乾坤에 흰 꽃을 피운다.

　冬節에 이르러 刈刜*할 時期가 도라오면 九龍坪一境의 閭里마다 새벽 첫닭 울 때쯤 하여 머슴과 품군을 식혀 갈대를 버혀 柴薪에 이바지하는데 刈*할 때에는 거이 한발이나 되는 긴 자루 박은 巨鎌을 제각기 들고 밑흐로후터 갈겨 눕힌후 벼묵듯 묵거 소에 실어가지고 와서 산뗄이처럼 그 庭園에 쌓어 놓은다.

　또 冬節에 어름이 엷게 얼 때는 北으로부터 날어오는 기럭이떼가 數十行式 列을 지어 이 九龍坪을 넘느라고 翮翮히 나는 양은 蜂蝶이 푸른 시내를 넘는 듯... 그 藐渺한 품은 나그내의 마음을 더 寂寞케 한다.

　翅翎이 晴空을 가리며 鵾鵾한 그 우름소리 泗水에 구을 때... 그 玄妙한 景趣야 어대다 견줄가-신로 扶風의 寄觀이더라.

扶風땅에는「山有花」란 百濟末의 古歌謠가 있으니 자금에도 初夏揷秧의 時에나 晚秋收穫의 節에 田夫, 採女가 서로 읊어 惝悵한 心情所懷를 자어내니 그 音調가 자못 悽惋하여 玉樹庭花를 伴侶한 듯... 柳鄉蒲村에 고로 퍼지는 그 노래에 傷心되지 않는 者 별로 없다 한다. 世說에 의하면 百濟의 國破함을 설어하여 그 遺民들이 지어 읊은 것이라 하나 그 실은 百濟末以後 훨신 지나서 지은 것으로 본다.

山有花歌
山有花兮 山有花야
저꽃피여 농사일시작하여
저꽃지더락 필역하세.
얼얼널널 상사뒤
어여뒤여 상사뒤.

山有花兮 山有花야
저꽃피여 번화함을자랑마라
구십쇼광 잠간간다
얼얼널널 상사뒤
어여뒤여 상사뒤.

충영봉에 날뜨고
사자강에 달진다.
저날떠서 들에나가
저달저서 집에도라간다.
얼얼널널 상사뒤

어여뒤여 상사뒤.

농사짓는일이 밧부건만
부모처자 구제하기
뉘손을 기다릴고
얼얼널널 상사뒤.
어여뒤여 상사뒤.

부소산이 높아있고
구룡포가 깊어있다.
부소산도 평지되고
구룡포도 평원되니
세상일 뉘가알고
얼얼널널 상사뒤
어여뒤여 상사뒤.

百濟遺民이 國破함을 슬퍼하야 그 舊主를 思慕하는 중에 年年히 이 歌謠
를 哀唱하였다 이른다.

혹은 泗沘江邊에서 扶蘇山丘에서 또는 九龍坪田畔에서 大王浦蒱堤에
서 牧童, 採女, 田夫들이 서로 주며 밧으며 구슯이 읊었다.

이리하야 蒱菴 李師命(李白江後孫)의 山有花歌吟에도 「遊女行歌滿水
田」「江上吳兒踏歌行」 等의 句가 있다.

일즉, 知縣 尹昶山의 山有花歌에는

山有花歌百濟歌 百濟之國擅佳麗

當時歌舞矜豪奢 一年三百六十日

强半君主不在闕 黃金飾輦七寶車

東風出遊無時歇 鐵馬聲來岩花翻

繁華到此那可論 潭波驚沸毒龍死

扶風王氣冷如水 興廢悠悠奈若何

遺氏但唱山有花 山有花使人涕漣

嘆息宮墟一千年

이라 하였고 또 蒲菴 李師命의 山有花歌吟에도

聞昔樓臺橫復斜 三千羅穀擅繁華

生前富貴露晞草 身後悲歌山有歌

山花落盡子規啼 千古思歸路己迷

*上遊魂招不得 王孫芳草目萋萋

라 하였다.

(詩章에 造詣깊은 詩仙 歌匠이 右의 詩句를 善히 譯하면 그 律韻에 있어 아름다울가 한다. 詩道에 材薄한 拙者로는 그 原意를 喪逸할가봐 밋처 손을 대지 않는다)

일설에 山有花歌는 洛東里 一少女가 지은 노래다 이르는데 그 少女가 불시에 강물에 빠저 죽으매 마슬 사람이 哀而傷之하여 江濱에 나가 서로 소매를 聯하여 노래를 읊은 바 그 音調가 심히 悽愴한지라 지금도 南土士女들이 매양 風月에 臨하여는 그 노래를 구슬이 읊었다 한다.(束寰錄)

2. 水北亭淸風

朝飯뒤에 一光을 작별하고 悠悠히 合松里를 떠나 잠시「여을」을 것치어 窺岩津에 이르러 나루가에 隣接된 自溫臺後丘의 水北亭에 올럿다.

亭宇는 얼른 보기에 單雅肅邃한 품이 들어 덧없는 曠夫의 逍遙賞鑑하기에 알마즌 누각으로 詩文에 庸拙한 나에게도 閑爽한 詩趣를 금할 길 없다.

水北亭은 일즉 宣朝時에 이르러 당시 副提學 金興國의 創建한바니 그 子孫들이 屢次 重修하여 20여 년 전 그때보다는 그 모양이 과히 숭없지 않게 됨을 말한다.

樓閣에 붙은 詩題는 모두 17가지인데 거이 다 近世人의 지은 것으로 吟詠할만한 詩句는 한아도 없다. 어느 XX을 지나서 나는 類들의 詩句가 太半임으로 도리어 脾胃만 거슬이여 口逆을 催促할 뿐이다.

그 중에 과히 淸濁치 않다고 보는 것은 한갓 3백여 년 전 申象村欽이 水北公(金興國)에게 寄贈한 8景詩 그것인데 그 제목만을 들어보면 (1)落花朝風 (2)皐蘭暮* (3)浮橋斜日 (4)蛤灘霽月 (5)平沙蘆雁 (6)孤山松雪 (7)馬江煙雨 (8)溫臺歌管 等이다.

나는 *然이 悄悄不憫한 심경으로 淸風亭 遺墟 松林間으로 徘徊하다가 되겁허 自溫臺岩上에 올러 扶蘇岺을 중심으로 하여 泗沘城址와 浮山을 바라보고 있다.

自溫臺로 드나드는 고기배들이 朝陽을 그득 실고 白江으로 도라갈새 泗沘河沿岸의 갈매기떼는 놀랜 듯 碧波를 차며 大王浦로 날아간다.

窺岩나루 건너 언저리에 병풍 둘은 듯한 森嚴한 楊柳는 멀리 扶蘇山近處에 蔓延하여 실로 水北의 壯觀이다. 저 蒼蒼한 白楊木을 보고 感嘆하지 않을 이 그 누구일가.

느진 봄철이라 淸風亭 舊墟의 綠林間으로부터 꾀꼬리 우름이 한창 자지러지게 흘으며 水北亭외인편 岩石새이로는 躑躅이 만발하여 못처름 찾는 이

曠夫의 심정을 더 悄愴케 하는구나. 그리고 亭宇左側岩下에 4,5隻의 魚船이 머리를 모으고 누었으니 그 우에 낙대를 든 漁夫의 잔시름도 그 맑은 泗水에 씻는 듯 하여라.

亭宇 前面에는 蒼鬱한 松木이 느러있고 그 後面에는 老樹가 森立하여 泗颻河를 엿보는 듯... 일홈모를 綠森翠枝는 江壁아래로 이마를 숙여 입입마다 옥빛을 토한다. 대부분이 松木, 槐木, 柿木「쏙소리」(옷나무)「상나무」等인데 그밖에 일홈모를 것도 더러 섞어있다. 「이 나무 일홈은 他處로부터 온 어느 갓쓴 나그내에게 물어서 안 것이다)

그리고 水北亭 외인편 岩面에는 「觀水臺」란 글자를 쓴바 이는 前窺岩面所員의 부질없는 落書라 한다. 도로혀 勝景의 古態를 더럽히고 마럿다.

그 뿐일가. 그 前面에도 窺岩面所員의 일홈을 죽 羅列한바 그 중에는 빗다른 딴 일홈을 맨꼭댁이에 썼다.

이런 것이 都是 古蹟의 自然態를 陋化식히고 말뿐이다.

이 亭宇를 볼 때 내 어릴 적 일이 거듭 聯想된다. 그 어느 때인지 마루짱이 물러나고 기둥이 썩고 개와짱이 궁그름을 본 일이 있다. 그러나 지금은 重修한 탓인지 그 모양이 훨신 새로웠다.

당시 「엿바위」漁村에 屹立한 淸風亭은 水北亭과 姉妹格으로 서로 이마를 마주대이고 曲徑을 통하여 雄座하더니만 이제와서는 그 자최도 볼 수 없이 깨여진 礎礩만 진흙 속에 뭇처있을 뿐이다.

今人은 淸風亭의 來歷과 그 일홈도 모르게쯤 되었다. 그러나 한때에는 歷代詩人의 입에 오르고내리여 그 일홈이 湖西에 드날임에 따러 이를 禮讚한 詩賦도 적지 않거늘 지금은 그 片影도 볼 수 없게 되었으니 엇지 嗟惜지 않을 가. 일즉 扶風倅로 있든 趙謙은 淸風亭을 다음과 같이 읊었다.

闤闠來時鬧 樓臺坐處淸

不勞尋洞府 自喜入蓬瀛

爽挹浮山近 源通泗瀨鳴

分憂第一義 看取此亭名

나도 변변치 못한 노래나마 한마듸 읊고저 한다.

淸風亭 어대가고 주초만 구으는가

墨客은 風月 지어 蓬瀛이라 자랑터니

이제는 松栢만 푸르고 淸風 오지 않노라.

3. 自溫臺歌管

自溫臺는 泗沘崖西에 數十丈이나 내려박힌 奇巖으로서 水渚에 걸터 앉어 高聳斗起의 怪形을 일우었으니 이를 一名『煥石』이라 한다.

昔時에는 巖頂에 10여인이 가히 둘너앉질만한 平舖한 자리가 있었다는데 당시 義慈王은 항상 侍臣을 있끌고 이 바위우에 와서 遊遨하든바 그때 어느 妬臣狐媚輩가 大王이 이르기 전에 먼저「숫불」로 이 바위들을 煦熟하여 溫氣를 保한 다음에 大王의 龍舟가 岸頭에 *이르게 되면 민첩하게스리 그 灰燼를 글거내여 버린 후 왕을 그 자리에 앉게 한 바 대왕은 그 뜻을 밋처 깨닫지 못하고 심히 奇異히 여겨 그 奸臣을 寵愛하였으니 이로부터 그 바위를『煥石』혹은 自溫臺라 일커러왔다 한다.

이리하여 冷齋 柳得恭은「君王愛在自溫臺」라 하였고 陶雲 李眞望은「想得自溫歌舞日. 吳門應笑越兵來」라 하였으며 그 외에 容堂 權用直도「可知一片溫臺石. 重却忠寸寸心」이라 하였다.

後世에 와서 臺左편 層岩에는「可人」이란 두 글자를 刻한 일이 있었다 하나 지금은 그 痕迹을 볼 수 없으며 또 그 附近에는 祈雨壇이 있었다는데 이역 자최를 찾을 수 없다.

당시 武王은 王興寺에 大幸하려면 먼저 이 煥石에 이르러 佛字를 바라보면서 禮佛하였다는 傳說이 있다.

이리하여 三國遺事 及 諸史書에는 百濟王이 禮佛코저 王興寺에 행할새 먼저 이 岩石에 이르면 岩石이 自溫하였으므로 그 일흠을 自溫臺라 하였다 이른다.

近世에 와서는 自溫臺가 세갈래로 쩍애지고또 그 쩍애진 層岩이 傾仄 혹은 破圮되기 때문에 10여인은 措置하고 단 2,3인의 앉일 자리도 없게 되었다.

그리고 이「煥石」은 3部의 層岩으로 되었는데 그 중 2部의 層岩은 *裂된 채 間隙이 생기고 그 외에 일부의 層岩은 그 右側이 傾斜되여 누었는데 그 上部는 빗트러지고 前面 層岩脚下의 넓은 岩面에는 3,40인이 可坐할만한 자리가 있으니 봄철에 이르면「엿바위」漁夫들이 그우에 앉어 고기를 닉고 있더라.

岩頂은 朝光이 透晒하여 錦簾을 편듯하며 그 絶壁아래로는 水色이 淸澄한 深潭으로서 魚鰕를 헤일 만하게 맑다.

九郎浦로 넘어오는 山有花노래에「여을」머슴군의 기심이 한창 밧부고「엿바위」나루가에 닷감는 소리 黃昏을 재촉할제 漁夫가 漁船에 朝陽을 한짐 실코 自溫臺로 휘돌어 古省津을 넘어오는 그 景色이 妙逸爽麗하여 짐짓 俗塵을 떠나 仙丘에 올은 듯 싶다.

솟는정 짜어내여 泗水에나 던저줄가
외로운 나그내맘 泗都오니 더외뤄
저믄날 自溫臺에올러 고기배만 헤노라.

自溫臺 드나드는 고기배 어대숨고

白江에 낡든 漁夫 엿바위로 넘어드냐

義慈王 龍舟뜬물아 임가신곧 어대냐.

水北亭에서 잠시 徜徉거리다가 岸頭에 列立한 白楊木을 끼고 徐徐히 발을 옮겨 白江里로 향하었다.

泗沘河에 뜬 漁船이 自溫臺를 가운대에 두고 오리락 내리락 하는 양이 더욱 奇觀이며 고기잡는 지아비 한가론 낙시대에 해 가는 줄을 모르고 마슬안악네와 갯가의 아이들이 白馬江中流에 다리를 것고 드러가 조개줍는 그 光景이 한포기 그림쪽 같아야 보기 좋더라.

4. 浮山과 大哉閣

浮山은 古省津(泗沘河) 北岸에 있는 仙峰으로 傳說에 의하면 扶風땅에는 日山 吳山(烏山?) 浮山의 三神山이 있는바 百濟全盛時에는 각기 神人이 그 山上에 居하여 飛相往來하기를 朝夕으로 不絶하었다. 이르며 또 肅宗時 詩人 南藥泉 九萬詩에도 浮山寺를 읊은 句가 있고 그 밖에 金三淵 昌翕詩에도「葉盡浮山寺」의 句가 있음을 보아 古時에 이 浮山 附近에는 寺菴이 있었으리라 推定된다.

그리고 肅宗 己亥 10月에는 이 浮山 南에 浮山書院을 創建하었든바 그 후 光武戊辰年間에 이르러 이를 毀撤한 일이 있었다 한다.

白馬江岸에 臨하여 浮山을 등진 白江村은 扶風땅에 일홈높은 神里仙閣로 水石이 佳麗한 곳 중에 웃듬이라 하겠다.

나는 白江村에 들어 먼저 浮山 尾에 있는 烈女閭閣을 구경하었다. 그 旌門은 通訓大夫 李喜之妻 延日 鄭氏와 資憲大家 李師命의 妻 嘉林 趙氏의 閭인데 이 둘이다. 白江 李公敬輿의 子孫이라 한다.

그 길로 浮山에 오르기 시작하였다. 周衣를 벗어 바위에 던지고 땀을 철철 흘리면서 浮山 꼭댁이까지 올러 遠近을 俯瞰하였다.

泗泚城址는 馬蹄形 혹은 半月狀으로 되였는데 그 않에는 蜷蟠된 山丘 紆繞된 坡堤가 높고 얕게 陳鋪되였으니 西北으로 흘으는 白馬江은 半月城址를 끌어안어 紆浦團池를 일운 감이 난다.

그리고 浮山 麓에는 躑躅이 한창 滿發이라 白江漁村의 花冠을 일우었으니 그 崖下에는 漁船이 오락가락 大哉閣의 韻趣를 더 빛내고 있다. 일즉이 李禮素齋 春英은 浮山을 다음과 같이 읊었다.

聞說羅浮海上峯 六鰲頭載與波通
滄溟此去無多地 早晚飛來到我東

나는 浮山 東으로 기슭을 타고 위태로운 石徑을 밟으면서 江壁아래로 내려왔다.

大哉閣 後丘에는 넓은 바위가 깍근 듯이 서있는데 그 右편 絶壁우에는 寺菴의 遺基될만한 平鋪한 터가 있다. 恐컨대 이것이 혹시 浮山寺의 遺墟가 안인지… 그러나 아직 推定할 수는 없다고 본다.

大哉閣은 3間으로 된 淸爽한 閣宇인데 一間半은 마루를 놓고 또 一間半은 碑石을 藏置하였다.

碑石은 黃白色바탕에 약간의 黑色을 띠운 듯한 長方形의 砒石을 별로 다듬지도 않고 통채 갓다가 세웠는데 그 前面만 平濶하게 磨面하였을 뿐이다.

砰石의 上部와 下部(底)의 廣은 열한뼘가량이요 그 高는 열세뼘가량인데 字의 높이는 그 중에 큰것(痛. 暮途 . 遠)이 세뼘반이 좀 넘는 것도 있고 그 중 적은 것(心)이 한뼘반가량이요. 그리고 字의 廣은 그 중 큰 것(痛暮途遠)이 두뼘반이 넘고 그 중 적은 것이 한뼘 혹은 두뼘되는 것도 있다. 刻面의 글자는 아래와 같다.

孝宗大王賜白江李相國批辭
至痛在心
日暮途遠
臣宋時烈敢拜手稽首謹書
原批稱相國以大人先生

이『至痛在心. 日暮途遠』의 8字를 17년 전 내가 처음으로 이곳에 와서 볼 때는 그 丹砂입힌 것이 퍽 玄麗하더니 지금와서 볼 때는 그 朱沙입힌 것이 낡어서 분명하지 못하다.

多年風磨로 인하여 그 빛갈이 날어간 듯하다. 大哉閣의 來歷을 簡楚하나마 대강 들면 아래와 같다.

仁祖時에 丁卯丙子 兩胡亂을 격근 뒤로 일반 士人과 君臣이 그 徹天의 怨恨을 풀 곧이 없었다.

당시 東宮으로 있어 그 父王 仁祖와 함께 滿珠主『눌하치』(奴兒哈赤)에게 屈辱을 당하든 孝宗이 卽位하매 武將 李浣 儒臣 宋時烈 相國 李白江敬輿 等을 寵愛하여 北伐의 準備를 圖謀할새 먼저 反滿主義를 隱密히 宣布하여 一時 士氣를 鼓舞하였으나 孝宗의 在位가 淺沮하여 그 뜻을 일우지 못하고 또 顯宗도 天性이 柔懦하여 先王의 遺志를 實行하지 못하였으며 그 뒤에 와서 좀 英邁하다는 肅宗이 卽位하였으나 四色黨爭이 끈일새 없으므로 마츰내 北伐의 餘念조차 사라지고 만것이다.

당시 孝宗大王은 尊攘主義를 내세워 北伐의 뜻을 품고 二三蓍龜의 朝臣들과 함께 斡旋籌策하였든바 群賢 중에도 右議政 李白江敬輿를 유달리 優遇하여 大人先生으로 稱하고 특히 御筆로써 相을 拜한 일이 있었다.

이리하여『大義不可滅國恥不可忘恒欲 萬全濟事莫洩神機』로써 信條를 삼어 오다가 그 뒤 成功의 뜻이 薄弱하여 짐에 따러 勇氣를 내지 못하게쯤 되매 한갓 時運이 不利하여 濟事할 수 없다는 탓만 하다가 孝宗이 마침내『至痛在心日暮途遠』이란 지극히 怯懦退㥘한 批를 내건 것이다.

이는「國恥의 徹天之恨은 이즐 길이 없으나 時勢는 不利하고 實力은 未備되여 北伐의 大義를 發揮할 길이 없다」는 뜻으로서 嗟嘆한 것뿐이니 이 8字의 批를 宋時烈이 써서 白江의 長子 李敏叙에게 끼친 것이다.

당시 群臣들은 北伐의 雄志를 품었으나 實行하지 못할 뿐이매 오직 李白江만이 그 8字의 批를 承하고 눈물을 지우며『大哉라 王言이여... 』하며 仍하여 그 舊寓近傍에 閣(煩文菴)을 짓게하고 大哉二字의 額號를 賜하였었다. 이는 그 義를 尚書의서 取하였다는 말이 있으나 아직 믿지 않겠다.

그후 24년 庚辰에 이르러 그 孫 李頤命이 비로소 一片 岩石에「至痛在心日暮途遠」의 8字를 刻한 후 白馬江 一隅에 閣을 建하여 庇護하더니 風磨雨 囕로 棟樑이 圮敗하기 쉬우매 중간에 와서 간간 士林들이 茸을 補하였다하며 그 후 李白江의 8世孫 李容準이 홀로 財를 辨出하여 이를 重修하였다 이른다. 이는 大哉閣重修記를 대강 叅酌하여 答記한 것이다.

그 重修記의 冒頭에「毅宗皇帝殉干社稷神 器淪沒天下共戴讎天而使我 數千里邦免爲左*之歸者伊誰之力哉」라 하였으니 이는 李白江 10世孫 李某 가 그 先祖의 尊明思想에 感染되여 스스로 제「결례」를 蔑視한데 지나지 않 는다.

左*의 俗을 도리어 蠻風으로 여겨 慇懃히 漢風을 追尊하였으니 그 文句가 엇지 可憎치 않을가.

그 외에 李白江의 9世孫 李重明이 稽首泣書한 大哉閣重修上樑文에도 「小華」「大明」의 句가 들어있어 쓸데없이 나의 脾胃를 거슬린다.

李朝 歷代 君臣들이 明에게 奴隷됨을 달게 여기고 女眞의 別種으로 보는

滿珠族에게 隸屬됨은 웨 실혀하였든고 奴隸되기는 일반이어늘 甲乙의 上典도 분간이 있드냐.

그실 種族上으로만 본다면 女眞遺裔의 珠申(滿珠)族은 본시 震檀民族 圈圍에 들었으므로 저 異種인 漢族보다는 갓갑다 하겠거늘 웨 近捨取遠하여 明을 尊하고 淸을 攘하려 籌策하였는가. 明淸 두 놈이 다 자기의 적인 바에야 어느 놈을 좋다 그르다 하랴. 두 놈을 다 攘할 것이 아니든가.

실상 孝宗과 李敬輿 宋時烈 等이 北伐코저 꾀한 것은 단지 崇明主義에서 基因된 縻縫策이니 만일 明으로 떠밧치는 생각이 없었더라면 北伐이란 念頭에도 두지 않었으리라고 推揣할 수 있다.

이리하여 李朝時代의 北伐이란 단순히 明國을 지성으로 섬기는데서 그 意義가 表示되였으매 이러한 精神을 가지고 北伐을 한들 무삼 소용일가.

엇지 征明은 감히 念頭에도 두지 못하면서 그 맷맷한 伐滿에만 籌策하기를 마지 않었던고.

당시 煥文庵을 建하여 그 안에 大書8字를 藏하였다가 그 후 菴이 廢한 뒤로는 그 遺址에 哉閣을 새로 짓고 이 8字를 두었든 것이다.

이리하야 지금 大哉閣이 있는 자리는 본시 煥文菴을 建하였든 遺址이며 그 뒤 煥文菴이 年久頹圮되므로 이를 毁廢하고 그 자리에 大哉閣을 세웠었다.

또 煥文菴을 建하기 전에는 月桂菴이 있었으니 月桂菴을 廢한 후 그 舊址에 煥文菴을 두었으매 이로 보아 세번이나 變遷된 遺址이니만치 歷史깊은 古基라 이르지 않을 수 없다.

당시 李白江의 別莊인 遠憂堂은 浮山南 淸隱堂右편에 있었으니 金淸陰 尙憲詩에「淸隱堂前水自流」의 句가 있음을 보아 淸隱堂 遠憂堂은 지금 白江 沿岸 갓가히 大哉閣附近에 있었으리라고 推定된다.

白江나루를 건늘 때 사공에게

「白江 李氏子孫들이 이 白江村에 몇戶나 사오」

「지금은 한사람도 살지 않습니다-그 宗孫 李某가 끝판으로 살다가 10여
년 전에 이 곧을 떠난 후로는 한 집도 없습니다」

나는 다시 뭇기를

「李白江에 대한 무슨 이야기가 없나요」

「李白江이 그 子孫에게 遺言하기를 白江에 뜬 돗대가 그 집에 앉어서 뵈이
거들랑 이 白江村을 속히 떠나란 말이 잇더랍니다... 지금은 돗대는 커녕 배밑
창까지 드려다 뵈이지 안습니가」

하며 여전히 櫓를 저으면서 빙그레 웃는다.

白江나루는 「엿바위」나루보다 더 閑雅한 품이다. 것흐로 보기에 幽邃한
맛이 적고 淸新하고도 靜逸한 빛이 돈다. 水石이 綺麗하여 제일 좋다.

있다금 飄風에 물결이 일어 蒼岩 奇石을 부드철제 玉波를 일어 泗沘의
詩趣를 더 끈다.

中流에 떠 浮山東컨을 바라보니 石盤우에 屹立한 大哉閣의 姿勢가 더욱
壯觀이며 閣옆댕이에 입떠러진 老樹는 예나 이제나 그 모양대로 졸고만 있다.

孝宗의 日暮途遠 누가보고 안설달가

3百年 남은한이 상기돌에 서리웠네

煥文菴 八字批辭여 月桂같이 빛나라.

5. 扶蘇山暮雨

扶餘邑서 北으로 3里쯤 가면 扶蘇山이 있으니 卽 半月城址안에 抱挾된
扶風땅의 鎭山으로 公州鷄龍山脉이 뼈처 本邑의 主山이 되였다.

端雅한 峯巒이 左右에 列하였고 그 뒤로는 白馬江을 띄띠여 紆曲의 海阤

를 일우웠다.

百濟時에 扶蘇山東컨 附近에는 靑山城을 쌓은바 그 東西의 뫼뿌리에는
긴둥(坡陀)으로 되여 그 東을 迎月臺 그 西를 送月臺라 이른다.

이리하여 冷齋柳得恭은 그 半月城詩에 「半月城頭月影來」라 하였으며
黃錦溪俊良도 迎月臺에 올러 다음과 같이 읊었다.

賓送義娥此築臺 幾年推步敬天災
屝孫幻作酣歌地 國破千年照綠苔

昔時에 扶蘇山巓頂에는 城隍祠가 있었으니 春秋로 淸明節 밑 10月 朔日
에 設行하였다 하며 또 그 외에 神堂이 있었다 한다.

扶蘇山腹에는 소위 泗沘樓란 2階의 樓閣이 있으니 이는 10여년전에 이곧
빗다른 貪官汚吏輩들이 세운 것이다. 樓는 비록 廣闊치는 않으나 그 優雅한
景趣가 翫賞者의 心境을 넉넉히 끄을만 하게쯤 되었다.

4壁에는 새로 彫鏤한 懸版을 掛列하였으니 그 여듧가지 詩題와 刻文은
대부분이 그 빗다른 官僚輩들의 濫作으로 도리어 뜻있는 나그내에게 口逆을
催促할만치 鄙陋한 詩品이다.

그 중에 龜峰 宋翼弼이란 者의 詩는 白馬江을 題하여 읊는 金佔畢齋宗直
詩(靑邱風雅所載)와 同一한바 그대로 옴겨다 붙인 감이 난다. 그리고 石壁
洪春卿의 落花岩詩(白馬江詩)를 彫鏤하여 지은 것도 있다.

樓에 올러 遠近을 바라보니 泗水는 滾滾히 脚下에 흐르고 連巒疊峰은
멀리 雲霞에 소섯는데 水郭山邨은 方方이 퍼젓고 長紆紆浦는 구비 구비 둘
러 있어 磅礴한 長陀圖陂가 그 안에 누었는데 鷗鴉의 떼는 夕照에 빗겨 白江
으로 翩翩히 날아가니 盈眼風情이 바야흐로 半月城址의 悄愴한 古色을 더
惆悵케 하는구나.

八道江山遍踏記, 泗沘古都觀禮(續)6[*]

朴魯哲

《개벽》, 1935년 3월

六. 落花岩宿鵑

泗沘樓에서 迤邐한 石徑을 밟어 落花岩을 찾어갓다. (落花岩과 邑의 相
距는 1里 가량이요. 고란사와는 1町 거리이다).

이는 밋근하게 내려깍근 翠碧色의 거암으로 巖脚 수십장이 斗起矗立한
채 심연에 임하엿으니 바야흐로 그 자세가 崔嵬하여 금시 泗沘河 深淵에 빠질
듯 싶다.

崖 수 100척의 층암밑으로는 湧湧한 渚水로 인하여 자조 白波를 일어 詩趣
를 더 끈다. 李陶雲眞望詩의「落花岩畔聽寒潮」가 이를 두고 이름인가 한다.

전설에 의하면 百濟 군사가 羅唐戒兵에게 패하야 義慈王은 이미 熊津(곰
나루)으로 도망할 지음이라. 九宮重闕에 숨은 妃嬪嬙媛들이 亂을 피코저 蒼

---

* 　이 글은「팔도강산편답기」의 네 번째, 사비고도근례로서는 세 번째에 해당한다. 제목의 '6'은 오기로 추정되지
　　만, 여기에서는 원문의 표기 그대로 두었다.

皇히 深宮을 버서나와 숨을 곧을 찾엇으나 隱避할 길이 없으매 그만 버슨발로 扶蘇山에 올러 이 거암에 이르고 보니 더 피할 곧은 없고 뒤로 쫓는 그 억센 唐兵의 손아귀에 사로잡혀 금시 逢辱을 당할 危機一髮에 이른지라.

언갑결에 巖頭로부터 泗沘에 몸을 던저 水中孤魂이 되엿으니 후인이 이 바위에 궁녀가 떠러젓다하여 그 일홈을 落花岩이라 하엿다 한다.

이 바위에 올러 石壁洪春卿의 白馬江詩(一說 落花岩詩)를 다시금 읊지 않을 수 없다.

洪春卿甫之의 白馬江詩에는 『國破山河異昔時. 獨留江月幾盈虧. 落花岩上花猶在. 風雨當年不盡吹』라 하엿고 李斯文江男詩에는 「故國登臨月上時. 濟王家業此成虧. 龍亡花落千年恨. 分付東風一笛吹」라 하엿는데 당시 문인들이 이 두 시를 걸어 가지고 서로 그 우열을 가린 일이 잇섯다 한다.

나의 凡庸한 詩眼으로는 洪甫之의 시가 李江男의 시 그것보다 더 高雅肅逸한 품이 들어난다고 본다.

洪春卿의 시는 그 운율이 한올도 막힘없이 浩漾流放한 채 자연스러운 감이 나서 더 좋다는 것이다.

또 權應仁撰 松溪漫錄에 보면 昔時의 일 부인이 扶餘懷古詩를 지은 바 그 시에 「白馬臺空經幾歲. 落花岩立過多時. 靑山若不會緘黙. 千古興亡問可知란 句가 있으니 一說에 이를 於于同의 所作이라 한다. 淫婦로서 이 같이 시사에 능하엿다 하여 權應仁같은 이는 그를 有才無行者로 돌리고 말엇다.

수십년 전까지도 이 落花岩 後丘에는 躑躅과 할미꽃이 해마다 피여 老岩의 景趣를 빛내이드니 지금 와서는 한떨기 패랑이 꽃도 볼 수가 없다.

李體素齋春英의 落花岩詩에 「年年花發岩前路. 彷彿猶看舊樣粧」도 이를 두고 이름인가 한다.

落花巖 서쪽에는 吏隱菴이 있었으니 晚全洪可臣이 일즉 扶風에 倅로 있을 때 建한 것인데 그 후에 와서 이를 폐하엿다 이른다.

落花岩 巓에는 소위「百花亭」이란 팔각정이 있는 바 이는 近時에 建한 각이로 落岩의 자연경색을 도로혀 汚損케 한다. 그 內壁에는 빛 다른 탐관오리배의 濫句가 3題나 掛懸되어 翫賞者의 脾胃를 더 거슬린다.

이 암반에 百花亭을 建함은 도리어 落花岩을 욕되게 한다하여 타처로부터 오는 나그내들 중에는 그 의미 없는 짓을 嘆하는 자도 있다.

저녁 종 울여오자
해는 지워 재를 넘자
고란사 염불소리
落花岩에 쉬여 넘네
落花岩 도는 사수야
너는 어이 우느냐

七. 고란사曜磬

落花巖으로부터 石徑을 통하여 고란사에 이르럿다. 고란사는 一說에 百濟시대의 고찰이라 하나 이는 억설로 보지 않을 수 없으니 寺의 부근지대가 百濟시대의 舊刹遺墟라 함은 설혹 모르되 지금 있는 고란사를 百濟의 고찰로 봄은 그릇된 말인가 한다.

사원에는 마침 빛 다른 관청류의 풍월객들이 酒醴을 버티고 唱婦를 희롱하며 한창 노는 판인데 靑年老叟할 것 없이 뒤섞여 떠든다. 혹자는 풋내기 시조로 혹자는 평속된 한시로 제각기 所懷를 푼다.

그 중에 山僧은 주작을 피우며 얼를락 녹일락하는 양이 여사 낵이가 안이다. 외국말 따위는 여사로히 옴기는데 이사람 저사람 찾어가서 어르는 품이 궁한 나그내의 노자푼이나 조히 아슬만하게쯤 되었다.

僧에게 寺의 내력을 무르니 전혀 알 수 없는 눈치로 말하는 바 일즉 申象林

欽의 고란사 暮鍾의 시구에 『山僧不管興亡事』는 이를 두고 이름인가 한다.

사원은 전보다 3분의 1이상은 더 늘리여 불상도 2座나 새로 珊作되었고 蓋瓦도 때우고 棟楹도 갈어대고 間數도 꽤 부렀다.

20여 년전 내 처음 이곳에 와서 볼 때에는 손꾸락이 마디마디 붙어지고 낮짝에 녹이 쓸은 불상만 놓여 있어 보기에 숭업더니 지금은 누러케 금을 잊인지라 전보다는 자못 嶄新한 품이 돈다.

이 사찰의 일홈을 皐蘭이라 함은 寺의 후측 석벽에 이슬먹음은 小蘭葉이 生함으로 皐蘭이라 일홈한 바 20여 년전에도 감씨만한 小蘭葉이 파라케 석벽간에 무수히 발생하더니 지금와서는 별로 눈에 띄우는 바 없다.

蘇陽谷世讓의 고란사 詩에 『滿庭蘭葉露凝寒』은 이를 두고 말함인 듯... 一說에 百濟王이 이 고란사의 물을 마시고 皐蘭草를 물에 띄워 그 물을 맑게 하엿다는 말이 있으나 보지 못할 말이니라.

寺의 內壁의 懸板중에 石壁 洪春卿의 落花巖詩를 비롯하여 閔立巖齊仁의 白馬江賦가 쓸만하고 그밖에 열세 가지나 되는 시부는 볼만한 것이 못된다. 석벽의 落花巖詩의 刻字는 字刻이 자못 典麗하여 讚苛를 앗기지 않을 만치 현묘한 품이다. (立巖의 白馬江賦는 略한다.)

고란사 석벽은

羊腸같이 기구하다.

꺽거 휘인 양이

금시 떠러 짐즉한데

半月城 발등에 앉어

아직 든든하도다.

ㄱ. 石獅子

고란사 後 丘石壁下에 石獅子형의 암석이 있으니 양측 엽구레와 尾部가 파괴된 바 그 頭部의 顔廣이 두뼘 가량이요. 그 두상은 세뼘 남짓한데 頭長 及 軀幹部의 長이 열세 뼘이 좀 넘고 그 背部는 長圓形으로 平鋪한 셈이다.

ㄴ. 古石磑

寺의 후측 石泉 근처에는 古石磑(맷돌) 한 짝이 놓였으니 그 내면에는 세 군데의 孔穴이 있는 바 그 중앙에 있는 것은 크고 그 양측에 있는 것은 적으며 또 厚面의 양측에도 空穴이 두군대나 있다.

그리고 石磑의 전 주위가 열세 뼘 1촌반 가량이요. 그 내면의 廣은 네 뼘 2촌이요. 厚는 4촌반 가량인데 여게 맷돌에 비하여 세갑절은 낼만하다.

이 古石磑는 얼마 전에 泗沘江에서 건저낸 것으로서 애초에는 상하 두 짝을 발견하였든 바 그 한 짝(상부)은 저 빛 다른 古蹟保存會에 강제로 빼앗기 고 지금 고란사 뒤겻헤 놓인 것은 그 밑짝이다.

ㄷ. 磑址

寺의 우측 平鋪된 암면에 원형의 초지가 2處나 있으니 그 1은 廣이 두뼘 반이요. 또 그 1은 두뼘 가량인대 찍은 듯한 둥근 磋磧의 痕跡이 煥然히 나타나 있다.

또 그 외에 平闊한 암면에 가로질러 금이 뚜렷하게 刨刮된 것을 보아도 범상한 遺址가 안임을 卽 覺하기에 어렵지 안타.

이러므로 어느 史家는 고란사의 서북 암석상에 초지가 있고 또 寺의 동북 암석상에도 초지가 있음을 憑하여 百濟 시에는 이 좌우 兩石 벽상에 걸처서 웅대한 王興寺를 건설하였으리라는 疑說을 내리게쯤 되었다.

그런데 일즉 고란사 우편에 鑑古樓가 있었든 바 이는 泗沘河에 임한 석벽상에 그 위치를 두었으니 그후 憲宗(距今 100년 전)에 와서 당시 扶風倅로 있던 沈淳祖가 이를 毁撤히여 그 瓦材는 軍事청을 수리하는데 사용하였다 이른다.

이에 據하여 寺의 우측에 平鋪된 암면의 초지는 鑑古樓의 遺址가 안인가 하는 생각도 없지는 안으나 혹시 百濟 王興寺의 遺址 근처에 鑑古樓를 建하였는지 그렇치 않으면 鑑古樓 그 자체가 곧 王興寺 유물의 일부이었는지 문득 그 전상을 繹究할 도리는 없다. (아직 두고서 더 생각하고저 한다.)

邑誌에 鑑古樓는 고란사 우편 臨江 석벽 上에 있다 하였다.

이리하여 이 초지를 百濟의 유적으로 추정하는 이가 있으나 나는 이를 百濟시대의 遺痕으로는 아직 단정하기에 주저하지 않을 수 없다.

어느 史家는 일으대 당시 왕흥사는 負山臨水의 形勝으로서 고란사의 서측 우벽과 또 寺의 동측 월편 석벽을 跨하여 일대 사찰을 建한 것이라 하여 지금 고란사 부근의 礎礩 흔적이 곧 왕흥사의 遺址라 하나 나는 아직 이를 確斷할 수는 없으리라 생각한다.

만일 이 兩座의 礎礩 흔적을 百濟시대 遺址로 추정한다면 왕흥사의 유지로서는 상당한 연구재료를 가춘 초지라 이르지 않을 수 없다. 그러나 백제시대의 초지가 1,000여 년 내려오기까지 그토록 성성할 수야 없을 것이 안인가.

만일 그 礎礩의 흔적이 近世의 것이라 하면 약 100년에 毁撤한 鑑古樓의 유지로 准擬함이 유리할지도 몰은다.

李陶雲 眞望詩의『猶有江樓月入杯』한 句로 보아 혹시 泗沘崖의 고감루를 두고 말한 것이나 안인지 모르겠다. 그리고 金三淵昌翁의 고란사 詩의『皐蘭歌曲繞山川』의 句가 있음을 보아 昔時 皐蘭에 대한 가곡이 따로 있었는지 혹은 山有花歌를 일음인지 아직 알길 없다. 李白軒景奭은 고란사를 다음과 같이 읊었다.

白馬江頭潮欲生 扶蘇山外夕陽明

興亡舊跡尋無處 惟有皐蘭一磬鳴

八. 釣龍臺斜日

『범바위』로부터 남으로 扶蘇山 下에 一*岩이 江渚에 거러앉었으니 이 磯
石의 전면에는 湧湧한 벽수가 감돌아 흐으고 그 연두빛 돗는 수면에는 낙조를
띄어 錦綵를 펼친 것 같다.

그 기석 상에는 龍跪의 모양으로 屈曲凹陷된 흔적이 있으니 전설에 의하
면 唐將 蘇定方이 新羅軍과 함께 百濟를 칠 새 이 泗泚임하여 강을 건너고저
하니 홀연이 風雨가 크게 일어 건늘 수 없게된 바 마침 그때 妖詐한 術容이
있어 定方에게 일대 泗泚河에 護國龍神(百濟 國都守護神)이 있어 그 신력
으로 師를 拒함이라 하니 定方이 이에 鐵素로 낙시줄(綸*)을 삼어 백마를 미
끼하여 이 磯石우에서 서 魚龍을 낙거 내었더니 조곰 있다 비가 개이고 바람이
자는 지라 듸디여 師를 건는 연유로 후인이 그 강(사비)을 일흠하여 백마라
하고 그 磯磧의 일흠을 龍岩 혹은 釣龍臺라 한 바 定方이 바야흐로 낙시를
던저 용을 잡어 낙글 새 용이 그 억센 발톱으로 그 磯石을 밀어버티니 그 단단
한 돌이 팡기는지라 定方이 또한 놋치 않고저 용을 끌어단기느라고 힘을
주었더니 그 힘준 신발자욱이 8촌 반이나 깊이 들어가고 용의 허리를 걸친
石面은 큰 기둥을 진흙 속으로 끌어당긴 작퀴처름 골탕이 젓스며 그 片片鱗甲
의 흔적이 완연하여 昨日의 事와 같다하였으며 혹은 定方이 鐵素로써 용을
끌어잡어 당기느라고 파진 흔적잇데 강모래가 점차 磯磧을 湮沒식혀 지금은
겨우 1장 밖에 남지 않었다고 한다. (龍玉. 勝覽邑誌)

이와 같은 전설은 너무 臆揣妄引한 것으로서 그 가치를 일헛다고 본다.

百濟시대의 一小 磯石이 지금까지 유존될 이가 만무이요 또 백마로 미끼
를 삼어 魚龍을 낙것다 함도 한갓 誣說이니라.

사비하의 수심으로 보면 1,000여년 전은 지금보다는 응당 깊었을 것이며 또 그 위치로 보아서도 지금의 사비하에 비하여 퍽 차이가 있을 것이 안인가.

이럼으로 蘇定方의 발자국과 魚龍의 허리걸친 흔적이 지금까지 유존될 이는 만무이다. 지금 釣龍臺는 百濟 이후에 사비애의 석벽에서 떠러진 磯石이 안이면 扶蘇山 麓石徑에 노여있든 怪石일일지니 그 후 사비애의 曲渚로 말미아마 돌무덕이와 물갓에 거슬린 돌작알이 씻겨 내리고 부닥치어 그렇듯 골탕진 怪石을 맨들어 놓앗다고 본다.

후인이 이를 傍誕하여 『以白馬爲餌而釣魚龍』의 말을 지어내였고 또 그 얄구진 唐人 蘇定方을 떼여다 붓치여 異人化식히고 마럿다.

釣龍臺에 대하여 한가지 哂哢한 일이 있다. 李朝 宣廟時에 시인 白玉峰光勳이 일즉 詞翰으로써 그 일홈이 당세에 혁혁하든 바 어느 날 扶餘 백마강에서 기녀와 伴侶하여 泗水에 배 띠워 놀새 扶餘邑 妓중 재담군 한 아이 白光勳의 용모를 보고 짐짓 우서 갈오대

『내 일즉 백광훈의 명성을 듯고 그 위인이 저 산보다는 큰 줄만 알었더니 이제 와서 보니 그 실 釣龍臺로구면』

하엿다. 이는 白玉峰의 문장이 당세에 卓邁하는 바 그 일홈만 듯고 인물 역시 豪逸俊磊한 줄만 알었더니 급기야 맛나 보니 부소산 下 백마강 上의 한 적은 釣龍臺와 같이 옹졸망졸 하게 생겻슴을 짐짓 詼戲함이라.

이 釣龍岩을 무슨 臺인 것처름 알기 쉬우나 그실 가보면 주먹만한 돌맹이를 시내가에 던진 것 같기도 하고 또는 우물우에 표주박을 업허논 것 같이 뵈이가도 한다.

이 때에 白玉峰은 사비 古都를 賞鑑하면서

青山重疊水空流 不是金宮卽玉樓

全盛秖今無處問 月明潮落倚孤舟

란 句를 읊었다.

마침 柳於于齋夢寅이 그 글귀를 보고 우서 갈오대『白光勳의 시도 역시 釣龍臺로고나.』하였다 이른다. (出於于野談郊居瑣編 引用)

黃錦溪俊良은 釣龍臺를 다음과 같이 읊었다.

*毒迷人自毁家 淵龍雲雨竟難誇
釣臺猶着蛇蜓跡 千古風濤不盡磨

八. 古省津霽月

古省津은 일명 사비하니 부소산 下에 있어 북으로 浮山을 대하였다. 전설에 의하면 의자왕 前에 長이 3장이나 되는 大魚가 죽은 채 水上에 뜬 바 이를 주어다 먹은 사람도 죽었으며 또 그 水色이 변하여 붉기가 血과 같다하였다. (東國與地勝覽)

그런대 三國史記에는 의자왕 19년 5월에 王都 西南 사비하에 大魚가 나와 죽었으니 그 長이 3장이라 하고 또 同 20년 春 2월에는 王都 井水와 사비하의 물빛이 붉기가 血과 같다하였으매 이것이 대개 勝覽과 약간 다른 점이 뵈인다. (百濟本紀)

옛적 이 나루가에는 古省院이 있었다 한다. 일즉 權石洲韠은 扶餘 古都를 다음과 같이 읊어 당시 座中 墨客은 찬사를 마지 않았다 이른다.

扶蘇山枕錦江流 憶上皐蘭寺下舟
君去試看亡國處 至今春色使人愁

지금으로부터 18년 전일이다. 公州 丫校在學 時에 秋夕 명절을 이용하여 同窓二三人과 더부러 도보로 부여 『옛바위』에 와서 배 한 척을 얻어가지고

自溫臺를 감돌아 白江津에 닷을 주고 浮山에 올러 大哉閣을 구경한 후 다시 배를 중류에 띠워 이 古省津에 와서 밥을 짓고 秀魚를 가추어 午飯을 먹은 일이 있으니 그 중에 혹은 한시도 읊고 노래를 부르기도 하였다.

황혼에 이르러 古省津을 떠나 薄暮에야 窺岩으로 도라올 새 弦月은 浮山에 걸이고 泗水는 유유히 自溫臺로 흐르는데 조는 갈매기 九龍浦로 날아가고 「엿바위」 고기배에 熒光이 반짝이며 호금소리 「맛바위」에 자저질 때 錦浪玉波에 이즈러지는 월광을 상아래로 희롱하며 서서히 窺岩津으로 도라 온 일이 있었다.

> 고요한 부소산은
> 수논 듯이 찬란하다
> 푸른 돌 맑은 물에
> 釣龍岩이 빛나도다
> 고성진 조든 갈매기
> 白江으로 나더라

10. 虎巖山天政臺

부소산으로부터 북방 彎曲된 江岸(부여읍서 북으로 10리 許)을 바라보면 사비하 북으로 峰*이 끈어진 곳(백마강 상류 亭津 下)에 臺와 비슷한 암석이 있어 江渚에 임하었다.

그 岩上에는 호랑이 발자국이 있음으로 이를 일홈하여 『범바위』(虎岩)라 하였으며 그 호암사 유지에는 天政臺 곳 政事岩이 있다. (호암사 유지는 虎岩山天政臺 下에 있다)

전설에 의하면 백제 時에 국가에서 장차 재상을 拜할 새 그 당선자의 일홈을 써서 혹은 3, 4함을 봉하여 岩上에 두고 조곰 있다가 이를 취하여 그 일홈

우에 印찍은 자최 있음을 보아 재상을 삼은 고로 이를 일홈하여 政事岩 혹은 天政臺라 한 것이다. (三國遺事 東國與地勝覽, 扶餘誌 參照)

圈槐亭有蕃은 天政臺를 다음과 같이 읊었다.

江波嗚咽帶愁長 故國無人樹自蒼
惟有古臺廣娛跡 乃知失政是淫荒

11. 百濟軍倉址

고란사로부터 부소산 허리를 돌어 百濟軍倉址를 찾어 갓다.

이 倉址는 古靑山 城址에 두었으니 당시 靑山城은 부소산을 둘러 쌓었든 바 부소산이 半月城 내에 들었음으로 그 一幅을 삥 둘러쌓은 靑山城은 물론 半月城(泗沘城) 안에 拱抱됨을 알 수 있는 것이다. (半月城은 靑山城보다 그 주위가 약 7배 이상 더 크다고 본다)

근래 저 빛 다른 學徒輩는 百濟 고적을 연구한다는 풍신이 청산성과 반월 성에 대한 유지를 혼동하여 迎月臺 送月臺, 낙화암, 軍倉址 등을 모두 반월성 에 끌어다 넣어 유실과 유적을 誤證하는 일이 더러있다.

一說에 이 軍倉은 百濟 말에 군량을 저장하든 창고라 이르는 바 당시 청산 성 함락할 무렵에 羅唐의 兵燹에 罹하여 燼餘된 米, 麥, 豆가 상존하야 地中으 로부터 灰燼이 속출한다 함은 누구나 다 아는 바라. 米麥을 발굴하느라고 處 處에 竇穴을 파기 때문에 군데마다 깨여진 蓋瓦짱이 겹 놓이고 혹은 궁근다. 黃錦溪俊良의 반월성詩에 『鐵瓮堅城同瓦解』를 보아 이를 알 수 있다.

軍창지 부근에는 劉仁願碑閣이 있으니 비문은 대개 唐將 蘇定方이 羅軍 으로 더부러 百濟를 滅할 새 그 郞將 劉仁願에게 兵 1만을 주어 百濟 도성을 鎭禦케 한 사실을 기명한 것이다.

一說에 碑의 연대는 百濟 時의 寺塔에 權懷書의 쓴 그것 (所調大唐平

百濟國碑銘)보다 수년 뒤저서 建하였다 추정하나 的確한 연대는 아직 모르겠다.

비석은 片磨岩으로서 丈은 7척 8촌, 폭은 4척인대 碑의 액면에는 虯龍이 蟠蜿한 형상을 조각하여 龜趺 우에 세온 바 그 후 비석이 倒圮되는 동시에 縱으로 파열하여 두 쪽이 다 窪密에 매몰된 것을 輓近에 이르러 발견하여 碑閣을 設하고 장치한 것이다.

그 刻文은 다년 風*雨齧로 마멸된 체 그 자획이 희미함으로 잘 볼 수 없게 쯤 되었다. 속설에 의하면 국파한 후 백제 유민중에는 國恥의 餘悵이 남어있어 唐碑를 보고는 적개심이 불일 듯하매 즉시 一椎에 나리바쉰바 그 뒤로부터 두 쪽으로 갈러젓다 이른다. 黃俊良의 반월성詩에 『空留半月照頹碑』가 이를 두고 이름인가 한다.

12. 靑城址와 泗沘城址

청산성은 백제 시에 築한 石城으로 李朝 초까지도 그 성곽의 흔적이 유존되었음을 짐작한다.

東西岺의 坡陀處인 迎月臺 及 送月臺와 백제 軍倉의 유허 등도 청산성 내에 공포한 것으로서 지금 부소산의 대부분을 繞圍한 셈이다. (유지는 邑에서 동으로 1리쯤 더 나가 있다)

당시 그 石築의 주위가 1,800척이요 高가 5척인데 그 성내에는 三基의 古泉과 一基의 軍倉이 있었다 한다.

그리고 사비성은 일명 반월성으로 그 주위가 13,060척(邑誌 63,060척)이니 부소산 及 청산성을 포괄하여 쌓은 石城으로 兩城頭가 백마강 岸에 抵하여 그 형상이 마치 半月과 같은 고로 일명 반월성이라 한 바 이는 곳 百濟王京 都城을 이름이라. 黃錦溪俊良의 고란사에 『城頭古寺枕寒潮』란 句를 보아 고란사 근방에 그 城頭가 잇슴을 짐작 할 수 있다.

李朝 時에도 그 성곽의 흔적이 상존되여 蘇陽谷世讓詩에는 『반월성空餘片石』이란 句가 있으나 지금은 그 片石조차 찾을 길 없다. 당시 사비성은 그 都城의 내성일 것이오. 그 外郭는 반월성 밖에 있을 것인가 한다.

백제 의자왕 時의 佐平興首가 반월성 제3洞에 寓居하엿다 이르는데 후세에 와서 그 마을을 興首洞이라 한 바 지금은 그 所居의 유지가 어느 곳인지 알 길 없다.

그리고 부여읍서 서쪽으로 13리(勝覽方在懸西14里)쯤 나가서 甑山城址가 있으니 그 주위가 1,269척이요 高가 10척인데 그 안에는 우물 基가 있다 한다. (그 밖에 靑馬山 城址 또는 漢美城址가 있으나 일일히 들지 안는다).

泗沘에 벼개삼어
扶蘇업는 半月터에
늙은 낙화암이
靑山에 花冠일세
興首洞 어대로 가오
임의자최 보앗소

靑山城 三古泉은
그림자도 볼 수 없고
近月臺 등성이에
松栢만 푸르그려
軍倉址 깨진 기와여
千年일을 네 아느냐.

金鶴洲弘郁은 반월성을 다음과 같이 읊었다.

飛來靑嶂水西來 半月荒城十里堤

看取昔年歌舞地 女墻無樹夜鳥啼

13. 泗沘之別號

부여를 一說『居拔』『泗沘』『所夫里』『南부여』『半月』『餘州』『扶風』등으로 불러온 바 居拔, 泗沘, 所夫里 등은 대개 백제 시대의 일홈을 그대로 寫音 혹은 音義譯한 것이니 이를 우리말로 풀면『居拔』은 곧『셔블』로서「셔」와「블」의 寫音이니 이는 王京을 일음이다. (北史에 일으대 그 郡을 居拔城이라 하엿다.)

그리고 泗沘 역시『서블』의 寫音이니 泗沘의「沘」를 혹은「泚」로도 일커러 『사비』라 하니『사비』가 곧『서블』(徐菀)의 轉訛된 음인가 한다.

이리하여 泗沘城을 우리말로『셔블울』이라 하니『울』은 곧 城의 義로『홀』(忽)과도 같다. 그 다음『所扶里』도『셔블』의 음역이니「所」와「夫里」는 곧「셔」와「블」의 寫音이다.

그외에「반월성」은「泗沘城」의 별명이요「餘州」「扶風」은 부여의 별칭이요「南부여」「부여」는『블』의 음역으로 즉 국호이다.

이리하여 부여를「所夫里」로 부르기는 대개 高麗 이전으로 볼 수 있는 바 유사에는 이를 부여의 별호라 하였으나 그실 王京의 뜻으로서『서블』(徐菀)의 寫音이다.

유사에는「按量田帳籍曰所夫里郡田丁柱貼」이라 하엿고 또「餘州」란 일홈에 있어서도 오래된 듯하니 유사에 일으대 부여郡의『西資福寺』(在乾止山寺南有石槽)의 高座之上에 繡帳이 있는 바 그 繡文에 갈오대「餘州功德大寺繡帳」이라 하였다 하며 또 昔者에는 河南에 林州刺史를 둔 바 그 時에 圖籍之內에 餘州 2자가 있으니 林州는 이제 佳林郡(嘉林이니 지금 林川의 古名)이요 餘州는 지금 부여郡이라 하였다.

이리하여 사비, 거발, 소부리는 다 동일한『셔블』의 뜻이니 三國史記에도 사비를 일명 소부리라 하였으며 그 국호를 남부여라 하였다.

『聖王十六年(三國遺事云聖王二十六年戊年) 春移都於泗沘一名所夫里國號南부여』(百濟本記 第6 聖王條)

사비는 비단 城名 뿐안이라 水名 혹은 지명에도 쓰는 바 古省津을 一說「사비하」라 함과 所夫里를 일명「泗沘原」이라 함이 그 一例이다.(계속)

溫泉巡禮
： 溫陽溫泉 新婚의 하룻밤

金濟榮

《신동아》, 1935년 1월

C兄! 날더러 溫陽溫泉의 感想을 쓰라구요! 아닌 게 아니라 때로 追憶의 그림자가 내 마음을 스처들 때 내 마음은 아직 그날의 溫陽溫泉을 생각하면서 가벼운 微笑가 거울 앞에 앉은 내 얼굴을 붉히는 일이 있습니다. 그러므로 나는 兄의 付託을 받고 落葉지는 이 가을 밤 다시 한 번 그날의 그곳을 冊床머리에서 찾어 가려고 붓을 들었읍니다.

그곳은 내가 「新婚旅行」으로 찾어간 곳이엇읍니다. 남과 달리 벼락婚姻을 하였기 때문에 남은 記憶- 이렇다하고 내놀만한 感想도 없거니와 때는 벌서 一年이 지나고 그리고 또 여섯 달- 그것은 작년 六月 五日이었읍니다. 남과 같이 깊은 山 맑은 물 淸純한 幽谷으로 가고 싶지 않은 것은 아니었으나 우리 두 사람에게는 그마마한 餘裕있는 時間이 給與되지 않았읍니다.

新婚旅行- 얼마나 華麗한 時間이엇겠읍니까! 얼마나 꿈같은 存在이오리까! 最高潮로 鼓動하는 두 젊은 사람의 가슴을 실고 車는 어느덧 溫陽溫泉에

다엇읍니다.

상상한 것과는 좀 다르게 내 눈앞에 나타나는 風景이 오히려 好奇心을 끄러 이르키는듯 停車場에서 約七分쯤 들어가매 큼지막한 洋舘이 우리를 맞어주니 이것이 소위 신정관(神井舘)이라는 집이외다. 이 집은 「溫泉萬華鏡」이라고 할만큼 골고루의 施設이 있읍니다. 旅舘으로부터 浴場 食堂 娛樂室 休憩室 其他 이것저것 허느라고 해논 집이외다.

이곳의 房 하나에다 旅裝을 풀고 우선 浴湯으로 가서 旅困을 풀고 나서는 그와 나는 마주 앉아 閑寂한 窓밖을 내다보았읍니다. 조고만 연못이 있고 맑은 물에는 굵직굵직한 고기가 꼬리를 치며 或은 石塔, 或은 怪石을 논 것이라던가 중글중글한 나무들- 모두가 複雜한 都會地 生活에 疲困하였던 내 마음을 어루만저 주는가 싶었읍니다. 그러나 그런 것이 모두가 純全한 人工的인 것을 느낄 때는 가슴이 싸늘해지며 오히려 幻滅을 사게되었나이다.

「溫陽溫泉 전다리꾼 모여들 듯」한다는 俗語를 드른 배 있거니와 과연 그 옛날의 溫陽은 오늘의 溫陽같이 華麗하지는 못하였을망정 自然的이었을 것이……. 생각하매 놓였던 마음이 다시금 수레를 타고 험한 길을 돌아갑니다. -밤이 되었읍니다. 웨 그렇게도 달은 밝던지요. 언제나 볼 수 있는 또 많이 보아온 그 달이었만 이날의 달은 우리 둘의 마음을 永遠한 淸純 속으로 引導하는 듯 이즐 수 없는 感興을 우리에게 주더이다.

그리하야 우리는 맛보지 못한 새로운 生活에의 스타-트를 끊었고 그 이튿날 인연깊은 溫陽溫泉을 뒤로 두었읍니다.

C兄! 쓸데없는 말이 길어졌읍니다. 어느덧 밤도 깊이 똑딱이 소리가 들려오는데 그날의 日記와 紀念寫眞을 펴놓고 이글을 쓰려니 어히려 杳杳합니다

그려. 안해와 어린 것이 나란이 누어 가벼운 숨소리를 내면서 곤한 잠 속에 든 것을 바라보며 세월이란 빠른 것이면서도 追憶이란 꽤 긴 것을 느껴집니다. (끝)

初夏隨筆

: 初夏에는 스틱을 끌고

朴世永

《신동아》, 1936년 6월

꽃이 한 무렵 지나고 綠陰이 짙어가는 첫 여름 푸른 잎의 世上은 얼마나 아름다우냐. 벗꽃, 香花, 桃花가 이슬 같은 봄비에 축여지고 난 뒤에 맞는 봄볕이란 얼마나 爽快하냐.

이르거니 봄의 散策은 郊外로 갈 것이오 여름의 旅行은 山間이나 海邊으로 갈 것이라 한다. 近者에는 홋이 뜨라이브로 散策을 하는 이도 있으나 이는 어쩐지 格에 어울리는 것 같지 않다. 生覺하면 人間이란 것은 오직 形式에 拘泥되고 立體美, 調和 이 모든 것에 尖銳한 視角을 가지고 있다.

朝鮮말에 『어울이지 않는다.』는 말은 그에 가장 適切하다고 하겠다. 普通 때에는 그저 나다니다가도 郊外에 散策을 할 때에는 으레히 스틱을 찾게 된다. 그러나 僧侶가 집고 다니는 긴 지팽이를 집흐면 어울리지 않을 것이다. 郊外散策에는 普通 短杖이 오히려 좋거니와 벌서 旅行이라면 烙印찍힌 지팽이거나 허다 못해 물푸레 벗나무 지팽이도 좋게 뵌다. 이것이 모다 人間의 多樣性을 말하는 것일 것이다. 그리하야 巧妙한 商人들은 連다러 「알라모드」

의 렛텔을 내거든 模樣이다.

나는 여름이면 한번씩은 山을 찾고야 만다. 스틱을 동무삼어 山間을 찾는 것이다. 그러나 혼자 길을 가는 孤獨이란 말할 수 없다. 俗離山은 古來로 有名한 山이거니와 올라본 이는 퍽 적은 模樣이다. 그것은 金剛山보다 오르기가 어렵고 길이 외지며 또 어떤 山보다도 嶮한 까닭이라 한다. 外金剛의 八潭을 大膽하게도 偶然히 오르고 그 嶮한 것을 慨歎한 지난날도 있었지만은 이 山도 相當히 嶮한 山이라 한다.

나는 한 손에는 조고만 가방을 들고 담배밭을 지나갔다. 밭을 빗고 냇물을 건느면 또 냇물, 집집이 담배짐을 저날르는 지게꾼을 한 두셋 만나고 나면 또 냇물 自轉車를 어깨에 메고 비틀거리며 건너는 場꾼을 돌아다보고 가노라면 조악돌이 깔린 맑은 시내의 쏴- 소리가 또다시 들린다. 나는 하도 어이가 없어 발을 빼고 例의 都會人의 피를 감출 수 없이 조고만 모래에도 침이나 맛는 듯이 찔끔찔끔하였다. 萬一 지금 내가 지나온 길을 飛行機로 내려다본다면 이 시내물은 마치 腸子와 같을 것이라고 生覺하였다.

담배짐을 시냇가에 버티어놓고 囍煙을 한 대 피여문 이곳 사람과 이야기를 하는 것은 旅勞의 한 도움이 되는 것 같다. 나는 지팽이로 줄혜간 같은 것을 가르켰다.

「저것이 무어요.」

「예 담배말리는 데랍니다.」

「당신들은 담배는 맘대로 자시겠지요.」

「웬걸요 한 잎이라도 먹으면 罰金이랍니다. 포기포기 세여 가니까 어림없읍니다.」

「그래도 다른 農事보다는 낳겠지요.」

「그 前에는 헐만했읍니다만 只今은 허잘 것 없어요.」

말을 마치자 나는 다시 조고만 고개를 넘었다. 여기는 주막이 있고 簡易普

通學校도 있다. 나는 주막집 앞에서 잠간 쉬고 있으랴니까 때마츰 自轉車에 파ㅅ단을 실고 내려오는 젊은 사나이는 쓰러지자 어린애의 悲鳴의 소리가 들렸다. 어린애는 이마를 굽혀매고 입으로는 피를 뱉었다. 볕에 거려 검은 몸 둥이는 픽 가엾게 보였다. 靑年은 밀짚벙거지를 벗어들고 왼쪽 팔을 주물르 며 謝過를 한다. 허둥지둥 焦燥하는 模樣이다. 나는 그냥 있을 수가 없어서 얼른 가방을 열고 쓰다 남은 『맨소레담』을 아이 이마에 발러주었다. 얼마 남지 않은 藥을 도루 넣기도 뭣하고 해서 아이 어머니 되는 분에게 이따가 한 번 더 발러주라고 아조 주어버렸다. 애어머니는 怒氣를 多少 가라앉히고 고맙나 는 人事를 한다.

『파는 약을 거저주는거요.』

이러자 옆에 있든 안악네는

『약장수가 마츰 왔게 말이지.』한다.

나는 多少 體面이라도 維持하랴는 듯이

『네 藥은 팔지 않습니다.』하고 웃어버렸다. 이윽고 그곳을 떠나면서 문득 이런 生角이 났다. 나는 왜 辨明을 했나? 藥장수가 藥을 거저 주었다면 차라리 行人이 주었다는 것보다 오히려 廣範圍의 意味로 藥장수 全體에 對한 好意 를 그들이 가질 것이 아닌가 하였다. 그러나 그 當場에 昌皮를 免하랴고 이를 否定했댔자 무슨 큰 威嚴이 잇을가? 아마도 小市民性이란 이것일 것이다. 나는 늘 이 小市民性을 淸算하려 애를 써도 가끔 犯하곤 한다.

나는 『동키호테』같은 老人을 따러 俗離山에 오르게 되었다. 지팽이 끝이 푹푹 들어가고 스프링 위를 것는 것 같다. 이곳이야말로 몇 千年 몇 萬年 나무 잎이 떠러지고 떠러저 썩었으므로 容易하게 길을 찾을 수도 없다. 그러나 密 林에 들어서자 日光은 거이 빼겨버리고 暗室도 들어가는 거와 같았다. 老人 은 흙에 짚은 곳을 기르키며 這番에 東大敎授들이 왔을 때 가장 珍奇한 藥草 라고 採取하여 갔다고 한다. 문득 松下間童子, 言師採藥去, 只在此山中, 雲

深不在處의 一節이 生覺킨다. 차라리 나는 食物全般에 커녕은 藥草에라도 常識이 있었드라면 하였다. 科學을 모르고는 登山도 하지 않을 것이라 하였다. 군데군데 흙을 파헤친 곳이 보이는데 이것은 모다 山도야지가 파논 것이라 한다. 잎 썩은 냄새 그리고 어둠 山새의 소리나는 스틱을 앞으로 버티고 튕기는 나무가지를 막으며 密林을 뚫고 나갔다.

南原 春香祭 參別記

學藝社 特派員 崔玉禧
《삼천리》, 1939년 7월

貞節女 春香을 추모하는 마음에서 호남인사 玄俊鎬씨 등의 발의로 화백 金殷鎬씨에게 春香의 화상을 改筆케 했다는 이얘기는 우리가 여러번 紙上에서 읽어 알어온 바입니다. 이윽고 金殷鎬 화백으로부터 春香이가 완성되여 지난 5월 26일은 그 入魂式을 거행하는 날이였습니다.

때는 바야흐로 꽃 피고 새 우는 좋은 시절! 또 그날이 바로 초파일이였읍니다. 나는 학예사 발행인 城大 강사 金台俊씨 編案의 조선문고 春香傳 원본 1,000부를 휴대하고 金台俊씨와 함께 25일 밤차로 春香이를 탄생해 준 南原을 향해 떠났읍니다. 고향이 南原서 멀지 않은 곳에 있지만 나는 아직 南原을 본 일이 없었기 때문에 차창 밖의 밤 세상에 눈을 보내고 안저 꿈같이 로맨틱한 南原을 어둠 속에 그리고 있었읍니다. 차도 달리고 내 마음도 달였읍니다.

우리가 탄 차는 太田裡里에서부터 밧삭 사람이 오르기 시작했읍니다. 머무는 곳마다 스물식 설흔씩 단체로 떼를 지어 차에 오르는데 모다 南原行이라 했읍니다. 車바곤을 몇 개 더 달었다는데도 배잡아서 나중엔 사람을 짐차에까지 막 실어 올니는 형편이였고 더 실을 데가 없어서 역에서 승차권을 팔지 않음으로 그들은 나중엔 그 밤을 걸어서 4, 50리 길을 간다고 했습니다. 남자들 뿐이라면 바람 서늘하고 달 뜬 밤을 성큼성큼 긴 다리로 걸어보는 것이 더 한 층 春香이를 맞나러 가는 이도령 같은 맛이 나서 좋을지 모르나 별로 길을 걸어보지 않든 여렴집 부녀자들에겐 아모래도 고역이 아닐 수 없는 것이였습니다. 마는 그래도 그들은 그것을 괴롭다고 생각지 않는 듯 했습니다. 그만큼 그들의 머리엔 「春香」이란 貞節女가 깊이 색여진 것이엿습니다.

우리는 이튼날 아츰 아홉시에 南原에 도착했습니다. 역에 아모도 마중 나온 사람이 없어서 읍까지 한 10이나 되는 길을 걸어 들어가야하자 면책이 큰 짐이 아닐 수 없었습니다. 마츰 어느 집 자가용인 듯한 자동차가 있어서 그다지 고생은 없었으나 누가 한 사람쯤은 마저 주어도 좋을 상 싶은 마음이였습니다. 차가 廣寒樓 앞에 다어도 아모도 갓가히 와주는 이 없었습니다. 거저 수만명되는 군중이 와글와글 廣寒樓 문전에 서서 문 열니기을 고대할 뿐이였습니다.

우리는 차에서 책을 부리우고 金台俊씨는 우리보다 먼저 가 있는 조선영화주식회사 뉴-쓰 촬영반의 李載明씨라도 맞나야 하겠다고 그분을 찾기로 하고 나는 책을 내려논 곳에 멍하니 서서 廣寒樓를 처다보며 500년 전 부채를 펴들고 시를 읊든 이몽룡의 좋은 모습을 눈앞에 그리기도 하고 또 수없이 느레선 굵은 느티나무에 매여놓은 근네에 春香의 아름다운 자태를 생각해보기도 했습니다. 못 박을 틈도 없이 디리 밀여서 물끌틋 끌어번지는 사람들 속에서도 나는 조용히 이몽룡과 春香을 생각할 수 있는 것이 즐거웠습니다.

오랜 후에 金台俊씨가 李載明씨를 겨우 맞난 모양으로 두 분은 내가 서 있는 곳에 왔습니다. 서늘한 바람 부는 아츰 일기여서 도모지 땀 흘닐 때가 아닌데도 두 분은 밀니고 밀고 하느라고 땀을 철철 흘니는 것이 아니겠습니까. 나도 그분들과 같이 땀을 흘니고야 廣寒樓 안에 들어갈 것을 생각하니 끔직스러웠습니다. 마는 내친 거름이라 들어가는 수박게 없었는데 정말 난관의 난관을 돌파했습니다.

우리 일행이 廣寒樓 안으로 드러가느라고 문이 열니게 되자 문 앞에 몰여든 군중이 모다 제각금 앞을 다토아 문 안에 들어가려는 것이었습니다. 감독하는 사람이 아모리 소리를 질너도 그들은 드른 체도 하지 않고 앞으로 앞으로 밀니기만 했습니다. 나종엔 감독하는 사람도 하는 수 없었든지 크다란 몽뎅이를 들고 와서 세 넷이 닥치는 대로 뒤들겨 주는 것인데 뒤들겨도 그들은 얼는 피하지 않는 모양이였습니다. 엇쨋든 수 없는 매가 그들 몸에 앞었을 때 그들은 엎어지며 잡바지며 문전에서 피하는 것이였습니다. 그제야 우리 일행은 무슨 개선장군 모양으로 그들이 빗긴 길을 걸어서 廣寒樓 안에 들어갔습니다. 하나 마음은 그리 유쾌한 것이 못되였습니다. 밤을 새우며 몰여온 그들, 그 중에도 4, 50리 길을 걸어서 온 그들, 春香을 보려고 멫일씩 잠을 안 자고 압일을 당기여 하고 온 골몰한 그들, 자기네게 있는 모든 것 중에 가장 좋은 것을 입고 좋은 신발을 신고 온 그들, 그들은 확실히 자기네 마을을 떠날 땐 서울로 과거보려 가는 사람인 양 서슬이 퍼렀했을 것입니다. 문직이 감독들 매가 자기네들 몸에 앞을 줄은 도모지 예상하지 않었입니다.

入魂式은 오전 11시 반에 거행되였습니다. 귀빈 여러 사람과 또 그 곳 有志들이 廣寒樓上에 착석한 후에 문은 열니였습니다. 문이 열니자 문 밖에 몰여 섰든 군중은 그야말로 조수같이 쏴 밀여드는 것이 아니겠습니까. 좀 더 천천히 드러와도 좋을 것을 그들은 엎퍼지며 잡바지며 붓그런 것 꺼리끼는 것 없이 廣寒樓 안에만 들어스면 그만이라는 생각인 듯 했읍니다.

식은 광대들이 퉁소 불고 젯대 부는 데서부터 시작되였습니다. 다음으로는 春香의 초상-낡은 것과 새 것을 보교에 담어서 春香祠로부터 廣寒樓에 모서 오는데 한 보교에 한 개씩 담어서 기생들이 메고 오는 것이였습니다. 기생들은 남치마에 힌 저고리를 입고 검정비녀를 찔는 것이 꼭 옛날에 도라간

맛이였읍니다. 고색이 창연한 廣寒樓가 배경이였든 까닭에 더욱 그러케 느껴졌을지 모름니다.

祭床은 보통 것이나 마찬가지로 채렸읍니다. 오히려 빈약했을지도 모름니다. 그래도 春香아가씨는 옛날이나 마찬가지로 말없이 향의 냄새가 고요히 향그러운 祭床을 고맙게 받고 안젔는 것이었읍니다. 祭床의 향이 피어가고 누구누구의 축사가 계속되여 갈 때 나는 문득 香煙 속에 미소하는 春香을 볼 수 있었읍니다. 아마 春香은 자기의 혼을 곱게 살여준 此堂 金殷鎬 화백과 또 그 박게 자기를 그처럼 추모해 주는 이들이 몹시 고마웠든 모양입니다. 朝映촬영반은 때를 노치지 않느라고 분주히 활동하고 있었읍니다. 廣寒樓 아래서 우에서 옆에서 오루 세루 가루로 카메라맨은 카메라를 들고 땀을 철철 흘니는 정도였고 방송국에서 가신 李惠求씨는 중계방송으로 분망했읍니다. 마는 나는 오직 香煙 속에 곱게 피여나는 春香이를 보는 것으로 여념이 없었읍니다. 식이 끝난 후 여관에 도라와서 점심을 먹고 한심 쉬고 나서 나는 다시 廣寒樓 안을 구경하고 金台俊씨는 자동차를 대절해 가지고 春香傳에 관한 재료 모집하러 떠났읍니다. 밤에는 수없이 만흔 등을 廣寒樓 안에 색거에 매여 달어놓은 것을 구경했읍이다. 일대가 물 천지인데 그 물에 등불이 비치는 양은 정말 仙境을 생각케 했읍니다. 27, 8일 이틀을 더 계속하여 씨름대회 鞦韆大會를 한다고 했으나 우리는 일이 많은 까닭에 더 묵지 못하고 곳 귀로에 올났읍니다.

드른 즉 隣邑 각처로부터 모여든 春香祭에 참석한 군중이 3만명을 넘었다 한니 넷날의 열녀가 얼마나 시대 청춘 士女의 영혼을 잡아 흔드는지 진실로 春香은 꺼리지 안는 순정의 불길을 안은 이 겨레의 푸리마돈나요 만인의 베아드릿치임을 새삼스러히 늣겄습니다.

紀行 落花岩

李秉岐
《삼천리》, 1940년 10월

지새든 안개는 슬어지고 서늘바람이 산들산들 불고 볕은 아직도 따갑게 비치든 어느 가을날이었다.

나는 論山서 扶餘를 향하여 가게 되었다. 그때는 지금처럼 자동차가 다닐 만한 길이 아니고 논틀밭틀로 한두 사람쯤 겨우 비껴설만한 굽을굽을한 길이었다. 좌우로 열린 그 넓은 들에 익은 곡식들은 이어 金波를 번득이고 풀섶에 우뚝 우뚝 솟은 히고 붉은 野菊송이는 소매끝를 스치며 상긋한 향기를 피우고 들머리 산기슭에나 언덕에는 조고마한 초가들이 족박을 엎어놓은 것처럼 다닥다닥 붙었고 그 어느 집웅에는 고추를 따다 빩앟게 널어 놓았다.

차첨 산골짝이로 들었다. 나무 한주, 바위 한덩이 보잘 것 없는 속으로 얼마동안 답답한 걸음을 걸었다. 산도 그다지 높은 산은 아니고 한편 산태바기에는 검웃한 구멍이 빠끔빠끔 뚤렸다. 무슨 굴이나 아닌가하고 올라가 보니 큼즉한 돌을 가지고 판자같이 곱게 다듬어 방처럼 맨들어 놓은 것이 天井은 없어지고 벽만 남기도 하고 아주 무너지기도 하였다. 그건 石槨이었다. 百濟 盖鹵王이 高句麗간첩 道琳에게 속아 흙을 쪄 성을 쌓고 누각, 臺榭를 壯麗히 짓고 큰돌을 떠나 外槨을 맨들어 父骨을 葬하다가 國財를 탕진하고 국민이 피폐하여 드디어 高句麗軍에게 漢城도 함락을 당하고 盖鹵王도 포박을 당하여 阿且城 밑에서 죽었고 그 뒤 그 아들 文周王이 熊津(公州)으로 移都하여 4代를 지나, 聖王이 이 扶餘로 또 移都를 하였는 바 이 石槨들은 百濟의 유물이다. 이런 유물이 이 근방에 군데군데 들어나 있다. 나려오다 樵夫을 맞나 물으니 이곳을 릉뫼(陵山)라 한다.

앞으로는 수려한 봉들이 놓이고 회돌아가는 골목이 과히 평탄하고 단조하지는 않다. 200城, 76萬戶나 되는 百濟의 수도이었을 때에는 이 근처 구석구석이 가옥이 즐비하고 冠蓋와 車馬가 連絡不絶하였을 이 길이 이따금 어찌다 오고가는 행인의 발뿌리에 몬지나 날릴 뿐이다.

邑內를 다다르면 鬱密한 숲-이른 바 숲정이같은 것도 흔히 있는 법이었다마는 여기는 겨우 고목 몇 株가 굽으정하게 들어가는 머리에 섰고 허술한 瓦屋, 草屋이 조고마한 산밑으로 나붓나붓이 어분드리고 강은 한옆을 끼고 누었다. 이곳이 과연 扶餘古都인가 할 때 새삼스러이 滄桑의 느낌을 아니할 수 없었다.

그 앞으로 2마장쯤 가면 민듯한 벌판에 화강석으로 맨든 5층탑이 서 있다. 이는 益山의 彌勒塔과 아울러 百濟의 대표요 걸작인 예술품이다. 百濟 武王 때 맨든 定林塔이라 한다. 이걸 蘇定方碑라 또는 平濟塔이라 하는 건 그 후 唐人이 新羅와 연합하여 百濟를 망하고 이 탑에다「大唐平百濟國碑」라는 것을 사기기 때문이다. 그것이 숭이 아름다운 百濟의 마음은 그대로 진혀「예술은 남다」는 箴言을 주고 있다.

가든 길로 도로와 그 뒤 扶蘇山으로 올르다. 힘없이 떠러지는 낙엽을 밟으며 성긋한 잡목사이로 어슬렁어슬렁 오르다. 산이 높다거나 크다고는 할 수 없어도 겹이 지고 으늑하다. 그 도도록하고 반반한 곳은 무슨 亭閣과 樓臺의 자리나 아닌지. 좀 오르다 보면 잣아진 土臺가 약간 남은 것을 半月城址라고 이르되 半月城은 周回가 13,006尺으로 石築한 성인네 이 부소산을 안고 둘러 두머리가 白馬江에 닿았다하니 이렇게 산허리를 안은 것이 아니라 산밑으로 둘렀을 것이고 이골 東軒이나 客舍 등지가 泗沘宮, 太子宮터이고 그 앞에는 方丈仙과 望海亭도 있었을 것이다. 어떻든 이 산이 百濟 때 宮禁속이었음은 더 말할 것이 없고 이 산을 御苑을 삼고 산앞 기슭으로 金碧이 찬란한 殿閣 등이 첩첩히 솟았을 것은 틀림이 없겠다.

거진 다 올라, 東으로 꺾여 가면 마루태기에 한 우묵한 곳이 있으니 이는 百濟의 창고로 兵火을 맞나 다 타버리고 그 자리만 남은 것이라는데, 지금도 땅을 헤집고 보면 껌언 쌀, 보리 콩알이 나오는 것이다. 워낙 百濟는 기후가 온난하고 토지가 비옥한 나라로 高句麗, 新羅보다도 농업을 숭상하여 그 시조 溫祚王 때에 벌서 積穀, 勸農을 하고 그 뒤 仇首王때에도 제방을 수리하고 농사를 勸勵하였다 한다. 이것이 그런 업적의 흔적이라하고 보니 더욱 끔찍히다.

게시 더 나아가면 送月臺. 이 반반한 곳을 누가 밭을 맨들어 바야흐로 수이 삭들이 고개를 숙이고 섰을 뿐이다.

다시 그 西편으로 도로오다 迎月臺를 찾았다. 이 산의 가장 높은 곳이다. 좋은 전망대다. 이 산의 강으로 둘르고 峯으로 둘렀다. 그 峯들은 천연 꽃봉오리다. 絢爛한 꽃밭 속이다. 虎岩山, 望月山, 浮山, 鷲靈山, 烏山, 白馬江 할 것 없이 주위에 있는 멀고 가까운 산수들은 오로지 이곳을 두고 옹호하고 있다. 나는 이윽히 바라보다가 폭은폭은한 금잔디를 깔고 앉어 그 놀라운 영화와 향락을 고요히 그려보았다.-

天天천천政臺에 落點封函을 두고 宰相을 뽑아 政事를 맡기고 王은 功德을 빌러 매양 王興寺에 行香을 하고 兩岸에 奇怪石이 錯立하고 奇花異草가 그림같은 北浦로 左右臣僚를 더불고 술을 미시고 거믄고를 타고 님금은 노래를 하고 신하들은 춤을 추기도 하고 宮南에는 20여 리 운하를 파고 4岸에 楊柳를 심고 嬪을 다리고 배를 띄우다 自溫臺로 올라 놀기도 하다. 蓮花浴盤에 香을 풀어 등도 밀리다 밤이면 꽃송이같은 궁녀들을 앞뒤에 세우고 迎月臺 送月臺로 오락오락하며 달도 맞고 보내기도 하였다.

다시 西으로 이산 一脈을 타고 나리니 길은 끊지고 무서무시한 巨岩絶壁이고 그 밑에는 시퍼런 강이 흐른다.

百濟古記에 「扶餘城 北角에 大岸이 있으니 江水를 다달렀다」하고 또 전하는 말에 「羅唐의 연합군이 泗沘城를 처들어올 때 義慈王이 여러 후궁과 함께 그 면치 못할 줄을 알고 서로 이르되-차라리 自盡할지언정 다른 사람의 손에는 죽지 않겠다 하고 서로 거느리고 이 바위에 이르러 江에 던저 죽었으므로 이 바위를 墮死岩이라」하였다 하나 이걸 落花岩이라고 일컷는다. 高麗 忠宣王때 李穀 詩의 「一日金城如解瓦千尺翠岩名落花」라 하는 것을 보면 그전부터 落花岩이라는 이름으로 일커든 것이다.

落花岩은 百濟의 史劇을 마즈막 연출하든 곳이오 그걸 영구히 전하는 유일한 기념탑이다. 이에 그 劇의 梗槪를 말하면 이러하다.―

百濟와 高句麗와는 한 족속으로 처음에는 화목을 하여보다 점점 세대가 멀어지매 서로 치고 빼았고 하여 百濟가 배기다 못하여 차차 南遷하여 마즈막 이 扶餘로 移都를 한 후 高句麗와는 싸움이 멎었고 新羅와는 더 잦었다. 종래 新羅는 三國 가운대 가장 미약한 나라로 高句麗, 百濟의 침노를 항시 받었는 바 그 중에도 百濟가 심하였다. 義慈王 初年까지도 王이 친히 군사를 거느리고 가 新羅 40여 城를 함락시키고 또 장군 允忠을 보내어 新羅 大耶城을 쳐 城主 品釋과 그 처자를 잡어 죽이고 남녀 천여 인을 사로잡아 왔었다. 그 뒤 義慈王은 교만이 늘어 新羅같은 건 웃읍게 여기고 찾든 칼은 끌러두고 宮室이나 치장하고 宮人으로 더부터 淫荒耽樂함을 마지아니하였다. 그때 成忠같은 충신이 그리 말라고 極諫하매 義慈王은 노하여 옥에 가두었다. 그러므로 감히 말하는 이가 없었다. 成忠은 옥중에서 파리하여 죽을 때「충신은 죽어도 님금은 잊지 않으오니 원컨대 한말슴을 들이고 죽겠습니다. 臣이 항상 時勢를 보고 이 변함을 살피보니 반듯이 兵革이 있으리다. 무릇 用兵을 함에는 반드시 그 地勢를 골라 상류에 처하여 적군을 맞은 후에야 보전함즉 하외다. 만약 다른 나라의 군사가 육로로 오거든 沈峴을 지나지 못하게 하고 水軍이 오거든 伎伐浦언덕으로 들이지 말고 그 險隘함을 웅거하여 막으면 되리다」하였다. 그래도 義慈王은 그 말을 듣지 아니하였다.

그때 新羅는 우로는 聖君을 모시고 아래로는 臣民이 충성하여 우아래 한마음으로 어찌하면 나라를 隆興케 하고 나라의 원수를 갚을가 하고 힘을 쓸대로 써왔다. 사회의 嚮導가 되고 君國의 輔弼이 되든 花郞制度와 같은 것도 그래서 발생이 되고 성행하였으며 인하여 무서운 인재도 배출하였다. 그 대표를 이를진댄 金春秋와 金庾信이었다. 金春秋와 金庾信과는 본래 竹馬의 交舊로 娚妹간이 되고 軍政의 主宰가 되어 지성으로 盡瘁하였다. 그러자 百濟서 金春秋의 따님과 사외 品釋의 父子를 죽였다는 말을 듣고는 金春秋가 더욱 분하여 百濟를 치려고 호랑이같은 高句麗에 請兵하러 가서 죽을 번하다 간신히 살어왔고 또 唐나라에 가서 唐 太宗을 보고 麗濟치기를 꾀하고 돌아와 眞德女王의 뒤를 이어 登極하여 太宗 武烈王이 되었으며 그 기회가 오기를 기다렸다. 한데 租未坤이란 이가 夫山縣令으로 가 있다 百濟군사에게 사로잡혀 가 佐平(大臣) 任子의 家奴가 되어 일을 부지런이 하여 한번도 게으름을 부리지 않으매 任子가 신통히 여겨 의심을 않고 저대로 출입를 하게 하여 도망하여 돌아와 百濟일을 金庾信에게 告하였다. 金庾信은 租未坤이 忠正하여 쓰임즉함을 알고 「내 들으니 任子가 百濟國事를 專任한다는 바 더불어 꾀할 일이 있으나 말할 길이 없으니 그대가 나를 위하여 다시 가 말해보라」하매 租未坤은 「公이 저같이 不肖한 것을 생각지 않고 부리신다면 죽드라도 뉘우치지 많갓습니다」하고 마즘내 다시 百濟에 들어가 任子를 보고 「小人이 이미 국민이 되었답시고 國俗를 알어야 하갓기로 數十日동안 나가 놀다가 犬馬의 戀主하는 마음을 이기지 못하여 왔습니다」하였다. 任子는 그 말을 믿고 꾸짖지 않았다. 租未坤은 그 뒤 어느날 틈을 타 任子에게 「요전에는 제가 죄를 두려워하여 감히 바른대로 말슴을 여쭈지 못하였습니다마는 실상은 新羅를 가, 金庾信을 보고 돌아왔습니다. 金庾信이 小人더러 大監께 전하는 말이 있습데다.-나라의 흥망은 미리 알 수 없으니 만약 大監나라가 망하면 大監이 내 나라에 의탁하시고 내 나라가 망하면 내가 大監나라에 의탁하겠다고 하더이다」하였다. 任子는 듣고 아무 대답이 없었다. 租未坤은 惶懼하고 물러나 죄를 기다렸다. 그런 뒤 두어달만에 任子가 租未坤을 불러 「네, 전에 말한 金庾信 말이 어떤 뜻이냐」하고 물으니 租未坤은 놀래어 그전의 말한 바와 같이 대답하였다. 任子는 「네가 전하는 바는 내 이미 다 알었으니 둘아가 金庾信에게

告하라」하였다. 租未坤은 新羅로 돌아가 百濟의 안팎사정을 金庾信에게 자상히 다 말하여 주었다. 이리하여 金庾信은 太宗 武烈王에게 그 일을 알외고 百濟치기를 버쩍 더 급히 서들어 太宗 武烈王 7년에 新羅에서는 大軍을 發하고 太子와 兵船을 보내어 唐兵을 맞고 大將軍 金庾信將軍 品目 欽春 등이 精兵 5만을 거노려 進軍을 하고 唐에서는 대장군 蘇定方으로 大摠管을 삼고 請兵하러 가 있든 金仁問(太宗 武烈王 第2子)으로 副大摠管을 삼어 水陸軍 13만을 거느리고 百濟國 西 德物島에 이르렀다. 義慈王은 이 소문을 급작이 여러 신하를 모여놓고 戰守의 꾀를 물었다. 佐平 義直은 나아와 「唐兵은 멀리 바다를 건늘새 물에 익지 못한지라 배에 있어 반듯이 피로하여 처음 하륙을 할 때 사기가 不平하리니 급히 치면 되겠고 羅軍은 大國의 구원을 믿고 우리를 넘보는 마음이 있는 바 만일 唐兵이 패함을 보면 감히 銳進치 못하리라. 먼저 唐人을 더불어 決戰함이 可하외다」하고 達率 常永 등은 「그렇지 않으외다. 唐兵은 멀리 왔으니 속히 싸우고저 하므로 그건 당할 수 없고 羅軍은 여러 번 우리군사에게 패하였으니 이제 우리 兵勢를 바라보고 두려워하지 않을 수 없으리라. 오늘날 꾀는 마땅히 唐兵의 길을 막어 그 軍士가 게을러짐을 기다리고 먼저 군사를 보내어 羅軍의 銳氣를 꺾은 뒤에 그 형편을 보아 싸우게드면 이기고 나라를 보전하리라」하였다. 義慈王은 그 어느 말을 쫓을지 모르다가 죄를 짓고 귀양을 가 있는 佐平 興首에게 사람을 보내어 그 일을 물었다. 興首는 「唐兵은 數가 많고 規律이 엄한데 더구나 新羅와 함께 겨르고 있으니 만일 平原광야에서 對陣를 한다면 누가 이길는지 모릅니다. 白江과 炭峴은 우리나라의 要路외다. 一夫單槍을 만인이 당치 못할 것이니 용사를 보내어 지키게 하여 唐兵을 白江에 들지 못하게 하고 羅軍을 炭峴에 지나지 못하게 하고 城門을 重히 닫고 구지 지켜 그 資粮이 다하고 士卒이 피로함을 기다려 奮擊을 하면 반드시 파하리다」하였다. 大臣들은 그걸 믿지 않고 「興首가 오래 귀양을 가 있으므로 님금을 원망하고 나라를 사랑치 않으오니 그 말은 쓸 수 없습니다. 만일 唐兵이 白江으로 들어오면 물을 따러 배를 아울러 매지 못할 것이고 羅軍이 炭峴으로 오면 길이 좁아 말을 나란이 타지 못할 것이니 이런 때 군사를 시켜 짓치면 둥우리에 있는 닭과 그물에 있는 고기처럼 죽이리라」하니 義慈王은 그 말이 옳게 여기고 말았다.

　또 들으니 羅唐兵이 이미 炭峴, 白江을 지났다 한다. 階伯이 장군이 되어 결사대 5천명을 뽑아 거느리고 막으러 나갈 때 자기의 처자를 불어내어 군사들 앞에 세워놓고 「한나랏 사람으로 羅唐의 大兵을 당하자니 나라의 존망은 알 수 없다. 우리 처자가 모다 노비가 되어 부끄럼을 당하고 사는 건 조히 죽음만 같지 못하다」하고 모다 죽어버리고 黃山땅에 이르러 먼저 험한 데를 차지하고 三營을 排設하고 羅軍을 맞어 싸우려할 때 「옛날 越王 句踐는 5천人으로 70만 吳軍을 파하였으니 오늘 마땅히 舊勵決戰하여 國恩을 갚자」하고 마구 대들어 싸우니 하나히 千을 당하는지라 羅軍이 겁을 내고 물러났다. 이와 같이 싸워 진퇴하기를 네 번이나 하였다. 羅軍은 기운이 꺾이고 힘이 다하였다. 장군들도 하는 수 없어 欽春은 그 아들 盤屈더러 「신하노릇은 忠만같지 못하고 아들노릇은 孝만같지 못한데 위급함을 보고 목숨을 바치는 건 忠孝가 다 온전하다」 하다 하여 盤屈이 나아가 싸우다 죽었고 品日은 그 아들 官昌을 불러 말 앞에 세우고 여러 장군을 가리치며 「우리 아들이 나히 16에 志氣가 꽤 용명스러우니 오늘 싸움에 三軍의 표적이 되겠느냐」 하매 官昌은 「그리리다」하고 오직 甲馬草槍으로 적진에 나아가 적군에게 사로잡혀 階伯이 앞으로 가니 階伯은 그 나히 어리고 용맹스러움을 사랑하여 차마 죽이지 못하고 탄식을 하되 「新羅는 奇士가 많고나 少年도 이러거든 하물며 壯士랴」하고 놓아보냈다. 官昌은 돌아와 그 아버지에게 「내가 적중에 들어가 장군의 목을 베고 旗를 빼았어 오지 못함은 죽기를 무서워함이 아니외다」하고 손으로 우물물을 떠먹고는 다시 적진를 향하여 달겨들어 싸우다 또 사로잡혔다. 階伯

은 그 목을 베어 말안장에 달아 도로 보냈다. 品日은 그 머니를 잡어 소매로 흐르는 피를 씻으며 「우리 아들 면목은 살었다. 잘 王事에 죽었으니 다행하다」 하였다. 군사들이 이걸 보고 慷慨하여 모다 죽기를 결단코 고함을 치고 격렬이 대들어 쳤다. 百濟軍이 크게 패하고 階伯은 죽고 佐平 忠常, 常永 등 20여 人은 사로 잡혔다.

그때 蘇定方, 金仁問 등은 바다로 하여 伎伐浦해안으로 들어오는데 게가 수렁이라 걸음을 걸을 수 없어 柳席을 펴고 나와 百濟軍을 맞나 逆擊하여 크게 파하고 그리고 金庾信과 맞나 羅唐軍이 밀물이 들 때를 타서 배를 저어 水陸으로 함께 쳐들여 가매 百濟軍은 또 와 막다가 패하여 萬餘 人이 죽었고 羅唐軍은 得勢하여 所夫里 땅에 나아가, 泗沘城을 에워싸았다. 때는 義慈王 20년 7월 12일 이었다. 義慈王은 城門을 굳게 닫고 지키다가 음식을 豊備히 작만하여 蘇定方에게 보내고 또 왕의 서자의 佐平 등을 보내어 애걸하였으나 다 물리쳤다. 義慈王은 이때야 탄식을 하고 「成忠의 말을 쓰지 안하여 이렇게 되었다」하고 太子와 左右 몇사람을 거느리고 熊津城으로 도망하였고 왕의 次子 泰가 스스로 왕이 되어 泗沘城을 고수하니 太子의 아들 文思가 왕자 隆 더러 「왕이 太子를 더불어 나가시었는데 叔父가 스스로 왕이 되었으니 만약 적군이 풀려가는 날이면 우리들이 어찌 온전하리오」하고 드디어 左右을 거느려 줄을 매고 城을 넘어 나가니 백성들도 만히 따르는지라 泰가 禁하지를 못하였다. 왕자 隆은 大佐平 千福 등과 함께 나와 항복을 하매 新羅太子 法敏은 그들을 말앞에 꿀어 앉지고 그 얼굴에 침을 배았고 「네 아비가 우리 누의를 죽여 獄中에 묻어 나로 하여금 20년 동안을 마음을 아프게 하였으나 오늘 네 목숨은 내 수중에 달렸다」 꾸짖으매 隆은 땅에 어분드려 아무말도 못하였다. 蘇定方은 士卒을 시켜 城堞 우에 唐의 旗幟를 세우고 泰를 窘迫하였다. 泰는 城門을 열고 내맡겨 버렸다. 義慈王도 太子와 方領軍 등을 거느리고 熊으로서 와 항복하였다. 그 뒤 크게 酒食을 버려 將士을 慰勢할 때 太宗 武烈王와 諸將과 蘇定方은 堂上에 앉고 義慈王과 왕자 隆은 堂下에 앉지고 義慈王을 시켜 술잔을 치게 하였다. 百濟의 群臣은 모다 목이 메이도록 울었다. 그리고 도 唐兵은 오히려 틈을 엿보아 新羅마자 삼키려 하고 泗沘언덕에 야영을 하고 묵사기는데 新羅에서는 이걸 알고 王과 群臣이 꾀를 의논하다 마츰내 金庾信 의 말로 百濟사람의 옷을 입고 반란을 일으키자 하매 唐兵이 알고 郎將 劉仁 願과 군사 1만은 留鎭케 하고 義慈王과 왕족과 臣寮 93人과 백성 1만 2천여 人을 다리고 물러갔다.

이런 史實을 보면 義慈王이 落花岩에서 떠러저 죽었다는 건 한 와전이고 후궁들이 떠러져 죽은 건 그 7월 13일 밤이었다. 義慈王이 熊津城으로 달어나 든 밤이었다.

玉階에 우든 귀또라미도 목이 메이고 送月臺머리로 쉬히 지든 달도 그 밤을 따러 더디 가고 간간 刁斗소리는 처량히 들릴 때 왕과 몇몇 사람은 발자 옥소리도 내지 않고 험궂고 호젓한 이 산뒤로 나리어 배에 실려가고 그 많은 후궁들은 등넘어까지 쫓아와 소리도 없이 흐르는 눈물만 씻고 서서 그 배가 虎岩山 모통이로 돌아가는걸 바라보다가「인자는 만사가 다 글렀다. 인자는 나라도 님금도 또는 榮華와 총애와 모든 희망도 없다. 더러움과 부끄러움을 무릅쓰고 사는건 차라리 죽음만 못하다」하고 돌아서 이 바위에 다다러 덧없 는 바람에 날리는 꽃처럼 날러 떠러신 것이다. 만일 義慈王도 이 꽃들과 함께 떠러졌드라면 行酒, 포로의 곤욕로 면할뿐더러 이 落花岩도 더욱 빛났을 것 이다.

사람이 한번 죽는 건 면할 수 없는 일로되 잘 살기보다 잘 죽기가 더 어렵다. 잘 못사는 이는 살아도 죽었고 잘 죽은 이는 죽어도 살았다. 義慈王은 죽었드라도 成忠과 興首와 階伯과 함께 그 후궁들은 살았다. 이 落花岩을 보라. 그 발자옥, 피 한방울이 흔적도 없지마는 선연히 보이고 들리지 않는가. 펄펄거리는 그 치맛자락, 부드치는 패물소리. 그리고 그 飛火같은 순간과 정열. 그 閃忽한 광경은 한때만 아니라 언제든지 그러리라. 우리의 이 기억과 이 바위가 있을 때까지 그러리라.

落花岩서 북편으로 벼루ㅅ길로 돌아 勾配가 퍽 峻急한 곳으로 나려가면 바루 강ㅅ가요 한편에는 뒤에 석벽을 등지고 조고만 암자가 있으니 이게 高蘭寺. 또는 皐蘭寺라 하여 그 뒤 석벽에 皐蘭이란 풀이 있다 하나 輿地勝覽, 梵宇考같은 책에는 다 高欄寺라 하였다. 창건연대는 알 수 없으나 꽤 오래된 고찰이고 서북향을 하여 앞이 툭 터지고 배들은 오고가고 한다. 扶餘 8景에는 曉磬, 暮鍾이라 하였으으나 8景이란건 의례히 瀟湘8景을 모방하여 牽强附會하였다. 나는 그런 것보다는 저 碧波우로 하얀 물새 한마리이라도 지칫지칫 날어가는 양이 더 좋아 보인다.

또 그 한편 물속에서 한 怪石이 내밀어 있다. 감웃한 그 머리는 오목오목 팡졌다. 諺傳하기는 蘇定方이 百濟를 칠 때 이 강을 건느려 하매 급작이 풍우가 크게 일었다. 術者더러 물은즉 術者가 이르되 이 강에 용이 있어 護國을한다 하였다. 蘇定方이 이 말을 듣고 白馬로 미끼로 삼어 용 한마리를 낚어냈다. 풍우가 바루 그쳤다. 蘇定方의 군사들은 다 건넜다. 그러하여 이 강을 白馬, 이 바위를 釣龍臺라 하고 그 팡긴 자리를 용의 웅킨 자리라 또는 용을 낚을 때 무릎을 끊은 자리라 한다.

그 팡긴 자리는 水蝕이 된 것이고 白馬江은 그전부터 있든 白江과 어원이

같은 말이겠지마는 그 怪異한 형상을 보고 사실과 공상을 혼동하여 이런 말을 捏造한 것이다. 또 한때 詩名이 喧傳하든 白玉峯을 맞나보고 그 꾀죄한 모양이 명성과는 같지 않음을 嘲弄하여「白公은 釣龍臺라」하고 일컫든 기생의 일화도 있어 전한다. 이런 전설, 일화도 滋味스러우려니와 딴은 이 세상에 이런 일이 적지 않음을 듣고 볼 때 나는 이 釣龍臺를 그 표적으로 삼고 있을 수 없었다.

廣寒樓와 春香閣

鄭寅燮

《삼천리》, 1941년 3월

　　廣寒樓, 광-한-루 — 광할루! 한자식 는즛이 불러보라. 멋이 잔뜩 든 이름
이다. 말만 들어도 어깨춤이 날맘적한 그리운 누각일 것 같다. 나는 몇 번이나
부러지졌던고 — 廣寒樓 구경가자고.

　　12월 5일. 우리 일행은 南原을 찾기로 했다.

　　푸른 대밭이 여기저기 욱어있는 南國이니, 湖南의 서울 全州의 겨울도
그리 춥지는 아니하였다. 全州역서 南原행 기차에 몸을 던진 내 가삼은 거저
두건그렸다. 창 밖 산허리 굽은 길에서나 벌판 소나무 곁에서나 房子가 뵈일
듯도 싶고, 車間에서 젊은 여인을 볼 때 春香이 모습을 찾는 듯도 싶다. 마침
내 뒤에 키가 후리후리 큰 젊은 선비 하나가 앉었는데, 큰 갓을 점잖게 쓰고
그 밑에 탕건과 망건까지 엿보이며, 힌두루마기를 품부좋게 입고 늠름한 얼굴
에 말소리도 쾌활하다. 나는 李道令을 만난 듯 싶었다.

　　아아 나는 외 이다지도 소설의 주인공들을 눈앞에서 차지려는고! 전설인
지도 실화인지도 알 수 없는 낭만과 戰慄의 이야기를 나는 왜 내 맥박에서

차지려는고?

    水原驛같이 구식으로 꾸민 南原역에 내리니 봄과 같이 포근한 日氣다. 서북으로 蛟龍山이 높이 솟아 있다.

놉히 솟은 南原城

    중허리에는 高가 10척이나 되는 石築의 10리나 둘러 쌓여있어 湖南 유일의 要塞地였다한다. 後唐 高宗 時에 刺使 劉仁軌가 맨든 것인데 城內에는 井99* 16軍倉과 善國寺 大庵이 있고 입구의 二重壁은 築城法상으로 보아 稀有한 것이라고 한다. 산은 산이건만 어쩐지 무슨 정서가 풍부하게 흐르는 것 같다.

    南原교육계의 원로는 향토사적에 밝은 李周用씨 안내로 廣寒樓를 찾아 간다. 역두에서 그 앞 광장으로 나오니 네거리 지표에 雲峯 任實 기타 사방 접근지 이름이 적혀있다. 春香傳에서 卞學使가 부른 손님들의 官名에 붙은 지방명이 눈앞에 나타나니 어쩐지 내 마음은 고전에 한걸음식 들어가는 探勝客같았다. 南으로 넓은 신작로를 大活步로 걸어간다. 먼저 군청에 인사갔는데 현관에 걸린 간판은 옛날 객사에 무쳤던 유래 있는 것으로서 그대로 이런 곳에 걸어두는건 아까운 생각이 났다. 어디던지 기념물을 한곳에 모아 보관했으면 좋겠다고 생각했다. 짐을 맡기고 나오니 右便에 3棟이 一字로 연결된 龍城館이 웅대한 옛모습을 보이고 있다. 현재는 소학교로 사용하고 있는데 현재 객사 중으로는 제일 간다고도 한다. 과거에 여러번 화재를 發했으나 245년에 府使 鄭悏이가 落成한 것이다. 恤民館이란 것을 南原의 古號 龍城으로 변했는데 가운데 건물에 커다런 간판이 橫으로 붙어있고 앞 넓은 운동장에는 옛 모습 하나없이 兒童數名이 놀고 있다. 바른편 길가에 昭和印刷所, 每新支局의 간판이 붙은 옛날 관청집이 보이는 것도 옛 정서의 한 오락지다.

    이런 것 보담 빨리 廣寒樓가 보고 싶다. 시가는 그리 번창하지는 않으나 이층으로 된 근대상점이 양편에 이여저 있고 並木들도 잘 심겨저 있다. 얼마 안 가서 네거리에 왔다. 이곳 좌우로 뻐친 길이 옛날 南原城이 있었던 곳인데 거기서 正南으로 3町가령 되어 보이데 高樓가 眼界를 막고 있다. 처다보니 廣寒樓란 커다란 간판이 橫書로 보인다.

그리운 廣寒樓

오오 저기가 廣寒樓로구나! 어어 그럼 그렇지! 南原에 廣寒樓가 정말 있는구려! 광한루 구경 가자! 내 가삼에는 신비로운 감격이 출렁거린다. 그러나 하나 의외로 생각한 것은 이때까지 廣寒樓라면 시가지에서 적어도 5리나 10리 길은 되는 교외 어떤 산기슭의 高臺地나 아닌가하고 아직 멀었는 줄 알었더니 이렇게 지척지간에 그리고 市街 한 중간에 다리도 조금도 아프기전에 꿈과 같이 우뚝 나타나고 보니 고대고대하면 사람을 의외로 빨리 만낸 것 같어서 한편으로는 서운한 느낌도 있다. 역에서 廣寒樓까지는 光化門 네거리서 南大門 가기보담 오히려 가차웁다. 그리고 그 문턱 좌우가 모다 보통 시가지다. 평지 그대로 되어 있는 것을 보니 서울 塔洞公園같은 지역으로 생각해도 좋다. 입구 좌편에 春香사진관이란 것이 있다. 정말 남원서는 春香天下다. 목욕탕도 요리점도, 기타 무엇무엇 할 것 없이 春香이란 이름이 곳곳이 있다. 나는 일분이라도 빨리 속에 들어가 보고 싶었다.

개와로 이은 옛 대문을 열고 일행은 들어갔다. 廣寒樓 현관은 우리를 반기는 듯, 두층으로 된 계단이 비겨있는데 서울 景福宮속에 있는 慶會樓와 비슷하지만 물론 규모는 훨신 적다. 나는 정작 와보니 그냥 쉽사리 들어가 보기가 두려워서 계단하나마다 추억을 느끼고 느끼면서 내 발자욱을 천천히 옮겼다. 이 모양 廊下를 맨든 것도 옛 집으로는 보기 드문 형식이다. 올나가서 널다란 실내를 버티고 서서 사방과 상하를 둘러다 보았다. 바닥에는 판자를 깔고 한 학급을 넣을 만한 사각형의 큰 교실정도는 된다. 벽과 기둥과 천장에는 오색의 丹靑으로 옛날 도안 그대로의 장식이 찬란하다. 그리고 특히 놀나운 것은 빈틈없이 걸린 名文佳句의 掛角들이다. 이렇게 많이 걸린 곳은 생전 처음 보았다. 하도 많은 글 가운데도 내 눈에 유달리 띠인 것을 하나 적어 보기로 하자.

烏鵲橋邊揚柳樹,
技枝折盡送人時,
莫道明年無折處,
春湜折處長新技.

나는 목소리를 높여서 읽어 보았다. 치올려 보는 내 목이 아픈 줄도 모르고 두 서너 번 을펴보았다. 오작교 근처에 푸르고 푸른 버드나무 가지를 사람들이 작별을 할 때마다 기념으로 꺾어가리라. 꺾고꺾고 다 꺾으면 남온 가지 없으련만 새봄이 다시 찾아오면 꺾인 가지에도 새움이 돋아 긴가지가 다시 자라고 자랄 것이 아니던가. 春香의 애끊는 정이 은은히 느껴진다. 春香도 몹슬 힘에 얼마나 괴로워 했으며 몇 번이나 꺾일 번 했던고? 사람의 이별이란 섭섭도 하거니와 다시 만나 뵐 날을 기다리는 그 뜻이 없던들 인생은 얼마나 쓸쓸한 것일고! 郡守 吳正夫씨와 邑長 金澤載重씨의 말을 듣건댄 이곳을 집회실로 사용하다니 도저히 안될 말이다. 나는 무척 흥분된 얼굴로 그 사용을 반대하였다.

春香博物館의 提唱

그 대신 이 집을 春香博物館으로 期成하기를 주장하였다. 여기에다가 南原의 古蹟遺物은 물론, 무수한 春香傳, 연구서, 관계신문기자, 雜誌記載物, 기타 참고문헌 공연포스터, 빌러, 입장권, 악기, 소도구, 舞臺面, 의상, 그 時의 풍속모형, 회화, 사진, 人形, 刺繡, 기타 일체 春香傳에 관한 內外各國材料

를 一堂에 전람시키는 목적으로 하기를 원하였다. 외국같으면 그만한 고전이면 따로히 박물관을 신축하고 이곳은 건물 그대로 보존할 것이지마는 그 정도까지는 못한다 치드라도 이것을 그대로 박물관으로 할 수는 있는 것이다. 더구나 왼편으로는 긴방이 하나 달려있고 별실로 꾸밀 수도 있어 보인다.

원래 이 집은 오백년전 李朝 초대 南原출신 재상인 黃喜가 시작한 곳인데 廣通樓라고 했던 것을 그 후 府院君 鄭麟趾가 여기 왔다가 그 좋은 경치를 칭찬하고 이름을 廣寒樓라고 고쳤다는 것이다. 兵火로 말미암아 한번은 全燒되었던 것을 仁祖王 4년에 府使 申鑑이 鄕父老들과 이로하여 대규모로 再築한 것이 지금의 이 건물이다.

앞 正面 欄干에서 밖았을 내다보니 적은 湖水로 되어 있어 거기에 섬이 세 개가 있다. 왼편 것이 瀛州, 가운데 것이 蓬萊, 바른편 것이 方丈이라고 한다.

方丈島에는 竹林 左右로 욱어저 있는데 대는 그리 크지는 않다. 春香이가 왼편 瀛州島 한모통에 있던 건너줄에 올나 흥겨웁게 추천을 탈 때 그 아릿다운 모섭이 이 대말에 가리워저서 樓上에서 보고 있던 李夢龍의 눈에 보엿다가 안 보엿다가 아늘거렸으니 그것이 더욱 젊은 사나히의 마음을 안탑갑게 하였다고 한다.

춘향이 이쁜 모양

보였다가 숨었다가

대밭 뒤에서 숨박곡질하다.

도령님 마음

오죽이나 애탓으랴!

방자는 얼렁 뚱떵

향단이가 귀엽껏다.

광한루 구경오니

줄없는 건너줄에

꽃나비 날르는 듯—

欄干에 기댄 손님

옛꿈이 그리웁다.

鞦韆情緒의 復活

어디가 추천타던 자린가 해서 樓에서 내려 중앙에 있는 蓬萊를 지내 그 섬으로 들어가 보았다. 그 섬 맨 왼편에는 조그마한 정자가 있는데 瀛州閣이란 이름이 씨어 있다. 옛날 이 섬에는 여인들이 놀던 곳이라 하는데 그 섬 마즌편 한모퉁이가 추천있던 자리라고 한다. 나는 지금이라도 그 자리에 추천을 하나 架設하는 것이 좋다고 생각하였다. 손님들이 한번식 타보는 맛도 좋거니와 외국같으면 반드시 그렇게 꾸며놓고 史料에도 좋은 참고로 되게 할 뿐아니라 나그내의 정서를 아름답게 하고 한번에 얼마식이라고 해서 수입도 되어 있다. 英國의 文豪 쒝스피어 생가에 가면 그가 앉었다는 의자가 있는데 나도 거기 한번 앉아보니 기분이 퍽 좋왔다. 그런데 여기에 추천을 맨들어 두고 봄 春香祭 때나 全鮮女子鞦韆競技大會를 개최했으면 퍽 좋겠다. 각 도에서 幾名式의 선수를 뽑아서 여기 참가시키는 것이다. 더구나 추천은 朝鮮에 제일 발달된 민중오락이요 건전한 체육도 되는 것이다. 이리하여 이 노리가 세계적 명물로 될말적 한 것이다. 조선여인의 긴 치마라던지 속옷의 조직이 추천에는 적합한 것일 뿐 아니라 저고리와 치마의 긴 옷고름이 나부끼는 모양이란 참으로 세계제일일 것이다. 다른 나라 여인 옷으로는 처다 보기에 아주 흉하다. 만약 그때마는 春香의 모습으로 처녀머리같이 길게 땋아서 붉은 당기가 치마끝까지 닫도록 부처서 한다면 그 긴머리에 나풀거리는 보양도 볼만할 것이다.

이 섬에서 왼편으로 호수 건너 담 밖으로 걸음을 모아 둔 空地가 있는데 거기 春香집이 있었든 것 같다고들 한다. 내게 돈이나 있으면 그 자리를 사서 거기다가 그 시대의 가옥풍속으로 하나 春香家라는 것을 꾸며두고 싶다. 그리고 그 일대가 官妓들이 살던 동리라고 한다. 몇 평되지 않은 곳이니 그 모양 뉘집 농사 걸음을 모으는 살풍경이 없도록 해줄만한 特志家는 없을가?

桃花洞 보선밭

또 南으로 호수 건너편은 옛날에는 桃花洞이라고 해서 복숭아나무가 욱어저 있다. 春興秋愁를 더욱 지트게 했다는 데 지금은 보기 흉한 집들이 가득 차 있고 湖畔 바로 곁에는 春香館이라는 바락크로 지은 이층 요리점이 우뚝 서 있다. 不快한 느낌을 줄 뿐 아니라 거기서 놀량패들이 곤드레만드레 지꺼리고 떠들고 소리하고 퉁탕그리고 싸홈할 것을 생각하면 이 廣寒樓의 雅趣를 무척 죽일 것이다. 나 생각으로는 이 근처를 전부 買收해서 옛날의 桃花洞 그대로의 모습을 보여 주었으면 한다. 그리고 거기서 과수원을 경험해서 그 봉숭아를 春香桃라고 이름하여 南原名産으로 할 수 있을 것이다. 이 숲에서 꽃이 피고 나비가 날고 새가 울고 달빛이 흐르고… …아즈랑이가 끼이고 이슬이 나리고 눈이 오고… … 얼마나 좋은 詩情을 이르킬 건가. 그리하여 그 어느 한구석에 高雅한 料理閣을 꾸민다는 것도 무망할 것이다.

가운데 섬 蓬萊로 와서 記念撮影을 하고는 생각했다. 사진관이 廣寒樓 안에서 촬영을 할 때는 반드시 그 一割을 기부하기로 한다면 이것도 보존하는 비용의 일부가 될 수가 있으리라고 생각했다. 蓬萊島에 있는 竹林도 아담하거니와 그 대가 그리 굵지 않고 短嘯만들기에 알맞어 보이기에 나는 특별히 그 사유를 말하고 허락을 얻어서 두 포기를 끊었다. 나는 이것으로 단소를 만들어 春香笛이라고 이름지어 불고 싶은 노래를 부러보리라. 春香과 夢龍의 사랑 그들의 작별, 春香의 苦難, 어사의 출두, 그들의 新生… … 이 모든 것이 단소구멍으로 리듬을 자아내리라. 내가 항상 단소불기를 좋와하건만 이 기술이 모자랄 때는 휘파람을 불게된다.

> 廣寒樓 蓬萊島의 대를 꺾어
>
> 春香笛 만들어서 호도독 부러보자
>
> 三神山 不老草 찾지를 마라
>
> 南原땅 찾아오면 神仙이 되겠기에
>
> 湖面의 波濤도 귀를 기우린 듯
>
> 古木에 앉인 새도 사람마음 아는고나!

이 대는 鄭麟趾(?)가 와서 심은 것이라 한다.

나는 단소를 반드시 내 손으로 만드는데 누구던지 南原에 있는 竹材로서 단소 뿐 아니라 다를 춘향전에 관련되는 여러 가지 물품을 노리깜으로 만들어 상품화한다면 이것도 南原特産이 될 것 아닌가?

나는 발을 옮겨 바른편에 있는 方丈島로 갔다. 모다 다리로 이여저 있는데 이 섬만은 조금 높아저서 나즌 어덕쯤 되어 보인다. 고목들이 있고 주위에는 넝쿨이 욱어졌다. 그 앞 못속에는 장방형의 石段이 물에 잠겨 있는데 거기서 배를 타게 된 것이라 한다. 지금도 적은 배하나를 띠워 놓았는데 여름에는 배노리도 할 수 있다 한다.

언덕에 올라가니 새로 지은 신식 정자가 하나 있고 거기에는 앉아 쉴 수 있는 나무막대기型을 걸상이 땅에 무처 세워있다. 거기 앉아 바른편을 보니 유명한 石築의 烏鵲橋가 놓여 있다. 虹腰門이 넷있는데 穹隆이 아치형으로 되어 있어 그 기교가 놀라움다. 이 호수에 이 다리가 없다면 얼마나 쓸쓸해 보일가! 方丈島에서 사방을 둘러볼 때 廣寒樓의 고색이며 島影에 잠자는 遊舟의 모습이며 烏鵲橋 우에 逍遙... ... 이 모든 것이 詩情을 자아낸다.

그런데 이 다리가 이다지도 존귀한 古蹟的 詩價를 가진데도 불구하고 그 우에 市井俗人들이 무수히 지내다니는 시가통로로 사용되고 있다. 이 얼마나 섭섭한 일이뇨! 나로서는 그 다리에다 교통금지를 해서 이곳에 入場探勝客에 한해서 許하도록 하고 兩시가를 이으는 통로로는 사용되지 말게 해 주기를 바라는 바이다. 그곳 책임자의 말은 그 다리의 조직이 그와 같이 사람들이 통행해야 오래 보존되는 것이오 그대로 두면 더 속히 흐무러지는 傾向이 있다고 하나 나로서는 그렇게 생각하기 어려웠다. 고전적 신비를 보존하는데 있어서 다른 기념품도 마찬가지다. 녹이 쓴다고 해서 珍寶名刀를 사용할 것인가 하루바삐 그 통로이용만은 중지해 주기를 바라는 것이다. 돌아간다해도 2, 3분차 밖에 안 되는 것을 이 千古의 기념품을 그다지 천하게 여기도록 放任해둘 것은 절대 아니라고 확신한다.

> 烏鵲橋우 바람은
> 옛 꿈을 속삭이고
> 연못에 뜬 배에는
> 사랑이 깃드리다.
> 古木에 잠긴 넝쿨
> 春春이 넉시로다.
> 湖心에 잠긴 뜻을
> 나그내도 알 것 같소.

烏鵲橋와 春香閣

나는 거기 혼자 한없이 앉아 있고 싶었다. 그리고 달밤에 烏鵲橋 우로 거닐고도 싶었다.

나는 무한한 감격으로 미련을 남기면서 春香廟로 가보았다. 아담한 적은 閣에 모셔논 春香畵像은 金殷鎬씨의 그린 것으로 그곳을 지키는 50가량 되어 보이는 여인이 와서 문을 열고 커틴을 걷으니 거기에 아리따운 정절의 미녀상이 요조하게 서 있다. 웃는 듯 하되 웃지 않고 서른 듯 하되 서러하지 않고 오즉 갸륵하고 얌전한 久遠의 여인이 그려저 있다. 노파는 그 초상에 대해서 설명을 한다. 먼저 있던 그림과 비교해서 이야기한다. 먼저 것은 시집가서 이도령이를 작별하고 혼자사는 쓸쓸한 춘향이를 그렸고 지금 것은 처녀 춘향을 그린 것이라고 流暢한 어조로 흐르는 물같이 술술 풀어간다. 이 여인이 음성이라던지 표정이 여간 미혹적이 아니다. 전에 기생이었다는데 얼굴도 이뻤겠고 몸피도 맵시있다. 먼저 그림은 지금 그림 뒤에 보관해 두었는데 어느 것이 잘 되고 못 되고 간에 둘 다 귀중한 재료임에는 틀림없다.

春香을 기생이라고 해서 일개 화류계 美談으로만 보려는 보수적인 道學者도 있을는지 모르나 옛 官奴는 卽今 기생과는 다른 고귀한 지위거니와 藝妓라는 직업여성으로서 그런 처지에 있으면서도 오히려 정절을 지킨다는 것은 동양도덕으로 보아서 더욱 칭송할 만한 것이요 자유연애문제에 들어가서 현대생활감정으로 이것을 무조건하게 비난할 것이 아니니 현대에 있어서는 그런 철저한 결과에 이르는 것이라면 조금도 위험시할 것이 아닌가 한다. 다만 唱劇調속의 일부 표현이 좀 비속한데가 있기 때문에 敎化上 오해를 하는 사람이 있거니와 그것은 不適한 곳을 빼고 다시 사람다운 이야기로서 아동물까지 창작할 수도 있다. 그 地方鄕老들이 이 점을 이해해서 春香傳을 과거에 자기들이 생각든 기분과는 달리 할 필요가 있다. 이러한 의미에 있어서 春香廟는 반드시 기생들의 寄金만으로 지어저서도 안되는 것이요 일반사회의 지지가 있어야 할 것이다. 따라서 좀더 이것을 淨化해야 할 것이니 춘향묘에도 자유로 출입 못하게 거리를 두고 棚木을 세워야 할 줄 안다. 그 주위에 南國에 많은 동백꽃나무도 심었으면 어떻할가? 그리고 그 바른편으로 문허저 가는 드러운 土墻도 곳처야 하고 그 지역일대를 美化해야 될 것이니 이것은 湖南지방인사들의 奮起를 要할 맘적한 일이다. 관청방면에서도 후원해 주어야 할 것이니 李夢龍은 일종의 新體制를 强力으로 실시했던 것이다. 그때 그의 출두에 의한 新秩序의 건설이 없었던들 南原일대의 人民은 얼마나 고난을 겪었을까? 그리고 卜學徒에 대한 懲惡觀은 오랫동안 사회도덕적 啓示로서 큰 효과를 가저왔던 것이다.

廣寒樓에서 나올 때 섭섭한 것은 방문객들의 서명이라고 할 책이라도 있었으면 한 것이고 또 하나는 春香肖像을 사진을 백여서 파는 것이 있었으면 그것을 사 가지고 올 것인데 하는 것이었다.

孝子閣 · 烈女閣

南原市街에는 孝子閣, 烈女閣같은 것이 많이 보였다. 이런 것도 古蹟 보존에 넣어서 다른 모든 것과 한가지로 소중히 해야 될 줄 안다. 이런 문제에 대해서 군수와 읍장의 열성은 놀나울 만한 것이 있거니와 全鮮的으로 보존회를 후원할 필요를 느꼈다.

春香傳에 관련된 다른 史料를 보기 위해서 우리는 자동차를 타고 全州까지 오는데 그 중간에서 향교를 지내오니깐 군데군데 舊路가 보였다. 이것도 무엇으로 막어서 기념간판이나 세워 둘 필요가 있다. 五里亭은 신작로에 바로 이어 있는데, 舊路가에 커다란 老松이 6, 7개 서 있어 그 정취도 그럴 뜻하여 눈물겨웠다. 磚石고개의 신작로는 굽이굽이 돌아있으나 옛길은 산밑으로 꾀 급하게 이여 있었다. 房子가 편지가지고 오다가 거지같이 꾸민 어사를 맞낸 자리도 대개 짐작되는 곳이 있다. 이런 곳에도 石物로서 문구를 적어 세워 둘 필요가 있는 것이다. 고개를 넘어 春香이가 작고 따라오다가 발은 아프고 더 갈수는 없고 火가 나서 그 안타가운 마음을 어쩔 수 없어 한쪽 보선을 벗어 길가에 던저 바렸다는(보선밭)도 신작로 바로 우 솔밭 속에 또렷이 보인다. 그 밭모양이 어찌그리 보선과 꼭 같은지 그야말로 문자그대로 다 10여평이 되어 보여 꾀 큰데 미술적으로 보아 그 曲線은 完備에 가깝다.

이리하여 나는 南原을 보고 廣寒樓를 구경하고 모든 문학적 史料를 감상했다. 春香傳은 임이 여러 가지 방면으로 조선정서에 밀접한 관련을 가졌다. 문학으로 음악으로, 미술로, 연극으로, 舞踊으로, 생활감정으로 敎化的 재료로, 民政의 지표로, 무조건하고 넓은 문화부문에 영향을 주고 있다.

아아 나는 수 십년 동안 벼루던 광한루 구경을 했다. 생각한 것보담 더 좋다. 그리고 그 뜻을 더욱 절실히 깨달았다.

이튿날 우리는 全北 李家知事에게 간단하나마 廣寒樓保存會의 期成을 요망하였다. 현재 南原邑에서 관리하고 있다는데 하여간 좀 더 광범하게, 좀 더 조직적으로, 좀 더 과학적으로 이것을 愛護할 길을 열 필요를 느꼈다.

나는 좀더 仔細한 案이 있으나 여기서는 略하고 내가 느끼던 旅愁의 一端을 적은 것이다.

廣寒樓 구경하고 나는 이것을 적기에 조그마한 주저도 느끼지 않었다. 누구던지 한번 가보라. 그러면 내 뜻을 알어 주리라.

광-할-루 ― 기리기리 잘 있거라. 1월 10일

서경석

서울대학교 인문대학을 졸업하고 동대학교에서 문학박사학위를 취득하였다. 주요 저서로는 『한국 근대문학사 연구』, 『한국 근대 리얼리즘문학사 연구』 등이 있으며 국내 학술지에 70여 편의 논문을 발표했다. 『한국문학』 편집위원, 『대산문화』 편집위원, 한국언어문화학회와 우리말글학회 회장 등을 역임했다. 현재 한양대학교 인문대학 국어국문학과 명예교수이다.

김진량

한양대학교 국문학과를 졸업하고 동대학원에서 문학 석사 및 박사 학위를 받았다. 평론 "죽음, 그 환한 바깥"으로 2000년 〈문학과 창작〉 신인상을 수상하였으며, 「유비쿼터스 시대의 융복합교양교육 과정 모델 개발」, 「스리랑카 한국어 교육의 문제 개선을 위한 제안」, 「해외한국학의 현지화 연구」 등의 논문과 『인터넷, 게시판 그리고 판타지소설』, 『디지털 텍스트와 문화 읽기』, 『식민지 지식인의 개화 사상 유학기』 등의 저서가 있다.

김중철

한양대학교 국어국문학과를 졸업하고 같은 대학원에서 박사학위를 받았다. 「근대 초기 여행기에 나타난 활동사진의 비유에 대한 연구」, 「말하기, 글쓰기에 있어서 거짓과 진실의 문제」 등의 논문과 『소설과 영화』, 『소설을 찾는 영화, 영화를 찾는 소설』, 『영화에서 글쓰기를 보다』 등의 저서가 있으며 문학과 상상, 글쓰기와 인문 교양에 대해 탐구하고 있다. 한양대학교 연구교수와 한양사이버 대학교 전임강사를 거쳐 현재 안양대학교 부교수로 재직 중이다.

우미영

한양대 국어국문학과에서 공부했다. 근현대 한국 서사 문학을 텍스트로 삼아 여성 · 광기 · 장소 · 과학 등을 해명한 글을 발표했다. 제국의 도시 도쿄, SF의 상상력과 서사의 미래, 기후변화 내러티브 등을 탐색 중이다. 한양대 창의융합 교육원에 몸담고 있다.

한양대학교 동아시아문화연구소 동아시아문화자료총서 2

근대 기행문 자료집 2
경기도 · 충청도

초판1쇄 발행 2024년 12월 30일

엮은이 서경석 · 김진량 · 김중철 · 우미영

주간 조승연
편집 · 디자인 오경희 · 조정화 · 오성현
　　　　　　　신나래 · 박선주 · 정성희
관리 박정대

펴낸이 홍종화
펴낸곳 민속원
창업 홍기원
출판등록 제1990-000045호
주소 서울 마포구 토정로25길 41(대흥동 337-25)
전화 02) 804-3320, 805-3320, 806-3320(代)
팩스 02) 802-3346
이메일 minsokwon@naver.com
홈페이지 www.minsokwon.com

ISBN 　　978-89-285-2059-6　94910
SET 　　978-89-285-1219-5　94910